A COMPLETE TAX GUIDE
FOR REAL ESTATE COMPANIES

房地产企业全流程全税种实务操作与案例解析

刘文怡 / 著

中国人民大学出版社
·北京·

推荐序一

税收的强制性与不确定性

税，从捐、赋、贡、徭、役而来。税收自我国夏代以来就一直存在，成为推动中华文明进步的基石。税收具有强制性、固定性、无偿性，但是由于税收政策的统一性和抽象性，也造成税收执行中存在一些与社会经济环境的不适应性，即纳税人无时无刻不处于一种不确定性与风险性并存的环境中。因此，税收政策需要根据社会经济的发展变化不断进行调整，税制改革需要持续推进。

谈到税收的不确定性，也就意味着纳税人面临一定的风险。在我国"放管服"改革大背景下，企业自治无限凸显，税收风险遗留在后期，作为财税从业人员，需要未雨绸缪，从前端开始规避风险。而税收风险规避的第一步，就是加强对政策的理解与正确应用。

规避税收风险推动税收筹划

税收风险的规避和经济效益的提升密不可分。

无论从财政收入占比、企业税收负担，还是从行业生命周期来看，房地产税收都是一个需要深度钻研的课题。

据《经济参考报》消息，地方财政收入依赖房地产市场的比重在 40％ 左右。就房地产开发商而言，税收成本占到 20％～30％，大型房地产企业一年缴纳的税费可高达亿元甚至几十亿元。房地产业的税种涉及面广，税收负担重，其他行业无法比拟，在房地产市场不景气时，开展税收筹划的重要性不言而喻。法律框架下的税收筹划不仅节税，而且合规，能为企业创造更多价值。

理论融入实践的财税操作指南

宏观经济动荡和税改变局之下，房地产企业不可避免地面临战略调整，税务人员自身的知识结构和履职能力提升至关重要。

文怡的这一著作，旨在提升广大财税人员对于税收政策的领悟和把握。文怡曾在税务部门从事房地产税收征管和稽查审理工作，后又在房地产集团总部负责税务管理工作，有多篇论著见于《中国税务报》等报刊，并出版《一本书读懂税务筹划合规与风险管控》，也曾受多家企业集团、税务部门和网校的邀请讲授专业课程，在税收理论研究和实践操作方面都积累了丰富的经验。她对专业的热爱和不倦的探索精神是我们所称道的一种人生情怀。

本书体现了引导式思考的魅力，文怡以案例为引，带领读者思考，进一步解析税收政策，对税法条文背后的含义和各税种之间的差异及关联进行了整理与分析，并将合伙企业、融资业务、股权转让及收并购、涉外业务及反避税、关联交易、司法拍卖等以专章进行阐述。

本书三易其稿，经精简浓缩、反复推敲，形成此集大成之作。通过阅读本书，读者不仅能够加深对税收政策的理解，还能够大大提高对财税实践的领悟力。这并非一本传统意义上的教科书，而是一本理论结合实际的财税操作指南。

特别推荐读者朋友阅读本书，并希望朋友们开卷有益，通过本书获得财税专业领域更多的新知与经验。

蔡昌

中央财经大学教授、博士生导师
中央财经大学税收筹划与法律研究中心主任
北京大数据协会财税大数据专委会会长

推荐序二

房地产企业在组织形式选择、日常经营、土地取得和土地增值税清算、投融资以及关联交易和反避税等方面都与税收密切相关，因此税收问题对于房地产企业经营至关重要。文怡在本书中以独特的编辑体例，从分税种分析、跨税种分析、发票管理、特殊事项等方面入手，以新颖的视角为房地产税务从业人员提供了如何解决实际工作中遇到的问题范例。

文怡是注册会计师、税务师、律师、高级经济师、资产评估师且具有基金从业资格，同时还有丰富的 IPO 经验，这使得她在考虑问题时能够以更加综合的视角给出专业意见。

房地产企业税务从业人员需要对税法文件进行研判，正确把握和深入理解税法文件的发文目的、企业的应用方式以及对企业生产经营的影响。本书对政策的深刻而通俗易懂的解读显示了作者在这方面的精深造诣。

文怡曾在税务部门工作，拥有多年房地产税收管理和稽查重案审理的经验。此后，她一直在世界 500 强企业和全国知名税务师事务所工作，具有丰富的 IPO、企业重组、跨境交易与并购和资产证券化等领域的实战经验。

文怡还兼任西南财经大学金融学院的校外导师，也多次因其出色的授课得到四川省税务干部学校、宜宾市税务局、宁波市税务局及上海建工集团等政府部门和企业的感谢。文怡以她渊博的知识和专业的教学方法，深受学员们的喜爱。

文怡工作之余也热爱创作，积极地将自己的知识和经验通过书籍的形式分享给更多的读者。对于她来说，写书不仅是把教学内容进一步梳理和总结的过程，更是一种扩大影响力、传播知识的方式。

本书通过丰富的案例和分析，希望能够让读者更好地理解和应用税收原理，能够更好地应对复杂的税务工作环境。

开卷有益！

代志新

中国人民大学财税研究所副所长
博士生导师

目 录

第一篇 房地产涉税疑难案例分税种分析

第二篇　房地产涉税疑难案例跨税种分析

第三篇　发票管理及涉税核算案例分析

第十章　发票管理 ································ **355**

第十一章 涉税核算及其他 ·· **373**

第四篇　特殊事项

第一篇
房地产涉税疑难案例分税种分析

第一章
企业所得税

第一节 季度预缴、汇算清缴及扣除口径

企业每一纳税年度的收入总额减去准予扣除项目后的余额为应纳税所得额。准予扣除项目是纳税人每一纳税年度发生的与取得应纳税收入有关的所有必要和正常的成本、费用、税金和损失。

税前扣除的确认一般应遵循以下原则：

（1）权责发生制原则，即纳税人应在费用发生时而不是实际支付时确认扣除。

（2）配比原则，即纳税人发生的费用应在费用应配比或应分配的当期申报扣除。纳税人某一纳税年度应申报的可扣除费用不得提前或滞后申报扣除。

（3）相关性原则，即纳税人可扣除的费用从性质和根源上必须与取得应税收入相关。

（4）确定性原则，即纳税人可扣除的费用不论何时支付，其金额必须是确定的。

（5）合理性原则，即纳税人可扣除费用的计算和分配方法应符合一般的经营常规和会计惯例。

本章基于税前扣除的原则和规则，聚焦成本费用、工资薪金等税前扣除的口径进行阐述。汇算清缴时企业不允许税前扣除的项目如表1-1所示。

表1-1 汇算清缴时企业不允许税前扣除的项目

序号	项目	相关规定
1	准备金	企业计提的各项坏账准备、存货跌价准备、风险准备等准备金不允许税前扣除。
2	不征税收入形成的支出	不征税收入用于支出所形成的费用或者财产，不得扣除或者计算对应的折旧、摊销扣除。
3	向投资者支付的股息、红利	向投资者支付的股息、红利等权益性投资收益款项不得扣除。
4	企业间支付管理费	企业之间支付的管理费、企业内营业机构之间支付的租金和特许权使用费，以及非银行企业内营业机构之间支付的利息，不得扣除。
	企业内营业机构间支付租金	
	企业内营业机构间支付特许权使用费	
	非银行企业内营业机构间支付利息	

续表

序号	项目	相关规定
5	罚金、罚款、被没收财物的损失、税收滞纳金	罚金、罚款和被没收财物的损失及税收滞纳金不得扣除。
6	各项损失有赔偿部分	企业发生的损失，减除责任人赔偿和保险赔款后的余额，依照国务院财政、税务主管部门的规定扣除。
7	各种赞助支出	指企业发生的与生产经营活动无关的各种非广告性质支出。
8	借款费用（特殊情况）	企业实际支付给关联方的利息支出，除法定例外情形外，其接受关联方债权性投资与其权益性投资比例，超过规定比例的不允许扣除，具体比例：金融企业为5∶1，其他企业为2∶1。
		非金融企业向非金融企业借款的利息支出超过按照金融企业同期同类贷款利率计算的数额部分，不得扣除。
9	转让定价纳税调整加收利息	关联企业间业务往来未按照独立交易原则定价，导致少缴企业所得税款，被纳税调整补缴税款而加收的利息，不得在税前扣除。

1. 土地滞纳金能否在税前扣除？

案例： A公司于2016年9月通过招拍挂方式取得土地，土地价款1.8亿元。土地出让合同中约定A公司应于10月31日前支付土地价款，逾期每日按迟延支付款项的千分之一向出让人支付土地滞纳金，即向当地的国土资源局（2018年3月机构改革后更名为自然资源局）支付土地滞纳金。

由于资金紧张，A公司未能于10月底筹得资金，而是于2019年11月8日才支付土地价款，同时支付滞纳金144万元，取得自然资源部开具的政府财政收据。

问： 该土地滞纳金能否在税前扣除？如果土地滞纳金在税前扣除，应当资本化还是费用化扣除？

答：（1）可以。

【实操指南】 根据《中华人民共和国企业所得税法》（简称《企业所得税法》）第十条，税收滞纳金、罚金、罚款不得在税前扣除。土地滞纳金属于违约行为导致的违约金，不是行政罚款，不属于上述不得扣除的情形。

（2）笔者认为土地滞纳金应当费用化扣除。因为土地滞纳金属于违约性质的成本，在会计上应计入营业外支出，体现在当期利润中，且根据《国家税务总局关于印发〈房地产开发经营业务企业所得税处理办法〉的通知》（国税发〔2009〕31号），土地滞纳金并不属于开发产品的计税成本。

【政策依据】《企业所得税法》：

第十条　在计算应纳税所得额时，下列支出不得扣除：

（一）向投资者支付的股息、红利等权益性投资收益款项；

（二）企业所得税税款；

（三）税收滞纳金；

（四）罚金、罚款和被没收财物的损失；

（五）本法第九条规定以外的捐赠支出；

（六）赞助支出；

（七）未经核定的准备金支出；

（八）与取得收入无关的其他支出。

《房地产开发经营业务企业所得税处理办法》（国税发〔2009〕31号印发）：

第二十七条　开发产品计税成本支出的内容如下：

（一）土地征用费及拆迁补偿费。指为取得土地开发使用权（或开发权）而发生的各项费用，主要包括土地买价或出让金、大市政配套费、契税、耕地占用税、土地使用费、土地闲置费、土地变更用途和超面积补交的地价及相关税费、拆迁补偿支出、安置及动迁支出、回迁房建造支出、农作物补偿费、危房补偿费等。

（二）前期工程费。指项目开发前期发生的水文地质勘察、测绘、规划、设计、可行性研究、筹建、场地通平等前期费用。

（三）建筑安装工程费。指开发项目开发过程中发生的各项建筑安装费用。主要包括开发项目建筑工程费和开发项目安装工程费等。

（四）基础设施建设费。指开发项目在开发过程中所发生的各项基础设施支出，主要包括开发项目内道路、供水、供电、供气、排污、排洪、通讯、照明等社区管网工程费和环境卫生、园林绿化等园林环境工程费。

（五）公共配套设施费：指开发项目内发生的、独立的、非营利性的，且产权属于全体业主的，或无偿赠与地方政府、政府公用事业单位的公共配套设施支出。

（六）开发间接费。指企业为直接组织和管理开发项目所发生的，且不能将其归属于特定成本对象的成本费用性支出。主要包括管理人员工资、职工福利费、折旧费、修理费、办公费、水电费、劳动保护费、工程管理费、周转房摊销以及项目营销设施建造费等。

【关联问题】　（1）土地增值税能否列支？

根据《中华人民共和国土地增值税暂行条例实施细则》（简称《土地增值税暂行条例实施细则》）第七条第一款的规定，《中华人民共和国土地增值税暂行条例》（简称《土地增值税暂行条例》）第六条所列的计算增值额的扣除项目中的"取得土地使用权所支付的金额"，是指纳税人为取得土地使用权所支付的地价款和按国家统一规定交纳的有关费用。滞纳金不是为取得土地使用权所支付的地价款（实质是违约金），也不是按国家统一规定交纳的有关费用，不得在计算土地增值税时作为扣除项目。

（2）A公司取得该土地后，由于资金短缺一直未能开工，被征收土地闲置费200万元，是否能在税前扣除？

不能，根据《国家税务总局关于土地增值税清算有关问题的通知》(国税函〔2010〕220号)第四条的规定，房地产开发企业逾期开发缴纳的土地闲置费不得扣除。

2. 企业成立后至取得第一笔生产经营收入前的年份，发生的业务招待费可否向以后年度结转，待取得收入时再一并扣除？

案例： A公司于2016年5月成立，2016年9月拿地，2017年1月开工，2017年5月开盘预售。A公司预售前未取得任何生产经营收入，2016年发生了业务招待费支出80万元，广告费及业务宣传费138万元，均取得发票。

问： 2016年该公司无收入，业务招待费、广告费、业务宣传费是否可以向以后年度结转扣除？

答： 业务招待费不可以结转扣除，广告费、业务宣传费可以向以后年度结转扣除。

【实操指南】 国税发〔2006〕31号第八条规定，新办开发企业在取得第一笔开发产品实际销售收入之前发生的，与建造、销售开发产品相关的广告费、业务宣传费和业务招待费，可以向后结转，按税收规定的标准扣除，但结转期限最长不得超过3个纳税年度。

但该文件已被国税发〔2009〕31号文件废止，无承接条款。实践中其多不能向后结转，会造成业务招待费的损失。

那么能不能适用筹建期的规定呢？

根据《国家税务总局关于企业所得税应纳税所得额若干税务处理问题的公告》(国家税务总局公告2012年第15号)第五条的规定，企业在筹建期间，发生的与筹办活动有关的业务招待费支出，可按实际发生额的60%计入企业筹办费，并按有关规定在税前扣除；发生的广告费和业务宣传费，可按实际发生额计入企业筹办费，并按有关规定在税前扣除。

那到底什么是筹建期间？在税法上仅有《国家税务总局关于贯彻落实企业所得税法若干税收问题的通知》(国税函〔2010〕79号)第七条对此进行了明确，"企业自开始生产经营的年度，为开始计算企业损益的年度。企业从事生产经营之前进行筹办活动期间发生筹办费用支出，不得计算为当期的亏损"。

从该条款可以看出，开始生产经营之前为筹办期间。那什么时间是开始生产经营的时间呢？学术界众说纷纭。

说法1： 开始生产经营的时间是营业执照注明的时间。

【政策依据】《国家税务总局关于新办企业所得税优惠执行口径的批复》(国税函〔2003〕1239号)：

《国家税务总局关于企业所得税若干业务问题的通知》(国税发〔1997〕191号)执行以来，各地对新办企业、单位生产经营之日理解不一，为便于各地具体执行和掌握，对新办企业、单位开业之日的执行口径统一为纳税人取得营业执照上标明的设立日期。

但该文件已被国家税务总局公告 2011 年第 2 号全文废止，无承接条款。

政策解读：因"生产经营之日"难以判断，为防止企业不当使用税收政策，营业执照标准易于掌握，因此在当时的经济环境下，国家税务总局出台了此文件。

但适用此文件的话，筹建期间仅为工商核名之日至营业执照领取之日（工商核名之前无法取得支出对应的发票）。随着政府效率的日渐提高，这两个日期之间的时段逐渐缩小，甚至可能实现无缝衔接，因此，如果适用此规定，对于筹建期间的规定则渐渐流于形式，企业基本无法适用。

由于易于判断，执行风险小，目前大部分地区税务机关还在执行此口径，导致筹建期间的政策名存实亡。

说法 2：开始生产经营的时间是取得第一笔生产经营收入的时间。

【政策依据】 《国家税务总局关于印发〈税收减免管理办法（试行）〉的通知》（国税发〔2005〕129 号）附件《企业所得税减免税审批条件》：

十五、减免税起始时间的计算按以下规定执行：

··············

（二）规定新办企业减免税执行起始时间的生产经营之日是指纳税人取得第一笔收入之日。

但依据《国家税务总局关于发布〈税收减免管理办法〉的公告》（国家税务总局公告 2015 年第 43 号），上述通知自 2015 年 8 月 1 日起全文废止。

后来国家税务总局公告 2015 年第 43 号又被国家税务总局令第 42 号废止，且无承接条款。

政策解读：此文件规定的"新办企业减免税执行起始时间的生产经营之日"并不能等同于国税函〔2010〕79 号第七条中"企业自开始生产经营的年度"，前者是减免税执行起点，后者是损益计算起点。

目前学术界此种声音也较强烈，因为此方法相对第三种说法更容易判断，且对纳税人而言更为有利。

说法 3：开始生产经营的时间是资产投入使用或对外经营活动（含试生产、试营业）开始的时间。

【政策依据】 《财政部关于外商投资企业筹建期财政财务管理有关规定的通知》（财工字〔1995〕223 号，2016 年废止）：

一、中外合资、合作经营企业自签订合同之日至企业开始生产经营（包括试生产、试营业）为止期间，外资企业自我国有关部门批准成立之日起到开始生产经营（包括试生产、试营业）为止期间为筹建期。……

国家税务总局 2010 年 4 月 27 日网站问答：《国家税务总局关于贯彻落实企业所得税法若干税收问题的通知》（国税函〔2010〕79 号）中关于第七条"企业自开始生产经

营的年度，为开始计算企业损益的年度"的"自开始生产经营"是指取得第一笔收入之时还是领取营业执照之日起？或者有其他解释？有相关文件依据吗？

回复：《国家税务总局关于贯彻落实企业所得税法若干税收问题的通知》（国税函〔2010〕79号）第七条规定的"企业自开始生产经营的年度"，应是指企业的各项资产投入使用开始的年度，或者对外经营活动开始的年度。

上述回复仅供参考。有关具体办理程序方面的事宜请直接向您的主管或所在地税务机关咨询。

政策解读：从以上规定可以看出，开始生产经营的时间是资产投入使用或对外经营活动（含试生产、试营业）开始的时间，此规定是与会计准则接轨的，更加符合逻辑，比第一种说法更宽松，又比第二种说法更严格。

但国家税务总局的网站答复不能作为实践中的执法依据，外商投资企业的财务规定也并非税务法规，更多只能参照适用。

在实践中若采取此种口径，会对基层执法人员造成认定生产经营之日的较大困难，资产投入使用难以判断。比如房地产企业的资产，到底是开工之日算投入使用，还是拿地之日算投入使用呢？对外经营活动开始年度可以理解为开盘预售时间，但此时预售时间等同于取得第一笔生产经营收入的时间（税收口径的收入为取得预收款的时间，同第二种说法）。

笔者建议国家税务总局分行业制定一套生产经营起始日的判断标准，以供基层人员执法使用。

关于筹建期具体定义的政策还需国家税务总局尽快出台，以免筹建期的税收政策流于形式，实际享受者寥寥无几。

【政策依据】 国税函〔2010〕79号：

七、企业筹办期间不计算为亏损年度问题

企业自开始生产经营的年度，为开始计算企业损益的年度。企业从事生产经营之前进行筹办活动期间发生筹办费用支出，不得计算为当期的亏损，应按照《国家税务总局关于企业所得税若干税务事项衔接问题的通知》（国税函〔2009〕98号）第九条规定执行。

---

3. 企业筹建期发生的业务招待费、广告宣传费如何结转扣除？

案例：接上例，A公司于2016年5月成立，5月1日取得工商核名通知，5月28日领取营业执照，在此期间，A公司发生了业务招待费支出80万元，广告费及业务宣传费138万元，均取得发票。

A公司于2017年1月开工，5月开盘预售。预售前A公司未取得任何生产经营收入，2017年取得预售房款27 000万元，发生业务招待费230万元，广告宣传费2 790万元。

问：2017年该公司可以扣除多少业务招待费和广告宣传费？

答：

第一步：将筹建期发生的业务招待费和广告宣传费计入筹办费。

业务招待费计入筹办费金额＝实际发生额×60％＝80×60％＝48(万元)

广告宣传费计入筹办费金额＝实际发生额＝138(万元)

第二步：在经营开始年度一次性摊销或在长期待摊费用摊销（分3年）。

将每年摊销的金额与当年发生的业务招待费、广告宣传费分别合计后，作为当年的实际发生额，限额扣除。

（1）假如A公司选择一次性摊销，则结转至2017年扣除的业务招待费和广告宣传费分别为48万元和138万元。

2017年业务招待费＝48＋230＝278(万元)

当年业务招待费限额1＝278×60％＝166.8(万元)

当年业务招待费限额2＝27 000×0.5％＝135(万元)

因此，可在2017年税前扣除的业务招待费为135万元。

2017年广告宣传费＝138＋2 790＝2 928(万元)

当年广告宣传费限额＝27 000×15％＝4 050(万元)

因此，可在2017年税前扣除的广告宣传费为2 928万元。

（2）假如A公司选择分3年摊销，则结转至2017年扣除的业务招待费和广告宣传费分别为16万元（48/3）和46万元（138/3）。

2017年业务招待费＝16＋230＝246(万元)

当年业务招待费限额1＝246×60％＝147.6(万元)

当年业务招待费限额2＝27 000×0.5％＝135(万元)

因此，可在2017年税前扣除的业务招待费为135万元。

2017年广告宣传费＝46＋2 790＝2 836(万元)

当年广告宣传费限额＝27 000×15％＝4 050(万元)

因此，可在2017年税前扣除的广告宣传费为2 836万元。

注：如果广告宣传费超过当年限额，则可以结转以后年度扣除。

如果业务招待费超过当年限额，则不可以结转以后年度扣除。

【实操指南】 国税发〔2006〕31号第八条规定："新办开发企业在取得第一笔开发产品实际销售收入之前发生的，与建造、销售开发产品相关的广告费、业务宣传费和业务招待费，可以向后结转，按税收规定的标准扣除，但结转期限最长不得超过3个纳税年度。"

该文件已废止，房地产企业不能适用此条，只能适用普遍的筹建期政策。

【政策依据】 《企业所得税法实施条例》：

第四十三条 企业发生的与生产经营活动有关的业务招待费支出，按照发生额的60％扣除，但最高不得超过当年销售（营业）收入的5‰。

第四十四条 企业发生的符合条件的广告费和业务宣传费支出，除国务院财政、税务主管部门另有规定外，不超过当年销售（营业）收入 15％的部分，准予扣除；超过部分，准予在以后纳税年度结转扣除。

《财政部　税务总局关于广告费和业务宣传费支出税前扣除有关事项的公告》（财政部　税务总局公告 2020 年第 43 号）：

一、对化妆品制造或销售、医药制造和饮料制造（不含酒类制造）企业发生的广告费和业务宣传费支出，不超过当年销售（营业）收入 30％的部分，准予扣除；超过部分，准予在以后纳税年度结转扣除。

二、对签订广告费和业务宣传费分摊协议（以下简称分摊协议）的关联企业，其中一方发生的不超过当年销售（营业）收入税前扣除限额比例内的广告费和业务宣传费支出可以在本企业扣除，也可以将其中的部分或全部按照分摊协议归集至另一方扣除。另一方在计算本企业广告费和业务宣传费支出企业所得税税前扣除限额时，可将按照上述办法归集至本企业的广告费和业务宣传费不计算在内。

三、烟草企业的烟草广告费和业务宣传费支出，一律不得在计算应纳税所得额时扣除。

四、本通知自 2021 年 1 月 1 日起至 2025 年 12 月 31 日止执行。《财政部　税务总局关于广告费和业务宣传费支出税前扣除政策的通知》（财税〔2017〕41 号）自 2021 年 1 月 1 日起废止。

国家税务总局所得税司在《中国税务》发表的《纳税人不可不知的所得税新政》在有关筹办期业务招待费等费用税前扣除问题部分指出：企业在筹办期发生的包括业务招待费、广告费和业务宣传费等的费用，属于筹办费范畴。根据《国家税务总局关于企业所得税若干税务事项衔接问题的通知》（国税函〔2009〕98 号）的规定，企业可以选择在经营开始年度一次性摊销或平均三年摊销。由于《企业所得税法实施条例》对上述费用在扣除时有限定性规定，因此，国家税务总局公告 2012 年第 15 号第五条规定，企业在筹建期发生的与筹办活动有关的业务招待费，可按实际发生额的 60％计入筹办费；广告费和业务宣传费，可按实际发生额计入筹办费。企业生产经营开始后，其按照国税函〔2009〕98 号规定摊销的筹办费中的业务招待费、广告费和业务宣传费数额，加上当年度发生的业务招待费、广告费和业务宣传费之和，作为该年度企业业务招待费、广告费和业务宣传费总额，按照《企业所得税法实施条例》的有关规定计算扣除。

【政策依据】《国家税务总局关于企业所得税应纳税所得额若干税务处理问题的公告》（国家税务总局公告 2012 年第 15 号）：

五、关于筹办期业务招待费等费用税前扣除问题

企业在筹建期间，发生的与筹办活动有关的业务招待费支出，可按实际发生额的 60％计入企业筹办费，并按有关规定在税前扣除；发生的广告费和业务宣传费，可按实际发生额计入企业筹办费，并按有关规定在税前扣除。

国税函〔2009〕98号：

> 九、关于开（筹）办费的处理
>
> 新税法中开（筹）办费未明确列作长期待摊费用，企业可以在开始经营之日的当年一次性扣除，也可以按照新税法有关长期待摊费用的处理规定处理，但一经选定，不得改变。

企业在新税法实施以前年度的未摊销完的开办费，也可根据上述规定处理。

《企业所得税法实施条例》：

> 第七十条　企业所得税法第十三条第（四）项所称其他应当作为长期待摊费用的支出，自支出发生月份的次月起，分期摊销，摊销年限不得低于3年。

4. 汇算清缴无票调增项目如何处理？

案例： A公司项目已完工并达到交付条件，按规定结算单方成本并结转损益，工程合同总成本11亿元，其中暂未取得发票的工程成本1.7亿元，另计提报批报建费用500万元、物业维修基金200万元（未实际支付），计提建成后需移交政府的幼儿园建设成本700万元，项目物业面积销售比例为86%。

问： 汇算清缴中应纳税调增的预提成本是多少？

答： 根据国税发〔2009〕31号的规定，除实际发生的成本外，仅有以下几项可在汇算清缴时扣除：一是出包工程预提发票不足金额不超过合同总金额的10%部分；二是明确承诺建造且不可撤销或必须配套建造的公共配套设施，尚未建造或尚未完工的可按预算造价合理预提建造费用；三是应向政府上交但尚未上交的报批报建费用、物业管理基金、公建维修基金或其他专项基金。

因此，本例中，预提的报批报建费用500万元、物业维修基金200万元可以税前扣除。幼儿园如果是在土地出让合同中约定必须建造的，则其700万元建设成本也可以扣除。工程无票成本应按合同分别计算预提金额是否超过了合同总金额的10%。

假设只有一个总包，A公司仅与总包签订了一个合同，则应调增的预提成本＝（无票成本－合同总金额×10%）×已售面积比例＝（1.7－11×10%）×86%＝0.516（亿元）＝5 160（万元）。

【实操指南】 房地产公司在项目交付时，一般是先结算单方成本，再进行账面的收入成本结转。

> 结算单方成本的公式＝工程合同总成本(含无票成本)÷可售面积
>
> 账面结转成本的公式＝单方成本×已售面积
>
> ＝工程合同总成本(含无票成本)×已售面积÷可售面积
>
> ＝工程合同总成本(含无票成本)×已售面积比例

从以上公式可以看出，在剔除预提成本时，实际计入账面利润的成本金额为无票成本×已售面积比例，企业所得税计税基础为利润总额调整而来，因此无票成本只有结转到本年损益中的金额（无票成本×已售面积比例）才会影响所得税，才是本期要调增的计税成本。

其中不超过合同总金额 10％的可以扣除，因此，应调增的成本为（无票成本－合同总金额×10％）×已售面积比例。

本次调增金额于后续收到发票时进行纳税调减。

【政策依据】《房地产开发经营业务企业所得税处理办法》(国税发〔2009〕31 号印发)：

第三十二条　除以下几项预提（应付）费用外，计税成本均应为实际发生的成本。

（一）出包工程未最终办理结算而未取得全额发票的，在证明资料充分的前提下，其发票不足金额可以预提，但最高不得超过合同总金额的 10％。

（二）公共配套设施尚未建造或尚未完工的，可按预算造价合理预提建造费用。此类公共配套设施必须符合已在售房合同、协议或广告、模型中明确承诺建造且不可撤销，或按照法律法规规定必须配套建造的条件。

（三）应向政府上交但尚未上交的报批报建费用、物业完善费用可以按规定预提。物业完善费用是指按规定应由企业承担的物业管理基金、公建维修基金或其他专项基金。

【关联问题】　为减少纳税调增，A 公司财务人员向成本部门提出了加快工程结算的要求，财务人员的处理是否正确？

是否需要加快工程结算，应根据两种情况区分：

（1）如果经测算该项目后续将持续亏损且无法利用，则建议采用加快结算方式避免多交税金。

（2）如果项目持续盈利，后续取得发票时调减可以抵减后续年度的所得税，则不建议加快结算。加快结算会导致结算价款的提前支付，而支付的结算价款仅能抵扣 25％的企业所得税，从资金收益角度，不建议加快工程结算来减少纳税调增金额。

财务人员在日常经营过程中，要从公司整体的利润和资金收益来考虑，而不能只局限于财税方面。纳税金额少对公司而言并非一定有利。

5. 对子公司和联营公司的股权投资损失，是否可以税前扣除？

案例：A 公司持有 B 公司 45％的股份，以权益法核算[①]长期股权投资，2018 年产

---

① 《企业会计准则第 2 号——长期股权投资》规定，权益法（equity method）是指长期股权投资按投资企业在被投资企业权益资本中所占比例计价的方法。长期股权投资采用权益法时，除增加、减少因股权影响长期股权投资而引起的账面价值的增减变动外，被投资企业发生利润或亏损，相应要增加或减少投资企业长期股权投资的账面价值。

根据这一方法，投资企业要按照其在被投资企业拥有的权益比例和被投资企业净资产的变化来调整"长期股权投资"账户的账面价值。使用这种方法时，投资企业应将被投资企业每年获得的净损益按投资权益比例列为自身的投资损益，并表示为投资的增减。如果收到被投资企业发放的股利（不包括股票股利，下同），投资企业要冲减投资账户的账面价值。

生账面投资亏损 279 万元，全部为权益法核算产生；2019 年产生账面投资亏损 68 万元，为 B 公司破产清算产生。

问：上述亏损是否可以税前扣除？

答：权益法核算产生的亏损不得税前扣除，处置时产生的损失可以申报扣除。因此，本例中，2018 年不能扣除 279 万元，需要纳税调增；2019 年可以扣除 347 万元（68＋279）（因为 2018 年已经确认了 279 万元的亏损，2019 年处置时会先冲减该亏损，再确认亏损），需要纳税调减 279 万元。

【政策依据】《财政部　国家税务总局关于企业资产损失税前扣除政策的通知》（财税〔2009〕57 号）：

六、企业的股权投资符合下列条件之一的，减除可收回金额后确认的无法收回的股权投资，可以作为股权投资损失在计算应纳税所得额时扣除：

（一）被投资方依法宣告破产、关闭、解散、被撤销，或者被依法注销、吊销营业执照的；

（二）被投资方财务状况严重恶化，累计发生巨额亏损，已连续停止经营 3 年以上，且无重新恢复经营改组计划的；

（三）对被投资方不具有控制权，投资期限届满或者投资期限已超过 10 年，且被投资单位因连续 3 年经营亏损导致资不抵债的；

（四）被投资方财务状况严重恶化，累计发生巨额亏损，已完成清算或清算期超过 3 年以上的；

（五）国务院财政、税务主管部门规定的其他条件。

6. 房地产企业业务招待费、广告宣传费的扣除基数按预收还是结转收入？

案例：A 房地产公司 2016 年 1 月成立，成立后开发某项目，采取预售制。A 房地产公司 2016 年发生业务招待费 20 万元；2017 年发生业务招待费 208 万元；2018 年发生业务招待费 345 万元；全部计入当期费用。A 房地产公司 2016 年、2017 年、2018 年主营业务收入分别为 0 元、0 元、2 000 万元；2016 年、2017 年、2018 年取得预售收入分别为 2 900 万元、8 000 万元、5 000 万元。

问：如何确定各年业务招待费、广告宣传费的扣除基数？

答：《企业所得税法实施条例》规定，业务招待费、广告宣传费不得超过当年销售（营业）收入的一定比例。当年销售收入是什么？是会计结转收入吗？

根据国税发〔2009〕31 号的规定，房地产公司按约定收款日期或实际收款日期孰早确认销售收入的实现，即扣除基数为当年的预收账款数，而不是账面上的收入金额（非预售情形下除外）。由于预收账款后续会结转收入，因此账面收入金额在以前年度已经作为税法上的收入确认过业务招待费的扣除依据了，结转收入当年不应重复计算扣除依据，但如果是直接销售现房，未从预收账款科目过账，而是直接确认主营业务收入的除外。

因此 A 房地产公司 2016 年、2017 年、2018 年的业务招待费扣除基数就是 2016 年、2017 年、2018 年取得的预收账款，分别为 2 900 万元、8 000 万元、5 000 万元。

【实操指南】 国税发〔2006〕31 号第八条规定："开发企业取得的预售收入不得作为广告费、业务宣传费、业务招待费等三项费用的计算基数，至预售收入转为实际销售收入时，再将其作为计算基数。"

该文件已全文废止，此计算基数不符合房地产行业的特点，如果按此方式计算，则预售期间完全无法扣除业务招待费和广告宣传费，但预售期间这两项费用其实是支出最多的，被废止也是理所应当。

【政策依据】《企业所得税法实施条例》：

第四十三条 企业发生的与生产经营活动有关的业务招待费支出，按照发生额的 60% 扣除，但最高不得超过当年销售（营业）收入的 5‰。

第四十四条 企业发生的符合条件的广告费和业务宣传费支出，除国务院财政、税务主管部门另有规定外，不超过当年销售（营业）收入 15% 的部分，准予扣除；超过部分，准予在以后纳税年度结转扣除。

---

7. 计入开发间接费的业务招待费，到底是在发生当年扣除，还是应该在结转收入成本当年扣除？

案例： A 房地产公司 2016 年 1 月成立，成立后开发某项目，采取预售制。A 房地产公司 2016 年发生业务招待费 20 万元，全额计入产品成本；2017 年发生业务招待费 208 万元，167 万元计入产品成本（开发间接费用），41 万元计入当期费用；2018 年发生业务招待费 345 万元，217 万元计入产品成本，128 万元计入当期费用。A 房地产公司 2016 年、2017 年、2018 年主营业务收入分别为 0 元、0 元、2 000 万元；2016 年、2017 年、2018 年取得预售收入分别为 2 900 万元、8 000 万元、5 000 万元。

问： 该公司 2016 年、2017 年、2018 年在企业所得税税前扣除的业务招待费分别是多少？

答： 第一步，根据国税发〔2009〕31 号关于开发间接费用的定义，以及会计相关制度规定，业务招待费不应该计入开发间接费用，应作为管理费用核算。按照《企业所得税法》的规定，业务招待费按照发生额的 60% 扣除，但最高不得超过当年销售收入的 5‰。

2016 年、2017 年、2018 年的业务招待费扣除基数是 2016 年、2017 年、2018 年取得的预收账款，分别为 2 900 万元、8 000 万元、5 000 万元。

第二步，计算税前扣除限额，业务招待费当年扣除限额以实际发生额的 60% 和税法上收入总额的 0.5% 孰低确定，超出部分不得结转以后年度扣除。

（1）收入总额的 0.5%：用 2 900 万元、8 000 万元、5 000 万元分别乘以 0.5%，扣除限额分别为 14.5 万元、40 万元、25 万元；

（2）实际发生额的 60%：在计算企业所得税时，业务招待费应全额计入当期费用，因此其计入产品成本的，需要调整到当年费用中扣除。

2016 年发生业务招待费 20 万元，$20×60\%=12$（万元）；

2017 年发生业务招待费 208 万元，$208×60\%=124.8$（万元）；

2018 年发生业务招待费 345 万元，$345×60\%=207$（万元）。

比对上述两个扣除限额可知，该公司 2016 年可以税前扣除的业务招待费为 12 万元，2017 年可以税前扣除的业务招待费为 40 万元，2018 年可以税前扣除的业务招待费为 25 万元。

【实操指南】 业务招待费计入产品成本，既不符合会计准则，也不符合税法规定。但实操中，有部分房地产公司将开发项目人员发生的业务招待费，计入开发间接费用核算，进入了产品成本，以保持会计口径和管理口径的一致。

此种做法在纳税上会引起一定的麻烦，虽然在前期计算扣除了业务招待费，但后续发生销售收入结转时，相应结转的产品成本中已经包含以前年度扣除的业务招待费，需要剔除，并且由于结转收入通常是分期结转，因而难以确定剔除金额。如本例中，2018 年结转收入 2 000 万元，那么成本中需要剔除的业务招待费到底是多少？是按先进先出法还是比例平均法？难以确定。

如果只在项目结束时结转一次收入，则比较容易操作。如本例中如果只结转一次收入，在结转收入时剔除 2017 年、2018 年计入产品成本的 $167+217=384$（万元）即可。

还有一种做法，在实践中为简便操作：部分纳税人不是将业务招待费在当年调整到期间费用扣除的，而是在产品结转时一次扣除。但这种方式存在一种风险，即产品结转当年，没有足够的税法上的收入总额，导致业务招待费扣除的金额变少，造成企业所得税损失。因此，此种方法需要在业务招待费不超限额（1）收入总额的 0.5% 的情况下考虑使用，且还需征得主管税务机关的同意。

【政策依据】《房地产开发经营业务企业所得税处理办法》（国税发〔2009〕31 号印发）：

第六条 企业通过正式签订《房地产销售合同》或《房地产预售合同》所取得的收入，应确认为销售收入的实现，具体按以下规定确认：

（一）采取一次性全额收款方式销售开发产品的，应于实际收讫价款或取得索取价款凭据（权利）之日，确认收入的实现。

（二）采取分期收款方式销售开发产品的，应按销售合同或协议约定的价款和付款日确认收入的实现。付款方提前付款的，在实际付款日确认收入的实现。

（三）采取银行按揭方式销售开发产品的，应按销售合同或协议约定的价款确定收入额，其首付款应于实际收到日确认收入的实现，余款在银行按揭贷款办理转账之日确认收入的实现。

············

【关联问题】 房地产企业开发间接费中的职工薪酬如何在所得税税前扣除？是每年汇算时调出来在职工薪酬扣除，还是等到结转收入时进入利润表？

根据国税发〔2009〕31 号，开发间接费中的职工薪酬应在已销产品开发成本中体现，于结转成本时进入利润表在所得税税前扣除。同时应调整所得税申报表 A105050 中的职工薪酬和福利费金额，将当年扣除的计入开发间接费的职工薪酬和福利费计入 A105050，以计算扣除限额和调增金额。

8. 企业给伤亡家属的抚恤金，企业所得税可以全额扣除吗？

案例： A 房地产公司在开发某项目时，因工地事故，一名派驻现场人员不幸去世。为抚慰逝者家属，A 房地产公司向该逝者家属支付了 200 万元的抚恤金，未取得发票，仅有收据列支。

问： 抚恤金是否可以税前扣除？

答： 根据《国家税务总局关于企业工资薪金及职工福利费扣除问题的通知》（国税函〔2009〕3 号）第三条规定，丧葬补助费、抚恤费、安家费、探亲假路费等属于企业职工福利费。

《企业所得税法实施条例》第四十条规定，企业发生的职工福利费支出，不超过工资薪金总额 14% 的部分，准予扣除。

因此，企业支付给伤亡员工家属的抚恤金可作为企业的福利费支出在不超过工资薪金总额 14% 的部分准予扣除。

9. 企业之间支付的管理费能否税前扣除？

案例： A 集团公司下设 B、C、D 三个子公司，集团公司层面并无任何业务，只发生了人工成本支出。为避免税务亏损无法弥补，A 集团公司决定向 B、C、D 三个子公司收取管理费，开具管理费发票。

问： B、C、D 子公司支付的管理费能否在所得税税前扣除？

答： 根据《企业所得税法实施条例》第四十九条的规定，企业之间支付的管理费、企业内营业机构之间支付的租金和特许权使用费，以及非银行企业内营业机构之间支付的利息，不得扣除。

【实操指南】 虽然企业之间支付的管理费不得扣除，但从实际来看，A 集团公司的确向 B、C、D 子公司提供了人工服务，因此，A 集团公司可以向 B、C、D 子公司收取咨询服务或其他服务费。

需要注意的是，服务费的定价标准需要根据市场价确定，不得过高，也不宜过低。

10. 在汇算清缴前补缴的以前年度税费是否可以在汇算清缴时扣除？

案例： A 房地产开发公司 2018 年接受税务局稽查，稽查结论是 A 房地产开发公司需补缴 2017 年印花税 50 万元及滞纳金，对相关款项 A 房地产开发公司在 2018 年 4 月申报入库。2018 年 5 月汇算清缴时，A 房地产开发公司财务人员将 50 万元的印花税也一并在税金及附加中扣除了，原因是 50 万元的印花税虽是在 2018 年缴纳的，但所属期为 2017 年。

问： 该财务人员的处理是否正确？

答： 正确。《国家税务总局关于企业所得税应纳税所得额若干税务处理问题的公告》

（国家税务总局公告 2012 年第 15 号）第六条规定，对企业发现以前年度实际发生的、按照税收规定应在企业所得税前扣除而未扣除或者少扣除的支出，企业做出专项申报和说明后，准予追补至该项目发生年度计算扣除，但追补确认期限不得超过 5 年。

《企业所得税法实施条例》第九条规定，企业应纳税所得额的计算，以权责发生制为原则，属于当期的收入和费用，不论款项是否收付，均作为当期的收入和费用；不属于当期的收入和费用，即使款项已经在当期收付，均不作为当期的收入和费用。

根据上述规定，补缴 2017 年的税金应当在 2017 年税前扣除，2018 年补缴的税费应当追溯到发生年度税前扣除，不能作为补缴年度的税金扣除。

【政策依据】《国家税务总局关于企业所得税应纳税所得额若干税务处理问题的公告》（国家税务总局公告 2012 年第 15 号）：

第六条 根据《中华人民共和国税收征收管理法》的有关规定，对企业发现以前年度实际发生的、按照税收规定应在企业所得税前扣除而未扣除或者少扣除的支出，企业做出专项申报及说明后，准予追补至该项目发生年度计算扣除，但追补确认期限不得超过 5 年。

注：根据《国家税务总局关于企业所得税资产损失资料留有备查有关事项的公告》（国家税务总局公告 2018 年第 15 号），专项申报已废止，但本条款其他内容未失效。

《企业所得税法实施条例》：

第九条 企业应纳税所得额的计算，以权责发生制为原则，属于当期的收入和费用，不论款项是否收付，均作为当期的收入和费用；不属于当期的收入和费用，即使款项已经在当期收付，均不作为当期的收入和费用。本条例和国务院财政、税务主管部门另有规定的除外。

---

11. 以公允价值计量的投资性房地产，是否可在税前扣除折旧？

案例： A 公司为增加报表利润，拟将账面上现存的固定资产（房屋）对外出租，转入投资性房地产，以公允价值计量，增加资产账面价值。但税务人员提出，以公允价值计量的投资性房地产，未在账面计提折旧，因此其不能在企业所得税税前扣除，会损失部分税金。

问： 该税务人员的意见是否正确？

答： 不正确。根据《企业所得税法》及其实施条例，固定资产可以计提折旧，法律没有明确投资性房地产不属于固定资产。因此，投资性房地产可以按照历史成本计提折旧（作为税会差异）。

《企业所得税法实施条例》第五十九条规定，固定资产按照直线法计算的折旧，准予扣除。即固定资产计算折旧可以扣除，未要求在会计上进行计提。因此可以扣除。但实践中地区差异较大（见表 1—2）。

表 1-2 折旧税前扣除差异

规定	地区
不允许扣除	无锡、北京、青岛
允许扣除	天津、广州、总局答疑

【实操指南】 笔者经咨询毕马威会计师事务所、广东税务机关，了解到其均认可投资性房地产可依照固定资产或无形资产的折旧规定，按照历史成本计提折旧，在企业所得税税前列支。笔者又了解了万达集团对于自持商业作为公允价值计量投资性房地产税前扣除折旧的情况，其也是按照历史成本计提折旧。

从法理上说，根据《企业所得税法》对固定资产的定义，其并未明确规定将投资性房地产排除在外，且采取成本模式计量的投资性房地产依然可以按照税法规定计提折旧。在计算应纳税所得额时，企业财务、会计处理办法与税收法律、行政法规的规定不一致的，应当依照税收法律、行政法规的规定计算。

因此，无论会计上投资性房地产采用何种模式进行后续计量，理论上投资性房地产从税务角度而言实质上应为固定资产的一种，对其可依照税收法规对固定资产或无形资产的折旧规定，按照历史成本计提折旧并税前列支。

实操中，不同地方的税务机关对投资性房地产税前扣除折旧的执行口径不一致。例如安徽省税务局解答（《12366咨询热点问题解答（2018年2月）》，但目前网站上已撤下该解答），认为公允价值计量的投资性房地产不能税前扣除折旧。

【政策依据】《企业所得税法》：

第十一条 在计算应纳税所得额时，企业按照规定计算的固定资产折旧，准予扣除。

下列固定资产不得计算折旧扣除：

（一）房屋、建筑物以外未投入使用的固定资产；

（二）以经营租赁方式租入的固定资产；

（三）以融资租赁方式租出的固定资产；

（四）已足额提取折旧仍继续使用的固定资产；

（五）与经营活动无关的固定资产；

（六）单独估价作为固定资产入账的土地；

（七）其他不得计算折旧扣除的固定资产。

---

12. 三方协议是否可以更改开票主体和付款方？

案例：甲、乙、丙公司分别租用了一栋写字楼的1～3层用于办公，由于该写字楼为清水交付，因此甲、乙、丙公司决定共同找装修公司进行统一装修。由于甲公司是房地产企业，比较了解装修市场，因此由甲公司负责具体装修。甲公司与丁装修公司签订了1～3层的装修合同，但装修费用实际上由甲、乙、丙公司均摊。该装修工程2018年

1月开工，5月完工，结算时乙、丙公司要求取得自身承担装修费用金额的发票，否则无法税前扣除。丁装修公司不同意重签装修合同。甲、乙、丙公司拟与丁装修公司签订三方协议，协议仅约定更改开票主体和付款方。

问：通过三方协议可以直接更改开票主体和付款方吗？在税务上是否可行？

答：把要约关系从甲丁调整到甲丁、乙丁、丙丁，需要明确为什么应该由甲、乙、丙共同来承担本成费用，税务上关注的是有没有真实的业务关系。如果有合理理由和真实业务关系，笔者认为可以更改要约关系。

【实操指南】 需要注意的是，签订三方协议的工程，在决算时最好是以实际开票和付款主体分别列示决算金额，与发票流、资金流、合同流保持一致。

实践中还存在一种做法，房地产开发公司发包工程给总包方，总包方再分包一部分工程如桩基、外立面、栏杆门窗等给分包方，该部分工程由房地产公司、总包方、分包方签订三方协议，发票由总包方开具给房地产公司、分包方开具给总包方，但是款项由房地产公司直接付给分包方。

此时出现了现金流和发票流不一致的情况。根据《国家税务总局关于纳税人对外开具增值税专用发票有关问题的公告》（国家税务总局公告2014年第39号），虽然难以界定总包方是否提供了增值税应税劳务，但总包方开具了发票，取得了索取销售款项的凭据，且该发票内容与应税劳务相符，合法取得且以自己名义开具，也签订了三方协议，笔者理解此种情况不属于虚开。

但根据《国家税务总局关于加强增值税征收管理若干问题的通知》（国税发〔1995〕192号）第一条"（三）购进货物或应税劳务支付货款、劳务费用的对象。纳税人购进货物或应税劳务，支付运输费用，所支付款项的单位，必须与开具抵扣凭证的销货单位、提供劳务的单位一致，才能够申报抵扣进项税额，否则不予抵扣"，该情况不得抵扣进项。

如果是增值税普通发票，则不存在进项抵扣问题。

综上，现金流、合同流、发票流不一致，可依照国税发〔1995〕192号第一条第三项规定不予抵扣进项。尽量不要向第三方付款，在无法规避的情况下，必须提供合同相对方盖公章的委托协议，写明因为债权债务关系委托第三方为收款人，但此种情况仍存在抵扣争议。

【政策依据】 国家税务总局公告2014年第39号：

对外开具增值税专用发票同时符合以下情形的，不属于对外虚开增值税专用发票：

一、纳税人向受票方纳税人销售了货物，或者提供了增值税应税劳务、应税服务；

二、纳税人向受票方纳税人收取了所销售货物、所提供应税劳务或者应税服务的款项，或者取得了索取销售款项的凭据；

三、纳税人按规定向受票方纳税人开具的增值税专用发票相关内容，与所销售货物、所提供应税劳务或者应税服务相符，且该增值税专用发票是纳税人合法取得、并以自己名义开具的。

受票方纳税人取得的符合上述情形的增值税专用发票，可以作为增值税扣税凭证抵扣进项税额。

13. 所得税计算中附加税扣除口径应如何确定？

案例： A企业在进行2018年汇算清缴时，调增项中包含了预收款对应的预计毛利额，并扣除预收款对应的预缴附加。

问： 所得税计算中可扣除的预收款对应的城市维护建设税及附加，是按应交口径（1—12月应交，2月至次年1月实缴）还是实缴口径（1—12月实缴，上一年12月至本年11月应交）算？

答： 根据《房地产开发经营业务企业所得税处理办法》第十二条，企业发生的成本、期间费用、税金及附加，应适用同一个扣除口径。根据成本、费用的扣除口径可知，均应为应交口径（所属期）。

【实操指南】 应按照1—12月应交，2月至次年1月实缴口径扣除。

【政策依据】 《房地产开发经营业务企业所得税处理办法》（国税发〔2009〕31号印发）：

第十二条 企业发生的期间费用、已销开发产品计税成本、营业税金及附加、土地增值税准予当期按规定扣除。

14. 管理层在职学位提升，能否列支职工教育经费？

案例： A公司为管理层支付在职学位教育学费，并取得学校开具的"高等学校学费"发票，抬头为A公司。

问： 该发票金额是否可以在职工教育经费中列支？

答： 在职学位提升不能在职工教育经费列支，应由员工个人承担。

【实操指南】 公司为管理层支付在职学位教育学费，不属于与本职位密切相关的职业培训，其属于工资薪金的补充部分，应并入工资薪金代扣代缴个人所得税（以下简称个税）。

【政策依据】 《关于企业职工教育经费提取与使用管理的意见》（财建〔2006〕317号附件）：

企业职工参加社会上的学历教育以及个人为取得学位而参加的在职教，所需费用应由个人承担，不能挤占企业的职工教育培训经费。

15. 佣金按5%限额扣除，是按签订合同的金额还是按法人的收入？

案例： A房地产开发公司（以下简称A公司）开发某小区，于2017年开盘，2019年1月交付，交付时还剩5%尾盘面积未售，且其中大部分为车位。为去库存，A公司与该小区的物业管理公司 B 公司签订了委托代销协议，A 公司收取固定金额，超过固定金额部分为 B 公司的佣金，佣金于收到代销清单时支付。房屋销售合同由 A 公司与业主在实际卖出时签订。

A 公司仅收取固定金额，而该固定金额在 2019 年 1 月签订合同时已确定，物业管理公司后续销售周期较长，预计于 2020 年底销售完毕。而后续溢价较高，物业管理公司收取的佣金极有可能超过合同总价款的 5％，无法在 A 公司企业所得税税前扣除。

问：佣金按 5％限额扣除，是按签订合同的金额还是按法人当年所有的收入金额？

答：根据财税〔2009〕29 号第一条第二款"其他企业：按与具有合法经营资格中介服务机构或个人（不含交易双方及其雇员、代理人和代表人等）所签订服务协议或合同确认的收入金额的 5％计算限额"可知，是按所签订合同确认的收入金额，而不是法人当年的全部收入。

【实操指南】 所签订合同确认的收入金额不同于合同签订金额，如 2019 年 A 公司通过 B 公司与业主共签订了 5 000 万元金额的房屋销售合同，如果 A 公司在 2019 年全额确认了 5 000 万元收入，则按 5 000 万元作为扣除计算基数；但如果 A 公司按照实际交付钥匙给业主的时间确认收入，导致其中 1 000 万元收入延迟到 2020 年确认，则 2019 年的扣除计算基数只能是 4 000 万元。与生产经营相关的手续费及佣金支出，既不得在当年扣除，也不得结转以后年度扣除，因此，第二种情况相对于第一种情况，可能造成 A 公司部分税金损失。

因此，本例中 A 公司很可能不能全额扣除佣金。

如果 A 公司提前筹划，可以在单个合同中约定佣金上限，超出部分与其他楼盘签订佣金合同，以分摊的方式，确保每个楼盘都不超过 5％。

16. 季度预缴企业所得税时，需要调增预计毛利额，还是只需年终汇算时调增？

答：《房地产开发经营业务企业所得税处理办法》第九条规定："企业销售未完工开发产品取得的收入，应先按预计计税毛利率分季（或月）计算出预计毛利额，计入当期应纳税所得额。"因此，季度预缴需要调整。

17. 季度预缴企业所得税时，是否可以弥补以前年度亏损？

答：可以弥补以前年度亏损。

根据《国家税务总局关于发布〈中华人民共和国企业所得税月（季）度预缴纳税申报表（A 类）〉的公告》（国家税务总局公告 2021 年第 3 号）的附件《中华人民共和国企业所得税月（季）度预缴纳税申报表（A 类）》填报说明第四条的规定：

第 9 行"弥补以前年度亏损"：填报纳税人截至本税款所属期末，按照税收规定在企业所得税税前弥补的以前年度尚未弥补亏损的本年累计金额。

当本表第 3＋4－5－6－7－8 行≤0 时，本行＝0（见表 1-3）。

表 1-3 A200000 中华人民共和国企业所得税月（季）度预缴纳税申报表（A 类）

税款所属期间：　　年　月　日至　　年　月　日

纳税人识别号（统一社会信用代码）：□□□□□□□□□□□□□□□□□□

纳税人名称：　　　　　　　　　　　　　　　　　　　　金额单位：人民币元（列至角分）

优 惠 及 附 报 事 项 有 关 信 息									
项目	一季度		二季度		三季度		四季度		季度平均值
	季初	季末	季初	季末	季初	季末	季初	季末	
从业人数									
资产总额（万元）									
国家限制或禁止行业	□是□否				小型微利企业				□是□否
附 报 事 项 名 称									金额或选项
事项1	（填写特定事项名称）								
事项2	（填写特定事项名称）								
预缴税款计算									本年累计
1	营业收入								
2	营业成本								
3	利润总额								
4	加：特定业务计算的应纳税所得额								
5	减：不征税收入								
6	减：资产加速折旧、摊销（扣除）调减额（填写A201020）								
7	减：免税收入、减计收入、加计扣除（7.1+7.2+…）								
7.1	（填写优惠事项名称）								
7.2	（填写优惠事项名称）								
8	减：所得减免（8.1+8.2+…）								
8.1	（填写优惠事项名称）								
8.2	（填写优惠事项名称）								
9	减：弥补以前年度亏损								
10	实际利润额（3+4−5−6−7−8−9）\按照上一纳税年度应纳税所得额平均额确定的应纳税所得额								
11	税率（25%）								
12	应纳所得税额（10×11）								
13	减：减免所得税额（13.1+3.2+…）								
13.1	（填写优惠事项名称）								
13.2	（填写优惠事项名称）								
14	减：本年实际已缴纳所得税额								
15	减：特定业务预缴（征）所得税额								
16	本期应补（退）所得税额（12−13−14−15）\税务机关确定的本期应纳所得税额								
汇总纳税企业总分机构税款计算									
17	总机构	总机构本期分摊应补（退）所得税额（18+19+20）							
18		其中：总机构分摊应补（退）所得税额（16×总机构分摊比例＿＿＿%）							
19		财政集中分配应补（退）所得税额（16×财政集中分配比例＿＿＿%）							
20		总机构具有主体生产经营职能的部门分摊所得税额（16×全部分支机构分摊比例＿＿＿%×总机构具有主体生产经营职能部门分摊比例＿＿＿%）							
21	分支机构	分支机构本期分摊比例							
22		分支机构本期分摊应补（退）所得税额							
实际缴纳企业所得税计算									
23	减：民族自治地区企业所得税地方分享部分：□免征□减征：减征幅度＿＿＿%				本年累计应减免金额[（12−13−15）×40%×减征幅度]				
24	实际应补（退）所得税额								

谨声明：本纳税申报表是根据国家税收法律法规及相关规定填报的，是真实的、可靠的、完整的。

纳税人（签章）：年月日

经办人： 经办人身份证号： 代理机构签章： 代理机构统一社会信用代码：	受理人： 受理税务机关（章）： 受理日期：年月日

国家税务总局监制

18. 房地产行业所得税调整的预计毛利额中是否扣减实际预缴的土地增值税及附加?

答：（1）汇算时扣减。国家税务总局公告 2017 年第 54 号公布的《中华人民共和国企业所得税年度纳税申请表（A 类，2017 年版）》中的 A105010 视同销售和房地产开发企业特定业务纳税调整明细表中第 21~29 行如表 1-4 所示。

表 1-4 A105010 视同销售和房地产开发企业特定业务纳税调整明细表（节选）

行次	项目	税收金额	纳税调整金额
		1	2
21	三、房地产开发企业特定业务计算的纳税调整额（22-26）		
22	（一）房地产企业销售未完工开发产品特定业务计算的纳税调整额（24-25）		
23	1. 销售未完工产品的收入		*
24	2. 销售未完工产品预计毛利额		
25	3. 实际发生的税金及附加、土地增值税		
26	（二）房地产企业销售的未完工产品转完工产品特定业务计算的纳税调整额（28-29）		
27	1. 销售未完工产品转完工产品确认的销售收入		*
28	2. 转回的销售未完工产品预计毛利额		
29	3. 转回实际发生的税金及附加、土地增值税		

其中调增的预计毛利额第 22 行由第 24 行预计毛利额减去第 25 行实际发生的税金及附加、土地增值税得来，因此，预计毛利额中应当扣减实际缴纳的税金及附加和土地增值税。

（2）但季度申报时存在争议。《中华人民共和国企业所得税月（季）度预缴纳税申报表（A 类，2018 年版)》(2020 年修订）填报说明中关于"特定业务计算的应纳税所得额"的规定为：房地产开发企业销售未完工开发产品取得的预售收入，按照税收规定的预计计税毛利率计算出预计毛利额填入此行。单从字面意思理解，填入此行的应该是预售收入×预计计税毛利率，未提及可以扣除对应预缴的税金。

【实操指南】 季度预缴能否扣除预缴税金，在实践中，各地存在不同做法。一种做法是与汇算申报的口径相同，可以扣减预缴税金；另一种做法是根据申报表填报说明，不允许扣减预缴税金。

具体情况需根据当地执行口径判断。

【政策依据】《中华人民共和国企业所得税月（季）度预缴纳税申报表（A 类，2018 年版)》(2020 年修订）填报说明中规定："第 4 行'特定业务计算的应纳税所得额'：从事房地产开发等特定业务的纳税人，填报按照税收规定计算的特定业务的应纳税所得额。房地产开发企业销售未完工开发产品取得的预售收入，按照税收规定的预计计税毛利率计算出预计毛利额填入此行。"

19. 业务招待费、广告宣传费的扣除基数是否一致?

案例：某房地产集团公司总部企业只持有股权并对下属公司进行管理,不从事其他业务,2018年该总部企业取得股权投资收益208万元,无其他收入。

问：业务招待费和广告宣传费的扣除基数是否一致?

答：对于从事股权投资业务的集团公司总部企业,业务招待费的扣除基数包含股息、红利及股权转让收入——投资收益(即使该投资收益免缴企业所得税,也可以作为扣除基数,因为免税收入也属于收入总额的一部分),因此该公司业务招待费的扣除基数为208万元(需与业务招待费实际发生额×60%比较孰低)。

广告宣传费的扣除基数未有全国性文件规定可以包含股权投资收益,其存在争议。部分地区如宁夏认为包含股权投资收益。其他地区无明确口径,但大部分执行口径与业务招待费保持一致,金税三期申报系统中也是自动计算业务招待费和广告宣传费的扣除基数(如果是从事股权投资的企业,在基本信息页面需要勾选,系统会自动将投资收益纳入计算)。

【实操指南】从法理依据上讲,业务招待费和广告宣传费虽然都是按销售收入的比例来计算限额,但其实存在差异(见表1-5)。

表1-5　广告宣传费、业务招待费扣除限额差异

	从事股权投资企业的股权投资收益	化妆品制造或销售、医药制造和饮料制造企业	分摊协议	烟草企业
广告费和业务宣传费	未明确	不超过当年销售(营业)收入30%的部分,准予扣除;超过部分,准予在以后纳税年度结转扣除	可凭分摊协议扣除	不得扣除
业务招待费	作为基数	同一般企业	未规定	同一般企业
政策依据	国税函〔2010〕79号第八条	财政部　税务总局公告2020年第43号		

【政策依据】国税函〔2010〕79号：

八、从事股权投资业务的企业业务招待费计算问题

对从事股权投资业务的企业(包括集团公司总部、创业投资企业等),其从被投资企业所分配的股息、红利以及股权转让收入,可以按规定的比例计算业务招待费扣除限额。

财政部　税务总局公告2020年第43号：

一、对化妆品制造或销售、医药制造和饮料制造(不含酒类制造)企业发生的广告费和业务宣传费支出,不超过当年销售(营业)收入30%的部分,准予扣除;超过部分,准予在以后纳税年度结转扣除。

二、对签订广告费和业务宣传费分摊协议（以下简称分摊协议）的关联企业，其中一方发生的不超过当年销售（营业）收入税前扣除限额比例内的广告费和业务宣传费支出可以在本企业扣除，也可以将其中的部分或全部按照分摊协议归集至另一方扣除。另一方在计算本企业广告费和业务宣传费支出企业所得税税前扣除限额时，可将按照上述办法归集至本企业的广告费和业务宣传费不计算在内。

三、烟草企业的烟草广告费和业务宣传费支出，一律不得在计算应纳税所得额时扣除。

---

20. 折旧年限变更导致增加的折旧是否需要纳税调增？

案例： A房地产公司拥有一栋办公楼，自用办公，在会计上计入固定资产，原值1亿元，于2000年自建并投入使用，按30年计提折旧。2019年，由于该建筑物使用时间已达19年，年久失修，问题较多，A房地产公司拟于5年后迁移到新办公楼，并已开始筹备拿地动工。

迁移新办公楼后，A房地产公司拟将原办公楼拆除，对此，A房地产公司财务在会计上做了会计变更，将原30年的折旧年限缩短为24年，导致当年的折旧由原来的333.33万元变为733.33万元，增加了400万元折旧。

A房地产公司在申报时，主管税务机关发现折旧大幅增加，在了解到该情况后认为，A房地产公司应当做资产减值，而不应该缩短折旧年限，即使是缩短折旧年限，增加的折旧也必须做纳税调增，在后续实际处置该办公楼（推倒时）一次性计入当期损益，在税前扣除。

问： 税务机关的要求是否合理？

答： 不合理。

国家税务总局公告2012年第15号第八条规定，根据《企业所得税法》第二十一条规定，对企业依据财务会计制度规定，并实际在财务会计处理上已确认的支出，凡没有超过《企业所得税法》和有关税收法规规定的税前扣除范围和标准的，可按企业实际会计处理确认的支出，在企业所得税税前扣除，计算其应纳税所得额。

《企业所得税法实施条例》第六十条规定，固定资产计算折旧的最低年限，房屋、建筑物，为20年。

因此，企业调整折旧年限后，仍属于税法规定的扣除范围，未超过标准，可按企业实际会计处理确认的支出，在企业所得税税前扣除。

【实操指南】《国家税务总局关于企业所得税应纳税所得额若干问题的公告》（国家税务总局公告2014年第29号）第五条也印证了这一观点，即企业固定资产会计折旧年限如果短于税法规定的最低折旧年限，其按会计折旧年限计提的折旧高于按税法规定的最低折旧年限计提的折旧部分，应调增当期应纳税所得额；企业固定资产会计折旧年限如果长于税法规定的最低折旧年限，其折旧应按会计折旧年限计算扣除。该公告适用于2013年度及以后年度企业所得税汇算清缴。

【政策依据】《国家税务总局关于企业所得税应纳税所得额若干税务处理问题的公

告》(国家税务总局公告 2012 年第 15 号):

> 八、关于税前扣除规定与企业实际会计处理之间的协调问题
>
> 根据《企业所得税法》第二十一条规定,对企业依据财务会计制度规定,并实际在财务会计处理上已确认的支出,凡没有超过《企业所得税法》和有关税收法规规定的税前扣除范围和标准的,可按企业实际会计处理确认的支出,在企业所得税前扣除,计算其应纳税所得额。

《企业所得税法实施条例》:

> 第六十条　除国务院财政、税务主管部门另有规定外,固定资产计算折旧的最低年限如下:
>
> (一)房屋、建筑物,为 20 年;
>
> (二)飞机、火车、轮船、机器、机械和其他生产设备,为 10 年;
>
> (三)与生产经营活动有关的器具、工具、家具等,为 5 年;
>
> (四)飞机、火车、轮船以外的运输工具,为 4 年;
>
> (五)电子设备,为 3 年。

国家税务总局公告 2014 年第 29 号:

> 五、固定资产折旧的企业所得税处理
>
> (一)企业固定资产会计折旧年限如果短于税法规定的最低折旧年限,其按会计折旧年限计提的折旧高于按税法规定的最低折旧年限计提的折旧部分,应调增当期应纳税所得额;企业固定资产会计折旧年限已期满且会计折旧已提足,但税法规定的最低折旧年限尚未到期且税收折旧尚未足额扣除,其未足额扣除的部分准予在剩余的税收折旧年限继续按规定扣除。
>
> (二)企业固定资产会计折旧年限如果长于税法规定的最低折旧年限,其折旧应按会计折旧年限计算扣除,税法另有规定除外。
>
> (三)企业按会计规定提取的固定资产减值准备,不得税前扣除,其折旧仍按税法确定的固定资产计税基础计算扣除。
>
> (四)企业按税法规定实行加速折旧的,其按加速折旧办法计算的折旧额可全额在税前扣除。
>
> ············
>
> 六、施行时间
>
> 本公告适用于 2013 年度及以后年度企业所得税汇算清缴。

21. 职工亲属到公司探亲的路费,是否可以在企业所得税税前扣除?

答: 根据《国家税务总局关于企业工资薪金及职工福利费扣除问题的通知》(国税函

〔2009〕3号）第三条的规定，丧葬补助费、抚恤费、安家费、探亲假路费等属于企业职工福利费。

《企业所得税法实施条例》第四十条规定，企业发生的职工福利费支出，不超过工资薪金总额14%的部分，准予扣除。

那么，职工家属探亲是否属于探亲路费？是否可作为企业的福利费支出，将不超过工资薪金总额14%的部分扣除？

根据《国务院关于职工探亲待遇的规定》第六条，职工探望配偶和未婚职工探望父母的往返路费，由所在单位负担。已婚职工探望父母的往返路费，在本人月标准工资30%以内的，由本人自理，超过部分由所在单位负担。从目前的探亲路费规定来看，都只规定了职工探望家属，没有规定家属探望职工的情形，从职工还能享受路程假也能看出这一点。

因此，从目前来看，职工家属探亲还没有明确规定可以列入探亲路费在企业所得税税前扣除，尤其是在职工探望配偶的情况下，只有一方能够享受探亲待遇，另一方不能重复享受，也说明只能由探亲的职工在其所在单位享受。如果企业有制度规定，探亲路费可以报销，也要注意这部分探亲路费不能在税前扣除的风险。

【政策依据】《国务院关于职工探亲待遇的规定》：

第三条　职工探亲假期：

（一）职工探望配偶的，每年给予一方探亲假一次，假期为三十天。

（二）未婚职工探望父母，原则上每年给假一次，假期为二十天。如果因为工作需要，本单位当年不能给予假期，或者职工自愿两年探亲一次的，可以两年给假一次，假期为四十五天。

（三）已婚职工探望父母的，每四年给假一次，假期为二十天。

探亲假期是指职工与配偶、父、母团聚的时间，另外，根据实际需要给予路程假。上述假期均包括公休假日和法定节日在内。

第二节　企业所得税税收优惠疑难问题

《企业所得税法》及其实施条例规定了各类税收优惠事项，包括免税收入、减计收入、加计扣除、加速折旧、所得减免、抵扣应纳税所得额、降低税率、税额抵免等。

本章基于房地产及相关企业可能取得的企业所得税税收优惠，聚焦享受条件和程序、留存备查资料、享受优惠时间、后续管理要求等内容进行阐述。

22. 企业取得不征税收入和免税收入对应发生的成本、费用可以在税前扣除吗？

案例：A公司2018年取得符合免税条件的非营利性收入100万元，因取得该非营利性收入发生支出50万元；同时还取得了国务院批准的政府补助80万元，符合不征税收入条件，该不征税收入对应的成本为购入设备的折旧60万元。

问：企业取得不征税收入和免税收入对应发生的成本、费用可以在税前扣除吗？

答：（1）关于免税收入所对应的费用扣除问题，国税函〔2010〕79号第六条规定："根据《实施条例》第二十七条、第二十八条的规定，企业取得的各项免税收入所对应的各项成本费用，除另有规定者外，可以在计算企业应纳税所得额时扣除。"

（2）《企业所得税法实施条例》第二十八条中规定："企业的不征税收入用于支出所形成的费用或者财产，不得扣除或者计算对应的折旧、摊销扣除。"

因此，不征税的财政性资金购买的资产对应折旧摊销或形成的支出不得在税前扣除，国债、政府债券利息、免税投资收益、非营利组织的免税收入购买的资产对应折旧摊销或形成的支出可以在税前扣除。

【实操指南】 本例中，50万元免税收入对应的成本可以在税前扣除，60万元不征税收入对应的成本不能在税前扣除。

免税收入对应的成本费用可以在税前扣除，不征税收入对应的成本费用不得在税前扣除（不征税收入用于支出所形成的资产，其计算的折旧、摊销也不得扣除）。

增值税免税、不征税项目与所得税免税、不征税项目如表1-6所示。

表1-6 增值税免税、不征税项目与所得税免税、不征税项目

	增值税	所得税
免税项目	不得抵扣进项，对应进项应转出	对应成本费用可扣除
不征税项目	可抵扣进项，无须转出进项	对应成本费用不得扣除（含折旧、摊销）
政策依据	财税〔2016〕36号	《企业所得税法实施条例》第二十八条

增值税的免税项目不得抵扣进项，如将土地使用权转让给农业生产者用于农业生产，原来获取土地使用权时取得的专用发票，不得抵扣进项；不征税项目可以抵扣进项，如合同撤销取得违约金，此前因合同发生的成本，取得了专用发票的进项可抵扣。

2016年4月30日前，不征增值税的项目也不能抵扣进项；2016年5月1日后全面营改增，财税〔2016〕36号规定，只有简易计税、免征、集体福利、个人消费不得抵扣进项，也就是说，以前不能抵扣的不征税项目也纳入可抵扣范围了。

可见增值税免税、不征税项目的抵扣与所得税刚好相反。同样相反的还有总分机构是汇总还是分开纳税的问题。

【政策依据】《财政部 国家税务总局关于全面推开营业税改征增值税试点的通知》（财税〔2016〕36号）附件1《营业税改征增值税试点实施办法》：

第二十七条 下列项目的进项税额不得从销项税额中抵扣：

（一）用于简易计税方法计税项目、免征增值税项目、集体福利或者个人消费的购进货物、加工修理修配劳务、服务、无形资产和不动产。其中涉及的固定资产、无形资产、不动产，仅指专用于上述项目的固定资产、无形资产（不包括其他权益性无形资产）、不动产。

············

《企业所得税法实施条例》：

第二十八条 企业发生的支出应当区分收益性支出和资本性支出。收益性支出在发生当期直接扣除；资本性支出应当分期扣除或者计入有关资产成本，不得在发生当期直接扣除。

企业的不征税收入用于支出所形成的费用或者财产，不得扣除或者计算对应的折旧、摊销扣除。

除企业所得税法和本条例另有规定外，企业实际发生的成本、费用、税金、损失和其他支出，不得重复扣除。

【关联问题】 1. 企业所得税不征税收入

（1）财政拨款。

财政拨款，是指各级人民政府对纳入预算管理的事业单位、社会团体等组织拨付的财政资金，但国务院和国务院财政、税务主管部门另有规定的除外。

（2）依法收取并纳入财政管理的行政事业性收费、政府性基金。

企业依照法律、法规及国务院有关规定收取并上缴财政的政府性基金和行政事业性收费，准予作为不征税收入，于上缴财政的当年在计算应纳税所得额时从收入总额中减除；未上缴财政的部分，不得从收入总额中减除。

（3）国务院规定的其他不征税收入。

国务院规定的其他不征税收入，是指企业取得的，由国务院财政、税务主管部门规定专项用途并经国务院批准的财政性资金。

①企业取得的各类财政性资金，均应计入企业当年收入总额（除国家投资和资金使用后要求归还本金）。

②企业取得的由国务院财政、税务主管部门规定专项用途并经国务院批准的财政性资金，准予作为不征税收入，在计算应纳税所得额时从收入总额中减除。

③纳入预算管理的事业单位、社会团体等组织按照核定的预算和经费报领关系收到的由财政部门或上级单位拨入的财政补助收入，准予作为不征税收入，在计算应纳税所得额时从收入总额中减除，但国务院和国务院财政、税务主管部门另有规定的除外。

（4）财政性资金作为不征税收入的条件：有文件，有办法，有核算。

对企业从县级以上各级人民政府取得的财政性资金，凡同时符合以下条件的，可以作为不征税收入：

①企业能够提供资金拨付文件，且文件中规定该资金的专项用途；

②财政部门或其他拨付资金的政府部门对该资金有专门的资金管理办法或具体管理要求；

③企业对该资金以及以该资金发生的支出单独进行核算。

（5）后续管理。

企业将符合条件的财政性资金作不征税收入处理后，在 5 年（60 个月）内未发生支出且未缴回财政部门或其他拨付资金的政府部门的部分，应重新计入取得该资金第六年的收入总额；重新计入收入总额的财政性资金发生的支出，允许在计算应纳税所得额时扣除。

2. 企业所得税免税收入

（1）国债利息收入（国债持有期间的利息收入，免税；国债转让的价差收入，应税）。

（2）2009 年及以后年度发行的地方政府债券利息收入。

（3）符合条件的居民企业之间的股息、红利等权益性投资收益；在中国境内设立机构、场所的非居民企业从居民企业取得与该机构、场所有实际联系的股息、红利等权益性投资收益（只能是在境内有机构的非居民企业）。

①不包括投资到独资企业、合伙企业、非居民企业的收益（《企业所得税法》第一条第二款规定，个人独资企业、合伙企业不适用本法。因此独资、合伙企业未缴纳过企业所得税，自然不存在税后收益分配，而投资收益免税原则是避免重复征税）。

②不包括间接投资。

③不包括连续持有居民企业公开发行并上市流通的股票在一年（12 个月）以内取得的投资收益；未上市的居民企业之间的投资收益，不受一年期限限制。

④仅指权益性投资，不包括债权性投资。

（4）符合条件的非营利组织的收入（非营利性收入）。

①接受其他单位或者个人捐赠的收入；

②除《企业所得税法》第七条规定的财政拨款以外的其他政府补助收入，但不包括因政府购买服务取得的收入；

③按照省级以上民政、财政部门规定收取的会费；

④不征税收入和免税收入孳生的银行存款利息收入。

3. 增值税免税项目

（1）托儿所、幼儿园提供的保育和教育服务。

（2）养老机构提供的养老服务。

（3）残疾人福利机构提供的育养服务。

（4）婚姻介绍服务。

（5）殡葬服务。

（6）残疾人员本人为社会提供的服务。

（7）医疗机构提供的医疗服务。

（8）从事学历教育的学校提供的教育服务。

（9）学生勤工俭学提供的服务。

（10）农业机耕、排灌、病虫害防治、植物保护、农牧保险以及相关技术培训业务，家禽、牲畜、水生动物的配种和疾病防治。

（11）纪念馆、博物馆、文化馆、文物保护单位管理机构、美术馆、展览馆、书画院、图书馆在自己的场所提供文化体育服务取得的第一道门票收入。

（12）寺院、宫观、清真寺和教堂举办文化、宗教活动的门票收入。

（13）行政单位之外的其他单位收取的符合条件的政府性基金和行政事业性收费。

（14）个人转让著作权。

（15）个人销售自建自用住房。

（16）县级以上地方人民政府或自然资源行政主管部门出让、转让或收回自然资源使用权（不含土地使用权）。

（17）纳税人提供的直接或者间接国际货物运输代理服务。

（18）军队空余房产租赁收入。

（19）为了配合国家住房制度改革，企业、行政事业单位按房改成本价、标准价出售住房取得的收入。

（20）将土地使用权转让给农业生产者用于农业生产。

（21）涉及家庭财产分割的个人无偿转让不动产、土地使用权。

（22）土地所有者出让土地使用权和土地使用者将土地使用权归还给土地所有者。

（23）保险公司开办的一年期以上人身保险产品取得的保费收入。

（24）再保险服务。

（25）纳税人提供技术转让、技术开发和与之相关的技术咨询、技术服务。

（26）家政服务企业由员工制家政服务员提供家政服务取得的收入。

（27）符合条件的合同能源管理服务。

（28）福利彩票、体育彩票的发行收入。

（29）以下利息收入：

①2016年12月31日前，金融机构农户小额贷款；

②国家助学贷款；

③国债、地方政府债；

④人民银行对金融机构的贷款；

⑤住房公积金管理中心用住房公积金在指定的委托银行发放的个人住房贷款；

⑥外汇管理部门在从事国家外汇储备经营过程中，委托金融机构发放的外汇贷款；

⑦金融同业往来利息收入；

⑧统借统还业务中，企业集团或企业集团中的核心企业以及集团所属财务公司按不高于支付给金融机构的借款利率水平或者支付的债券票面利率水平，向企业集团或者集团内下属单位收取的利息。

（30）下列金融商品转让收入：

①合格境外投资者（QFII）委托境内公司在我国从事证券买卖业务；

②香港市场投资者（包括单位和个人）通过沪港通、深港通买卖上海、深圳证券交易所上市A股；

③对香港市场投资者（包括单位和个人）通过基金互认买卖内地基金份额；

④证券投资基金（封闭式证券投资基金，开放式证券投资基金）管理人运用基金买卖股票、债券；

⑤个人从事金融商品转让业务。

（31）销售避孕药品和用具。

（32）销售古旧图书：向社会收购的古书和旧书。

（33）销售直接用于科学研究、科学试验和教学的进口仪器、设备。

（34）外国政府、国际组织无偿援助进口物资和设备。

（35）由残疾人的组织直接进口供残疾人专用的物品。

（36）销售自己使用过的物品。自己使用过的物品，是指其他个人自己使用过的物品。

（37）农业生产者销售自产农产品。

4. 增值税不征税项目

（1）基本建设单位和从事建筑安装业务的企业附设工厂、车间在建筑现场制造的预制构件，凡直接用于本单位或本企业建筑工程的。

（2）供应或开采未经加工的天然水。

（3）对国家管理部门行使其管理职能，发放的执照、牌照和有关证书等取得的工本费收入。

（4）增值税纳税人收取的会员费收入。

（5）纳税人取得中央财政补贴。

①纳税人取得的中央财政补贴，不属于增值税应税收入。

②燃油电厂从政府财政专户取得的发电补贴不属于增值税规定的价外费用，不计入应税销售额。

（6）试点纳税人根据国家指令无偿提供的铁路运输服务、航空运输服务，属于公益活动为目的的服务。

（7）存款利息。

（8）被保险人获得的保险赔付。

（9）房地产主管部门或者其指定机构、公积金管理中心、开发企业以及物业管理单位代收的住宅专项维修资金。

23. 分支机构符合小微企业的条件，如何申请小微企业优惠？

案例： A房地产公司注册于A市，为积极获取新项目，其在B市成立了分公司，该分公司于2019年取得利息收入50万元，职工共有3人，主要从事投拓活动，资产总额200万元；A房地产公司总机构2019年11月开始预售房地产，取得房地产销售收入1 000万元，资产总额1 000万元，职工人数104人。

问： 分公司能否在B市申请小微企业优惠？

答： 小微企业认定是指整个企业，不能把总机构和分支机构拆开看。《跨地区经营汇总纳税企业所得税征收管理办法》（国家税务总局公告2012年第57号印发）第五条规定："上年度认定为小型微利企业的，其二级分支机构不就地分摊缴纳企业所得税。"

根据上述规定，在整个企业符合小微企业认定时，所得税无须分摊，全部在总机构所在地纳税。

分公司虽然可以实现独立核算，但不具备法人资格，因此分支机构不能单独认定为小微企业。

【实操指南】 A房地产公司应汇总计算总分机构的所得税，且按法人主体确定是否可以享受小微企业优惠。该公司2018年底资产总额1 200万元，职工人数107人，收入总额 1 050 万元，未提供应纳税所得额数据。

根据国家税务总局公告 2019 年第 2 号，自 2019 年 1 月 1 日至 2021 年 12 月 31 日，对小型微利企业年应纳税所得额不超过 100 万元的部分，减按 25% 计入应纳税所得额，按 20% 的税率缴纳企业所得税；对年应纳税所得额超过 100 万元但不超过 300 万元的部分，减按 50% 计入应纳税所得额，按 20% 的税率缴纳企业所得税。小型微利企业是指从事国家非限制和禁止行业，且同时符合年度应纳税所得额不超过 300 万元、从业人数不超过 300 人、资产总额不超过 5 000 万元等三个条件的企业。

因此，如果 A 房地产公司合并应纳税所得额不超过 300 万元，则符合小型微利企业的条件，在 A 市全额纳税，B 市分公司不分摊。

如果 A 房地产公司合并应纳税所得额超过 300 万元，则不符合小型微利企业的条件，应纳税所得额全额按 25% 计税，并分摊 50% 应纳税额给 B 分支机构。

根据以上分析，我们可以看出，设立子公司比设立分公司在享受小微企业优惠等方面更加有利，如果在 B 市设立子公司，则利息收入 50 万元一定可以减按 25% 计入应纳税所得额，享受税收优惠；同时 A 房地产公司 2019 年符合小微企业的可能性更大。

24. 非货币性资产投资递延纳税期间，部分转让股权应如何处理？

案例： A 房地产公司（以下简称 A 公司）2015 年 1 月以土地使用权出资，成立了全资子公司 B。由于 A 公司是使用非货币性资产出资的，符合《财政部 国家税务总局关于非货币性资产投资企业所得税政策问题的通知》(财税〔2014〕116 号) 规定的递延五年纳税条件，因此 A 公司向主管税务机关备案，并享受了该递延纳税政策。

A 公司取得土地使用权的成本为 1 亿元，作价 2 亿元出资，非货币性资产投资涉及的应纳税所得额为 1 亿元，所得税 2 500 万元，分五年缴纳。2015 年纳税 500 万元；2016 年纳税 500 万元；2017 年 3 月，C 公司找到 A 公司，拟收购 B 公司，进行房地产开发。

C 公司出价 3 亿元收购 B 公司，A 公司管理层经商讨后，决定只出售部分股权给 C 公司，由 A、C 两公司共同持股，合作开发，以减轻资金压力，收回土地成本，同时也不失去对 B 公司所开发项目的利润并表和获取现金流分红的权利。

A 公司与 C 公司经过洽商，达成一致意见，由 C 公司收购 A 公司持有的 30% B 公司的股权，支付股权款 1 亿元，刚好收回前期的土地成本。

2017 年 5 月，A、C 公司签订股权转让协议，并完成工商登记变更。

问：（1）2017 年，原递延的非货币性资产投资收益应如何纳税？

（2）本次股权转让所得应如何纳税？

答：（1）2017 年应缴纳非货币性资产投资收益所得税 1 500 万元。

（2）本次股权转让所得 =10 000 − 20 000 × 30% = 4 000（万元），应纳所得税 =4 000 × 25% = 1 000（万元）。

【实操指南】（1）根据财税〔2014〕116 号第四条，企业在对外投资 5 年内转让投资股权或投资收回的，应停止执行递延纳税政策，并就递延期内尚未确认的非货币性资产转让所得，在转让股权或投资收回当年的企业所得税年度汇算清缴时，一次性计算缴纳企业所得税。

分析上述政策，存在以下两个争议。

第一个争议是调整时点，如果只转让了部分股权，是转让部分股权就要调整还是转让完所有股权后调整？但这个争议在实践中基本不存在，转让部分股权后很可能剩余部分股权不再转让，那么如果企业转让 99.99％的股权，剩下的 0.01％股权到五年期满后再转让，就可以规避停止递延，但这明显不符合立法者意图。因此，应当是转让部分股权就要调整，哪怕是转让 0.01％的股权。

第二个争议是，如果转让部分股权，是仅停止执行转让部分的所得税递延纳税还是全部停止执行？这个争议在实践中也的确存在。

如果不整个停止执行，对税务机关来说很难计算税款，也难以后续管控，特别是在企业分多次转让股权的情形下。如本例中，2015—2016 年已经缴纳了 1 000 万元的税款，本次转让的 30％股权对应的税款是 750 万元（2 500×0.3）。如果仅对本次转让股权部分停止执行递延政策的话，那么原来已经缴纳的 1 000 万元，实际上已经超过了本次应交的 750 万元，是否不需要补税？如果按比例抵减，即 2015—2016 年缴纳的 1 000 万元税款中，只有 300 万元属于本次转让的 30％股权部分，那么本次应补缴的税款是 450 万元（750−300）。虽然后面一种看起来更为合理，但后续管控较为困难，且税务总局也未明确规定计算口径，各地执行时会产生无据可依的问题。

但整个停止执行也存在不合理之处，财税〔2014〕116 号出台的目的主要是促进非货币性资产投资，因为非货币性资产投资虽然视同销售了，但并未取得现金，趴在账上的长期投资无法带来现金流入，如本例中，A 公司一次缴纳 2 500 万元税款，但却无任何现金流入，对于企业来说是极大的负担。如果股权部分转让时，就全部停止执行所得税递延纳税，则不符合文件的初衷，特别是只转让少数股权的时候。

在确定性政策出台前，笔者倾向于实际执行采用第一种口径，即只要在递延期间内发生股权转让或收回投资行为（即使只是转让部分），递延政策也整个停止执行，尚未确认的非货币资产转让所得一次性计算缴纳企业所得税，计税基础也一并调整到位。

希望总局层面也能尽快制定规则，避免执行口径不一的问题。

（2）财税〔2014〕116 号第四条中规定："企业在计算股权转让所得时，可按本通知第三条第一款规定将股权的计税基础一次调整到位。"

根据此条，本次转让的股权计税基础建立在以前非货币性资产投资的税款已完税的基础上，无论采用前述哪种口径，30％部分均视为已经完税，按投资时作价的金额，即 2 亿元的 30％，作为股权转让的成本。

【关联问题】（1）如果本例改为"A 房地产公司 2015 年 1 月以土地使用权向已成立的全资子公司 B 出资"，是否符合财税〔2014〕116 号规定的递延五年纳税条件？

答案是符合。财税〔2014〕116 号只要求是以非货币性资产投资，未规定是新设还是现存，因此不受限制。

（2）如果本例改为"A 房地产公司 2015 年 1 月与 B 公司签订投资协议，约定以土地使用权向已成立的全资子公司 B 出资，2 月完成股权变更手续"，那么从何时开始计算递延五年纳税？

财税〔2014〕116 号第二条中规定："企业以非货币性资产对外投资，应于投资协议生效并办理股权登记手续时，确认非货币性资产转让收入的实现。"

因此，A 房地产公司应自 2015 年 2 月起确认非货币性资产收入的实现，即 2015 年缴纳 458 万元（500×11/12）税款，2016—2019 年每年缴纳 500 万元税款，2020 年缴纳 42 万元（500×1/12）税款。

（3）如果本例改为"A 房地产公司 2015 年 1 月与 B 公司签订投资协议，约定以土地使用权向已成立的全资子公司 B 出资，2016 年 2 月完成股权变更手续"，那么从何时开始计算递延五年纳税？

A、B 公司属于关联企业，根据国家税务总局办公厅关于《国家税务总局关于非货币性资产投资企业所得税有关征管问题的公告》的解读，"关联企业之间非货币性资产投资行为，自投资协议生效后最长 12 个月内应完成股权变更登记手续。如果投资协议生效后 12 个月内仍未完成股权变更登记手续，则于投资协议生效时，确认非货币性资产转让收入的实现"，此种情况下，A 房地产公司应自 2015 年 1 月确认收入实现，即 2015—2019 年每年缴纳 500 万元的税款。

（4）如果本例改为"A 房地产公司 2015 年 1 月与 B 公司签订投资协议，约定以土地使用权向 B 公司出资，2016 年 2 月完成股权变更手续"，那么从何时开始计算递延五年纳税？A、B 公司不存在关联关系。

由于 A、B 公司不属于关联企业，因此此种情况下，A 房地产公司应自 2016 年 2 月确认收入实现，即 2016 年缴纳 458 万元（500×11/12）税款，2017—2020 年每年缴纳 500 万元的税款，2021 年缴纳 42 万元（500×1/12）税款。

25. 加计扣除和一次性税前扣除是否可以同享？

案例： A 地产集团下设装配式建筑公司 B，B 公司有研发团队，发生的研发费用单独归集并设立台账，符合加计扣除条件。2018 年 B 公司购入一台研发设备，价格 400 万元，享受了单价不超过 500 万元的新购设备允许一次性税前扣除的优惠（财税〔2018〕54 号、国家税务总局公告 2018 年 46 号）。

问： 符合规定的设备如属于合规的研发设备，该一次性税前扣除的支出是否可作研发费用加计扣除处理？

答： 可以。国家税务总局公告 2017 年第 40 号第三条规定："企业用于研发活动的仪器、设备，符合税法规定且选择加速折旧优惠政策的，在享受研发费用税前加计扣除政策时，就税前扣除的折旧部分计算加计扣除。"一次性扣除也属于加速折旧，可在当年一次性加计扣除。

【实操指南】 如果 B 公司亏损，且预计 5 年内无法实现盈利，不建议适用一次性扣除政策，但加计扣除政策必须当年适用，无法延迟至以后年度扣除加计部分。

【政策依据】 《财政部 税务总局关于设备 器具扣除有关企业所得税政策的通知》（财税〔2018〕54 号）：

为引导企业加大设备、器具投资力度，现就有关企业所得税政策通知如下：

　　一、企业在 2018 年 1 月 1 日至 2020 年 12 月 31 日期间新购进的设备、器具，单位价值不超过 500 万元的，允许一次性计入当期成本费用在计算应纳税所得额时扣除，不再分年度计算折旧；单位价值超过 500 万元的，仍按企业所得税法实施条例、《财政部　国家税务总局关于完善固定资产加速折旧企业所得税政策的通知》（财税〔2014〕75 号）、《财政部　国家税务总局关于进一步完善固定资产加速折旧企业所得税政策的通知》（财税〔2015〕106 号）等相关规定执行。

　　二、本通知所称设备、器具，是指除房屋、建筑物以外的固定资产。

《国家税务总局关于设备　器具扣除有关企业所得税政策执行问题的公告》（国家税务总局公告 2018 年第 46 号）：

　　一、企业在 2018 年 1 月 1 日至 2020 年 12 月 31 日期间新购进的设备、器具，单位价值不超过 500 万元的，允许一次性计入当期成本费用在计算应纳税所得额时扣除，不再分年度计算折旧（以下简称一次性税前扣除政策）。

　　…………

　　【关联问题】 （1）接上例，A 地产集团下设装配式建筑公司 B，B 公司有研发团队，发生的研发费用单独归集并设立台账，符合加计扣除条件。2018 年 A 公司将一台 400 万元的研发设备作为投资入股给 B 公司，B 公司是否可以享受一次性扣除政策和加计扣除政策？

　　接受投资不可以享受一次性扣除政策。根据国家税务总局公告 2018 年第 46 号第一条"（一）所称设备、器具，是指除房屋、建筑物以外的固定资产（以下简称固定资产）；所称购进，包括以货币形式购进或自行建造，其中以货币形式购进的固定资产包括购进的使用过的固定资产；以货币形式购进的固定资产，以购买价款和支付的相关税费以及直接归属于使该资产达到预定用途发生的其他支出确定单位价值，自行建造的固定资产，以竣工结算前发生的支出确定单位价值"可知，购进应当是以货币形式购进或自行建造，因此，接受投资取得的设备、器具或非货币性资产交换取得的，均不能享受一次性税前扣除政策。

　　凡是符合加计扣除条件的研发费用，均可以享受加计扣除，不受购入或接受投资的影响，但当年加计扣除的支出金额会受影响。

　　（2）接上例，A 地产集团下设装配式建筑公司 B，B 公司有研发团队，发生的研发费用单独归集并设立台账，符合加计扣除条件。2018 年 B 公司购入了一台研发设备，价格 400 万元，在账面上按 5 年分期折旧扣除。

　　B 公司是否可以享受单价不超过 500 万元的新购设备允许一次性税前扣除的优惠？

　　答案是可以。国家税务总局公告 2018 年第 46 号规定："三、企业选择享受一次性税前扣除政策的，其资产的税务处理可与会计处理不一致。"

　　（3）接上例，A 地产集团下设装配式建筑公司 B，B 公司有研发团队，发生的研发费用单独归集并设立台账，符合加计扣除条件。2018 年 B 公司购入一台研发设备，价格 400 万元，在账面上按 5 年分期折旧扣除，但 2018 年 B 公司亏损，因此未一次性税前扣除，仅扣除了 80 万元。2019 年，B 公司实现盈利 500 万元，拟在税前扣除剩余 320 万元，是否可以？

答案是不可以。国家税务总局公告 2018 年第 46 号规定："四、企业根据自身生产经营核算需要，可自行选择享受一次性税前扣除政策。未选择享受一次性税前扣除政策的，以后年度不得再变更。"

（4）接上例，A 地产集团下设装配式建筑公司 B，B 公司有研发团队，发生的研发费用单独归集并设立台账，符合加计扣除条件。2018 年 B 公司购入一台研发设备，价格 500.01 万元，B 公司能否一次性税前扣除？

答案是不可以。国家税务总局公告 2018 年第 46 号规定："六、单位价值超过 500 万元的固定资产，仍按照企业所得税法及其实施条例、《财政部　国家税务总局关于完善固定资产加速折旧企业所得税政策的通知》（财税〔2014〕75 号）、《财政部　国家税务总局关于进一步完善固定资产加速折旧企业所得税政策的通知》（财税〔2015〕106 号）、《国家税务总局关于固定资产加速折旧税收政策有关问题的公告》（国家税务总局公告 2014 年第 64 号）、《国家税务总局关于进一步完善固定资产加速折旧企业所得税政策有关问题的公告》（国家税务总局公告 2015 年第 68 号）等相关规定执行。"

因此，如果购入 500 万元（含本数）的设备、器具，可以一次性扣除，但价格超出一分钱都不可以一次性扣除，只能分期计提折旧扣除。

26. 投入使用与竣工时间不一致，如何确定一次性税前扣除的年份？

案例： A 房地产公司自行研发装配式建筑，购进大型的建设项目，项目于 2018 年 5 月交付使用，会计上对已交付使用但尚未办理竣工结算手续的固定资产暂估入账，并于次月计提折旧。但项目竣工决算报告实际到 2020 年方可完成。

问： A 房地产公司待 2020 年项目竣工决算后（此时固定资产的最终价值得以确认）方在所得税前一次性扣除，是否符合法规规定？

答： 国家税务总局 2018 年第 46 号公告规定，企业在 2018 年 1 月 1 日至 2020 年 12 月 31 日期间新购进的设备、器具，单位价值不超过 500 万元的，允许一次性税前扣除。公告第一条第二款规定企业自行建造的固定资产的购进时点，按竣工结算时间确认；第二条规定固定资产在投入使用月份的次月所属年度一次性税前扣除。

以上两条看似存在矛盾，第一条说按竣工结算时间，第二条说按投入使用次月，当竣工结算和投入使用跨年时，应该如何适用？

观点 1：部分地区税务机关认为，针对实践中存在投入使用年份与竣工结算年份不一样的情况，若竣工决算时点晚于投入使用时点，应以竣工决算时点来判断折旧一次性税前扣除时间，因为只有竣工决算后，才能准确判断税前扣除金额。项目建设需要等到竣工决算报告出具后，资产的价值才能得以确定，所以从可操作性的角度出发，应以竣工决算的时点作为判断一次性扣除的时间。

但笔者认为上述观点并没有理解国家税务总局 2018 年第 46 号公告的精神。

观点 2：第一条是用来判断是否符合一次性扣除条件的，第二条是用来判断扣除的所在年度的。

购进时点是用来判断购进的固定资产是否符合一次性扣除政策条件的，即购进时点在 2018 年 1 月 1 日至 2020 年 12 月 31 日期间的，才可以一次性扣除，如果购进时点落在该时间段以外，则不可以一次性扣除。

本例中，该建造项目 2020 年竣工结算，2020 年就是该项目的购进时点，因此，该项目可以享受一次性扣除政策。

假如该项目在 2021 年 1 月进行竣工结算，即使该项目建成的设备已经在 2018 年投入使用，也不符合一次性扣除的条件，如无后续文件衔接此项优惠政策，则只能分摊折旧扣除。

国家税务总局 2018 年第 46 号公告第二条规定了一次性扣除年度为投入使用月份的次月所属年度。因此，该项目 2018 年 5 月投入使用，应在 2018 年 6 月的所属年度（2018 年）一次性扣除。

【实操指南】 但 2018 年以前，该设备已经投入使用了，不作扣除是否合理呢？

我们再来看国税函〔2010〕79 号第五条的规定：

五、关于固定资产投入使用后计税基础确定问题

企业固定资产投入使用后，由于工程款项尚未结清未取得全额发票的，可暂按合同规定的金额计入固定资产计税基础计提折旧，待发票取得后进行调整。但该项调整应在固定资产投入使用后 12 个月内进行。

因此，如果设备 2018 年投入使用，说明已经达到可使用条件，成本基本归集完毕，只是由于决算周期过长，才拖到 2020 年进行决算，但实际上只要资产投入使用，无论是在会计上还是税法上，均应该计提折旧，这样才符合成本收入的配比原则。

已投入使用但尚未办理竣工决算的固定资产，应按照暂估价值计提折旧或一次性扣除，待办理竣工决算后再按实际成本调整原来的暂估价值，而不是等到竣工结算后再计提折旧或一次性扣除。

在这一原则上，企业所得税与会计准则一致。

【关联问题】 假如本例改为"A 房地产公司自行研发装配式建筑，购进大型的建设项目，项目于 2018 年 5 月交付使用，会计上对已交付使用但尚未办理竣工结算手续的固定资产暂估入账，并于次月计提折旧，但项目竣工决算报告实际到 2021 年方可完成"，则竣工结算时点在 2021 年。根据国家税务总局 2018 年第 46 号公告，购进时点不在 2018 年 1 月 1 日至 2020 年 12 月 31 日期间，因此该项目不能享受一次性扣除。

项目应从 2018 年交付使用后，先预估成本折旧扣除。

27. 季度预缴时是否可以享受加计扣除和加速折旧的企业所得税优惠？

案例：接上例，A 房地产集团下设装配式建筑公司 B，B 公司有研发团队，发生的研发费用单独归集并设立台账，符合加计扣除条件。2018 年 5 月，B 公司购入一台研发设备，价格 400 万元，享受了单价不超过 500 万元的新购设备允许一次性税前扣除的

优惠。

问：B 公司拟在第二季度申报所得税时同时享受一次性扣除和加计扣除优惠，是否可行？

答：（1）研发费用加计扣除只能在汇算清缴时享受，不能在季度预缴时享受。

根据《国家税务总局关于发布〈企业所得税优惠政策事项办理办法〉的公告》（国家税务总局公告 2015 年第 76 号）附件 1《企业所得税优惠事项备案管理目录（2015 年版)》的规定，开发新技术、新产品、新工艺发生的研究开发费用加计扣除是在汇算清缴时享受，季度预缴时不享受此项税收优惠政策，如表 1-7 所示。

表 1-7 企业所得税优惠事项备案管理目录（2015 年版）（节选）

序号	优惠事项名称	政策概述	主要政策依据	备案资料	预缴期是否享受优惠	主要留存备查资料
14	开发新技术、新产品、新工艺发生的研究开发费用加计扣除	企业为开发新技术、新产品、新工艺发生的研究开发费用，未形成无形资产计入当期损益的，在按照规定据实扣除的基础上，按照研究开发费用的50％加计扣除；形成无形资产的，按照无形资产成本的150％摊销。对从事文化产业支撑技术等领域的文化企业，开发新技术、新产品、新工艺发生的研究开发费用，允许按照税收法律法规的规定，在计算应纳税所得额时加计扣除。	1.《中华人民共和国企业所得税法》第三十条；2.《中华人民共和国企业所得税法实施条例》第九十五条；3.《财政部 国家税务总局 科技部关于完善研究开发费用税前加计扣除政策的通知》（财税〔2015〕119 号）；4.《财政部 海关总署 国家税务总局关于继续实施支持文化企业发展若干税收政策的通知》（财税〔2014〕85 号）第四条。	1. 企业所得税优惠事项备案表；2. 研发项目立项文件。	汇缴享受	1. 自主、委托、合作研究开发项目计划书和企业有权部门关于自主、委托、合作研究开发项目立项的决议文件；2. 自主、委托、合作研究开发专门机构或项目组的编制情况和研发人员名单；3. 经国家有关部门登记的委托、合作研究开发项目的合同；4. 从事研发活动的人员和用于研发活动的仪器、设备、无形资产的费用分配说明；5. 集中开发项目研发费决算表、集中研发项目费用分摊明细情况表和实际分享比例等资料；6. 研发项目辅助明细账和研发项目汇总表；7. 省税务机关规定的其他资料。

（2）一次性扣除等加速折旧政策，可以在季度预缴时享受。

《中华人民共和国企业所得税月（季）度预缴纳税申报表（A 类）》中的"A201020 资产加速折旧、摊销（扣除）优惠明细表"中包含一次性扣除。

【实操指南】 因此 B 公司在第二季度可以税前扣除 400 万元，在 2019 年 5 月汇算清缴时，可以加计 75％扣除 700 万元（400×175％）。

【关联问题】 如果 B 公司在 2018 年 12 月购入该研发设备，扣除年度是在 2018 年还是 2019 年？

答案是 2019 年。

国家税务总局公告 2018 年第 46 号第二条规定："固定资产在投入使用月份的次月所属年度一次性税前扣除。"

《国家税务总局办公厅关于〈国家税务总局关于设备器具扣除有关企业所得税政策执行问题的公告〉的解读》第二条第（二）项规定："企业所得税法实施条例规定，企业应当自固定资产投入使用月份的次月起计算折旧。固定资产一次性税前扣除政策仅仅是固定资产税前扣除的一种特殊方式，因此，其税前扣除的时点应与固定资产计算折旧的处理原则保持一致。公告对此进行了相应规定。比如，某企业于 2018 年 12 月购进了一项单位价值为 300 万元的设备并于当月投入使用，则该设备可在 2019 年一次性税前扣除。"

28. 核定征收企业能否享受企业所得税优惠？

答： 根据《国家税务总局关于印发〈企业所得税核定征收办法（试行）〉的通知》（国税发〔2008〕30 号）第三条、《国家税务总局关于企业所得税核定征收若干问题的通知》（国税函〔2009〕377 号）第一条以及《国家税务总局关于修订企业所得税 2 个规范性文件的公告》（国家税务总局公告 2016 年第 88 号）第二条的规定，享受企业所得税税收优惠的企业不得实行核定征收，反过来说，核定征收企业不得享受企业所得税税收优惠，免税收入和小微企业优惠除外。

因此，核定征收企业只能享受免税收入优惠和小微企业优惠，不得享受其他类型的所得税优惠。

【实操指南】 不征税收入也可以从收入总额中减除（不征税收入不是税收优惠，因此可以减除）。

【政策依据】《企业所得税核定征收办法（试行）》（国税发〔2008〕30 号印发）：

第三条 纳税人具有下列情形之一的，核定征收企业所得税：

（一）依照法律、行政法规的规定可以不设置账簿的；

（二）依照法律、行政法规的规定应当设置但未设置账簿的；

（三）擅自销毁账簿或者拒不提供纳税资料的；

（四）虽设置账簿，但账目混乱或者成本资料、收入凭证、费用凭证残缺不全，难以查账的；

（五）发生纳税义务，未按照规定的期限办理纳税申报，经税务机关责令限期申报，逾期仍不申报的；

（六）申报的计税依据明显偏低，又无正当理由的。

特殊行业、特殊类型的纳税人和一定规模以上的纳税人不适用本办法。上述特定纳税人由国家税务总局另行明确。

国税函〔2009〕377号：

> 一、国税发〔2008〕30号文件第三条第二款所称"特定纳税人"包括以下类型的企业：
>
> （一）享受《中华人民共和国企业所得税法》及其实施条例和国务院规定的一项或几项企业所得税优惠政策的企业（不包括仅享受《中华人民共和国企业所得税法》第二十六条规定免税收入优惠政策的企业）；
>
> ……………

国家税务总局公告2016年第88号：

> 二、关于核定征收的小型微利企业享受优惠问题
>
> 《国家税务总局关于企业所得税核定征收若干问题的通知》（国税函〔2009〕377号）第一条第（一）项修订为：享受《中华人民共和国企业所得税法》及其实施条例和国务院规定的一项或几项企业所得税优惠政策的企业（不包括仅享受《中华人民共和国企业所得税法》第二十六条规定免税收入优惠政策的企业、第二十八条规定的符合条件的小型微利企业）。

《国家税务总局关于实施小型微利企业普惠性所得税减免政策有关问题的公告》（国家税务总局公告2019年第2号）：

> 一、自2019年1月1日至2021年12月31日，对小型微利企业年应纳税所得额不超过100万元的部分，减按25%计入应纳税所得额，按20%的税率缴纳企业所得税；对年应纳税所得额超过100万元但不超过300万元的部分，减按50%计入应纳税所得额，按20%的税率缴纳企业所得税。
>
> 小型微利企业无论按查账征收方式或核定征收方式缴纳企业所得税，均可享受上述优惠政策。
>
> ……………
>
> 六、实行核定应纳所得税额征收的企业，根据小型微利企业所得税减免政策规定需要调减定额的，由主管税务机关按照程序调整，并及时将调整情况告知企业。
>
> ……………

29. 高新技术企业是否自证书载明日期起享受优惠？

案例：某房地产集团下设装配式建筑企业，2017年符合高新技术企业申请条件，并申请了高新技术企业资格。主管部门于2017年11月认定通过，12月进行公示，公示结束后，于2018年1月颁发高新技术企业证书。

问：该装配式建筑企业拟于2017年汇算清缴时申请享受高新技术15%优惠税率，其是否可以享受？

答：根据《国家税务总局关于实施高新技术企业所得税优惠政策有关问题的公告》（国家税务总局公告 2017 年第 24 号）第一条，自高新技术企业证书注明的发证时间所在年度起申报享受税收优惠。

根据《企业所得税法》的规定，企业所得税按纳税年度计算，因此高新技术企业也是按年享受税收优惠。而高新技术企业证书上注明的发证时间是具体日期，不一定是一个完整纳税年度，且有效期为 3 年。这就导致了企业享受优惠期间和高新技术企业认定证书的有效期不完全一致。为此，公告明确，企业获得高新技术企业资格后，自其高新技术企业证书注明的发证时间所在年度起申报享受税收优惠，并按规定向主管税务机关办理备案手续。

【实操指南】　如果该企业取得的高新技术企业证书上注明的发证时间是 2018 年 1 月，则该企业可自 2018 年 1 月 1 日起连续 3 年享受高新技术企业税收优惠政策，即享受高新技术企业税收优惠政策的年度为 2018 年、2019 年和 2020 年。2021 年为期满当年，在通过重新认定前，其企业所得税可暂按 15％ 的税率预缴，在年底前（2021 年 12 月 31 日前，不是汇算清缴前）仍未取得高新技术企业资格的，则应按规定补缴税款。

如果该企业取得的高新技术企业证书上注明的发证时间是 2017 年 12 月，则该企业可自 2017 年 1 月 1 日起连续 3 年享受高新技术企业税收优惠政策，即享受高新技术企业税收优惠政策的年度为 2017 年、2018 年和 2019 年，2020 年可暂按 15％ 预缴季度所得税（同上）。

因此，该企业 2017 年能否享受税收优惠，取决于证书载明时间，而不是发证时间或认定公示时间。

【政策依据】　国家税务总局公告 2017 年第 24 号：

一、企业获得高新技术企业资格后，自高新技术企业证书注明的发证时间所在年度起申报享受税收优惠，并按规定向主管税务机关办理备案手续。

企业的高新技术企业资格期满当年，在通过重新认定前，其企业所得税暂按 15％ 的税率预缴，在年底前仍未取得高新技术企业资格的，应按规定补缴相应期间的税款。

第三节　完工时点确认及实际毛利结算

房地产开发企业所得税处理以开发产品完工时点为分水岭，完工前后企业所得税处理方法不同。

完工年度之前，企业销售未完工开发产品取得的收入，应先按预计计税毛利率分季（或月）计算出预计毛利额，计入当期应纳税所得额，并填入企业所得税纳税申报表中。

在完工年度，企业应及时结算其计税成本并计算此前销售收入的实际毛利额，同时将其实际毛利额与其对应的预计毛利额之间的差额，计入当年度企业本项目与其他项目合并计算的应纳税所得额。

在完工年度后，企业按照销售完工产品取得的收入和计税成本计算出实际毛利额，并填入企业所得税纳税申报表中。企业完工年度后取得发票时，应考虑毛利额结算时不超过合同金额 10% 部分的预提无票成本，将超过 10% 且取得发票部分计入取得当年的计税成本。

房地产行业确认完工时点非常重要。

本章基于房地产完工前后的不同税务处理，聚焦完工时点确认及实际毛利结算等问题进行阐述。

30. 项目已完工会计未结转时，季度预缴是否需要进行调整？

案例： A 房地产公司项目竣工时间在 2018 年 7 月，交付在 2019 年 6 月。

问：（1）在第四季度纳税申报时 A 房地产公司是否应按实际毛利额来申报？

（2）在做年度企业所得税汇算清缴时，由于会计尚未结转利润，成本也暂未结转计税成本，没有成本数据怎么计算实际毛利？

答：（1）《房地产开发经营业务企业所得税处理办法》第九条规定："企业销售未完工开发产品取得的收入，应先按预计计税毛利率分季（或月）计算出预计毛利额，计入当期应纳税所得额。开发产品完工后，企业应及时结算其计税成本并计算此前销售收入的实际毛利额，同时将其实际毛利额与其对应的预计毛利额之间的差额，计入当年度企业本项目与其他项目合并计算的应纳税所得额。在年度纳税申报时，企业须出具对该项开发产品实际毛利额与预计毛利额之间差异调整情况的报告以及税务机关需要的其他相关资料。"

分析以上条文，在销售未完工产品的时候，《房地产开发经营业务企业所得税处理办法》规定了要按月或按季计算预计毛利，但在完工后，其只规定了"及时"二字，未提到预缴时是否要并入应纳税所得。

该条第二款还提到了年度纳税申报，可以理解为年度纳税申报就是汇算清缴的时间，因此，部分地区认为季度预缴不需要结转预计毛利（账上已结转的除外），且如果账上未结转，在季度申报表中也没有可以调整的行次。

因此，企业在第四季度进行纳税申报时，按照会计利润＋预计毛利进行纳税申报，汇算清缴时再做纳税调增，将账上未确认的实际毛利额与其对应的预计毛利额之间的差额，计入当年度企业本项目与其他项目合并计算的应纳税所得额。

（2）《房地产开发经营业务企业所得税处理办法》第三十五条规定："开发产品完工以后，企业可在完工年度企业所得税汇算清缴前选择确定计税成本核算的终止日，不得滞后。凡已完工开发产品在完工年度未按规定结算计税成本，主管税务机关有权确定或核定其计税成本，据此进行纳税调整，并按《中华人民共和国税收征收管理法》的有关规定对其进行处理。"

根据以上规定，本案例中竣工时间在 2018 年 7 月，因此企业可以在 2019 年 5 月 31 日前的任何时点，选择确认计税成本核算的终止日。虽然会计没有结转利润，成本也必须结转计税成本，但是不在此前结转的企业不能将其作为无法计算实际毛利的理由，因为税务机关可以核定计税成本。

31. 竣工备案与交楼时间跨年如何处理？

案例： A 房地产公司项目竣工时间在 2018 年 7 月，交付在 2019 年 6 月。项目 2019年 6 月全部销售完毕，产生利润 6 000 万元。

2019 年 5 月汇算时，根据《房地产开发经营业务企业所得税处理办法》的要求，竣工即应结算实际毛利，因此 A 房地产公司结算了实际毛利 6 000 万元与预计毛利3 600 万元的差额，计入应纳税所得额 2 400 万元，产生税款 600 万元。

2019 年 6 月 A 房地产公司账面上根据交房结转了收入，产生账面利润 6 000 万元，在第二季度预缴时，因预缴申报表没有调整项，导致重复缴纳所得税 1 500 万元。

问： A 房地产公司应如何避免该问题？

答： 根据《房地产开发经营业务企业所得税处理办法》，完工标准以竣工备案、产权确认、实际交付使用孰早确认时间，因此 A 房地产公司需要在 2018 年汇算清缴（2019 年 5 月）中结转实际毛利。但是 A 房地产公司 2019 年 6 月发出交楼通知，会计结转主营业务收入，按照所得税的预缴申报表，不能直接在季度预缴中调减。在该情况下，其造成了项目跨期收入在当年汇算清缴中调增应交所得税，在次年季度又重复按会计利润预缴所得税，而只能在次年汇算清缴时才能申请退税的纳税风险。

对竣工备案跟交楼时间跨年的项目，在不影响项目销售及交付的情况下，尽量将两者安排在同一年度。如无法调整的，建议通过预提支出形式降低次年预缴金额，同时与主管税务机关沟通季度预缴抵扣的可行性。部分地区税务机关允许企业在季度预缴申报表中直接扣减利润总额，但此种方式也存在风险。

【实操指南】 如果本例中先交付后竣工备案（实践中有少数地区的确存在这种情况），也需要按先发生的交付时间确认实际毛利，此时企业账面如果因成本无法归集而尚未确认收入成本，也存在此风险。

第四节　企业重组适用特殊性税务处理的疑难问题

特殊性税务处理适用于企业重组。

最开始出现的企业重组多是国企改制，近年来，随着市场活力提升，大企业逐渐发展壮大，企业重组次数也日益增加。

企业重组是指企业在日常经营活动以外发生的法律结构或经济结构重大改变的交易，包括企业法律形式改变、债务重组、股权收购、资产收购、合并、分立等。

（1）企业法律形式改变，是指企业注册名称、住所以及企业组织形式等的简单改变。

（2）债务重组，是指在债务人发生财务困难的情况下，债权人按照其与债务人达成的书面协议或者法院裁定书，就其债务人的债务作出让步的事项。

（3）股权收购，是指一家企业购买另一家企业的股权，以实现对被收购企业控制的交易。收购企业支付对价的形式包括股权支付（以本企业或其控股企业的股权、股份作为支付的形式）、非股权支付（以本企业的现金、银行存款、应收款项、本企业或其控股企业股权和股份以外的有价证券、存货、固定资产、其他资产以及承担债务等作为支付的形式）或两者的组合。

（4）资产收购，是指一家企业购买另一家企业实质经营性资产的交易。受让企业支付对价的形式包括股权支付、非股权支付或两者的组合。

（5）合并，是指一家或多家企业（以下称为被合并企业）将其全部资产和负债转让给另一家现存或新设企业（以下称为合并企业），被合并企业股东换取合并企业的股权或非股权支付，实现两个或两个以上企业的依法合并。

（6）分立，是指一家企业（以下称为被分立企业）将部分或全部资产分离转让给现存或新设的企业（以下称为分立企业），被分立企业股东换取分立企业的股权或非股权支付，实现企业的依法分立。

企业在重组活动中，税务处理区分不同条件，分别适用一般性税务处理规定和特殊性税务处理规定。适用一般性税务处理规定又被称为应税重组，适用特殊性税务处理规定又被称为免税重组。

适用特殊性税务处理规定需要满足一定条件，且免税也不是真正意义上的免税，实质上是一种税收递延，即将本环节的税款递延到后续处置环节缴纳。

特殊性税务处理是一种激发市场活力、减轻重组企业负担的特殊税收优惠。

特殊性税务处理是企业所得税中的概念，来源于《财政部　国家税务总局关于企业重组业务企业所得税处理若干问题的通知》（财税〔2009〕59 号）、《国家税务总局关于发布〈企业重组业务企业所得税管理办法〉的公告》（国家税务总局公告 2010 年第 4 号）、《国家税务总局关于企业重组业务企业所得税征收管理若干问题的公告》（国家税务总局公告 2015 年第 48 号）、《财政部　国家税务总局关于促进企业重组有关企业所得税处理问题的通知》（财税〔2014〕109 号）、财税〔2014〕116 号等文件。

本章基于企业重组的情况，聚焦适用特殊性税务处理的条件和程序进行阐述。

32. 股权划转免税中的 100% 直接控制如何理解？

案例： A 公司持有 B 公司 99% 的股权和 C 公司 100% 的股权，D 跟投合伙企业（以下简称 D 企业）持有 B 公司 1% 的股权。A 公司和 D 企业在 B 公司章程中约定，D 企业不享有决策权，也不参与分红，仅按固定利润收取回报。

2019 年 9 月，A 公司将 B 公司 50% 的股权无偿划转给 C 公司。

根据财税〔2014〕109 号第三条，对 100% 直接控制的居民企业之间，以及受同一或相同多家居民企业 100% 直接控制的居民企业之间按账面净值划转股权或资产，凡具有合理商业目的，不以减少、免除或者推迟缴纳税款为主要目的，股权或资产划转后连续 12 个月内不改变被划转股权或资产原来实质性经营活动，且划出方企业和划入方企业均未在会计上确认损益的，可以选择进行特殊性税务处理。

在该案例中，企业方面认为，由于 D 企业放弃了决策权和分红权，按固定利润收取回报，D企业的1‰股权是明股实债，也适用国家税务总局公告2013年第41号中的混合性投资规定，利息可以在B公司税前扣除，因此该1‰股权并非实质上的股权，而是债权，并不会影响A公司100%的控制权，应认为A公司100%直接控制了B公司，符合财税〔2014〕109号股权划转免税的要求。

而税务机关认为，如果该案例符合免税条件的话，那么很多房地产企业的跟投、明股实债都符合条件，这并不符合财税〔2014〕109号的要求和税收实践。100%直接控制中的"100%"指的是股权，该股权是在工商登记的股权比例，而非剔除明股实债后的股权。

问：（1）100%的比例要求，到底是股权还是控制权？

（2）如果是股权，国家税务总局公告2013年第41号规定的明股实债是否可以从股权比例要求中剔除？

答：（1）100%的比例要求是指股权而非控制权。

单看字眼，100%直接控制，100%似乎可以指股权比例，也可以指控制权比例，但控制权并非一个可以用比例来定量的术语，会计准则规定的控制也只是一个概念（投资方通过涉入被投资方而承担或有权获得可变回报）。如果硬要说100%直接控制是指100%的控制权，这个说法本身就是个悖论，因为并不存在按比例控制的说法。50%控制根本就不是控制，99%控制也不是控制，控制就一定是100%控制，否则只能叫作合营或联营（会计准则规定）。

因此笔者理解这里的100%直接控制是指股权，而且直接控制这个说法，也间接说明是指股权比例，因为它排除了通过协议间接控制（非直接持有股权达成的控制）。

本案例就类似于通过协议间接达成100%股权比例的控制，从这个角度来看，它也不属于100%直接控制。

另外，"直接控制"的法律界定在《企业所得税法实施条例》第八十条有所涉及。

《企业所得税法实施条例》第八十条规定："企业所得税法第二十四条所称直接控制，是指居民企业直接持有外国企业20%以上股份。企业所得税法第二十四条所称间接控制，是指居民企业以间接持股方式持有外国企业20%以上股份，具体认定办法由国务院财政、税务主管部门另行制定。"

如果按此条款推导，那么，直接控制＝直接持股，间接控制＝间接持股，也可以侧面佐证笔者观点，即100%直接控制是指100%直接持股。

但该条款是针对外国企业抵免企业所得税的规定，并不见得可以直接适用于特殊性重组的"100%直接控制"。因此，100%直接控制在法律上仍然缺乏足够的术语解释。

（2）符合国家税务总局公告2013年第41号规定的明股实债不可以从股权比例要求中剔除。

根据国家税务总局公告2013年第41号第一条，企业混合性投资业务，是指兼具权益和债权双重特性的投资业务。同时符合五项条件（定期支付保底或固定利息；有明确的投资期限或特定的投资条件，被投资企业需要赎回投资或偿还本金；投资企业对被投资企业净资产不拥有所有权；投资企业不具有选举权和被选举权；投资企业不参与被投资企业日常生产经营活动）的混合性投资业务，被投资企业支付的利息可以在企业所得税税前扣除。

从该文件的表述来看，明股实债需要满足五个条件方可扣除利息，但法条定义为"符合条件的混合性投资"，并且是"兼具权益和债权双重特性的投资业务"，明股实债只是民间叫法，在税法条文中，并未抹去混合性投资业务的"股性"，只是明确在股性债性兼具的一定情况下，可以扣除利息而已。

因此，国家税务总局2013年第41号公告只是对明股实债的利息税前扣除作出了规定，并不能强行抹去这部分股权比例的存在，笔者认为100％直接控制仍应按工商登记的股权比例确定。

【政策依据】 财税〔2014〕109号：

三、关于股权、资产划转

对100％直接控制的居民企业之间，以及受同一或相同多家居民企业100％直接控制的居民企业之间按账面净值划转股权或资产，凡具有合理商业目的、不以减少、免除或者推迟缴纳税款为主要目的，股权或资产划转后连续12个月内不改变被划转股权或资产原来实质性经营活动，且划出方企业和划入方企业均未在会计上确认损益的，可以选择按以下规定进行特殊性税务处理：

1. 划出方企业和划入方企业均不确认所得。

2. 划入方企业取得被划转股权或资产的计税基础，以被划转股权或资产的原账面净值确定。

3. 划入方企业取得的被划转资产，应按其原账面净值计算折旧扣除。

---

33. 股权划转适用国家税务总局公告2015年第40号特殊性税务处理是否可以有股份对价？

案例： A公司是B公司和C公司的全资母公司，为保持股权关系和管理权一致，A公司拟将B公司的股份全部划转给C公司，形成A—C—B的直线管理股权结构。在划转股权时，划转协议中规定，C公司取得B公司的股权，采用自身股份作为支付对价，向A公司增发了100万股股份。C公司会计处理为"借：长期股权投资——B公司，贷：实收股本——A公司"，A公司会计处理为"借：长期股权投资——C公司，贷：长期股权投资——B公司"。2018年完成了C公司的股份增发和B公司的股权划转，工商登记已变更。

问： （1）该股权划转拟适用国家税务总局公告2015年第40号进行特殊性税务处理备案，是否可行？A、C公司的会计处理是否正确？

（2）假设不可行，是否可以适用财税〔2009〕59号进行特殊性税务处理备案？

答： （1）根据《国家税务总局关于资产（股权）划转企业所得税征管问题的公告》（国家税务总局公告2015年第40号，以下简称40号公告），100％直接控制的母子公司之间，母公司向子公司划转可以获得子公司的股权支付（也可以没有），子公司向母公司划转不能获得股权支付。受同一或相同多家母公司100％直接控制的子公司之间划转股权，不能取得任何股权支付。

因此，A、C公司是全资母子公司关系，A公司取得C公司的股权支付，属于40号公告规定的，母公司向子公司划转可以获得子公司的股权支付，可以适用40号公告。

40号公告第一条第（一）项规定："母公司按增加长期股权投资处理，子公司按接受投资（包括资本公积，下同）处理。母公司获得子公司股权的计税基础以划转股权或资产的原计税基础确定。"因此，A、C公司的会计处理符合规定，即A公司作为母公司，增加了对C公司的长期股权投资，C作为子公司，增加了实收资本（或资本公积）。同时A公司和C公司不能在会计上确认损益（根据财税〔2014〕109号第三条）。

（2）假如不适用40号公告，由于本例满足"股权收购，收购企业购买的股权不低于被收购企业全部股权的50％，且收购企业在该股权收购发生时的股权支付金额不低于其交易支付总额的85％"，可以适用财税〔2009〕59号（以下简称59号文）。

与40号公告相比，59号文还需满足一个条件（第五条第五项）："企业重组中取得股权支付的原主要股东，在重组后连续12个月内，不得转让所取得的股权。"即A公司在完成工商变更手续后12个月内，不能转让C公司的股权（既不能全部转让，也不能部分转让）。

需要注意的是，适用59号文和40号公告的两个区别是：第一，40号公告要求双方不能在会计上确认损益，而59号文不作此要求，也就是适用59号文时，可以在会计上确认损益；第二，59号文要求企业重组中取得股权支付的原主要股东，在重组后连续12个月内，不得转让所取得的股权，但40号公告无此要求（母公司向子公司划转时取得子公司100％股权支付后，可以在12个月内再转让该子公司支付的股权）。税务处理对比如表1-8所示。

表1-8　关于股权划转与股权置换的税务处理对比

文号	条文	差异	
财税〔2014〕109号——股权划转	对100％直接控制的居民企业之间，以及受同一或相同多家居民企业100％直接控制的居民企业之间按账面净值划转股权或资产，凡具有合理商业目的、不以减少、免除或者推迟缴纳税款为主要目的，股权或资产划转后连续12个月内不改变被划转股权或资产原来实质性经营活动，且划出方企业和划入方企业均未在会计上确认损益的，可以选择按以下规定进行特殊性税务处理： 1. 划出方企业和划入方企业均不确认所得。 2. 划入方企业取得被划转股权或资产的计税基础，以被划转股权或资产的原账面净值确定。 3. 划入方企业取得的被划转资产，应按其原账面净值计算折旧扣除。	要求账面不确认损益	对12个月内的股权转让不作要求

续表

文号	条文	差异
财税〔2009〕59号——股权置换	五、企业重组同时符合下列条件的，适用特殊性税务处理规定： （一）具有合理的商业目的，且不以减少、免除或者推迟缴纳税款为主要目的。 （二）被收购、合并或分立部分的资产或股权比例符合本通知规定的比例。 （三）企业重组后的连续12个月内不改变重组资产原来的实质性经营活动。 （四）重组交易对价中涉及股权支付金额符合本通知规定比例。 （五）企业重组中取得股权支付的原主要股东，在重组后连续12个月内，不得转让所取得的股权。	对于账面确认损益不作要求	要求取得股权支付的原主要股东在12个月内不转让取得的股权

需要注意的是，40号公告第七条规定："交易一方在股权或资产划转完成日后连续12个月内发生生产经营业务、公司性质、资产或股权结构等情况变化，致使股权或资产划转不再符合特殊性税务处理条件的，发生变化的交易一方应在情况发生变化的30日内报告其主管税务机关，同时书面通知另一方。另一方应在接到通知后30日内将有关变化报告其主管税务机关。"

其中提到了股权结构变化须报告税务机关，且被划转股权的股权结构可以理解为实质性经营活动的一部分，出于政策一致性理解和谨慎性原则，虽然股权划转的条件不包括原主要股东（取得子公司股权对价的母公司）持有满12个月，但应当理解为包括接受划转方应持有被划转股权满12个月。

【实操指南】（1）如果该案例中，A、C公司不是全资母子公司关系，如由跟投合伙企业持有了0.1% C公司的股权，所以不能适用40号公告。

这种情况下，即使未取得股权支付，也不能适用40号公告，因为A、C公司不是100%受同一方控制（99.99%也不行）。

（2）如果该案例中，划转协议中规定，C公司取得B公司的股权，采用自身股份作为支付对价，向A公司增发了99万股股份，另向A公司支付补价1万元。由于子公司向母公司支付的不是100%股权对价，所以不能适用40号公告。

该案例中如果将该笔交易拆成100%股权支付对价和1万元购买股权交易，则股权对价的交易可以适用40号公告免税，1万元购买股权需要交税。需要注意的是，采用以上方法拆分，工商登记也应分步进行，合同应分别签订，以做好形式要件。

（3）如果该案例变更为：A公司是C公司的全资母公司，C公司是B公司的全资母公司，为保持股权关系和管理权一致，拟将B公司的股份全部划转给A公司，将A—C—B变更为A—C、A—B的股权结构。在划转股权时，划转协议中规定，A公司取得B公司的股权，采用自身股份作为支付对价，向C公司增发了100万股股份。

此时，子公司向母公司划转股权，获得了母公司的股权支付，则不能适用40号公告。

本例中如果未取得股权支付，则可以适用 40 号公告。账务处理时母公司按收回投资处理，或按接受投资处理，子公司按冲减实收资本处理。母公司应按被划转股权或资产的原计税基础，相应调减持有子公司股权的计税基础。

（4）如果该案例变更为：A 公司是 B 公司和 C 公司的全资母公司，D 公司是 B 公司的全资子公司，为保持股权关系和管理权一致，拟将 D 公司的股份全部划转给 C 公司，将 A—B—D 变更为 A—C—D 的股权结构。在划转股权时，划转协议中规定，C 公司取得 D 公司的股权，采用自身股份作为支付对价，向 B 公司增发了 100 万股股份。

此时，子公司之间划转股权，获得股权支付，则不能适用 40 号公告。

本例中如果未取得股权支付，则可以适用 40 号公告。划出方按冲减所有者权益处理，划入方按接受投资处理。

注：受同一或相同多家母公司 100% 直接控制的子公司之间，在母公司主导下，一家子公司向另一家子公司按账面净值划转其持有的股权或资产，划出方没有获得任何股权或非股权支付。划出方按冲减所有者权益处理，划入方按接受投资处理。具体划出方、划入方会计处理如下。

A 子公司　划入方　账务处理：

　借：长期股权投资——被划转公司

　　贷：资本公积

B 子公司　划出方　账务处理：

　借：资本公积

　　贷：长期股权投资——被划转公司

（5）如果该案例中，A 公司未取得任何股权支付或非股权支付，则也可以适用 40 号公告。母公司按冲减实收资本（包括资本公积，下同）处理，子公司按接受投资处理。

（6）如果以上所有案例中，将增发自身股份变为以自身的被投资企业股份作为股权对价，则上述结论不变。

【政策依据】　财税〔2014〕109 号：

三、关于股权、资产划转

对 100% 直接控制的居民企业之间，以及受同一或相同多家居民企业 100% 直接控制的居民企业之间按账面净值划转股权或资产，凡具有合理商业目的、不以减少、免除或者推迟缴纳税款为主要目的，股权或资产划转后连续 12 个月内不改变被划转股权或资产原来实质性经营活动，且划出方企业和划入方企业均未在会计上确认损益的，可以选择按以下规定进行特殊性税务处理：

1. 划出方企业和划入方企业均不确认所得。

2. 划入方企业取得被划转股权或资产的计税基础，以被划转股权或资产的原账面净值确定。

3. 划入方企业取得的被划转资产，应按其原账面净值计算折旧扣除。

国家税务总局公告 2015 年第 40 号：

第一条 《通知》第三条所称"100％直接控制的居民企业之间，以及受同一或相同多家居民企业 100％直接控制的居民企业之间按账面净值划转股权或资产"，限于以下情形：

（一）100％直接控制的母子公司之间，母公司向子公司按账面净值划转其持有的股权或资产，母公司获得子公司 100％的股权支付。母公司按增加长期股权投资处理，子公司按接受投资（包括资本公积，下同）处理。母公司获得子公司股权的计税基础以划转股权或资产的原计税基础确定。

（二）100％直接控制的母子公司之间，母公司向子公司按账面净值划转其持有的股权或资产，母公司没有获得任何股权或非股权支付。母公司按冲减实收资本（包括资本公积，下同）处理，子公司按接受投资处理。

（三）100％直接控制的母子公司之间，子公司向母公司按账面净值划转其持有的股权或资产，子公司没有获得任何股权或非股权支付。母公司按收回投资处理，或按接受投资处理，子公司按冲减实收资本处理。母公司应按被划转股权或资产的原计税基础，相应调减持有子公司股权的计税基础。

（四）受同一或相同多家母公司 100％直接控制的子公司之间，在母公司主导下，一家子公司向另一家子公司按账面净值划转其持有的股权或资产，划出方没有获得任何股权或非股权支付。划出方按冲减所有者权益处理，划入方按接受投资处理。

---

34. 股权收购的特殊重组备案是否必须提供股权的评估报告？

案例： 我公司于 2018 年收购了 A 项目公司（以下简称 A 公司）70％的股权，该部分股权以我公司持有的 B 公司部分股份进行支付，无现金支付部分，汇算清缴前进行特殊性税务处理备案时，税务机关要求我公司提供 A 公司的股权评估报告。但由于 A 公司成立时间不长，为节省经费，我方与转让方采用协商定价方法，未聘请评估公司进行评估。主管税务机关要求必须提供，如无法提供，则只能按一般性税务处理交税。

问： 主管税务机关是否可以以评估报告作为特殊性税务处理的必要条件？

答： 不可以。根据国家税务总局公告 2010 年第 4 号（以下简称 4 号公告）第二十三条，主管税务机关可以要求企业提供评估报告。但国家税务总局公告 2015 年第 48 号（以下简称 48 号公告）第十二条已将 4 号公告第二十三条废止，2015 年度及以后年度企业所得税汇算清缴的特殊重组备案都应适用 48 号公告。

48 号公告附件 2 中规定了股权收购特殊重组当事各方应提供"相关股权评估报告或其他公允价值证明"，而不是 4 号公告第二十三条中的"由评估机构出具的所转让及支付的股权公允价值"。对比 48 号公告和 4 号公告的表述，我们可以发现，48 号公告用"或其他公允价值证明"补充了评估报告的效力。也就是说，当重组各方可以提供其他公允价值证明的时候，股权评估报告不是必需的。

如案例所述，A 公司成立时间不长，如果重组各方能够提供成交价所依据的数据来源，则不一定要提供股权评估报告。主管税务机关不能以必须提供股权评估报告加重纳税人负担。

【实操指南】 对于其他公允价值证明，如在实践中无统一约定，具体如何证明须根据实际情况，与主管税务机关沟通后确定。

如果 A 公司成立后无多少经营活动，则可以根据成立时的注册资本、新增固定资产等简要推算公允价值。但如果 A 公司成立后经历时间较长，且有房地产、土地等变现价值波动较大的资产，则可能需要提供资产的评估价等作为其他公允价值证明。否则，税务机关还是可以要求其提供股权评估报告。

【关联问题】 是否需要提供 B 公司的股权评估报告？

需要提供 B 公司的股权评估报告。根据国家税务总局公告 2015 年第 48 号第四条 "重组各方应在该重组业务完成当年，办理企业所得税年度申报时，分别向各自主管税务机关报送《企业重组所得税特殊性税务处理报告表及附表》(详见附件 1) 和申报资料 (详见附件 2)"，可见重组各方均须办理备案，且根据附件 2 中的 "涉及非货币性资产支付的，应提供非货币性资产评估报告或其他公允价值证明" (见表 1-9)，股份支付即属于非货币性资产支付，故应当提供 B 公司的股权评估报告；附件 1 中的《企业重组所得税特殊性税务处理报告表 (股权收购)》(见表 1-10) 中，也需要填写股份支付部分的公允价值。

从法理角度分析，如果不提供 B 公司的股权公允价值证明，则 B 公司的定价可以与收购 A 公司 70% 股权的金额完全一致，不支付任何现金对价，以达到逃避缴纳税款的目的，使税务机关难以根据财税〔2009〕59 号判定该特殊性税务处理是否具有合理商业目的。

因此，以 B 公司的股份作为股份支付额，需要提供公允价值证明或股权评估报告。

表 1-9 股权收购当事各方须提供的申报资料清单

1. 股权收购业务总体情况说明，包括股权收购方案、基本情况，并逐条说明股权收购的商业目的；
2. 股权收购、资产收购业务合同 (协议)，需有权部门 (包括内部和外部) 批准的，应提供批准文件；
3. 相关股权评估报告或其他公允价值证明；
4. 12 个月内不改变重组资产原来的实质性经营活动、原主要股东不转让所取得股权的承诺书；
5. 工商管理部门等有权机关登记的相关企业股权变更事项的证明材料；
6. 重组当事各方一致选择特殊性税务处理并加盖当事各方公章的证明资料；
7. 涉及非货币性资产支付的，应提供非货币性资产评估报告或其他公允价值证明；
8. 重组前连续 12 个月内有无与该重组相关的其他股权、资产交易，与该重组是否构成分步交易、是否作为一项企业重组业务进行处理情况的说明；
9. 按会计准则规定当期应确认资产 (股权) 转让损益的，应提供按税法规定核算的资产 (股权) 计税基础与按会计准则规定核算的相关资产 (股权) 账面价值的暂时性差异专项说明。

表 1-10 企业重组所得税特殊性税务处理报告表（股权收购）

申报企业名称（盖章）： 金额单位：元（列至角分）

被收购企业名称		被收购企业纳税识别号		被收购企业所属主管税务机关（全称）	
股权收购方名称		股权收购方纳税识别号		股权收购方所属主管税务机关（全称）	
股权转让方1（被收购企业的股东）名称		转让被收购企业股权占被收购企业全部股权的比例%1		股权转让方1所属主管税务机关（全称）	
股权转让方1（被收购企业的股东）纳税识别号					
股权转让方2（被收购企业的股东）名称		转让被收购企业股权占被收购企业全部股权的比例%2		股权转让方2所属主管税务机关（全称）	
股权转让方2（被收购企业的股东）纳税识别号					
股权收购方购买的股权占被收购企业全部股权的比例%			股权收购方股权支付金额占交易支付总额的比例%		
股权收购交易支付总额		其中：股权支付额		非股权支付额	
股权转让合同（协议）生效日		股权收购方所收购股权的工商变更登记日		转让方与收购方是否为关联企业	□是 □否
被收购企业原有各项资产和负债的计税基础是否保持不变			□是		□否

股权转让方	项目名称	公允价值	账面价值	原计税基础	非股权支付对应的资产转让所得或损失	实际取得股权及其他资产		
						项目名称	公允价值	计税基础
	转让被收购企业股权							
						合计		

股权转让方	项目名称	公允价值	账面价值	原计税基础	非股权支付对应的资产转让所得或损失	实际取得股权及其他资产		
						项目名称	公允价值	计税基础
	转让被收购企业股权							
						合计		

股权收购方	项目名称	公允价值	账面价值	原计税基础	非股权支付对应的资产转让所得或损失	实际取得股权及其他资产		
						项目名称	公允价值	计税基础
	1. 股权支付额					被收购企业股权		
	（1）本企业股权							
	（2）其控股企业股权							
	①							
	②							
	…							
	2. 非股权支付额							
	合计（1+2）							

谨声明：本人知悉并保证本表填报内容及所附证明材料真实、完整，并承担因资料虚假而产生的法律和行政责任。

法定代表人签章： 年 月 日

填表人： 填表日期：

【政策依据】 国家税务总局公告 2015 年第 48 号：

四、企业重组业务适用特殊性税务处理的，除财税〔2009〕59 号文件第四条第（一）项所称企业发生其他法律形式简单改变情形外，重组各方应在该重组业务完成当年，办理企业所得税年度申报时，分别向各自主管税务机关报送《企业重组所得税特殊性税务处理报告表及附表》（详见附件 1）和申报资料（详见附件 2）。合并、分立中重组一方涉及注销的，应在尚未办理注销税务登记手续前进行申报。

重组主导方申报后，其他当事方向其主管税务机关办理纳税申报。申报时还应附送重组主导方经主管税务机关受理的《企业重组所得税特殊性税务处理报告表及附表》（复印件）。

....

十二、本公告适用于 2015 年度及以后年度企业所得税汇算清缴。《国家税务总局关于发布〈企业重组业务企业所得税管理办法〉的公告》（国家税务总局公告 2010 年第 4 号）第三条、第七条、第八条、第十六条、第十七条、第十八条、第二十二条、第二十三条、第二十四条、第二十五条、第二十七条、第三十二条同时废止。

国家税务总局公告 2010 年第 4 号：

第二十三条　企业发生《通知》第六条第（二）项规定的股权收购业务，应准备以下资料：

（一）当事方的股权收购业务总体情况说明，情况说明中应包括股权收购的商业目的；

（二）双方或多方所签订的股权收购业务合同或协议；

（三）由评估机构出具的所转让及支付的股权公允价值；

（四）证明重组符合特殊性税务处理条件的资料，包括股权比例，支付对价情况，以及 12 个月内不改变资产原来的实质性经营活动和原主要股东不转让所取得股权的承诺书等；

（五）工商等相关部门核准相关企业股权变更事项证明材料；

（六）税务机关要求的其他材料。

注：该条已废止。

财税〔2009〕59 号第五条第一款：

五、企业重组同时符合下列条件的，适用特殊性税务处理规定：

（一）具有合理的商业目的，且不以减少、免除或者推迟缴纳税款为主要目的。

【关联问题】 以合并、分立、资产收购、债务重组方式进行特殊性重组备案的，是否必须提供股权评估报告？

根据国家税务总局公告 2015 年第 48 号附件 2《企业重组所得税特殊性税务处理申

报资料一览表》，企业分立应提供"被分立企业的净资产、各单项资产和负债账面价值和计税基础等相关资料"；企业合并应提供"被合并企业净资产、各单项资产和负债的账面价值和计税基础等相关资料"；资产收购应提供"相关资产评估报告或其他公允价值证明"；对于债务重组，"债权转股权的，提供相关股权评估报告或其他公允价值证明；以非货币资产清偿债务的，提供相关资产评估报告或其他公允价值证明"。

可见，企业分立、合并无须提供公允价值证明，只需要提供账面价值和计税基础资料；企业资产收购、债务重组需要提供相应的资产评估报告或公允价值证明。

【政策依据】 国家税务总局公告 2015 年第 48 号附件 2（略）。

35. 债转股适用特殊性税务处理的，是按 5 年确认还是递延至处置时？

财税〔2009〕59 号有如下规定：

六、企业重组符合本通知第五条规定条件的，交易各方对其交易中的股权支付部分，可以按以下规定进行特殊性税务处理：

（一）企业债务重组确认的应纳税所得额占该企业当年应纳税所得额 50% 以上，可以在 5 个纳税年度的期间内，均匀计入各年度的应纳税所得额。

企业发生债权转股权业务，对债务清偿和股权投资两项业务暂不确认有关债务清偿所得或损失，股权投资的计税基础以原债权的计税基础确定。企业的其他相关所得税事项保持不变。

问： 财税〔2009〕59 号第六条第（一）款第一小项和第二小项略有矛盾，到底是按 5 年计入，还是直接递延？

答： 第一小项应该是指非债转股的债务重组，非股权支付部分（实际这部分本来就不叫债转股），可以适用 5 年纳税；第二小项是指债转股时债权人的债务重组损失和债务人的债务重组收益（股权支付部分）向后递延，只有当获得债转股股权销售时候才确认。

【实操指南】 债转股债务人的重组所得，是无限期递延（增发股份是不会再确认所得的），还是和债权人处置股权一同确认，未明确。

36. 如何确定股权置换的特殊重组计税基础？

案例： A 公司 2016 年 1 月出资 1 000 万元设立 C 公司，以 C 公司作为拿地主体，取得一块土地并进行开发。B 公司 2017 年 3 月以股权收购形式，取得 D 公司 90% 的股权，支付对价 1 680 万元，D 公司从事房地产开发。A 公司与当地政府关系良好，而 B 公司拥有较多资金，A、B 公司于 2018 年 5 月达成协议，拟互相参股对方的项目公司，实现合作共赢。

为延迟缴纳企业所得税，A、B 公司拟采用股权收购，以适用财税〔2009〕59 号特殊性税务处理的形式，进行股权置换。截至拟达成交易时点，C 公司的股权评估价为 1 800 万元，D 公司的股权评估价为 2 700 万元。

实际操作为：A公司将C公司50%的股权转让给B公司，B公司用D公司33.33%的股权进行支付，不支付现金对价。

换股后，A、B公司各持有C公司50%的股权，A公司持有D公司33.33%的股权，B公司持有D公司56.67%的股权。

A、B公司各自向主管税务机关申请特殊性税务处理备案，并填报备案表。

问：（1）A、B公司的股权置换是否满足特殊性税务处理的条件？

（2）A、B公司应如何确定各自持有股份的计税基础（未来处置时可扣除的成本金额）？

答：（1）A、B公司的股权置换满足特殊性税务处理的条件。根据财税〔2009〕59号第五条的要求，企业重组同时符合下列条件的，适用特殊性税务处理规定：

①具有合理的商业目的，且不以减少、免除或者推迟缴纳税款为主要目的。本例中A、B公司互换股权是为了合作开发，具有合理商业目的，以股权支付并非以推迟缴纳税款为主要目的。

②被收购、合并或分立部分的资产或股权比例符合财税〔2009〕59号规定的比例。文件规定的比例为50%（以前为75%，后由财税〔2014〕109号修订为50%），而B公司收购C公司的股权比例为50%，根据财税〔2009〕59号第六条第（二）款，只要不低于50%即可，也就是收购50%亦可。

③企业重组后的连续12个月内不改变重组资产原来的实质性经营活动。本例中C、D公司仍然存续，未来依然从事房地产开发，未改变实质性经营活动。

④重组交易对价中涉及股权支付金额符合财税〔2009〕59号规定比例。股权支付金额比例要求为不低于其交易支付总额的85%，B公司是100%股权支付，无现金和除股权外的非货币性资产支付，满足比例。

⑤企业重组中取得股权支付的原主要股东，在重组后连续12个月内，不得转让所取得的股权。企业重组中取得股权支付的原主要股东，指的是原持有转让企业或被收购企业比例不低于20%的股东，本例中是指A公司（转让方），A公司与B公司拟长期合作，应当没有转让股权的需要，同时A公司需要在进行备案时提交12个月内不转让D公司股权的书面承诺。

因此，A、B公司的股权置换满足特殊性税务处理的条件。

（2）B公司取得C公司的计税基础是500万元，A公司取得D公司33.33%股权的计税基础存在争议。

根据财税〔2009〕59号第六条第（二）款的规定，被收购企业的股东取得收购企业股权的计税基础，以被收购股权的原有计税基础确定；收购企业取得被收购企业股权的计税基础，以被收购股权的原有计税基础确定；收购企业、被收购企业的原有各项资产和负债的计税基础和其他相关所得税事项保持不变。

①收购企业（B公司）取得被收购企业（C公司）50%股权的计税基础，以被收购股权（C公司）的原有计税基础确定。C公司是A公司以1 000万元出资设立的，因此B公司取得C公司的计税基础就是500万元（1 000×50%），而不是按照公允价值900万元（1 800×50%）确定的。

这里可以体现出特殊性税务处理的本质不是免税，只是暂不征税，但税款会递延至处置或转让时，因为本环节未征的税 100 万元（（900－500）×25％），会在处置或转让时补征（处置或转让时如果为亏损，则会增加亏损）。

②被收购企业的股东（A 公司）取得收购企业（？）股权的计税基础，以被收购股权（C 公司）的原有计税基础确定。这句话则无法确定 A 公司取得 D 公司股权的计税基础，因为收购企业其实是 B 公司，但 A 公司并未取得 B 公司的股权。为什么这个规定会这样诡异呢？

原因在于，股权支付有两种形式：第一种是收购企业自身增发股份，这在本例中应为 B 公司增发自己的股份给 A 公司，A 公司成为 B 公司的股东，B 公司成为 C 公司的股东，俗称三方换股。第二种是收购企业以自己持有的股份支付对价，即本例中的情况：B 公司以持有的 D 公司股份支付给 A 公司，是典型的四方换股。

财税〔2009〕59 号的规定，仅考虑到了三方换股的计税基础如何处理，并未考虑到四方换股的计税基础如何处理，但根据财税〔2009〕59 号第二条"本通知所称股权支付，是指企业重组中购买、换取资产的一方支付的对价中，以本企业或其控股企业的股权、股份作为支付的形式"可知，四方换股只要是以控股企业的股权支付，也是符合特殊性税务处理的，因此才会导致四方换股无法可依。

而在实践中存在两种操作方式。第一种是将四方换股也比照三方换股进行处理，但这样存在税基不延续的问题，特殊性税务处理本质是递延纳税，既不增加纳税人负担，也不减少应纳税款。但如果四方换股比照三方换股，就可能会增加或减少税负。

如本例中，C 公司 50％股权的原计税基础为 500 万元，D 公司 33.33％股权的原计税基础为 622.16 万元（1 680×33.33％/90％，1 680 万元是支付 90％股权的对价）。虽然 C 公司 50％股权和 D 公司 33.33％股权的公允价值是相等的，都是 900 万元，但计税基础不同。

从特殊性税务处理的原理来说，应该是各自按原计税基础确认。但如果按三方换股处理，则 A 公司取得 D 公司 33.33％股权的计税基础也按 C 公司 50％股权的原计税基础 500 万元确定，而根据前面的分析我们知道 B 公司取得 C 公司的计税基础也是 500 万元。

这会造成 A 公司取得 D 公司的计税基础减少 122.16 万元（622.16－500），造成 A 公司未来的税款损失。

另一种操作方式是依据税法的中性原则，对四方换股按税负平移原则来处理，A 公司取得 D 公司 33.33％股权的计税基础按 D 公司的原计税基础 622.16 万元确认。

资产收购也存在与股权收购同样的问题："1. 转让企业取得受让企业股权的计税基础，以被转让资产的原有计税基础确定。2. 受让企业取得转让企业资产的计税基础，以被转让资产的原有计税基础确定。"（财税〔2009〕59 号第六条第（二）款）同理，转让企业取得的不一定是受让企业的股权，也可能是受让企业持有的股权，此处不再赘述。

而企业合并、企业分立均不存在增加或减少税负的问题。如财税〔2009〕59 号关于企业合并的规定："1. 合并企业接受被合并企业资产和负债的计税基础，以被合并企业的原有计税基础确定。……4. 被合并企业股东取得合并企业股权的计税基础，以其原持有的被合并企业股权的计税基础确定。"

【实操指南】 换股免税重组需要注意以下几个问题：

（1）假如 A 公司不是持有 C 公司 100％的股权，而是持有 99％的股权，同时 A 公司转让自身持有股份的 50％，那么相当于 A 公司转让的股份占 C 公司总体股份的比例为 49.5％（99％×50％）。此时由于财税〔2009〕59 号的要求，被收购股权不低于被收购企业全部股权的 50％，而不是不低于转让方持有股权的 50％，不能适用特殊性税务处理规定。

（2）出现换股情形时，两方都是股权转让方，但在特殊性税务处理中，只能有一方是股权转让方，另一方是以股权支付对价的股权收购方。

确定谁是股权转让方，会决定整个交易是否符合特殊性税务处理条件（是否达到规定比例等）。

根据国家税务总局公告 2015 年第 48 号第二条，股权收购主导方为股权转让方，涉及两个或两个以上股权转让方，由转让被收购企业股权比例最大的一方作为主导方（转让股权比例相同的可协商确定主导方）。

也就是说，换股时，主导方为股权转让方。反过来说，股权转让方就是主导方。确定主导方的原则也就是确定股权转让方的原则。由转让被收购企业股权比例最大的一方作为主导方，即转让被收购企业股权比例最大的一方作为股权转让方，转让比例较小的作为收购方。

因此，本例中，A 公司转让的股权占 C 公司整体股权的 50％，B 公司转让的股权占 D 公司整体股权的 33.33％（不按占 B 公司持有的股份 33.33％/90％来进行比较），A 公司转让股权比例更大，因此 A 是股权转让方。

假如 A、B 公司转让的股权比例一样，那么 A、B 公司可以协商确定股权转让方，也就是给了纳税人自主选择权。

企业重组中取得股权支付的原主要股东，根据国家税务总局公告 2010 年第 4 号第二十条的规定，指的是原持有转让企业或被收购企业比例不低于 20％的股东。假如本例改为：

A 公司 2016 年 1 月出资 1 000 万元设立 C 公司，以 C 公司作为拿地主体，取得一块土地并进行开发。2016 年 9 月，为引入小股东，A 公司将 5％的 C 公司股权通过股权转让的方式转让给小股东持股。

在 A、B 公司合作时，C 公司的小股东也将自己持有的 5％股权转让给了 B 公司换取股权对价，A 公司和小股东转让的股权比例合计为 50％，此时，依然是 A 公司和小股东作为主导方（股权转让方），同时 A 公司作为大股东不得在 12 个月内转让换取的 D 公司股权，但小股东仅持有 C 公司 5％的股权，不属于原主要股东，不受 12 个月限制，也无须提交承诺书。

但如果上述案例中将小股东改为跟投合伙企业呢？

需要注意的是，财税〔2009〕59 号是针对企业所得税作出的规定，但根据《企业所得税法》的规定，合伙企业不属于企业所得税管辖的范畴（详见跟投制度中的合伙企业部分内容），因此如果合伙企业参与了股权收购，那么合伙企业的比例不能放到特殊性税务处理的条件中考虑，也就是说，此时 A 公司仅转让了 C 公司 45％的股权，不满足特殊性税务处理的条件。

（3）如果将本例改为：

A公司将C公司50%的股权（公允价值900万元）转让给B公司，B公司用D公司50%的股权（公允价值1 350万元）进行支付，A公司向B公司支付补价450万元。

现金支付比例为33.33%（450/1 350），股权支付比例为66.67%（1−33.33%），未达到85%的要求。那么此时是否就不能进行特殊性税务处理了呢？

并不是不可以。我们可以将该交易拆成两笔：一笔为A公司将C公司50%的股权转让给B公司，B公司用D公司33.33%的股权进行支付；另一笔为B公司将D公司16.67%的股权卖给A公司，A公司支付现金450万元。

这样就可以实现前述的特殊性税务处理递延纳税，只是B公司第二笔股权转让需要立即纳税。但如果不拆分，则对整个交易A、B公司都需要立即纳税，以（公允价值−计税基础）计入应纳税所得额。

【政策依据】 财税〔2009〕59号：

二、本通知所称股权支付，是指企业重组中购买、换取资产的一方支付的对价中，以本企业或其控股企业的股权、股份作为支付的形式；所称非股权支付，是指以本企业的现金、银行存款、应收款项、本企业或其控股企业股权和股份以外的有价证券、存货、固定资产、其他资产以及承担债务等作为支付的形式。

··········

五、企业重组同时符合下列条件的，适用特殊性税务处理规定：

（一）具有合理的商业目的，且不以减少、免除或者推迟缴纳税款为主要目的。

（二）被收购、合并或分立部分的资产或股权比例符合本通知规定的比例。

（三）企业重组后的连续12个月内不改变重组资产原来的实质性经营活动。

（四）重组交易对价中涉及股权支付金额符合本通知规定比例。

（五）企业重组中取得股权支付的原主要股东，在重组后连续12个月内，不得转让所取得的股权。

··········

（二）股权收购，收购企业购买的股权不低于被收购企业全部股权的50%（原为75%，后修订），且收购企业在该股权收购发生时的股权支付金额不低于其交易支付总额的85%，可以选择按以下规定处理：

1. 被收购企业的股东取得收购企业股权的计税基础，以被收购股权的原有计税基础确定。

2. 收购企业取得被收购企业股权的计税基础，以被收购股权的原有计税基础确定。

3. 收购企业、被收购企业的原有各项资产和负债的计税基础和其他相关所得税事项保持不变。

··········

国家税务总局公告 2010 年第 4 号：

第二十条 《通知》第五条第（五）项规定的原主要股东，是指原持有转让企业或被收购企业 20% 以上股权的股东。

国家税务总局公告 2015 年第 48 号：

二、重组当事各方企业适用特殊性税务处理的（指重组业务符合财税〔2009〕59 号文件和财税〔2014〕109 号文件第一条、第二条规定条件并选择特殊性税务处理的，下同），应按如下规定确定重组主导方：

（一）债务重组，主导方为债务人。

（二）股权收购，主导方为股权转让方，涉及两个或两个以上股权转让方，由转让被收购企业股权比例最大的一方作为主导方（转让股权比例相同的可协商确定主导方）。

（三）资产收购，主导方为资产转让方。

（四）合并，主导方为被合并企业，涉及同一控制下多家被合并企业的，以净资产最大的一方为主导方。

（五）分立，主导方为被分立企业。

---

37. 资产收购适用特殊性税务处理的，资产收购比例是按账面金额占比还是按公允价值占比？

答：对资产收购是否适用特殊性税务处理判断的条件中，要求资产收购比例不低于 50%，但这里被收购资产占总资产比例是按账面价值还是按公允价值，法规确实没有予以明确。认为应该采用公允价值计算这个比例的观点一方占大多数。

【实操指南】 实践中税务机关也多要求按公允价值，因为账面价值非常容易被企业操控，如改变折旧年限等会计政策，不具有公允性。

38. 债务转为资本公积是否产生债务重组利得？

案例：A 房地产公司（以下简称 A 公司）对 B 公司持有 1 亿元债权，在 2019 年 6 月底，A 公司与 B 公司签订协议，将该债权转为 B 公司的资本公积 1 亿元，无须进行工商变更。A 公司对该资本公积享有专属权利，后续可将该 1 亿元转增股本。

问：B 公司是否需要缴纳企业所得税？

答：根据国家税务总局公告 2014 年第 29 号第二条，如果 A 公司是 B 公司的股东，且 B 公司在账务处理上计入资本公积，则无须按债务重组利得缴纳企业所得税。

但如果 A 公司不是 B 公司的股东，则存在争议，部分地区税务机关认为，此种情况属于债务豁免，而非债转股，应纳入收入总额，缴纳企业所得税。

【实操指南】 为避免被视同债务豁免交税，只需要让 A 公司入股 1 元，即可成为 B

公司的股东。

【政策依据】 国家税务总局公告 2014 年第 29 号：

> 二、企业接收股东划入资产的企业所得税处理
>
> （一）企业接收股东划入资产（包括股东赠予资产、上市公司在股权分置改革过程中接收原非流通股股东和新非流通股股东赠予的资产、股东放弃本企业的股权，下同），凡合同、协议约定作为资本金（包括资本公积）且在会计上已做实际处理的，不计入企业的收入总额，企业应按公允价值确定该项资产的计税基础。
>
> （二）企业接收股东划入资产，凡作为收入处理的，应按公允价值计入收入总额，计算缴纳企业所得税，同时按公允价值确定该项资产的计税基础。

《国家税务总局办公厅关于〈国家税务总局关于企业所得税应纳税所得额若干问题的公告〉的解读》：

> 二、关于企业接收股东划入资产的企业所得税处理
>
> 企业接收股东划入资产（包括股东赠予资产、上市公司在股权分置改革过程中接收原非流通股股东和新非流通股股东赠予的资产、股东放弃本企业的股权，下同），凡作为资本金（包括资本公积）处理的，说明该事项属于企业正常接受股东股权投资行为，因此，不能作为收入进行所得税处理。企业接收股东划入资产，凡作为收入处理的，说明该事项不属于企业正常接受股东股权投资行为，而是接受捐赠行为，因此，应计入收入总额计算缴纳企业所得税。

第五节 其 他

39. 保障房以建造合同方式入账对税收有何影响？

案例： A 公司拍得某地块，并按政府要求配建了 10 000 平方米的人才房，建成后由政府以低价回购。由于 A 公司适用新收入准则，人才房部分拟以建造合同方式入账（即按完工百分比确认收入而不是竣工或交付时确认收入），但这样会导致收入提前确认。

问： 确认收入的时间提前对税收有何影响？

答： 入账的收入及成本应纳入企业所得税计税基数进行纳税。改变会计入账方式会影响企业所得税，即使企业在汇算清缴时将其作为税会差异剔除，在季度预缴时也会影响预缴所得税金额（季度预缴时不作税会差异调整）。

【实操指南】 除企业所得税外，提前确认收入还涉及增值税和土地增值税。由于增值税的纳税义务尚未发生，不涉及增值税及附加的缴纳，因此收入确认时间不影响增值税纳税时间。土地增值税按实际收到的预收款预缴而不是按收入，因此不影响土地增值

税预缴。综上，提前确认收入仅影响所得税，不影响增值税和土地增值税。

40. 企业取得的税收返还等财政性资金要缴纳企业所得税吗？

案例： A房地产公司因在B市某区贡献税收收入方面名列前茅，取得财政奖励100万元。

问： A房地产公司是否缴纳企业所得税？

答：《企业所得税法实施条例》第二十六条规定了不征税收入范围：（1）各级人民政府对纳入预算管理的事业单位、社会团体等组织拨付的财政资金，但国务院和国务院财政、税务主管部门另有规定的除外；（2）按照国务院规定程序批准，在实施社会公共管理，以及在向公民、法人或者其他组织提供特定公共服务过程中，向特定对象收取并纳入财政管理的费用；（3）企业依照法律、行政法规等有关规定，代政府收取的具有专项用途的财政资金；（4）企业取得的，由国务院财政、税务主管部门规定专项用途并经国务院批准的财政性资金。

财政奖励和补贴不在上述范围内，各级政府对企业拨付的各种价格补贴、税收返还等财政性资金，一般作为应税收入征收企业所得税。

【政策依据】《企业所得税法实施条例》：

第二十六条　企业所得税法第七条第（一）项所称财政拨款，是指各级人民政府对纳入预算管理的事业单位、社会团体等组织拨付的财政资金，但国务院和国务院财政、税务主管部门另有规定的除外。

企业所得税法第七条第（二）项所称行政事业性收费，是指依照法律法规等有关规定，按照国务院规定程序批准，在实施社会公共管理，以及在向公民、法人或者其他组织提供特定公共服务过程中，向特定对象收取并纳入财政管理的费用。

企业所得税法第七条第（二）项所称政府性基金，是指企业依照法律、行政法规等有关规定，代政府收取的具有专项用途的财政资金。

企业所得税法第七条第（三）项所称国务院规定的其他不征税收入，是指企业取得的，由国务院财政、税务主管部门规定专项用途并经国务院批准的财政性资金。

---

41. 税务机关检查调增的应纳税所得额能否弥补以前年度亏损？

案例： A房地产公司2018年接受税务机关稽查时，被税务机关检查调增了应纳税所得额共2 000万元，申报时A公司尚有未弥补亏损（税务口径）3 000万元。

问： 调增的应纳税所得额能否弥补以前年度亏损？

答： 可以。国家税务总局公告2010年第20号规定，"税务机关对企业以前年度纳税情况进行检查时调增的应纳税所得额，凡企业以前年度发生亏损、且该亏损属于企业所得税法规定允许弥补的，应允许调增的应纳税所得额弥补该亏损"。（国税发〔2006〕56号规定不得弥补，该文件已废止。）

42. 权益性投资收益如股息的纳税义务发生时间应如何确定？

案例：A 房地产公司 2018 年底向股东分配股息，其中 B 股东是居民企业，占股 30%，分得股息 300 万元；C 股东是非居民企业，占股 70%，分得股息 700 万元。

A 房地产公司股东会于 2018 年 12 月 31 日作出利润分配的决定，出具股东会决议。2019 年 1 月 23 日，A 房地产公司完成支付。

问：(1) B 公司应于何时纳税？

(2) A 房地产公司应于何时代扣代缴 C 公司的企业所得税？

答：权益性投资收益区分居民企业和非居民企业，如表 1–11 所示。

表 1–11　权益性投资收益

	居民企业	非居民企业
权益性投资收益纳税义务发生时间	被投资企业股东会或股东大会作出利润分配或转股决定的日期	股息、红利等权益性投资收益实际支付之日
依据	国税函〔2010〕79 号第四条	国家税务总局公告 2017 年第 37 号第七条

(1) B 公司应于 2018 年 12 月 31 日确认纳税义务，于 2019 年 1 月申报纳税。

(2) A 公司应于 2019 年 1 月 23 日代扣代缴 C 公司的企业所得税，并于 23 日后 7 日内申报解缴。

【政策依据】 国税函〔2010〕79 号：

四、关于股息、红利等权益性投资收益收入确认问题

企业权益性投资取得股息、红利等收入，应以被投资企业股东会或股东大会作出利润分配或转股决定的日期，确定收入的实现。

被投资企业将股权（票）溢价所形成的资本公积转为股本的，不作为投资方企业的股息、红利收入，投资方企业也不得增加该项长期投资的计税基础。

《国家税务总局关于非居民企业所得税源泉扣缴有关问题的公告》（国家税务总局公告 2017 年第 37 号）：

七、扣缴义务人应当自扣缴义务发生之日起 7 日内向扣缴义务人所在地主管税务机关申报和解缴代扣税款。扣缴义务人发生到期应支付而未支付情形，应按照《国家税务总局关于非居民企业所得税管理若干问题的公告》（国家税务总局公告 2011 年第 24 号）第一条规定进行税务处理。

非居民企业取得应源泉扣缴的所得为股息、红利等权益性投资收益的，相关应纳税款扣缴义务发生之日为股息、红利等权益性投资收益实际支付之日。

非居民企业采取分期收款方式取得应源泉扣缴所得税的同一项转让财产所得

的，其分期收取的款项可先视为收回以前投资财产的成本，待成本全部收回后，再计算并扣缴应扣税款。

43. 按税法规定，房地产项目确认收入的条件是什么？

案例： A房地产公司开发某项目，于2018年5月1日竣工备案，取得竣工备案表；2018年12月1日发出收楼通知书，业主于2019年4月前陆续收楼（拿钥匙）。

问： A房地产公司应于何时确认收入？是否按交付时间？交付时间是2018年5月1日，还是2018年12月1日，抑或是根据业主收楼时间陆续确认？

答： 这个问题问的是收入确认，和结算实际毛利不同，根据《房地产开发经营业务企业所得税处理办法》第六条，房地产企业在收到预收款时，就视为税法上的收入了。

结算实际毛利（类似于会计上的结转收入成本）条件以《房地产开发经营业务企业所得税处理办法》第三条中规定的"（一）开发产品竣工证明材料已报房地产管理部门备案""（二）开发产品已开始投入使用""（三）开发产品已取得了初始产权证明"三者孰早，交付属于第（二）项"投入使用"。

【实操指南】 我们一般理解的交付时间是发出收楼通知书的时间，而不是业主实际收房时间。

本例中，由于竣工备案时间早于投入使用时间，未提到初始产权证明何时取得（确权时间）。假设确权时间晚于竣工备案时间，则结算实际毛利的时间为2018年5月1日。如果确权时间早于竣工备案时间，则以确权时间结算实际毛利。

需要注意的是，对房地产企业而言，税法上的收入确认时点，是会计上收到预收账款的时点，而税法上的实际毛利结算时点，是会计上确认收入的时点。

【政策依据】《房地产开发经营业务企业所得税处理办法》（国税发〔2009〕31号印发）：

第三条　企业房地产开发经营业务包括土地的开发，建造、销售住宅、商业用房以及其他建筑物、附着物、配套设施等开发产品。除土地开发之外，其他开发产品符合下列条件之一的，应视为已经完工：

（一）开发产品竣工证明材料已报房地产管理部门备案。

（二）开发产品已开始投入使用。

（三）开发产品已取得了初始产权证明。

············

第六条　企业通过正式签订《房地产销售合同》或《房地产预售合同》所取得的收入，应确认为销售收入的实现，具体按以下规定确认：

（一）采取一次性全额收款方式销售开发产品的，应于实际收讫价款或取得索取价款凭据（权利）之日，确认收入的实现。

（二）采取分期收款方式销售开发产品的，应按销售合同或协议约定的价款和付款日确认收入的实现。付款方提前付款的，在实际付款日确认收入的实现。

（三）采取银行按揭方式销售开发产品的，应按销售合同或协议约定的价款确定收入额，其首付款应于实际收到日确认收入的实现，余款在银行按揭贷款办理转账之日确认收入的实现。

············

第九条 企业销售未完工开发产品取得的收入，应先按预计计税毛利率分季（或月）计算出预计毛利额，计入当期应纳税所得额。开发产品完工后，企业应及时结算其计税成本并计算此前销售收入的实际毛利额，同时将其实际毛利额与其对应的预计毛利额之间的差额，计入当年度企业本项目与其他项目合并计算的应纳税所得额。

············

44. 企业所得税汇算清缴时，免税与应税项目是否可以盈亏互抵？

答：（1）免税所得盈利不用弥补应税所得亏损，如符合条件的技术转让所得（所得500万元以内免税）200万元，应税所得－300万元，则减免所得200万元，当年应纳税所得为0，且产生可抵扣亏损300万元（A106000申报表列示可弥补亏损所得－300万元）。

（2）应税所得盈利可以弥补免税所得亏损（先于弥补以前年度亏损），如符合条件的技术转让所得－200万元，应税所得300万元，有以前年度可弥补亏损200万元，则当年应纳税所得额100万元，弥补100万元，剩余100万元结转以后年度弥补（A106000申报表列示可弥补亏损所得100万元）。

45. 减资清算应交税费如何计算？

答：减资涉及企业所得税。根据国家税务总局公告2011年第34号，"投资企业从被投资企业撤回或减少投资，其取得的资产中，相当于初始出资的部分，应确认为投资收回；相当于被投资企业累计未分配利润和累计盈余公积按减少实收资本比例计算的部分，应确认为股息所得；其余部分确认为投资资产转让所得"，因此：

减资所得税＝[分回经济利益－初始出资金额－（被投资企业累计未分配利润
＋累计盈余公积）×减资占原实收资本比例]×所得税税率

如不满足投资收益免税条件，则

减资所得税＝（分回经济利益－初始出资金额）×所得税税率

46. 售楼处的软装和样板间费用应计入成本还是营销费用？有没有区分或界定范围？

答：区分原则为其是否构成开发产品的一部分并随同开发产品对外销售产生收益。如样板间装修后对外出售，计入成本；售楼处软装仅用于销售期间，后续无法对外销售（随售楼处一同销售，一般也无法产生对应收益），计入营销费用。

47. 业务招待费和广告费计算扣除限额的基数是否包含预收账款？

答： 包括预收账款，房地产企业开发产品完工后，业务招待费和广告费计算基数应扣除预收账款结转收入部分。

48. 职工福利费、工会经费、教育经费等计算扣除限额的基数是否包含开发间接费中的职工工资？

答： 不管职工工资是计入管理费用、销售费用还是开发间接费，都可以作为计算扣除限额的基数。

49. 代扣代缴个人所得税返还手续费是否计入企业所得税收入？

答： 是。《企业所得税法》第六条规定："企业以货币形式和非货币形式从各种来源取得的收入，为收入总额。"

50. 单位为个人购买的商业保险是否可以在企业所得税税前扣除？

答： 可以。单位为个人购买的商业保险应计入员工个人工资薪金，视同个人购买（财税〔2017〕39号），账务处理如下：先统一将为职工承担的工资支出计入应付职工薪酬，然后将五险一金＋商业保险＋个人补充公积金部分计入其他应付款，然后支付给相关部门。

账务处理：

借：管理费用/销售费用/开发间接费等
　　贷：应付职工薪酬（五险一金＋商业保险＋个人补充公积金＋税费）
借：应付职工薪酬（五险一金＋商业保险＋个人补充公积金＋税费）
　　贷：其他应付款
借：其他应付款（支付给相关部门）
　　应付职工薪酬（扣除五险一金＋商业保险＋个人补充公积金＋税费后支付给职工）
　　贷：银行存款

在扣缴个人所得税时，应发工资应包含五险一金＋商业保险＋个人补充公积金，应纳税所得额再剔除五险一金＋限额扣除内的商业保险＋个人补充公积金，计算个人所得税应纳税所得。

注：《企业所得税法实施条例》第三十六条规定："除企业依照国家有关规定为特殊工种职工支付的人身安全保险费和国务院财政、税务主管部门规定可以扣除的其他商业保险费外，企业为投资者或者职工支付的商业保险，不得扣除。"其中提到"除……国务院财政、税务主管部门规定可以扣除的其他商业保险费外"，财税〔2017〕39号应为税务主管部门规定的例外情况。

第二章
增值税

第一节　销项抵减

51. 土地出让金滞纳金/分期利息是否纳入销项抵减?

案例: A 房地产公司 2016 年 1 月招拍挂取得某地块,出让合同金额 1 亿元。出让合同约定土地出让金分 2 次支付,第二次支付的土地出让金,按照第一次支付到第二次支付之间的天数,按年利率 8% 支付滞纳金。

问: 出让合同规定的土地出让金滞纳金,是否可纳入销项抵减?

答: 存在争议。出让合同约定,土地出让金分 2 次支付,第二次支付的土地出让金,按照第一次支付到第二次支付之间的天数,按年利率 8% 支付滞纳金。该滞纳金虽名为滞纳金,但实际上是按合同约定延期支付土地款的利息,属于民事合同,而非行政处罚。

根据《财政部　国家税务总局关于明确金融　房地产开发　教育辅助服务等增值税政策的通知》(财税〔2016〕140 号)第七条,向政府部门支付的土地价款,包括土地受让人向政府部门支付的征地和拆迁补偿费用、土地前期开发费用和土地出让收益等。其中,对土地出让收益未明确定义。笔者认为,延期支付土地款的利息也可以算作政府部门获取的土地收益,即按此条文,可以争取将利息纳入土地出让收益的范畴。

如果取得财政票据,一般可计算销项抵减;如果取得发票,则属于资金占用利息,不能抵扣进项(无论是否取得增值税专用发票)。

实际操作以主管税务机关口径为准。

52. 拆迁补偿费是否纳入销项抵减?

案例: 接上例,A 房地产公司 2016 年 1 月招拍挂取得某地块,出让合同金额 1 亿元。但该地块涉及拆迁补偿,A 房地产公司与该地块上的居民签订了拆迁补偿协议,并以支付拆迁补偿费的形式,向居民支付了共 3 000 万元。

问: 拆迁补偿费 3 000 万元是否可纳入销项抵减?

答: 纳入。拆迁补偿费也属于财税〔2016〕140 号第七条明文规定的内容。拆迁补偿费不是必须向政府支付,向其他单位或个人支付并提供相应材料的,也可以抵减。

【实操指南】 拆迁补偿如果是实物补偿而非现金补偿，也应作为视同销售收入，同时可确认视同销售成本计算销项抵减，对一般计税方法下计算的增值税无影响。

简易计税不能计算销项抵减，因此，实物补偿时，视同销售收入增加，会导致增值税税负上升；而现金补偿时，不存在视同销售收入，因此不会增加税负。

【政策依据】 财税〔2016〕140号第七条第二款：

房地产开发企业中的一般纳税人销售其开发的房地产项目（选择简易计税方法的房地产老项目除外），在取得土地时向其他单位或个人支付的拆迁补偿费用也允许在计算销售额时扣除。纳税人按上述规定扣除拆迁补偿费用时，应提供拆迁协议、拆迁双方支付和取得拆迁补偿费用凭证等能够证明拆迁补偿费用真实性的材料。

【关联问题】 拆迁补偿视同销售政策：

（1）土地增值税视同销售收入按《国家税务总局关于房地产开发企业土地增值税清算管理有关问题的通知》（国税发〔2006〕187号）第三条确定，该条规定："其收入按下列方法和顺序确认：1. 按本企业在同一地区、同一年度销售的同类房地产的平均价格确定；2. 由主管税务机关参照当地当年、同类房地产的市场价格或评估价值确定。"

（2）企业所得税视同销售收入按《房地产开发经营业务企业所得税处理办法》（国税发〔2009〕31号印发）第七条确定："企业将开发产品用于……换取其他企事业单位和个人的非货币性资产等行为，应视同销售，于开发产品所有权或使用权转移，或于实际取得利益权利时确认收入（或利润）的实现。确认收入（或利润）的方法和顺序为：（一）按本企业近期或本年度最近月份同类开发产品市场销售价格确定；（二）由主管税务机关参照当地同类开发产品市场公允价值确定；（三）按开发产品的成本利润率确定。"

同时，该文件第三十一条第一款规定了视同销售成本的确定方式，即"企业以非货币交易方式取得土地使用权的，应按下列规定确定其成本：（一）企业、单位以换取开发产品为目的，将土地使用权投资企业的，按下列规定进行处理：1. 换取的开发产品如为该项土地开发、建造的，接受投资的企业在接受土地使用权时暂不确认其成本，待首次分出开发产品时，再按应分出开发产品（包括首次分出的和以后应分出的）的市场公允价值和土地使用权转移过程中应支付的相关税费计算确认该项土地使用权的成本。如涉及补价，土地使用权的取得成本还应加上应支付的补价款或减除应收到的补价款"。

分期开发且某期竣工时不能确定其他期数分出开发产品公允价值时，会对当年所得税造成影响，但从全周期来看应交所得税不变。（土地成本不确定，且土地成本按各期占地面积分配。）

通常，视同销售收入＝视同销售成本－取得土地支付的契税。

53. 市政建设配套费、基础设施配套建设费可否纳入销项抵减？

案例： 接上例，A房地产公司2016年1月招拍挂取得某地块，出让合同金额1亿元。A 房地产公司在取得土地时，还缴纳了市政建设配套费 100 万元。

问：市政建设配套费 100 万元是否可纳入销项抵减？

答：不可纳入。财税〔2016〕140 号第七条规定的内容不含市政建设配套费。基础设施配套建设费和市政建设配套费一样，也不纳入销项抵减范畴。

54. 契税是否计算销项抵减？

案例：接上例，A 房地产公司 2016 年 1 月招拍挂取得某地块，出让合同金额 1 亿元。签订合同后，A 公司缴纳了契税 393 万元（（10 000＋3 000＋100）×3‰）。（契税的缴纳口径详见契税部分。）

问：契税 393 万元是否可纳入销项抵减？

答：不可纳入。财税〔2016〕140 号第七条规定的内容不含契税，契税不属于向政府部门支付的土地收益，取得的也不是财政票据。

55. 耕地占用税及城镇土地使用税是否可纳入销项抵减？

案例：接上例，A 房地产公司 2016 年 1 月招拍挂取得某地块，出让合同金额 1 亿元。由于该地块涉及占用耕地，因此 A 房地产公司 2016 年 1 月向税务机关缴纳了耕地占用税 900 万元，自 2017 年开始缴纳城镇土地使用税，截至 2019 年 5 月清算时，共缴纳城镇土地使用税 1 100 万元。

问：耕地占用税及城镇土地使用税 2 000 万元是否可纳入销项抵减？

答：不可纳入。财税〔2016〕140 号第七条规定的内容不含土地的税收。需要注意的是，土地的税收并不属于政府部门获取的土地收益，土地收益应仅包括政府部门出让该土地所直接获取的收益。

56. 计容费是否可纳入销项抵减？

案例：接上例，A 房地产公司 2016 年 1 月招拍挂取得某地块，出让合同金额 1 亿元。取得该地块后，为增加容积率，A 房地产公司补缴了计容费 200 万元。

问：计容费 200 万元是否可纳入销项抵减？

答：不可纳入。财税〔2016〕140 号第七条规定的内容不含计容费。

【实操指南】　到目前为止，国家税务总局对于增值税销项抵减的具体范围，仅有财税〔2016〕140 号进行了粗略规定，并无详细规定。因此，实践中可能存在与上述规定不一致的做法，各地税务机关的执行口径可能存在差异。

如部分税务人员认为，由于增值税法规的缺失，可以类比土地增值税和企业所得税的法规，来确定"受让人向政府部门支付的征地和拆迁补偿费用""土地前期开发费用"的范围。

根据财法字〔1995〕6 号，土地征用及拆迁补偿费，包括土地征用费、耕地占用税、劳动力安置费及有关地上、地下附着物拆迁补偿的净支出、安置动迁用房支出等。如果采纳这种观点，则上述市政建设配套费、契税、耕地占用税和城镇土地使用税、计容费都可以纳入增值税销项抵减的范围。

根据《房地产开发经营业务企业所得税处理办法》第二十七条，对所得税规定了前期工程费的范围（类比土地前期开发费用），包括项目开发前期发生的水文地质勘察、测绘、规划、设计、可行性研究、筹建、场地通平等前期费用等。

但土地增值税、企业所得税的文件并不适用于增值税。财税〔2016〕140号第七条中的土地价款规定应理解为：为取得土地使用权而发生的向土地所有者支付的费用。如果是通过公开招拍挂方式受让的净地，土地价款仅指土地出让金。如果是毛地，企业缴纳的出让金通常少于净地的出让金，在这种情况下，政府会要求企业承担本应由政府承担的一级土地开发的成本，包括拆迁补偿费和前期开发费，其中的前期开发费是指一级土地整理的成本，如拆迁补偿费。房地产企业缴纳的契税不属于向土地所有者支付的价款，不得用于抵减。

【政策依据】 财税〔2016〕140号：

七、《营业税改征增值税试点有关事项的规定》（财税〔2016〕36号）第一条第（三）项第10点中"向政府部门支付的土地价款"，包括土地受让人向政府部门支付的征地和拆迁补偿费用、土地前期开发费用和土地出让收益等。

《房地产开发经营业务企业所得税处理办法》（国税发〔2009〕31号印发）：

第二十七条　开发产品计税成本支出的内容如下：

（一）土地征用费及拆迁补偿费。指为取得土地开发使用权（或开发权）而发生的各项费用，主要包括土地买价或出让金、大市政配套费、契税、耕地占用税、土地使用费、土地闲置费、土地变更用途和超面积补交的地价及相关税费、拆迁补偿支出、安置及动迁支出、回迁房建造支出、农作物补偿费、危房补偿费等。

（二）前期工程费。指项目开发前期发生的水文地质勘察、测绘、规划、设计、可行性研究、筹建、场地通平等前期费用。

⋯⋯⋯⋯⋯⋯

财法字〔1995〕6号：

土地征用及拆迁补偿费，包括土地征用费、耕地占用税、劳动力安置费及有关地上、地下附着物拆迁补偿的净支出、安置动迁用房支出等。

前期工程费，包括规划、设计、项目可行性研究和水文、地质、勘察、测绘、"三通一平"等支出。

---

57. 分栋交房的销项抵减计算口径是否包含地下建筑面积？

案例： A房地产公司取得一块土地，取得土地支付的价款为1.45亿元，分三栋交付，第一栋于2017年6月交房，并计算缴纳增值税。此时二、三栋还没有交房，处于预缴状态。规划许可证上注明的一、二、三栋的计容建筑面积分别为10 000平方米、

15 000 平方米、13 000 平方米；规划许可证上注明的一、二、三栋的可售建筑面积分别为 10 010 平方米、14 000 平方米、14 000 平方米。

问： 如何计算一栋应抵减的土地价款？

答： 根据《国家税务总局关于发布〈房地产开发企业销售自行开发的房地产项目增值税征收管理暂行办法〉的公告》（国家税务总局公告 2016 年第 18 号），适用一般计税方式的房地产开发企业在计算增值税应税销售额时，当期允许扣除的土地价款＝（当期销售房地产项目建筑面积÷房地产项目可供销售建筑面积）×支付的土地价款。但公式中的"当期销售房地产项目建筑面积"及"房地产项目可供销售建筑面积"是否仅指地上建筑面积？是否包含地面以下的建筑面积？

根据《国家税务总局关于土地价款扣除时间等增值税征管问题的公告》（国家税务总局公告 2016 年第 86 号）第五条的规定，"当期销售房地产项目建筑面积"和"房地产项目可供销售建筑面积"，指计算容积率地上建筑面积，不包括地下车位建筑面积。

因此，根据以上条款，地下的非车位类商用建筑（如地下商场等其他地下建筑）面积应比照地下车位处理。国家税务总局在《财政部　国家税务总局关于安置残疾人就业单位城镇土地使用税等政策的通知》（财税〔2010〕121 号）的政策解读中，指出容积率指一宗土地上建筑物（不含地下建筑物）总建筑面积与该宗土地面积之比，笔者认为对"容积率"的规定应予以沿用。

【实操指南】 前期应按规划许可证面积计算，最终以实测面积计算。部分观点认为应按预售证面积进行计算，但预售证是分期取得，实践中前期销售时，从已取得的部分预售证中可能无法得知整个项目的可售面积，因此笔者倾向按规划许可证面积。实测面积也存在同样的问题，前期可能无法得到全部的实测面积。

根据政策，计算土地价款的口径应为地上计容、可售面积，满足二者的建筑面积方可纳入计算。但实践中，我们不一定能找到相应的口径。如本例中，在规划许可证上，分别列出了计容建筑面积和可售建筑面积，但计容建筑面积和可售建筑面积的交集是多少？

本例中，计容建筑面积合计为 38 000 平方米，可售建筑面积合计为 38 010 平方米。取不到计容建筑面积和可售建筑面积的交集，但可以取孰小数。

针对以上问题，笔者倾向于在规划许可证上注明的计容建筑面积和可售建筑面积中取孰小数作为分母，分子采用与分母的同一口径。在实践中可与主管税务机关沟通。（无论采用哪个口径，均不会影响全周期应交税款，只有时间上的差异。）

计算一期可扣除的土地价款＝（10 000÷38 000）×14 500＝3 815.79（万元）

但需要注意的是，如果该计容面积中包含不能出售的配套设施，还需要将配套设施减去。根据国家税务总局公告 2016 年第 18 号，房地产项目可供销售建筑面积，是指房地产项目可以出售的总建筑面积，不包括销售房地产项目时未单独作价结算的配套公共设施的建筑面积。

如果将位于地下的非车位类商用建筑（如地下商场）面积纳入当期可扣除土地价款

的计算中，在分母增大的同时，由于地下建筑销售的滞后，还会对土地价款的扣除产生两方面的影响：一是扣除的期限会延长，二是前期的扣除会减少。

注：房地产项目可供销售建筑面积也不含不作价结算的公配面积。

在实测面积数据能可靠取得的时候，应按实测面积进行计算。

58. 分期开发的销项抵减计算口径按建筑面积还是占地面积？

案例： A房地产公司取得一块土地，取得土地支付的价款为 1.45 亿元，分三期开发某项目。第一期于 2017 年 6 月交房，并计算缴纳增值税。此时，二期还没有交房，处于预缴状态；三期还没有开发，尚未取得工程规划许可。建设用地规划许可证上注明的一、二、三期的占地面积分别为 4 000 平方米、6 000 平方米、5 000 平方米；建设工程规划许可证上注明的一、二期的计容建筑面积分别为 10 000 平方米、15 000 平方米；建设工程规划许可证上注明的一、二期的可售建筑面积分别为 10 010 平方米、14 000 平方米。

问： 如何计算一期应抵减的土地价款，按占地面积还是按建筑面积？

答： 国家税务总局公告 2016 年第 18 号仅规定了按建筑面积进行分摊，但实践中存在企业一次购地、分期开发的情形，此时可能会像本例中一样，尚不能确定整块土地的建筑面积。

因此目前大部分地区执行口径为：分期开发的，按占地面积在分期间进行分摊；同一期内再按国家税务总局规定的建筑面积分摊。分期分摊公式如下：已开发项目所对应的土地出让金＝土地出让金×（已开发项目占地面积÷开发用地总面积），即一期对应的土地出让金＝14 500×（4 000÷15 000）＝3 866.67（万元）。

【实操指南】 目前大部分地区均按此口径执行，但正式发文较少（部分地区为非正式发文的内部文件），因此有观点认为，没有正式发文规定按占地面积分摊，还是应该根据国家税务总局公告 2016 年第 18 号，按建筑面积执行。无法确定建筑面积的，可暂估建筑面积，或暂时按现有建筑面积计算。此时会出现先交房的期数抵减土地成本多（因为此时分母小），后交房的期数抵减土地成本较少的情况，但从全周期来看，除非适用税率发生变化，否则不存在多抵减的情况。

在实践中还是需要与税务机关沟通。

另外，占地面积怎么确定其实也是一个问题，因为只有建设用地规划许可证/土地使用证上载有土地面积，建筑工程施工许可证/建设工程规划许可证上只有建筑面积。当建设用地规划许可证/土地使用证与建筑工程施工许可证/建设工程规划许可证不能一一对应（或多对多、一对多、多对一）时，即完全无法对应时（的确存在这种案例，取得了四个土地使用证、四个建设用地规划许可证、六个建设工程规划许可证，这四个土地使用证完全相连，只是分四个证办理，由于建设工程规划许可证划分分期时，没有与土地使用证形成任何对应关系，一个建设工程规划许可证可能跨了两个土地使用证，因此无法区分占地面积），很可能还是会按照建筑面积分摊（因为无法按占地面积分摊）。

建设工程规划许可证（有建筑面积，无土地面积）如图 2-1 所示。

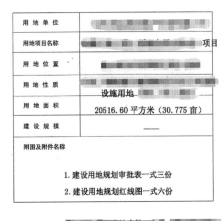

建设单位（个人）	░░░░░░░░░░░░
建设项目名称	░░░░░░15~18#楼
建设位置	░░░░░░░░░░░░
建设规模	4 项工程建筑面积为 67531.19 平方米

附图及附件名称

　　（1）核准建设工程明细表（附遵守事项）
　　（2）总平面图

遵守事项

一、本证是经城乡规划主管部门依法审核，建设工程符合城乡规划要求的法律凭证。
二、未取得本证或不按本证规定进行建设的，均属违法建设。
三、未经发证机关许可，本证的各项规定不得随意变更。
四、城乡规划主管部门依法有权查验本证，建设单位（个人）有责任提交查验。
五、本证所需附图与附件由发证机关依法确定，与本证具有同等法律效力。

中华人民共和国

建设工程规划许可证

建字第 ░░░░░░░ 号

根据《中华人民共和国城乡规划法》第四十条规定，经审核，本建设工程符合城乡规划要求，颁发此证。

发证机关　新郑市住房和城乡规划建设局
日　　期　2017-05-15

图 2-1　建设工程规划许可证示例

建设用地规划许可证（无建筑面积，有土地面积）如图 2-2 所示。

中华人民共和国

建设用地规划许可证

[2016] 汕规龙 地字第A ░░░ 号

根据《中华人民共和国城乡规划法》第三十七、第三十八条规定，经审核，本用地项目符合城乡规划要求，颁发此证。

发证机关
日　　期　2016年6月6日

用 地 单 位	░░░░░░░░░░░░
用地项目名称	░░░░░░░░░░项目
用 地 位 置	░░░░░░░░░░░░
用 地 性 质	设施用地░░░
用 地 面 积	20516.60 平方米（30.775 亩）
建 设 规 模	——

附图及附件名称

　　1.建设用地规划审批表一式三份

　　2.建设用地规划红线图一式六份

遵守事项 ░░░░░░░░░░░░

一、本证是经城乡规划主管部门依法审核，建设用地符合城乡规划要求的法律凭证。
二、未取得本证，而取得建设用地批准文件、占用土地的，均属违法行为。
三、未经发证机关同意者，本证的各项规定不得随意变更。
四、本证所需附图与附件由发证机关依法确定，与本证具有同等法律效力。
五、本证自核发之日起，必须在一年内，向土地管理部门申请用地，逾期本证自行失效。

图 2-2　建设用地规划许可证示例

土地使用证（无建筑面积，有土地面积）如图 2-3 所示。

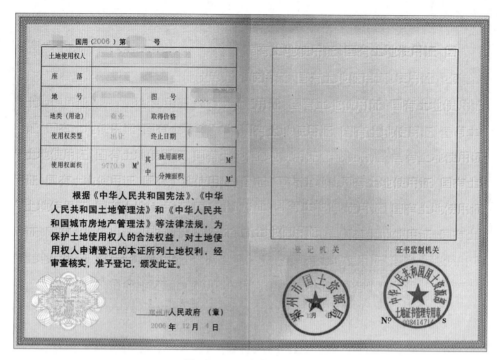

图2-3 土地使用证示例

建筑工程施工许可证（有建筑面积，无土地面积）如图2-4所示。

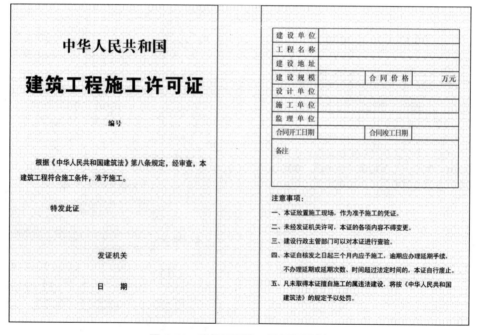

图2-4 建筑工程施工许可证示例

【关联问题】 同一建设工程规划许可证对应两个建筑工程施工许可证，开工时间分别在营改增前和营改增后，应如何划分销项抵减计算口径？

笔者认为这也是一次拿地分期开发的一种表现形式，与不同建设工程规划许可证的划分方式一致。

59. 销项抵减计算中的可售面积是否扣除自持面积？

案例：A 房地产公司取得一块土地，取得土地支付的价款为 1.45 亿元，其中 1 栋于 2017 年 6 月交房，并计算缴纳增值税。建设工程规划许可证上注明的总可售建筑面积为 30 000 平方米，1 栋可售建筑面积为 14 000 平方米，但 A 房地产公司在计算增值税销项抵减时，认为由于 2 栋有 1 000 平方米后续打算自持，自持面积不属于可售面积，因此按 7 000 万元（14 500×14 000÷（30 000−1 000））计算了可扣除的土地成本。

问：A 房地产公司的计算是否正确？销项抵减计算中的可售面积是否包含自持面积？

答：目前实务中存在两种观点。

一种观点认为不能从可售面积中扣除自持面积。国家税务总局公告 2016 年第 18 号（以下简称 18 号公告）明确，当期销售房地产项目建筑面积，是指当期进行纳税申报的增值税销售额对应的建筑面积。房地产项目可供销售建筑面积，是指房地产项目可以出售的总建筑面积，不包括销售房地产项目时未单独作价结算的配套公共设施的建筑面积。

理由 1：18 号公告只说了可售面积不含公配面积，但并未提及自持面积，自持面积也属于可供销售建筑面积，只是房地产公司选择不对外销售，这种选择权还可以随着时间的推移发生变化。比如本例中 1 栋交房时，房地产企业拟将 2 栋的 1 000 平方米自持，但到 2 栋交房时，房地产企业也可能改变原来的规划，将 2 栋对外出售，这样就会造成 1 栋交房时计算土地价款的公式分母变小，从而销项抵减变多，导致延迟缴纳税款。

理由 2：如果自持面积不属于可售面积，那么对于房地产企业而言，存在自主操纵的可能性，比如为了前期少交税款，选择先出租半年再对外销售，此时自持时间未超过一年，根据大多数省份规定其尚不属于旧房转让的范畴，还可以按照新房销售计算缴纳增值税，不损失销项抵减，却能达到前期少交增值税的目的。自持半年甚至一个月也可以算作自持，房地产企业自持不一定需要确权，可操纵性较高。

理由 3：由于自持面积不对外销售，自然也不属于 18 号公告规定的当期销售房地产项目建筑面积，不需要计算缴纳增值税，因此，对应的销项抵减也不能扣除，符合税法精神，具有配比的合理性。不允许扣除自持部分的销项抵减，与土地增值税和企业所得税的原则保持一致，即必须有收入才能扣除成本，同样，有销项才能扣除销项抵减。

理由 4：房地产企业在账面上也不会确认自持部分的收入和成本，虽然销项抵减减少，会引起土地成本增加，但并不会影响房地产企业的利润，只是增加了房地产企业的账面资产价值。

另一种观点认为应该从可售面积中扣除自持面积。

理由 1：非避税原因导致的自持，当房地产企业后续将自持面积再对外销售且按照旧房转让计税时，如果税务机关认定此时不属于 18 号公告规定的"房地产开发企业销售自行开发的房地产项目，适用本办法"，则不能再进行销项抵减。房地产企业应按《国家税务总局关于发布〈纳税人转让不动产增值税征收管理暂行办法〉的公告》（国家税务总局公告2016年第14号）的规定，按照转让自建形式取得的不动产，以取得的全部价款和价外费用为销售额计算应纳税额（无论一般计税还是简易计税），此时对房地产企业会造成销项抵减的损失。而房地产企业自建的土地没有进项税额，土地价款金额占房地产企业成本比例又很高，会削弱房地产企业自持的积极性（现在很多招拍挂项目竞自持）。

理由2：房地产企业持有自己开发的产品，可以视为房地产企业将开发产品出售给自己使用，并且可以进行单独的产权确认（大产权拆分成小产权后，产权证登记在房地产企业名下），而且再出售时也不会重复抵减销项，不会造成税款流失，反之会造成房地产企业损失。

如果采取第一种观点，则对房地产企业过于严格，且对政府要求自持的项目极不友好，不能顺应政策的变化；如果采取第二种观点，则有可能存在人为避税的空间，为部分企业提供避税土壤。

笔者认为应当区分自持面积是否为政府要求，非政府要求的自持面积不得从可售面积中扣除，政府要求的则可以。

理由：招拍挂竞自持或其他政府要求自持的项目，在政府要求自持的情况下，房地产企业即使能通过其他手段来获取收入，也不能实现销项抵减，且不易被人为操纵，因此，至少政府要求自持的面积应当从可售面积中减去。

笔者建议国家税务总局尽早出台相关政策。

【政策依据】《房地产开发企业销售自行开发的房地产项目增值税征收管理暂行办法》（国家税务总局公告2016年第18号发布）：

第二章 一般纳税人征收管理
第一节 销售额

第四条 房地产开发企业中的一般纳税人（以下简称一般纳税人）销售自行开发的房地产项目，适用一般计税方法计税，按照取得的全部价款和价外费用，扣除当期销售房地产项目对应的土地价款后的余额计算销售额。销售额的计算公式如下：

$$销售额 = （全部价款和价外费用 - 当期允许扣除的土地价款）\div（1+11\%）$$

第五条 当期允许扣除的土地价款按照以下公式计算：

$$当期允许扣除的土地价款 = \left(\frac{当期销售房地产项目建筑面积}{房地产项目可供销售建筑面积}\right) \times 支付的土地价款$$

当期销售房地产项目建筑面积，是指当期进行纳税申报的增值税销售额对应的建筑面积。

房地产项目可供销售建筑面积，是指房地产项目可以出售的总建筑面积，不包括销售房地产项目时未单独作价结算的配套公共设施的建筑面积。

支付的土地价款，是指向政府、土地管理部门或受政府委托收取土地价款的单位直接支付的土地价款。

《纳税人转让不动产增值税征收管理暂行办法》（国家税务总局公告 2016 年第 14 号发布）：

第三条 ……

（二）一般纳税人转让其 2016 年 4 月 30 日前自建的不动产，可以选择适用简易计税方法计税，以取得的全部价款和价外费用为销售额，按照 5% 的征收率计算应纳税额。纳税人应按照上述计税方法向不动产所在地主管税务机关预缴税款，向机构所在地主管税务机关申报纳税。

……

（四）一般纳税人转让其 2016 年 4 月 30 日前自建的不动产，选择适用一般计税方法计税的，以取得的全部价款和价外费用为销售额计算应纳税额。纳税人应以取得的全部价款和价外费用，按照 5% 的预征率向不动产所在地主管税务机关预缴税款，向机构所在地主管税务机关申报纳税。

……

（六）一般纳税人转让其 2016 年 5 月 1 日后自建的不动产，适用一般计税方法，以取得的全部价款和价外费用为销售额计算应纳税额。纳税人应以取得的全部价款和价外费用，按照 5% 的预征率向不动产所在地主管税务机关预缴税款，向机构所在地主管税务机关申报纳税。

60. 非房地产开发公司从政府购买土地，能否计算增值税销项抵减？

案例： A 房地产集团下设装配式建筑集团，其中 B 公司没有房地产开发经营范围，从事装配式建筑。B 公司于 2018 年 7 月从政府手中拍得一块工业用地，打算新建工厂，后由于情况变化，不再需要新设工厂，拟将该地出售。出售时，B 公司提供了取得该地块时政府部门开具的土地款财政收据，在增值税计算时进行了销项抵减。

问： 非房地产开发公司是否可以抵减土地销项？

答： 不可以。根据《房地产开发企业销售自行开发的房地产项目增值税征收管理暂行办法》第二条（"房地产开发企业销售自行开发的房地产项目，适用本办法"）和第四条（"房地产开发企业中的一般纳税人（以下简称一般纳税人）销售自行开发的房地产项目，适用一般计税方法计税，按照取得的全部价款和价外费用，扣除当期销售房地产项目对应的土地价款后的余额计算销售额。销售额的计算公式如下：销售额＝（全部价款和价外费用－当期允许扣除的土地价款）÷（1＋11％）"），可以看出销项抵减政策仅适用于房地产开发企业销售自行开发的房地产项目，因此不适用于非房地产开发公司。由于 B 公司不是房地产公司，所以即使购买土地，也不能计算增值税销项抵减。

【实操指南】 对房地产开发企业销售自行开发的房地产项目如何理解呢？

房地产开发企业适用以上条款的前提是对土地进行了开发，如果房地产开发企业取得土地后未开发，直接转让，则不能进行销项抵减。

61. 房地产公司从法院拍卖渠道购买土地，能否计算增值税销项抵减？

案例： A 房地产公司从法院拍卖渠道拍得一块土地，拍卖价款 10 亿元，原土地是 B 公司从政府土地储备中心处招拍挂取得，有从政府取得的 4 亿元财政票据。

问： A 房地产公司能计算增值税销项抵减吗？

答： A 房地产公司不能计算增值税销项抵减，根据国家税务总局 2016 年第 18 号公告，支付的土地价款，是指向政府、土地管理部门或受政府委托收取土地价款的单位直接支付的土地价款。

A 房地产公司是向 B 公司支付土地价款，法院拍卖也不能改变 A 房地产公司支付的对象，因此，A 房地产公司支付的土地价款不能计算销项抵减。

B 公司在转让土地时，也不能计算销项抵减扣除，因为 B 公司并不是销售自行开发的房地产项目，而是直接销售了土地。

【实操指南】 A 房地产公司可以土地增值税前和企业所得税前扣除的金额为发票所载的不含税金额（进项可以抵扣）。

【政策依据】 《房地产开发企业销售自行开发的房地产项目增值税征收管理暂行办法》（国家税务总局公告 2016 年第 18 号发布）：

> 第二条　房地产开发企业销售自行开发的房地产项目，适用本办法。
> 自行开发，是指在依法取得土地使用权的土地上进行基础设施和房屋建设。
> 第三条　房地产开发企业以接盘等形式购入未完工的房地产项目继续开发后，以自己的名义立项销售的，属于本办法规定的销售自行开发的房地产项目。
> ⋯⋯⋯⋯⋯⋯
> 第五条　⋯⋯支付的土地价款，是指向政府、土地管理部门或受政府委托收取土地价款的单位直接支付的土地价款。
> 第六条　在计算销售额时从全部价款和价外费用中扣除土地价款，应当取得省级以上（含省级）财政部门监（印）制的财政票据。

62. 土地出让金票据抬头为招拍挂时股东公司的名字，非项目公司的名字，能否在增值税销项中抵减？

案例： A 房地产集团有限公司（以下简称 A 公司）以自身名义参与了 B 地块拍卖并竞得该地块，其与政府签订协议约定，以 A 公司成立的子公司 C 公司承接该地块并进行开发。参与拍卖和签订土地出让协议的主体为 A 公司，后续开具土地出让金票据的抬头也是 A 公司，但办理产权过户手续时，土地使用权证的使用人为 C 公司。

问： 土地出让金票据金额能否计算抵减 C 公司增值税销项？

答： 根据财税〔2016〕140 号，同时满足以下条件时，才允许项目公司在增值税销项中抵减；不能满足所有条件的，将无法在增值税销项中抵减：

（1）房地产开发企业、项目公司、政府部门三方签订变更协议或补充合同，将土地受让人变更为项目公司；

（2）政府部门出让土地的用途、规划等条件不变的情况下，签署变更协议或补充合同时，土地价款总额不变；

（3）项目公司的全部股权由受让土地的房地产开发企业持有。

【实操指南】 C公司想在增值税销项中抵减土地出让金部分金额，需要由A、C公司与政府部门签订三方协议，将土地受让人变更为项目公司，并保证土地价款总额不变。

如果C公司是A公司的全资子公司，则满足上述两条件即可；如果不是，建议A公司成立全资子公司来承接该土地，否则无法抵减。

另外，目前只有增值税能适用上述规定，土地增值税和企业所得税没有对应的文件规定，故能否在土地增值税和企业所得税税前扣除仍无法确定，具体执行口径需与当地税务部门进行沟通。笔者建议相关部门办理土地出让金票据时，应取得抬头为项目公司的票据，以规避增值税、土地增值税、企业所得税不能税前扣除的风险。

【政策依据】 财税〔2016〕140号：

八、房地产开发企业（包括多个房地产开发企业组成的联合体）受让土地向政府部门支付土地价款后，设立项目公司对该受让土地进行开发，同时符合下列条件的，可由项目公司按规定扣除房地产开发企业向政府部门支付的土地价款。

（一）房地产开发企业、项目公司、政府部门三方签订变更协议或补充合同，将土地受让人变更为项目公司；

（二）政府部门出让土地的用途、规划等条件不变的情况下，签署变更协议或补充合同时，土地价款总额不变；

（三）项目公司的全部股权由受让土地的房地产开发企业持有。

---

63. 土地返还款是否可以计算增值税土地销项抵减？

案例： A公司以1亿元取得某地块后，政府返还了20%土地款，即2 000万元。A公司取得政府开具的1亿元土地款财政收据。

问： 土地返还款是否可以计算增值税土地销项抵减？

答： 根据国家税务总局公告2016年第18号，"允许扣除的土地价款不得超过纳税人实际支付的土地价款"，A公司取得土地款返还后，A公司实际支付的土地价款仅为8 000万元，根据此条，应当只能按8 000万元计算销项抵减。

【实操指南】 但实际执行中各地口径不一，如广州市认为按取得的票据所列价款扣除（1亿元或8 000万元均有可能），大连市认为应按8 000万元扣除。

【政策依据】（1）《广州市国家税务局关于房地产开发企业营改增热点问题解答》：

如果存在土地返还款，企业实际需要支付的土地价款可能要小于土地出让合同

列明的土地价款，该种情况下可以扣除的土地价款的范围是不是只包含企业直接支付的土地价款？

答：按实际取得的省级以上（含省级）财政部门监（印）制的财政票据所列价款扣除。

（2）《大连市国家税务局营改增热点问题解答》：

房地产企业取得土地时支付的土地出让金已经取得符合规定的财政票据，之后又从相关部门取得土地返还款，那么计算增值税时允许抵扣的土地价款怎么计算？

答：按净支出额计算允许抵扣的土地价款，土地返还款部分不允许抵扣。

第二节　进项抵扣及转出

64. 一般计税和简易计税项目未区分进项发票，应如何抵扣？

案例：A 房地产公司（以下简称 A 公司）开发某项目，分为两个建筑工程施工许可证，一个开工日期在 2016 年 4 月 1 日，另一个开工日期在 2016 年 5 月 1 日，分别适用简易计税和一般计税方式。虽然建筑工程施工许可证是两个，但由于开工时间接近，A 公司将该项目整体发包给了总包方 B 公司，签订了一个大总包协议，约定总价款为2.7 亿元。

B 公司就该合同项下发生的工程款，全部向 A 公司开具增值税专用发票，账务上也未作区分。

问：A 公司应如何区分可抵扣的进项？

答：根据国家税务总局公告 2016 年第 18 号发布的《房地产开发企业销售自行开发的房地产项目增值税征收管理暂行办法》的规定：

第十三条　一般纳税人销售自行开发的房地产项目，兼有一般计税方法计税、简易计税方法计税、免征增值税的房地产项目而无法划分不得抵扣的进项税额的，应以《建筑工程施工许可证》注明的"建设规模"为依据进行划分。

$$\text{不得抵扣的进项税额} = \text{当期无法划分的全部进项税额} \times \left(\frac{\text{简易计税、免税房地产项目建设规模}}{\text{房地产项目总建设规模}} \right)$$

建筑工程施工许可证（见图 2-4）内容页第四行会列明建设规模，可以直接根据建设规模计算应转出的进项税额。

【关联问题】房地产项目和其他项目分别适用简易计税和一般计税，无法区分进项的，应如何处理？

财税〔2016〕36 号附件 1《营业税改征增值税试点实施办法》第二十九条规定：适

用一般计税方法的纳税人，兼营简易计税方法计税项目、免征增值税项目而无法划分不得抵扣的进项税额，按照下列公式计算不得抵扣的进项税额：

$$\text{不得抵扣的进项税额} = \text{当期无法划分的全部进项税额} \times \left(\text{当期简易计税方法计税项目销售额} + \text{免征增值税项目销售额} \right) \div \text{当期全部销售额}$$

当都是房地产自行开发项目时，无法区分的，按建设规模；如果是不同项目或者都不是房地产开发项目时，无法区分的，按当期销售额。

65. 租用售房部同时用于一般计税和简易计税项目是否可以抵扣？

案例：A 房地产公司（以下简称 A 公司）开发某项目，由于规划设计原因，未在红线内设计售房部，而是在红线外租用一处商铺用作售房部，租金每月 10 万元，出租方开具专用发票给 A 公司。2018 年 A 公司取得专用发票 120 万元，发票上注明的进项税额为 11.24 万元。

该项目分两期开发，一期的建筑工程施工许可证上注明的开工时间为 2016 年 1 月，二期的建筑工程施工许可证上注明的开工时间为 2017 年 2 月。该售房部同时用于一期和二期的销售。

问：进项税额 11.24 万元能否抵扣？

答：该项目分两期开发，一期的建筑工程施工许可证上注明的开工时间为 2016 年 1 月，适用简易计税；二期的建筑工程施工许可证上注明的开工时间为 2017 年 2 月，适用一般计税。

《财政部 税务总局关于租入固定资产进项税额抵扣等增值税政策的通知》（财税〔2017〕90 号）规定："自 2018 年 1 月 1 日起，纳税人租入固定资产、不动产，既用于一般计税方法计税项目，又用于简易计税方法计税项目、免征增值税项目、集体福利或者个人消费的，其进项税额准予从销项税额中全额抵扣。"

该售房部同时用于一期和二期的销售，因此 11.24 万元可以全额抵扣。

【实操指南】（1）"同时用于"方可抵扣；仅用于简易计税项目、免税项目、集体福利或者个人消费的，其进项税额不得从销项税额中抵扣。也就是说，如果 A 公司分两个售房部进行销售，那么只有二期的售房部租金进项税额可以抵扣，一期的租金进项税额不能抵扣。

理解"同时"的概念：如果二期自 2018 年 2 月开盘销售，那么 1 月的租金对应的进项税额就不可以抵扣。

（2）如果 A 公司在 2018 年 1 月对该商铺进行了装修，取得的装修专用发票上注明的进项税额也可以全额抵扣。

（3）财税〔2017〕90 号自 2018 年 1 月 1 日起实施，A 公司如果在 2017 年及以前也租用了售房部并取得专用发票，进项税额能否全额抵扣存在争议，需要与主管税务机关沟通。

其实在营改增前，关于同时用于可抵扣和不可抵扣项目的购进货物有过规定，《中华人民共和国增值税暂行条例实施细则》（简称《增值税暂行条例实施细则》）第二十一条就曾规定，购进货物既用于增值税应税项目也用于非增值税应税项目、免征增值税项目、集体福利或者个人消费的，可以抵扣。

但营改增后，租赁固定资产、不动产也纳入了增值税抵扣链条，因此财税〔2017〕90号实际上是对营改增的一个补充，平衡购买和租赁的政策一致性。笔者理解，计税原理是一脉相承的，因此，发生在2016年5月以后、2018年以前的租入固定资产、不动产，也可以参照财税〔2017〕90号进行处理。

【政策依据】《中华人民共和国增值税暂行条例》(简称《增值税暂行条例》)：

第十条 下列项目的进项税额不得从销项税额中抵扣：

（一）用于简易计税方法计税项目、免征增值税项目、集体福利或者个人消费的购进货物、劳务、服务、无形资产和不动产；

（二）非正常损失的购进货物，以及相关的劳务和交通运输服务；

（三）非正常损失的在产品、产成品所耗用的购进货物（不包括固定资产）、劳务和交通运输服务；

（四）国务院规定的其他项目。

《增值税暂行条例实施细则》：

第二十一条 条例第十条第（一）项所称购进货物，不包括既用于增值税应税项目（不含免征增值税项目）也用于非增值税应税项目、免征增值税（以下简称免税）项目、集体福利或者个人消费的固定资产。

前款所称固定资产，是指使用期限超过12个月的机器、机械、运输工具以及其他与生产经营有关的设备、工具、器具等。

---

66. 担保服务费专用发票是否可以抵扣进项？

案例： A房地产公司（以下简称A公司）向银行借款1亿元，由B公司提供担保，签订了与银行之间的三方协议。B公司提供担保，向A公司收取担保费100万元，并开具担保服务费专用发票，注明税额6万元。

问： 担保服务费专用发票是否可以抵扣进项？

答： B公司应按直接收费金融服务缴纳增值税，A公司取得B公司开具的专用发票可以抵扣。

根据《营业税改征增值税试点实施办法》，金融服务是指经营金融保险的业务活动，包括贷款服务、直接收费金融服务、保险服务和金融商品转让。其中，直接收费金融服务，是指为货币资金融通及其他金融业务提供相关服务并且收取费用的业务活动。其具体包括提供货币兑换、账户管理、电子银行、信用卡、信用证、财务担保、资产管理、信托管理、基金管理、金融交易场所（平台）管理、资金结算、资金清算、金融支付等服务。B公司所提供担保为直接收费金融服务。

纳税人接受贷款服务向贷款方支付的与该笔贷款直接相关的投融资顾问费、手续费、咨询费等费用，其进项税额不得从销项税额中抵扣。

本例中此项担保不属于向贷款方支付的费用，因此 A 公司可以抵扣。

67. 财务顾问费对应的进项是否可以抵扣？

案例：A 房地产公司向银行借款 1 亿元，B 公司作为中间方收取了融资顾问费 10 万元，开具咨询费专用发票给 A 房地产公司。

问：融资顾问费能否抵扣进项？

答：本例中融资顾问费虽然是支付给贷款方以外的第三方，但与贷款服务直接相关，也可以抵扣。

【实操指南】 如果该融资顾问费是支付给贷款银行，则不能抵扣。

需要注意的是，同一银行的不同分行或不同支行是否属于同一贷款方，存在争议。大部分支行均属于总行的分支机构，没有独立的法人主体，但从发放贷款业务来看，其是相互独立的。财税〔2016〕36 号文并未规定贷款方需要有独立的法人主体，因此，笔者倾向于认为，不同分行或支行不是同一贷款方。

68. 已经认证的进项增值税专用发票，未按期进行纳税申报抵扣，如何处理？

案例：A 房地产公司收购了 B 项目公司，于 2019 年 6 月全面接手，B 项目公司为一般纳税人。财务人员入驻后发现，有一张专用发票，进项税额为 117 万元，开具日期为 2018 年 1 月 1 日，2018 年 2 月已认证，但一直未申报抵扣，截至发现时已超过 360 天。

问：A 房地产公司财务人员应如何处理？

答：根据《国家税务总局关于取消增值税扣税凭证认证确认期限等增值税征管问题的公告》（国家税务总局公告 2019 年第 45 号），增值税一般纳税人取得 2017 年 1 月 1 日及以后开具的增值税专用发票、海关进口增值税专用缴款书、机动车销售统一发票、收费公路通行费增值税电子普通发票，取消认证确认、稽核比对、申报抵扣的期限。纳税人在进行增值税纳税申报时，应当通过本省（自治区、直辖市和计划单列市）增值税发票综合服务平台对上述扣税凭证信息进行用途确认。因此，本案例发票可以抵扣。

【实操指南】 根据《国家税务总局关于未按期申报抵扣增值税扣税凭证有关问题的公告》（国家税务总局公告 2011 年第 78 号，已由国家税务总局公告 2018 年第 31 号修改），增值税扣税凭证已认证或已采集上报信息但未按照规定期限申报抵扣，仅有一种情况可以经审批抵扣：

实行纳税辅导期管理及实行海关进口增值税专用缴款书"先比对后抵扣"管理办法的增值税一般纳税人，且发生了真实交易，属于客观原因的，经税务机关审批，纳税人可以继续申报抵扣其进项税额。客观原因包括：（1）自然灾害、社会突发事件等不可抗力原因；（2）司法、行政机关扣押、封存纳税人账簿资料导致；（3）税务机关信息系统、网络故障导致；（4）办税人员伤亡、突发危重疾病或者擅自离职未能办理交接手续导致。其他逾期须经国家税务总局稽核批准。

因此，若按照以前的规定，除非 B 公司实行纳税辅导期管理，否则，无论如何，超出期限均不得申报抵扣。如果 B 公司处于纳税辅导期，则需要提供不可抗力原因的证明。

【政策依据】《国家税务总局关于进一步明确营改增有关征管问题的公告》（国家税务总局公告 2017 年第 11 号）：

十、自 2017 年 7 月 1 日起，增值税一般纳税人取得的 2017 年 7 月 1 日及以后开具的增值税专用发票和机动车销售统一发票，应自开具之日起 360 日内认证或登录增值税发票选择确认平台进行确认，并在规定的纳税申报期内，向主管国税机关申报抵扣进项税额。

注：本条已废止。

国家税务总局公告 2019 年第 45 号：

一、增值税一般纳税人取得 2017 年 1 月 1 日及以后开具的增值税专用发票、海关进口增值税专用缴款书、机动车销售统一发票、收费公路通行费增值税电子普通发票，取消认证确认、稽核比对、申报抵扣的期限。纳税人在进行增值税纳税申报时，应当通过本省（自治区、直辖市和计划单列市）增值税发票综合服务平台对上述扣税凭证信息进行用途确认。

69. 买门票送客户，进项能否抵扣？

案例： A 房产公司向购房的客户赠送 2 张项目附近的游乐场门票，取得文旅公司开具的增值税专用发票"旅游服务-门票"。

问：（1）门票能不能抵扣进项？如果不能，如何才能实现抵扣？

（2）门票是否须扣缴个人所得税？

答：（1）买门票送客户不属于财税〔2016〕36 号所称的"个人消费、集体福利"，而是为促销展业发生的支出，可以抵扣进项。

（2）根据《财政部 国家税务总局关于企业促销展业赠送礼品有关个人所得税问题的通知》（财税〔2011〕50 号）第一条"企业在销售商品（产品）和提供服务过程中向个人赠送礼品，属于下列情形之一的，不征收个人所得税……2. 企业在向个人销售商品（产品）和提供服务的同时给予赠品"，无须扣缴个人所得税。

70. 施工方委托第三方收款，是否有税务风险？

案例： A 房地产公司（以下简称 A 公司）将某项工程发包给 B 施工企业（以下简称 B 公司），工程价款 1 000 万元。2018 年 4 月，A 公司向 B 公司结算价款并一次性支付 1 000 万元，此时 B 公司提出，由 A 公司直接支付给 B 公司的债权人 C 公司，B 公司出具了委托付款函，并加盖公章。

发票仍由 B 公司开具给 A 公司。

问：A公司直接付给C公司是否存在税务风险？

答：存在风险。现金流、合同流、发票流不一致，可能依照国税发〔1995〕192号第一条第三项规定不予抵扣进项，即损失90.91万元（1 000÷1.1×0.1）进项。

【实操指南】 税务机关对三流一致的要求由来已久，签合同的当事人与收付款的当事人与开发票的购买方和销售方，应当保持一致。在实践中，尽量不要向第三方付款，在无法规避的情况下，可选择以下途径解决：（1）施工方开立监管户或共管户（适用于施工方与第三方如小贷公司等有债务难以清偿或跨项目以房抵工程款的情况）；（2）向施工方开具现金支票，并要求施工方立即背书转让（适用于因挂靠难以开立监管户的情况）；（3）以上两种途径均无法实施，则必须提供合同相对方盖公章的委托协议，写明因为债权债务关系委托第三方为收款人（税务风险仍无法消除）。

【政策依据】 国税发〔1995〕192号：

纳税人购进货物或应税劳务，支付运输费用，所支付款项的单位，必须与开具抵扣凭证的销货单位、提供劳务的单位一致，才能够申报抵扣进项税额，否则不予抵扣。

---

71. 以供应商应付房款抵顶应付供应商的工程款，税务如何处理？

案例： A房地产公司（以下简称A公司）将某项工程发包给B公司，工程价款1 000万元。2018年1月，B公司从A公司处购买了一套住房，签订了房产销售合同，房款100万元，暂未支付。

2018年4月，A公司向B公司结算价款时，发现B公司仍未支付100万元房款，为避免B公司迟迟不缴纳房款，A公司决定在结算价款1 000万元中扣除房款，支付900万元给B公司。

问：税务应如何处理？是否存在风险？

答：以供应商应付房款抵顶应付供应商的工程款，其实是两步交易，第一步是房产公司支付工程款给供应商，第二步是供应商用工程款支付从房产公司处购买的房产的款项。分以下两种情况：

（1）同项目房款抵顶工程款的，全额开具结算书（结算金额不扣减抵顶部分）及工程发票，房产公司正常开具售房发票的，不存在税务风险。

也就是说，结算金额仍为1 000万元，B公司向A公司开具工程款发票1 000万元，A公司向B公司开具销售不动产发票100万元，同时A公司向B公司支付900万元。

（2）跨项目房款抵顶工程款的，视同施工方委托第三方收款，参照上一问答处理。

72. 企业为员工购买人身保险，取得专用发票，是否可抵扣进项？

案例： A房地产公司为所有员工提供人身保险，由公司购买，并取得保险公司开具给A房地产公司的专用发票。

问：人身保险专用发票是否可以抵扣进项？

答：人身保险属于集体福利，不得抵扣。

【政策依据】《财政部　国家税务总局关于全面推开营业税改征增值税试点的通知》（财税〔2016〕36 号）附件 1 第二十七条规定，用于集体福利或者个人消费的进项税额不得从销项税额中抵扣。

【关联问题】 人身保险是否可以在所得税税前扣除？

《企业所得税法实施条例》第三十六条规定：除企业依照国家有关规定为特殊工种职工支付的人身安全保险费和国务院财政、税务主管部门规定可以扣除的其他商业保险费外，企业为投资者或者职工支付的商业保险费，不得扣除。

该公司并非为特殊工种职工提供保险，而是为所有员工提供保险，因此，该项目费用不得扣除。

如果 A 房地产公司仅为工地上需要高空作业的人员提供人身保险，则该项目费用可以扣除。

"特殊工种职工"并无明确定义，仅有《国家税务总局大企业税收管理司关于 2009 年度税收自查有关政策问题的函》(2011 年 11 月废止) 第一条第（八）款规定，如为从事高危工种职工投保的工伤保险和为因公出差的职工按次投保的航空意外险列入税前扣除范围。但笔者理解为高危工种提供的除工伤保险以外的人身保险也可以扣除。

参考《高危行业企业安全生产费用财务管理暂行办法》(2012 年为财企〔2012〕16 号文件所废止) 第十八条规定：企业应当为从事高空、高压、易燃、易爆、剧毒、放射性、高速运输、野外、矿井等高危作业的人员办理团体人身意外伤害保险或个人意外伤害保险。所需保险费用直接列入成本（费用），不在安全费用中列支。

73. 金融机构开具咨询发票，是否可以抵扣进项？

案例：A 房地产公司（以下简称 A 公司）向 B 信托公司（以下简称 B 公司）借入款项，年利率约定为 10% 固定利率＋浮动利率（不在借款合同中体现）。固定利率部分 B 公司开具利息发票，浮动利率部分产生的利息，B 公司开具咨询费发票且与 A 公司签订咨询合同。A 公司将咨询费金额在核算时计入开发成本的开发间接费（在建项目）或管理费用的咨询费（完工项目）。

问：咨询费发票是否可以抵扣进项？

答：能否抵扣进项主要看发票种类。利息发票不能抵扣进项，与利息无关的咨询费专票可以抵扣进项，但纳税人接受贷款服务向贷款方支付的与该笔贷款直接相关的咨询费，不得抵扣进项。

【实操指南】 签订咨询合同的主体与签订借款合同的主体一致，虽然采用咨询服务名义，但较容易被税务机关穿透。公司可以考虑选择其他有销项的关联主体签订咨询合同，避免进项损失。

并非所有金融服务都不能抵扣，只有金融服务中的贷款服务及与贷款服务直接相关的费用不能抵扣，比如直接收费金融服务，不是贷款服务，且该直接收费金融服务与贷款服务无关（如贵金属投资咨询等服务），则可以抵扣。

【政策依据】 财税〔2016〕36 号附件 2《营业税改征增值税试点有关事项的规定》：

纳税人接受贷款服务向贷款方支付的与该笔贷款直接相关的投融资顾问费、手续费、咨询费等费用，其进项税额不得从销项税额中抵扣。

74. 服务从营改增前持续到营改增后，进项税额应如何抵扣？

案例： A房地产公司（以下简称A公司）为一般纳税人，在2016年3月与某广告公司签订了合同，约定广告公司在3—7月为A公司提供广告服务，7月底由广告公司向A公司开具增值税专用发票，A公司据此付款。

问： A公司取得的增值税专用发票可否全额抵扣？

答： 纳税人在营改增前开始接受广告服务，且该广告服务持续到营改增后的，对取得的广告服务进项税额应区分营改增前、营改增后分别处理：对营改增后接受广告服务取得的进项税额可以抵扣，对营改增前接受广告服务取得的进项税额不能抵扣。

【实操指南】 广告公司应区分营改增前后提供的广告服务，分别计算缴纳营业税和增值税，并分别开具营业税和增值税发票，而不是一次性开具增值税发票。

75. 会议购进葡萄酒、房费抵扣券以及手机、家电等奖品，均开具了专用发票，其是否可抵扣进项？

案例： A房地产公司举行年会时，花费如下：葡萄酒1万元、手机9万元、家电20万元、房费抵扣券7万元，均取得专用发票。

问： 以上进项是否可抵扣？

答： 葡萄酒、手机等属于个人消费时（如发放给员工），不得抵扣；当计入业务招待费或宣传费时（如赠送给客户），外购商品应视同销售，此时可抵扣（销项＝进项）。另外，房费抵扣券可以抵扣。

房费抵扣券和会议室租金可作为会议费列支。

【实操指南】 部分观点认为发放给员工的物资不属于个人消费，也应当视同销售，但无论是视同销售还是进项转出，其结果是一样的，销项刚好抵减进项。

76. 商品混凝土简易计税能否按项目选择计税方式？

案例： A房地产公司开发两个项目，一个项目为简易计税，另一个项目为一般计税，都采取甲供商品混凝土模式发包，两个项目都向同一个战略合作单位采购商品混凝土。

该商品混凝土公司为一般纳税人，A房地产公司希望该公司向简易计税项目提供的商品混凝土也按简易计税，向一般计税项目提供的商品混凝土也按一般计税，以减少前期进项税额支出。

问： 同一个商品混凝土公司能否按项目选择计税方式？

答： 不可以。

根据《财政部 国家税务总局关于部分货物适用增值税低税率和简易办法征收增值

税政策的通知》(财税〔2009〕9号)第二条，以水泥为原料生产的水泥混凝土，可选择按照简易办法依照6%征收率计算缴纳增值税，一般纳税人选择简易办法计算缴纳增值税后，36个月内不得变更。

销售商品混凝土不属于财税〔2016〕36号规定的"一般纳税人为建筑工程老项目提供的建筑服务"，因为销售混凝土属于销售货物，而不是建筑服务，因此，不适用建筑工程老项目按项目选择计税方式的政策。

综上所述，同一个商品混凝土公司只能选择一般计税或简易计税，选择后36个月不得变更，也不能按不同项目分别选择计税方式。

【政策依据】 财税〔2009〕9号第二条第（三）项：

（三）一般纳税人销售自产的下列货物，可选择按照简易办法依照6%征收率计算缴纳增值税

1. 县级及县级以下小型水力发电单位生产的电力。小型水力发电单位，是指各类投资主体建设的装机容量为5万千瓦以下（含5万千瓦）的小型水力发电单位。

2. 建筑用和生产建筑材料所用的砂、土、石料。

3. 以自己采掘的砂、土、石料或其他矿物连续生产的砖、瓦、石灰（不含粘土实心砖、瓦）。

4. 用微生物、微生物代谢产物、动物毒素、人或动物的血液或组织制成的生物制品。

5. 自来水。

6. 商品混凝土（仅限于以水泥为原料生产的水泥混凝土）。

一般纳税人选择简易办法计算缴纳增值税后，36个月内不得变更。

---

77. 会议费、培训费能否全额抵扣?

案例：A房地产公司为增值税一般纳税人，在酒店召开会议，与酒店签订会议承办合同，酒店提供住宿、餐饮、会议室。会议结束后，酒店向A房地产公司开具会议费、培训费等项目的增值税专用发票。

问：会议费、培训费能否全额抵扣?

答：不能。

酒店承办的各项培训会议，提供的餐饮和住宿服务，应分开开具发票，对住宿部分可开具增值税专用发票，对提供的餐饮服务应开具增值税普通发票。A房地产公司取得酒店开具的服务内容为"会议费、培训费"的增值税专用发票，对其中的餐饮部分的进项税额应当予以转出。

78. 外包的会议活动所产生的会议费、培训费能否全额抵扣?

案例：A房地产公司为增值税一般纳税人，为减少行政部门人员设置，将会议整体

外包给会务公司或培训机构，该会务公司或培训机构不直接提供餐饮、住宿服务。A房地产公司取得会务公司或培训机构开具的会议费、培训费等项目的增值税专用发票。

问：上述费用能否全额抵扣？

答：可以。

将会议（培训）外包给不直接提供餐饮、住宿服务的会务公司或培训机构，取得会务公司或培训机构开具的会议费、培训费等项目的增值税专用发票，可以全额抵扣。

【实操指南】 为什么整包给酒店费用就不能全额抵扣，外包给其他机构费用就可以全额抵扣呢？

整包给酒店时，提供服务的是酒店，增值税纳税主体只有一个，就是酒店，如果酒店的餐饮服务纳入了抵扣，就违反了财税〔2016〕36号的规定。

外包给不直接提供餐饮住宿服务的第三方时，第三方向房地产公司提供服务，酒店向第三方提供服务，发票流也保持一致，此时增值税的纳税主体有两个，一个是酒店，另一个是第三方。此时酒店提供的餐饮服务，依然不能开具专票，开了也不能抵扣，因此，餐饮服务依然不会进入增值税抵扣链条，对于国家而言，税款没有流失。

如果外包的第三方自己也提供部分餐饮服务，则依然需要单独区分此部分餐饮服务的金额，开具增值税普通发票，或由取得方作进项税额转出。

79. 个人账户支付住宿费能否抵扣进项税额？

问：纳税人取得服务品名为住宿费的增值税专用发票，但住宿费是以个人账户支付的，这种情况能否允许抵扣进项税额？是不是需要以单位对公账户转账付款才允许抵扣？

答：纳税人无论是通过私人账户还是对公账户支付住宿费，只要其购买的住宿服务符合现行规定，都可以抵扣进项税额。对纳税人购进的其他货物、服务，不能因付款账户不同而限制其抵扣进项税额。

80. 非银行金融机构的贷款利息，能抵扣进项吗？

答：不可以。财税〔2016〕36号所指的贷款服务不是针对金融机构，占用资金的非金融企业提供贷款也属于贷款服务。

【政策依据】 财税〔2016〕36号附件2《营业税改征增值税试点有关事项的规定》：

纳税人接受贷款服务向贷款方支付的与该笔贷款直接相关的投融资顾问费、手续费、咨询费等费用，其进项税额不得从销项税额中抵扣。

财税〔2016〕36号附件1《营业税改征增值税试点实施办法》所附《销售服务、无形资产、不动产注释》：

---

1. 贷款服务。

贷款，是指将资金贷与他人使用而取得利息收入的业务活动。

各种占用、拆借资金取得的收入，包括金融商品持有期间（含到期）利息（保本收益、报酬、资金占用费、补偿金等）收入、信用卡透支利息收入、买入返售金融商品利息收入、融资融券收取的利息收入，以及融资性售后回租、押汇、罚息、票据贴现、转贷等业务取得的利息及利息性质的收入，按照贷款服务缴纳增值税。

融资性售后回租，是指承租方以融资为目的，将资产出售给从事融资性售后回租业务的企业后，从事融资性售后回租业务的企业将该资产出租给承租方的业务活动。

以货币资金投资收取的固定利润或者保底利润，按照贷款服务缴纳增值税。

---

81. 银行开具的手续费专票，能抵扣进项吗？

答：可以。手续费不属于贷款服务，应归属于直接金融服务，可以抵扣进项（与贷款服务直接相关的除外）。

82. 是否取得的所有走逃（失联）企业开具的发票都不能抵扣？

答：首先，不是所有走逃（失联）企业开具的发票都是异常凭证，只有被税务机关列入异常凭证的，才需要在最终核实前，先进行进项转出（或暂不抵扣）；其次，异常发票后续能否抵扣主要看交易是否真实。

异常凭证为走逃（失联）企业在下列异常情况的对应属期所开具的发票：

（1）商贸企业购进、销售货物名称严重背离的。

（2）生产企业无实际生产加工能力且无委托加工，或生产能耗与销售情况严重不符，或购进货物并不能直接生产其销售的货物且无委托加工的。

（3）直接走逃失踪不纳税申报，或虽然申报但通过填列增值税纳税申报表相关栏次，规避税务机关审核比对，进行虚假申报的。

发票被判定为异常凭证后，如经核实不属于虚开增值税发票的，可以抵扣进项，所得税前也可扣除；如经核实属于虚开增值税发票的，不能抵扣进项，所得税前也不能扣除。

如果恶意取得虚开发票，还需接受税务机关的处罚，情节严重的，需承担刑事责任。《中华人民共和国发票管理办法》（以下简称《发票管理办法》）第二十二条中规定："任何单位和个人不得有下列虚开发票行为：（一）为他人、为自己开具与实际经营业务情况不符的发票；（二）让他人为自己开具与实际经营业务情况不符的发票；（三）介绍他人开具与实际经营业务情况不符的发票。"可见，让他人为自己开具非真实业务的发票，即恶意取得虚开发票，也属于虚开，情节严重的需根据《中华人民共和国刑法》规定承担刑事责任。

【实操指南】 有异常情况的对应属期在实践中较难判断，出于谨慎原则，经常发生扩大对应属期的现象。

认定非虚开需同时符合以下三点：

（1）纳税人向受票方纳税人销售了货物，或者提供了增值税应税劳务、应税服务；

（2）纳税人向受票方纳税人收取了所销售货物、所提供应税劳务或者应税服务的款项，或者取得了索取销售款项的凭据；

（3）纳税人按规定向受票方纳税人开具的增值税专用发票相关内容，与所销售货物、所提供应税劳务或者应税服务相符，且该增值税专用发票是纳税人合法取得并以自己名义开具的。

【政策依据】《国家税务总局关于走逃（失联）企业开具增值税专用发票认定处理有关问题的公告》（国家税务总局公告2016年第76号）：

一、走逃（失联）企业的判定

走逃（失联）企业，是指不履行税收义务并脱离税务机关监管的企业。

根据税务登记管理有关规定，税务机关通过实地调查、电话查询、涉税事项办理核查以及其他征管手段，仍对企业和企业相关人员查无下落的，或虽然可以联系到企业代理记账、报税人员等，但其并不知情也不能联系到企业实际控制人的，可以判定该企业为走逃（失联）企业。

二、走逃（失联）企业开具增值税专用发票的处理

（一）走逃（失联）企业存续经营期间发生下列情形之一的，所对应属期开具的增值税专用发票列入异常增值税扣税凭证（以下简称"异常凭证"）范围。

1. 商贸企业购进、销售货物名称严重背离的；生产企业无实际生产加工能力且无委托加工，或生产能耗与销售情况严重不符，或购进货物并不能直接生产其销售的货物且无委托加工的。

2. 直接走逃失踪不纳税申报，或虽然申报但通过填列增值税纳税申报表相关栏次，规避税务机关审核比对，进行虚假申报的。

....

（三）异常凭证由开具方主管税务机关推送至接受方所在地税务机关进行处理，具体操作规程另行明确。

国家税务总局公告2014年第39号：

纳税人通过虚增增值税进项税额偷逃税款，但对外开具增值税专用发票同时符合以下情形的，不属于对外虚开增值税专用发票：

一、纳税人向受票方纳税人销售了货物，或者提供了增值税应税劳务、应税服务；

二、纳税人向受票方纳税人收取了所销售货物、所提供应税劳务或者应税服务的款项，或者取得了索取销售款项的凭据；

三、纳税人按规定向受票方纳税人开具的增值税专用发票相关内容，与所销售货物、所提供应税劳务或者应税服务相符，且该增值税专用发票是纳税人合法取得、并以自己名义开具的。

受票方纳税人取得的符合上述情形的增值税专用发票，可以作为增值税扣税凭

证抵扣进项税额。

　　本公告自 2014 年 8 月 1 日起施行。此前未处理的事项，按照本公告规定执行。

---

83. 购买税控设备取得专用发票的，进项税额可抵扣吗？

答：《财政部　国家税务总局关于增值税税控系统专用设备和技术维护费用抵减增值税税额有关政策的通知》（财税〔2012〕15 号）第一条规定，初次购买税控设备的，即使取得专用发票，也是全额抵减增值税应纳税额，进项税额不得抵扣。

　　【实操指南】（1）只有初次购买税控设备的可以抵减增值税应纳税额，非初次购买的不得抵减（此时取得专票可以抵扣进项）。

　　（2）虽然全额抵减增值税应纳税额和抵扣进项后按不含税价抵减增值税应纳税额看似完全一致，但存在先后顺序的区分。

　　销项先减去进项后得到应纳税额，应纳税额为正的才会进行抵减，进项比抵减在先。

　　【政策依据】　财税〔2012〕15 号：

　　一、增值税纳税人 2011 年 12 月 1 日（含，下同）以后初次购买增值税税控系统专用设备（包括分开票机）支付的费用，可凭购买增值税税控系统专用设备取得的增值税专用发票，在增值税应纳税额中全额抵减（抵减额为价税合计额），不足抵减的可结转下期继续抵减。增值税纳税人非初次购买增值税税控系统专用设备支付的费用，由其自行负担，不得在增值税应纳税额中抵减。

　　增值税税控系统包括：增值税防伪税控系统、货物运输业增值税专用发票税控系统、机动车销售统一发票税控系统和公路、内河货物运输业发票税控系统。

　　增值税防伪税控系统的专用设备包括金税卡、IC 卡、读卡器或金税盘和报税盘；货物运输业增值税专用发票税控系统专用设备包括税控盘和报税盘；机动车销售统一发票税控系统和公路、内河货物运输业发票税控系统专用设备包括税控盘和传输盘。

　　⋯⋯⋯⋯⋯

　　三、增值税一般纳税人支付的二项费用在增值税应纳税额中全额抵减的，其增值税专用发票不作为增值税抵扣凭证，其进项税额不得从销项税额中抵扣。

第三节　留抵税额、计算抵扣、加计抵减

　　留抵税额，是纳税人已缴纳但未抵扣完的进项税额。我国过去一直实行留抵税额结转下期抵扣制度，仅对出口货物服务对应的进项税额，实行出口退税。2019 年我国开始对全行业实行进项留抵退税制度。

　　留抵退税在收入结转前（产生销项前）就能够形成。留抵税额＝应抵扣税额合计－

实际抵扣税额＝max（0，进项税额＋上期留抵税额－进项税额转出－免抵退应退税额＋检查补缴税额－销项税额）。

在房地产公司尚未结转收入，甚至尚未开始预售阶段，就有可能形成留抵税额（见表2-1）。

表 2-1 期末留抵税额

	项目	栏次
销售额	（一）按适用税率计税销售额	1
	其中：应税货物销售额	2
	应税劳务销售额	3
	纳税检查调整的销售额	4
	（二）按简易办法计税销售额	5
	其中：纳税检查调整的销售额	6
	（三）免、抵、退办法出口销售额	7
	（四）免税销售额	8
	其中：免税货物销售额	9
	免税劳务销售额	10
税款计算	销项税额	11
	进项税额	12
	上期留抵税额	13
	进项税额转出	14
	免、抵、退应退税额	15
	按适用税率计算的纳税检查应补缴税额	16
	应抵扣税额合计	17＝12＋13－14－15＋16
	实际抵扣税额	18（如17<11，则为17，否则为11）
	应纳税额	19＝11－18
	期末留抵税额	20＝17－18
	简易计税办法计算的应纳税额	21
	按简易计税办法计算的纳税检查应补缴税额	22
	应纳税额减征额	23
	应纳税额合计	24＝19＋21－23

84. 项目清算时留下的增值税留抵税额应如何处理？

案例： A企业项目已全部销售完毕两年有余，也早已交房，但一直未清算，原因是账上留存了500万元的增值税留抵税额。2019年4月，A企业向主管税务机关申请退还留抵税额，主管税务机关不予受理。

问：清算时留抵税额是否可以退还？

答：《国家税务总局关于印发〈增值税问题解答（之一）〉的通知》（国税函发〔1995〕288号）第八条规定，对征税后出现的进项税额大于销项税额后不足抵扣部分（即留抵税额），税务机关不再退税。该条款已被国税发〔2009〕7号废止，但目前也无规定证明可以退税，在没有新条款承接的情况下，税务机关采取以前口径的可能性较大。

【实操指南】 根据《财政部 税务总局 海关总署关于深化增值税改革有关政策的公告》（财政部 税务总局 海关总署公告2019年第39号，以下简称39号公告）的规定，自2019年4月1日起试行的增值税期末留抵税额退税制度，并不适用于清算或注销退税的情形。本例中A企业已清盘2年，留抵税额在2019年3月底前已存在，因此不存在3月后的增量留抵，不满足退税条件。

根据《企业所得税法》第八条和《企业所得税法实施条例》第三十一条的规定，企业发生的除企业所得税和允许抵扣的增值税以外的各项税金及其附加，准予在计算应纳税所得额时扣除。虽然一般纳税人注销时留抵的增值税进项税额不予以退税，但这部分留抵在计算应纳税所得额时是准予扣除的，也就是企业所得税前可以扣除500万元，但项目尾声时通常也没有收入可以抵减这500万元了。

为避免增值税和所得税损失，建议A企业再承接一个项目（高增值高利润项目），以经营所得逐步消化留抵。

【政策依据】《增值税问题解答（之一）》（国税函发〔1995〕288号印发）：

九、问：对纳税人倒闭、破产、解散、停业后销售的货物应如何征税？其增值税一般纳税人，不再购进货物而只销售存货，或者为了维持销售存货的业务而只购进水、电的，其期初存货已征税款应如何抵扣？对纳税人期初存货中尚未抵扣的已征税款，以及征税后出现的进项税金大于销项税金后不足抵扣部分，税务机关是否退税？

答：（一）对纳税人倒闭、破产、解散、停业后销售的货物，应按现行税法的规定征税。

（二）《财政部、国家税务总局关于期初存货已征税款抵扣问题的通知》（财税字〔1995〕42号）规定，从1995年起，增值税一般纳税人期初存货已征税款在5年内实行按比例分期抵扣的办法。增值税一般纳税人，如因倒闭、破产、解散、停业等原因不再购进货物而只销售存货的，或者为了维持销售存货的业务而只购进水、电的，其期初存货已征税款的抵扣，可按实际动用数抵扣。增值税一般纳税人申请按动用数抵扣期初进项税额，需提供有关部门批准其倒闭、破产、解散、停业的文件等资料，并报经税务机关批准。

（三）对纳税人期初存货中尚未抵扣的已征税款，以及征税后出现的进项税额大于销项税额后不足抵扣部分，税务机关不再退税。（条款失效）

财政部 税务总局 海关总署公告2019年第39号：

八、自 2019 年 4 月 1 日起，试行增值税期末留抵税额退税制度。

（一）同时符合以下条件的纳税人，可以向主管税务机关申请退还增量留抵税额：

1. 自 2019 年 4 月税款所属期起，连续六个月（按季纳税的，连续两个季度）增量留抵税额均大于零，且第六个月增量留抵税额不低于 50 万元；

2. 纳税信用等级为 A 级或者 B 级；

3. 申请退税前 36 个月未发生骗取留抵退税、出口退税或虚开增值税专用发票情形的；

4. 申请退税前 36 个月未因偷税被税务机关处罚两次及以上的；

5. 自 2019 年 4 月 1 日起未享受即征即退、先征后返（退）政策的。

（二）本公告所称增量留抵税额，是指与 2019 年 3 月底相比新增加的期末留抵税额。

（三）纳税人当期允许退还的增量留抵税额，按照以下公式计算：

$$允许退还的增量留抵税额＝增量留抵税额×进项构成比例×60\%$$

进项构成比例，为 2019 年 4 月至申请退税前一税款所属期内已抵扣的增值税专用发票（含税控机动车销售统一发票）、海关进口增值税专用缴款书、解缴税款完税凭证注明的增值税额占同期全部已抵扣进项税额的比重。

（四）纳税人应在增值税纳税申报期内，向主管税务机关申请退还留抵税额。

（五）纳税人出口货物劳务、发生跨境应税行为，适用免抵退税办法的，办理免抵退税后，仍符合本公告规定条件的，可以申请退还留抵税额；适用免退税办法的，相关进项税额不得用于退还留抵税额。

（六）纳税人取得退还的留抵税额后，应相应调减当期留抵税额。按照本条规定再次满足退税条件的，可以继续向主管税务机关申请退还留抵税额，但本条第（一）项第 1 点规定的连续期间，不得重复计算。

（七）以虚增进项、虚假申报或其他欺骗手段，骗取留抵退税款的，由税务机关追缴其骗取的退税款，并按照《中华人民共和国税收征收管理法》等有关规定处理。

（八）退还的增量留抵税额中央、地方分担机制另行通知。

《企业所得税法》：

第八条　企业实际发生的与取得收入有关的、合理的支出，包括成本、费用、税金、损失和其他支出，准予在计算应纳税所得额时扣除。

《企业所得税法实施条例》：

第三十一条　企业所得税法第八条所称税金，是指企业发生的除企业所得税和允许抵扣的增值税以外的各项税金及其附加。

85. 机票行程单计算抵扣金额时是否包含机场建设费？

案例：2019 年 4 月，A 公司员工报销机票行程单时，因 39 号公告增加了纳税人购进国内旅客运输服务的抵扣链条，因此财务人员将该机票行程单的合计金额按 9% 进行了价税分离。

问：该财务人员处理是否正确？

答：不正确。39 号公告规定了按票价和燃油附加费计算进项抵扣，不包含机场建设费。而机票行程单的合计金额中包含机场建设费和其他税费，如图 2-5 所示。

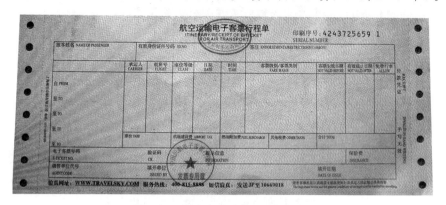

图 2-5　航空运输电子客票行程单

【实操指南】 财务人员应按上图中票价＋燃油附加费的金额进行价税分离，机场建设费和其他税费全额计入成本。

【政策依据】 财政部　税务总局　海关总署公告 2019 年第 39 号：

取得注明旅客身份信息的航空运输电子客票行程单的，为按照下列公式计算进项税额：

$$航空旅客运输进项税额＝（票价＋燃油附加费）÷（1＋9\%）×9\%$$

86. 外部讲师的差旅费能否抵扣进项税额？

案例：2019 年 4 月，A 公司邀请某外部讲师举办培训，合同中明确规定除讲课费外，差旅费用由 A 公司承担。该讲师提供了往返高铁票给 A 公司。

问：外部讲师的差旅费能否抵扣进项税额？

答：不可以。

【政策依据】《国家税务总局关于国内旅客运输服务进项税抵扣等增值税征管问题的公告》（国家税务总局公告 2019 年第 31 号）：

一、关于国内旅客运输服务进项税抵扣

（一）《财政部　税务总局　海关总署关于深化增值税改革有关政策的公告》（财

政部　税务总局　海关总署公告2019年第39号）第六条所称"国内旅客运输服务"，限于与本单位签订了劳动合同的员工，以及本单位作为用工单位接受的劳务派遣员工发生的国内旅客运输服务。

（二）纳税人购进国内旅客运输服务，以取得的增值税电子普通发票上注明的税额为进项税额的，增值税电子普通发票上注明的购买方"名称""纳税人识别号"等信息，应当与实际抵扣税款的纳税人一致，否则不予抵扣。

（三）纳税人允许抵扣的国内旅客运输服务进项税额，是指纳税人2019年4月1日及以后实际发生，并取得合法有效增值税扣税凭证注明的或依据其计算的增值税税额。以增值税专用发票或增值税电子普通发票为增值税扣税凭证的，为2019年4月1日及以后开具的增值税专用发票或增值税电子普通发票。

国家税务总局《深化增值税改革即问即答（之二）》：

三、请问纳税人为非雇员（如客户、邀请讲课专家等存在业务合作关系的人员）支付的旅客运输费用，能否抵扣进项税额？

39号公告规定，增值税一般纳税人购进国内旅客运输服务，其进项税额允许从销项税额中抵扣。这里指的是与本单位建立了合法用工关系的雇员，所发生的国内旅客运输费用允许抵扣其进项税额。纳税人如果为非雇员支付的旅客运输费用，不能纳入抵扣范围。需要注意的是，上述允许抵扣的进项税额，应用于生产经营所需，如属于集体福利或者个人消费，其进项税额不得从销项税额中抵扣。

---

87. 房地产企业有可能享受加计抵减吗？

答：有可能。邮政服务、电信服务、现代服务、生活服务取得的销售额占全部销售额的比重超过50%的纳税人，可以享受加计抵减政策。非全部从事房地产开发业务的纳税人，四项服务的销售额有可能超过50%，尤其是开始预售之前和仅剩尾盘之后。实务中也可通过合理规划业务，享受加计抵减优惠。

88. 加计抵减和预缴抵减孰先孰后？

案例：某房地产公司为一般纳税人，按月缴纳增值税。2019年6月，该房地产公司项目已处于尾盘阶段，取得现代服务业收入1 000万元（不含税），结转房地产完工产品收入600万元。该房地产项目为一般计税项目，对应的可扣除土地价款为200万元。该房地产公司当月无留抵税额，可抵扣进项90万元，可抵减预缴增值税18万元。

自2018年4月至2019年3月期间，该房地产公司的销售额符合规定条件，现代服务取得的销售额占全部销售额的比重超过50%，自2019年4月1日起适用加计抵减政策。

该房地产公司月初无可加计抵减余额。

问：应先抵减加计抵减额，还是先抵减预缴税金？

答： 在政策文件中并未明确抵扣顺序，但由增值税申报表可以看出抵扣顺序（见表2-2）。

表2-2　抵扣顺序

税款计算	销项税额	11
	进项税额	12
	上期留抵税额	13
	进项税额转出	14
	免、抵、退应退税额	15
	按适用税率计算的纳税检查应补缴税额	16
	应抵扣税额合计	17＝12＋13－14－15＋16
	实际抵扣税额	18（如17＜11，则为17，否则为11）
	应纳税额	19＝11－18
	期末留抵税额	20＝17－18
	简易计税办法计算的应纳税额	21
	按简易计税办法计算的纳税检查应补缴税额	22
	应纳税额减征额	23
	应纳税额合计	24＝19＋21－23
	期初未缴税额（多缴为负数）	25
	实收出口开具专用缴款书退税额	26
	本期已缴税额	27＝28＋29＋30＋31
	①分次预缴税额	28

《〈增值税及附加税费申报表（一般纳税人适用）〉及其附列资料填写说明》指出：

（三十三）第19栏"应纳税额"：反映纳税人本期按一般计税方法计算并应缴纳的增值税额。

1. 适用加计抵减政策的纳税人，按以下公式填写。

本栏"一般项目"列"本月数"＝第11栏"销项税额""一般项目"列"本月数"－第18栏"实际抵扣税额""一般项目"列"本月数"－"实际抵减额"；

本栏"即征即退项目"列"本月数"＝第11栏"销项税额""即征即退项目"列"本月数"－第18栏"实际抵扣税额""即征即退项目"列"本月数"－"实际抵减额"。

适用加计抵减政策的纳税人是指，按照规定计提加计抵减额，并可从本期适用一般计税方法计算的应纳税额中抵减的纳税人（下同）。"实际抵减额"是指按照规定可从本期适用一般计税方法计算的应纳税额中抵减的加计抵减额，分别对应《附列资料（四）》第6行"一般项目加计抵减额计算"、第7行"即征即退项目加计抵减额计算"的"本期实际抵减额"列。

2.其他纳税人按表中所列公式填写。

∙∙∙∙∙∙∙∙∙∙∙

（四十二）第28栏"①分次预缴税额"：填写纳税人本期已缴纳的准予在本期增值税应纳税额中抵减的税额。

营业税改征增值税的纳税人，分以下几种情况填写：

1.服务、不动产和无形资产按规定汇总计算缴纳增值税的总机构，其可以从本期增值税应纳税额中抵减的分支机构已缴纳的税款，按当期实际可抵减数填入本栏，不足抵减部分结转下期继续抵减。

2.销售建筑服务并按规定预缴增值税的纳税人，其可以从本期增值税应纳税额中抵减的已缴纳的税款，按当期实际可抵减数填入本栏，不足抵减部分结转下期继续抵减。

3.销售不动产并按规定预缴增值税的纳税人，其可以从本期增值税应纳税额中抵减的已缴纳的税款，按当期实际可抵减数填入本栏，不足抵减部分结转下期继续抵减。

4.出租不动产并按规定预缴增值税的纳税人，其可以从本期增值税应纳税额中抵减的已缴纳的税款，按当期实际可抵减数填入本栏，不足抵减部分结转下期继续抵减。

从以上填表说明可以看出，预缴税额抵减填在第28栏"①分次预缴税额"，而加计抵减反映在第19栏"应纳税额"，很明显加计抵减早于预缴税额抵减。

因此加计抵减在先，预缴税额抵减在后。

【实操指南】 本例中

现代服务业收入销项＝$1\,000 \times 6\% = 60$(万元)

房地产完工产品收入销项＝$(600 - 200) \div (1 + 9\%) \times 9\% = 33.03$(万元)

可抵扣进项＝90万元

加计抵减进项＝$90 \times 10\% = 9$(万元)

可抵减预缴增值税＝18万元

销项－进项＝$60 + 33.03 - 90 = 3.03$(万元)

此时应先抵减加计抵减9万元，由于应纳税额不足抵减，剩余5.97万元结转下期抵减。

目前加计抵减结转没有期限限制，根据财政部 税务总局公告2023年第1号，加计抵减政策延续（但加计抵减率有变化），但如2021年底加计抵减政策到期后，无后续政策出台，则2021年底的可加计抵减余额一次性清零。

【政策依据】《财政部 税务总局 海关总署关于深化增值税改革有关政策的公告》（财政部 税务总局 海关总署公告2019年第39号）：

七、自 2019 年 4 月 1 日至 2021 年 12 月 31 日，允许生产、生活性服务业纳税人按照当期可抵扣进项税额加计 10%，抵减应纳税额（以下称加计抵减政策）。

（一）本公告所称生产、生活性服务业纳税人，是指提供邮政服务、电信服务、现代服务、生活服务（以下称四项服务）取得的销售额占全部销售额的比重超过 50% 的纳税人。四项服务的具体范围按照《销售服务、无形资产、不动产注释》（财税〔2016〕36 号印发）执行。

2019 年 3 月 31 日前设立的纳税人，自 2018 年 4 月至 2019 年 3 月期间的销售额（经营期不满 12 个月的，按照实际经营期的销售额）符合上述规定条件的，自 2019 年 4 月 1 日起适用加计抵减政策。

2019 年 4 月 1 日后设立的纳税人，自设立之日起 3 个月的销售额符合上述规定条件的，自登记为一般纳税人之日起适用加计抵减政策。

纳税人确定适用加计抵减政策后，当年内不再调整，以后年度是否适用，根据上年度销售额计算确定。

纳税人可计提但未计提的加计抵减额，可在确定适用加计抵减政策当期一并计提。

（二）纳税人应按照当期可抵扣进项税额的 10% 计提当期加计抵减额。按照现行规定不得从销项税额中抵扣的进项税额，不得计提加计抵减额；已计提加计抵减额的进项税额，按规定作进项税额转出的，应在进项税额转出当期，相应调减加计抵减额。计算公式如下：

$$当期计提加计抵减额 = 当期可抵扣进项税额 \times 10\%$$

$$\begin{matrix} 当期可抵减加 \\ 计抵减额 \end{matrix} = \begin{matrix} 上期末加计 \\ 抵减额余额 \end{matrix} + \begin{matrix} 当期计提加 \\ 计抵减额 \end{matrix} - \begin{matrix} 当期调减 \\ 加计抵减额 \end{matrix}$$

（三）纳税人应按照现行规定计算一般计税方法下的应纳税额（以下称抵减前的应纳税额）后，区分以下情形加计抵减：

1. 抵减前的应纳税额等于零的，当期可抵减加计抵减额全部结转下期抵减；

2. 抵减前的应纳税额大于零，且大于当期可抵减加计抵减额的，当期可抵减加计抵减额全额从抵减前的应纳税额中抵减；

3. 抵减前的应纳税额大于零，且小于或等于当期可抵减加计抵减额的，以当期可抵减加计抵减额抵减应纳税额至零。未抵减完的当期可抵减加计抵减额，结转下期继续抵减。

（四）纳税人出口货物劳务、发生跨境应税行为不适用加计抵减政策，其对应的进项税额不得计提加计抵减额。

纳税人兼营出口货物劳务、发生跨境应税行为且无法划分不得计提加计抵减额的进项税额，按照以下公式计算：

$$\begin{matrix} 不得计提加计抵减额 \\ 的进项税额 \end{matrix} = \begin{matrix} 当期无法划分的 \\ 全部进项税额 \end{matrix} \times \begin{matrix} 当期出口货物劳务和发生 \\ 跨境应税行为的销售额 \end{matrix} \div \begin{matrix} 当期全部 \\ 销售额 \end{matrix}$$

（五）纳税人应单独核算加计抵减额的计提、抵减、调减、结余等变动情况。骗取适用加计抵减政策或虚增加计抵减额的，按照《中华人民共和国税收征收管理法》等有关规定处理。

（六）加计抵减政策执行到期后，纳税人不再计提加计抵减额，结余的加计抵减额停止抵减。

89. 滴滴开具的发票所载税额能否抵扣？

案例： 2019 年 4 月，A 公司某员工甲在滴滴出行 App 上申请开具了一张增值税电子普通发票，票面所载税额 70 元。

问： 滴滴发票所载税额能否抵扣？

答： 在滴滴上打车属于国内旅客运输服务，根据 39 号公告第六条，取得的电子普通发票，按发票上注明的税额抵扣进项。

【实操指南】（1）除取得专用发票和普通发票外的客票（航空运输电子客票行程单、铁路车票、公路和水路等其他客票），必须注明旅客身份信息才能作为进项税额抵扣凭证。

（2）只有自 2019 年 4 月 1 日起购进的旅客运输服务才可以抵扣增值税。

（3）只有雇员的车票才可以抵扣，为非雇员支付的旅客运输费用，不能纳入抵扣范围（但企业所得税可以扣除）。

（4）如果取得了"不征税"增值税电子普通发票（充值取得），发票上没有税额，不能抵扣进项税额（但企业所得税可以扣除）。

（5）如果企业购进的旅客运输服务是用于免税或简易计税项目、集体福利、个人消费等情形的，对应的进项税额不得抵扣（如组织员工旅游、员工探亲报销的车票、为客户报销的交通费等）。

（6）跨境运输适用零税率或免税，因此，购买跨境旅客运输服务不能抵扣进项税额（如出差前往我国港澳台地区或其他国家）。

（7）纸质普通发票没有纳入旅客运输服务的抵扣范围。

（8）纳税人购进国内旅客运输服务未取得增值税专用发票的，其允许抵扣的进项税额的确定如表 2-3 所示。

表 2-3 纳税人购进国内旅客运输服务未取得增值税专用发票时的进项税额确定

抵扣凭证种类	增值税进项税额的计算
增值税专用发票	发票注明的税额
增值税电子普通发票	发票注明的税额
注明旅客身份的航空电子客票行程单	（票价＋燃油附加费）÷(1＋9%)×9%
注明旅客身份信息的铁路车票	票面金额÷(1＋9%)×9%
取得注明旅客身份信息的公路、水路等其他客票的	票面金额÷(1＋3%)×3%

【政策依据】 财政部 税务总局 海关总署公告 2019 年第 39 号；

六、纳税人购进国内旅客运输服务，其进项税额允许从销项税额中抵扣。

（一）纳税人未取得增值税专用发票的，暂按照以下规定确定进项税额：

1. 取得增值税电子普通发票的，为发票上注明的税额；

2. 取得注明旅客身份信息的航空运输电子客票行程单的，为按照下列公式计算进项税额：

$$航空旅客运输进项税额＝（票价＋燃油附加费）÷（1＋9\%）×9\%$$

3. 取得注明旅客身份信息的铁路车票的，为按照下列公式计算的进项税额：

$$铁路旅客运输进项税额＝票面金额÷（1＋9\%）×9\%$$

4. 取得注明旅客身份信息的公路、水路等其他客票的，按照下列公式计算进项税额：

$$公路、水路等其他旅客运输进项税额＝票面金额÷（1＋3\%）×3\%$$

90. 公交车票能否计算抵扣进项？

答：不可以。公交车票是手撕票，无旅客身份信息，参照深化增值税改革问答中关于长途客运手撕客票的规定，不能抵扣进项，但所得税前可以扣除。

【政策依据】 国家税务总局《深化增值税改革即问即答（之二）》：

九、某单位取得的长途客运手撕客票能否抵扣进项税额？

答：按照 39 号公告规定，一般纳税人购进国内旅客运输服务，除取得增值税专用发票和增值税电子普通发票外，需凭注明旅客身份信息的航空运输电子客票行程单、铁路车票以及公路、水路等其他客票抵扣进项税额，未注明旅客身份信息的其他票证（手写无效），暂不允许作为扣税凭证。因此纳税人不能凭长途客运手撕票抵扣进项税额。

91. 无须认证即可抵扣的发票有哪些类型？

答：除增值税专用发票、机动车销售统一发票、收费公路通行费增值税电子普通发票和海关进口增值税专用缴款书（均为原需认证发票）外，可以抵扣的凭证包括以下四类：

（1）农产品收购发票或销售发票。

（2）接受境外单位或者个人提供的应税服务，取得的代扣代缴税款的完税凭证。

（3）过桥过闸通行费纸质发票。

（4）购进国内旅客运输服务取得的电子普通发票（纸质普通发票不能抵扣；不能勾选抵扣，直接以发票注明的税额填申报表抵扣），注明旅客身份信息的航空运输电子客票行程单、铁路车票以及公路、水路等其他客票。

92. 退票费可以计算抵扣吗？

案例：A 公司的雇员甲因出差计划取消，退订航班时支付了 150 元退票手续费，取得退票费的增值税电子普通发票，注明税额 8.49 元。

问：取得的退票费发票能否抵扣进项？

答：退票费属于其他现代服务，不属于旅客运输服务，按 6% 税率计算增值税，取得专用发票的，可以扣除进项；取得普通发票的，不能计算抵扣。

【政策依据】《财政部　税务总局关于租入固定资产进项税额抵扣等增值税政策的通知》（财税〔2017〕90 号）：

> 第二条 自 2018 年 1 月 1 日起，纳税人已售票但客户逾期未消费取得的运输逾期票证收入，按照"交通运输服务"缴纳增值税。纳税人为客户办理退票而向客户收取的退票费、手续费等收入，按照"其他现代服务"缴纳增值税。

国家税务总局《深化增值税改革即问即答（之二）》：

> 二、我公司因员工出差计划取消，支付给航空代理公司退票费，并取得了 6% 税率的增值税专用发票。请问，我公司可以抵扣该笔进项税额吗？
>
> 答：按照现行政策规定，航空代理公司收取的退票费，属于现代服务业的征税范围，应按照 6% 税率计算缴纳增值税。你公司因公务支付的退票费，属于可抵扣的进项税范围，其增值税专用发票上注明的税额，可以从销项税额中抵扣。

93. 劳务派遣员工出差取得的客票可以抵扣进项吗？

答：根据《国家税务总局办公厅关于〈国家税务总局关于国内旅客运输服务进项税抵扣等增值税征管问题的公告〉的解读》第一条，允许抵扣的国内旅客运输服务，限于与本单位签订了劳动合同的员工，以及本单位作为用工单位接受的劳务派遣员工发生的国内旅客运输服务。

因此，接受劳务派遣的用工单位取得劳务派遣员工出差（用于非免税、非简易计税项目等）的客票，可以抵扣进项；但如果劳务派遣员工的出差费用在劳务派遣公司（非实际用工单位）报销，则不能抵扣进项。

【实操指南】 纳税人为非雇员（如客户、受邀讲课专家等存在业务合作关系的人员）支付的旅客运输费用不得抵扣进项（即使取得专用发票也不能抵扣）。

【政策依据】 国家税务总局公告 2019 年第 31 号：

> 一、关于国内旅客运输服务进项税抵扣
>
> （一）《财政部　税务总局　海关总署关于深化增值税改革有关政策的公告》（财政部　税务总局　海关总署公告 2019 年第 39 号）第六条所称"国内旅客运输服务"，限于与本单位签订了劳动合同的员工，以及本单位作为用工单位接受的劳务

派遣员工发生的国内旅客运输服务。

（二）纳税人购进国内旅客运输服务，以取得的增值税电子普通发票上注明的税额为进项税额的，增值税电子普通发票上注明的购买方"名称""纳税人识别号"等信息，应当与实际抵扣税款的纳税人一致，否则不予抵扣。

（三）纳税人允许抵扣的国内旅客运输服务进项税额，是指纳税人2019年4月1日及以后实际发生，并取得合法有效增值税扣税凭证注明的或依据其计算的增值税税额。以增值税专用发票或增值税电子普通发票为增值税扣税凭证的，为2019年4月1日及以后开具的增值税专用发票或增值税电子普通发票。

国家税务总局《深化增值税改革即问即答（之二）》：

三、请问纳税人为非雇员（如客户、邀请讲课专家等存在业务合作关系的人员）支付的旅客运输费用，能否抵扣进项税额？

答：39号公告规定，增值税一般纳税人购进国内旅客运输服务，其进项税额允许从销项税额中抵扣。这里指的是与本单位建立了合法用工关系的雇员，所发生的国内旅客运输费用允许抵扣其进项税额。纳税人如果为非雇员支付的旅客运输费用，不能纳入抵扣范围。需要注意的是，上述允许抵扣的进项税额，应用于生产经营所需，如属于集体福利或者个人消费，其进项税额不得从销项税额中抵扣。

《国家税务总局办公厅关于〈国家税务总局关于国内旅客运输服务进项税抵扣等增值税征管问题的公告〉的解读》：

一、关于国内旅客运输服务进项税抵扣
（一）关于国内旅客运输服务的抵扣范围
《公告》明确，允许抵扣的国内旅客运输服务，限于与本单位签订了劳动合同的员工，以及本单位作为用工单位接受的劳务派遣员工发生的国内旅客运输服务。主要考虑：一是遵循增值税基本规定。纳税人实际接受或负担的、与其生产经营相关的购进项目，才允许抵扣进项税额。员工以其单位经营活动为目的发生的旅客运输服务，与本单位生产经营相关。二是遵循经济业务实际。考虑到实际业务中，以劳务派遣形式用工时，派遣人员直接受用工单位指派进行业务活动，与单位员工工作性质一致。

94. 在携程网预订的机票取得的电子普通发票能否抵扣进项？

答：如果发票税收编码为"旅客运输"且非不征税发票，则可以抵扣；如果发票税收编码为"旅游服务"或"经纪代理服务"（税率为6%），则不属于旅客运输，不能抵扣进项税额。

95. 过桥、过路费是否属于国内旅客运输服务费?

答: 不属于。过桥、过路费属于通行费,可以计算抵扣,但不属于旅客运输服务费。

【实操指南】 通行费因为行业特性往往无法取得专用发票,所以可以凭通行费电子发票进行抵扣或桥、闸通行费的发票计算抵扣。

自 2019 年起,道路通行费取得的纸质发票不能计算抵扣,桥、闸通行费的纸质发票仍可以计算抵扣。

图 2-6 中的发票为高速通行费,属于道路通行费。所取得的纸质发票不能抵扣进项,所取得的电子普通发票可以抵扣进项。

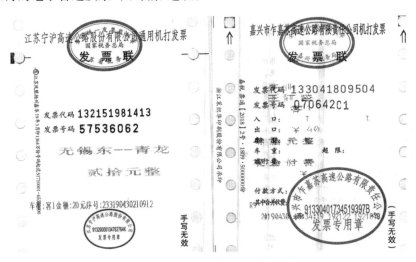

图 2-6 高速通行费纸质发票示例

【政策依据】 财税〔2017〕90 号:

七、自 2018 年 1 月 1 日起,纳税人支付的道路、桥、闸通行费,按照以下规定抵扣进项税额:

(一)纳税人支付的道路通行费,按照收费公路通行费增值税电子普通发票上注明的增值税额抵扣进项税额。

2018 年 1 月 1 日至 6 月 30 日,纳税人支付的高速公路通行费,如暂未能取得收费公路通行费增值税电子普通发票,可凭取得的通行费发票(不含财政票据,下同)上注明的收费金额按照下列公式计算可抵扣的进项税额:

$$高速公路通行费可抵扣进项税额 = 高速公路通行费发票上注明的金额 \div (1+3\%) \times 3\%$$

2018 年 1 月 1 日至 12 月 31 日,纳税人支付的一级、二级公路通行费,如暂未能取得收费公路通行费增值税电子普通发票,可凭取得的通行费发票上注明的收费金额按照下列公式计算可抵扣进项税额:

$$\frac{\text{一级、二级公路通行费}}{\text{可抵扣进项税额}} = \frac{\text{一级、二级公路通行费}}{\text{发票上注明的金额}} \div (1+5\%) \times 5\%$$

（二）纳税人支付的桥、闸通行费，暂凭取得的通行费发票上注明的收费金额按照下列公式计算可抵扣的进项税额：

$$\frac{\text{桥、闸通行费}}{\text{可抵扣进项税额}} = \frac{\text{桥、闸通行费发票上}}{\text{注明的金额}} \div (1+5\%) \times 5\%$$

（三）本通知所称通行费，是指有关单位依法或者依规设立并收取的过路、过桥和过闸费用。

---

96. 出差购买的交通意外险能否扣除进项？

答：出差购买的保险服务向保险公司支付的保险费，保险公司按"保险服务"税目以6%的税率缴纳增值税，其不属于旅客运输服务，除取得专用发票外，不得抵扣进项。此类保险服务的增值税普通发票如图2-7所示。

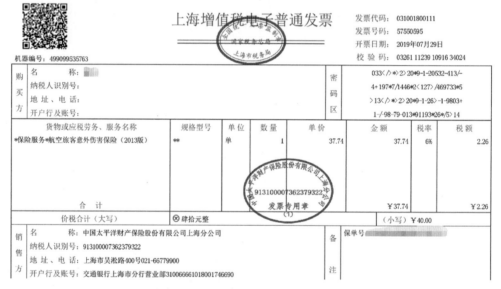

图2-7　交通意外保险服务增值税普通发票示例

97. 物业公司能否适用15%的加计抵减？

案例：某房地产集团下设A物业公司（增值税一般纳税人），该物业公司90%以上的销售额来源于向居民小区提供物业服务。

问：物业服务能否适用《财政部　税务总局关于明确生活性服务业增值税加计抵减政策的公告》（财政部　税务总局公告2019年第87号）规定的15%加计抵减？

答：不能。上述公告规定，只有生活性服务业纳税人才可以适用15%加计抵减，与39号公告规定的生产、生活性服务业纳税人相比，范围更窄。

生活性服务业纳税人是指提供生活服务取得的销售额占全部销售额的比重超过50％的纳税人。生产、生活性服务业纳税人是指提供邮政服务、电信服务、现代服务、生活服务四项服务取得的销售额占全部销售额的比重超过50％的纳税人。

在财税〔2016〕36号的《销售服务、无形资产、不动产注释》中，物业管理属于"现代服务"中的"商务辅助服务"，不属于"生活服务"。

因此，物业公司不能适用15％的加计抵减政策，但可以适用10％的加计抵减政策。

【实操指南】 生活服务，是指为满足城乡居民日常生活需求提供的各类服务活动。它包括文化体育服务、教育医疗服务、旅游娱乐服务、餐饮住宿服务、居民日常服务和其他生活服务。

而物业管理，属于商务辅助服务中的企业管理服务。

但人们对财税〔2016〕36号的分类存在争议。一种观点认为，企业管理服务应是立足于为企业服务，如为企业持有的写字楼、酒店、商场等物业提供服务，为居民提供的物业管理服务，不应从属于企业管理服务，且在实践中，为企业提供的物业管理收费标准也远远高于为居民提供的物业服务。另一种观点认为，物业管理服务的对象既不是企业，也不是居民，而是物业（不动产）本身，物业管理的收费是根据物业的面积计算的，没有物业作为基础，也就不存在物业管理。因此，不需要区分对企业和对居民提供的物业服务。

笔者倾向于后一种观点，《销售服务、无形资产、不动产注释》中商务辅助服务项下的经纪代理服务，也存在职业中介、婚姻中介，这也是针对居民提供的服务。如果以服务对象来划分是不是生活服务，就与财税〔2016〕36号文件的精神不符。

【政策依据】 财政部　税务总局公告2019年第87号：

一、2019年10月1日至2021年12月31日，允许生活性服务业纳税人按照当期可抵扣进项税额加计15％，抵减应纳税额（以下称加计抵减15％政策）。

二、本公告所称生活性服务业纳税人，是指提供生活服务取得的销售额占全部销售额的比重超过50％的纳税人。生活服务的具体范围按照《销售服务、无形资产、不动产注释》（财税〔2016〕36号印发）执行。

财政部　税务总局　海关总署公告2019年第39号：

七、自2019年4月1日至2021年12月31日，允许生产、生活性服务业纳税人按照当期可抵扣进项税额加计10％，抵减应纳税额（以下称加计抵减政策）。

（一）本公告所称生产、生活性服务业纳税人，是指提供邮政服务、电信服务、现代服务、生活服务（以下称四项服务）取得的销售额占全部销售额的比重超过50％的纳税人。四项服务的具体范围按照《销售服务、无形资产、不动产注释》（财税〔2016〕36号印发）执行。

财税〔2016〕36号附件1《营业税改征增值税试点实施办法》所附《销售服务、无

形资产、不动产注释》：

一、销售服务

销售服务，是指提供交通运输服务、邮政服务、电信服务、建筑服务、金融服务、现代服务、生活服务。

············

（六）现代服务。

现代服务，是指围绕制造业、文化产业、现代物流产业等提供技术性、知识性服务的业务活动。包括研发和技术服务、信息技术服务、文化创意服务、物流辅助服务、租赁服务、鉴证咨询服务、广播影视服务、商务辅助服务和其他现代服务。

············

8. 商务辅助服务。

商务辅助服务，包括企业管理服务、经纪代理服务、人力资源服务、安全保护服务。

（1）企业管理服务，是指提供总部管理、投资与资产管理、市场管理、物业管理、日常综合管理等服务的业务活动。

············

（七）生活服务。

生活服务，是指为满足城乡居民日常生活需求提供的各类服务活动。包括文化体育服务、教育医疗服务、旅游娱乐服务、餐饮住宿服务、居民日常服务和其他生活服务。

1. 文化体育服务。

文化体育服务，包括文化服务和体育服务。

（1）文化服务，是指为满足社会公众文化生活需求提供的各种服务。包括：文艺创作、文艺表演、文化比赛，图书馆的图书和资料借阅，档案馆的档案管理，文物及非物质遗产保护，组织举办宗教活动、科技活动、文化活动，提供游览场所。

（2）体育服务，是指组织举办体育比赛、体育表演、体育活动，以及提供体育训练、体育指导、体育管理的业务活动。

2. 教育医疗服务。

教育医疗服务，包括教育服务和医疗服务。

（1）教育服务，是指提供学历教育服务、非学历教育服务、教育辅助服务的业务活动。

学历教育服务，是指根据教育行政管理部门确定或者认可的招生和教学计划组织教学，并颁发相应学历证书的业务活动。包括初等教育、初级中等教育、高级中等教育、高等教育等。

非学历教育服务，包括学前教育、各类培训、演讲、讲座、报告会等。

教育辅助服务，包括教育测评、考试、招生等服务。

（2）医疗服务，是指提供医学检查、诊断、治疗、康复、预防、保健、接生、计划生育、防疫服务等方面的服务，以及与这些服务有关的提供药品、医用材料器具、救护车、病房住宿和伙食的业务。

3. 旅游娱乐服务。

旅游娱乐服务，包括旅游服务和娱乐服务。

（1）旅游服务，是指根据旅游者的要求，组织安排交通、游览、住宿、餐饮、购物、文娱、商务等服务的业务活动。

（2）娱乐服务，是指为娱乐活动同时提供场所和服务的业务。

具体包括：歌厅、舞厅、夜总会、酒吧、台球、高尔夫球、保龄球、游艺（包括射击、狩猎、跑马、游戏机、蹦极、卡丁车、热气球、动力伞、射箭、飞镖）。

4. 餐饮住宿服务。

餐饮住宿服务，包括餐饮服务和住宿服务。

（1）餐饮服务，是指通过同时提供饮食和饮食场所的方式为消费者提供饮食消费服务的业务活动。

（2）住宿服务，是指提供住宿场所及配套服务等的活动。包括宾馆、旅馆、旅社、度假村和其他经营性住宿场所提供的住宿服务。

5. 居民日常服务。

居民日常服务，是指主要为满足居民个人及其家庭日常生活需求提供的服务，包括市容市政管理、家政、婚庆、养老、殡葬、照料和护理、救助救济、美容美发、按摩、桑拿、氧吧、足疗、沐浴、洗染、摄影扩印等服务。

6. 其他生活服务。

其他生活服务，是指除文化体育服务、教育医疗服务、旅游娱乐服务、餐饮住宿服务和居民日常服务之外的生活服务。

【关联问题】（1）适用加计抵减政策的纳税人，其2019年4月的期末留抵税额，能否在5月税款所属期按照10%计算加计抵减额？

按照39号公告第七条第（二）项的规定，纳税人应按照当期可抵扣进项税额的10%计提当期加计抵减额。在2019年5月税款所属期计算加计抵减额时，4月的增值税期末留抵税额，不属于当期可抵扣进项税额，不能按照10%计算加计抵减额。

（2）适用加计抵减政策的纳税人，2019年9月因发行债券支付贷款利息，其对应的进项税额能否计算加计抵减额？

39号公告第七条第（二）项规定，按照现行规定不得从销项税额中抵扣的进项税额，不得计提加计抵减额。根据《营业税改征增值税试点实施办法》（财税〔2016〕36号印发）第二十七条第（六）项的规定，纳税人购进贷款服务的进项税额不得从销项税额中抵扣。因此，纳税人在2019年9月因发行债券支付的贷款利息对应的进项税额不能加计10%计算加计抵减额。

第四节　预缴税金

98. 房地产预售项目预缴的税款能否抵减出租不动产的增值税？

案例： A 房地产公司开发某一般计税项目。该项目 2018 年开始预售，至 2019 年 6 月，累计预缴增值税 4 000 万元；2019 年 6 月该公司出租不动产，产生增值税 30 万元。

问： 销售不动产预缴的增值税能否抵减出租不动产的增值税？

答： 不能。根据国家税务总局公告 2016 年第 18 号，房地产开发企业应在纳税义务发生时间计算当期应纳税额，抵减已预缴税款，因此，不能在未发生房地产开发的纳税义务时抵减预缴税款。

【实操指南】 需要注意的是，建筑服务预缴税款和出租不动产服务预缴税款，可以混抵其他业务的应纳税额。

建筑服务：根据《国家税务总局关于发布〈纳税人跨县（市、区）提供建筑服务增值税征收管理暂行办法〉的公告》（国家税务总局公告 2016 年第 17 号）的规定"纳税人跨县（市、区）提供建筑服务，向建筑服务发生地主管国税机关预缴的增值税税款，可以在当期增值税应纳税额中抵减，抵减不完的，结转下期继续抵减"可知，建筑服务预缴税款可以在当期增值税应纳税额中抵减，不受业务类型和纳税义务发生时间的限制。

出租不动产服务：根据《国家税务总局关于发布〈纳税人提供不动产经营租赁服务增值税征收管理暂行办法〉的公告》（国家税务总局公告 2016 年第 16 号），"单位和个体工商户出租不动产，向不动产所在地主管税务机关预缴的增值税款，可以在当期增值税应纳税额中抵减，抵减不完的，结转下期继续抵减。纳税人以预缴税款抵减应纳税额，应以完税凭证作为合法有效凭证"，出租不动产服务预缴税款可以在当期增值税应纳税额中抵减，不受业务类型和纳税义务发生时间的限制。

实际上，无论是建筑服务还是出租不动产，纳税义务发生时间与预缴时间均一致，因此，当月即可抵减，且文件中未明确只能抵减对应项目，因此，笔者的理解是可以与其他任意业务混抵。

房地产开发、建筑服务、出租不动产的预缴对比见表 2-4。

表 2-4　房地产开发、建筑服务、出租不动产的预缴对比

	房地产开发	建筑服务	出租不动产
预缴情形	预售项目收到预收款	所有建筑服务（实操中主要为异地建筑服务）	异地出租不动产
与纳税义务发生时间是否一致	不一致（预缴按收到预收款的时间）	一致（国家税务总局公告 2016 年第 17 号规定"纳税人跨县（市、区）提供建筑服务预缴税款时间，按照财税〔2016〕36 号文件规定的纳税义务发生时间和纳税期限执行"）	一致（预缴和纳税义务发生时间均为收到预收款的时间）

续表

	房地产开发	建筑服务			出租不动产		
预缴税款计算方式	3%（不区分简易一般，无可扣除金额）	一般纳税人一般计税：2%（可扣分包款）	一般纳税人简易计税：3%（可扣分包款）	小规模纳税人：3%（无可扣除金额）	一般计税：3%（无可扣除金额）	简易计税（除个人出租住房外）：5%（无可扣除金额）	个体工商户及其他个人出租住房：1.5%（无可扣除金额）
实际申报是否需要补/退税款	是	是	否（但分包款发票取得不及时可能导致预缴多交）	否	是	否	否
能否混抵	不能	能			能		

注：部分观点认为，虽然国家税务总局公告 2016 年第 18 号规定了在销售房产的纳税义务发生时间抵减预缴，但并未禁止在销售房产的纳税义务发生之前不能抵减预缴。"法无禁止即可为"，因此，房地产的预缴税款也可以混抵（部分地区税务机关亦认可此观点）。

增值税纳税申报表填写说明对此也未明确，笔者倾向于房地产预缴税款不能混抵其他业务的税款，但从企业利益角度出发，实践中可争取混抵，以提前抵减预缴税款。

【政策依据】《房地产开发企业销售自行开发的房地产项目增值税征收管理暂行办法》(国家税务总局公告 2016 年第 18 号发布)：

第十四条　一般纳税人销售自行开发的房地产项目适用一般计税方法计税的，应按照《营业税改征增值税试点实施办法》(财税〔2016〕36 号文件印发，以下简称《试点实施办法》) 第四十五条规定的纳税义务发生时间，以当期销售额和 11% 的适用税率计算当期应纳税额，抵减已预缴税款后，向主管税务机关申报纳税。未抵减完的预缴税款可以结转下期继续抵减。

第十五条　一般纳税人销售自行开发的房地产项目适用简易计税方法计税的，应按照《试点实施办法》第四十五条规定的纳税义务发生时间，以当期销售额和 5% 的征收率计算当期应纳税额，抵减已预缴税款后，向主管税务机关申报纳税。未抵减完的预缴税款可以结转下期继续抵减。

⋯⋯⋯⋯⋯

第二十二条　小规模纳税人销售自行开发的房地产项目，应按照《试点实施办法》第四十五条规定的纳税义务发生时间，以当期销售额和 5% 的征收率计算当期应纳税额，抵减已预缴税款后，向主管税务机关申报纳税。未抵减完的预缴税款可以结转下期继续抵减。

99. 同法人不同项目的预缴增值税能否互相抵减?

案例: A 房地产公司开发了两个项目,均为一般计税项目。A 项目 2016 年开始预售,2018 年 6 月交房,累计预缴增值税 4 000 万元;B 项目 2018 年 1 月开始预售,预计 2020 年交房,截至 2018 年 6 月,累计预缴增值税 1 000 万元。

问: 2018 年 6 月,A 项目计算应交增值税为 7 000 万元,扣减 A 项目预缴增值税 4 000 万元后,剩余 3 000 万元,是否可以抵减 B 项目预缴的 1 000 万元增值税?

答: A、B 项目同属一个开发主体,笔者理解增值税是以法人为单位缴纳的,不是以项目为单位,预缴的增值税可以以法人为单位抵减。

【实操指南】 部分地区有地区性规定的,从其规定。实践中存在两种观点。

观点一:不同项目之间可以相互抵减。

增值税以纳税人为纳税主体,一个纳税主体对其纳税情况进行整体核算,通过汇总销项税额和进项税额计算应纳增值税额,而无须将某一项目的销项税额与其进项税额一一对应。预缴税额可从其应纳税款中减除,不管是哪个项目的预缴税款,也不用区分该项目是否达到纳税义务发生时间。如纳税人提供建筑服务预缴的增值税,可以在当期增值税应纳税额中抵减,抵减不完的,结转下期继续抵减。

观点二:不同项目之间不能相互抵减。

房地产开发企业因计税方式(一般计税、简易计税)不同,预缴增值税的性质也不同,不同性质项目的预缴税款不能在应纳税额中抵减。也就是说,预缴税款只有在本项目纳税义务发生后,才可以在其对应的应纳税额中进行抵减,而不同项目之间不能相互抵减。

100. 预缴增值税时是立即预缴附加税费,还是根据当月销项减进项后的应纳税额计算缴纳附加税费?

案例: A 房地产公司于每月 12 月预缴增值税,未交房前均属于预缴。

问: 此时是否需要预缴附加税费?

答: 需要。根据实际缴纳增值税(而非应纳税额,实际缴纳范围包括预缴)的金额计算缴纳附加税费。可参照《财政部 国家税务总局关于纳税人异地预缴增值税有关城市维护建设税和教育费附加政策问题的通知》(财税〔2016〕74 号)第一条,虽然该条款是针对异地预缴的纳税人的规定,但如果预缴时不缴纳附加税费的话,后续增值税申报(交房清算)时,计税依据依然是实缴税额(已抵减预征税额),就会造成附加税费少缴。

【政策依据】 财税〔2016〕74 号:

一、纳税人跨地区提供建筑服务、销售和出租不动产的,应在建筑服务发生地、不动产所在地预缴增值税时,以预缴增值税税额为计税依据,并按预缴增值税所在地的城市维护建设税适用税率和教育费附加征收率就地计算缴纳城市维护建设税和教育费附加。

二、预缴增值税的纳税人在其机构所在地申报缴纳增值税时，以其实际缴纳的增值税税额为计税依据，并按机构所在地的城市维护建设税适用税率和教育费附加征收率就地计算缴纳城市维护建设税和教育费附加。

101. 房地产企业结转收入后，是先抵进项还是先抵预缴？

案例：A 房地产公司拟申请享受《财政部 税务总局 海关总署关于深化增值税改革有关政策的公告》（财政部 税务总局 海关总署公告 2019 年第 39 号）规定的留抵进项税额退税。2019 年 4 月，该公司预计 7 月将有一批楼栋交房，经测算，7 月交房后产生的销项会将留抵税额冲抵为 0。为满足连续 6 个月增量留抵大于 0 的条件，A 房地产公司拟在交房次月申报增值税时，用销项先抵预缴税金，再抵留抵税额。

问：该公司财务人员拟先抵预缴的想法是否可行？

答：不可行。该公司财务人员打算先抵预缴的想法，从国家税务总局公告 2016 年第 18 号发布的《房地产开发企业销售自行开发的房地产项目增值税征收管理暂行办法》第十四条的表述来看，是先以当期销售额和 11% 的适用税率计算当期应纳税额，抵减已预缴税款，其中未提到要先抵留抵进项，好像是可行的。但是，从《国家税务总局关于增值税 消费税与附加税费申报表整合有关事项的公告》（国家税务总局公告 2021 年第 20 号）发布的新版申报表（见表 2-5）来看，实操上无法实现。

从申报表可以看出，销项税额需先减去进项税额和上期留抵后，才能得到应纳税额，从应纳税额中再减去预缴税额（申报表填写说明中，规定了第 28 行的分次预缴税额，包含房地产企业预售商品房的预缴税额），因此，该公司财务人员打算先抵预缴的想法实际不可行。

【实操指南】 笔者理解国家税务总局公告 2016 年第 18 号的表述并无问题，国家税务总局只是省略了先抵进项这个说辞，但应纳税额的计算中，本身就是销项减去进项，才能得到应纳税额。

【政策依据】 《房地产开发企业销售自行开发的房地产项目增值税征收管理暂行办法》（国家税务总局公告 2016 年第 18 号发布）：

第十四条 一般纳税人销售自行开发的房地产项目适用一般计税方法计税的，应按照《营业税改征增值税试点实施办法》（财税〔2016〕36 号文件印发，以下简称《试点实施办法》）第四十五条规定的纳税义务发生时间，以当期销售额和 11% 的适用税率计算当期应纳税额，抵减已预缴税款后，向主管税务机关申报纳税。未抵减完的预缴税款可以结转下期继续抵减。

【关联问题】 一般计税销售房屋交付时，预缴增值税、进项税额、土地成本抵减销项税额，这三个抵减有没有先后顺序？

首先销项税额基于扣减土地成本后的金额计算，然后由销项与进项之差，计算出应缴纳的增值税，再减去预缴增值税，得到要多退少补的增值税。

表 2 - 5　增值税及附加税费申报表
（一般纳税人适用）

根据国家税收法律法规及增值税相关规定制定本表。纳税人不论有无销售额，均应按税务机关核定的纳税期限填写本表，并向当地税务机关申报。

税款所属时间：自　年　月　日至　年　月　日　　　填表日期：　年　月　日　　　金额单位：元（列至角分）

纳税人识别号（统一社会信用代码）：□□□□□□□□□□□□□□□□□□□□　　　所属行业：

纳税人名称		法定代表人姓名		注册地址		生产经营地址	
开户银行及账号			登记注册类型			电话号码	

	项目	栏次	一般项目		即征即退项目	
			本月数	本年累计	本月数	本年累计
销售额	（一）按适用税率计税销售额	1				
	其中：应税货物销售额	2				
	应税劳务销售额	3				
	纳税检查调整的销售额	4				
	（二）按简易办法计税销售额	5				
	其中：纳税检查调整的销售额	6				
	（三）免、抵、退办法出口销售额	7		—	—	—
	（四）免税销售额	8			—	—
	其中：免税货物销售额	9			—	—
	免税劳务销售额	10			—	—
税款计算	销项税额	11				
	进项税额	12				
	上期留抵税额	13				—
	进项税额转出	14				
	免、抵、退应退税额	15		—	—	—
	按适用税率计算的纳税检查应补缴税额	16				
	应抵扣税额合计	$17=12+13-14-15+16$		—		—
	实际抵扣税额	18（如 $17<11$，则为 17，否则为 11）				
	应纳税额	$19=11-18$				
	期末留抵税额	$20=17-18$				—
	简易计税办法计算的应纳税额	21				
	按简易计税办法计算的纳税检查应补缴税额	22				
	应纳税额减征额	23				
	应纳税额合计	$24=19+21-23$				
税款缴纳	期初未缴税额（多缴为负数）	25				
	实收出口开具专用缴款书退税额	26				
	本期已缴税额	$27=28+29+30+31$				
	①分次预缴税额	28		—		—
	②出口开具专用缴款书预缴税额	29		—		—
	③本期缴纳上期应纳税额	30				
	④本期缴纳欠缴税额	31				
	期末未缴税额（多缴为负数）	$32=24+25+26-27$				
	其中：欠缴税额（≥0）	$33=25+26-27$		—		—
	本期应补（退）税额	$34=24-28-29$		—		—
	即征即退实际退税额	35		—	—	
	期初未缴查补税额	36				
	本期入库查补税额	37				
	期末未缴查补税额	$38=16+22+36-37$				
附加税费	城市维护建设税本期应补（退）税额	39		—		—
	教育费附加本期应补（退）费额	40		—		—
	地方教育附加本期应补（退）费额	41		—		—

声明：此表是根据国家税收法律法规及相关规定填写的，本人（单位）对填报内容（及附带资料）的真实性、可靠性、完整性负责。

纳税人（签章）：　　　年　月　日

经办人： 经办人身份证号： 代理机构签章： 代理机构统一社会信用代码：	受理人： 受理税务机关（章）：　　受理日期：　年　月　日

102. 房地产企业是否需要异地预缴税款?

案例: A 房地产公司注册地及主管税务机关所在地均为北京市丰台区,其在天津取得一地块并自行开发。

问: A 房地产公司是否需要在天津预缴税款?

答: 根据国家税务总局公告 2016 年第 14 号,纳税人异地转让不动产应当在不动产所在地预缴税款,再向机构所在地申报纳税,但该公告不适用于房地产开发企业。房地产开发企业适用国家税务总局公告 2016 年第 18 号,该公告规定了房地产企业销售自行开发的房地产项目应在收到预收款时向主管税务机关预缴税款,未规定异地预缴,其中主管税务机关可以理解为机构所在地税务机关。

因此,房地产企业是否需要异地预缴税款,需要根据房地产企业是不是自行开发来判断适用哪个文件。如果是自行开发,适用国家税务总局公告 2016 年第 18 号,不存在异地预缴,但需要根据预收款向主管税务机关预缴;如果不是自行开发,而是直接购买、接受捐赠、接受投资入股、自建以及抵债等各种形式取得的不动产再转让,则需要异地预缴,再向机构所在地结清税款。

【实操指南】 在实践中存在争议,如河北省税务局的解释:房地产开发企业采取预收款方式销售自行开发的房地产项目,向不动产所在地主管税务机关预缴税款,向机构所在地主管税务机关申报纳税。

因目前没有权威解释,为消除争议,建议在不动产所在地成立项目公司,以免增加管理跨度和负担。

【政策依据】 财税〔2016〕36 号附件 2《营业税改征增值税试点有关事项的规定》:

---

7. 房地产开发企业中的一般纳税人,销售自行开发的房地产老项目,可以选择适用简易计税方法按照 5% 的征收率计税。

8. 房地产开发企业中的小规模纳税人,销售自行开发的房地产项目,按照 5% 的征收率计税。

9. 房地产开发企业采取预收款方式销售所开发的房地产项目,在收到预收款时按照 3% 的预征率预缴增值税。

《纳税人转让不动产增值税征收管理暂行办法》(国家税务总局公告 2016 年第 14 号发布):

第二条 纳税人转让其取得的不动产,适用本办法。

本办法所称取得的不动产,包括以直接购买、接受捐赠、接受投资入股、自建以及抵债等各种形式取得的不动产。

房地产开发企业销售自行开发的房地产项目不适用本办法。

············

(五)一般纳税人转让其 2016 年 5 月 1 日后取得(不含自建)的不动产,适用一般计税方法，以取得的全部价款和价外费用为销售额计算应纳税额。纳税人应以取得的全部价款和价外费用扣除不动产购置原价或者取得不动产时的作价后的余额，按照 5% 的预征率向不动产所在地主管税务机关预缴税款，向机构所在地主管税务机关申报纳税。

《房地产开发企业销售自行开发的房地产项目增值税征收管理暂行办法》（国家税务总局公告 2016 年第 18 号发布）：

第二节 预缴税款

第十条 一般纳税人采取预收款方式销售自行开发的房地产项目，应在收到预收款时按照 3% 的预征率预缴增值税。

第十一条 应预缴税款按照以下公式计算：

$$应预缴税款 = 预收款 \div (1 + 适用税率或征收率) \times 3\%$$

适用一般计税方法计税的，按照 11% 的适用税率计算；适用简易计税方法计税的，按照 5% 的征收率计算。

第十二条 一般纳税人应在取得预收款的次月纳税申报期向主管税务机关预缴税款。

【关联问题】 建筑企业是否需要异地预缴税款？

如果建筑企业的机构所在地与项目所在地不一致，则需要异地预缴税款，详见本章第五节。

103. 房地产开发企业销售现房是否需要预缴税款？

案例：A 房地产公司（以下简称 A 公司）拍得某地块，政府要求其只能现房销售，因此 A 公司在竣工验收后才进行销售，购房者向 A 公司购买该公司已经完工并由政府相关职能部门办理了房地产项目工程竣工决算的房屋。

问：A 公司收到购房款是否预缴增值税？

答：房地产开发企业销售已经竣工结算的房屋，收取的售房款不需要按照 3% 的预征率预缴税款，直接按照适用税率或者征收率计算销项（应纳）税额。

104. 同城出租不动产是否需要预缴税款？

案例：A 房地产公司机构所在地在北京市海淀区，其在北京市朝阳区有一处房产对外出租，按月取得租金。

问：A 房地产公司是否需要向朝阳区税务局预缴出租不动产的税金？

答：国家税务总局公告 2016 年第 16 号规定："纳税人出租的不动产所在地与其机构所在地在同一直辖市或计划单列市但不在同一县（市、区）的，由直辖市或计划单列市税务机关决定是否在不动产所在地预缴税款。"

因此，A 房地产公司是否需向朝阳区税务局预缴税款，根据北京市税务局的规定执行。

【实操指南】 如果 A 房地产公司机构所在地在北京市海淀区，其在北京市海淀区有一处房产对外出租，按月取得租金，则根据国家税务总局公告 2016 年第 16 号"不动产所在地与机构所在地在同一县（市、区）的，纳税人应向机构所在地主管税务机关申报纳税"的规定，此时 A 房地产公司无须预缴税款。

105. 简易计税项目退房款是否可冲减一般计税项目的预缴税基？

案例： A 公司开发某项目，该项目分为一、二期，一期于 2016 年 4 月 30 日前开工，适用简易计税；二期于 2016 年 5 月 1 日后开工，适用一般计税。2018 年 5 月，一期某业主退房，退还预收款 100 万元，当月一期未取得预收款（无简易计税收入），当月二期取得预收款 600 万元。2018 年 6 月，A 公司预缴增值税时，拟用一期退款 100 万元冲抵二期预收款 600 万元后，以 500 万元计算预缴增值税。

问： 同一个法人主体的增值税预缴，简易计税的项目有退房，但是当月无收入，可以冲减一般计税的项目的预缴税基吗？

答： 不可以。

根据国家税务总局公告 2016 年第 18 号，预缴的公式为：应预缴税款＝预收款÷(1＋适用税率或征收率)×3%。虽然预征率均为 3%，但是不能用简易计税征收的退房款抵减一般计税的税基，需分开核算和申报。清算时虽然部分地区可以抵减合计预缴税款（不分简易和一般），但也是先各自清算，按照不同计税方式分别算出预缴税额后，再进行应补/退税额之间的相互抵减，而不是互相抵减收入。

【实操指南】 从会计核算和税收征管的角度来说，房地产企业一般计税项目及简易计税征收项目应该分开核算、分别征管，不允许用简易计税征收项目的退房款抵减一般计税项目的税基。

106. 预缴税款，在申报纳税抵减时可以不分一般计税项目和简易计税项目吗？

案例： 接上例，A 公司开发某项目，该项目分为一、二期：一期于 2016 年 4 月 30 日前开工，适用简易计税；二期于 2016 年 5 月 1 日后开工，适用一般计税。2018 年 7 月，一期交房，截至 7 月底，一期累计预缴增值税 7 000 万元，二期累计预缴增值税 1 000 万元。2018 年 8 月，A 公司计算一期应交增值税时，按销项减销项抵减减进项后，得出一期应交 11 667 万元，A 公司拟抵减一期预缴 7 000 万元和二期预缴 1 000 万元后，缴纳 3 667 万元增值税。

问： 预缴税款，在申报纳税抵减时可以不分一般计税项目和简易计税项目吗？

答： 国家税务总局公告 2016 年第 18 号分别规定了房地产企业一般计税项目计税后抵减对应预缴税款和简易计税项目计税后抵减对应预缴税款。从条文可以看出，目前对房地产企业并未明确规定是否可以互相抵减，部分地区税务机关认为可以互相抵减（如河北、浙江），但部分地区税务机关认为应根据国家税务总局公告 2016 年第 18 号规定，从严执行，分别抵减。实践中需与当地税务机关沟通。

注：大部分地区对建筑行业异地预缴的税款，认为一般计税项目和简易计税项目可以混抵。

【实操指南】 增值税和所得税是以法人为单位的税种,申报表均按法人设置(预缴申报表是按项目和计税方式分别申报)。从申报表的设置来看,是先将简易计税和一般计税的合计应纳税额算出,然后再统一在第 28 行抵减分次预缴税额(见表 2 - 6)。

表 2 - 6　纳税抵减申报的"税款计算"与"税款缴纳"

税款计算	销项税额	11
	进项税额	12
	上期留抵税额	13
	进项税额转出	14
	免、抵、退应退税额	15
	按适用税率计算的纳税检查应补缴税额	16
	应抵扣税额合计	17=12+13-14-15+16
	实际抵扣税额	18(如 17<11,则为 17,否则为 11)
	应纳税额	19=11-18
	期末留抵税额	20=17-18
	简易计税办法计算的应纳税额	21
	按简易计税办法计算的纳税检查应补缴税额	22
	应纳税额减征额	23
	应纳税额合计	24=19+21-23
税款缴纳	期初未缴税额(多缴为负数)	25
	实收出口开具专用缴款书退税额	26
	本期已缴税额	27=28+29+30+31
	①分次预缴税额	28
	②出口开具专用缴款书预缴税额	29
	③本期缴纳上期应纳税额	30
	④本期缴纳欠缴税额	31
	期末未缴税额(多缴为负数)	32=24+25+26-27
	其中:欠缴税额(≥0)	33=25+26-27
	本期应补(退)税额	34=24-28-29
	即征即退实际退税额	35
	期初未缴查补税额	36
	本期入库查补税额	37
	期末未缴查补税额	38=16+22+36-37

在实践中,部分税务机关采取更严格的口径,有分简易和一般的(按计税方式口径),有在计税方式下再细分项目的(按项目口径),有按结转收入金额×3%限额抵减的(按收入结转口径);更有甚者,有按结转房间的已预缴金额抵减的(按房间口径)。举例说明如下:

（1）计税方式口径。

如本例中，A 公司开发某项目，该项目分为一、二期，一期于 2016 年 4 月 30 日前开工，适用简易计税；二期于 2016 年 5 月 1 日后开工，适用一般计税。2018 年 7 月一期交房，截至 7 月底，一期累计预缴增值税 7 000 万元；二期累计预缴增值税 1 000 万元。

则一期只能抵减简易计税项目对应的预缴税款 7 000 万元，不能抵减一般计税项目对应的预缴税款 1 000 万元（留待二期结转时抵减）。

（2）项目口径。

A 公司开发某项目，该项目分为一、二期，均适用一般计税。2018 年 7 月，一期交房，截至 7 月底，一期累计预缴增值税 7 000 万元，二期累计预缴增值税 1 000 万元。

则一期纳税只能抵减一期对应的预缴税款 7 000 万元，不能抵减二期对应的预缴税款 1 000 万元（留待二期结转时抵减）。

如果本例中，税务机关认可按计税方式口径，不按项目口径，由于一、二期均为一般计税，因此一、二期的预缴税款可以互相抵减。

（3）收入结转口径。

A 公司一期 1 栋、2 栋均为一般计税，1 栋交房结转收入 2 000 万元，对应的预收账款 1 600 万元，结转后产生应收账款 400 万元；2 栋此时尚未交房，对应的预收账款为 3 200 万元。1 栋、2 栋在预售阶段填写同一张预缴申报表（同一项目同一计税方式），已预缴税款 144 万元。

则 1 栋结转收入时，只能抵减 60 万元（2 000×3%）的预缴税款。

（4）房间口径。

案例同上，A 公司一期 1 栋、2 栋均为一般计税，1 栋交房结转收入 2 000 万元，对应的预收账款 1 600 万元，结转后产生应收账款 400 万元；2 栋此时尚未交房，对应的预收账款 3 200 万元。1 栋、2 栋在预售阶段填写同一张预缴申报表（同一项目同一计税方式），已预缴税款 144 万元。

在 1 栋结转收入时，假如税务机关采取最严格的房间口径，则只能抵减 48 万元（1 600×3%）的预缴税款，比收入结转口径少抵减 12 万元。

鉴于房地产企业预缴税款抵减的各地乱象，建议税务总局早日统一口径。

【政策依据】《房地产开发企业销售自行开发的房地产项目增值税征收管理暂行办法》(国家税务总局公告 2016 年第 18 号发布)：

第十四条　一般纳税人销售自行开发的房地产项目适用一般计税方法计税的，应按照《营业税改征增值税试点实施办法》(财税〔2016〕36 号文件印发，以下简称《试点实施办法》)第四十五条规定的纳税义务发生时间，以当期销售额和 11% 的适用税率计算当期应纳税额，抵减已预缴税款后，向主管税务机关申报纳税。未抵减完的预缴税款可以结转下期继续抵减。

第十五条　一般纳税人销售自行开发的房地产项目适用简易计税方法计税的，应按照《试点实施办法》第四十五条规定的纳税义务发生时间，以当期销售额和

5％的征收率计算当期应纳税额，抵减已预缴税款后，向主管税务机关申报纳税。未抵减完的预缴税款可以结转下期继续抵减。

《河北省国家税务局关于全面推开营改增有关政策问题的解答（之二）》：

八、关于提供建筑服务和房地产开发的预缴税款抵减应纳税额问题

《纳税人跨县（市、区）提供建筑服务增值税征收管理暂行办法》（国家税务总局公告2016年第17号）第八条规定："纳税人跨县（市、区）提供建筑服务，向建筑服务发生地主管税务机关预缴的增值税税款，可以在当期增值税应纳税额中抵减，抵减不完的，结转下期继续抵减。"

《房地产开发企业销售自行开发的房地产项目增值税征收管理暂行办法》（国家税务总局公告2016年第18号）第十四条规定："一般纳税人销售自行开发的房地产项目适用一般计税方法计税的，应按照《营业税改征增值税试点实施办法》第四十五条规定的纳税义务发生时间，以当期销售额和11％的适用税率计算当期应纳税额，抵减已预缴税款后，向主管税务机关申报纳税。未抵减完的预缴税款可以结转下期继续抵减。"

因此，提供建筑服务和房地产开发的预缴税款可以抵减应纳税款。应纳税款包括简易计税方法和一般计税方法形成的应纳税款。

例如：某房地产开发企业有A、B、C三个项目，其中A项目适用简易计税方法，B、C项目适用一般计税方法。2016年8月，三个项目分别收到不含税销售价款1亿元，分别预缴增值税300万元，共预缴增值税900万元。2017年8月，B项目达到了纳税义务发生时间，当月计算出应纳税额为1000万元，此时抵减全部预缴增值税后，应当补缴增值税100万元。

房地产开发企业应当在《增值税申报表》主表第19行"应纳税额"栏次，填报1000万元，第24行"应纳税额合计"填报1000万元，第28行"分次预缴税额"填报900万元，第34行"本期应补（退）税额"填报100万元。

根据上述规定，提供建筑服务的预缴税款可以抵减应纳税款。应纳税款包括简易计税方法和一般计税方法形成的应纳税款。

福建国税12366营改增热点问答（2016-09-08）：

既有一般计税办法和简易计税办法的外出经营的建筑项目，按照不同预征率或征收率预缴的税额，在纳税申报时是分开抵减的吗？一般计税方法预缴的税额可以用于抵减简易计税方法的应纳税额么。

答：预缴的税款统一代入主表的27行，不会分开抵减，一般计税方法预缴的税额可以用于抵减简易计税方法的应纳税额。可以不区分不同计税项目进行抵减当期应纳税额。

注：该问题虽然是针对建筑项目，但福建国税的回答并不止针对建筑项目，而是针对所有预缴项目。

【关联问题】 A公司开发某项目，该项目分为一、二期，一期于2016年4月30日前开工，适用简易计税；二期于2016年5月1日后开工，适用一般计税。A公司一、二期由同一个总包建筑企业承包，该建筑企业不是本地企业，需要在本地预缴税款。建筑企业按照一般计税和简易计税方式分别预缴的税款，是否可以一起抵减？

国家税务总局公告2016年第17号中规定，纳税人跨县（市、区）提供建筑服务，向建筑服务发生地主管税务机关预缴的增值税税款，可以在当期增值税应纳税额中抵减，抵减不完的，结转下期继续抵减。

就此问题，文件没有明确异地施工预缴的税款要区分一般计税项目和简易计税项目进行抵减，与相关文件对房地产企业的表述不同，因此，不同计税方式项目增值税应当可以相互抵减。

107. 先开发票的是否还需要预缴增值税？

案例： A公司开发某项目，该项目为亏损项目，预计增值税税负小于3%，为规避预缴税金无法退回的风险，A公司在交房之前，按实际签订预售合同的时点开具了增值税发票（非不征税发票）。

问： A公司开具发票后，是否还需要预缴增值税？

答： 国家税务总局公告2016年第18号只规定了在房地产企业收到预收款时预缴增值税，在纳税义务发生时抵减预缴增值税，并未明确预收款的定义：是先于交房收取的款项，还是先于纳税义务发生时间（根据财税〔2016〕36号，先开发票的，纳税义务发生时间为开具发票当天）收取的款项，抑或是以账务处理为标准，将计入账面预收账款的视为预收款？

如果以纳税义务发生时间为基准判断预收款，则开具发票收到的款项就不属于国家税务总局公告2016年第18号所规定的预收款，无须预缴税款。但从房地产预售制度而言，应以交房时点作为判断基准，此时即使先开发票，也应当在同一个申报期内先预缴税款，再行申报抵减。

笔者倾向于按纳税义务发生时间，从法理上而言，"预缴"显然也是发生在纳税义务发生时间之前。

【政策依据】《房地产开发企业销售自行开发的房地产项目增值税征收管理暂行办法》（国家税务总局公告2016年第18号发布）：

第十条 一般纳税人采取预收款方式销售自行开发的房地产项目，应在收到预收款时按照3%的预征率预缴增值税。

··········

第十二条 一般纳税人应在取得预收款的次月纳税申报期向主管税务机关预缴税款。

··········

第十四条 一般纳税人销售自行开发的房地产项目适用一般计税方法计税的，应按照《营业税改征增值税试点实施办法》（财税〔2016〕36号文件印发，以下简称《试点实施办法》）第四十五条规定的纳税义务发生时间，以当期销售额和11％的适用税率计算当期应纳税额，抵减已预缴税款后，向主管税务机关申报纳税。未抵减完的预缴税款可以结转下期继续抵减。

第十五条　一般纳税人销售自行开发的房地产项目适用简易计税方法计税的，应按照《试点实施办法》第四十五条规定的纳税义务发生时间，以当期销售额和5％的征收率计算当期应纳税额，抵减已预缴税款后，向主管税务机关申报纳税。未抵减完的预缴税款可以结转下期继续抵减。

⋯⋯⋯⋯⋯

第十九条　房地产开发企业中的小规模纳税人（以下简称小规模纳税人）采取预收款方式销售自行开发的房地产项目，应在收到预收款时按照3％的预征率预缴增值税。

⋯⋯⋯⋯⋯

第二十一条　小规模纳税人应在取得预收款的次月纳税申报期或主管税务机关核定的纳税期限向主管税务机关预缴税款。

第二节　纳税申报

第二十二条　小规模纳税人销售自行开发的房地产项目，应按照《试点实施办法》第四十五条规定的纳税义务发生时间，以当期销售额和5％的征收率计算当期应纳税额，抵减已预缴税款后，向主管税务机关申报纳税。未抵减完的预缴税款可以结转下期继续抵减。

第五节　上游建筑业的增值税

108. 建筑业转包（非分包）款可以差额扣除吗？

案例：A建筑公司与B房地产公司签订总包合同，承接B项目主体工程的建设，合同价款1亿元。随后A建筑公司与C、D建筑公司签订了分包合同，将8 000万元的主体工程分包给C建筑公司，将2 000万元的主体工程分包给D建筑公司。

问：A建筑公司能否差额计税扣除分包给C建筑公司和D建筑公司的工程款？

答：此案例虽然表述为"分包"，实质却是转包。

根据《房屋建筑和市政基础设施工程施工分包管理办法》第十三条的规定，禁止将承包的工程进行转包。不履行合同约定，将其承包的全部工程发包给他人，或者将其承包的全部工程肢解后以分包的名义分别发包给他人的，属于转包行为。本例中A公司将全部主体工程肢解后分包，属于转包。

财税〔2016〕36号附件2《营业税改征增值税试点有关事项的规定》第一条规定，提供建筑服务适用简易计税方法的（含小规模纳税人），或一般纳税人跨县（市）提供建筑服务，在建筑服务发生地预缴税款的，以取得的全部价款和价外费用扣除支付的分包款后的余额为销售额。

财税〔2016〕36 号明确可扣除的是分包款，转包款不能扣除（且转包是明文禁止的）。

【实操指南】 对于一般纳税人适用一般计税方法的，转包只影响预缴税款，不影响在机构所在地申报缴纳的税款；对适用简易计税的一般纳税人和小规模纳税人，会直接影响到增值税税负。

【政策依据】 《房屋建筑和市政基础设施工程施工分包管理办法》：

第十三条　禁止将承包的工程进行转包。不履行合同约定，将其承包的全部工程发包给他人，或者将其承包的全部工程肢解后以分包的名义分别发包给他人的，属于转包行为。

违反本办法第十二条规定，分包工程发包人将工程分包后，未在施工现场设立项目管理机构和派驻相应人员，并未对该工程的施工活动进行组织管理的，视同转包行为。

第十四条　禁止将承包的工程进行违法分包。下列行为，属于违法分包：

（一）分包工程发包人将专业工程或者劳务作业分包给不具备相应资质条件的分包工程承包人的；

（二）施工总承包合同中未有约定，又未经建设单位认可，分包工程发包人将承包工程中的部分专业工程分包给他人的。

财税〔2016〕36 号附件 2《营业税改征增值税试点有关事项的规定》：

9. 试点纳税人提供建筑服务适用简易计税方法的，以取得的全部价款和价外费用扣除支付的分包款后的余额为销售额。

············

5. 一般纳税人跨县（市）提供建筑服务，选择适用简易计税方法计税的，应以取得的全部价款和价外费用扣除支付的分包款后的余额为销售额，按照 3% 的征收率计算应纳税额。纳税人应按照上述计税方法在建筑服务发生地预缴税款后，向机构所在地主管税务机关进行纳税申报。

6. 试点纳税人中的小规模纳税人（以下称小规模纳税人）跨县（市）提供建筑服务，应以取得的全部价款和价外费用扣除支付的分包款后的余额为销售额，按照 3% 的征收率计算应纳税额。纳税人应按照上述计税方法在建筑服务发生地预缴税款后，向机构所在地主管税务机关进行纳税申报。

【关联问题】 支付给个人的分包款能否扣除？

《房屋建筑和市政基础设施工程施工分包管理办法》第八条规定，严禁个人承揽分包工程业务。因此，支付给个人的分包款不得扣除。

109. 无法及时取得分包方的发票，能否按进度扣除分包款？

案例： A 公司是为某房地产开发项目提供建筑服务的总包方，建筑施工许可证注明的开工时间是 2016 年 4 月 1 日，A 公司选择了简易计税方法，在差额纳税时，分包款发票往往无法及时取得。

问： 在未及时取得分包款发票的时候，纳税人是否可以按照工程进度凭分包合同注明的分包金额进行差额扣除？

答： 纳税人适用简易计税方法的建筑安装工程，扣除支付的分包款项时必须取得法律、法规和国家税务总局规定的有效凭证。否则，不允许扣除分包款项。

【实操指南】 少数税务机关还要求提供分包企业的完税证明。

【政策依据】 《纳税人跨县（市、区）提供建筑服务增值税征收管理暂行办法》（国家税务总局公告 2016 年第 17 号发布）：

第七条 纳税人跨县（市、区）提供建筑服务，在向建筑服务发生地主管税务机关预缴税款时，需填报《增值税预缴税款表》，并出示以下资料：

（一）与发包方签订的建筑合同复印件（加盖纳税人公章）；

（二）与分包方签订的分包合同复印件（加盖纳税人公章）；

（三）从分包方取得的发票复印件（加盖纳税人公章）。

---

110. 甲供工程及分包甲供工程的征税问题如何处理？

案例： A 房地产公司（以下简称 A 公司）取得某土地，该土地上已有建筑物，需进行拆迁爆破。A 公司将拆迁爆破工程出包给 B 公司，B 公司是从事乳化现场混装炸药的生产、销售及工程爆破服务的增值税一般纳税人。

B 公司先将自产混装炸药销售给 A 公司，由 A 公司提供炸药后，B 公司再提供钻孔、爆破服务。

问：（1）该工程是否属于甲供工程？可以选择简易计税方法吗？

（2）纳税人将工程再分包给其他企业的，能否扣除分包时支付的款项？

答：（1）根据《四川省营改增政策业务解答》第六期第 3 问，上述爆破工程属于甲供工程，提供钻孔、爆破服务的一般纳税人可以选择简易计税方法。

四川省的解答相当于把销售炸药和提供爆破服务完全视作两个不同的独立事件，但实践中此类情况还需与主管税务机关沟通。

（2）纳税人再将上述工程分包给其他企业的，可以从销售额中扣除分包时支付的款项。

111. 总包合同属于老项目的，2016 年 5 月 1 日后签订的分包合同适用一般计税还是简易计税？

案例： A 房地产公司与 B 建筑公司签订了 1 亿元的项目总包合同，建筑施工许可证注明的项目开工时间为 2016 年 4 月 1 日，适用简易计税办法。B 建筑公司于 2017 年 5 月将外墙涂料工程分包给 C 公司，C 公司是一般纳税人。

问： C 公司承包该工程适用一般计税还是简易计税？

答： 财税〔2016〕36 号附件 2《营业税改征增值税试点有关事项的规定》第一条第

（七）款中规定，"一般纳税人为建筑工程老项目提供的建筑服务，可以选择适用简易计税方法计税"，因此可以选择适用简易计税。

【实操指南】 大部分地区认可分包工程也是为建筑工程老项目提供的建筑服务，可以适用简易计税（各地营改增分包政策见下面的**【政策依据】**）。但安徽、深圳等地认为，营改增后签订的分包工程不能适用简易计税。

如果在不认可地区，发生了分包工程合同签订日期在 2016 年 5 月 1 日以后，但总包工程适用简易计税，则会导致增值税税负升高，而羊毛出在羊身上，升高的增值税税负还会反映在总包方对地产公司的报价中。此时建议选择采用清包工或甲供工程的方式来适用简易计税。具体方式如下所示。

（1）一般纳税人以清包工方式提供的建筑服务，可以选择适用简易计税方法计税。

以清包工方式提供建筑服务，是指施工方不采购建筑工程所需的材料或只采购辅助材料，并收取人工费、管理费或者其他费用的建筑服务。

（2）一般纳税人为甲供工程提供的建筑服务，可以选择适用简易计税方法计税。

甲供工程，是指全部或部分设备、材料、动力由工程发包方自行采购的建筑工程。

（3）一般纳税人为建筑工程老项目提供的建筑服务，可以选择适用简易计税方法计税。

其中，建筑工程老项目是指：

①建筑工程施工许可证注明的合同开工日期在 2016 年 4 月 30 日前的建筑工程项目；

②未取得建筑工程施工许可证的，建筑工程承包合同注明的开工日期在 2016 年 4 月 30 日前的建筑工程项目。

【政策依据】《深圳市全面推开"营改增"试点工作指引（之一）》：

十三、采取总分包方式提供建筑服务的，应该根据总分包合同分别独立确定计税方式。总合同符合选择适用简易计税方式的条件，但分包合同不符合的，分包合同不得适用简易计税方式。

《河北省国家税务局关于全面推开营改增有关政策问题的解答（之二）》：

三十一、关于建筑分包合同老项目的判断问题

提供建筑服务新老项目的划分，以总包合同为准，如果总包合同属于老项目，分包合同也应视为老项目。

《北京市国家税务局建筑业 26 个热点问题》(2016 年 6 月 10 日)：

七、一个建筑工程总包已经满足老项目认定条件，实行简易征税，下游分包如何鉴定是否实行简易分包未予明确，现实情况是 5 月 1 日之后，很多老项目陆续与下游分包签订合同，但确属"为建筑工程老项目提供的建筑服务"，此类分包单位可以按老项目实行简易征收吗？

答：根据《营业税改征增值税试点有关事项的规定》，《建筑工程施工许可证》

注明的合同开工日期在 2016 年 4 月 30 日前的建筑工程项目，建筑工程总包方按照老项目选择简易计税方法计税，其与分包方在 5 月 1 日后签订分包合同的，分包方可以选择简易计税方法计税。

《建筑工程施工许可证》未注明合同开工日期或者未取得《建筑工程施工许可证》，但建筑工程承包合同注明开工日期在 4 月 30 日之前的建筑工程项目，建筑工程总包方按照老项目选择简易计税方法计税，其与分包方在 5 月 1 日后签订分包合同，分包方不可以按老项目选择简易计税。

《天津市经济技术开发区国税局营改增热点问题解答（第二期）》：

三、一个项目甲方和乙方签订了合同，施工许可证上注明的开工日期在 2016 年 4 月 30 日前，5 月 1 日后乙方又与丙方签订了分包合同，丙方是否能够选择简易计税方法？

答：财税〔2016〕36 号文规定，为建筑工程老项目提供的建筑服务可以选择适用简易计税方法。丙方提供的建筑服务业务实质来看，是在为甲方的建筑老项目提供建筑服务，所以按照政策规定，丙方可以选择适用简易计税方法。

《湖北省国家税务局营改增热点问题解答（一）》：

17. 一个项目甲方和乙方签订了合同，施工许可证上注明的开工日期在 2016 年 4 月 30 日前，5 月 1 日后乙方又与丙方签订了分包合同，丙方是否能够选择简易计税方法？

答：财税〔2016〕36 号文规定，为建筑工程老项目提供的建筑服务可以选择适用简易计税方法。丙方提供的建筑服务业务实质来看，是在为甲方的建筑老项目提供建筑服务，所以按照政策规定，丙方可以选择适用简易计税方法。

《山东省国家税务局全面推开营改增试点政策指引（七）》：

第七，建筑分包合同老项目的判断问题规定：纳税人提供的建筑分包服务，在判断是否是老项目时，以总包合同为准，如果总包合同属于老项目，分包合同也属于老项目。

《四川省国家税务局纳税人咨询的营改增十个热点问题》：

第 4 问：建筑总包方将部分项目分给工程分包方，分包方在什么情况下可以适用建筑安装行业"老项目"简易计税方法？

答：一般纳税人分包的工程符合建筑工程老项目，清包工工程以及甲供工程条件的，可以选择简易计税方法缴纳增值税。

《上海市国家税务局营改增试点工作专题问答（二）》：

第2问：营改增后，如果上包对业主还采用老项目简易征收方式作业，但其下包承接分包案已于2016年5月1日之后签约及开工，那下包可采用新项目方式进行预缴开11%增值税专用发票吗？那还存在上包先去预缴后，再拿抵扣单给下包去抵扣的问题吗？

答：上包选择简易计税方法的，下包可根据规定自行选择是否适用简易计税方法。上下双方可分别适用不同的计税方法。

《安徽省国家税务局建筑业营改增热点难点问题（一）》（2017年1月3日）：

老项目的主体工程建筑施工许可证注明的开工日期在2016年4月30日前，但其配套工程（如道路及户外工程，供电工程、供水、燃气、消防、安防、绿化等）在2016年5月1日后建设，配套工程是否也作为老项目进行税收处理？

答：如主体工程和配套工程均为一个建筑企业承建，则全部作为老项目处理；如配套工程在5月1日后由分包单位承揽，则分包单位不能作为老项目处理。

112. 总包合同属于老项目的，2016年5月1日后与总包方外的第三方签订的合同适用一般计税还是简易计税？

案例：A房地产公司与B建筑公司签订了1亿元的项目总包合同，施工许可证注明的项目开工时间为2016年4月1日，适用简易计税办法。A房地产公司于2018年5月将装修工程承包给C公司，C公司是一般纳税人。

问：C公司承包该工程适用一般计税还是简易计税？

答：不同于分包工程，对第三方工程，各地基本未有明确规定。笔者与各地税务机关沟通后发现，大部分地区认为第三方工程不适用分包工程的政策，因此，凡在2016年5月1日后签订的第三方工程，应当适用一般计税。

根据财税〔2016〕36号附件2《营业税改征增值税试点有关事项的规定》第一条第（七）款规定的"一般纳税人为建筑工程老项目提供的建筑服务，可以选择适用简易计税方法计税"，分析其文字可知"建筑工程老项目"并非"房地产老项目"，且施工许可证和合同上的施工单位均只对应总包方，因此，2016年5月1日后与总包方外的第三方签订的工程合同不属于建筑工程老项目，不适用简易计税。

【实操指南】 需要注意的是，无论是建筑工程施工许可证（见图2-4），还是工程合同，均会列明建设及施工单位。

113. 有多个总包合同或建筑工程施工许可证的，如何确定计税方式？

案例：A房地产公司与B建筑公司签订了1亿元的项目总包合同，由B建筑公司负责建设1～5栋，建筑工程施工许可证注明的项目开工时间为2016年4月1日；A房地产公司又与 C 建筑公司签订了 1.2 亿元的项目总包合同，由 C 建筑公司负责建设 6～11 栋，建筑工程施工许可证未注明开工时间，合同签订的项目开工时间为 2016 年 5 月 1 日。B、C 建筑公司均是一般纳税人。

问： C 建筑公司承包该工程适用一般计税还是简易计税？

答： 基本无明确规定，存在两种可能。一种是按照第一个建筑工程施工许可证确定计税方式，此时 C 建筑公司可以适用简易计税；另一种是分别确定计税方式，1～5 栋适用简易计税，6～11 栋适用一般计税，相当于分期开发。

【实操指南】 实践中存在两种可能：一种是按照第一个建筑工程施工许可证确定计税方式，此时为该项目提供工程服务的建筑公司均可以适用简易计税（如海南）；另一种是分别确定计税方式，建筑工程施工许可证注明的日期或总包合同签订日期在 2016 年 4 月 30 日前的适用简易计税，建筑工程施工许可证注明的日期或总包合同签订日期在 2016 年 5 月 1 日后的适用一般计税，相当于分期开发（如四川）。

（1）海南省政策：自建不动产老项目判断标准为纳税人取得的第一个《建筑工程施工许可证》或建筑施工合同注明的开工时间在 2016 年 4 月 30 日前的项目。

（2）四川省政策（"营改增问题回复"）：

纳税人将承包的一个大型工程项目分为若干子项目进行建设，总包合同注明开工日期为 2013 年 6 月 1 日，截至 2016 年 4 月 30 日，部分子项目尚未取得《建筑工程施工许可证》。问题：所有子项目是否均能按照总包合同注明的开工日期确定为老项目？如果不能，各子项目应当如何判断是否属于老项目？

回复：对于分期进行建设的工程项目，应当以分项目的《建筑工程施工许可证》注明的开工日期判断是否为建筑工程老项目；分项目《建筑工程施工许可证》未注明开工日期，或者未取得分项目《建筑工程施工许可证》的，以分项目合同注明的开工日期为准。

其他无明确规定的地区，需与主管税务机关沟通。

114. 甲供材的总包工程是否都是简易计税？

案例： A 房地产公司（以下简称 A 公司）与 B 建筑公司（以下简称 B 公司）签订了 1 亿元的项目总包合同，约定由 B 公司进行主体结构建设，相关的材料设备由 A 公司提供，且不在结算价款中体现。B 公司是一般纳税人。

问： B 公司能否选择一般计税？

答：《财政部　税务总局关于建筑服务等营改增试点政策的通知》（财税〔2017〕58 号）规定："建筑工程总承包单位为房屋建筑的地基与基础、主体结构提供工程服务，建设单位自行采购全部或部分钢材、混凝土、砌体材料、预制构件的，适用简易计税方法计税。"

地基与基础、主体结构的范围，按照《建筑工程施工质量验收统一标准》（GB 50300—2013）附录 B《建筑工程分部工程、分项工程划分》中的"地基与基础""主体结构"分部工程的范围执行。

本例中，B公司为A公司提供主体结构工程服务，A公司自行采购材料和设备，适用财税〔2017〕58号文件。该文件没有给予纳税人选择的权利，没有说"可以适用"，而是"适用"。因此，B公司只能选择简易计税，不能选择一般计税。

【实操指南】 并不是所有总包都一定要选择简易计税，简易计税的要求是：（1）总包单位；（2）地基与基础、主体结构；（3）工程服务；（4）全部或部分甲供材。

分析以上四个条件，需要注意：

（1）单纯的甲供设备不是甲供材，甲供材明确了范围是钢材、混凝土、砌体材料、预制构件。

（2）甲方指定材料设备供应也不是甲供材，必须是甲方自行采购材料，全部或部分均可。因此，如果在实践中希望能够适用简易计税的，只需要甲方采购一部分材料即可。

（3）如果总包方提供的不是地基与基础、主体结构工程，而是装修工程、景观绿化工程等，则不适用财税〔2017〕58号文件，此时仍然适用财税〔2016〕36号文件关于简易计税和一般计税适用的一般规定。

由于总包方没有选择权，在此种情况下，总包方会损失部分上游的进项税额。

115. 分包方开具的增值税专用发票可以作为进项抵扣吗？

案例： A房地产公司与B建筑公司（以下简称B公司）签订了1亿元的项目总包合同，B公司将外墙涂料及地基夯实工程分包给了C公司，合同价款1 000万元。B公司是一般纳税人，未采用简易计税方式，由于注册地与项目所在地不一致，因此需要在项目所在地预缴增值税。预缴时B公司按照扣除分包款后的9 000万元计算预缴增值税。

后续B公司结转收入时，取得分包方开具的专用发票1 000万元，其中进项税额90.91万元。

问： 90.91万元进项税额是否可以抵扣进项？

答： 分包方开具的增值税专用发票可以抵扣进项。

预缴增值税时扣除的分包款，在总包机构所在地进行清算纳税申报时是要按照收取的全部价款和价外费全额纳税的，不扣除分包款，因此不会产生重复抵扣的问题。

最终清算时分包是作为进项抵扣，而不是用来扣除销售额。

【实操指南】 营改增前，建筑业总分包一律差额纳税。但营改增后，根据财税〔2016〕36号规定，除异地预缴和简易计税项目外，建筑企业总分包在一般计税情况下，不适用差额纳税。

营改增后，增值税的抵扣链条已打通（原营业税没有抵扣），不再需要差额纳税政策，否则就可能引起重复抵扣问题。

【政策依据】《财政部 国家税务总局关于全面推开营业税改征增值税试点的通知》（财税〔2016〕36号）附件2《营业税改征增值税试点有关事项的规定》：

---

4. 一般纳税人跨县（市）提供建筑服务，适用一般计税方法计税的，应以取

得的全部价款和价外费用为销售额计算应纳税额。纳税人应以取得的全部价款和价外费用扣除支付的分包款后的余额，按照2%的预征率在建筑服务发生地预缴税款后，向机构所在地主管税务机关进行纳税申报。

116. 门窗、栏杆制作安装工程，是否按照建筑工程开具9%的发票？

案例： A房地产公司单独向供应商购买门窗、栏杆等的制作安装工程，签订门窗/栏杆制作安装工程合同，合同价款包含制作和安装费用。供应商按照合同全款开具了9%的建筑安装工程类发票。

问： 门窗、栏杆制作安装工程，是否按照建筑工程开具9%的发票？

答： 根据财税〔2016〕36号附件1中的《销售服务、无形资产、不动产注释》，建筑服务是指各类建筑物、构筑物及其附属设施的建造、修缮、装饰，线路、管道、设备、设施等的安装以及其他工程作业的业务活动，包括工程服务、安装服务、修缮服务、装饰服务和其他建筑服务。

门窗、栏杆制作安装工程可视为包工包料的建筑安装工程，混合销售按9%开发票。

【实操指南】 实践中部分税务机关会要求从高缴纳增值税，即视同销售货物按13%开票。如果遇到此种情况，为减轻税负，建议按兼营处理，签订两份合同，分别按制作和安装金额开票，制作合同按13%开具发票，安装合同按9%开具发票。

【政策依据】 财税〔2016〕36号附件1所附的《销售服务、无形资产、不动产注释》：

> 建筑服务，是指各类建筑物、构筑物及其附属设施的建造、修缮、装饰，线路、管道、设备、设施等的安装以及其他工程作业的业务活动。包括工程服务、安装服务、修缮服务、装饰服务和其他建筑服务。
>
> ....
>
> 2. 安装服务。
>
> 安装服务，是指生产设备、动力设备、起重设备、运输设备、传动设备、医疗实验设备以及其他各种设备、设施的装配、安置工程作业，包括与被安装设备相连的工作台、梯子、栏杆的装设工程作业，以及被安装设备的绝缘、防腐、保温、油漆等工程作业。
>
> 固定电话、有线电视、宽带、水、电、燃气、暖气等经营者向用户收取的安装费、初装费、开户费、扩容费以及类似收费，按照安装服务缴纳增值税。

【关联问题】 如何区分混合销售和兼营？

混合销售是指一项交易项下存在不同的应税行为，兼营是指两项或两项以上的交易。

财税〔2016〕36号附件1《营业税改征增值税试点实施办法》第四十条规定："一项销售行为如果既涉及服务又涉及货物，为混合销售。从事货物的生产、批发或者零售的单位和个体工商户的混合销售行为，按照销售货物缴纳增值税；其他单位和个体工商户的混合销售行为，按照销售服务缴纳增值税。本条所称从事货物的生产、批发或者零售的单位和个体工商户，包括以从事货物的生产、批发或者零售为主，并兼营销售服务的单位和个体工商户在内。"

《财政部 国家税务总局关于增值税、营业税若干政策规定的通知》（财税字〔1994〕26号）规定："根据增值税暂行条例实施细则（以下简称细则）第五条的规定，'以从事货物的生产、批发或零售为主，并兼营非应税劳务的企业、企业性单位及个体经营者'的混合销售行为，应视为销售货物征收增值税。此条规定所说的'以从事货物的生产、批发或零售为主，并兼营应税劳务'，是指纳税人的年货物销售额与非增值税应税劳务营业额的合计数中，年货物销售额超过50％，非增值税应税劳务营业额不到50％。"

2016年5月12日国家税务总局政策解答关于兼营和混合销售划分的问题："关于这一问题，各地上报了许多具体事例来反映这一问题。比如住宿业的酒店在房间里有售卖食品饮料的，如何确定是混合销售还是兼营？还有酒店为客人无偿赠送的饮料和早餐是按兼营还是混合销售？要不要视同销售征税？再比如，定制服装时，有设计费，也有制作费，还有衣料费，该按照混合销售还是按照兼营？这些问题，我想统一的处理原则应当是，既不能强制把纳税人的一项销售行为拆分为两项行为征税，也不能把纳税人的不同业务合并为一项行为征税。从根本意义上说，营改增后将原来用来区分增值税和营业税的混合销售和兼营的概念加以沿用，是为了区别不同税目和税率。混合销售是指一项交易项下存在不同的应税行为，兼营是指两项或两项以上的交易。前几天我讲过卖空调提供安装的例子，是老增值税混合销售里的销售货物。营改增里相同的例子是餐饮企业提供餐食的同时售卖烟酒，也是混合销售的餐饮服务，烟酒和菜品一样可能都是单独计价的，但不能按照兼营单独征税，这些东西加上厨师和服务人员的劳动，共同形成了餐饮服务。定制服装就是卖衣服，是混合销售。酒店房间里售卖饮料食品就是兼营。无偿赠送早餐和房间里的赠送食品饮料、洗漱用品，不能按兼营和视同销售征税。凡此种种，希望大家准确把握。客观地讲，营改增后，混合销售和兼营的划分较之前的确复杂了很多，需要大家和我们共同研究出现的一些新问题。"

2016年4月20日国家税务总局营改增政策组发言材料："部分地区反映分不清兼营和混合销售。这其实在文件中已有明确的规定，兼营是同时有两项或多项销售行为，混合销售是一项销售行为。各地要在总局培训的基础上，进一步做好对下的业务培训和辅导，要让我们的基层税务干部掌握好政策，这样才能对纳税人正确解释和宣传政策。"

117. 建筑零配件销售及安装适用哪个税率？

案例：A房地产公司经常涉及建筑零配件销售及安装服务，合同名称为《零配件销售及安装工程》，销售和安装的金额难以区分。

问：建筑零配件销售及安装应适用13％还是9％的增值税税率？是否可以根据公司

主业来判断适用哪个税率？

答： 一项销售行为如果既涉及服务又涉及货物，为混合销售。建筑零配件销售及安装属于混合销售（两者难以区分，无法独立签订合同），根据财税〔2016〕36号附件1第四十条，混合销售应以纳税人从事的主要业务确定增值税税目。

而原财税字〔1994〕26号第四条（但条款已失效）中规定了财税〔2016〕36号附件1第四十条中提到的进行混合销售的纳税人从事的主要业务的确定标准：按照业务年销售额超过各业务年销售额、营业额合计50%来确定主要业务。也就是说，企业经营的主业是货物销售的按照税率13%计算增值税；企业经营的主业是工程的则按照税率9%计算增值税。

【实操指南】 财税字〔1994〕26号第四条已失效，且实践中存在多业经营企业，可能各项业务均没有超过50%，因此，目前缺乏统一的标准，各地税务机关的判断标准各异。

实践中目前存在两个标准：一是按照工商营业执照上的主营业务范围来判断，如果主营业务范围是批发零售业务，则按照销售货物缴纳增值税；如果主营业务范围是服务，则按照销售服务缴纳增值税。二是按照"企业经营的主业确定"（不要求超过50%，按最大比例确定）。

笔者认为后者更合理。因为营业执照的经营范围是企业自行申报，申报的人员可能并非专业人员，且大多数企业均是多业经营（此种情况下部分税务机关按经营范围中所列的第一项为准，但也不科学），所以难以判断主业。另外，企业领取营业执照后，随着时间推移，企业主业可能发生变化，但部分企业不去工商登记机构进行变更（特别是顺序变更）。而税法并不要求有经营范围或资质才能纳税，因此存在营业执照范围可能无法精准匹配主业的问题。但营业执照方式操作易行，比确认收入比例简单许多，因此仍有部分地区税务机关采用此方式。

【政策依据】 《财政部 国家税务总局关于全面推开营业税改征增值税试点的通知》（财税〔2016〕36号）附件1《营业税改征增值税试点实施办法》：

第四十条 一项销售行为如果既涉及服务又涉及货物，为混合销售。从事货物的生产、批发或者零售的单位和个体工商户的混合销售行为，按照销售货物缴纳增值税；其他单位和个体工商户的混合销售行为，按照销售服务缴纳增值税。

本条所称从事货物的生产、批发或者零售的单位和个体工商户，包括以从事货物的生产、批发或者零售为主，并兼营销售服务的单位和个体工商户在内。

根据《财政部 国家税务总局关于公布若干废止和失效的增值税规范性文件目录的通知》（财税〔2009〕17号）的规定，财税字〔1994〕26号第四条第（一）项"'以从事货物的生产、批发或零售为主，并兼营非应税劳务'，是指纳税人的年货物销售额与非增值税应税劳务营业额的合计数中，年货物销售额超过50%，非增值税应税劳务营业额不到50%"失效。

118. 建筑服务所得税和增值税计税依据不一致是否会带来风险?

案例:A建筑公司提供建筑安装服务,按施工进度确认收入,但未开具发票,导致所得税和增值税的计税依据不一致。

问:是否存在延迟缴纳增值税的风险?

答:根据财税〔2016〕36号附件1第四十五条、财税〔2017〕58号,建筑业增值税纳税义务发生时间按下列四种情况孰早确认:收到工程款的时间(2017年7月1日后不包括预收款)、开具发票的时间、合同约定的付款时间和建筑服务完成的时间。因此,按施工进度确认的收入,如不符合上述条件之一,则仍未产生增值税纳税义务。

【实操指南】 增值税和企业所得税的纳税义务发生时间不同,在实践中也很常见,因此,产生差异并无风险。

【政策依据】 财税〔2016〕36号附件1《营业税改征增值税试点实施办法》:

第四十五条 增值税纳税义务、扣缴义务发生时间为:

(一)纳税人发生应税行为并收讫销售款项或者取得索取销售款项凭据的当天;先开具发票的,为开具发票的当天。

收讫销售款项,是指纳税人销售服务、无形资产、不动产过程中或者完成后收到款项。

取得索取销售款项凭据的当天,是指书面合同确定的付款日期;未签订书面合同或者书面合同未确定付款日期的,为服务、无形资产转让完成的当天或者不动产权属变更的当天。

··········

财税〔2017〕58号:

二、《营业税改征增值税试点实施办法》(财税〔2016〕36号印发)第四十五条第(二)项修改为"纳税人提供租赁服务采取预收款方式的,其纳税义务发生时间为收到预收款的当天"。

三、纳税人提供建筑服务取得预收款,应在收到预收款时,以取得的预收款扣除支付的分包款后的余额,按照本条第三款规定的预征率预缴增值税。

按照现行规定应在建筑服务发生地预缴增值税的项目,纳税人收到预收款时在建筑服务发生地预缴增值税。按照现行规定无需在建筑服务发生地预缴增值税的项目,纳税人收到预收款时在机构所在地预缴增值税。

适用一般计税方法计税的项目预征率为2%,适用简易计税方法计税的项目预征率为3%。

---

119. 建筑服务收到预收款是否产生纳税义务?

案例:A建筑公司提供建筑安装服务,约定于每年年末按施工进度收款,同时确认收入并开具发票。2018 年 1 月 A 建筑公司进场施工，因资金困难，于 2 月收到甲方预付的 2 000 万元款项，尚未确认收入，也未开具发票，账面上做预收款项处理。

问： A 建筑公司是否产生纳税义务？

答： 未产生纳税义务，但应当预缴税款。财税〔2017〕58 号删除了财税〔2016〕36 号第四十五条第（二）项中"纳税人提供建筑服务采取预收款方式的，其纳税义务发生时间为收到预收款的当天"的规定，并在第三条规定"纳税人提供建筑服务取得预收款，应在收到预收款时，以取得的预收款扣除支付的分包款后的余额，按照本条第三款规定的预征率预缴增值税"。因此，纳税人提供建筑服务收到预收款时（2017 年 7 月 1 日后），并未产生增值税纳税义务，但是需要先行预缴税款，并且扣除分包款进行预缴。

收到预收款的一般计税项目，应预缴税款＝(全部价款和价外费用－支付的分包款)÷(1＋适用税率)×2%。

适用税率根据建筑服务的纳税义务发生时间确定，可能为 11%、10% 或 9%（见表 2-7）。

表 2-7 房地产、建筑业增值税税率对应时间表

时间	税率
2016 年 4 月 30 日前（营业税）	5%（房地产）、3%（建筑业）
2016 年 5 月 1 日—2018 年 4 月 30 日	11%
2018 年 4 月 30 日—2019 年 3 月 31 日	10%
2019 年 3 月 31 日至今	9%

财税〔2016〕36 号附件 1 第四十五条第（一）项规定，"纳税人发生应税行为并收讫销售款项或者取得索取销售款项凭据的当天；先开具发票的，为开具发票的当天""取得索取销售款项凭据的当天，是指书面合同确定的付款日期"。

如本例中，A 建筑公司每年年末为约定收款日期，开具发票日期与收款日期相同，假设 2017 年年末依据施工进度计算的应收款项金额大于 2 000 万元，则 2 000 万元预收款的纳税义务发生时间就在 2017 年年末，此时的建筑服务业增值税税率为 11%，因此上述公式为：应预缴税款＝(全部价款和价外费用－支付的分包款)÷(1＋11%)×2%。

但假如 A 建筑公司因其他原因迟迟未能开工，导致 2017 年年末施工进度为 0，至 2018 年年末依据施工进度计算的应收款项金额大于 2 000 万元，则 2 000 万元预收款的纳税义务发生时间就在 2018 年年末，此时的建筑服务业增值税税率为 10%，因此上述公式为：应预缴税款＝(全部价款和价外费用－支付的分包款)÷(1＋10%)×2%。

收到预收款的简易计税项目，应预缴税款＝(全部价款和价外费用－支付的分包款)÷(1＋3%)×3%。

需要注意简易计税的预征税款就等于应纳税款，后期基本不存在补退税。一般计税和简易计税的预征率不同，一般计税为 2%，简易计税为 3%。

【实操指南】 如果 A 建筑公司是在 2017 年 6 月 30 日前（含本日）收到预收款，则

产生了纳税义务；但如果 A 建筑公司是在 2017 年 7 月 1 日后（含本日）收到预收款，则未产生纳税义务。

以上差异是文件的有效期所导致的。财税〔2017〕58 号自 2017 年 7 月 1 日起执行，根据法不溯及既往原则，应当区分时点确认纳税义务是否发生。

财政部、国家税务总局之所以出台财税〔2017〕58 号文件，主要是考虑到建筑企业在收到预收款时，尚未发生成本，此时确认纳税会导致前期税负较重，因此，财税〔2017〕58 号实际也是合理降低纳税人负担的举措。这也可以合理解释一般计税和简易计税预征率不同的原因。简易计税下是否有成本发生均不会影响税负，因此，简易计税的纳税金额和时间并未发生变化，只是纳税义务发生时间和预缴概念有所变化。

如果尚未支付分包款，则无可扣除项目。扣除分包款需提供分包合同和分包款发票。

【政策依据】 财税〔2016〕36 号附件 1《营业税改征增值税试点实施办法》：

第四十五条 增值税纳税义务、扣缴义务发生时间为：

（一）纳税人发生应税行为并收讫销售款项或者取得索取销售款项凭据的当天；先开具发票的，为开具发票的当天。

收讫销售款项，是指纳税人销售服务、无形资产、不动产过程中或者完成后收到款项。

取得索取销售款项凭据的当天，是指书面合同确定的付款日期；未签订书面合同或者书面合同未确定付款日期的，为服务、无形资产转让完成的当天或者不动产权属变更的当天。

（二）纳税人提供建筑服务、租赁服务采取预收款方式的，其纳税义务发生时间为收到预收款的当天。

....

注：财税〔2017〕58 号删除了该项规定中的提供建筑服务，仅留下租赁服务。

财税〔2017〕58 号：

二、《营业税改征增值税试点实施办法》（财税〔2016〕36 号印发）第四十五条第（二）项修改为"纳税人提供租赁服务采取预收款方式的，其纳税义务发生时间为收到预收款的当天"。

三、纳税人提供建筑服务取得预收款，应在收到预收款时，以取得的预收款扣除支付的分包款后的余额，按照本条第三款规定的预征率预缴增值税。

按照现行规定应在建筑服务发生地预缴增值税的项目，纳税人收到预收款时在建筑服务发生地预缴增值税。按照现行规定无需在建筑服务发生地预缴增值税的项目，纳税人收到预收款时在机构所在地预缴增值税。

适用一般计税方法计税的项目预征率为 2%，适用简易计税方法计税的项目预征率为 3%。

....

六、本通知除第五条外，自 2017 年 7 月 1 日起执行。《营业税改征增值税试点实施办法》（财税〔2016〕36 号印发）第七条自 2017 年 7 月 1 日起废止。《营业税改征增值税试点过渡政策的规定》（财税〔2016〕36 号印发）第一条第（二十三）项第 4 点自 2018 年 1 月 1 日起废止。

《纳税人跨县（市、区）提供建筑服务增值税征收管理暂行办法》（国家税务总局公告 2016 年第 17 号发布）：

第三条　纳税人跨县（市、区）提供建筑服务，应按照财税〔2016〕36 号文件规定的纳税义务发生时间和计税方法，向建筑服务发生地主管税务机关预缴税款，向机构所在地主管税务机关申报纳税。

············

---

120. 建筑业纳税人预缴税款是否只针对异地？

案例： A 房地产公司与 B 建筑公司签订了 1 亿元的项目总包合同，B 建筑公司所在地与项目所在地均为山东曲阜。B 建筑公司是一般纳税人，未采用简易计税方式。

问： 建筑服务纳税人是否需要预缴增值税？

答： 需要，建筑业预缴税款不止针对异地提供服务。根据财税〔2017〕58 号第三条，纳税人提供建筑服务取得预收款，应在收到预收款时，以取得的预收款扣除支付的分包款后的余额，按照该条第三款规定的预征率预缴增值税；按照现行规定应在建筑服务发生地预缴增值税的项目，纳税人收到预收款时在建筑服务发生地预缴增值税；按照现行规定无须在建筑服务发生地预缴增值税的项目，纳税人收到预收款时在机构所在地预缴增值税。

因此，建筑服务纳税人收到预收款时均需预缴税款，如果项目所在地与公司注册地为同一地的，则在本地预缴；如果项目所在地与公司注册地非同一地的，则在项目所在地预缴，待纳税义务实际发生后在公司注册地补缴增值税及附加。

【实操指南】 异地预缴增值税时，在项目所在地按照预缴增值税的金额×项目所在地的税率缴纳城市维护建设税；在公司注册地补缴增值税时，在公司注册地按照补缴增值税的金额×公司注册地的税率缴纳城市维护建设税。注册地与项目地的城市维护建设税税率差不涉及补税或退税。

【政策依据】《财政部　国家税务总局关于纳税人异地预缴增值税有关城市维护建设税和教育费附加政策问题的通知》（财税〔2016〕74 号）：

一、纳税人跨地区提供建筑服务、销售和出租不动产的，应在建筑服务发生地、不动产所在地预缴增值税时，以预缴增值税税额为依据，并按预缴增值税所在地的城市维护建设税适用税率和教育费附加征收率就地计算缴纳城市维护建设税和教育费附加。

二、预缴增值税的纳税人在其机构所在地申报缴纳增值税时，以其实际缴纳的增值税税额为计税依据，并按机构所在地的城市维护建设税适用税率和教育费附加征收率就地计算缴纳城市维护建设税和教育费附加。

121. 建筑业纳税人提供建筑服务，按照建造合同准则进行会计核算，如何纳税？

答： 提供建筑业服务的纳税人应当按照双方合同约定的收款金额缴纳增值税，无论采用何种会计核算方式。

122. 被挂靠单位向挂靠单位收取的管理费应当如何缴纳增值税？

答： 如果挂靠人以被挂靠人名义对外经营，并由被挂靠人承担相关法律责任的，以被挂靠人为纳税人，就挂靠经营取得的全部收入缴纳增值税。否则，以挂靠人为纳税人，被挂靠人收取的管理费按照"现代服务业"缴纳增值税。

123. 建筑业异地预缴税款，在申报纳税抵减时可以不分一般计税项目和简易计税项目吗？

答： 根据国家税务总局公告 2016 年第 17 号第八条的规定，纳税人跨县（市、区）提供建筑服务，向建筑服务发生地主管税务机关预缴的增值税税款，可以在当期增值税应纳税额中抵减，抵减不完的，结转下期继续抵减。这不同于房地产企业区分了一般和简易计税项目（国家税务总局公告 2016 年第 18 号规定了一般计税项目计税后抵减对应预缴税款和简易计税项目计税后抵减对应预缴税款）。

因此，大部分地区认为应综合抵减，不区分一般和简易计税项目是可行的。

【政策依据】《青岛市建筑服务涉税业务办理指南（2017 年 5 月版）》第六条第（三）项：

（三）预缴税款的抵减

纳税人跨县（市、区）提供建筑服务，向建筑服务发生地主管国税机关预缴的增值税税款，可以在当期增值税应纳税额中抵减，抵减不完的，结转下期继续抵减。

纳税人以预缴税款抵减应纳税额，应以完税凭证作为合法有效凭证。

提供建筑服务的预缴税款可以在不同项目间抵缴，不需要区分简易计税和一般计税缴纳的税款。

福建国税 12366 营改增热点问答（2016－09－08）：

既有一般计税办法和简易计税办法的外出经营的建筑项目，按照不同预征率或征收率预缴的税额，在纳税申报时是分开抵减的吗？一般计税方法预缴的税额可以用于抵减简易计税方法的应纳税额吗？

答：预缴的税款统一代入主表的 27 行，不会分开抵减，一般计税方法预缴的税额可以用于抵减简易计税方法的应纳税额。可以不区分不同计税项目进行抵减当期应纳税额。

124. 建筑业一般纳税人是否可适用差额征税？

答：一般纳税人区分两种情况，一般计税项目只有在预缴阶段适用差额征税，缴纳阶段不适用差额征税，因为此时进项可以抵扣，不需要差额征税；简易计税项目在预缴和缴纳阶段均适用差额征税，因为进项不能抵扣。

【实操指南】 建筑业差额征税实际上是沿用营业税时代的政策，在营业税时代，建筑业也是差额征税，总包方可扣除分包方的销售额计税。但营改增后，适用一般计税的一般纳税人，进项可以抵扣，不需要差额征税；简易计税的一般或小规模纳税人（小规模纳税人不能选择一般计税），进项不能抵扣，因此都是差额征税。

预缴阶段不区分简易计税和一般计税，所有纳税人都是差额征税，只是一般计税的计税依据是销售额/（1＋税率），简易计税的计税依据是销售额/（1＋征收率3%）；同时，一般纳税的预征率是2%，简易计税的预征率是3%（一般来说，简易计税预缴后再实际缴纳时，是无须补税的）。

为了让大家更容易理解，笔者用表2-8进行分析。

表2-8　建筑行业差额征税的情形

纳税人性质	计税方式	预缴/缴纳	是否差额征税	税率/征收率	计税依据
小规模纳税人		预缴	是	3%	（全部价款和价外费用－支付的分包款）÷（1＋3%）
		缴纳			
一般纳税人	简易计税	预缴			
		缴纳			
	一般计税	预缴	否	2%	（全部价款和价外费用－支付的分包款）÷（1＋9%）
		缴纳		9%	全部价款和价外费用

125. 跨市、州提供管道铺设服务，应当如何向建筑服务发生地缴纳增值税？

答：根据《四川省营改增政策业务解答》第六期第6问，应根据纳税人提供建筑服务取得的收入，按照各市、州铺设管道的长度占比分别向建筑服务发生地预缴税款。

126. 建筑企业简易计税可以跨项目扣除分包款吗？

案例：A建筑公司是一般纳税人，有两个简易计税建筑服务项目，按月申报缴纳增值税。2019年9月，甲项目开具发票1 000万元，未取得分包款发票；乙项目当月未开票也未发生纳税义务，支付分包款500万元并取得发票。

问：A建筑公司在机构所在地申报纳税时能否扣除500万元的分包款差额纳税？

答：目前没有明文规定在申报纳税时能否跨项目混扣，笔者认为可以。从申报表来看，增值税纳税申报表以法人为单位，并未区分项目；从法规条文来看，法无明文禁止即可为，财税〔2016〕36号附件2《营业税改征增值税试点有关事项的规定》第一条中的表述为"以取得的全部价款和价外费用扣除支付的分包款后的余额为销售额"，并未规定必须按项目区分，A建筑公司本月实际支付了500万元，应可以扣除。

【实操指南】（1）对于大型建筑公司，项目可能成百上千，按项目分别抵扣的工作量十分巨大。

（2）建筑业小规模纳税人与简易计税原则一致，可以跨项目混扣。一般计税不存在此问题，直接按取得的专用发票抵扣进项。

（3）虽然申报纳税时可以跨项目混扣，但根据国家税务总局公告2016年第17号，预缴时不得混扣，需要按项目扣除分包款。有少数观点认为申报纳税应与预缴口径保持一致。

（4）即使部分地区税务机关要求不得混扣，也只是时间性差异，不会导致应退税款，因为分包款一定小于总包款。如果分包款等于甚至大于总包款，就属于违法转包而非分包了。

【政策依据】《纳税人跨县（市、区）提供建筑服务增值税征收管理暂行办法》（国家税务总局公告2016年第17号发布）：

> 第十条　对跨县（市、区）提供的建筑服务，纳税人应自行建立预缴税款台账，区分不同县（市、区）和项目逐笔登记全部收入、支付的分包款、已扣除的分包款、扣除分包款的发票号码、已预缴税款以及预缴税款的完税凭证号码等相关内容，留存备查。

127. 建筑企业可以扣除的分包款含材料款吗？

案例： A建筑公司是小规模纳税人，2019年9月取得收入1000万元，当月开具发票。该公司当月购进一批钢材，支付材料款200万元，取得增值税普通发票。

问： 钢材款能否作为分包款扣除？

答： 根据国家税务总局公告2019年第31号第七条及关于该公告的解读第七条，分包款是指支付给分包方的全部价款和价外费用，分包款是打包支出的概念，即其中既包括货物价款，也包括建筑服务价款。

打包支出意味着包工包料的分包可以扣除全部价款（工、料均可扣），但单独材料价款不属于打包支出，不能扣除。

【实操指南】 "分包"的提法出自《中华人民共和国建筑法》。根据该法第二十九条"建筑工程总承包单位可以将承包工程中的部分工程发包给具有相应资质条件的分包单位"，《建设工程质量管理条例》第二十五条第三款"施工单位不得转包或者违法分包工程"及第七十八条第二款"本条例所称违法分包，是指下列行为：（一）总承包单位将建设工程分包给不具备相应资质条件的单位的"可知，分包的对象是工程，单独的材料不能构成分包，且分包单位需具有施工资质。根据《建筑业企业资质管理规定》，建筑业企业资质分为施工总承包、专业承包、劳务分包，其中同样不包括材料"分包"。

因此，单独购买材料支付的价款不属于分包款，但包工包料分包工程的全部价款都属于分包款。

如果本例改为："A 建筑公司是小规模纳税人，2019 年 9 月取得收入 1 000 万元，当月开具发票；当月支付一笔分包款，结算单据中包括材料款 200 万元和工程量结算款 300 万元，取得增值税普通发票"，则 500 万元分包款都可以扣除。

【政策依据】 国家税务总局公告 2019 年第 31 号：

七、关于建筑服务分包款差额扣除

纳税人提供建筑服务，按照规定允许从其取得的全部价款和价外费用中扣除的分包款，是指支付给分包方的全部价款和价外费用。

《国家税务总局办公厅关于〈国家税务总局关于国内旅客运输服务进项税抵扣等增值税征管问题的公告〉的解读》：

七、关于建筑服务分包款差额扣除

纳税人提供特定建筑服务，可按照现行政策规定，以取得的全部价款和价外费用扣除支付的分包款后的余额为销售额计税。总包方支付的分包款是打包支出的概念，即其中既包括货物价款，也包括建筑服务价款。因此，《公告》明确，纳税人提供建筑服务，按照规定允许从取得的全部价款和价外费用中扣除的分包款，是指支付给分包方的全部价款和价外费用。

---

128. 劳务公司（非劳务派遣）缴纳增值税能否扣除工人工资？

答： 劳务派遣公司可以扣除代用工单位支付给劳务派遣员工的工资、福利和为其办理社会保险及住房公积金后差额缴纳增值税，不能扣除自己支付且负担的员工工资。非劳务派遣公司不能差额缴纳增值税。

【政策依据】 《财政部 国家税务总局关于进一步明确全面推开营改增试点有关劳务派遣服务、收费公路通行费抵扣等政策的通知》（财税〔2016〕47 号）：

一、劳务派遣服务政策

一般纳税人提供劳务派遣服务，可以按照《财政部 国家税务总局关于全面推开营业税改征增值税试点的通知》（财税〔2016〕36 号）的有关规定，以取得的全部价款和价外费用为销售额，按照一般计税方法计算缴纳增值税；也可以选择差额纳税，以取得的全部价款和价外费用，扣除代用工单位支付给劳务派遣员工的工资、福利和为其办理社会保险及住房公积金后的余额为销售额，按照简易计税方法依 5% 的征收率计算缴纳增值税。

小规模纳税人提供劳务派遣服务，可以按照《财政部 国家税务总局关于全面推开营业税改征增值税试点的通知》（财税〔2016〕36 号）的有关规定，以取得的全部价款和价外费用为销售额，按照简易计税方法依 3% 的征收率计算缴纳增值税；也可以选择差额纳税，以取得的全部价款和价外费用，扣除代用工单位支付给劳务派遣员工的工资、福利和为其办理社会保险及住房公积金后的余额为销售额，按照简易计税方法依 5% 的征收率计算缴纳增值税。

选择差额纳税的纳税人，向用工单位收取用于支付给劳务派遣员工工资、福利和为其办理社会保险及住房公积金的费用，不得开具增值税专用发票，可以开具普通发票。

劳务派遣服务，是指劳务派遣公司为了满足用工单位对于各类灵活用工的需求，将员工派遣至用工单位，接受用工单位管理并为其工作的服务。

第六节 营改增后续问题

129. 新旧建筑工程施工许可证对于判断新老项目、确定计税方式的影响？

案例：A 房地产公司（以下简称 A 公司）于 2016 年 1 月招拍挂取得某土地，3 月取得建筑工程规划许可证，4 月取得建筑工程施工许可证，注明开工日期为 2016 年 4 月 20 日。2016 年 5 月 1 日，B 公司收购了 A 公司，由于 B 公司与 A 公司原有股东的理念不同，因此 A 公司重新进行了规划设计，并重新申报规划许可，于 2016 年 5 月取得更新后的建筑工程规划许可证，于 2016 年 6 月取得新的建筑工程施工许可证，注明开工时间为 2016 年 6 月 7 日。

问：该项目能否选择简易计税？

答：存在争议。

部分税务机关认为，应以纳税人最终取得的建筑工程施工许可证上注明的开工日期确定建筑工程项目属于老项目还是新项目，如四川。此观点具有一定合理性，最终版的建筑工程施工许可证才是"定稿版"，如果在 2016 年 5 月 1 日前未施工，那么自然也不存在进项损失。

但也有部分观点认为，营改增过渡政策本身是为了减轻纳税人负担，第一个建筑工程施工许可证取得后，很有可能也产生了部分成本，重新取得施工许可证的原因多种多样，不一定都是企业自身原因，此时不让企业选择简易计税，对企业不利。

【实操指南】 实践中两种情形均存在，需与主管税务机关沟通。

130. 单位为员工提供服务是否需要视同销售？

案例：A 房地产公司设立医疗室为员工提供服务，免费为员工看诊开药等。

问：此举是否需要视同销售？

答：根据《财政部 国家税务总局关于全面推开营业税改征增值税试点的通知》（财税〔2016〕36 号）附件 1《营业税改征增值税试点实施办法》第十条的规定，单位或者个体工商户为聘用的员工提供服务属于非经营活动，所以自产服务用于集体福利无须视同销售。

【实操指南】 自产或外购货物用于集体福利需要视同销售，但自产或外购服务用于集体福利则不需要视同销售，这是营改增的一个特殊之处。

131. 购买结构性存款取得的收益如何纳税?

案例：A 房地产公司购买银行发行的结构性理财产品，该结构性理财产品的说明书和协议中约定提供本金和 3% 保底利息的保证。

问：企业购买银行发行的结构性存款产品，产品提供本金和保底利息的保障，该产品属于理财还是存款? 是否要缴纳增值税?

答：根据中国人民银行下发的《存款统计分类及编码标准（试行)》，结构性存款是指金融机构吸收的嵌入金融衍生工具的存款。它是一种通过将存款与利率、汇率、指数等的波动挂钩或与某实体的信用情况挂钩，使存款人在承担一定风险的基础上获得更高收益的业务产品。因此，结构性存款属于存款，不缴纳增值税。

【实操指南】 实践中还要结合合同协议条款来判断，因为市面上存在一些产品，名义上合同协议名称是"结构性存款"，但实质上是理财产品，不能一概而论。

银行理财产品会在合同或产品介绍说明书上明确约定该项理财产品是否保本保收益。

保本保收益的利息收入按照贷款服务缴纳增值税，非保本浮动收益持有至到期的产品收益无须缴纳增值税，中途转让按转让金融商品差额缴纳增值税。理财产品（保本和非保本）到期赎回不属于"转让金融商品"行为。

本例中的结构性存款保证本金提供固定利率保证，持有期间取得的收益需要按贷款服务缴纳增值税。

【政策依据】 财税〔2016〕36 号附件 1 所附《销售服务、无形资产、不动产注释》第一条中规定:

> 各种占用、拆借资金取得的收入，包括金融商品持有期间（含到期）利息（保本收益、报酬、资金占用费、补偿金等）收入、信用卡透支利息收入、买入返售金融商品利息收入、融资融券收取的利息收入，以及融资性售后回租、押汇、罚息、票据贴现、转贷等业务取得的利息及利息性质的收入，按照贷款服务缴纳增值税。

财税〔2016〕140 号第一条中规定:

> 金融商品持有期间（含到期）取得的非保本的上述收益，不属于利息或利息性质的收入，不征收增值税。

【关联问题】 银行理财产品收益、存款利息是否需要缴纳所得税?

银行理财收益需缴纳所得税（个人和企业均无免征规定）。储蓄存款利息不缴纳个人所得税，但需缴纳企业所得税。

《企业所得税法》第六条规定，企业以货币形式和非货币形式从各种来源取得的收入，为收入总额。因此，企业取得的储蓄存款利息、理财产品利息，均需纳入收入总额，缴纳企业所得税。

财税〔2008〕132 号规定："自 2008 年 10 月 9 日起，对储蓄存款利息所得暂免征收个人所得税。"因此，个人取得的储蓄存款利息不缴纳个人所得税，但理财产品利息需要缴纳个人所得税。

132. 小规模纳税人营改增前取得的土地使用权再转让应如何计税？

案例：A 房地产公司（以下简称 A 公司）拟从 B 公司收购一块土地使用权，B 公司是小规模纳税人，该土地为 2016 年 1 月购入，取得政府部门开具的财政收据 1 亿元。B 公司要求 A 公司承担交易所有税费。

问：B 公司的增值税能否适用差额计税？

答：财税〔2016〕47 号（以下简称 47 号文）第三条第二款规定，"纳税人转让 2016 年 4 月 30 日前取得的土地使用权，可以选择适用简易计税方法，以取得的全部价款和价外费用减去取得该土地使用权的原价后的余额为销售额，按照 5% 的征收率计算缴纳增值税"，这一条文并没有规定纳税人是一般纳税人，那么小规模纳税人在营改增前取得的土地使用权，是否可按这个方法计税呢？

47 号文中的这个纳税人，既可以是小规模纳税人，也可以是一般纳税人。小规模纳税人转让土地使用权既可选择用此办法计税，也可适用征收率 3% 全额计税。

实践中很少有小规模纳税人（房地产公司通常为一般纳税人）做仅转让土地使用权的单笔交易，一般都因为有建筑或者其他规划报建要求而做成销售不动产，那么无论是否按简易计税，小规模纳税人均按 5% 差额计税（一般纳税人老项目适用简易计税按 5% 全额计税）。

【政策依据】 财税〔2016〕36 号附件 2《营业税改征增值税试点有关事项的规定》第一条第（八）项中规定：

5. 小规模纳税人销售其取得（不含自建）的不动产（不含个体工商户销售购买的住房和其他个人销售不动产），应以取得的全部价款和价外费用减去该项不动产购置原价或者取得不动产时的作价后的余额为销售额，按照 5% 的征收率计算应纳税额。……

133. 营改增前接受投资取得的不动产再转让，是否适用简易计税差额征税？

案例：2015 年 1 月，A 房地产公司将持有的土地使用权对外投资设立了 B 公司，B 公司设立后认定为一般纳税人，在营改增前，B 公司以不动产投资入股免征营业税，B 公司未取得该土地发票。2018 年 2 月，B 公司将该土地对外转让。

问：2016 年 4 月 30 日前接受投资取得不动产时未取得发票，在营改增后转让该不动产，是否适用简易计税差额征税？

答：《财政部 国家税务总局关于股权转让有关营业税问题的通知》（财税〔2002〕191 号）第一条规定，"以无形资产、不动产投资入股，参与接受投资方利润分配，共同承担投资风险的行为，不征收营业税"。因此，营改增前投资入股行为不属于征税范围，不开具发票。

营改增后财税〔2016〕36 号将投资入股纳入了不动产视同销售征税范围。

同时，国家税务总局公告 2016 年第 14 号规定："纳税人按规定从取得的全部价款和价外费用中扣除不动产购置原价或者取得不动产时的作价的，应当取得符合法律、行政法规和国家税务总局规定的合法有效凭证。否则，不得扣除。上述凭证是指：（一）税务部门监制的发票。（二）法院判决书、裁定书、调解书，以及仲裁裁决书、公证债权文书。（三）国家税务总局规定的其他凭证。"

其中"其他凭证"在《国家税务总局关于纳税人转让不动产缴纳增值税差额扣除有关问题的公告》（国家税务总局公告 2016 年第 73 号）第一条中有相关规定，根据该条"如因丢失等原因无法提供取得不动产时的发票，可向税务机关提供其他能证明契税计税金额的完税凭证等资料"的规定，本案例纳税人可以提供契税完税凭证作为差额征税的扣除凭证。因此，根据财税〔2016〕36 号附件 2 第一条第（八）项的规定，本案例中 B 公司转让其 2016 年 4 月 30 日前取得的土地，可以适用简易计税差额征税。

134. 2016 年 5 月 1 日前租入的不动产，5 月 1 日后转租，能否选择简易计税？

案例：A 房地产公司为一般纳税人，在 2010 年租入一栋办公楼自用，签订了 10 年的不动产租赁合同，2015 年因办公地点变化，原租赁合同又未到期，因此转租给 B 公司，签订了剩余 5 年的转租协议。

问：营改增后是否能选择简易征收方式？

答：纳税人将经营租赁方式租入的不动产又对外进行经营租赁的，租赁合同注明的不动产租入时间在 2016 年 4 月 30 日以前的，纳税人可以选择简易计税方法缴纳增值税；否则，适用一般计税方法计算缴纳增值税。

本例中可以选择简易计税。

135. 如何确定房地产企业预售开发产品的增值税纳税义务发生时间？

案例：A 房地产公司（以下简称 A 公司）开发某项目，实行预售制度，即未完工先销售，2016 年 1 月，A 公司拿到预售许可证。

问：2016 年 5 月营改增后，A 公司应如何确定增值税纳税义务发生时间（非预缴)？

答：财税〔2016〕36 号附件 1 第四十五条规定，增值税纳税义务发生时间为纳税人发生应税行为并收讫销售款项或者取得索取销售款项凭据的当天；先开具发票的，为开具发票的当天。收讫销售款项，是指纳税人销售服务、无形资产、不动产过程中或者完成后收到款项。取得索取销售款项凭据的当天，是指书面合同确定的付款日期；未签订书面合同或者书面合同未确定付款日期的，为服务、无形资产转让完成的当天或者不动产权属变更的当天。

分析以上规定可知，纳税人发生应税行为并收讫销售款项，前提是发生应税行为，显然不包括预售阶段，预收款只是预缴增值税，实际纳税义务没有发生。如果预收款收到时就确认纳税义务，显然税法的条款就矛盾了。

2016年4月，国家税务总局货物和劳务税司《全面推开营业税改征增值税试点政策培训参考材料》中的"《房地产开发企业销售自行开发的房地产项目增值税征收管理暂行办法》解读"第（四）点指出：房地产开发企业采取预收款方式销售所开发的房地产项目，在收到预收款时按照3%的预征率预缴增值税，待产权发生转移时，再清算应纳税款，并扣除已预缴的增值税款。

由此可以看出，国家税务总局原本确定的口径应是以销售商品房产权转移时间为纳税义务发生时间，此观点有充分的法理依据，物权转移，动产以交付，不动产以产权转移位置，因此产权转移是应税行为发生时间。

但实践中，按照产权转移时间确定纳税义务发生时间，存在税收滞后、难以管理的缺点，多不采用。很多房地产企业办理业主确权的时间会晚于交房时间两年左右甚至更长时间，导致税收延迟。而业主一般对交房时间更为看重，房地产企业对办理产权证时间也没有统一的规定，包括销售合同中也只是约定了交房时间，未约定办理产权证的时间，甚至有些业主会选择自办产权证，如此一来，就更难以确定纳税义务的发生时间。

各地实际执行口径一般认为房地产企业以交房动作为发生了应税行为，此时款项已收到，纳税义务即发生。

因此，基于我国基本实践，交房基本是集中批次大量交房，此举便于管控，具有实际意义，大部分地区在确认纳税义务发生时间时，均以交房时间为准。

销售合同中约定的交楼时间是"某年某月某日前"交付，发出的收楼通知书中列明的客户最迟收楼时间如果早于销售合同约定时间（晚于销售合同约定时间有违约风险，一般不会发生），一般以收楼通知书为准。

收楼通知书列明的最迟收楼时间视同完成交付义务的时间，可结转收入。营销部门在发出的收楼通知书中应明确客户最后收楼时间，以避免销售合同约定的时间晚于收楼通知书，对部分实际迟迟未来收楼的客户不能结转相应收入的情形。

部分业主由于身在外地或其他原因，迟迟不来验房收取钥匙，此时也一般不以其实际验房拿钥匙的时间来确定交房，而是以上段所述的发出收楼通知的时间确定。物业费也是从此时开始收取。这说明从此时起，不管业主是否实际验房拿钥匙，管理房屋的权利和义务已经由房地产开发企业转移给了业主。

因此，交房时间一般按照发出收楼通知书的时间，比如我们日常生活中常见的是通知业主在某一个月内前往项目交房，验房后签字取钥匙，并开始计算物业费，这个时间就是通常意义上的交房时间和增值税纳税义务发生时间。

在实际交房或合同约定交房前，收到购房款只需按预收款核算并预缴增值税；待交房或合同约定交房时确认、计提增值税，并按规定申报缴纳，已预缴的增值税可以从申报的应纳税款中抵减。

以上判断的前提是交房前未开具发票。先开具发票的，增值税纳税义务在开具发票时发生。

【政策依据】 财税〔2016〕36 号附件 1 所附《销售服务、无形资产、不动产注释》规定，销售不动产，是指转让不动产所有权的业务活动。由此可知，销售商品房的应税行为，就是指商品房所有权发生转移的行为。

财税〔2016〕36 号附件 1《营业税改征增值税试点实施办法》：

第四十五条　增值税纳税义务、扣缴义务发生时间为：

（一）纳税人发生应税行为并收讫销售款项或者取得索取销售款项凭据的当天；先开具发票的，为开具发票的当天。

收讫销售款项，是指纳税人销售服务、无形资产、不动产过程中或者完成后收到款项。

取得索取销售款项凭据的当天，是指书面合同确定的付款日期；未签订书面合同或者书面合同未确定付款日期的，为服务、无形资产转让完成的当天或者不动产权属变更的当天。

....

【关联问题】 注意，增值税的纳税义务发生时间和城镇土地使用税终止计算纳税义务的发生时间的口径存在差异，如青岛规定（青地税函〔2009〕128 号）："房地产企业开发商品房已经销售的，土地使用税纳税义务的截止时间为商品房实物或权利状态发生变化即商品房交付使用的当月末。商品房交付使用，是指房地产企业将已建成的房屋转移给买受人占有，其外在表现主要是将房屋的钥匙交付给买受人。"可见在这里，城镇土地使用税计税终止时间是按实际交付拿钥匙的时间。但各地口径不一，全国无统一规定。

136. 收款时间跨越了 2016 年 5 月 1 日，如何缴纳流转税？

案例： 某房地产公司的项目于 2018 年 1 月交房，交房时发现，有 1 套房屋的合同价款于 2016 年 4 月 30 日收到 10 万元，5 月 1 日收到剩余 90 万元。

问： 同一套房收款时间跨越营改增前后的，如何计税？

答： 营业税以预收款时间为纳税义务发生时间（《营业税暂行条例实施细则》第二十五条），因此在营改增前收到的 10 万元，营业税纳税义务已经发生。而且根据国家税务总局公告 2016 年第 18 号"一般纳税人销售自行开发的房地产项目，其 2016 年 4 月 30 日前收取并已向主管地税机关申报缴纳营业税的预收款，未开具营业税发票的，可以开具增值税普通发票，不得开具增值税专用发票"的规定，2016 年 4 月 30 日前收取并已向主管税务机关申报缴纳营业税的预收款，无须再缴纳增值税。

因此，同一套房收款时间跨越营改增前后的分别计税，营改增前收取的款项不适用于增值税以交付为纳税义务发生时间的规定。

【实操指南】 2018 年 1 月交房时，仅需就营改增后收到的 90 万元缴纳增值税。

本例的主要焦点在于，营业税和增值税是两个税种，虽然是同一套房屋，但跨越了营改增的时间点，使得前后收取的款项分别适用两个税种关于纳税义务发生时间的规定。营业税以预收款时间为纳税义务发生时间，而增值税通常以交付为纳税义务发生时间，但交付该房屋时，需要剔除已按营业税规定纳税的预收款10万元。

【政策依据】《湖南省国家税务局营业税改征增值税政策指引之四》(2016-12-26)：

二十、纳税人销售自行开发的房地产项目，4月30日前后收取的预收款及剩余房款，应如何缴税、开票？

纳税人销售自行开发的房地产项目，4月30日前取得的预收款应缴纳营业税，4月30日后取得的剩余房款应申报缴纳增值税。纳税人可就房地产项目销售全额（含未开具营业税发票的预收款）开具增值税普通发票。

【关联问题】 同一套房是否可能部分金额按简易计税，部分金额按一般计税纳税？

同一套房可能存在既缴纳增值税又缴纳营业税，但不可能存在既按5%简易计税又按一般计税的情况（简易计税和一般计税以建筑工程施工许可证的开工时间来区分，而营业税和增值税以收款时间来区分）。

137. 建筑业适用简易办法差额计税的，分包方的纳税义务发生时间早于总包方几年时间，是否还能差额计税？

答：总包滞后分包确认增值税收入的，可以凭分包发票差额计税，无时间限制性规定。（注：根据"陕西营改增政策解答"。）

138. 统借统还的金融企业该如何判定？资产管理公司是否符合条件？

案例：甲资产管理公司持有金融牌照，受中国证监会监管。2021年，甲资产管理公司向A房地产公司（以下简称A公司）贷款2亿元，年利率9%。A公司又将这2亿元借给了集团内部的B公司，按9%的利率向B公司收取利息。

问：甲资产管理公司是否符合统借统还政策中金融机构的条件？A公司从甲公司借入款项，提供给集团内部公司使用，能否适用统借统还免征增值税优惠？

答：参考《国家税务总局关于企业所得税若干问题的公告》（国家税务总局公告2011年第34号，以下简称34号公告）第一条，金融机构应为经政府有关部门批准成立的可以从事贷款业务的企业，包括银行、财务公司、信托公司等金融机构。重点是经批准成立且可以从事贷款业务。

目前并未明确规定哪些金融牌照属于经批准从事贷款业务（存款业务管控远远比贷款业务严格，非金融企业和个人也能从事贷款业务，因此贷款业务实质上是不存在准入门槛的），但可以将列举的银行、企业集团财务公司、信托公司纳入其中，另外，经批准的小贷公司应该也属于此列。其他金融牌照很可能不属于经批准从事贷款业务的范围。

《财政部 国家税务总局关于全面推开营业税改征增值税试点的通知》（财税〔2016〕36号，以下简称36号文）规定，统借统还业务中，企业集团或企业集团中的核心企业以及集团所属财务公司，按不高于支付给金融机构的借款利率水平或者支付的债券票面利率水平，向企业集团或者集团内下属单位收取的利息免征增值税。

从 36 号文的具体规定来看，A 公司要享受统借统还免征增值税优惠，资金来源端和使用端都需要符合规范。从资金来源端来考虑，统借统还的资金必须是来源于金融机构的借款。而 A 公司的困惑就在于，借款方资产管理公司是否属于 36 号文所规定的"金融机构"。按照规定，从事金融业的法人机构要开展金融业务，应取得由监管部门颁发的金融机构经营许可证，也就是人们常说的金融牌照。在我国，金融牌照的类型主要包括银行、保险、信托、证券、金融租赁、期货、基金、小额贷款和典当等。目前，哪些金融牌照属于"经批准从事贷款业务"的范畴，尚无专门的规定。

值得关注的是，34 号公告第一条对金融企业同期同类贷款利率确定问题进行了明确。其中规定，金融企业，应为经政府有关部门批准成立的可以从事贷款业务的企业，包括银行、财务公司、信托公司等金融机构。从政策规定上看，金融机构的重点，是"经批准成立"且"可以从事贷款业务"。由此，34 号公告所列举的银行、财务公司、信托公司，毫无疑问属于"经批准从事贷款业务"的金融机构；另外，经批准的小额贷款公司应该也属于此列。而证券、期货等其他金融牌照，应不属于这一范围。

同时，对于金融企业的定义，36 号文附件 3《营业税改征增值税试点过渡政策的规定》第四条规定，金融企业发放贷款后，自结息日起 90 天内发生的应收未收利息按现行规定缴纳增值税，自结息日起 90 天后发生的应收未收利息暂不缴纳增值税，待实际收到利息时按规定缴纳增值税。上述所称金融企业，是指银行（包括国有、集体、股份制、合资、外资银行以及其他所有制形式的银行）、城市信用社、农村信用社、信托投资公司、财务公司。

此外，《财政部　国家税务总局关于明确金融　房地产开发　教育辅助服务等增值税政策的通知》（财税〔2016〕140 号）又对"可从事贷款业务的金融企业"的定义做了进一步扩充。其第三条规定，证券公司、保险公司、金融租赁公司、证券基金管理公司、证券投资基金以及其他经批准成立且经营金融保险业务的机构发放贷款后，自结息日起 90 天内发生的应收未收利息按现行规定缴纳增值税，自结息日起 90 天后发生的应收未收利息暂不缴纳增值税，待实际收到利息时按规定缴纳增值税。

笔者认为，判断资产管理公司是否属于统借统贷免税政策所规定的金融机构，也可以参考上述规定。即符合统借统贷条件的金融机构，主要包括银行（包括国有、集体、股份制、合资、外资银行以及其他所有制形式的银行）、城市信用社、农村信用社、信托投资公司、财务公司、证券公司、保险公司、金融租赁公司、证券基金管理公司、证券投资基金，以及其他经批准成立且经营资金借贷业务的机构。

据此，本例中的甲资产管理公司虽然持有金融牌照，但并不属于经批准从事贷款业务的金融机构。A 公司从甲资产管理公司取得贷款，提供给集团内 B 公司使用，从 B 公司取得的借款利息收入，不能适用统借统贷免征增值税政策。

资产管理公司能不能享受统借统贷免征增值税政策，主要看其是否为经批准从事贷款业务的金融机构，是则可以适用，未经批准则不能适用。

【政策依据】　财税〔2016〕36 号附件 3《营业税改征增值税试点过渡政策的规定》：

统借统还业务中，企业集团或企业集团中的核心企业以及集团所属财务公司按不高于支付给金融机构的借款利率水平或者支付的债券票面利率水平，向企业集团或者集团内下属单位收取的利息，免征增值税。

国家税务总局公告 2011 年第 34 号：

一、关于金融企业同期同类贷款利率确定问题

根据《实施条例》第三十八条规定，非金融企业向非金融企业借款的利息支出，不超过按照金融企业同期同类贷款利率计算的数额的部分，准予税前扣除。鉴于目前我国对金融企业利率要求的具体情况，企业在按照合同要求首次支付利息并进行税前扣除时，应提供"金融企业的同期同类贷款利率情况说明"，以证明其利息支出的合理性。

"金融企业的同期同类贷款利率情况说明"中，应包括在签订该借款合同当时，本省任何一家金融企业提供同期同类贷款利率情况。该金融企业应为经政府有关部门批准成立的可以从事贷款业务的企业，包括银行、财务公司、信托公司等金融机构。"同期同类贷款利率"是指在贷款期限、贷款金额、贷款担保以及企业信誉等条件基本相同下，金融企业提供贷款的利率。既可以是金融企业公布的同期同类平均利率，也可以是金融企业对某些企业提供的实际贷款利率。

139. 房地产老项目简易计税是否需要备案？

答：政策无明文规定房地产老项目简易计税需要备案，只有建筑老项目简易计税有备案规定，但实践中大部分地区的税务机关还是实行备案管理制。

【政策依据】《国家税务总局关于简化建筑服务增值税简易计税方法备案事项的公告》(国家税务总局公告 2017 年第 43 号)：

一、增值税一般纳税人（以下称"纳税人"）提供建筑服务，按规定适用或选择适用简易计税方法计税的，实行一次备案制。

二、纳税人应在按简易计税方法首次办理纳税申报前，向机构所在地主管税务机关办理备案手续，并提交以下资料：

（一）为建筑工程老项目提供的建筑服务，办理备案手续时应提交《建筑工程施工许可证》(复印件) 或建筑工程承包合同（复印件）；

（二）为甲供工程提供的建筑服务、以清包工方式提供的建筑服务，办理备案手续时应提交建筑工程承包合同（复印件）。

三、纳税人备案后提供其他适用或选择适用简易计税方法的建筑服务，不再备案。纳税人应按照本公告第二条规定的资料范围，完整保留其他适用或选择适用简易计税方法建筑服务的资料备查，否则该建筑服务不得适用简易计税方法计税。

税务机关在后续管理中发现纳税人不能提供相关资料的，对少缴的税款应予追

缴，并依照《中华人民共和国税收征收管理法》及其实施细则的有关规定处理。

四、纳税人跨县（市）提供建筑服务适用或选择适用简易计税方法计税的，应按上述规定向机构所在地主管税务机关备案，建筑服务发生地主管税务机关无需备案。

---

140. 2016 年 4 月 30 日前缴纳营业税的房款发生退房退款，如何处理？

答：营改增前，房地产企业采用预收款方式销售不动产，根据《营业税暂行条例实施细则》第二十八条，其纳税义务时间为收到预收款的当天，已缴纳了营业税并开具了营业税发票。

营改增后发生退房，房地产企业可根据《国家税务总局关于营改增试点若干征管问题的公告》（国家税务总局公告 2016 年第 53 号）第九条第（十一）项规定，选择商品和服务税收分类与编码"未发生销售行为的不征税项目"下的 603"已申报缴纳营业税未开票补开票"，开具红字增值税普通发票（发票税率栏填写"不征税"），红字发票开具内容与原营业税发票开具内容一一对应，向税务机关申请退还原已缴纳的营业税（提供合同解除协议、退款证明等资料）。

待再销售时，按正常销售业务，开具增值税发票，申报缴纳增值税。

141. 如何区分视同销售和进项转出？

案例：A 房地产公司外购一批家电，赠送给购房者，财务人员认为只要是外购货物，做进项税额转出即可，无须视同销售，即使视同销售其结果也与进项转出相同。

问：财务人员的理解是否正确？

答：不正确。视同销售和进项转出的区分见表 2-9。

表 2-9　视同销售和进项转出的区分

	来源	情形	政策依据
视同销售	自产	集体福利、个人消费、投资、分配、无偿赠送	《增值税暂行条例实施细则》 第四条　单位或者个体工商户的下列行为，视同销售货物： （一）将货物交付其他单位或者个人代销； （二）销售代销货物； （三）设有两个以上机构并实行统一核算的纳税人，将货物从一个机构移送其他机构用于销售，但相关机构设在同一县（市）的除外；
	外购	投资、分配、无偿赠送	（四）将自产或者委托加工的货物用于非增值税应税项目（注：营改增后不适用）； （五）将自产、委托加工的货物用于集体福利或者个人消费； （六）将自产、委托加工或者购进的货物作为投资，提供给其他单位或者个体工商户； （七）将自产、委托加工或者购进的货物分配给股东或者投资者； （八）将自产、委托加工或者购进的货物无偿赠送其他单位或者个人。

续表

来源	情形	政策依据
进项转出	外购	简易计税、免征增值税、集体福利、个人消费、非正常损失	《增值税暂行条例》 第十条 下列项目的进项税额不得从销项税额中抵扣： （一）用于简易计税方法计税项目、免征增值税项目、集体福利或者个人消费的购进货物、劳务、服务、无形资产和不动产； （二）非正常损失的购进货物，以及相关的劳务和交通运输服务； （三）非正常损失的在产品、产成品所耗用的购进货物（不包括固定资产）、劳务和交通运输服务； （四）国务院规定的其他项目。

根据《增值税暂行条例》及其实施细则，自产货物一般不涉及进项转出，外购货物区分情况，投资、分配、无偿赠送应做视同销售处理，而用于简易计税、免征增值税项目、集体福利、个人消费、非正常损失应做进项转出处理。

因此，本例中购进家电属于无偿赠送，应视同销售，而不是进项转出。

【实操指南】 虽然实务中外购货物视同销售一般也是按购进成本确定计税依据，但视同销售和进项转出不仅在理论上完全不同，在实践中也未必相同，不可一概而论。

本例中的家电假如无法取得专用发票，此时视同销售但进项仍无法抵扣；或家电提供方为小规模纳税人，开具了3%的专用发票，而房地产企业为一般纳税人，适用13%的销售商品税率，视同销售与进项转出的结果也大相径庭。

【政策依据】《增值税暂行条例实施细则》：

第十六条 纳税人有条例第七条所称价格明显偏低并无正当理由或者有本细则第四条所列视同销售货物行为而无销售额者，按下列顺序确定销售额：

（一）按纳税人最近时期同类货物的平均销售价格确定。

（二）按其他纳税人最近时期同类货物的平均销售价格确定。

（三）按组成计税价格确定。组成计税价格的公式为：

组成计税价格＝成本×（1＋成本利润率）

属于应征消费税的货物，其组成计税价格中应加计消费税额。

公式中的成本是指：销售自产货物的为实际生产成本，销售外购货物的为实际采购成本。公式中的成本利润率由国家税务总局确定。

142. 销售使用过的电脑如何纳税？

案例：A房地产公司（以下简称A公司）自成立之初即为一般纳税人，2008年1月购进一批电脑自用，购进价格3万元（含税），2018年1月A公司将该批电脑对外销售，销售价格2 200元（含税）。

问：A公司应如何纳税？

答：一般纳税人销售自己使用过的固定资产，不得抵扣且未抵扣进项税额的，可按简易办法依3%征收率减按2%缴纳增值税。

本例中，由于电脑为 2008 年购入，而固定资产从 2009 年才纳入抵扣范围，因此，其属于不得抵扣且未抵扣进项税额的情况，A 公司可以选择适用简易计税，但不得开具专用发票，只能开普通发票。

$$应纳税额 = 2\,200 \div (1 + 3\%) \times 2\% = 42.72(元)$$

【实操指南】 （1）如果购买方为一般纳税人且要求 A 公司开具专用发票，A 公司也可以放弃免税，开具专用发票，按 3% 简易办法计税。

$$应纳税额 = 2\,200 \div (1 + 3\%) \times 3\% = 64.08(元)$$

注：根据《财政部　国家税务总局关于全国实施增值税转型改革若干问题的通知》（财税〔2008〕170 号），固定资产从 2009 年 1 月 1 日起纳入增值税抵扣链条（除游艇、小汽车、摩托车）。

（2）如果 A 公司是在 2009 年 1 月购入电脑，则不能适用简易办法，只能按适用税率 17% 计算销项税额。

（3）假如 A 公司在 2009 年 1 月购入电脑，但 A 公司成立之初是小规模纳税人，2009 年 4 月才转为一般纳税人，则同样可以适用简易办法，依 3% 征收率减按 2% 缴纳增值税，或放弃减税按 3% 缴纳增值税。

（4）如果 A 公司购入的是小汽车、摩托车、游艇，则在 2013 年 8 月 1 日前（不含当日）购入的属于不得抵扣且未抵扣进项的情况，可以适用简易办法；2013 年 8 月 1 日以后购入的，只能按适用税率计算销项。

（5）注意使用过的固定资产和旧货（注：旧货指没有被纳税人自己使用过）的区别（见表 2 - 10），举例说明：

A 公司买电脑自用，属于使用过的固定资产；

A 公司从二手市场上回收别人使用过的电脑，再对外销售，属于旧货。

表 2 - 10　使用过的固定资产和旧货的增值税辨析

类别	纳税人	固定资产类别	取得时间	计税方式	发票开具
使用过的固定资产	小规模纳税人	所有固定资产	不限	3%减按2%	不能开具专用发票，除非放弃减税按3%纳税
	一般纳税人	除摩托车、小汽车、游艇以外的固定资产	2008 年 12 月 31 日前取得	3%减按2%	不能开具专用发票，除非放弃减税按3%纳税
			2009 年 1 月 1 日后取得	适用税率	可以开具专用发票
		摩托车、小汽车、游艇	2013 年 7 月 31 日前取得	3%减按2%	不能开具专用发票，除非放弃减税按3%纳税
			2013 年 8 月 1 日后取得	适用税率	可以开具专用发票
旧货				3%减按2%	不能开具专用发票，除非放弃减税按3%纳税

【政策依据】《国家税务总局关于一般纳税人销售自己使用过的固定资产增值税有关问题的公告》（国家税务总局公告2012年第1号）：

增值税一般纳税人销售自己使用过的固定资产，属于以下两种情形的，可按简易办法依4%征收率减半征收增值税（注：依据国家税务总局公告2014年第36号《国家税务总局关于简并增值税征收率有关问题的公告》，自2014年7月1日起修改为"可按简易办法依3%征收率减按2%征收增值税"），同时不得开具增值税专用发票：

一、纳税人购进或者自制固定资产时为小规模纳税人，认定为一般纳税人后销售该固定资产。

二、增值税一般纳税人发生按简易办法征收增值税应税行为，销售其按照规定不得抵扣且未抵扣进项税额的固定资产。

《国家税务总局关于营业税改征增值税试点期间有关增值税问题的公告》（国家税务总局公告2015年第90号）：

第二条 纳税人销售自己使用过的固定资产，适用简易办法依照3%征收率减按2%征收增值税政策的，可以放弃减税，按照简易办法依照3%征收率缴纳增值税，并可以开具增值税专用发票。

财税〔2008〕170号：

一、自2009年1月1日起，增值税一般纳税人（以下简称纳税人）购进（包括接受捐赠、实物投资，下同）或者自制（包括改扩建、安装，下同）固定资产发生的进项税额（以下简称固定资产进项税额），可根据《中华人民共和国增值税暂行条例》（国务院令第538号，以下简称条例）和《中华人民共和国增值税暂行条例实施细则》（财政部 国家税务总局令第50号，以下简称细则）的有关规定，凭增值税专用发票、海关进口增值税专用缴款书和运输费用结算单据（以下简称增值税扣税凭证）从销项税额中抵扣，其进项税额应当记入"应交税金——应交增值税（进项税额）"科目。

二、纳税人允许抵扣的固定资产进项税额，是指纳税人2009年1月1日以后（含1月1日，下同）实际发生，并取得2009年1月1日以后开具的增值税扣税凭证上注明的或者依据增值税扣税凭证计算的增值税税额。

财税〔2009〕9号第二条第（二）项：

（二）纳税人销售旧货，按照简易办法依照4%征收率减半征收增值税（注：依据财税〔2014〕57号，已调整为"按照简易办法依照3%征收率减按2%征收增值税"）。

所称旧货，是指进入二次流通的具有部分使用价值的货物（含旧汽车、旧摩托车和旧游艇），但不包括自己使用过的物品。

第七节 其 他

143. 房地产企业取得的卖房违约金是否属于增值税价外费用？

案例： A 房地产企业对于签订房屋买卖合同的业主，给予 3 个月的退房期，3 个月内支付 10% 违约金即可退房。

问： A 房地产企业因此取得的违约金是否缴纳增值税？

答： 销售行为成立附带违约金属于价外费用；销售行为不成立取得违约金属于营业外收入，不缴纳增值税。

因退房取得的违约金，不缴纳增值税。但如果是因为延期付款等未解除合同情形下取得的违约金，应纳入价外费用缴纳增值税。

【政策依据】《财政部 国家税务总局关于全面推开营业税改征增值税试点的通知》（财税〔2016〕36 号）附件 1《营业税改征增值税试点实施办法》规定：

有偿提供交通运输、邮政、电信、建筑、金融服务以及现代服务、生活服务，有偿转让无形资产所有权或者使用权，有偿转让不动产所有权的单位和个人，为增值税纳税人，应当按照营改增的规定缴纳增值税。

有偿，是指取得货币、货物或者其他经济利益。

销售额，是指纳税人发生应税行为取得的全部价款和价外费用，财政部和国家税务总局另有规定的除外。

价外费用，是指价外收取的各种性质的收费。

144. 同一县（市）总分机构增值税应分开缴纳还是合并缴纳？

案例： A 公司位于 C 市甲区，同时在 C 市甲区设立了独立核算分支机构 B 分公司。B 分公司以自己的名义对外承接业务，开具发票，签订合同，等等。

问： 总分机构增值税如何缴纳？

答： 根据《增值税暂行条例》第二十二条第（一）项、财税〔2012〕9 号、财税〔2016〕36 号附件 1 第四十六条的规定，除经审批汇总缴纳增值税的总分机构外，不在同一县（市）的总分机构各自向各自所在地的主管税务机关申报缴纳增值税，分公司的纳税地点一般情况下是分公司的所在地。

法律法规未对同一县（市）总分机构增值税如何缴纳进行规定。但由于分支机构开票主体不同，不管是非独立核算还是独立核算，都存在金税三期中总机构和分支机构稽核主体不一致的情况，因此同一县（市）总分机构也应当向主管税务机关申请合并缴纳增值税并在系统中备案，方可合并缴纳。

【政策依据】《增值税暂行条例》第二十二条第（一）项：

（一）固定业户应当向其机构所在地的主管税务机关申报纳税。总机构和分支机构不在同一县（市）的，应当分别向各自所在地的主管税务机关申报纳税；经国务院财政、税务主管部门或者其授权的财政、税务机关批准，可以由总机构汇总向总机构所在地的主管税务机关申报纳税。

《财政部　国家税务总局关于固定业户总分支机构增值税汇总纳税有关政策的通知》（财税〔2012〕9号）：

固定业户的总分支机构不在同一县（市），但在同一省（区、市）范围内的，经省（区、市）财政厅（局）、国家税务局审批同意，可以由总机构汇总向总机构所在地的主管税务机关申报缴纳增值税。

《财政部　国家税务总局关于全面推开营业税改征增值税试点的通知》（财税〔2016〕36号）附件1第四十六条第（一）项：

（一）固定业户应当向其机构所在地或者居住地主管税务机关申报纳税。总机构和分支机构不在同一县（市）的，应当分别向各自所在地的主管税务机关申报纳税；经财政部和国家税务总局或者其授权的财政和税务机关批准，可以由总机构汇总向总机构所在地的主管税务机关申报纳税。

根据《财政部　国家税务总局关于重新印发〈总分机构试点纳税人增值税计算缴纳暂行办法〉的通知》（财税〔2013〕74号）附件第一、二条规定，经财政部和国家税务总局批准的总机构试点纳税人及其分支机构可以汇总缴纳增值税。

【关联问题】　企业所得税总分机构如何缴纳？

税法在所得税上对于总分机构的处理，与增值税正好相反。

总分机构企业所得税应当汇总（无论是否独立核算），无须审批，也不能分开缴纳。

《跨地区经营汇总纳税企业所得税征收管理办法》（国家税务总局公告2012年第57号印发）第二条第一款规定："居民企业在中国境内跨地区（指跨省、自治区、直辖市和计划单列市，下同）设立不具有法人资格分支机构的，该居民企业为跨地区经营汇总纳税企业（以下简称汇总纳税企业），除另有规定外，其企业所得税征收管理适用本办法。"

第三条规定，汇总纳税企业实行"统一计算、分级管理、就地预缴、汇总清算、财政调库"的企业所得税征收管理办法。统一计算，是指总机构统一计算包括汇总纳税企业所属各个不具有法人资格分支机构在内的全部应纳税所得额、应纳税额。

需要注意的是，实践中有部分总分机构尚未汇总缴纳，主要还是由于税务机关之间的合作不够紧密，纳税人税法意识薄弱。所有总分机构都应汇总缴纳企业所得税。

145. 对赌协议收益是否需要缴纳增值税？损失是否可在税前扣除？

案例： A公司拟投资于某项目公司，与该项目公司的原股东B公司共同合作开发。但由于国家政策变动，A公司管理层对投资亏损较为忧虑。B公司希望利用A公司的品牌，很想与A公司合作。因此，B公司提出，与A公司签订对赌协议，如果项目公司亏损，则由B公司以现金补足亏损金额；但如果项目公司未来三年平均年利润率超过12%，则超过部分由B公司单独享有。A公司投资入股的第一年，项目公司亏损2 000万元，按协议约定，B公司向项目公司支付2 000万元现金。

问：（1）2 000万元能否在B公司企业所得税税前扣除？

（2）项目公司取得的2 000万元是否需要缴纳增值税？

答：（1）对赌协议支出能否在税前扣除的主要争议点在于，对赌协议是否与生产经营相关。关于对赌协议，税务规则是缺失的，琼地税函〔2014〕198号对海南航空的回复曾明确对赌协议收益调整长期股权投资的成本，这个文件虽然不能推广适用，但却是目前唯一对对赌协议有过判定的税收文件。从这个文件来看，至少海南省税务局认为对赌协议是与经营相关的，而不是与财务相关的。

（2）关于增值税纳税义务，笔者认为对赌协议属于税法的一个空白部分，税法是公法，公法的强制性就决定了增值税应税范围未规定的，就不纳税。

有一种观点认为，如果对赌协议属于一项期权，那么这项期权也仅是一项权力，而不是一件金融商品。财税〔2016〕36号附件1关于金融商品转让的定义如下："金融商品转让，是指转让外汇、有价证券、非货物期货和其他金融商品所有权的业务活动。其他金融商品转让包括基金、信托、理财产品等各类资产管理产品和各种金融衍生品的转让。"从这个定义来看，笔者认为对赌协议期权不属于金融商品，因此，对赌收益不属于增值税应税范围。

【实操指南】（1）实践中对赌协议的支出能否在税前扣除存在巨大争议，如本例中，无法判定对赌协议是否与A公司的生产经营相关，且税前扣除凭证仅有银行回单和对赌协议，不一定能够被税务机关认可。

（2）部分税务机关认为，对赌协议实质上属于担保合同，对于通过担保合同取得的收入，应该按服务6%缴纳增值税，但笔者认为此观点不妥。担保合同是指保证人和债权人约定，当债务人不履行债务时，保证人按照约定履行债务或者承担责任的合同。担保方对于被担保人的保证义务是单向的，而对赌通常是双向的，如本例中A公司既可能亏损，也可能盈利，而担保人不会产生可能盈利（盈利数额不确定）的情况。

【政策依据】《海南省地方税务局关于对赌协议利润补偿企业所得税相关问题的复函》（琼地税函〔2014〕198号）：

海南航空股份有限公司：

你公司《关于对赌协议利润补偿企业所得税相关问题的请示》（琼航财〔2014〕237号）收悉，经研究，现答复如下：

依据《中华人民共和国企业所得税法》及《中华人民共和国企业所得税法实施条例》关于投资资产的相关规定，你公司在该对赌协议中取得的利润补偿可以视为对最初受让股权的定价调整，即收到利润补偿当年调整相应长期股权投资的初始投资成本。

特此函复。

海南省地方税务局
2014 年 5 月 5 日

146. 一般纳税人购进二手车时未抵扣进项税，卖出时如何纳税？

案例： A 公司为一般纳税人，于 2009 年购买了一辆二手车，购进二手车的发票已丢失，无法得知当时是否取得了增值税专用发票，但账面处理和税务申报上均未抵扣购进时的进项税额。

问： 2019 年 3 月卖出该二手车，是开具 3% 税率的发票还是 16% 税率的发票？

答： 一般纳税人销售 2009 年以后购进的固定资产，2019 年 3 月卖出时应按 16% 税率纳税，除非符合国家税务总局公告 2012 年第 1 号（以下简称 1 号公告）"增值税一般纳税人发生按简易办法征收增值税应税行为，销售其按照规定不得抵扣且未抵扣进项税额的固定资产"的规定，才能适用简易征收 3% 的征收率。

【实操指南】 A 公司 2009 年购入二手车，2019 年 3 月售出，属于销售 2009 年以后购进的固定资产，应按 16% 税率纳税并开票。

如该公司 2009 年为小规模纳税人，则符合国家税务总局公告 2012 年第 1 号的规定，"增值税一般纳税人发生按简易办法征收增值税应税行为，销售其按照规定不得抵扣且未抵扣进项税额的固定资产"，可以适用 3% 征收率。

【政策依据】《财政部　国家税务总局关于全国实施增值税转型改革若干问题的通知》(财税〔2008〕170 号)：

> 四、自 2009 年 1 月 1 日起，纳税人销售自己使用过的固定资产（以下简称已使用过的固定资产），应区分不同情形征收增值税：
>
> （一）销售自己使用过的 2009 年 1 月 1 日以后购进或者自制的固定资产，按照适用税率征收增值税。
>
> ....

147. 统借统还业务是否必须发生在集团公司与全资子公司之间才能免税？

答： 不要求全资。

财税〔2016〕36 号附件 3《营业税改征增值税试点过渡政策的规定》第一条规定：

> 一、下列项目免征增值税
>
> ....

（十九）以下利息收入。

··········

7. 统借统还业务中，企业集团或企业集团中的核心企业以及集团所属财务公司按不高于支付给金融机构的借款利率水平或者支付的债券票面利率水平，向企业集团或者集团内下属单位收取的利息。

··········

统借统还业务，是指：

（1）企业集团或者企业集团中的核心企业向金融机构借款或对外发行债券取得资金后，将所借资金分拨给下属单位（包括独立核算单位和非独立核算单位，下同），并向下属单位收取用于归还金融机构或债券购买方本息的业务。

（2）企业集团向金融机构借款或对外发行债券取得资金后，由集团所属财务公司与企业集团或者集团内下属单位签订统借统还贷款合同并分拨资金，并向企业集团或者集团内下属单位收取本息，再转付企业集团，由企业集团统一归还金融机构或债券购买方的业务。

由此可见未要求子公司为集团全资，下属单位即可（全资是特殊性重组的要求）。

148. 销售预付卡的增值税纳税义务发生时间是什么时候？

答： 销售预付卡的时候不用缴纳增值税，在实际发出货物时缴纳。

【政策依据】 国家税务总局公告 2016 年第 53 号第三条第（一）项规定："单用途卡发卡企业或者售卡企业（以下统称'售卡方'）销售单用途卡，或者接受单用途卡持卡人充值取得的预收资金，不缴纳增值税。"第四条第（一）项规定："支付机构销售多用途卡取得的等值人民币资金，或者接受多用途卡持卡人充值取得的充值资金，不缴纳增值税。"

149. 报销金额与发票金额不一致如何处理？

答： 如果报销金额大于发票金额，多报销金额正常入账，所得税前进行调增；增值税进项按票面金额计算。

如果报销金额小于发票金额，少报销部分不入账，按实际报销金额在所得税税前扣除；增值税进项可以全额抵扣后将少报销部分按比例转出。

150. 增值税退税，附加税费能否一并退还？

答： 增值税退税分为 4 种情况。

（1）享受即征即退、先征后退、先征后返等优惠政策。

《财政部 国家税务总局关于增值税、营业税、消费税实行先征后返等办法有关城建税和教育费附加政策的通知》（财税〔2005〕72 号）规定，对"三税"（增值税、营业税、消费税，下同）实行先征后返、先征后退、即征即退办法的，除另有规定外，对随"三税"附征的城市维护建设税（简称城建税）和教育费附加，一律不予退（返）还。

例：《财政部　国家税务总局关于软件产品增值税政策的通知》（财税〔2011〕100号）第一条第（一）项规定，增值税一般纳税人销售其自行开发生产的软件产品，按17%税率（现为13%）征收增值税后，对其增值税实际税负超过3%的部分实行即征即退政策。

A软件企业为位于市区的增值税一般纳税人，销售自行开发的软件产品，按13%缴纳增值税，2019年9月取得销售额（含税）50万元，当月购进生产材料取得增值税专用发票20万元，票面注明的税额为2.6万元，当月除雇员工资外无其他开销。此时

$$A企业应纳增值税税额 = 50 \div 1.13 \times 0.13 - 2.6 = 3.15（万元）$$
$$应纳城建税及教育费附加 = 3.15 \times (7\% + 3\%) = 0.315（万元）$$
$$即征即退的增值税额 = 3.15 - 50 \div 1.13 \times 3\% = 1.82（万元）$$

此时不退还城市维护建设税及教育费附加。

（2）2019年10月以后的留抵税额退税。

根据《财政部　税务总局关于增值税期末留抵退税有关城市维护建设税　教育费附加和地方教育附加政策的通知》（财税〔2018〕80号），对实行增值税期末留抵退税的纳税人，允许其从城市维护建设税、教育费附加和地方教育附加的计税（征）依据中扣除退还的增值税税额。

《财政部　税务总局　海关总署关于深化增值税改革有关政策的公告》（财政部　税务总局　海关总署公告2019年第39号）规定：

八、自2019年4月1日起，试行增值税期末留抵税额退税制度。

（一）同时符合以下条件的纳税人，可以向主管税务机关申请退还增量留抵税额：

1. 自2019年4月税款所属期起，连续六个月（按季纳税的，连续两个季度）增量留抵税额均大于零，且第六个月增量留抵税额不低于50万元；

2. 纳税信用等级为A级或者B级；

3. 申请退税前36个月未发生骗取留抵退税、出口退税或虚开增值税专用发票情形的；

4. 申请退税前36个月未因偷税被税务机关处罚两次及以上的；

5. 自2019年4月1日起未享受即征即退、先征后返（退）政策的。

....

例：A房地产企业为位于市区的增值税一般纳税人，销售自行开发的房地产，2019年3月底无留抵税额；2019年4月末留抵税额为20万元，此后每个月均取得进项且无销售额；A公司纳税信用等级为B级，且未享受即征即退、先征后返优惠政策，未因偷税被处罚，也不涉及出口退税及虚开发票；2019年9月底，留抵税额为55万元，其中50万元为增值税专用发票上注明的可抵扣进项，5万元为取得旅客运输服务电子普通发

票上注明的税额。此时：

$$A 企业可申请退还的留抵税额 = 增量留抵税额 \times 进项构成比例 \times 60\%$$
$$= 55 \times 50 \div 55 \times 60\% = 30（万元）$$

此时不退还城市维护建设税及教育费附加，但在 10 月及后续所属期申报税款时，可以按应纳增值税税额减去 30 万元的余额，作为计算缴纳城市维护建设税及教育费附加的依据。

（3）出口退税。

根据财税字〔1985〕143 号第三条第一款，对出口产品退还产品税、增值税的，不退还已纳的城市维护建设税。

例：A 自营出口生产企业为位于市区的增值税一般纳税人，出口货物的征税税率为 13%，退税率为 10%。2019 年 9 月，其购进原材料一批，取得增值税专用发票，注明进项税额 34 万元，已验收入库。上期留抵税额 6 万元，本月内销货物不含税销售额 100 万元，出口货物销售额折合人民币 200 万元。

$$\genfrac{}{}{0pt}{}{免抵退税不得}{免征和抵扣税额} = \genfrac{}{}{0pt}{}{当期出口}{货物离岸价} \times \genfrac{}{}{0pt}{}{外汇人民币}{牌价} \times \left(\genfrac{}{}{0pt}{}{出口货物}{征税税率} - \genfrac{}{}{0pt}{}{出口货物}{退税率} \right)$$
$$= 200 \times (13\% - 10\%) = 6（万元）$$

$$\genfrac{}{}{0pt}{}{当期应纳税额} = \genfrac{}{}{0pt}{}{当期内销货物}{的销项税额} - \left(\genfrac{}{}{0pt}{}{当期进项}{税额} - \genfrac{}{}{0pt}{}{当期免抵退税不得}{免征和抵扣税额} \right) - 留抵税额$$
$$= 100 \times 13\% - (34 - 6) - 6 = -21（万元）$$

$$\genfrac{}{}{0pt}{}{出口货物 "免、}{抵、退" 税额} = \genfrac{}{}{0pt}{}{出口货物}{离岸价} \times 外汇人民币牌价 \times \genfrac{}{}{0pt}{}{出口货物}{退税率} - \genfrac{}{}{0pt}{}{免抵退税额}{抵减额}$$
$$= 200 \times 10\% = 20（万元）$$

当期应纳税额−21 万元，免抵退税额 20 万元，即应退税额为 20 万元，故剩余 1 万元（21−20）作为留抵税额结转下期抵扣。

此时附加税费不能退还。

（4）其他原因多交税款退税。

多交税款是否可以退税没有明确规定，但并无禁止性规定。根据《税收征收管理法》第五十一条规定，纳税人超过应纳税额缴纳的税款，税务机关发现后应当立即退还；纳税人自结算缴纳税款之日起三年内发现的，可以向税务机关要求退还多缴的税款并加算银行同期存款利息，税务机关及时查实后应当立即退还；涉及从国库中退库的，依照法律、行政法规有关国库管理的规定退还。

多交增值税导致多交的附加税费也属于税收征收管理法所规定的多交税款，没有禁止性规定的情形下，可随增值税一同退还。

根据财税字〔1985〕143 号第三条第二款，对由于减免产品税、增值税、营业税而发生的退税，同时退还已纳的城市维护建设税。此处的减免不包括出口退税、先征后返、先征后退、即征即退，基本只剩下直接减免，但直接减免的情况下，增值税根据减免后的金额入库，而城市维护建设税及教育费附加根据实缴增值税金额计算入库，按理说不存在退税的情形。因此，笔者理解，此处的减免可能存在两种情况：一是由于新发布的优惠政策溯及既往，导致过去多缴税的企业申请退税；二是纳税人政策理解不到位导致未享受优惠，从而对多交税款申请退税。

综上，笔者认为从税收征收管理法规定及财税字〔1985〕143号第三条第二款，可以确定除出口退税、先征后返、先征后退、即征即退、留抵退税外的增值税多交退税，可以一并退还三项附加税费。

例：A投资企业为位于市区的增值税小规模纳税人，2019年9月，取得一笔符合条件的居民企业之间的股息、红利100万元，但由于税务人员休假，出纳人员填列申报表时，误将该股息、红利认定为金融商品转让收益，按5.66万元（100÷1.06×6%）申报缴纳了增值税，随之入库的城市维护建设税及教育费附加为0.57万元。

2019年10月，A公司发现该问题，向税务机关申请退还多缴的税款，税务机关应予以退还5.66万元增值税及0.57万元附加税费。

笔者对增值税退税（见表2-11）情况作出了如下总结。

表2-11　增值税退税

增值税退税情形	附加税费退还规定	政策依据
出口退税	不退	财税字〔1985〕143号第三条第一款
即征即退、先征后退、先征后返	不退	财税〔2005〕72号
留抵退税	不退，从后续计税依据中扣除（抵）	财税〔2018〕80号
其他原因多交退税	退	《税收征收管理法》第五十一条 财税字〔1985〕143号第三条第二款

151. 限售股转让是否需要按金融商品转让缴纳增值税？

答：财税〔2016〕36号附件1所附《销售服务、无形资产、不动产注释》中关于"金融商品转让"转让的定义为："金融商品转让，是指转让外汇、有价证券、非货物期货和其他金融商品所有权的业务活动。其他金融商品转让包括基金、信托、理财产品等各类资产管理产品和各种金融衍生品的转让。"其中未明确限售股是否属于金融商品，但国家税务总局公告2016年第53号中第五条规定了单位在解禁流通后对外转让限售股如何确定买入价的规定，也就明确了转让限售股需要缴纳增值税，并且适用金融商品差额征税的规定。

个人转让限售股，根据财税〔2016〕36号附件3中第一条第（二十二）项的规定，个人从事金融商品转让业务取得的金融商品转让收入，免征增值税。

因此，单位转让限售股按6%差额征税，个人转让限售股免征。

【政策依据】 国家税务总局公告2016年第53号：

五、单位将其持有的限售股在解禁流通后对外转让的，按照以下规定确定买入价：

（一）上市公司实施股权分置改革时，在股票复牌之前形成的原非流通股股份，以及股票复牌首日至解禁日期间由上述股份孳生的送、转股，以该上市公司完成股权分置改革后股票复牌首日的开盘价为买入价。

（二）公司首次公开发行股票并上市形成的限售股，以及上市首日至解禁日期间由上述股份孳生的送、转股，以该上市公司股票首次公开发行（IPO）的发行价为买入价。

（三）因上市公司实施重大资产重组形成的限售股，以及股票复牌首日至解禁日期间由上述股份孳生的送、转股，以该上市公司因重大资产重组股票停牌前一交易日的收盘价为买入价。

财税〔2016〕36号附件3：

一、下列项目免征增值税

…………

（二十二）下列金融商品转让收入。

1. 合格境外投资者（QFII）委托境内公司在我国从事证券买卖业务。

2. 香港市场投资者（包括单位和个人）通过沪港通买卖上海证券交易所上市A股。

3. 对香港市场投资者（包括单位和个人）通过基金互认买卖内地基金份额。

4. 证券投资基金（封闭式证券投资基金，开放式证券投资基金）管理人运用基金买卖股票、债券。

5. 个人从事金融商品转让业务。

第三章
土地增值税

第一节　样板房、售房部成本扣除问题

152. 共用样板房如何分摊成本？

案例： A房地产公司开发某项目，分为一、二期清算，但由于规划原因，样板房全部建在二期，为一、二期营销共用。

问： 一、二期项目共用的样板房建在二期的土地上，土地增值税清算怎么分摊成本？

答： 如果该样板房后期对外销售，则不存在上述问题，建在二期的样板房就属于二期，收入、成本均在二期计算。

如果该样板房后期拆除，该样板房的建造成本应归属营销费用，在土地增值税纳税中的开发费用中计算抵扣（不据实扣除），无须分摊处理，但在所得税纳税中需要按受益原则分摊，如按照可售建筑面积比例分摊一、二期的样板房建造成本（只产生一、二期结转时间不同导致的所得税时间性差异，不影响全周期税款）。

153. 样板房的装修费用可否在土地增值税税前扣除？

案例： A房地产公司开发某项目，并建设了3套样板房以供营销推广，3套样板房均单独建造在售房部旁边，不在小区里面，未来预计按照商铺出售。为打造标准样板房，发生装修费用共200万元，其中硬装修部分150万元，软装修部分50万元。

问： 2018年土地增值税清算时，样板房的装修费用200万元能否在土地增值税税前扣除？

答： 样板房装修费用满足以下条件，可在土地增值税前作为开发成本扣除（可加计）：（1）在清算单位内建造；（2）作为开发产品对外转让；（3）房地产买卖合同约定装修费含在价款中；（4）实际支付装修费用并取得发票；（5）不包含软装修及可移动可拆卸装饰。

【实操指南】 A房地产公司建造的样板房，应该并入非住宅进行清算，但还需考虑2018年清算时是否已转让，如果2018年清算时样板房未转让，则不能扣除装修费用。

满足上述（1）～（4）条，也只能扣除150万元，不能扣除200万元。

【关联问题】 售楼部的沙盘费用、绿化费用可否计入成本？

沙盘是用于营销的，后续不会对外销售，不能计入成本，只能计入销售费用；绿化

据情况区分，如果售房部带绿化销售则可以计入成本，否则不能。

154. 样板房建在红线外，可否在土地增值税税前扣除？

案例：A 房地产公司开发某项目，并建设了 3 套样板房以供营销推广，3 套样板房均单独建造在小区外面（红线外），未来预计按照商铺出租（无产权）。

问：样板房建在红线外，是否可以在土地增值税税前扣除？

答：红线外的样板房成本不得在土地增值税税前扣除。

【实操指南】 一般来说，红线外成本均不得在土地增值税税前扣除，但如果是与生产经营实际相关的，则可以在企业所得税税前扣除。

实践中，也存在红线外成本在土地增值税税前扣除的案例。能在土地增值税税前扣除的红线外成本，通常需要取得政府部门出具的红头文件，证明该配建是政府明确要求，部分税务机关也认可在土地出让合同中约定的配建条款，允许这部分配建在土地增值税税前扣除。

但样板房不属于政府要求配建的设施，一般来说政府可能要求配建桥梁、道路、幼儿园、体育馆、绿道、公园等市政或教育设施。

对红线外成本的扣除，目前没有国家性规定，各地有一些地方性规定，如【政策依据】所示。

从中可以看出，多数地区基本都开了一些口子，通常要求提供开发项目立项、国土及房管部门的协议和补充协议、相关政府主管部门出具的证明文件等。

【政策依据】 吉林规定，如红线外为政府修建了广场、公园、道路等公共设施，且在土地出让合同中明确约定红线外建设支出属于取得土地的附加条件，可以作为土地成本扣除。

鄂地税发〔2013〕44 号（已废止）：

> 七、关于审批项目规划外所建设施发生支出的扣除问题
>
> 房地产开发企业在项目建设用地边界外（国家有关部门审批的项目规划外，即红线外）承诺为政府或其他单位建设公共设施或其他工程所发生的支出，能提供与本项目存在关联关系的直接依据的，可以计入本项目扣除项目金额；不能提供或所提供依据不足的（如与建设项目开发无直接关联，仅为开发产品销售提升环境品质的支出，不得计入本项目扣除金额），不得计入本项目扣除金额。

桂地税发〔2008〕44 号：

> 五、关于当地政府要求房地产开发商建设道路、桥梁等公共设施所产生的成本费用，可否扣除的问题
>
> 房地产开发商按照当地政府要求建设的道路、桥梁等公共设施所产生的成本费用，凡属于房地产开发项目立项时所确定的各类设施投资，可据实扣除；与开发项目立项无关的，则不予扣除。

琼地税函〔2015〕917号（已废止）：

八、如何确认审批项目规划外所建设施发生支出的扣除问题？

房地产开发企业在项目建设用地边界外（国家有关部门审批的项目规划外，即"红线"外）为政府建设公共设施或其他工程所发生的支出，凡能提供政府有关部门出具的证明文件确认该项支出与建造本清算项目有直接关联的（含项目的土地使用权取得相关联的）支出，可以计入本项目扣除项目金额。

第二节　扣除项目疑难问题

155. 不涉及土地增值税扣除的建筑发票能否不填备注栏？

案例： A房地产公司招拍挂获得一块住宅用地，全部为普通住宅和车位，经测算，土地增值税增值率为负。A房地产公司财务人员在支付工程款时，发现总包方开具的一张建筑服务发票，未在备注栏注明项目地址及名称，但财务人员测算即使这张发票不能在土地增值税税前扣除，也不影响土地增值税税款，因此未要求总包方重开。

问： 财务处理是否正确？

答： 不正确。《国家税务总局关于全面推开营业税改征增值税试点有关税收征收管理事项的公告》（国家税务总局公告2016年第23号）第四条第（三）项规定：提供建筑服务，纳税人自行开具或者税务机关代开增值税发票时，应在发票的备注栏注明建筑服务发生地县（市、区）名称及项目名称。

按照上述要求，纳税人提供建筑服务应该在备注栏注明"建筑服务发生地县（市、区）名称及项目名称"，注明不仅仅是对土地增值税扣除的要求，也是为督促落实和加强管理，后来才又在国家税务总局公告2016年第70号《国家税务总局关于营改增后土地增值税若干征管规定的公告》第五条进一步规定："营改增后，土地增值税纳税人接受建筑安装服务取得的增值税发票，应按照《国家税务总局关于全面推开营业税改征增值税试点有关税收征收管理事项的公告》（国家税务总局公告2016年第23号）规定，在发票的备注栏注明建筑服务发生地县（市、区）名称及项目名称，否则不得计入土地增值税扣除项目金额。"

156. 补缴土地出让金能否列支？

案例： A房地产公司2016年1月招拍挂获得100亩工业用地，土地价款为1亿元；2017年2月，因土地改变使用性质为住宅用地补缴了土地出让金9 000万元；2017年11月，因土地容积率由2.3变更为3.0，补缴了土地出让金8 700万元；2018年9月，因未及时动工，被自然资源局要求补缴土地出让金370万元。上述土地出让金均取得财政票据。

问： 上述补缴土地出让金是否都能在土地增值税税前列支？

答：补缴的土地出让金也是为取得土地使用权所支付的款项，可以扣除。

【实操指南】 土地出让金由地方国土部门收取，各地存在不同情况，补缴土地出让金的时间甚至可能晚于清算时间，此时申请重新清算难度极大，会对企业造成一定损失。

依据《厦门市地方税务局关于修订〈厦门市土地增值税清算管理办法〉的公告》（厦门市地方税务局公告 2016 年第 7 号）修订的《厦门市土地增值税清算管理办法》第三十四条第一款的规定，纳税人为取得土地使用权所支付的契税计入"取得土地使用权所支付的金额"，准予扣除。纳税人因容积率调整等原因补缴的土地出让金及契税，予以扣除。

第三十四条第四款规定，纳税人因逾期支付土地出让金等原因支付的罚款、滞纳金、利息和因逾期开发支付的土地闲置费等款项，不予扣除。

参照该规定，对纳税人逾期开发补缴的土地出让金，允许计入为取得土地使用权所支付的款项，准予扣除，但纳税人缴纳的土地闲置费、滞纳金和罚款不得扣除。

157. 土地投资入股没有原始发票，是否可以在土地增值税和所得税税前扣除成本？

案例：A 房地产公司（以下简称 A 公司）为一般纳税人，甲是自然人股东。2018 年 1 月，甲将其名下的 100 亩土地作价投资入股到 A 公司，评估价格为 9 300 万元，投资后增加 A 公司注册资本 9 300 万元。由于历史遗留原因，甲在 2006 年取得土地，当时未取得土地过户的发票，但土地使用权已过户。2018 年投资入股时，甲需要进行土地增值税申报，将原取得土地的 2 600 万元无票成本以土地出让合同等资料在税前列支。税务机关审核时，剔除了土地使用权的成本。

甲不服，剔除 2 600 万元后，税负率大幅增加。

问：（1）土地使用权成本如无票据，是否可以在土地增值税税前扣除？

（2）计算个人所得税时，其成本是否可以扣除？

答：（1）不可以在土地增值税税前扣除。

根据《国家税务总局关于印发〈土地增值税宣传提纲〉的通知》（国税函发〔1995〕110 号）第六条，对取得土地或房地产使用权后，未进行开发即转让的，计算其增值额时，只允许扣除取得土地使用权时支付的地价款，交纳的有关费用，以及在转让环节缴纳的税金。此文件未规定土地使用权如无票据如何扣除，但《财政部 国家税务总局关于土地增值税一些具体问题规定的通知》财税字〔1995〕48 号第十条中规定："对取得土地使用权时未支付地价款或不能提供已支付的地价款凭据的，不允许扣除取得土地使用权所支付的金额。"

笔者认为可以参考财税字〔1995〕48 号第十条的规定，只要无票据的均不可以扣除。土地增值税不同于企业所得税，其扣除范围更窄，票据要求更高。对于企业所得税，企业只要能够证明有真实合法支出且与生产经营相关即可，并非一定要取得发票，但对于土地增值税，在实践中，没有发票或财政收据往往都不能扣除。

（2）计算个人所得税可以扣除，也可能核定原值扣除。根据国家税务总局公告 2015 年第 20 号《国家税务总局关于个人非货币性资产投资有关个人所得税征管问题的公告》第五条，纳税人无法提供完整、准确的非货币性资产原值凭证，不能正确计算非货币性资产原值的，主管税务机关可依法核定其非货币性资产原值。

具体是按真实原值扣除，还是按核定原值扣除，要看当事人能否提供足够证明证实取得的原值。本例中甲提供了土地出让合同，如还能提供银行流水或其他证明，则基本可以确定原值。但也有可能部分税务机关在执行时会"一刀切"，只要没有发票或财政收据，即进行原值核定。

【政策依据】 国税函发〔1995〕110号：

六、具体计算增值额时应注意什么？

在具体计算增值额时，要区分以下几种情况进行处理：

（一）对取得土地或房地产使用权后，未进行开发即转让的，计算其增值额时，只允许扣除取得土地使用权时支付的地价款，交纳的有关费用，以及在转让环节缴纳的税金。这样规定，其目的主要是抑制"炒"买"炒"卖地皮的行为。

....

国家税务总局公告2015年第20号：

四、纳税人非货币性资产投资应纳税所得额为非货币性资产转让收入减除该资产原值及合理税费后的余额。

五、非货币性资产原值为纳税人取得该项资产时实际发生的支出。

纳税人无法提供完整、准确的非货币性资产原值凭证，不能正确计算非货币性资产原值的，主管税务机关可依法核定其非货币性资产原值。

---

158. 在售房部内部建设展馆，是否属于房地产开发成本？

案例： A房地产公司开发某项目，该项目精装交房，为宣传产品，其在售房部内部建设了智能家居展馆，委托B公司进行展馆的安装，支付安装价款50万元，并取得专用发票。2017年12月，该项目基本销售完毕，售房部也对外销售，作价560万元。

2018年9月，A房地产公司清算项目时，将50万元展馆成本纳入了房地产开发成本，被税务机关审核后剔除。

问： 在售房部内部建设展馆，是否属于房地产开发成本？

答： 展馆不属于公共配套设施，也不会移交业主或政府部门，本质是购买展览展示服务，应作为营销费用，不能进入开发成本。虽然该售房部后续对外销售，但仅有建造售房部的成本可以进入开发成本，展馆成本不能在开发成本中列支，只能按开发费用计算扣除。

159. 房地产开发企业的三项期间费用是不是按照实际发生额在土地增值税税前扣减，但是最高不得超过10%？

案例： A房地产公司2018年进行土地增值税清算时，土地增值税销售收入为10亿元，取得土地使用权所支付的金额为5亿元，开发成本为4亿元，在开发费用中分别归集了财务费用 2 000 万元、管理费用 1 200 万元、营销费用 1 300 万元。

三项费用合计的开发费用为 4 500 万元，根据（取得土地使用权所支付的金额＋开发成本）×10％计算扣除的金额为 9 000 万元。

问：期间费用应以 4 500 万元扣除还是 9 000 万元扣除？

答：按 9 000 万元扣除。

《土地增值税暂行条例实施细则》第七条第（三）项中规定："凡不能按转让房地产项目计算分摊利息支出或不能提供金融机构证明的，房地产开发费用按本条（一）、（二）项规定计算的金额之和的 10％以内计算扣除。"

该表述为计算扣除而非限额扣除，因此不是按实际发生额且不超过 10％扣除，而是直接按各省份规定的计算比例扣除（各省份规定的比例小于或等于 10％）。

160. 采取分割单接受应税劳务，进项可否分摊？

案例：A 房地产集团公司（以下简称 A 公司）下设 B、C、D 三家子公司，由集团设立品牌管理部门，统一负责品牌运营推广，推广事项由 A 公司和广告公司签订合同、支付费用并取得发票，A 公司承担 50％费用，B、C、D 子公司按照各自当年的销售金额共同分摊剩余 50％的费用。

A 公司采取费用分割单的形式，将费用分摊给 B、C、D 公司，同时在广告公司与 A 公司的合同中列明受益主体包括分摊费用的子公司和费用分摊原则。

问：在采取分割单的情况下，其他分摊方是否可以抵扣分摊部分的增值税进项税额？如何操作？

答：根据《企业所得税税前扣除凭证管理办法》（国家税务总局公告 2018 年第 28 号发布）第十八条，关于共同接受应税劳务，采取分摊方式的，可以分割单作税前扣除凭证。该条规定是针对企业所得税而言的。但分割单并不能作为其他分摊方抵扣相应增值税进项税额的凭据，关于增值税进项抵扣税额的合法凭证，《增值税暂行条例》及其实施细则有明确规定，只能由集团公司作为发票接受方抵扣发票中的全部进项税额。

161. 开发成本应取得专用发票但未取得导致不能抵扣进项的，进项是否可以在土地增值税税前扣除？

案例：A 房地产公司（以下简称 A 公司）是一般纳税人，开发某一般计税项目，其将一项工程承包给 B 建筑公司（以下简称 B 公司），工程合同总价 170 万元。B 公司开出了一张普通发票，A 公司财务人员在审核时因为粗心大意，未注意到 B 公司开具的发票不是专用发票，遂支付了 B 公司该笔款项。

直到土地增值税清算时，财务经理才发现该事项，对审核人员进行问责，同时要求 B 公司退回重开，但 B 公司由于经营不善已倒闭，未能重新开出专用发票。

上述发票问题导致 A 公司损失进项 15.45 万元。

问：该进项损失 15.45 万元能否在土地增值税税前扣除？

答：可以扣除。

【实操指南】 根据《财政部 国家税务总局关于营改增后契税 房产税 土地增值

税 个人所得税计税依据问题的通知》（财税〔2016〕43号）第三条，不允许在销项税额中计算抵扣的进项税额，可以计入扣除项目。

但也有观点认为，开错发票，不属于不允许抵扣的进项。不允许抵扣的进项指的应该是如餐饮、住宿、利息等明确未纳入抵扣链条的项目，而不包括本该可以抵扣，因开错发票不得抵扣的情况。

笔者倾向于可以扣除，从字面意义来理解，本例中开错发票，普通发票的税额的确属于不允许计算抵扣的进项；从实际操作来理解，此时企业在账务处理上未做进项税额转出，而是直接将170万元全额计入成本。

需要注意的是，如果该普通发票上未根据国家税务总局公告2016年第70号第五条的规定，在备注栏注明建筑服务发生地县（市、区）名称及项目名称，则170万元都不得计入土地增值税扣除项目金额。

国家税务总局公告2016年第70号未规定必须使用专用发票，因此普通发票如果备注栏信息齐全，是可以扣除的。

【政策依据】 财税〔2016〕43号：

三、土地增值税纳税人转让房地产取得的收入为不含增值税收入。

《中华人民共和国土地增值税暂行条例》等规定的土地增值税扣除项目涉及的增值税进项税额，允许在销项税额中计算抵扣的，不计入扣除项目，不允许在销项税额中计算抵扣的，可以计入扣除项目。

国家税务总局公告2016年第70号：

五、关于营改增后建筑安装工程费支出的发票确认问题

营改增后，土地增值税纳税人接受建筑安装服务取得的增值税发票，应按照《国家税务总局关于全面推开营业税改征增值税试点有关税收征收管理事项的公告》（国家税务总局公告2016年第23号）规定，在发票的备注栏注明建筑服务发生地县（市、区）名称及项目名称，否则不得计入土地增值税扣除项目金额。

【关联问题】 如果该一般计税项目土地增值税税率超过60%，其实进项不能抵扣会更加有利。在土地增值税增值率超过200%的情况下，税率60%，扣除系数35%，可以得出，在不抵扣进项的情况下，少抵扣1元进项，土地增值税可以多抵扣1.235元 [1×1.3×（60%＋35%）]。如本例，可以少缴纳土地增值税19.08万元，节税3.63万元。

在土地增值税增值率未超过200%的情况下，还是进项抵扣更为有利。

162. 在土地增值税清算中，与转让房地产有关的税金是否包括印花税？

案例： A房地产公司在土地增值税清算时，计算与转让房地产有关的税金中包括了签订房屋买卖合同所缴纳的印花税。

问：上述做法是否符合规定？

答：不符合。A 房地产公司属于房地产开发企业，印花税应在管理费用中扣除（计算扣除而不是据实扣除），不能计入"与转让房地产有关的税金"。

国家税务总局公告 2016 年第 70 号规定：

$$\frac{\text{与转让房地产}}{\text{有关的税金}} = \frac{\text{营改增前实际缴纳的}}{\text{营业税、城建税、教育费附加}} + \frac{\text{营改增后允许扣除的}}{\text{城建税、教育费附加}}$$

"与转让房地产有关的税金"不包括增值税，包括营改增前实际缴纳的营业税、城建税、教育费附加，及营改增后允许扣除的城建税、教育费附加。

【实操指南】需要注意的是，如果本例中 A 房地产公司不是房地产开发企业，则在"与转让房地产有关的税金"中列支印花税处理正确。

财税字〔1995〕48 号在第九条"关于计算增值额时扣除已缴纳印花税的问题"中规定："细则中规定允许扣除的印花税，是指在转让房地产时缴纳的印花税。房地产开发企业按照《施工、房地产开发企业财务制度》的有关规定，其缴纳的印花税列入管理费用，已相应予以扣除。其他的土地增值税纳税义务人在计算土地增值税时允许扣除在转让时缴纳的印花税。"

该条款依然有效，未被废止。但财政部令 2008 年第 48 号废止了《施工、房地产开发企业财务制度》，因此财税字〔1995〕48 号第九条规定存在瑕疵。

目前财会〔2016〕22 号规定，"营业税金及附加"科目名称调整为"税金及附加"科目，原计入"管理费用"科目的房产税、城镇土地使用税、印花税、车船使用税均调整至"税金及附加"科目核算。

印花税已经在税金及附加列支，与财税字〔1995〕48 号表述有冲突，但财税字〔1995〕48 号并未废止该条规定，目前大部分地区仍按原口径执行，在实操中，房地产企业可以争取调整至税金及附加扣除。

【政策依据】国家税务总局公告 2016 年第 70 号：

三、关于与房地产有关的税金扣除问题

（一）营改增后，计算土地增值税增值额的扣除项目中"与转让房地产有关的税金"不包括增值税。

（二）营改增后，房地产开发企业实际缴纳的城市维护建设税（以下简称"城建税"）、教育费附加，凡能够按清算项目准确计算的，允许据实扣除。凡不能按清算项目准确计算的，则按该清算项目预缴增值税时实际缴纳的城建税、教育费附加扣除。

其他转让房地产行为的城建税、教育费附加扣除比照上述规定执行。

四、关于营改增前后土地增值税清算的计算问题

....

（二）与转让房地产有关的税金＝营改增前实际缴纳的营业税、城建税、教育费附加＋营改增后允许扣除的城建税、教育费附加。

---

163. 在土地增值税清算中，与转让房地产有关的税金是否包括地方教育附加？

答： 国家税务总局公告 2016 年第 70 号规定，"与转让房地产有关的税金＝营改增前实际缴纳的营业税、城建税、教育费附加＋营改增后允许扣除的城建税、教育费附加"，其中未提及地方教育附加。

【实操指南】 实践中某些地区地方教育附加也可扣除，比如北京市地方税务局、北京市财政局、北京市国家税务局公告 2011 年第 18 号第一条第（六）项规定了可以扣除地方教育附加，但安徽省地方税务局 2011 年 7 月 29 日政策解答认为地方教育附加不能视同税金在计算土地增值税时扣除。

《国家税务总局关于土地增值税若干具体问题的公告（讨论稿）》曾提及，地方教育附加比照教育费附加计入税金扣除（未发文）。

164. 土地招投标佣金、房屋测绘费、招标代理服务费在土地增值税清算时列入房地产开发成本还是开发费用？

案例： A 房地产公司（以下简称 A 公司）2016 年取得一块土地，取得土地时支付了土地招投标佣金合计 100 万元，取得专用发票，账面计入土地成本。2017 年工程招标时发生招标代理服务费 100 万元，取得专用发票，账面计入管理费用。2018 年 1 月交房前发生房屋测绘费 500 万元，取得专用发票，账面计入产品成本。2018 年 5 月进行土地增值税清算，清算时将土地招投标佣金 100 万元计入了取得土地使用权所支付的金额，招标代理服务费、房屋测绘费共计 600 万元计入了开发成本——开发间接费用。

问： A 公司的处理是否正确？

答： 目前无全国性发文，可参照 2016 年海南地税土地增值税和契税热点问题解答（访谈），土地出让环节支付的"招拍挂"佣金可视为"按国家统一规定交纳的有关费用"，作为"取得土地使用权所支付的金额"在土地增值税清算时据实扣除。

在工程建设过程中发生的房屋测绘费、招标代理服务费，属于期间费用，在土地增值税清算时计入房地产开发费用。A 公司计入开发成本——开发间接费用不正确，会导致该 600 万元可以加计扣除。

【实操指南】 由于土地增值税国家层面发文较少，大部分是地区发文，因此实际清算时，可与当地税务机关沟通争取。

【政策依据】 《土地增值税暂行条例实施细则》：

第七条　条例第六条所列的计算增值额的扣除项目，具体为：

（一）取得土地使用权所支付的金额，是指纳税人为取得土地使用权所支付的地价款和按国家统一规定交纳的有关费用。

············

165. 资本化利息可否在土地增值税税前扣除？

案例： A 房地产公司开发某项目，发生的利息大部分进行资本化计入存货成本，未计入财务费用，在后续结转收入成本时直接进入主营业务成本。

问： 在土地增值税清算时，资本化利息可否在土地增值税税前扣除？如何扣除？

答： 根据《土地增值税暂行条例实施细则》第七条，建筑安装工程费只包含支付给承包方的工程费，不包括资本化利息，其他扣除项目中也仅有财务费用包含利息。因此，能在土地增值税税前扣除的只有财务费用（据实或计算扣除），资本化利息需要还原到开发费用中，不能在开发成本中扣除，也不能加计。

【政策依据】《土地增值税暂行条例实施细则》：

第七条　条例第六条所列的计算增值额的扣除项目，具体为：

（一）取得土地使用权所支付的金额，是指纳税人为取得土地使用权所支付的地价款和按国家统一规定交纳的有关费用。

（二）开发土地和新建房及配套设施（以下简称房地产开发）的成本，是指纳税人房地产开发项目实际发生的成本（以下简称房地产开发成本），包括土地征用及拆迁补偿费、前期工程费、建筑安装工程费、基础设施费、公共配套设施费、开发间接费用。

土地征用及拆迁补偿费，包括土地征用费、耕地占用税、劳动力安置费及有关地上、地下附着物拆迁补偿的净支出、安置动迁用房支出等。

前期工程费，包括规划、设计、项目可行性研究和水文、地质、测绘、"三通一平"等支出。

建筑安装工程费，是指以出包方式支付给承包单位的建筑安装工程费，以自营方式发生的建筑安装工程费。

基础设施费，包括开发小区内道路、供水、供电、供气、排污、排洪、通讯、照明、环卫、绿化等工程发生的支出。

公共配套设施费，包括不能有偿转让的开发小区内公共配套设施发生的支出。

开发间接费用，是指直接组织、管理开发项目发生的费用，包括工资、职工福利费、折旧费、修理费、办公费、水电费、劳动保护费、周转房摊销等。

（三）开发土地和新建房及配套设施的费用（以下简称房地产开发费用），是指与房地产开发项目有关的销售费用、管理费用、财务费用。

财务费用中的利息支出，凡能够按转让房地产项目计算分摊并提供金融机构证明的，允许据实扣除，但最高不能超过按商业银行同类同期贷款利率计算的金额。其他房地产开发费用，按本条（一）、（二）项规定计算的金额之和的百分之五以内计算扣除。

凡不能按转让房地产项目计算分摊利息支出或不能提供金融机构证明的，房地产开发费用按本条（一）、（二）项规定计算的金额之和的百分之十以内计算扣除。

·············

---

166. 拆迁补偿费没有发票可否在土地增值税税前扣除？

案例： A房地产公司（以下简称A公司）取得一块土地，该地块上原为驾校，政府已和驾校谈妥，由驾校搬迁，A公司给予拆迁补偿款。A公司支付拆迁补偿款未取得驾校开具的发票。

问：拆迁补偿费没有发票能否在土地增值税税前扣除？

答：拆迁补偿费需提供政府的红头文件、拆迁补偿协议及收据等，即使没有发票，也可在土地增值税税前扣除。

【实操指南】 驾校取得拆迁补偿款，不属于增值税应税业务，不开具发票，应当开具收据给A公司。

167. 土地增值税的财务费用据实扣除相关问题

案例：A房地产公司于2018年进行土地增值税清算，根据前期测算，该项目共取得金融机构发票5 500万元，其中向某小贷基金借款5亿元，按照年利率12%支付8个月利息4 000万元，向建设银行借款3亿元，按年利率8%支付5个月利息1 000万元，向平安信托支付财务顾问费500万元。

而取得土地使用权所支付的金额与开发成本之和为8亿元，计算扣除财务费用金额为4 000万元。A房地产公司认为，选择据实扣除财务费用，对土地增值税清算更有利。

问：（1）土地增值税的财务费用据实扣除的话，财务顾问费能不能在其中列支？

（2）5 000万元利息部分是否可以全额扣除？

答：（1）《土地增值税暂行条例实施细则》第七条规定，财务费用中的利息支出，凡能够按转让房地产项目计算分摊并提供金融机构证明的，允许据实扣除。财务顾问费不属于财务费用中的利息支出，只能计算扣除，不能据实扣除。

（2）据实扣除的并非只要有金融机构发票即可全额扣除，还需满足利息上浮幅度、不超贷款期限、不是加罚利息等条件。财税字〔1995〕48号第八条"关于扣除项目金额中的利息支出如何计算问题"规定："（一）利息的上浮幅度按国家的有关规定执行，超过上浮幅度的部分不允许扣除；（二）对于超过贷款期限的利息部分和加罚的利息不允许扣除。"

【实操指南】 如果本例中不存在超过贷款期限、加罚利息等问题，全部是正常支付利息，则只需考虑利息上浮幅度的问题。

经国务院批准，中国人民银行决定，自2013年7月20日起全面放开金融机构贷款利率管制，取消金融机构贷款利率0.7倍的下限，由金融机构根据商业原则自主确定贷款利率水平。因此，实际上上浮幅度已经不再是一个限制问题了。

本例中，A房地产公司可以在土地增值税前据实扣除的金额为5 000万元。

【政策依据】《土地增值税暂行条例实施细则》第七条第（三）项：

（三）开发土地和新建房及配套设施的费用（以下简称房地产开发费用），是指与房地产开发项目有关的销售费用、管理费用、财务费用。

财务费用中的利息支出，凡能够按转让房地产项目计算分摊并提供金融机构证明的，允许据实扣除，但最高不能超过按商业银行同类同期贷款利率计算的金额。其他房地产开发费用，按本条（一）、（二）项规定计算的金额之和的百分之五以内计算扣除。

凡不能按转让房地产项目计算分摊利息支出或不能提供金融机构证明的，房地产开发费用按本条（一）、（二）项规定计算的金额之和的百分之十以内计算扣除。

---

168. 甲供材能否在土地增值税税前扣除？能否加计？

案例： A 房地产公司采用甲供材料模式对建筑安装工程进行招标，自行采购建筑主材（如钢筋水泥等），取得销售货物的 13% 增值税发票，总包单位仅开具人工和辅材部分的建筑发票。

问： 甲供材取得的销售货物发票能否在土地增值税税前扣除？如果可以，能否加计扣除？

答： 可以扣除，并且可以加计。海南省税务局的琼地税发〔2009〕104 号也秉持这一观点。

《土地增值税暂行条例实施细则》第七条规定了计算增值额的扣除项目。该条第（二）项对房地产成本规定如下：

（二）开发土地和新建房及配套设施（以下简称房地产开发）的成本，是指纳税人房地产开发项目实际发生的成本（以下简称房地产开发成本），包括土地征用及拆迁补偿费、前期工程费、建筑安装工程费、基础设施费、公共配套设施费、开发间接费用。

....

建筑安装工程费，是指以出包方式支付给承包单位的建筑安装工程费，以自营方式发生的建筑安装工程费。

....

甲供材也属于建筑安装工程费的组成部分，不能简单地理解为必须是开具建筑安装发票的才属于建筑安装工程，建筑安装本身就包含了材料和人工，不应因材料是自行采购还是总包采购实行区别对待。

【实操指南】 由于没有明确规定，实操中各地口径不一。部分地方的税务机关并不认可开发商凭借材料的采购发票进入开发成本并享受加计扣除（如河南税务机关 2015 年网站回复），这无疑不利于甲供材项目。如果遇到这种情况，建议开发商指定材料，由乙方采购（甲方指定材料），并由乙方在总包价款中列支，开具 9% 建筑服务发票，避免土地增值税损失。

【政策依据】 《海南省地方税务局关于土地增值税有关问题的通知》（琼地税发〔2009〕104 号）：

四、关于扣除项目凭证的确认问题

（一）对于包工不包料的建安工程，施工方按提供的建安劳务金额（不含材料价款）开具发票。在计算土地增值税扣除项目时，施工费用的扣除凭证以建安发票为准，材料和设备费用的扣除凭证以销售发票为准。

（二）对于包工包料的建安工程，施工方按工程结算金额（包含材料和设备价款）开具发票。在计算土地增值税扣除项目时，建安费用的扣除凭证以建安发票为准。

河南地税 12366 指挥中心答复：

您在我们网站上提交的纳税咨询问题收悉，现针对您所提示的信息简要答复如下：根据《国家税务总局关于印发〈房地产开发经营业务企业所得税处理办法〉的通知》(国税发〔2009〕31 号)第二十七条，开发产品计税成本支出的内容如下：

（一）土地征用费及拆迁补偿费。指为取得土地开发使用权（或开发权）而发生的各项费用，主要包括土地买价或出让金、大市政配套费、契税、耕地占用税、土地使用费、土地闲置费、土地变更用途和超面积补交的地价及相关税费、拆迁补偿支出、安置及动迁支出、回迁房建造支出、农作物补偿费、危房补偿费等。

（二）前期工程费。指项目开发前期发生的水文地质勘察、测绘、规划、设计、可行性研究、筹建、场地通平等前期费用。

（三）建筑安装工程费。指开发项目开发过程中发生的各项建筑安装费用。主要包括开发项目建筑工程费和开发项目安装工程费等。

（四）基础设施建设费。指开发项目在开发过程中所发生的各项基础设施支出，主要包括开发项目内道路、供水、供电、供气、排污、排洪、通讯、照明等社区管网工程费和环境卫生、园林绿化等园林环境工程费。

（五）公共配套设施费：指开发项目内发生的、独立的、非营利性的，且产权属于全体业主的，或无偿赠与地方政府、政府公用事业单位的公共配套设施支出。

（六）开发间接费。指企业为直接组织和管理开发项目所发生的，且不能将其归属于特定成本对象的成本费用性支出。主要包括管理人员工资、职工福利费、折旧费、修理费、办公费、水电费、劳动保护费、工程管理费、周转房摊销以及项目营销设施建造费等。

您取得的门窗制作费发票不属于上述企业所得税税前可扣除的支出范围，所以不能在企业所得税税前扣除。

同时根据《中华人民共和国土地增值税暂行条例实施细则》财法字〔1995〕6 号文件第七条，条例第六条所列的计算增值额的扣除项目，具体为：

（一）取得土地使用权所支付的金额，是指纳税人为取得土地使用权所支付的地价款和按国家统一规定交纳的有关费用。

（二）开发土地和新建房及配套设施（以下简称房地产开发）的成本，是指纳税人房地产开发项目实际发生的成本（以下简称房地产开发成本），包括土地征用及拆迁补偿费、前期工程费、建筑安装工程费、基础设施费、公共配套设施费、开发间接费用。

土地征用及拆迁补偿费，包括土地征用费、耕地占用税、劳动力安置费及有关地上、地下附着物拆迁补偿的净支出、安置动迁用房支出等。

前期工程费，包括规划、设计、项目可行性研究和水文、地质、勘察、测绘、"三通一平"等支出。

建筑安装工程费，是指以出包方式支付给承包单位的建筑安装工程费，以自营方式发生的建筑安装工程费。

基础设施费，包括开发小区内道路、供水、供电、供气、排污、排洪、通讯、照明、环卫、绿化等工程发生的支出。

公共配套设施费，包括不能有偿转让的开发小区内公共配套设施发生的支出。

开发间接费用，是指直接组织、管理开发项目发生的费用，包括工资、职工福利费、折旧费、修理费、办公费、水电费、劳动保护费、周转房摊销等。

（三）开发土地和新建房及配套设施的费用（以下简称房地产开发费用），是指与房地产开发项目有关的销售费用、管理费用、财务费用。

财务费用中的利息支出，凡能够按转让房地产项目计算分摊并提供金融机构证明的，允许据实扣除，但最高不能超过按商业银行同类同期贷款利率计算的金额。其他房地产开发费用，按本条（一）、（二）项规定计算的金额之和的百分之五以内计算扣除。

凡不能按转让房地产项目计算分摊利息支出或不能提供金融机构证明的，房地产开发费用按本条（一）、（二）项规定计算的金额之和的百分之十以内计算扣除。

上述计算扣除的具体比例，由各省、自治区、直辖市人民政府规定。

（四）旧房及建筑物的评估价格，是指在转让已使用的房屋及建筑物时，由政府批准设立的房地产评估机构评定的重置成本价乘以成新度折扣率后的价格。评估价格须经当地税务机关确认。

（五）与转让房地产有关的税金，是指在转让房地产时缴纳的营业税、城市维护建设税、印花税。因转让房地产交纳的教育费附加，也可视同税金予以扣除。

（六）根据条例第六条（五）项规定，对从事房地产开发的纳税人可按本条（一）、（二）项规定计算的金额之和，加计百分之二十的扣除。

您的门窗制作费不属于土地增值额的扣除项目，所以不能在土地增值税税前扣除。

上述回复仅供参考。具体事宜请直接向您的主管或者所在地税务机关咨询。感谢您对河南地税的关注，期待下次为您服务！

第三节　土地返还、旧房转让、整体转让、代建等疑难问题

169. 土地返还款部分是否可以在土地增值税税前扣除？

案例： A公司以1亿元取得某地块后，政府返还了20%的土地款，即2000万元。

A 公司取得政府开具的 1 亿元土地款财政收据。

问：（1）土地返还款部分是否可以在土地增值税税前扣除？

（2）土地返还款计入营业外收入还是冲减土地成本？

答：（1）部分地区明文规定不可以，未规定地方有谈判空间。部分省市有明文规定，如苏地税规〔2012〕1 号、《安徽省土地增值税清算管理办法》、《贵州省土地增值税清算管理办法》，并有《国家税务总局关于土地增值税若干具体问题的公告（讨论稿）》（未正式发布）作参考，但暂无全国性有效文件。

（2）账务处理上不冲减土地成本，根据合同内容判断是否属于递延收益，如不属于则直接计入当年营业外收入，如属于与建造固定资产相关的补助，则先计入递延收益，待结转收入（一般为交付）时按结转的建筑面积比例转到营业外收入。

【实操指南】 账务处理与税务扣除并不必然一致，可能出现在账面上作营业外收入，在土地增值税前冲减土地成本的情况。

也有企业认为，土地返还款应冲减账面的土地使用权成本，而不作收入处理。

无论是冲减土地成本还是增加收入，企业所得税税负不变，但会存在时间性差异，冲减土地成本可以延迟至交房时缴纳企业所得税。另外取得该补助不涉及增值税的销项，但可能影响增值税的销项抵减。

【政策依据】 苏地税规〔2012〕1 号第五条第（四）项：

（四）取得土地使用权所支付费用的扣除

纳税人为取得土地使用权所支付的地价款，在计算土地增值税时，应以纳税人实际支付土地出让金（包括后期补缴的土地出让金），减去因受让该宗土地政府以各种形式支付给纳税人的经济利益后予以确认。

房地产开发企业支付的土地闲置费不得扣除。

国家税务总局安徽省税务局公告 2018 年第 21 号发布的修订后的《安徽省土地增值税清算管理办法》：

第三十八条　取得土地使用权所支付的金额，是指纳税人为取得土地使用权所支付的地价款和按国家统一规定交纳的有关费用。其中，取得土地使用权所支付的地价款是指纳税人依据有关土地转让、出让合同、协议及其补充协议以货币或者其他形式支付的款项。依据有关土地转让、出让合同、协议及其补充协议，政府或有关单位、部门以扶持、奖励、补助、改制或其他形式返还、支付、拨付给纳税人或其控股方、关联方的金额应从取得土地使用权所支付的金额中剔除。

国家税务总局贵州省税务局公告 2018 年第 2 号发布的修订后的《贵州省土地增值税清算管理办法》：

第四十七条　房地产开发企业以各种名义取得的政府返还款（包括土地出让金、市政建设配套费、税金等），在确认扣除项目金额时应当抵减相应的扣除项

目金额。

房地产开发企业取得不能区分扣除项目的政府返还款应抵减"取得土地使用权所支付的金额"。

《国家税务总局关于土地增值税若干具体问题的公告(讨论稿)》：

一、关于财政返还资金的处理问题

地方政府、财政部门以各种名义向房地产开发项目返还土地出让金、城市建设配套费、税金等，在计算土地增值税扣除项目金额时应抵减相应项目的扣除项目金额。对不能区分科目的返还资金，抵减土地出让金。

【关联问题】 土地返还款是否可以计算增值税土地销项抵减？（详见第二章第一节）

根据国家税务总局公告2016年第18号，允许扣除的土地价款不得超过纳税人实际支付的土地价款，取得土地款返还后，A公司实际支付的土地价款仅为8 000万元，应当只能按8 000万元计算销项抵减。

但实际执行中各省市口径不一，如广州税务局认为按取得的票据所列价款扣除返还款（1亿元或8 000万元均有可能），湖北税务局认为应不扣除返还款（按1亿元），大连税务局认为应扣除返还款（按8 000万元）。

170. 旧房转让，已交取得房屋时的契税能否在计算土地增值税时扣除？

案例： A房地产公司建成某商场后，将该商场以5 000万元价格出售给B物业公司（以下简称B公司）进行自持经营，B公司在过户时缴纳了契税150万元。2年后，该商场持续亏损，B公司现金流周转困难，因此B公司将该商场转让给了C公司，作价5 500万元。B公司转让时需缴纳土地增值税，在计算土地增值税扣除项目时，B公司按照原5 000万元的金额按两年加计（1+5％×2）作为成本扣除，同时将150万元的契税也纳入了扣除范围。

问： B公司处理是否正确？

答： 根据财税字〔1995〕48号第十一条，旧房转让时提供评估价的、在购入时已缴纳的契税，在旧房及建筑物的评估价中已包括了此项因素，因此不再重复扣除原来取得时缴纳的契税。根据《财政部 国家税务总局关于土地增值税若干问题的通知》(财税〔2006〕21号)，按发票金额加计扣除的，且能提供契税完税凭证的，可扣除契税，作为"与转让房地产有关的税金"予以扣除，但不作为加计基数。

【实操指南】 B公司采用发票金额加计扣除的方式，可以将契税纳入扣除范围，但不能加计。

需要注意的是，评估价＝建筑物重置成本×成新度，不包含土地成本。根据财税字〔1995〕48号第十条，土地成本只能凭票扣除，无票不得扣除，也不能评估作价扣除。合理的评估费用可以扣除。

按照评估价扣除其实是国家税务总局降税负的一项举措，在房价高涨、通货膨胀时期，如果按照历史成本来计算税金，纳税人负担太重，因此，用重置成本来作为扣除项，能够有效减轻税负。这一点在《国家税务总局关于印发〈土地增值税宣传提纲〉的通知》（国税函发〔1995〕110号）第六条第（四）项中也有体现："转让旧房及建筑物的，在计算其增值额时，允许扣除由税务机关参照评估价格确定的扣除项目金额（即房屋及建筑物的重置成本价乘以成新度折扣率后的价值），以及在转让时交纳的有关税金。这主要是考虑到如果按原成本价作为扣除项目金额，不尽合理。而采用评估的重置成本价能够相对消除通货膨胀因素的影响，比较合理。"

【政策依据】　财税字〔1995〕48号：

十、关于转让旧房如何确定扣除项目金额的问题

转让旧房的，应按房屋及建筑物的评估价格、取得土地使用权所支付的地价款和按国家统一规定交纳的有关费用以及在转让环节缴纳的税金作为扣除项目金额计征土地增值税。对取得土地使用权时未支付地价款或不能提供已支付的地价款凭据的，不允许扣除取得土地使用权所支付的金额。

十一、关于已缴纳的契税可否在计税时扣除的问题

对于个人购入房地产再转让的，其在购入时已缴纳的契税，在旧房及建筑物的评估价中已包括了此项因素，在计征土地增值税时，不另作为"与转让房地产有关的税金"予以扣除。

十二、关于评估费用可否在计算增值额时扣除的问题

纳税人转让旧房及建筑物时因计算纳税的需要而对房地产进行评估，其支付的评估费用允许在计算增值额时予以扣除。对条例第九条规定的纳税人隐瞒、虚报房地产成交价格等情形而按房地产评估价格计算征收土地增值税所发生的评估费用，不允许在计算土地增值税时予以扣除。

【关联问题】　如果本题中是房地产企业自己持有后销售，如何界定是按新房销售缴纳土地增值税，还是按旧房转让计税？

财税字〔1995〕48号第七条"关于新建房与旧房的界定问题"规定：新建房是指建成后未使用的房产。凡是已使用一定时间或达到一定磨损程度的房产均属旧房。使用时间和磨损程度标准可由各省、自治区、直辖市财政厅（局）和地方税务局具体规定。

171. 生地变熟地再转让，如何计算土地增值税？

案例： A房地产公司招拍挂取得一块土地，在对土地进行"三通一平"（水通、电通、道路通和场地平整）后，对外转让土地使用权。

问： 生地变熟地再转让，如何计算土地增值税？

答： 根据国税函发〔1995〕110号第六条第（二）项的规定，对取得土地使用权后投入资金，将生地变为熟地转让的，计算其增值额时，允许扣除取得土地使用权时支付的地价款、交纳的有关费用，和开发土地所需成本再加计开发成本的20%以及在转让

环节缴纳的税金。

【实操指南】 生地变熟地扣除公式如下：

$$\begin{matrix}\text{生地变熟地}\\\text{扣除额}\end{matrix}=\text{地价款}+\begin{matrix}\text{交纳的}\\\text{有关费用}\end{matrix}+\begin{matrix}\text{转让环节}\\\text{税金}\end{matrix}+\text{开发成本}+\text{开发成本}\times20\%$$

注：土地成本不加计 20%，也不扣除开发费用。

部分地区对此也有发文规定，如青岛市地税局公告 2016 年第 1 号、渝地税发〔2011〕221 号（已全文废止，仅做参考）。

【政策依据】 国税函发〔1995〕110 号：

六、具体计算增值额时应注意什么？

在具体计算增值额时，要区分以下几种情况进行处理：

（一）对取得土地或房地产使用权后，未进行开发即转让的，计算其增值额时，只允许扣除取得土地使用权时支付的地价款，交纳的有关费用，以及在转让环节缴纳的税金。这样规定，其目的主要是抑制"炒"买"炒"卖地皮的行为。

（二）对取得土地使用权后投入资金，将生地变为熟地转让的，计算其增值额时，允许扣除取得土地使用权时支付的地价款、交纳的有关费用，和开发土地所需成本再加计开发成本的 20% 以及在转让环节缴纳的税金。这样规定，是鼓励投资者将更多的资金投向房地产开发。

（三）对取得土地使用权后进行房地产开发建造的，在计算其增值额时，允许扣除取得土地使用权时支付的地价款和有关费用、开发土地和新建房及配套设施的成本和规定的费用、转让房地产有关的税金，并允许加计 20% 的扣除。这可以使从事房地产开发的纳税人有一个基本的投资回报，以调动其从事正常房地产开发的积极性。

青岛市地税局公告 2016 年第 1 号（已全文废止）：

第五十九条 取得土地使用权后未进行任何形式的开发即转让的，其扣除项目如下：

（一）取得土地使用权所支付的金额和按国家统一规定交纳的有关费用，包括契税；

（二）与转让土地使用权有关的税金，包括营业税金及附加。

第六十条 取得土地使用权后进行了实质性的土地整理、开发，但未建造房屋即转让土地使用权的，其扣除项目如下：

（一）取得土地使用权所支付的金额和按国家统一规定交纳的有关费用，包括契税；

（二）开发土地的成本；

（三）加计开发土地成本的百分之二十；

（四）与转让土地使用权有关的税金，包括营业税金及附加。

第六十一条　对房地产开发企业整体购买未竣工的房地产开发项目，然后投入资金继续建设，完成后再转让的允许加计扣除，其扣除项目如下：

（一）取得未竣工房地产所支付的价款和按国家统一规定交纳的有关费用；

（二）改良开发未竣工房地产的成本；

（三）房地产开发费用；

（四）转让房地产环节缴纳的有关税金，包括营业税金及附加；

（五）加计取得未竣工房地产所支付的价款和改良开发未竣工房地产成本两项之和的百分之二十。（注：修订后去掉了"取得未竣工房地产所支付的价款"加计项。）

渝地税发〔2011〕221号（已全文废止）：

一、关于转让土地使用权和房地产产权的具体计算问题

（一）对取得土地（不论是生地还是熟地）使用权后，未进行任何形式的开发即转让的，只允许扣除取得土地使用权时支付的地价款和交纳的有关费用，以及在转让环节缴纳的税金。

（二）对取得土地使用权后，仅进行土地开发（如"三通一平"等），不建造房屋即转让土地使用权的，允许扣除取得土地使用权时支付的地价款、交纳的有关费用、开发土地所需成本以及在转让环节缴纳的税金，再按开发土地所需成本的20％予以加计扣除。加计扣除计算基数不包括取得土地使用权时支付的地价款。

（三）对取得房地产产权后，未进行任何实质性的改良或开发即转让的，只允许扣除取得房地产产权时支付的价款、交纳的有关费用以及在转让环节缴纳的税金。

（四）对取得土地使用权后进行房地产开发建造的，允许扣除取得土地使用权时支付的地价款、交纳的有关费用、开发土地和新建房及配套设施的成本、规定的房地产开发费用以及转让房地产有关的税金，并按实施细则的规定准予加计20％扣除。

【关联问题】　对于直接转让未开发土地、生地变熟地后转让（毛地变净地）、购买在建工程直接转让、购买在建工程建设后转让等几种特殊情形，笔者做了以下归纳（见表3-1）。

表3-1　特殊情形归纳

情形	土地增值税扣除项目	国家税务总局发文	地区发文	备注
直接转让未开发土地	地价款＋交纳有关费用＋税金，不加计20％，也不扣除开发费用	国税函发〔1995〕110号第六条第（一）项	青岛市地税局公告2016年第1号、渝地税发〔2011〕221号	受《中华人民共和国城市房地产管理法》（简称《城市房地产管理法》）第39条须完成开发投资总额25％的限制

续表

情形	土地增值税扣除项目	国家税务总局发文	地区发文	备注
生地变熟地后转让（毛地变净地）	地价款＋交纳有关费用＋税金＋开发成本＋开发成本×20%，土地成本不加计20%，也不扣除开发费用	国税函发〔1995〕110 号第六条第（二）项	青岛市地税局公告2016 年第 1 号、渝地税发〔2011〕221 号	—
购买在建工程直接转让	取得在建工程支付的价款＋交纳有关费用＋税金，不加计20%，也不扣除开发费用	无	渝地税发〔2011〕221 号	无全国性文件，有争议
购买在建工程建设后转让	取得在建工程支付的价款＋缴纳有关费用＋税金＋开发成本＋开发成本×20%＋开发费用，在建工程取得成本不加计20%	《国家税务总局关于土地增值税若干具体问题的公告（讨论稿）》（未发文）	青岛市地税局公告2016 年第 1 号、河北省地税局解答	部分地区在建工程取得成本可重复加计

172. 整体转让项目如何区分普通住宅和非普通住宅清算？

案例： A 公司取得一块土地，根据建设规划许可证，规划建设 100 套住房，其中 40 套为普通住宅，60 套为非普通住宅，商铺共 10 间，在整体施工进度达到 40%时，A 公司将项目整体打包出售，取得 1 亿元转让收入，无法区分普通住宅、非普通住宅和商铺的价格。

问： A 公司在申报土地增值税时，如何区分业态填列申报表？

答： 根据财税字〔1995〕48 号第十三条，既建普通标准住宅又搞其他类型房地产开发的，应分别核算增值额。不分别核算增值额或不能准确核算增值额的，其建造的普通标准住宅不能适用普通住宅免税规定。因此，无法区分的，不区分业态，全部填入非普通住宅，不享受免税优惠。

【实操指南】（1）土地增值税是地方税种，地方税务机关自由裁量权较大，可以争取根据面积和市价进行价款拆分（或根据评估报告拆分）。

（2）如果整体转让时，尚未建设住宅，只进行了桩基建设等基础工程，笔者认为，同样不区分业态，统一清算，不享受免税优惠。

【政策依据】《国家税务总局关于房地产开发企业土地增值税清算管理有关问题的通知》(国税发〔2006〕187 号)：

一、土地增值税的清算单位

土地增值税以国家有关部门审批的房地产开发项目为单位进行清算，对于分期开发的项目，以分期项目为单位清算。

开发项目中同时包含普通住宅和非普通住宅的，应分别计算增值额。

《土地增值税暂行条例》：

第八条 有下列情形之一的，免征土地增值税：

（一）纳税人建造普通标准住宅出售，增值额未超过扣除项目金额20%的；

······

财税字〔1995〕48号：

十三、关于既建普通标准住宅又搞其他类型房地产开发的如何计税的问题

对纳税人既建普通标准住宅又搞其他房地产开发的，应分别核算增值额。不分别核算增值额或不能准确核算增值额的，其建造的普通标准住宅不能适用条例第八条（一）项的免税规定。

173. 代管代建费能在土地增值税税前扣除吗？

案例： A公司取得一块土地，由于A公司以往没有经营房地产的经验，因此找到在业内名声较好、有较多经验的B房地产公司，由B房地产公司对该项目代管代建，收取固定费用2 000万元。

问： 该代管代建费能否在土地增值税税前扣除？

答： 不能。根据土地增值税的扣除项目，代管代建费应属于开发土地和新建房及配套设施的费用（房地产开发费用），即与房地产开发项目有关的销售费用、管理费用、财务费用。而房地产开发费用是按比例扣除的，因此该2 000万元不能据实在土地增值税税前扣除。

需要注意的是，也有观点认为代管代建费属于开发成本中的开发间接费用。开发间接费用是指直接组织、管理开发项目发生的费用，包括工资、职工福利费、折旧费、修理费、办公费、水电费、劳动保护费、周转房摊销等，但笔者倾向于不能扣除，因为代管代建费中实际包括了代管代建方的利润，不能真实反映项目的直接支出（代管代建费主要由项目管理人员工资＋办公费组成），因此不能归属于开发间接费用。

【实操指南】 实操中部分代管代建费是拆成其他项目开票的，而不是直接按代管代建费开票，如开一部分营销佣金、一部分办公费、一部分劳务费等，此时办公费和劳务费有可能可以在土地增值税税前扣除，具体还需与当地税务机关沟通。

【政策依据】《土地增值税暂行条例实施细则》：

第七条 条例第六条所列的计算增值额的扣除项目，具体为：

（一）取得土地使用权所支付的金额，是指纳税人为取得土地使用权所支付的地价款和按国家统一规定交纳的有关费用。

（二）开发土地和新建房及配套设施（以下简称房地产开发）的成本，是指纳税人房地产开发项目实际发生的成本（以下简称房地产开发成本），包括土地征用及拆迁补偿费、前期工程费、建筑安装工程费、基础设施费、公共配套设施费、开发间接费用。

土地征用及拆迁补偿费，包括土地征用费、耕地占用税、劳动力安置费及有关地上、地下附着物拆迁补偿的净支出、安置动迁用房支出等。

前期工程费，包括规划、设计、项目可行性研究和水文、地质、测绘、"三通一平"等支出。

建筑安装工程费，是指以出包方式支付给承包单位的建筑安装工程费，以自营方式发生的建筑安装工程费。

基础设施费，包括开发小区内道路、供水、供电、供气、排污、排洪、通讯、照明、环卫、绿化等工程发生的支出。

公共配套设施费，包括不能有偿转让的开发小区内公共配套设施发生的支出。

开发间接费用，是指直接组织、管理开发项目发生的费用，包括工资、职工福利费、折旧费、修理费、办公费、水电费、劳动保护费、周转房摊销等。

（三）开发土地和新建房及配套设施的费用（以下简称房地产开发费用），是指与房地产开发项目有关的销售费用、管理费用、财务费用。

财务费用中的利息支出，凡能够按转让房地产项目计算分摊并提供金融机构证明的，允许据实扣除，但最高不能超过按商业银行同类同期贷款利率计算的金额。其他房地产开发费用，按本条（一）、（二）项规定计算的金额之和的百分之五以内计算扣除。

凡不能按转让房地产项目计算分摊利息支出或不能提供金融机构证明的，房地产开发费用按本条（一）、（二）项规定计算的金额之和的百分之十以内计算扣除。

上述计算扣除的具体比例，由各省、自治区、直辖市人民政府规定。

第四节　清算单位及清算后申报问题

174. 土地增值税税率跳档是否会导致增加的税金超过增加的收入？

答：只有全额累进税率或全率累进税率（我国无）会导致在税率跳档附近增加的税金超过增加的收入。日常工资薪金采用的超额累进税率和土地增值税的超率累进税率，都不会出现跳档盲区，即使刚好过档，也不会导致税负增加（除非由20%以下增值率免税的普通住宅变为20%以上）。

175. 销售未完工产品超过85%是否达到可要求进行土地增值税清算的条件？

案例：A房地产公司2016年拍得某地块，于年底开工，2017年6月开盘预售，预售当月即卖出 90%，2018 年 5 月竣工备案。

问： 该项目 2017 年 6 月是否达到可要求进行土地增值税清算的条件？

答： 未达到。根据国税发〔2006〕187 号，对已竣工验收的房地产开发项目，已转让的房地产建筑面积占整个项目可售建筑面积的比例在 85% 以上的，主管税务机关可要求纳税人进行土地增值税清算。也就是说，前提是该项目已竣工验收，然后满足已售比例 85% 以上，才达到可要求进行土地增值税清算的条件。

本例中，2018 年 5 月该项目即达到上述条件。

【实操指南】 如果在竣工前就要求清算，成本也无法归集，实操上不可行。

【政策依据】 国税发〔2006〕187 号：

二、土地增值税的清算条件

（一）符合下列情形之一的，纳税人应进行土地增值税的清算：

1. 房地产开发项目全部竣工、完成销售的；

2. 整体转让未竣工决算房地产开发项目的；

3. 直接转让土地使用权的。

（二）符合下列情形之一的，主管税务机关可要求纳税人进行土地增值税清算：

1. 已竣工验收的房地产开发项目，已转让的房地产建筑面积占整个项目可售建筑面积的比例在 85% 以上，或该比例虽未超过 85%，但剩余的可售建筑面积已经出租或自用的；

2. 取得销售（预售）许可证满三年仍未销售完毕的；

3. 纳税人申请注销税务登记但未办理土地增值税清算手续的；

4. 省税务机关规定的其他情况。

---

176. 土地增值税预缴口径是按不含税预收款，还是按预收款－预缴增值税？

案例： A 房地产公司 2018 年取得预收账款 2 000 万元（不含增值税），含税预收账款为 2 200 万元，预缴增值税 60 万元。

问： 2018 年预缴土地增值税按 2 000 万元，还是 2 140 万元（2 200－60）预缴？

答： 存在争议。

财税〔2016〕43 号（以下简称 43 号文）第三条规定，土地增值税纳税人转让房地产取得的收入为不含增值税收入。根据此条，本例应按 2 000 万元预缴。

国家税务总局公告 2016 年第 70 号（以下简称 70 号公告）第一条规定：营改增后，纳税人转让房地产的土地增值税应税收入不含增值税。适用增值税一般计税方法的纳税人，其转让房地产的土地增值税应税收入不含增值税销项税额；适用简易计税方法的纳税人，其转让房地产的土地增值税应税收入不含增值税应纳税额。据此，本例应按 2 140 万元（2 200－60）预缴。

70 号公告还规定了，为方便纳税人，简化土地增值税预征税款计算，房地产开发企业采取预收款方式销售自行开发的房地产项目的，可按照预收款－应预缴增值税税款计算土地增值税预征计征依据。

43号文规定按不含税收入，而70号公告规定按预收款—应预缴增值税。两者存在差异，70号公告比43号文预缴税负增加约9%。

但按70号公告表述，房地产开发企业"可"按照该方式，目的"为方便纳税人"，选择权在房地产企业，应尽量按照43号文口径：预收/(1+适用税率或征收率)。

【实操指南】 部分观点认为，43号文并未表述清楚不含增值税收入的定义，而70号公告是对43号文的补充，因此应适用70号公告的规定。目前重庆、广西等地税务机关已要求按70号公告执行，其他地区执行不一。

《广西壮族自治区房地产开发项目土地增值税管理办法（试行）》第十三条规定：

> 房地产开发项目实施先预征后清算的征管模式。纳税人采取预收款方式销售自行开发的房地产项目的，按照以下方法计算预缴土地增值税：
>
> 应预缴税款＝(预收款—应预缴增值税税款)×预征率
>
> 公式中预征率按各市的预征率执行，各市可实行差别化预征率。

177. 重庆地区的土地增值税清算单位是否可选择？

案例： 重庆市铜梁区A房地产开发企业在拿地时，因市政道路影响，同一个地块被划分成四个地块，一次受让，但取得了四个土地使用权证和四个用地规划许可证。经测算，按四个地块分别清算税负较高，因此在前期规划阶段，税务人员向规划部门提出，尽量取得一个大的工程规划许可证。但规划部门表示，分批取得工程规划许可证能更快开工，如无必要，不建议拿一个大的工程规划许可证。

问： 拿一个大的工程规划许可证是否可以合并四个土地增值税清算单位？

答： 重庆市地方税务局公告2014年第9号第一条第（一）项规定："房地产开发以规划主管部门审批的用地规划项目为清算单位。用地规划项目实施开发工程规划分期的，可选择以工程规划项目（分期）为清算单位。"根据该表述，当用地规划中实施开发工程规划分期时，可选择以分期为清算单位，前提是工程规划分期，也就是工程规划小于用地规划，一个用地规划中包含多个工程规划的情况；但未规定当几个用地规划合并成一个工程规划（不分期）后，是否可以选择按工程规划清算。

【实操指南】 本例中能否用一个大的工程规划许可证合并四个清算单位存疑，需与主管税务机关沟通后确定。如前期无法确定，建议以更快开工为优先，实现更快回款。

【政策依据】《重庆市地方税务局关于土地增值税若干政策执行问题的公告》（重庆市地方税务局公告2014年第9号）：

> 一、房地产项目清算有关规定
>
> （一）清算单位
>
> 房地产开发以规划主管部门审批的用地规划项目为清算单位。用地规划项目实

施开发工程规划分期的，可选择以工程规划项目（分期）为清算单位。

…………

注：重庆市地方税务局公告2015年第5号废止了本条中的“纳税人应于房地产项目开工前向主管税务机关报备已选择的清算单位。清算单位一经报备，不得调整；未按规定报备的，以工程规划项目清算单位”（引文省略部分），但清算单位划分方式未废止。

178. 土地增值税清算中免税的普通住宅，清算后再卖出剩余部分是否也免税？

案例：A公司开发某项目，于2016年开盘，2018年5月清算，清算时普通住宅部分增值率为18%，低于20%，享受免税优惠。6—12月，A公司又陆续卖出部分尾盘，其中10套为普通住宅。

问：(1) 清算后申报时，普通住宅是否也免税？

(2) 尾房销售如何计税？

答：(1) 清算后再转让的房地产，即使在清算时计算出是免税的，清算后再申报时，也需要重新计算是否符合免税条件。按照图3-1计算扣除项目，增值率未超过20%的普通住宅免征，超过的不免。

附表

清算后尾盘销售土地增值税扣除项目明细表

纳税人名称：
税款所属期：自　年　月　日至　年　月　日　　填表日期：　年　月　日　　金额单位：元至角分；面积单位：平方米

纳税人识别号 □□□□□□□□□□□□□□□□□□□□

纳税人名称		项目名称		项目编号		项目地址	
所属行业		登记注册类型		纳税人地址		邮政编码	
开户银行		银行账号		主管部门		电　话	
项目总可售面积		清算时已售面积		清算后剩余可售面积			

项目	行次	普通住宅	非普通住宅	其他类型房地产	合计
本次清算后尾盘销售的销售面积	1				
单位成本费用	2				——
扣除项目金额合计 3=1×2	3				——

本次与转让房地产有关的营业税		本次与转让房地产有关的城市维护建设税		本次与转让房地产有关的教育费附加	

以下由纳税人填写：					
纳税人声明	此纳税申报表是根据《中华人民共和国土地增值税暂行条例》及其实施细则和国家有关税收规定填报的，是真实的、可靠的、完整的。				
纳税人签章		代理人签章		代理人身份证号	
以下由税务机关填写：					
受理人		受理日期	年　月　日	受理税务机关签章	

填表说明：
1. 本表适用于从事房地产开发与建设的纳税人，在清算后尾盘销售时填报。
2. 项目总可售面积应与纳税人清算时填报的总可售面积一致。
3. 清算时已售面积应与纳税人清算时填报的已售面积一致。
4. 清算后剩余可售面积=项目总可售面积－清算时已售面积。
5. 本表一式两份，送主管税务机关审核盖章后，一份由地方税务机关留存，一份退纳税人。

图3-1 清算后尾盘销售土地增值税扣除项目明细表

注：部分地区规定，尾盘销售可与初次清算合并，进行二次清算，如鄂地税发〔2013〕44号（湖北）、安徽省土地增值税清算管理办法。

(2) 目前无明文规定土地增值税清算后应如何进行申报，但根据税总函〔2016〕309号发布的土地增值税纳税申报表，尾房销售应按月申报，并区分“普通住宅、非普通住宅、其他类型房地产”业态。

在计算方式上，因无全国性统一规定，根据各地发文情况，存在两种口径：

第一种：收入金额应为本月或季签约销售的金额（账上已确认收入），扣除项目金额应为本月或季签约销售的可售面积×清算时的单位成本费用，不得扣除清算后实际销售所缴纳的税金及附加。如厦门市地方税务局公告 2011 年第 5 号。

此方式不尽合理，因为清算后实际销售所缴纳的税金及附加才是纳税人的实际支出税金，而清算时的单位成本费用（含清算时计算的税金及附加）和清算后销售尾房的收入成本并不匹配，虽然计算较为简便，但不符合法理，且清算后尾盘销售土地增值税扣除项目明细表中，也列有本次与转让房地产有关的营业税、城市维护建设税、教育费附加（不是必填项，但存在即说明合理性），不允许扣除实际转让相关的税费，而是扣除清算时的税费，不符合配比原则，因此有了第二种口径。

第二种：在计算单位成本费用＝清算扣除项目总金额÷清算的总已售面积时，扣除项目总金额不含税金，清算后再转让时，以单位成本费用×转让面积＋本次转让的税金作为扣除项目金额。如北京市地方税务局公告 2016 年第 7 号、琼地税函〔2015〕917 号、青岛市地税局公告 2016 年第 1 号。

【实操指南】（1）清算后再计算不仅限于普通住宅，如果是清算时增值率小于等于 0 的非普通住宅或非住宅，一样需要重新计算，有可能出现清算时无须交税而清算后卖出的尾房需要交税的情况。此种情况一般为清算后尾房卖出时销售价格高于清算前引起，或者是清算后卖出的尾房主要是高增值业态，如商铺和车位（低增值率）一起清算，因此清算时增值率较低，但后期单独卖出时，就会产生税款。

因此，为了减少税款损失，企业可尽量提前筹划，将高增值率物业与低增值率物业一起清算，而不要单独留下其中一种在清算后销售。

（2）但需注意，部分地区存在另一种申报口径，即尾房销售不得按月或按季集中申报，而要按套申报（吉林规定），按每笔合同计算增值额和应纳税款，次月申报缴纳。

按套申报更不利于企业，因为按套更容易浪费低增值率物业的抵消作用。

【政策依据】厦门市地税局公告 2011 年第 5 号第二条第（二）项：

（二）转让房地产有关的税金的分摊

土地增值税清算时未转让的房地产，清算后销售或有偿转让产生的有关的税金在计算土地增值税时不得扣除。

北京市地方税务局公告 2016 年第 7 号：

第七章 清算审核期间及清算后再转让房地产的处理

第四十六条 土地增值税清算时未转让的房地产，纳税人清算后转让的（以下简称清算后再转让房地产），按以下规定办理：

（一）清算后再转让房地产的纳税人应在每季度终了后 15 日内进行纳税申报（含零申报）。

（二）清算后再转让房地产应当区分普通住宅和其他商品房分别计算增值额、增值率，缴纳土地增值税。

（三）清算后再转让房地产扣除项目金额按清算时确认的普通住宅、其他商品房单位建筑面积成本费用乘以转让面积确认。

$$清算时单位建筑面积成本费用＝\frac{本次清算扣除项目总金额}{清算的总已售面积}$$

上述公式中，"本次清算扣除项目总金额"不包括纳税人进行清算时扣除的与转让房地产有关的税金。

（四）清算后再转让房地产的有关税金在本次申报缴纳土地增值税时予以扣除。

（五）清算后再转让的房地产，按照上述方式计算的增值率未超过20％的普通住宅，免征土地增值税；增值率超过20％的，应征收土地增值税。

（六）纳税人清算后再转让房地产的，对于买卖双方签订的房地产销售合同有约定付款日期的，纳税义务发生时间为合同签订的付款日期的当天；对于采取预收款方式的，纳税义务发生时间为收到预收款的当天。

（七）清算后再转让房地产的土地增值税计算方式应与项目的清算方式保持一致。以核定征收方式清算的项目再转让房地产的，按清算时核定征收率计征税款。

第四十七条 清算审核期间转让房地产

纳税人在清算审核期间转让的房地产，扣除项目金额以本次清算确认的单位建筑面积成本费用乘以转让面积计算。具体计算公式按本规程第四十六条第三款规定执行。

纳税人应按照上述方法计算清算审核期间转让房地产对应的税款，与本次清算税款合并后，一并申报缴纳。

琼地税函〔2015〕917号（已全文废止）：

十一、如何确认清算后再转让房地产的扣除项目金额？

在土地增值税清算时未转让的房地产，清算后销售或有偿转让的，纳税人应按规定进行土地增值税的纳税申报，扣除项目金额分别按清算时的普通住宅、非普通住宅单位建筑面积成本费用乘以销售或转让面积计算。

$$\frac{（普通住宅或非普通住宅）}{单位建筑面积成本费用}＝\frac{（普通住宅或非普通住宅）}{清算时的扣除项目金额}\Big/\frac{（普通住宅或非普通住宅）}{清算的已售建筑面积}$$

其中，上述计算中的扣除项目金额不包括清算时的转让房地产有关的税金。本次与转让房地产有关的营业税及附加准予在清算后再转让的扣除项目中进行扣除。

青岛市地税局公告2016年第1号（已全文废止）：

第六十二条 在土地增值税清算时未转让的房地产，清算后销售或有偿转让的，纳税人应按规定在次月十五日内向主管税务机关申报缴纳土地增值税，其扣除项目金额按清算时的单位建筑面积扣除项目金额乘以销售或转让面积，加转让环节税金计算。其中单位建筑面积扣除项目金额的计算公式如下：

$$\frac{单位建筑面积扣除项目金额} = \frac{清算时的扣除项目总金额}{清算的总建筑面积}$$

上述公式中，清算时的扣除项目总金额不包括与转让房地产有关的税金。

注：本条第一款内容为青岛市地税局公告 2017 年第 3 号修订后条文。

179. 土地增值税清算一般是二分还是三分？

答： 国税发〔2006〕187 号第一条规定："开发项目中同时包含普通住宅和非普通住宅的，应分别计算增值额。"国家税务总局仅规定了二分，但申报表为三分，实践中各地不一。如四川省地方税务局公告 2015 年第 5 号第二条规定："同一清算单位中同时包含多种房地产类型的，应按普通标准住宅、非普通标准住宅、非住宅三种类型分别计算增值额、增值率，并据此申报土地增值税。"具体以当地规定为准。

【实操指南】 目前存在二分、三分、四分（商铺车位分开清算，如江苏地区）的情况。

第五节　机械及人防车位等产权不明晰物业

180. 与商品房捆绑销售的无产权车位是否参与清算？

案例： A 房地产公司开发某项目，在 2016 年房价大涨时，房源供不应求。销售部门遂提出将难以去化的无产权车位与房屋捆绑销售（转让永久使用权）。2016 年该举措效果良好，售出无产权车位共 320 个，取得车位收入 3 000 万元。

2018 年该企业接到通知，要进行土地增值税清算。

问： 清算时，上述无产权车位的收入和成本是否纳入清算范围？

答： 对于捆绑销售且取得收入的无产权车位，各省市基本都同意将其计入清算收入，成本允许扣除，且一般情况下与商品房所在业态一同清算，可能为普通住宅或非普通住宅。

【实操指南】 与商品房所在业态一同清算，在很大程度上能够降低土地增值税的税负。企业在前期筹划时，可以将车位与高增值率业态捆绑销售，且通常高增值率业态的购买人群具有更高的购买力，本身也需要车位。而车位通常是负增值率业态，在此种情况下，能够降低高增值率业态的增值率，从而降低土地增值税税负。

需要注意的是，也可能遇到税务机关不允许其与商品房所在业态一同清算或不允许纳入清算的情况。具体还需跟当地税务机关沟通。

181. 国税发〔2006〕187 号规定的"建成后产权属于全体业主所有"如何判定？

案例： A 公司开发的项目中含有地下产权车位，但由于容积率较高，为防止未来车位不够用，A 公司设计了机械车位，如图 3-2 所示，其可以通过上下遥控，使原本的一个车位变为两个或三个机动车位。但机械车位需要人工操作，后期投入较大，A公司拟交由物业管理。

图3-2　机械车位图

2017年A公司土地增值税清算时，将地下车库的成本列入了公共配套设施予以扣除。税务机关在审核时发现，实地考察后认为该地下车库有产权，可以取得产权证，因此应作为可售业态自持，不能扣除成本。

A公司不服，抗辩理由为：机械车位无法拆分成小产权证，因为同一块地面上有2～3个车位，且无法出售，没有业主会购买机械车位。虽然地下车库有产权，但实际无法分割和出售。

税务机关对A公司的抗辩，要求A公司提供房管部门盖章的证明，证明机械车位无法出售。

A公司在咨询房管部门后，得知房管部门不愿意开具该证明。

经过反复多次沟通，税务机关要求，如果将全部机械车位无偿移交给业主，符合国税发〔2006〕187号规定的"建成后产权属于全体业主所有"，则可以作为公配扣除，否则不可以。

问：A公司应如何提供无偿移交的证明？

答：可以按照以下原则之一确认：（1）政府文件中明确规定；（2）人民法院裁决；（3）商品房买卖合同中明确约定；（4）移交给业主委员会并有业主委员会盖章；（5）登报公示并经半数以上业主签名。

【实操指南】　机械车位和人防车位等特殊业态非常普遍，特别是机械车位作为一个新兴产物，目前越来越多的住宅、商场逐渐采用这种形式以缓解停车压力。但这在税务处理上，却成为一个重大难点。

如本例所示，机械车位能够确权，却无法分割和出售，在税收法规上，缺失对这种特殊业态的规定，导致各地处理方法五花八门。但无偿移交是大多数税务机关会采纳的方式。

在实践中，通常采用的是"（4）移交给业主委员会并有业主委员会盖章；（5）登报公示并经半数以上业主签名"这两种。

部分税务机关要求两者兼有，而部分税务机关可以只选其一。对于 A 公司来说，如果进行无偿移交，对后续接手的物业公司会产生一定影响，即不能收取车位租金（但可以收取车位管理费）。

需要注意的是，即使是（4）和（5）两者选其一，对大部分企业来说，也难以达成。在房价上涨时期，很多业主买房不是为了居住，而是为了投资，跨地区投资的客户也比比皆是，因此很多小区没有成立业主委员会，半数以上的业主也很难找齐。即使找齐了半数以上的业主签字，多半也要花费半年、一年甚至更长的时间，但土地增值税清算拖不了这么长时间，因此实践中很难操作。

无独有偶，人防车位也存在众多的争议。人防车位是开发项目根据《中华人民共和国人民防空法》的要求建设的人防防空地下室，产权不属于业主也不属于开发商。但人防车位产权到底属不属于国家？众说纷纭，有一种观点认为人防车位产权属于国家，因为是国家要求建造的；另一种观点是，国家也只是拥有管理权，因为人防车位是不确权的，产权也不属于国家。目前仅有重庆、四川部分地区人防车位是可以对外出售并且给业主确权的，这种有产权的人防车位通常没有争议。无产权的人防车位，虽然法律规定没有产权，但依然可以以售卖的形式长期出租，签订多年的租赁合同，以租代售，其实是戴个面具继续销售。其虽然形式上不可售，但实质上可售，对租金收入是纳入土地增值税清算范围，还是作为公配扣除，各地标准也不一样。如果作为公配扣除，人防车位和机械车位一样，存在无偿移交执行困难的问题。

鉴于以上原因，目前这种情况需要国家层面尽快明确相关法规，以避免出现实践中执行不一和执行难的情况，以减轻纳税的不确定性。

182. 地下车位是否分摊土地成本？

案例： A 企业注册于四川省成都市，房地产开发项目已进入清算阶段，在清算时，其与主管税务机关发生较大分歧。A 企业的房地产开发项目为住宅项目，配置底层商铺和地下停车场，地下停车场分为人防和非人防车位，非人防车位部分可以取得产权。A 企业在自行报送的清算方案中，地下车位未分摊土地成本，理由为地下面积不计入容积率；但主管税务机关认为非人防地下车位应当分摊土地成本。

问： 非人防地下车位是否分摊土地成本？

答： 四川省地方税务局公告 2015 年第 5 号在第三条中规定："其他共同发生的成本费用，按照建筑面积法（即转让的建筑面积占可转让总建筑面积的比例）进行分摊。"括号里的可转让建筑面积即可售面积，无论地上地下，只要可售（实践中一般判定为有产权），就要分摊土地成本。如果没有产权，卖使用权，类似于出租，虽不属于可售面积，无须分摊土地成本，但也不纳入土地增值税清算范围。

【实操指南】 地下建筑物是否分摊土地成本，各地税务机关口径不一，除四川等少数地区外，大部分地区认可不计容面积不分摊土地成本的口径，可参照厦门市地方税务局公告 2016 年第 7 号、鄂地税发〔2013〕44 号、琼地税函〔2013〕2 号、新疆维吾尔自治区地方税务局公告 2016 年第 6 号。

地下建筑物通常增值率较低，且与商铺等作为非住宅独立计算，某些小区没有商铺或商铺较少时，地下建筑物分摊土地成本会使非住宅部分成本增加，而收入本就较低，可能出现负增值，不利于房地产企业，除非商铺居多导致非住宅增值率较高，或采用二分法清算的非普通住宅增值率较高，此时地下建筑物分摊土地成本可以稀释高增值率业态的成本。因此，企业前期应了解清楚当地的清算口径，进行前期测算，实践中需与主管税务机关沟通，在前期规划阶段尽量避免负增值业态。

【政策依据】 四川省地方税务局公告 2015 年第 5 号：

三、关于共同成本费用的分摊

纳税人分期分批开发房地产项目或同时开发多个房地产项目，各清算项目取得土地使用权所支付的金额，按照占地面积法（即转让土地使用权的面积占可转让土地使用权总面积的比例）进行分摊；其他共同发生的成本费用，按照建筑面积法（即转让的建筑面积占可转让总建筑面积的比例）进行分摊。

厦门市地方税务局公告 2016 年第 7 号：

第三十四条 纳税人为取得土地使用权所支付的契税计入"取得土地使用权所支付的金额"，准予扣除。对纳税人因容积率调整等原因补缴的土地出让金及契税，予以扣除。

同一个清算项目，可以将取得土地使用权所支付的金额全部分摊至计入容积率部分的可售建筑面积中，对于不计容积率的地下车位、人防工程、架空层、转换层等，不计算分摊取得土地使用权所支付的金额。

....

鄂地税发〔2013〕44 号：

六、关于地下建筑物土地成本分摊问题

房地产开发项目在取得土地使用权时，申报建设规划含地下建筑，且将地下建筑纳入项目容积率的计算范畴，并列入产权销售的，其地下建筑物可分摊项目对应的土地成本。如交纳土地出让金的非人防地下车库，在整个开发项目的土地使用证中会标明地下车库的土地使用年限和起止日期，同时取得"车库销售许可证"，在计算地下车库土地增值税扣除项目时可分摊土地成本。其他不纳入项目容积率计算范畴或不能提供与取得本项目土地使用权有关联证明的地下建筑物，不得进行土地成本分摊。

琼地税函〔2013〕2 号：

省局稽查局：

你局《关于房地产开发中对会所架空层地下室（含人防）等设施成本扣除问题

的请示》，经研究，现批复如下：

公共配套设施费，是指在房地产开发中必须建造，但又不能有偿转让的公共配套设施所发生的支出。在土地增值税清算时，对房地产开发项目中所建造的会所、架空层、地下室（包括地下人防）等设施，对纳税人能提供规划、房管等相关部门有关设施属规划建造和不能有偿转让的证明资料，且通过合同、协议或其他方式约定（人防除外），将该设施实际提供全体业主共同使用的，其成本支出可作为公共配套设施费，予以扣除，否则，将该设施建筑面积视为可售建筑面积处理。

在对三亚鹿回头旅游开发有限公司一期"A15 双海湾、A16 东海湾住宅"项目进行土地增值税清算时，涉及项目中建造的会所、架空层、地下室（包括地下人防）等设施的成本扣除问题，请根据以上标准处理。

新疆维吾尔自治区地方税务局公告 2016 年第 6 号第四条第（三）项：

（三）关于无产权车位分摊土地成本问题，土地成本仅在可售面积中分摊，无产权的地下车位不分摊土地成本。

第四章
个人所得税

第一节　个人所得税改革疑难问题

183. 个人所得税改革后，居民个人从境外取得所得的申报计算方式是否和原来一样?

案例: 某居民个人为房地产公司高级管理人员，在境外取得部分薪酬，2017 年从境外取得所得，于 2018 年在境内主管税务机关进行了补税，与境内所得分开计税，单独缴纳税款。

问: 2018 年该个人继续从境外取得所得，应如何在境内进行申报?

答:《国家税务总局关于个人所得税自行纳税申报有关问题的公告》(国家税务总局公告 2018 年第 62 号) 第四条规定:"纳税人取得境外所得办理纳税申报的具体规定，另行公告。"截至 2019 年 6 月，无最新公告，但根据新《中华人民共和国个人所得税法实施条例》(以下简称《个人所得税法实施条例》) 第二十条，可能会合并境内外综合所得计算。除综合所得和经营所得外，仍然区分境内外所得，单独计算纳税。

【政策依据】《个人所得税法实施条例》:

第二十条　居民个人从中国境内和境外取得的综合所得、经营所得，应当分别合并计算应纳税额;从中国境内和境外取得的其他所得，应当分别单独计算应纳税额。

国家税务总局公告 2018 年第 62 号:

四、取得境外所得的纳税申报

居民个人从中国境内取得所得的，应当在取得所得的次年 3 月 1 日至 6 月 30 日内，向中国境内任职、受雇单位所在地主管税务机关办理纳税申报;在中国境内没有任职、受雇单位的，向户籍所在地或中国境内经常居住地主管税务机关办理纳税申报;户籍所在地与中国境内经常居住地不一致的，选择其中一地主管税务机关办理纳税申报;在中国境内没有户籍的，向中国境内经常居住地主管税务机关办理纳税申报。

纳税人取得境外所得办理纳税申报的具体规定，另行公告。

184. 2019 年居民个人取得年终一次性奖金，如何计税？年终奖跳档是怎么回事？

案例： A 房地产公司于 2019 年 1 月计发 2018 年全年的年终奖，发放对象全部为境内居民个人。

问： 在发放年终奖时，应如何代扣代缴个人所得税？

答： （1）单独纳税。

根据《财政部 税务总局关于个人所得税法修改后有关优惠政策衔接问题的通知》（财税〔2018〕164 号），居民个人取得全年一次性奖金，在 2021 年 12 月 31 日前，不并入当年综合所得，以全年一次性奖金收入除以 12 个月得到的数额，按照月度税率表，确定适用税率和速算扣除数，单独计算纳税（见表 4-1）。

表 4-1 2019 年个人所得税月度税率表

级数	应纳税所得（含税）	税率（%）	速算扣除数
1	未超过 3 000 元的部分	3	0
2	超过 3 000 至 12 000 元的部分	10	210
3	超过 12 000 至 25 000 元的部分	20	1 410
4	超过 25 000 至 35 000 元的部分	25	2 660
5	超过 35 000 至 55 000 元的部分	30	4 410
6	超过 55 000 至 80 000 元的部分	35	7 160
7	超过 80 000 元的部分	45	15 160

例如，甲居民个人 2019 年全年取得税前工资收入 50 万元，取得年终奖 40 万元。计算方式如下：400 000÷12＝33 333.33（元），查找税率表属于第 4 级 25 000 元至 35 000 元的部分，适用税率 25%，速算扣除数 2 660 元。

$$应纳税额＝全年一次性奖金收入×适用税率－速算扣除数$$
$$＝400 000×25\%－2 660＝97 340（元）$$

需要注意，查找税率和速算扣除数时用的是全年奖金除以 12，但计算税款时用的还是全年奖金，不除以 12。

（2）并入综合所得纳税。

例如，甲居民个人 2019 年全年取得税前工资收入 50 万元，取得年终奖 40 万元，专项附加扣除每月 3 000 元，五险一金每月 3 000 元。计算方式如下：

甲全年综合所得（假设未取得劳务报酬、特许权使用费、稿酬）＝900 000－60 000－（3 000＋3 000）×12＝768 000（元）（60 000 元是每月 5 000 元的基本减除费用全年合计），查找综合所得税率表属于第 6 级 660 000 元至 960 000 元的部分，适用税率 35%（见表 4-2），速算扣除数 85 920 元。

表 4-2 个人所得税税率表（综合所得适用）

级数	全年应纳税所得额	税率（%）	速算扣除数
1	不超过 36 000 元的	3	0

续表

级数	全年应纳税所得额	税率（%）	速算扣除数
2	超过 36 000 元至 144 000 元的部分	10	2 520
3	超过 144 000 元至 300 000 元的部分	20	16 920
4	超过 300 000 元至 420 000 元的部分	25	31 920
5	超过 420 000 元至 660 000 元的部分	30	52 920
6	超过 660 000 元至 960 000 元的部分	35	85 920
7	超过 960 000 元的部分	45	181 920

全年应纳税额＝768 000×35%－85 920＝182 880（元）

【实操指南】（1）如果年终奖不并入综合所得，那么甲全年综合所得＝500 000－60 000－（3 000＋3 000）×12＝368 000（元），查找税率表属于第 4 级 300 000 元至 420 000 元的部分，适用税率 25%，速算扣除数 31 920 元。

应纳税额＝368 000×25%－31 920＝60 080（元）

对比得出，将年终奖计入综合所得，因年终奖计入综合所得部分对应的税款＝182 880－60 080＝122 800（元），比单独纳税增加 122 800－97 340＝25 460（元）。

但并非所有情况下，单独计税都更有利，当纳税人全年工资低于起征点 6 万元＋全年专项附加扣除的金额时，或许年终奖纳入综合所得更有利；还有一种情况是年终奖跳档，导致增加的年终奖不足以覆盖增加的个税时，将部分年终奖纳入综合所得更有利。

在其他情况下，一般是单独计税更有利，因为单独计税能适用较低的税率，且收入越高的纳税人越是如此（跳档需单独考虑）。

财税〔2018〕164 号规定，居民个人可以选择单独计税，或并入综合所得。

（2）年终奖跳档。年终奖跳档又叫年终奖盲区，指的是年终奖计税的一个缺陷，这个缺陷会导致年终奖增加的时候，由于税款增加得更多，因此拿到手的年终奖反而减少了。年终奖跳档表如表 4-3 所示（新个税法下的单独计税模式，并入综合所得计税不存在年终奖跳档）。

表 4-3 年终奖跳档表

跳档区间	税前年终奖	除以 12 的商数	适用税率（%）	速算扣除数	应纳税额	税后数额
第一档：36 000～38 566.67	36 000.00	3 000.00	3	0	1 080.00	34 920.00
	36 001.00	3 000.08	10	210	3 390.10	32 610.90
	38 566.67	3 213.89	10	210	3 646.67	34 920.00
第二档：144 000～160 500	144 000.00	12 000.00	10	210	14 190.00	129 810.00
	144 001.00	12 000.08	20	1 410	27 390.20	116 610.80
	160 500.00	13 375.00	20	1 410	30 690.00	129 810.00
第三档：300 000～318 333.33	300 000.00	25 000.00	20	1 410	58 590.00	241 410.00
	300 001.00	25 000.08	25	2 660	72 340.25	227 660.75
	318 333.33	26 527.78	25	2 660	76 923.33	241 410.00

续表

跳档区间	税前年终奖	除以 12 的商数	适用税率（%）	速算扣除数	应纳税额	税后数额
第四档：420 000～447 500	420 000.00	35 000.00	25	2 660	102 340.00	317 660.00
	420 001.00	35 000.08	30	4 410	121 590.30	298 410.70
	447 500.00	37 291.67	30	4 410	129 840.00	317 660.00
第五档：660 000～706 538.46	660 000.00	55 000.00	30	4 410	193 590.00	466 410.00
	660 001.00	55 000.08	35	7 160	223 840.35	436 160.65
	706 538.46	58 878.21	35	7 160	240 128.46	466 410.00
第六档：960 000～1 120 000	960 000.00	80 000.00	35	7 160	328 840.00	631 160.00
	960 001.00	80 000.08	45	15 160	416 840.45	543 160.55
	1 120 000.00	93 333.33	45	15 160	488 840.00	631 160.00

从中可以看到，凡是税前年终奖金额处于这六个档位中，就会出现跳档，每个档的税后年终奖数额形成一条开口向上的抛物线，也就是说，当税前年终奖数额增加时，税后年终奖数额反而减少了。每一档的税前年终奖两端的数字，对应的税后数额相等，处在档位中间的税前年终奖是非常不利于纳税人的。

年终奖跳档是年终奖单独纳税采用全额累进税率导致的，我们日常工资薪金采用的是超额累进税率，就不会出现跳档情况。土地增值税的超率累进税率，也不会出现跳档情况，即使刚好过档，也不会导致税负增加（除非由 20％以下增值率免税的普通住宅变为 20％以上增值率）。

因此当出现跳档情况时，可以筹划将超出上述六档的最低端的数字，挪到综合所得中计税。

但纳税人并不能选择将一部分年终奖纳入综合所得，另一部分单独计税，只能统一选择一种方式纳税，因此，需做好提前筹划，对有跳档的情况，将跳档金额部分移至工资薪金部分发放，则可以避免此情况（需要人力资源部门主动作为）。

（3）税改以前，年终奖的计算方式与单独纳税相同，但需要与当月工资薪金合并，合并的月份为取得所得的月份（和年终奖实发月的发放工资合并）。税改之后，由于是按年纳税，不需要再区分合并月份，但可以选择在过渡期采用单独计税方式。

（4）假如 2027 年以后可以选择单独计税的政策不再延续，则年终奖只能并入综合所得，届时，高收入人群的税负将大幅增加。

【政策依据】财税〔2018〕164 号：

一、关于全年一次性奖金、中央企业负责人年度绩效薪金延期兑现收入和任期奖励的政策

（一）居民个人取得全年一次性奖金，符合《国家税务总局关于调整个人取得全年一次性奖金等计算征收个人所得税方法问题的通知》（国税发〔2005〕9 号）规定的，在 2021 年 12 月 31 日前，不并入当年综合所得，以全年一次性奖金收入除以 12 个月得到的数额，按照本通知所附按月换算后的综合所得税率表（以下简称

月度税率表），确定适用税率和速算扣除数，单独计算纳税。计算公式为：

应纳税额＝全年一次性奖金收入×适用税率－速算扣除数

居民个人取得全年一次性奖金，也可以选择并入当年综合所得计算纳税。

自 2022 年 1 月 1 日起，居民个人取得全年一次性奖金，应并入当年综合所得计算缴纳个人所得税。

注：根据财政部　税务总局公告 2023 年第 30 号，全年一次性奖金个人所得税政策延续实施至 2027 年 12 月 31 日。

2019 年 1 月 9 日上午国家税务总局在线访谈《落实个税专项附加扣除政策　让纳税人及时尽享改革红利（第二期）》：

网友 91112：您好，2019 年以后发放的全年一次性奖金，如何计算缴纳个人所得税？

国家税务总局所得税司副司长叶霖儿：为确保新税法顺利平稳实施，稳定社会预期，让纳税人享受税改红利，财政部、税务总局制发了《关于个人所得税法修改后有关优惠政策衔接问题的通知》（财税〔2018〕164 号，以下简称《通知》），对纳税人在 2019 年 1 月 1 日至 2021 年 12 月 31 日期间取得的全年一次性奖金，可以不并入当年综合所得，以奖金全额除以 12 个月的数额，按照综合所得月度税率表，确定适用税率和速算扣除数，单独计算纳税，以避免部分纳税人因全年一次性奖金并入综合所得后提高适用税率。

对部分中低收入者而言，如将全年一次性奖金并入当年工资薪金所得，扣除基本减除费用、专项扣除、专项附加扣除等后，可能根本无需缴税或者缴纳很少税款。而如果将全年一次性奖金采取单独计税方式，反而会产生应纳税款或者增加税负。同时，如单独适用全年一次性奖金政策，可能在税率换档时出现税负突然增加的"临界点"现象。因此，《通知》专门规定，居民个人取得全年一次性奖金的，可以自行选择计税方式，请纳税人自行判断是否将全年一次性奖金并入综合所得计税。也请扣缴单位在发放奖金时注意把握，以便于纳税人享受减税红利。

---

185. 年终奖金分多次发放应如何计税？

案例：A 房地产公司于 2019 年 1 月计发 2018 年全年的年终奖，发放对象全部为境内居民个人。公司资金紧张，但春节前必须发放部分奖金，否则会引起职工不满，因此，A 房地产公司采取了分次发放的形式，节前发放 50％，5 月再发放剩余 50％。

问：分次发放年终奖时，应如何代扣代缴个人所得税？

答：根据财税〔2018〕164 号第一条，居民个人取得全年一次性奖金适用单独计税的，须符合《国家税务总局关于调整个人取得全年一次性奖金等计算征收个人所得税方法问题的通知》（国税发〔2005〕9 号）的规定。

国税发〔2005〕9 号第三条规定，在一个纳税年度内，对每一个纳税人，该计税办法只允许采用一次；第五条规定，雇员取得除全年一次性奖金以外的其他各种名目奖金，如半年奖、季度奖、加班奖、先进奖、考勤奖等，一律与当月工资、薪金收入合并，按税法规定缴纳个人所得税。

分次发放的应合并为一次年终奖单独计税，或者选择其中一次单独计税，剩余次数发放的并入综合所得计税。

186. 个税改革是否全面降低了纳税人税负？

针对两种人群，个税改革可能会增加纳税人税负：第一种是有年终奖（工资不是全部在月度发放）的高收入人群将年终奖纳入综合所得计税的（2022年以后无法选择）；第二种是我们俗称的"斜杠青年"，也就是既取得工资薪金所得，又取得稿酬或特许权使用费或劳务报酬的人群，由于合并计税，可能出现税率升高（工资薪金所得低于60 000元＋专项附加扣除的，或合并计税后综合所得税率低于20%的除外）。

（1）针对第一种情况，举例说明如图4-1所示。

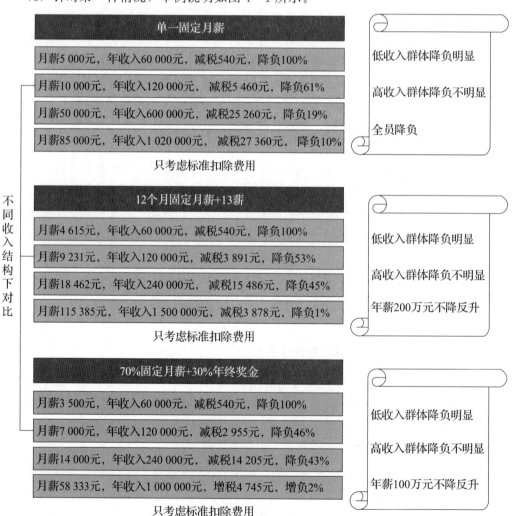

图4-1 个税改革后不同收入结构下的税负情况

从以上举例可见，是否增加税负受到收入高低和年终奖比例的影响。

（2）针对第二种情况，举例说明如下：

某人每年取得稿酬收入 6 万元，工资薪金收入 6 万元，税负在个税改革前和改革后对比如下：

改革前：稿费一年 6 万元，按 70% 计入应纳税所得额，60 000×0.7＝42 000（元），42 000×20%＝8 400（元）。工资薪金所得，一年 6 万元无须缴税。

改革后：假设无专项附加扣除，应纳税所得额＝（60 000＋60 000×0.7）－60 000＝42 000（元），应交个税＝36 000×0.03＋（42 000－36 000）×0.1＝1 680（元）。

此时由于合并后对应的综合所得税率 10% 低于 20%，因此税负是降低的。

187. 离异家庭纳税人算独生还是非独生？

案例： 纳税人的父母为再婚组建家庭，父亲之前有 3 个孩子，与自己的母亲只有自己 1 个孩子，母亲没有其他孩子。

问： 纳税人可以算独生子女赡养母亲吗？

答： 根据国家税务总局所得税司副司长叶霖儿在 2019 年 1 月 9 日《落实个税专项附加扣除政策 让纳税人及时尽享改革红利（第二期）》中的回答，对于独生子女家庭，父母离异后重新组建家庭，在新组建的两个家庭中，如果纳税人对其亲生父母、继父母中的任何一人是唯一法定赡养人，则纳税人可以按照独生子女标准享受每月 2 000 元赡养老人专项附加扣除。除上述情形外，不能按照独生子女享受扣除。在填写专项附加扣除信息表时，纳税人需注明与被赡养人的关系。

也就是说，亲生父母、继父母中的任何一人没有其他法定赡养义务人，那么就适用独生子女标准。但如果每个亲生父母、继父母都有其他法定赡养义务人，那么就适用非独生子女标准。

【实操指南】 赡养义务人是指有血缘关系的亲生子女吗？那本例中母亲没有其他亲生子女，纳税人就可以享受独生子女扣除标准了吗？

并非如此，根据《中华人民共和国民法典》（以下简称《民法典》）的规定：

第二十六条 成年子女对父母负有赡养、扶助和保护的义务。

第一千零七十四条 有负担能力的孙子女、外孙子女，对于子女已经死亡或者子女无力赡养的祖父母、外祖父母，有赡养的义务。

本例中，父母为再婚组建家庭，父亲之前有 3 个孩子，与自己的母亲只有自己 1 个孩子，虽然母亲没有其他亲生子女，但需要明确，父亲之前的孩子是否为父亲的再婚家庭所抚养：

（1）如果是的话，那么纳税人对父母亲都不是唯一法定赡养人，不可以按独生子女享受扣除，应按非独生子女。

（2）如果不是的话（如由亲生母亲抚养），那么父亲依然有两个法定赡养义务人，但母亲只有一个法定赡养义务人，可以按独生子女享受扣除。

【政策依据】《民法典》：

第一千零六十九条　子女应当尊重父母的婚姻权利，不得干涉父母离婚、再婚以及婚后的生活。子女对父母的赡养义务，不因父母的婚姻关系变化而终止。

【关联问题】　如果原生家庭为独生子女，父母离异后再婚，与上述原则一样，需要看自己的亲生父母、继父母、养父母是否有任何一人只有自己一个法定赡养人。如果只有自己一个法定赡养人，则按独生子女；如果不止一个法定赡养人，则按非独生子女。

188. 给予公司员工以外的个人佣金，是按照20%预扣缴，还是与他们在其他公司的薪酬合并累计，按照累进税率扣缴呢？

答： 根据《国家税务总局关于全面实施新个人所得税法若干征管衔接问题的公告》（国家税务总局公告2018年第56号）第一条第（二）项，劳务报酬、稿酬、特许权使用费虽然在新个人所得税法中纳入了综合所得，但主要变化还是体现在个人年终进行汇算清缴时。预扣缴时扣缴义务人扣缴的方式与以前一样，依然是按次扣缴，减除费用的计算方式与个人所得税改革前一样，税率也未发生变化。劳务报酬所得适用20%～40%的超额累进预扣率（与个人所得税改革前完全一样）。

个人在年终进行汇算清缴时，才会体现出并入综合所得纳税的结果，由税务机关多退少补之前已预扣缴的税款。

【实操指南】　扣缴义务人不能选择不预缴，让个人直接在年度汇算清缴时纳税，不能免除扣缴义务。

国家税务总局公告2018年第56号政策解读中也有说明："居民个人劳务报酬所得、稿酬所得、特许权使用费所得个人所得税的预扣预缴方法，基本平移了现行税法的扣缴方法，特别是平移了对每次收入不超过四千元、费用按八百元计算的规定。这种预扣预缴方法对扣缴义务人和纳税人来讲既容易理解，也简便易行，方便扣缴义务人和纳税人操作。"

【政策依据】　国家税务总局公告2018年第56号：

一、居民个人预扣预缴方法

扣缴义务人向居民个人支付工资、薪金所得，劳务报酬所得，稿酬所得，特许权使用费所得时，按以下方法预扣预缴个人所得税，并向主管税务机关报送《个人所得税扣缴申报表》（见附件1）。年度预扣预缴税额与年度应纳税额不一致的，由居民个人于次年3月1日至6月30日向主管税务机关办理综合所得年度汇算清缴，税款多退少补。

（一）扣缴义务人向居民个人支付工资、薪金所得时，应当按照累计预扣法计算预扣税款，并按月办理全员全额扣缴申报。具体计算公式如下：

$$本期应预扣预缴税额 = \left(累计预扣预缴应纳税所得额 \times 预扣率 - 速算扣除数\right) - 累计减免税额 - 累计已预扣预缴税额$$

$$累计预扣预缴应纳税所得额＝累计收入－累计免税收入－累计减除费用－$$
$$累计专项扣除－累计专项附加扣除－$$
$$累计依法确定的其他扣除$$

其中：累计减除费用，按照 5 000 元/月乘以纳税人当年截至本月在本单位的任职受雇月份数计算。

上述公式中，计算居民个人工资、薪金所得预扣预缴税额的预扣率、速算扣除数，按《个人所得税预扣率表一》（见附件 2）执行。

（二）扣缴义务人向居民个人支付劳务报酬所得、稿酬所得、特许权使用费所得，按次或者按月预扣预缴个人所得税。具体预扣预缴方法如下：

劳务报酬所得、稿酬所得、特许权使用费所得以收入减除费用后的余额为收入额。其中，稿酬所得的收入额减按百分之七十计算。

减除费用：劳务报酬所得、稿酬所得、特许权使用费所得每次收入不超过四千元的，减除费用按八百元计算；每次收入四千元以上的，减除费用按百分之二十计算。

应纳税所得额：劳务报酬所得、稿酬所得、特许权使用费所得，以每次收入额为预扣预缴应纳税所得额。劳务报酬所得适用百分之二十至百分之四十的超额累进预扣率（见附件 2《个人所得税预扣率表二》），稿酬所得、特许权使用费所得适用百分之二十的比例预扣率。

$$劳务报酬所得应预扣预缴税额＝预扣预缴应纳税所得额×预扣率－速算扣除数$$

$$稿酬所得、特许权使用费所得应预扣预缴税额＝预扣预缴应纳税所得额×20\%$$

公告附件 2 的《个人所得税预扣率表二》（居民个人劳务报酬所得预扣预缴适用）见表 4-4。

表 4-4 个人所得税预扣率表二（居民个人劳务报酬所得预扣预缴适用）

级数	预扣预缴应纳税所得额	预扣率（%）	速算扣除数
1	不超过 20 000 元的	20	0
2	超过 20 000 元至 50 000 元的部分	30	2 000
3	超过 50 000 元的部分	40	7 000

189. 个人所得税改革后个人年终汇算清缴的，应向哪个税务机关申请？

答：根据国家税务总局公告 2018 年第 62 号（以下简称 62 号公告）第一条，纳税人应向任职受雇单位所在地主管税务机关办理纳税申报；有两处以上任职、受雇单位的，选择向其中一处任职、受雇单位所在地主管税务机关办理纳税申报；没有任职、受雇单位的，向户籍所在地或经常居住地主管税务机关办理纳税申报。

【实操指南】 62号公告仅规定了哪些情形下需要办理自行纳税申报、什么时间申报、向哪个税务机关申报，但还有更多细则有待后续政策出台明确，比如明确退款是退给纳税人还是扣缴义务人。

修订后的《中华人民共和国个人所得税法》（以下简称《个人所得税法》）第十四条第二款规定："纳税人办理汇算清缴退税或者扣缴义务人为纳税人办理汇算清缴退税的，税务机关审核后，按照国库管理的有关规定办理退税。"从中可以看出纳税人可以选择由本人进行汇算清缴，或由扣缴义务人进行汇算清缴。本人汇算清缴，退款应该是退到本人账户，但扣缴义务人汇算清缴退款如何退呢？万一退到扣缴义务人账户上，扣缴义务人要处理的资金量会比较大，可能会造成延迟到达纳税人账户的情形。

【政策依据】 国家税务总局公告2018年第62号第一条第（四）项：

（四）纳税人申请退税。

需要办理汇算清缴的纳税人，应当在取得所得的次年3月1日至6月30日内，向任职、受雇单位所在地主管税务机关办理纳税申报，并报送《个人所得税年度自行纳税申报表》。纳税人有两处以上任职、受雇单位的，选择向其中一处任职、受雇单位所在地主管税务机关办理纳税申报；纳税人没有任职、受雇单位的，向户籍所在地或经常居住地主管税务机关办理纳税申报。

纳税人办理综合所得汇算清缴，应当准备与收入、专项扣除、专项附加扣除、依法确定的其他扣除、捐赠、享受税收优惠等相关的资料，并按规定留存备查或报送。

纳税人取得综合所得办理汇算清缴的具体办法，另行公告。

第二节 股权激励

190. 股权激励在新的个人所得税法下怎么缴税？

案例：某个人甲取得A上市公司的股权激励。2018年2月1日，A上市公司授予甲股票期权；2019年7月1日为可行权日，授予价格为20元，股票期权份数为20万股；2019年7月19日，甲行权，当日收盘价为29元。

问：（1）甲应如何缴纳股权激励个人所得税？

（2）新个人所得税法下股权激励与原计算方式有什么区别？

答：（1）全额单独适用综合所得税率表（见表4-5），计算纳税：

应纳税额＝股权激励收入×适用税率－速算扣除数

股权激励收入＝（29－20）×200 000＝1 800 000（元）

表 4-5 综合所得税率表

级数	全年应纳税所得额	税率（%）	速算扣除数
1	不超过 36 000 元的	3	0
2	超过 36 000 元至 144 000 元的部分	10	2 520
3	超过 144 000 元至 300 000 元的部分	20	16 920
4	超过 300 000 元至 420 000 元的部分	25	31 920
5	超过 420 000 元至 660 000 元的部分	30	52 920
6	超过 660 000 元至 960 000 元的部分	35	85 920
7	超过 960 000 元的部分	45	181 920

查找综合所得税率表，得到税率 45%，扣除数 181 920 元。

应纳税额 = 1 800 000 × 45% − 181 920 = 628 080（元）

（2）新个人所得税法下按年单独计税，单独作为一项综合所得。股权激励原来也是单独计税，但不是按年，而是平摊到月计税，员工取得来源于中国境内的股票期权的境内工作期间月份数，长于 12 个月的，按 12 个月计算（另外新税率级距与旧税率级距也有不同，相当于降低了税负）。

如本例中，按旧个人所得税法，计算方式为：

$$应纳税额 = \left(\frac{股票期权形式的工资薪金应纳税所得额}{规定月份数} \times 适用税率 - 速算扣除数\right) \times 规定月份数$$

本例中员工取得股权激励的月份数长于 12 个月，因此规定月份数为 12。

股权激励收入 = (29 − 20) × 200 000 = 1 800 000（元）

以股票期权形式的工资薪金应纳税所得额除以规定月份数后的商数 = 1 800 000 ÷ 12 = 150 000（元）

查找原工资薪金所得适用的税率表（见表 4-6），得到税率 45%，扣除数 13 505 元（此时适用税率与新税法下相同）。

应纳税额 = (150 000 × 45% − 13 505) × 12 = 647 940（元）

表 4-6 原工资薪金所得适用税率表（已废止）

级数	全月应纳税所得额		税率（%）	速算扣除数
	含税级距	不含税级距		
1	不超过 1 500 元的	不超过 1 455 元的	3	0
2	超过 1 500 元至 4 500 元的部分	超过 1 455 元至 4 155 元的部分	10	105
3	超过 4 500 元至 9 000 元的部分	超过 4 155 元至 7 755 元的部分	20	555

续表

级数	全月应纳税所得额		税率（%）	速算扣除数
	含税级距	不含税级距		
4	超过 9 000 元至 35 000 元的部分	超过 7 755 元至 27 255 元的部分	25	1 005
5	超过 35 000 元至 55 000 元的部分	超过 27 255 元至 41 255 元的部分	30	2 755
6	超过 55 000 元至 80 000 元的部分	超过 41 255 元至 57 505 元的部分	35	5 505
7	超过 80 000 元的部分	超过 57 505 元的部分	45	13 505

新个人所得税法施行后减少税款＝647 940－628 080＝19 860（元）

降负比例＝19 860÷647 940＝3.07%

【实操指南】 纳税义务发生时间为 2019 年 7 月 19 日（行权日而非可行权日），财税〔2005〕35 号第二条规定：“（一）员工接受实施股票期权计划企业授予的股票期权时，除另有规定外，一般不作为应税所得征税。（二）员工行权时，其从企业取得股票的实际购买价（施权价）低于购买日公平市场价（指该股票当日的收盘价，下同）的差额，是因员工在企业的表现和业绩情况而取得的与任职、受雇有关的所得，应按‘工资、薪金所得’适用的规定计算缴纳个人所得税。”

如果将本例修改为当日收盘价为 21 元，则：

（1）新个人所得税法下，股权激励收入＝（21－20）×200 000＝200 000（元）。

查找综合所得税率表，得到税率 20%，扣除数 16 920 元，故

应纳税额＝200 000×20%－16 920＝23 080（元）

（2）旧个人所得税法下，股权激励收入不变。

$$\frac{以股票期权形式的工资薪金应纳税所得额除以规定月份数后的商数}{} ＝200 000÷12＝16 666.67（元）$$

查找原工资薪金所得适用的税率表，得到税率 25%，扣除数 1 005 元（此时适用税率高于新税法下适用税率），故

应纳税额＝（16 666.67×25%－1 005）×12＝37 940.01（元）

新个人所得税法施行后减少税款＝37 940.01－23 080＝14 860.01（元）

降负比例＝14 860.01÷37 940.01＝39.17%

从上述例子中我们可以看出，新、旧个人所得税法下，股权激励的计税方式均是单独计税，新税法下不分摊到月，且股权激励收入金额不大时，新税法适用税率更低，整体税负更低。

另外，行权日的选择影响税负高低。当看好公司股票时，在低位行权对个人来说更

为有利，因为后续再卖出时适用财产转让所得 20% 固定税率（如果该股票为境内上市公司股票，免税，税负为 0；如果该股票为境外上市公司股票，且非通过沪港通和深港通转让取得的所得，不能免税；非上市公司股权作为激励标的的，转让不免税），而高位行权会导致适用更高的累进税率（高于后续转让税负——后续转让免税时无论如何都高于后续转让税负，后续转让不免税时一般为高于 20% 的税率）。

当然，低位行权也至少不能低于授予价，否则股权激励的意义便不复存在。

个人转让股票免税规定如下：

个人转让上市公司股票：从 1997 年 1 月 1 日起，对个人转让上市公司股票取得的所得继续暂免征个人所得税（不含限售股）。

个人转让新三板挂牌公司股票：自 2018 年 11 月 1 日（含）起，对个人转让新三板挂牌公司非原始股（在新三板挂牌公司挂牌后取得的股票）取得的所得，暂免征收个人所得税。

个人投资者转让和持有创新企业 CDR：自试点开始之日（首只创新企业 CDR 取得国务院证券监督管理机构的发行批文之日）起，对个人投资者转让创新企业 CDR 取得的差价所得，三年（36 个月，下同）内暂免征收个人所得税。

深港股票市场交易互联互通机制试点：对内地个人投资者通过深港通投资香港联交所上市股票取得的转让差价所得，自 2016 年 12 月 5 日起至 2019 年 12 月 4 日止，暂免征收个人所得税。

沪港股票市场交易互联互通机制试点：对内地个人投资者通过沪港通投资香港联交所上市股票取得的转让差价所得，自 2017 年 11 月 17 日起至 2019 年 12 月 4 日止，继续暂免征收个人所得税。

【政策依据】 财税〔2018〕164 号：

二、关于上市公司股权激励的政策

（一）居民个人取得股票期权、股票增值权、限制性股票、股权奖励等股权激励（以下简称股权激励），符合《财政部　国家税务总局关于个人股票期权所得征收个人所得税问题的通知》（财税〔2005〕35 号）、《财政部　国家税务总局关于股票增值权所得和限制性股票所得征收个人所得税有关问题的通知》（财税〔2009〕5 号）、《财政部　国家税务总局关于将国家自主创新示范区有关税收试点政策推广到全国范围实施的通知》（财税〔2015〕116 号）第四条、《财政部　国家税务总局关于完善股权激励和技术入股有关所得税政策的通知》（财税〔2016〕101 号）第四条第（一）项规定的相关条件的，在 2021 年 12 月 31 日前，不并入当年综合所得，全额单独适用综合所得税率表计算纳税。计算公式为：

应纳税额＝股权激励收入×适用税率－速算扣除数

（二）居民个人一个纳税年度内取得两次以上（含两次）股权激励的，应合并按本通知第二条第（一）项规定计算纳税。

（三）2022 年 1 月 1 日之后的股权激励政策另行明确。

财税〔2005〕35 号：

四、关于应纳税款的计算

（一）认购股票所得（行权所得）的税款计算。员工因参加股票期权计划而从中国境内取得的所得，按本通知规定应按工资薪金所得计算纳税的，对该股票期权形式的工资薪金所得可区别于所在月份的其他工资薪金所得，单独按下列公式计算当月应纳税款：

$$应纳税额 = \left(\frac{股票期权形式的工资薪金应纳税所得额}{规定月份数} \times 适用税率 - 速算扣除数\right) \times 规定月份数$$

上款公式中的规定月份数，是指员工取得来源于中国境内的股票期权形式工资薪金所得的境内工作期间月份数，长于 12 个月的，按 12 个月计算；上款公式中的适用税率和速算扣除数，以股票期权形式的工资薪金应纳税所得额除以规定月份数后的商数，对照《国家税务总局关于印发〈征收个人所得税若干问题〉的通知》（国税发〔1994〕89 号）所附税率表确定。

注：本条被财税〔2018〕164 号废止。

191. 股权激励在新的个人所得税法下可以递延纳税吗？

案例：同上例，某个人甲取得 A 上市公司的股权激励。2018 年 2 月 1 日，A 上市公司授予甲股票期权；2019 年 7 月 1 日为可行权日，授予价格为 20 元，股票期权份数为 20 万股；2019 年 7 月 19 日，甲行权，当日收盘价为 29 元。

问：按新个人所得税法计算的应纳税额 628 080 元能否递延纳税？

答：可以。根据财税〔2016〕101 号，股权激励递延纳税优惠见表 4 - 7（均需向主管税务机关备案）。

表 4 - 7　股权激励递延纳税优惠

股权激励模式	递延政策
符合条件的非上市公司股票期权、股权期权、限制性股票和股权奖励	员工在取得股权激励时可暂不纳税，递延至转让该股权时纳税；股权转让时，按照股权转让收入减除股权取得成本以及合理税费后的差额，适用"财产转让所得"项目，按照 20% 的税率计算缴纳个人所得税
上市公司股票期权、限制性股票和股权奖励	自股票期权行权、限制性股票解禁或取得股权奖励之日起，在不超过 12 个月的期限内缴纳个人所得税
技术成果投资入股	投资入股当期可暂不纳税，允许递延至转让股权时，按股权转让收入减去技术成果原值和合理税费后的差额计算缴纳所得税

本例为上市公司股票期权，可以自行权日起，在不超过 12 个月的期限内缴纳个税。

【实操指南】《财政部　税务总局关于继续有效的个人所得税优惠政策目录的公告》

（财政部　税务总局公告 2018 年第 177 号）确认了财税〔2016〕101 号继续有效。

【政策依据】《财政部　国家税务总局关于完善股权激励和技术入股有关所得税政策的通知》（财税〔2016〕101 号）：

一、对符合条件的非上市公司股票期权、股权期权、限制性股票和股权奖励实行递延纳税政策

（一）非上市公司授予本公司员工的股票期权、股权期权、限制性股票和股权奖励，符合规定条件的，经向主管税务机关备案，可实行递延纳税政策，即员工在取得股权激励时可暂不纳税，递延至转让该股权时纳税；股权转让时，按照股权转让收入减除股权取得成本以及合理税费后的差额，适用"财产转让所得"项目，按照 20% 的税率计算缴纳个人所得税。

股权转让时，股票（权）期权取得成本按行权价确定，限制性股票取得成本按实际出资额确定，股权奖励取得成本为零。

（二）享受递延纳税政策的非上市公司股权激励（包括股票期权、股权期权、限制性股票和股权奖励，下同）须同时满足以下条件：

1. 属于境内居民企业的股权激励计划。

2. 股权激励计划经公司董事会、股东（大）会审议通过。未设股东（大）会的国有单位，经上级主管部门审核批准。股权激励计划应列明激励目的、对象、标的、有效期、各类价格的确定方法、激励对象获取权益的条件、程序等。

3. 激励标的应为境内居民企业的本公司股权。股权奖励的标的可以是技术成果投资入股到其他境内居民企业所取得的股权。激励标的股票（权）包括通过增发、大股东直接让渡以及法律法规允许的其他合理方式授予激励对象的股票（权）。

4. 激励对象应为公司董事会或股东（大）会决定的技术骨干和高级管理人员，激励对象人数累计不得超过本公司最近 6 个月在职职工平均人数的 30%。

5. 股票（权）期权自授予日起应持有满 3 年，且自行权日起持有满 1 年；限制性股票自授予日起应持有满 3 年，且解禁后持有满 1 年；股权奖励自获得奖励之日起应持有满 3 年。上述时间条件须在股权激励计划中列明。

6. 股票（权）期权自授予日至行权日的时间不得超过 10 年。

7. 实施股权奖励的公司及其奖励股权标的公司所属行业均不属于《股权奖励税收优惠政策限制性行业目录》范围（见附件）。公司所属行业按公司上一纳税年度主营业务收入占比最高的行业确定。

…………

二、对上市公司股票期权、限制性股票和股权奖励适当延长纳税期限

（一）上市公司授予个人的股票期权、限制性股票和股权奖励，经向主管税务机关备案，个人可自股票期权行权、限制性股票解禁或取得股权奖励之日起，在不超过 12 个月的期限内缴纳个人所得税。

…………

三、对技术成果投资入股实施选择性税收优惠政策

（一）企业或个人以技术成果投资入股到境内居民企业，被投资企业支付的对价全部为股票（权）的，企业或个人可选择继续按现行有关税收政策执行，也可选择适用递延纳税优惠政策。

选择技术成果投资入股递延纳税政策的，经向主管税务机关备案，投资入股当期可暂不纳税，允许递延至转让股权时，按股权转让收入减去技术成果原值和合理税费后的差额计算缴纳所得税。

············

192. 个人出售限售股如何纳税？

案例： 某个人甲持有 A 上市公司的限售股，系原国企改制而来。2019 年 2 月，甲将 2 000 股通过证券交易所转让，转让价格 200 万元，无法提供原值票据。

问： 甲应如何缴纳个人所得税？

答： 按"财产转让所得"，由证券登记结算公司、证券公司及其分支机构代扣代缴个人所得税。

应纳税额＝［限售股转让收入－（限售股原值＋合理税费）］×20％

无法提供真实准确的原值凭证，按转让收入的 15％核定原值及合理税费。因此

应纳税额＝2 000 000×（1－15％）×20％＝340 000（元）

【实操指南】 交易过程发生的税费不能扣除，原因是合理税费已经含在 15％的核定扣除额中。但如果能够确定原值，则可以扣除交易过程发生的税费。

【政策依据】《财政部　国家税务总局　证监会关于个人转让上市公司限售股所得征收个人所得税有关问题的通知》（财税〔2009〕167 号）：

一、自 2010 年 1 月 1 日起，对个人转让限售股取得的所得，按照"财产转让所得"，适用 20％的比例税率征收个人所得税。

············

三、个人转让限售股，以每次限售股转让收入，减除股票原值和合理税费后的余额，为应纳税所得额。即：

应纳税所得额＝限售股转让收入－（限售股原值＋合理税费）

应纳税额＝应纳税所得额×20％

本通知所称的限售股转让收入，是指转让限售股股票实际取得的收入。限售股原值，是指限售股买入时的买入价及按照规定缴纳的有关费用。合理税费，是指转让限售股过程中发生的印花税、佣金、过户费等与交易相关的税费。

如果纳税人未能提供完整、真实的限售股原值凭证的，不能准确计算限售股原值的，主管税务机关一律按限售股转让收入的 15％核定限售股原值及合理税费。

四、限售股转让所得个人所得税，以限售股持有者为纳税义务人，以个人股东开户的证券机构为扣缴义务人。限售股个人所得税由证券机构所在地主管税务机关负责征收管理。

五、限售股转让所得个人所得税，采取证券机构预扣预缴、纳税人自行申报清算和证券机构直接扣缴相结合的方式征收。证券机构预扣预缴的税款，于次月7日内以纳税保证金形式向主管税务机关缴纳。主管税务机关在收取纳税保证金时，应向证券机构开具《中华人民共和国纳税保证金收据》，并纳入专户存储。

············

【关联问题】 转让限售股是否缴纳增值税？

关于个人转让限售股，根据财税〔2016〕36号附件3中第一条第（二十二）项的规定，个人从事金融商品转让业务取得的金融商品转让收入，免征增值税。

部分观点认为限售股不属于财税〔2016〕36号规定的"转让金融商品"列举类目，但《国家税务总局关于营改增试点若干征管问题的公告》（国家税务总局公告2016年第53号）第五条，明确规定了限售股如何确定买入价，也就明确了转让限售股需要缴纳增值税，并且适用金融商品差额征税的规定。

因此，单位转让限售股按6%差额征税，个人转让限售股免征。

国家税务总局公告2016年第53号：

五、单位将其持有的限售股在解禁流通后对外转让的，按照以下规定确定买入价：

（一）上市公司实施股权分置改革时，在股票复牌之前形成的原非流通股股份，以及股票复牌首日至解禁日期间由上述股份孳生的送、转股，以该上市公司完成股权分置改革后股票复牌首日的开盘价为买入价。

（二）公司首次公开发行股票并上市形成的限售股，以及上市首日至解禁日期间由上述股份孳生的送、转股，以该上市公司股票首次公开发行（IPO）的发行价为买入价。

（三）因上市公司实施重大资产重组形成的限售股，以及股票复牌首日至解禁日期间由上述股份孳生的送、转股，以该上市公司因重大资产重组股票停牌前一交易日的收盘价为买入价。

193. 限制性股票股权激励如何纳税？

案例： A公司为境内上市公司。2016年5月1日，A公司为激励高级管理人员业绩，授予了一位高级管理人员本公司的限制性股票1000股（两年后解禁，无其他对价）；股票登记日为2016年5月1日，当日股票收盘价为22元。2018年5月1日，限制性股票一次性解禁，当日收盘价为16元，公司财务人员对高级管理人员（未离职）的个人所得税进行代扣代缴。2019年6月，该高级管理人员将持有的解禁股票对外转让，转让价格每股为 24 元。

问： 本例中的限制性股票应如何纳税？

答： （1）限制性股票解禁时按工资薪金所得缴纳个人所得税。

应纳税所得额＝（股票登记日股票市价＋本批次解禁股票当日市价）÷2

　　　　　　　×本批次解禁股票份数－被激励对象实际支付的资金总额

　　　　　　　×（本批次解禁股票份数÷被激励对象获取的限制性股票总份数）

其中，当日市价指当日收盘价。

计算过程：

应纳税所得额＝（22＋16）÷2×1 000－0＝19 000（元）

查找综合所得税率表，得到税率 3%，扣除数 0。

应纳税额＝股权激励收入×适用税率－速算扣除数＝19 000×3%－0＝570（元）

（2）转让时免税。

限制性股票解禁后转让，不属于转让限售股，应适用个人在二级市场的征免规定，即境内股票和沪港通、深港通等免税。

【政策依据】 财税字〔1998〕61 号：

为了配合企业改制，促进股票市场的稳健发展，经报国务院批准，从 1997 年 1 月 1 日起，对个人转让上市公司股票取得的所得继续暂免征收个人所得税。

国税函〔2009〕461 号：

一、关于股权激励所得项目和计税方法的确定

根据个人所得税法及其实施条例和财税〔2009〕5 号文件等规定，个人因任职、受雇从上市公司取得的股票增值权所得和限制性股票所得，由上市公司或其境内机构按照"工资、薪金所得"项目和股票期权所得个人所得税计税方法，依法扣缴其个人所得税。

⋯⋯⋯⋯⋯

三、关于限制性股票应纳税所得额的确定

按照个人所得税法及其实施条例等有关规定，原则上应在限制性股票所有权归属于被激励对象时确认其限制性股票所得的应纳税所得额。即：上市公司实施限制性股票计划时，应以被激励对象限制性股票在中国证券登记结算公司（境外为证券登记托管机构）进行股票登记日期的股票市价（指当日收盘价，下同）和本批次解禁股票当日市价（指当日收盘价，下同）的平均价格乘以本批次解禁股票份数，减去被激励对象本批次解禁股份数所对应的为获取限制性股票实际支付资金数额，其差额为应纳税所得额。被激励对象限制性股票应纳税所得额计算公式为：

$$应纳税所得额＝(股票登记日股票市价＋本批次解禁股票当日市价)÷2$$
$$×本批次解禁股票份数－被激励对象实际支付的资金总额$$
$$×(本批次解禁股票份数÷被激励对象获取的限制性股票$$
$$总份数)$$

五、关于纳税义务发生时间

（二）限制性股票个人所得税纳税义务发生时间为每一批次限制性股票解禁的日期。

194. 限制性股票在禁售期进行了转增股本，应如何纳税？

案例： A 公司为境内上市公司。2016 年 5 月 1 日，A 公司为激励高级管理人员业绩，授予了一位高级管理人员本公司的限制性股票，规定两年后解禁。但在 2017 年 3 月，该公司在作出分红决议时，将未分配利润转增了股本，进行增发配股，转增后股票价格下跌（除权）。2018 年 5 月 1 日，限制性股票解禁，公司财务人员对高级管理人员（未离职）的个人所得税进行代扣代缴时，对计算个人所得税的依据有疑问。

问： 根据计算限制性股票"工资薪金所得"个人所得税的公式"应纳税所得额＝（股票登记日股票市价＋本批次解禁股票当日市价)÷2×本批次解禁股票份数－被激励对象实际支付的资金总额×（本批次解禁股票份数÷被激励对象获取的限制性股票总份数)"，股票登记日市价为除权前的市价，而解禁当日市价为除权后的市价，且解禁股票份数转增前为 100 万股，转增后为 110 万股，应如何计算应纳税所得额？

答： 限制性股票禁售期（等待期）内转增股本，"股票登记日股票市价"应为转增后除权价，"被激励对象获取的限制性股票总份数"应按转增后的份数 110 万股计算。用未分配利润转增股本的，视同股东先取得分红。根据《国家税务总局关于股份制企业转增股本和派发红股征免个人所得税的通知》（国税发〔1997〕198 号）、《国家税务总局关于进一步加强高收入者个人所得税征收管理的通知》（国税发〔2010〕54 号）第二条、《财政部　国家税务总局关于将国家自主创新示范区有关税收试点政策推广到全国范围实施的通知》（财税〔2015〕116 号）第三条，公司需代扣代缴"股息、红利所得"个人所得税；然后股东再用分红含税金额购买公司增发的股份，分红含税金额还需调增计算股权激励所得的原计税依据，即"被激励对象实际支付的资金总额"。

【实操指南】 在证券交易网上可以查到每一日的除权价，因此"股票登记日股票市价"可以查询得到。

【政策依据】 国税发〔1997〕198 号：

一、股份制企业用资本公积金转增股本不属于股息、红利性质的分配，对个人取得的转增股本数额，不作为个人所得，不征收个人所得税。

二、股份制企业用盈余公积金派发红股属于股息、红利性质的分配，对个人取得的红股数额，应作为个人所得征税。

《国家税务总局关于原城市信用社在转制为城市合作银行过程中个人股增值所得应纳个人所得税的批复》（国税函〔1998〕289 号）第二条中规定：

（国税发〔1997〕198 号）中所表述的"资本公积金"是指股份制企业股票溢价发行收入所形成的资本公积金。将此转增股本由个人取得的数额，不作为应税所得征收个人所得税。

财税〔2015〕116 号第三条中规定：

个人股东获得转增的股本，应按照"利息、股息、红利所得"项目，适用 20% 税率征收个人所得税。

国税发〔2010〕54 号第二条中规定：

对以未分配利润、盈余公积和除股票溢价发行外的其他资本公积转增注册资本和股本的，要按照"利息、股息、红利所得"项目，依据现行政策规定计征个人所得税。

【关联问题】 （1）A 公司如何对股权激励成本进行税前扣除？

A 公司可在解禁日所在期间进行税前扣除，在授予日及等待期不能扣除。

$$\begin{array}{l}\text{上市公司限制性股票股权} \\ \text{激励可以扣除的费用}\end{array} = \begin{array}{l}\text{本批次解禁股票} \\ \text{当日市价(收盘价)}\end{array} \times \begin{array}{l}\text{本批次解禁} \\ \text{股票份数}\end{array} - \begin{array}{l}\text{被激励对象实际} \\ \text{支付的资金总额}\end{array}$$

$$\times \left(\begin{array}{l}\text{本批次解禁} \\ \text{股票份数}\end{array} \div \begin{array}{l}\text{被激励对象获取的} \\ \text{限制性股票总份数}\end{array} \right)$$

上市公司对股权激励计划实行后，需待一定服务年限或者达到规定业绩条件（以下简称等待期）方可行权的，上市公司等待期内会计上计算确认的相关成本费用，不得在对应年度计算缴纳企业所得税时扣除；在股权激励计划可行权后，上市公司方可根据该股票实际行权时的公允价格与当年激励对象实际行权支付价格的差额及数量，计算确定作为当年上市公司工资薪金支出，依照税法规定进行税前扣除。

（2）后续该高级管理人员卖出股票时，是否需要缴纳股权转让所得税？

根据所便函〔2010〕5 号规定，财税〔2009〕167 号、财税〔2010〕70 号文件中的限制性股票不包括股权激励的限制性股票，因此股权激励授予的限制性股票解禁后卖出暂免个税，适用财税字〔1998〕61 号规定："为了配合企业改制，促进股票市场的稳健发展，经报国务院批准，从 1997 年 1 月 1 日起，对个人转让上市公司股票取得的所得继续暂免征收个人所得税。"

195. 资本公积转增股本是否应扣缴个人股东的个人所得税?

案例： A公司为境内上市公司，2016年5月1日，该公司为激励高级管理人员业绩，授予了一位高级管理人员本公司的限制性股票，规定两年后解禁。但在2017年3月，该公司在作出分红决议时，将资本公积转增了股本，进行增发配股，转增后股票价格下跌（除权）。2018年5月1日，限制性股票解禁，公司财务人员对高级管理人员（未离职）的个人所得税进行代扣代缴时，对计算个人所得税的依据有所疑问。

问： （1）资本公积转增股本时是否扣缴个人所得税?

（2）解禁时如何计算个人所得税?

答： （1）根据国税函〔1998〕289号第二条、国税发〔2010〕54号第二条的规定，个人取得股份有限公司（含上市公司）以股票溢价发行收入所形成的资本公积转增股本，不征收个人所得税;有限责任公司资本公积转增股本，或股份有限公司以非股票溢价发行收入形成的资本公积转增股本，应按利息股息、红利所得的20%扣缴个人所得税。

（2）如前所述，对限制性股票解禁个人所得纳入"工资薪金所得"计征个人所得税，"股票登记日股票市价"应为转增后除权价，"被激励对象获取的限制性股票总份数"应为转增后的份数。

如果采用股本溢价转增股本，根据国税发〔1997〕198号第一条，不缴纳股息、红利个人所得税，也无须调整"被激励对象实际支付的资金总额"。

如果是（1）中需要扣缴个人所得税的情况，则同未分配利润转增股本。用未分配利润转增股本的，视同股东先取得分红。根据国税发〔1997〕198号、国税发〔2010〕54号第二条第二款、财税〔2015〕116号第三条第二款，公司需代扣代缴"股息、红利所得"个人所得税;然后股东再用分红含税金额购买公司增发的股份，分红含税金额还需调增计算股权激励所得的原计税依据，即"被激励对象实际支付的资金总额"。

【实操指南】 本例中A公司为境内上市公司，属于股份有限公司，资本公积需要区分是否由股票溢价发行收入所形成;如果资本公积是溢价形成的转增，则无须扣缴个人所得税;如果资本公积是由其他原因形成的，转增需要扣缴个人所得税。

这里要注意：在实践中，资本公积是只有溢价形成的，或是只有非溢价形成的，很容易区分;如果资本公积既有溢价形成的，也有非溢价形成的，则很难执行。到底是按比例，还是按形成的先后时间来确认转增应纳个税，抑或是出于降低税负原则，将其视为先转增溢价形成部分?

由于没有统一规定，因此实践中，如果资本公积中既有溢价又有非溢价形成的，存在未足额扣缴个人所得税的风险。

【关联问题】 （1）企业投资者转增股本是否需要缴纳企业所得税?

如果是企业投资者将盈余公积或未分配利润转增股本，且投资方与被投资方都是满足条件的居民企业，由于居民企业之间股息、红利免税，因此通常无须缴纳企业所得税。

企业投资者如果是将股权溢价形成的资本公积转增股本，根据国税函〔2010〕79

号第四条第二款"被投资企业将股权（票）溢价所形成的资本公积转为股本的，不作为投资方企业的股息、红利收入，投资方企业也不得增加该项长期投资的计税基础"，无须缴纳企业所得税，后续处置股权时也不得扣除转增部分（但原计税基础中包含的资本公积除外，即投资方的长投成本保持不变），应递延缴纳。

（2）收购后转增股本个人所得税应如何缴纳？

国税发〔1997〕198 号第一条规定，对于股份制企业资本公积金转增股本不征收个人所得税，后国税函〔1998〕289 号第二条又对前述条款进行了进一步解释，明确资本公积金指的是股票溢价发行形成的，如果是其他原因形成的公积金转增股本仍需纳税。国税发〔2010〕54 号第二条进一步确定，除股票溢价发行外的其他资本公积转增注册资本和股本的，需要按利息、股息、红利所得计征个人所得税。

另外，根据《国家税务总局关于个人投资者收购企业股权后将原盈余积累转增股本个人所得税问题的公告》（国家税务总局公告 2013 年第 23 号），一名或多名个人投资者以股权收购方式取得被收购企业 100％的股权，股权收购前，被收购企业原账面金额中的"资本公积、盈余公积、未分配利润"等盈余积累未转增股本，而在股权交易时将其一并计入股权转让价格并履行了所得税纳税义务，股权收购后，企业将原账面金额中的盈余积累向个人投资者转增股本的，已含在交易价格中的部分不再征收个人所得税，交易价格低于净资产价值部分确认所得扣缴个人所得税。资本公积未全额转增的，不按比例确认应扣缴和不征收部分，而是视为先转增应税的盈余积累部分，然后再转增免税的盈余积累部分。

注：①盈余公积、未分配利润转增股本除国家税务总局公告 2013 年第 23 号提到的情形外，均应按照利息、股息、红利所得项目扣缴个人所得税。

②股份制改革后原有限责任公司的资本公积计入新股份制公司的资本公积，也不符合不征税条件。

③实践中对于有限责任公司的资本公积转增股份个人所得税征免存在争议，从法理判断，企业是否为股份制不应影响个人所得税的征免，因此部分地区税务机关认可参照股份制企业资本公积转增股份个人所得税征免的规定。各地区执行口径不一。

【政策依据】 国家税务总局公告 2013 年第 23 号：

一、1 名或多名个人投资者以股权收购方式取得被收购企业 100％股权，股权收购前，被收购企业原账面金额中的"资本公积、盈余公积、未分配利润"等盈余积累未转增股本，而在股权交易时将其一并计入股权转让价格并履行了所得税纳税义务。股权收购后，企业将原账面金额中的盈余积累向个人投资者（新股东，下同）转增股本，有关个人所得税问题区分以下情形处理：

（一）新股东以不低于净资产价格收购股权的，企业原盈余积累已全部计入股权交易价格，新股东取得盈余积累转增股本的部分，不征收个人所得税。

（二）新股东以低于净资产价格收购股权的，企业原盈余积累中，对于股权收购价格减去原本的差额部分已经计入股权交易价格，新股东取得盈余积累转增股本的部分，不征收个人所得税；对于股权收购价格低于原所有者权益的差额部分未计入股权交易价格，新股东取得盈余积累转增股本的部分，应按照"利息、股息、红利所得"项目征收个人所得税。

新股东以低于净资产价格收购企业股权后转增股本，应按照下列顺序进行，即：先转增应税的盈余积累部分，然后再转增免税的盈余积累部分。

国税发〔1997〕198 号第一条中规定：

股份制企业用资本公积金转增股本不属于股息、红利性质的分配，对个人取得的转增股本数额，不作为个人所得，不征收个人所得税。

国税函〔1998〕289 号第二条中规定：

"资本公积金"是指股份制企业股票溢价发行收入所形成的资本公积金······与此不相符合的其他资本公积金分配个人所得部分，应当依法征收个人所得税。

国税发〔2010〕54 号第二条中规定：

对以未分配利润、盈余公积和除股票溢价发行外的其他资本公积转增注册资本和股本的，要按照"利息、股息、红利所得"项目，依据现行政策规定计征个人所得税。

国家税务总局公告 2014 年第 67 号第十五条中规定：

被投资企业以资本公积、盈余公积、未分配利润转增股本，个人股东已依法缴纳个人所得税的，以转增额和相关税费之和确认其新转增股本的股权原值。

第三节 代扣代缴疑难问题

196. 公司为员工支付的体检费是否需要代扣代缴？

案例：A 房地产公司（以下简称 A 公司）按年组织员工体检，并统一向体检单位支付体检费，体检支出由 A 公司统一核算，体检单位开具发票给 A 公司。

问：未发放到个人名下的体检费是否需要计征个人所得税？

答：不需要。根据现行《个人所得税法》，工资、薪金所得，是指个人因任职或者受雇而取得的工资、薪金、奖金、年终加薪、劳动分红、津贴、补贴以及与任职或者受雇有关的其他所得。对于任职受雇单位发给个人的福利，不论是现金还是实物，依法均应缴纳个人所得税。但对于集体享受的、不可分割的、未向个人量化的非现金方式的福利，原则上不征收个人所得税。

【政策依据】 2018 年 8 月 30 日国家税务总局 2018 年第三季度政策解读现场实录，国家税务总局所得税司副司长刘宝柱的解答如下：

问：单位组织员工体检，并统一向体检单位支付体检费，体检支出由单位统一核算，未发放到个人名下，这类福利员工是否缴纳个人所得税？

所得税司副司长刘宝柱：根据现行个人所得税法规定，工资薪金所得，是指个人因任职或者受雇而取得的工资、薪金、奖金、年终加薪、劳动分红、津贴、补贴以及与任职或者受雇有关的其他所得。

对于任职受雇单位发给个人的福利，不论是现金还是实物，依法均应缴纳个人所得税。但对于集体享受的、不可分割的、未向个人量化的非现金方式的福利，原则上不征收个人所得税。

2012 年 4 月 11 日国家税务总局所得税司巡视员卢云关于所得税相关政策的在线答疑：

问：现在的中国个人所得税是不是只要是发给员工的福利都要纳入当月的薪酬计算个人所得税？

所得税司巡视员卢云：根据个人所得税法的规定原则，对于发给个人的福利，不论是现金还是实物，均应缴纳个人所得税。但目前我们对于集体享受的、不可分割的、非现金方式的福利，原则上不征收个人所得税。

---

197. 房地产企业对买房的客户赠送家电，是否需要代扣代缴个人所得税？

案例： A 公司在开盘当日，向所有签订合同的客户赠送电饭煲（买房送家电）。

问： 赠送的家电是否需要代扣代缴客户的个人所得税？

答：《财政部 国家税务总局关于企业促销展业赠送礼品有关个人所得税问题的通知》（财税〔2011〕50 号）第一条中规定，企业在向个人销售商品（产品）和提供服务的同时给予赠品，不征收个人所得税。房企向买房的客户赠送家电，属于销售商品的同时给予赠品，因此无须代扣代缴。

【政策依据】《财政部 国家税务总局关于企业促销展业赠送礼品有关个人所得税问题的通知》（财税〔2011〕50 号）：

一、企业在销售商品（产品）和提供服务过程中向个人赠送礼品，属于下列情形之一的，不征收个人所得税：

1. 企业通过价格折扣、折让方式向个人销售商品（产品）和提供服务；

2. 企业在向个人销售商品（产品）和提供服务的同时给予赠品，如通信企业对个人购买手机赠话费、入网费，或者购话费赠手机等；

3. 企业对累积消费达到一定额度的个人按消费积分反馈礼品。

【关联问题】 （1）赠送的家电是否需要视同销售缴纳增值税？如果视同销售，以何依据确定视同销售金额？

根据《增值税暂行条例实施细则》第四条的规定，将自产、委托加工或者购进的货物无偿赠送其他单位或者个人，视同销售货物。房地产企业向买房的客户赠送家电，属于将购进的货物无偿赠送给个人，因此视同销售缴纳增值税，进项可以抵扣，税负不会增加。

根据《增值税暂行条例实施细则》第十六条的规定，纳税人有条例第七条所称价格明显偏低并无正当理由或者有本细则第四条所列视同销售货物行为而无销售额者，按下列顺序确定销售额：①按纳税人最近时期同类货物的平均销售价格确定；②按其他纳税人最近时期同类货物的平均销售价格确定；③按组成计税价格确定。组成计税价格的公式为：组成计税价格＝成本×（1＋成本利润率）。

（2）销售商品买一赠一，赠送的家电应如何开票？是用折扣方式还是赠送商品的金额视同销售照开一行然后在下行用负数冲掉？

买一赠一，两件商品要开具在同一张发票上，赠送的家电单价和金额可以为0。

198. 个人取得的抽奖奖品是否需要代扣代缴？

案例： A房地产公司在开盘当日，举行了抽奖活动，对在场的所有嘉宾进行摇号，摇出的100位幸运儿每位赠送电饭煲一台。

问： A公司是否需要代扣代缴100位幸运儿的个人所得税？

答： 需要。

根据《个人所得税法》第九条"个人所得税以所得人为纳税人，以支付所得的单位或者个人为扣缴义务人"可知，所有个人的应纳税所得均须代扣代缴，无论支付方是个人还是单位，无论所得人是居民还是非居民。

根据财税〔2011〕50号第一条可知，该100位幸运儿并未购买房产就可以抽奖取得电饭煲，因此不属于企业在向个人销售商品（产品）和提供服务的同时给予赠品的不征税情形，抽奖奖品应当征税。

【政策依据】 财税〔2011〕50号：

一、企业在销售商品（产品）和提供服务过程中向个人赠送礼品，属于下列情形之一的，不征收个人所得税：

···········

2. 企业在向个人销售商品（产品）和提供服务的同时给予赠品······

---

199. 三代手续费是否缴纳增值税？

案例： A房地产公司2018年代扣代缴个人所得税3 000万元，向税务机关申请返还三代手续费60万元，主管税务机关要求A房地产公司开具服务类发票才给予返还。A房地产公司不服，认为三代手续费是法定义务，不是企业的生产经营项目，不属于增值税应税范围。

问：企业代扣代缴个人所得税取得的 2% 手续费返还是否应缴纳增值税？

答：应缴纳。2017 年 2 月 13 日，国家税务总局发布了 12366 纳税服务平台 2016 年增值税类（含营改增）热点问题汇总，其中第五个问题解答了上述疑问，即按照目前营改增政策相关规定，纳税人代扣代缴个人所得税取得的手续费收入应属于增值税征税范围，应缴纳增值税。

【实操指南】 笔者认为三代手续费是否属于增值税应税范围在实践中确有争议，国家应在法律法规层面加以完善，仅凭政策答疑，不足以奠定征税的合理性。但目前全国大部分税务机关均按征税口径执行。

【政策依据】 国家税务总局 2016 年增值税类（含营改增）热点问题汇总第 5 问：

5. 企业代扣代缴个人所得税取得的 2% 手续费返还是否缴纳增值税？

答：按照目前营改增政策相关规定，纳税人代扣代缴个人所得税取得的手续费收入应属于增值税征税范围，应缴纳增值税。

《四川省营改增政策业务解答》第二期第 5 问：

5. 企业代扣个人所得税，代收政府性基金和行政事业性收费取得的手续费收入是否享受免税？

省局回复：企业代扣个人所得税，代收政府性基金和行政事业性收费取得的手续费收入，应当按适用税率或征收率征收增值税。

200. 资管产品向个人分配的利息是否需要代扣代缴个人所得税？

案例：A 房地产公司拟通过某金融机构发行一项资管产品，设立资管的方式为有限合伙企业，拟引入个人作为资管产品的投资人。在前期洽谈中，投资者要求税后实收 8% 的年利率。资金部门同事递咨询税务部门，该资管产品向个人分配的利息是否需要代扣代缴个人所得税。

问：个人取得资管产品的利息收入，是否应缴纳个人所得税？是否由管理人代扣代缴？

答：目前无法规明确个人取得资管产品利息收入的个人所得税问题，笔者认为应按"利息、股息、红利所得"项目缴纳个人所得税。根据《个人所得税法》第九条，支付所得的管理人有代扣代缴义务。

【实操指南】 因法规缺失，实践中很多资管产品管理人暂未代扣代缴。

【政策依据】《个人所得税法》：

第九条 个人所得税以所得人为纳税人，以支付所得的单位或者个人为扣缴义务人。

201. 个人所得税、社保、公积金不在同一地缴纳是否存在风险？

案例： A房地产集团旗下有多个项目公司，遍布全国各地，为了加强人才培养，经常涉及人员轮岗，如从区域公司派驻财务负责人到项目公司。2018年5月，天津区域公司（以下简称天津公司）派驻了一名财务负责人到河北廊坊项目公司（以下简称河北公司），由于该财务负责人的社保和公积金一直在天津缴纳，不愿意挪到廊坊缴纳，因此社保和公积金等仍由天津公司代为缴纳，河北公司支付天津公司社保和公积金的金额（账上体现为往来款）。河北公司支付财务负责人工资，并在廊坊按月代扣代缴其个人所得税。

问：（1）该财务负责人社保、公积金在天津缴纳，个人所得税在廊坊缴纳，缴纳地点不一致，是否存在风险？

（2）河北公司支付天津公司社保、公积金的金额账上体现为往来款，是否存在风险？

答：（1）个人所得税必须由扣缴义务人在扣缴义务人所在地代扣代缴，但社保、公积金未见有全国性的明确规定。根据财税〔2006〕10号，只要求企事业单位按照国家或省（自治区、直辖市）人民政府规定的缴费比例或办法实际缴付，法无禁止即可为，笔者的理解是，只要按规定实际缴纳了社保和公积金，即可在个人所得税前扣除。

（2）存在风险。河北公司支付给天津公司的往来款难以明细账余额长期挂账，且该部分社保、公积金虽然由河北公司实际承担，但无法在河北公司税前扣除。

【实操指南】 由于社保和公积金更多是由地方政府立法，实践中还需参考当地政府的规定。另外，社保交由税务机关管理后，可能存在异地管理不便的问题，引起一些征管风险。

实践中可考虑采用以下做法，消除税务风险：

该财务负责人不愿意将社保、公积金挪到他处缴纳，因此建议该财务负责人的工资薪金仍在天津公司发放，社保、公积金由天津公司缴纳，个人所得税也在天津代扣代缴。天津公司向河北公司派驻人员时，不改变发薪主体和扣缴个人所得税主体，由天津公司向河北公司开具劳务费发票，签订劳务派遣合同，河北公司凭发票在税前列支该财务负责人的用工费用。天津公司收支相抵，不影响公司利润。而且劳务发票的增值税可以抵扣，个人所得税平移，不影响集团整体税负。同时，社保、公积金与个人所得税缴纳地不一致的风险也不复存在。

【政策依据】 财税〔2006〕10号：

一、企事业单位按照国家或省（自治区、直辖市）人民政府规定的缴费比例或办法实际缴付的基本养老保险费、基本医疗保险费和失业保险费，免征个人所得税；个人按照国家或省（自治区、直辖市）人民政府规定的缴费比例或办法实际缴付的基本养老保险费、基本医疗保险费和失业保险费，允许在个人应纳税所得额中扣除。

··············

【关联问题】 建筑公司的异地工程能否在工程所在地扣缴个人所得税？

答案是可以。根据国家税务总局公告 2015 年第 52 号的规定，异地工程项目的管理人员、技术人员和其他工作人员在异地工作期间的工资、薪金所得个人所得税，由总承包企业、分承包企业依法代扣代缴并向工程作业所在地税务机关申报缴纳，不向机构所在地税务机关申报缴纳。

但由于征管实践落后于政策制定，大部分工程所在地税务机关仍未受理此类个人所得税申报或核定征收个人所得税，导致建筑企业仍需回机构所在地扣缴申报税款；而且由于全员全额代扣代缴个人所得税申报表中没有可以扣除异地已纳税额的栏次，因此异地核定征收的个人所得税往往无法在机构所在地申报时扣除，造成重复纳税，建筑企业实际承担了核定征收个人所得税税额。

国家税务总局公告 2015 年第 52 号：

一、总承包企业、分承包企业派驻跨省异地工程项目的管理人员、技术人员和其他工作人员在异地工作期间的工资、薪金所得个人所得税，由总承包企业、分承包企业依法代扣代缴并向工程作业所在地税务机关申报缴纳。

总承包企业和分承包企业通过劳务派遣公司聘用劳务人员跨省异地工作期间的工资、薪金所得个人所得税，由劳务派遣公司依法代扣代缴并向工程作业所在地税务机关申报缴纳。

二、跨省异地施工单位应就其所支付的工程作业人员工资、薪金所得，向工程作业所在地税务机关办理全员全额扣缴明细申报。凡实行全员全额扣缴明细申报的，工程作业所在地税务机关不得核定征收个人所得税。

三、总承包企业、分承包企业和劳务派遣公司机构所在地税务机关需要掌握异地工程作业人员工资、薪金所得个人所得税缴纳情况的，工程作业所在地税务机关应及时提供。总承包企业、分承包企业和劳务派遣公司机构所在地税务机关不得对异地工程作业人员已纳税工资、薪金所得重复征税。两地税务机关应加强沟通协调，切实维护纳税人权益。

四、建筑安装业省内异地施工作业人员个人所得税征收管理参照本公告执行。

---

202. 我公司 3 月实发 2 月应发的职工薪酬，税款是在 3 月还是 4 月申报入库？

答： 国税发〔1995〕65 号（于 2016 年废止但无承接条款）第十三条中规定："扣缴义务人每月所扣的税款，应当在次月 7 日内缴入国库。"因此扣缴税款是先扣后缴，即 3 月发放工资时代扣税款，在 4 月申报入库。但在实践中也有少部分纳税人 3 月发工资，3 月就申报入库的情况。

203. 员工年中调动，年终奖由调动前的单位付给调动后的单位统一发放，调动前公司账面上借记"应付职工薪酬"，贷记"其他应付款——调动后公司"，这样做有没有税务风险？

答： 在人事关系转移的情况下，前后单位各自承担人工成本，应可以税前列支。一般而言会计处理为：

借：成本/费用
    贷：应付职工薪酬
借：应付职工薪酬
    贷：其他应付款——调动后公司
借：其他应付款——调动后公司
    贷：银行存款

注：其他应付款须实际支付。

这样做的主要风险在于：两边应对各自承担的工资代扣代缴个人所得税。如果由一方统一扣缴，会影响到年终奖和月度工资薪金计算的基数，从而影响个人所得税金额，具体情况需要与主管税务机关沟通个人所得税扣缴问题。

204. 托儿补助费不征个人所得税是否有限额？各地标准是否一致？异地托儿补助费能否扣除？

答：目前有部分地区规定了托儿补助限额，如佛山地区为每人每年500元，未规定标准的地区实践中存在税务机关不允许扣除的情况。异地托儿补助可以扣除（无限制性规定）。

205. 资管产品向个人分配利息，代扣代缴方是承担利息方还是直接支付方？

案例：A房地产公司（以下简称A公司）拟通过某金融机构发行一项资管产品（非证券投资基金），设立资管的方式为契约，引入个人作为资管产品的投资人，A公司支付资管产品收益时，先支付给金融机构，金融机构再支付给个人投资者。

问：个人取得资管产品的利息收入，由A公司还是金融机构扣缴？

答：根据《个人所得税法》第九条，支付所得方有代扣代缴义务。如果金融机构只是作为平台的第三方，不开发票给A公司，那么应当由A公司代扣代缴，因为金融机构只是代收代付。

【实操指南】 根据财税〔2002〕128号，证券投资基金分配取得的收益不缴纳所得税（个人企业均免），但对基金取得的股票的股息、红利收入，债券的利息收入、储蓄存款利息收入，由上市公司、发行债券的企业和银行在向基金支付上述收入时代扣代缴20%的个人所得税。

财税〔2002〕128号规定，上市公司、发行债券的企业和银行在向基金平台支付给个人投资者的利息、股息、红利时，需代扣代缴个人所得税。这一规定也可侧面印证笔者观点，即基金平台只是代收代付，扣缴义务人还是承担利息方。

206. 老带新赠送的礼品是否需要代扣代缴个人所得税？

案例：A房地产公司为加速回款，推出老带新方案，老客户推荐新客户完成购房交易的，赠送老客户1000元的物业费，对成交的新客户赠送1000元的购物卡。

问：赠送的礼品是否需要扣缴个人所得税？

答：赠送老客户的物业费需要代扣代缴个人所得税；赠送新客户的购物卡，根据财税〔2011〕50号的规定，属于销售商品的同时提供赠品，无须代扣代缴个人所得税。

【政策依据】《财政部　国家税务总局关于企业促销展业赠送礼品有关个人所得税问题的通知》（财税〔2011〕50号）第一条规定，企业在向个人销售商品（产品）和提供服务的同时给予赠品，不征收个人所得税。

第四节　免税项目

207. 个人从境外取得所得（外币发放），申报时如何计算汇率？

案例： A房地产公司有一名高级管理人员在纽约取得收入，以美元结算，2018年1—12月每月均取得1万美元。

问： 个人从境外取得所得申报时按何汇率换算？

答：《中华人民共和国个人所得税法实施条例》（2011年修订）第四十三条规定："依照税法第十条的规定，所得为外国货币的，应当按照填开完税凭证的上一月最后一日人民币汇率中间价，折合成人民币计算应纳税所得额。依照税法规定，在年度终了后汇算清缴的，对已经按月或者按次预缴税款的外国货币所得，不再重新折算；对应当补缴税款的所得部分，按照上一纳税年度最后一日人民币汇率中间价，折合成人民币计算应纳税所得额。"

因此，居民个人从境外取得所得，如果每月申报，则按上月最后一日人民币汇率中间价计算；如果在年度终了后汇算补缴，则按上年最后一日人民币汇率中间价计算。

如果上月/年最后一日为非工作日的，那么取上月/年最后一个工作日。相关数据在中国人民银行官网查询。

208. 企业为员工发放的私车公用补贴和通讯补贴是否需要缴纳个人所得税？

案例： A房地产公司经常需要员工在市内交通，原先使用滴滴发票报销，后来为降低交通费用，决定对员工发放私车公用补贴，有私车的员工凭本人行驶证和驾驶证申请领取补贴，不得再报销打车费用，无私车的员工依然凭滴滴发票和行程单实报实销。A房地产公司同时也不安置办公电话，一律发放通讯补贴。

问： 企业为员工发放的私车公用补贴和通讯补贴是否需要缴个人所得税？

答： 国税发〔1999〕58号第二条规定，个人因公务用车和通讯制度改革而取得的公务用车、通讯补贴收入，扣除一定标准的公务费用后，按照"工资、薪金"所得项目计征个人所得税。按月发放的，并入当月"工资、薪金"所得计征个人所得税；不按月发放的，分解到所属月份并与该月份"工资、薪金"所得合并后计征个人所得税。公务费用的扣除标准，由省级地方税务局根据纳税人公务交通、通讯费用的实际发生情况调查测算，报经省级人民政府批准后确定，并报国家税务总局备案。

实务中部分地区制定了公务费用的扣除标准，如河北（冀地税发〔2009〕46号第一条规定按交通补贴全额的30%征税），海南（海南省地税局公告2017年第2号第一条规定扣除标准为根据地区和职能600～1690元/人/月），大连（大地税函〔2010〕7号规定扣除标准为公务用车费用 2 700 元，实际通讯费用不超 80％），西藏（藏国税发〔2006〕83 号规定扣除标准为交通补贴 600 元，通讯补贴 400 元），其他未发文地区按全额并入工资薪金所得征收个人所得税（国家税务总局 2012 年 4 月 11 日在线答疑）。

【实操指南】　笔者整理了各地的私车公用补贴和通讯补贴税前扣除情况，供大家参考。

（1）天津（500 元内）。

《天津市地方税务局关于个人取得通讯补贴收入有关个人所得税政策的公告》（天津市地方税务局 2017 年第 7 号公告）规定：以现金形式发放给个人的办公通讯补贴，或以报销方式支付给个人的办公通讯费用，费用扣除标准为每月不超过 500 元（含 500 元）。公告自 2017 年 11 月 1 日起施行。

（2）海南（交通补贴分地区＋通讯补贴 100 元内）。

《海南省地方税务局关于明确公务交通通讯补贴扣除标准的公告》（海南省地方税务局公告 2017 年第 2 号）规定，企事业单位员工因公务用车制度改革取得的公务交通补贴收入，允许在以下公务费用扣除标准内，按实际取得数额予以扣除，超出标准部分按照"工资、薪金"所得项目计征个人所得税：

①海口、三亚、三沙、儋州、洋浦的公务费用扣除标准：高级管理人员 1 690 元/人/月，其他人员 1 040 元/人/月。

②其他市县的公务费用扣除标准：高级管理人员 1 000 元/人/月，其他人员 600 元/人/月。

企事业单位员工因通讯制度改革取得的通讯补贴收入，在 100 元/人/月的公务费用标准内，按实际取得数额予以扣除，超出标准部分按照"工资、薪金"所得项目计征个人所得税。公告自 2017 年 10 月 1 日起施行。

（3）北京（实报实销）。

《北京市地方税务局关于对公司员工报销手机费征收个人所得税问题的批复》（京地税个〔2002〕116 号）规定：单位为个人通讯工具（因公需要）负担通讯费采取金额实报实销或限额实报实销部分的，可不并入当月工资、薪金征收个人所得税。单位为个人通讯工具负担通讯费采取发放补贴形式的，应并入当月工资、薪金计征个人所得税。

（4）山东（500 元或 300 元内）。

《山东省地方税务局关于公务通讯补贴个人所得税费用扣除问题的通知》（鲁地税函〔2005〕33 号）规定，企事业单位自行制定标准发放给个人的公务通讯补贴，其中：法人代表、总经理每月不超过 500 元（含 500 元）、其他人员每月不超过 300 元（含 300 元）的部分，可在个人所得税前据实扣除。超过部分并入当月工资、薪金所得计征个人所得税。取得公务通讯补贴，同时又在单位报销相同性质通讯费用的，其取得的公务通讯补贴不得在个人所得税前扣除。凡发放公务通讯补贴的单位，应将本单位发放标准及范围的文件或规定等材料报送主管税务机关备案。

青岛（青地税函〔2004〕140 号）规定：企业生产经营过程中发生的与其生产经营有关管理人员的通讯费用，实行实报实销的，不属于征税范围，但企业应合理确定报销通讯费人员的范围，并将报销通讯费的企业管理人员名册，报送主管税务机关备案。

（5）陕西（1 690＋300 元内）。

《陕西省财政厅　陕西省地方税务局关于个人因公务用车制度改革取得的补贴收入有关个人所得税问题的通知》（陕财税〔2015〕10 号）规定：对其他企业事业单位职工取得的公车补贴收入，暂按公务费用扣除标准据实扣除，超过公务费用扣除标准的按标准扣除，超出部分按照"工资、薪金"所得项目计征个人所得税。公务费用扣除标准暂时比照《陕西省省级机关公务用车制度改革实施方案》规定的党政机关及所属参公事业单位职工扣除标准确定，扣除标准上限为：企业董事、总经理、副总经理等企业高层管理者每人每月 1 690 元；企业各部门经理等中层管理者每人每月 1 040 元；其他人员每人每月 650 元。

《陕西省地方税务局关于个人因通讯制度改革取得补贴收入征收个人所得税有关问题的公告》（陕西省地方税务局公告 2017 年第 2 号）规定：通讯补贴征收个人所得税公务费用税前扣除限额为每人每月 300 元。纳税人取得通讯补贴收入在限额内的，按实际收入全额扣除；超过限额的，按限额 300 元扣除。通讯补贴发放单位应及时将通讯制度改革方案报主管税务机关备案。

（6）重庆（400 元内）。

渝地税发〔2008〕3 号规定：公务费用的税前扣除标准确定为每人每月 400 元（含 400 元），在此标准内据实扣除。通讯补贴收入是指各单位以现金形式发放的个人通讯补贴，或以报销方式支付个人通讯费用，以及发放含通讯费用性质的工作性补贴。通讯补贴的范围界定为：单位为个人发放或支付的座机电话、移动电话、上网等费用。实行通讯制度改革的单位应将通讯制度改革方案，以及通讯补贴发放标准及范围的有关材料报送主管地税机关备案。

（7）内蒙古（200＋50 元内）。

内地税字〔2007〕355 号规定：企业因通讯制度改革而实际发放或报销的通讯补贴收入，每人每月在 200 元以内的，作为公务费用据实扣除，免予征收个人所得税。企业实际发放或报销的住宅电话费，每人每月 50 元以内的，免予征收个人所得税。

（8）广州（500 或 300 元内）。

穗地税发〔2007〕201 号规定：参照广东省地方税务局《转发国家税务总局关于执行〈企业会计制度〉需要明确的有关所得税问题的通知》（粤地税函〔2004〕547 号）第四点的规定，其单位高层管理人员（包括总经理、副总经理、总会计师以及在本单位受薪的董事会成员）在每人每月 500 元的标准额度内，其他人员在每人每月 300 元的标准额度内，凭发票在单位报销通讯费用的部分，准予在计征个人所得税前扣除。超过上述规定标准为职工报销的通讯费用以及发给职工的现金通讯补贴，应并入个人当月"工资、薪金"所得项目计征个人所得税。

（9）辽宁（参照当地标准）。

辽地税发〔2004〕125 号规定：个人因公务通讯制度改革而取得的公务移动通讯费补贴收入，可按照当地市级人民政府规定的补贴发放范围及标准，在计征个人所得税时给予全额扣除。按照政府规定的范围及标准向个人发放移动通讯费用补贴的单位，再以报销票据等各种形式向个人支付或为个人交纳的移动通讯费、固定电话通讯费、移动电话购置费，均应全额并入个人当月工资、薪金代扣代缴个人所得税。

《辽宁省地方税务局关于辽宁联通公司员工通信费缴纳个人所得税有关问题的批复》（辽地税函〔2011〕123 号）：你公司采取限额内实报实销方式给员工报销的通信费，属于单位公务性支出，不征收个人所得税。

大连（大地税函〔2010〕7 号）规定：公务用车费用每人每月不得超过 2 700 元。实际发生额不超过 2 700 元的，按实际发生额在应纳税所得额中扣除；实际发生额超过2 700 元的，其余额不得结转到以后月份的应纳税所得额中扣除。通讯公务费用每人每月不得超过当月实际发生通讯费用的 80%，且仅限一人一号。

（10）河北（交通补贴×30%＋通讯补贴 500 元内或通讯补贴×20%）。

《河北省地方税务局关于个人所得税若干业务问题的通知》（冀地税发〔2009〕46号）规定：各单位向职工个人发放的交通补贴（包括报销、现金等形式），按交通补贴全额的 30% 作为个人收入并入当月工资薪金所得征收个人所得税。

各类企业单位，参照当地行政事业单位标准执行，但企业职工个人取得通讯补贴的标准最高不得超过每人每月 500 元，在标准内据实扣除，超过当地政府规定的标准或超过每人每月 500 元最高限额的，并入当月工资薪金所得计算征收个人所得税；当地政府未规定具体标准的，按通讯补贴（包括报销、现金等形式）全额的 20% 并入当月工资薪金所得计算征收个人所得税。

（11）西藏（600＋400 元内）。

藏国税发〔2006〕83 号规定，根据近年来全区实际发放公务用车补贴和通讯费情况，现将公务费用扣除标准制定如下：公务用车补贴每人每月 600 元，通讯费补贴每人每月 400 元。

（12）浙江（500 元或 300 元内）。

浙地税发〔2001〕118 号规定：按照企事业单位规定取得通讯费补贴的工作人员，其单位主要负责人在每月 500 元额度内按实际取得数予以扣除，其他人员在每月 300 元额度内按实际取得数予以扣除；

宁波（甬地税一〔2003〕181 号）规定：对实行通讯制度改革的单位，其个人从任职单位取得的通讯补贴收入，在按实扣除每人每月 300 元公务费用后，按照"工资、薪金"所得项目计征个人所得税。

（13）宁夏（300 元或 200 元内）。

宁地税发〔2006〕85 号规定，通讯费税前扣除标准如下：①电话费补贴：企业单位厂长、经理 80 元，其他因工作需要经单位领导集体研究批准的特殊岗位人员 50 元。②移动通讯费补贴：企业单位移动通讯费包干给个人的，厂长、经理扣除限额为 300元，其他因工作需要经单位领导集体研究批准的特殊岗位人员 200 元。

（14）广西（360 元内）。

《广西壮族自治区地方税务局关于明确若干所得税税收政策管理问题的通知》（桂地税发〔2010〕19 号）：根据国税发〔1999〕58 号的规定，我区企业通讯费补贴税前扣除标准为每人每月 360 元。（注：已全文废止。）

（15）安徽。

《安徽省地方税务局关于个人取得公务交通补贴收入个人所得税问题的公告》（安徽

省地方税务局公告 2016 年第 1 号）规定：①个人因实施公务用车制度改革取得的公务交通补贴收入，扣除一定标准的公务费用后，按照工资、薪金所得项目计征个人所得税。②我省个人公务交通费用扣除标准，按照省直机关公务用车制度改革实施方案、省辖市公务用车制度改革实施方案明确的公车改革适用范围内相应职级人员对应的公务用车货币补贴标准确定。

（16）福建（500 元内实报实销）。

《福建省地方税务局关于所得税若干政策及管理问题的处理意见》（闽地税所便函〔2013〕16 号）明确：省局已根据国家税务总局《关于个人所得税有关政策问题的通知》（国税发〔1999〕58 号）规定请示省政府，在省政府批复前，暂按每人每月 500（含）元以内，准予据实在计征个人所得税前扣除。超过上述规定标准为职工报销的通讯费用，或以通讯费名义发放给职工的现金补贴，应并入职工个人当月"工资、薪金所得"计征个人所得税。

厦门市地方税务局网站规定：自 2013 年 11 月 1 日起，通讯费用暂按每人每月 500（含）元以内，准予据实在计征个人所得税前扣除。超过上述规定标准为职工报销的通讯费用，或以通讯费名义发放给职工的现金补贴，应并入职工个人当月"工资、薪金所得"计征个人所得税。据实的要求是：采用实名制以合法凭证实报实销，以现金或充值票据的应并入职工个人当月工资计征个税。

（17）湖南（实报实销无限额）。

湖南省地方税务局公告 2018 年第 2 号《湖南省地方税务局关于明确公务费用税前扣除标准的公告》规定：单位为个人通讯工具（因公需要）负担通讯费采取实报实销的，可不并入"工资、薪金所得"征收个人所得税。采取发放补贴形式的，一律并入当月"工资、薪金所得"计征个人所得税。

（18）甘肃（300 元内）。

《甘肃省财政厅　甘肃省地方税务局关于公务交通补贴等个人所得税问题的通知》（甘财税法〔2018〕15 号）规定：企业实行通讯公务费补贴的，可凭真实、合法的票据在个人所得税应纳税所得额中扣除。每人每月不得超过 300 元，且仅限一人一号。

（19）贵州（300 元内）。

《贵州省地方税务局关于个人取得通讯补贴有关个人所得税前扣除问题的公告》（贵州省地方税务局公告 2018 年第 4 号）规定：在我省取得工资、薪金所得的纳税人，每月从任职单位取得的通讯补贴收入，可在 300 元以内据实扣除，超过部分并入工资、薪金所得计算缴纳个人所得税。

（20）黑龙江（1 000 元＋400 元内）。

黑地税函〔2006〕11 号规定：实行公务用车改革的党政机关和企事业单位交通费用补贴每人每月扣除 1 000 元，超出部分计征个人所得税。其他形式的交通费补贴一律计征个人所得税。没有行政级别的企事业单位，其领导班子成员住宅电话和移动电话补贴两项合计每人每月扣除 400 元，超出部分计征个人所得税；特殊岗位人员两项合计每人每月最高扣除 300 元，超出部分计征个人所得税。

各地区补贴个人所得税税前扣除政策见表 4-8。

表 4-8 各地区补贴个人所得税税前扣除政策

地区	通讯补贴扣除标准（元/月）	交通补贴扣除标准（元/月）
重庆	≤400	—
贵州	≤300	—
广西	≤360	高级管理人员≤1 950，其他人员≤1 200
广东	高层管理人员≤500，其他人员≤300，凭票报销	—
福建	≤500（实报实销）	—
浙江	单位主要负责人≤500，其他人员≤300	—
湖南	实报实销无限额	
河北	≤500 或通讯补贴全额的 20%	交通补贴全额×30%
黑龙江	≤400 或≤300	≤1 000
天津	≤500	—
海南	≤100	区分城市、区分人员，≤1 690，≤1 040，≤1 000，≤600
北京	费用实报实销；补贴全额计征	—
山东	法人代表、总经理≤500，其他人员≤300	—
陕西	≤300	1 690
内蒙古	手机费≤250；电话费≤50	—
辽宁	参照当地标准（大连市可扣除实际通讯费 80%）	大连市≤2 700
甘肃	≤300	—
西藏	≤400	≤600
宁夏	电话费 50 或 80；手机费≤200 或≤300	—

第五章

契　税

在中华人民共和国境内转移土地、房屋权属，承受的单位和个人为契税的纳税人，契税税率为3%～5%，契税税率由省、自治区、直辖市人民政府在前面规定的幅度内按照本地区的实际情况确定。

契税的计税依据：

（1）国有土地使用权出让、土地使用权出售、房屋买卖，为成交价格；

（2）土地使用权赠与、房屋赠与，由征收机关参照土地使用权出售、房屋买卖的市场价格核定；

（3）土地使用权交换、房屋交换，为所交换的土地使用权、房屋的价格的差额。

应纳税额＝计税依据×税率

契税的纳税义务发生时间为纳税人签订土地、房屋权属转移合同的当天，或者纳税人取得其他具有土地、房屋权属转移合同性质凭证的当天。

纳税人应当自纳税义务发生之日起10日内，向土地、房屋所在地的契税征收机关办理纳税申报，并在契税征收机关核定的期限内缴纳税款。

209. 取得划拨土地使用权的单位将土地转让给其他企业，转让各方如何缴纳契税？

案例： H公司原取得一块划拨用地，拟将本单位持有的一块闲置土地转让给A房地产公司（以下简称A公司），并取得政府部门同意。补缴的土地出让金1 200万元，以及本次交易作价9 000万元，全部由A公司承担。

问： 转让各方如何缴纳契税？

答：《财政部　税务总局关于贯彻实施契税法若干事项执行口径的公告》（财政部税务总局公告2021年第23号）第二条第（二）项规定：“先以划拨方式取得土地使用权，后经批准转让房地产，划拨土地性质改为出让的，承受方应分别以补缴的土地出让价款和房地产权属转移合同确定的成交价格为计税依据缴纳契税。”

因此，承受方A公司应按10 200万元（1 200＋9 000）为计税依据计算缴纳契税。

【实操指南】《中华人民共和国契税法》（以下简称《契税法》）自2021年9月1日起施行。原来的《中华人民共和国契税暂行条例实施细则》第十一条规定：“以划拨方式取得土地使用权的，经批准转让房地产时，应由房地产转让者补缴契税。其计税依据为补缴的土地使用权出让费用或者土地收益。”前后政策发生了变化。

如果该转让发生在2021年8月31日前（含当天），按照原实施细则的规定，受让方按合同确定的成交价格为计税依据缴纳契税，转让方按缴纳土地变性的土地出让价款为计税依据缴纳契税，划拨土地转让双方均应缴纳契税。如果转让发生在 2021 年 9 月 1 日后（含当天），则无论土地出让价款由谁缴纳，无论实际负担者是谁，也都由承受方缴纳成交价格＋土地出让金合计部分对应的契税，转让方无须缴纳契税。即如转让发生在 2021 年 8 月 31 日前（含当天），H 公司按 1 200 万元计算缴纳契税，A 公司按 9 000 万元计算缴纳契税。

【政策依据】《城市房地产管理法》：

第四十条 以划拨方式取得土地使用权的，转让房地产时，应当按照国务院规定，报有批准权的人民政府审批。有批准权的人民政府准予转让的，应当由受让方办理土地使用权出让手续，并依照国家有关规定缴纳土地使用权出让金。

以划拨方式取得土地使用权的，转让房地产报批时，有批准权的人民政府按照国务院规定决定可以不办理土地使用权出让手续的，转让方应当按照国务院规定将转让房地产所获收益中的土地收益上缴国家或者作其他处理。

其他依据：财税〔2000〕14 号，财税〔2007〕162 号，财税〔2004〕134 号。

其他参考：成地税函发〔1998〕85 号（不能作为法律依据）。

210. 企业取得土地用于民办学校，是否需要缴纳契税？

案例： A 房地产集团为实现多元化经营，进军教育领域，设立 B 公司开展民办教育。2018 年 1 月，B 公司取得一块教育用地，用于民办小学。

问： 取得该地块是否需要缴纳契税？

答： 根据《契税法》第六条，非营利性的学校承受土地权属用于办公、教学，免征契税。因此，主要看 B 公司开办的民办小学是否属于在相关部门登记的非营利性学校，如果是营利性质，则不能免征。

【实操指南】 根据已废止的财税〔2001〕156 号，民办学校如果取得县级以上人民政府教育行政主管部门或劳动行政主管部门批准并核发的"社会力量办学许可证"，其承受的土地、房屋权属用于教学的，免征契税。

该文件自 2021 年 9 月 1 日起废止。因此，2021 年 9 月 1 日前，须取得"社会力量办学许可证"并办理契税免税证明方可免征契税。如果未能取得该许可证，则不能免征契税。

【政策依据】《契税法》：

第六条 有下列情形之一的，免征契税：

（一）国家机关、事业单位、社会团体、军事单位承受土地、房屋权属用于办公、教学、医疗、科研、军事设施；

（二）非营利性的学校、医疗机构、社会福利机构承受土地、房屋权属用于办公、教学、医疗、科研、养老、救助；

....

---

211. 合并后的公司承接土地房产，是否需要缴纳契税？

案例：A、B公司合并，A公司股东甲、乙分别占50％的股份，B公司股东丙、丁分别占75％、25％的股份，合并后甲、乙、丙、丁各占25％的股份。

问：合并后的C公司承接原A公司的土地房产，是否需要缴纳契税？

答：免征契税。《财政部　税务总局关于继续执行企业　事业单位改制重组有关契税政策的公告》（财政部　税务总局公告2021年第17号）第三条规定："两个或两个以上的公司，依照法律规定、合同约定，合并为一个公司，且原投资主体存续的，对合并后公司承受原合并各方土地、房屋权属，免征契税。"上述法条对投资主体存续有要求，但并未要求出资比例不得变动。

【实操指南】　财政部　税务总局公告2021年第17号第三条关于契税的减免，只要求投资主体存续，出资比例可以变动。实际上这也符合法理，因为两个企业合并，虽然房屋土地所有权发生了转移，但本质上是股权的合并，而不是资产的合并，因此，当出资比例发生变动时，可以理解为是发生了部分股权转让行为，股权受让本就不是契税的应税范围。

鲁财税〔2015〕15号第一条也明确了只要原企业的出资人存在于合并后的企业，出资人的出资比例可以发生变动。

如上述情况变为合并后甲、乙、丙各占25％、25％、50％的股份，丁退出，则不能免征契税。

如上述情况变为合并后甲、乙、丙、丁各占20％的股份，新增股东戊占20％的股份，则可以免征契税。

注：上述三种情况均涉及清算股权所得税（股东是企业的，且符合特殊性税务处理的情形除外）。

【政策依据】　财政部　税务总局公告2021年第17号：

三、公司合并

两个或两个以上的公司，依照法律规定、合同约定，合并为一个公司，且原投资主体存续的，对合并后公司承受原合并各方土地、房屋权属，免征契税。

鲁财税〔2015〕15号：

一、《通知》第二条"投资主体存续"是指原企业的出资人必须存在于合并后的企业，出资人的出资比例可以发生变动；《通知》第三条所称"投资主体相同"是指公司分立前后出资人不发生变动，出资人的出资比例可以发生变动。

【关联问题】　分立免征契税的条件是否与合并相同？

答案是不同。财政部　税务总局公告2021年第17号第四条规定："公司依照法律规定、合同约定分立为两个或两个以上与原公司投资主体相同的公司，对分立后公司承受原公司土地、房屋权属，免征契税。"我们从中可以看出，分立要求"投资主体相同"，而合并要求"投资主体存续"，虽然出资比例都可以变动，但分立强调不能引入新股东，而合并可以；合并强调不能减少旧股东，分立也不能减少。

举例说明如下：

（1）如上例变为：A公司股东甲、乙分别占50%的股份，A公司分立为A、B两个公司，分立后A公司股东甲、乙分别占50%的股份，B公司股东甲、乙分别占75%、25%的股份。

此时满足契税免征条件。

（2）如上例变为：A公司股东甲、乙分别占50%的股份，A公司分立为A、B两个公司，分立后A公司股东甲、乙分别占40%、60%的股份，B公司股东甲占100%的股份。

此时不满足契税免征条件。

（3）如上例变为：A公司股东甲、乙分别占50%的股份，A公司分立为A、B两个公司，分立后A公司股东甲、乙分别占50%的股份，B公司股东甲、乙、丙分别占75%、15%、10%的股份。

此时不满足契税免征条件。

212. 拆迁补偿费、土地出让金分期利息是否并入成交价格缴纳契税？

案例： A房地产公司2016年1月招拍挂取得某地块，出让合同金额1亿元。出让合同约定土地出让金分两次支付，第二次支付的土地出让金，按照第一次支付到第二次支付之间的天数，按年利率8%支付滞纳金。

该地块涉及拆迁还建，A公司与该地块上的居民签订了拆迁补偿协议，并以支付拆迁补偿费的形式，向居民支付了共3 000万元。

问：（1）该公司缴纳契税时，计税依据是否包含3 000万元的拆迁补偿费？

（2）土地出让滞纳金是否并入契税计税依据？

答：（1）依据《契税法》第四条，土地使用权出让、出售，房屋买卖，契税的计税依据为土地、房屋权属转移合同确定的成交价格，包括应交付的货币以及实物、其他经济利益对应的价款。房地产开发企业受让国有土地使用权，以协议方式出让取得，契税计税价格为承受人为取得该土地使用权而支付的全部经济利益，包括所支付的拆迁补偿费，不管其是何种形式，无论支付拆迁补偿的形式是货币、实物、无形资产还是其他经济利益；以竞价方式出让的，也包含各类补偿费用（同协议出让）。

（2）按照合同约定，分期付款利息是在合同中约定的，虽然金额不明确，但也属于承受人为取得该土地使用权而支付的全部经济利益，是契税计税依据的一部分。

《契税法》第十条规定，纳税人应当在依法办理土地、房屋权属登记手续前申报缴纳契税。但实践中实际支付利息时已经超过了纳税期限，而办理手续前有可能还不确定利息的支付金额，是否存在滞纳金风险？

笔者理解此部分类似于补缴出让金或补缴其他费用，无须缴纳滞纳金。

【实操指南】（1）国有土地使用证办理完毕后发生的拆迁补偿费也应申报缴纳契

税。因此，A公司缴纳契税的计税依据包含3 000万元。

（2）关于土地出让金分期利息，有地方政策支持笔者看法：

《吉林省地方税务局关于契税征收若干具体问题的通知》（吉地税发〔2012〕24号）第五条规定：纳税人与土地管理部门签订土地出让合同，约定分期缴纳土地出让金，其纳税义务发生时间为签订出让合同的当天，计税依据为合同所载全部土地出让金总价款。纳税人因分期支付土地出让金而支付给土地出让人的利息，应计入契税计税依据，照章征收契税。

【政策依据】《契税法》：

第四条　契税的计税依据：

（一）土地使用权出让、出售，房屋买卖，为土地、房屋权属转移合同确定的成交价格，包括应交付的货币以及实物、其他经济利益对应的价款；

…………

---

213. 市政建设配套费是否并入成交价格缴纳契税？

案例： 接上例，A公司在取得土地时，还缴纳了市政建设配套费100万元。

问： 该市政建设配套费是否纳入契税计税依据？

答： 财政部　税务总局公告2021年第23号第二条第（五）项规定：土地使用权出让的，计税依据包括土地出让金、土地补偿费、安置补助费、地上附着物和青苗补偿费、征收补偿费、城市基础设施配套费、实物配建房屋等应交付的货币以及实物、其他经济利益对应的价款。其中的"城市基础设施配套费"，又叫市政建设配套费、大市政配套费。因此，市政建设配套费需要纳入契税计税依据。

【实操指南】　有少部分地区对于市政建设配套费征收契税执行不严，如成都市地方税务局财产与行为税处在2017年发出了《成都市地方税务局财产与行为税处关于城市基础设施配套费暂缓计入契税计税依据的通知》（财行便函〔2017〕14号），规定市政建设配套费暂不征收契税。

但在更早的时候，四川省地税局曾发文要求市政建设配套费纳入契税征税范围，成都市地方税务局财产与行为税处的文件实际上不属于税收规范性文件，只是公文，且与省局正式发文冲突，令人费解。

其他地区的文件基本都是将市政建设配套费纳入契税征税范围，与国家税务总局口径一致。

【政策依据】《成都市地方税务局财产与行为税处关于城市基础设施配套费暂缓计入契税计税依据的通知》（财行便函〔2017〕14号）：

各区（市）县地方税务局、市局第三直属税务分局：

针对成都市建委按建筑面积收取的特大城市市政基础设施配套费是否计入契税计税依据的问题我处请示了省局，省局根据国家税务总局口头答复，回复了我处。

现将相关问题通知如下：

总局和省局均认为，房地产开发商在取得土地使用权后按开发的房产建筑面积向建委缴纳的城市基础设施配套费（一般计入开发成本）是在取得土地使用权之后环节发生的费用，该费用不是为取得土地使用权而支付的，应暂缓征收契税。

据此我市从 2007 年 4 月 1 日起，暂缓将成都市建委收取的特大城市市政基础设施配套费纳入契税计税依据。对于 2017 年 4 月 1 日前，已在税收日常检查、执法监督、税务稽查中被发现的，未将特大城市市政基础设施配套费纳入契税计税依据的纳税人，均暂缓补征或追征其该部分契税，对于已将特大城市市政基础设施配套费纳入契税计税依据并已将契税缴纳入库的纳税人，在上级部门明确以前，不予退税。

成都市地方税务局财产与行为税处

2017 年 4 月 17 日

《四川省地方税务局关于市政建设配套费征收契税问题的通知》：

各市、州地方税务局，省局稽查局：

近接广安市地税局《关于向建设部门缴纳的市政建设配套费是否征收契税的请示》（广市地税〔2006〕98 号）。经省局研究，现将市政建设配套费征收契税问题通知如下，请遵照执行。

按照《财政部　国家税务总局关于国有土地使用权出让等有关契税问题的通知》（财税〔2004〕134 号）规定，市政建设配套费属于契税的征税范围，纳税人在办理土地使用权证前应将应缴的市政建设配套费连同土地出让金、土地补偿费、安置补偿费、拆迁补偿费、地上附着物和青苗补偿费等一并向征收机关申报缴纳契税。

二〇〇六年十二月一日

214. 土地出让金逾期滞纳金是否并入成交价格缴纳契税？

案例：接上例，A 公司在第一次支付土地出让金时，较合同约定的付款时间晚了 1 个月，对此，政府向其收取了银行同期贷款利率的利息 35 万元。

问：该 35 万元滞纳金是否缴纳契税？

答：因为未按合同约定延迟付款导致的滞纳金，不属于合同约定中应付的经济利益，其具有不确定性，在合同签订时，不能预期会支付该款项，与土地出让的价格不直接相关，笔者认为不属于契税纳税范围，实质上是资金占用行为，也不应计入资产成本，而应当计入财务费用。

215. 个人将土地划转到其独资持有的有限责任公司，有限责任公司是否需要缴纳契税？

案例：A 公司拟收购 B 地块，B 地块目前由个人 C 持有，直接收购 B 地块将产生土地增值税、增值税、个人所得税、印花税、契税。为减轻交易环节的税负，A公司提出，由C设立有限责任公司D（以下简称D公司），并将B地块划转到D公司，然后由A公司收购D公司股权，完成土地收购，划转后再收购，则无须缴纳此环节的土地增值税、增值税、契税。

问： C将B地块划转到D公司，是否需要缴纳契税？

答： 根据财税〔2008〕142号，个人将土地划转到其独资持有的有限责任公司，如果是无偿划转（账务处理计入资本公积），不缴纳契税；如果是有偿转让，则需缴纳契税。

【实操指南】 区分是不是无偿划转，主要看C是否取得对价。需要注意的是，D公司的股权也属于对价的一种。因此，C需要先成立D公司，而不能直接以土地投资入股成立D公司，因为以土地投资入股不是无偿划转。无偿划转的账务处理对方科目应为资本公积，而不能是实收资本。

虽然该步骤无须缴纳契税，但还需要缴纳个人所得税（不同于企业划转适用国家税务总局公告2015年第40号免征企业所得税，个人划转股权无免征个人所得税规定）、增值税、印花税，即使该步骤不缴纳，在后续C转让D公司股权给A公司时，一样需要按划转之前的计税基础来计算税款，因此难以实现节省税款。因此，此种做法会导致多一道缴纳税款环节，综合下来不一定会节省税款，需要测算后决定是否采用此做法。

【政策依据】 财税〔2008〕142号：

根据《财政部　国家税务总局关于企业改制重组若干契税政策的通知》（财税〔2003〕184号）第七条规定，"企业改制重组过程中，同一投资主体内部所属企业之间土地、房屋权属的无偿划转，不征收契税"。自然人与其个人独资企业、一人有限责任公司之间土地、房屋权属的无偿划转属于同一投资主体内部土地、房屋权属的无偿划转，可比照上述规定不征收契税。

【关联问题】 个人将土地划转到其独资持有的有限责任公司，是否需要缴纳土地增值税、增值税、个人所得税、印花税？

（1）是否缴纳土地增值税存在争议。财税〔2018〕57号第四条规定，"单位、个人在改制重组时以房地产作价入股进行投资，对其将房地产转移、变更到被投资的企业，暂不征土地增值税"。该条文仅规定了作价入股不征土地增值税，但未规定无偿划转是否征收。实践中个人无偿划转自己的土地到一人有限责任公司，该有限责任公司会增加账面的资本公积，因此，对此种情况是否属于作价入股存在争议。笔者认为这不属于作价入股，因为"作价"二字就不符合无偿划转的条件。

但实践中有部分地区的税务机关将同一投资主体内的无偿划转纳入了不征税范围，因此实践中建议与当地税务机关沟通。例如：

《重庆市地方税务局关于土地增值税若干政策执行问题的公告》（重庆市地方税务局公告2014年第9号）第三条第（一）项中规定：同一投资主体划转同一投资主体内部所属企业之间无偿划转（调拨）房地产，不征收土地增值税。"同一投资主体内部所属企业之间"是指母公司与其全资子公司之间；同一公司所属全资子公司之间；自然人与其设立的个人独资企业、一人有限公司之间。

《公司无偿承受非经营性房产有关契税、土地增值税问题》（京地税地〔2009〕187号）第二条规定，根据《中华人民共和国土地增值税暂行条例》的规定，北京汽车工业控股有限责任公司等八家企业将非经营性房产无偿划转北京房地集团有限公司，不属于土地增值税征收范围，不征收土地增值税。（但此文件为单独规定，不具备推广适用效力。）

也有观点认为，个人无偿划转自己的土地到一人有限责任公司，属于赠与，不在土地增值税应税范围，因此也不需要缴纳。该观点适用的政策依据为《中华人民共和国土地增值税暂行条例实施细则》第二条："条例第二条所称的转让国有土地使用权、地上的建筑物及其他附着物并取得收入，是指以出售或者其他方式有偿转让房地产的行为。不包括以继承、赠与方式无偿转让房地产的行为。"

如何定义赠与？财税字〔1995〕48号规定如下：

四、关于细则中赠与所包括的范围问题

细则所称的赠与是指如下情况：

（一）房产所有人、土地使用权所有人将房屋产权、土地使用权赠与直系亲属或承担直接赡养义务人的。

（二）房产所有人、土地使用权所有人通过中国境内非营利的社会团体、国家机关将房屋产权、土地使用权赠与教育、民政和其他社会福利、公益事业的。

上述社会团体是指中国青少年发展基金会、希望工程基金会、宋庆龄基金会、减灾委员会、中国红十字会、中国残疾人联合会、全国老年基金会、老区促进会以及经民政部门批准成立的其他非营利的公益性组织。

从上述定义可以看出，个人无偿划转自己的土地到一人有限责任公司，不属于赠与，属于土地增值税应税范围。因此个人无偿划转自己的土地到一人有限责任公司属于赠与的观点站不住脚。

（2）增值税：缴纳。根据财税〔2016〕36号附件1《营业税改征增值税试点实施办法》第十四条第（二）项的规定，单位或者个人向其他单位或者个人无偿转让无形资产或者不动产的行为视同销售无形资产的行为，应征收增值税。因此，增值税应当视同销售征收。

有观点认为无偿划转不是无偿转让，因此不应视同销售，但无法条支撑，笔者倾向于视同销售。

（3）个人所得税：缴纳。不同于企业划转适用国家税务总局公告2015年第40号免征企业所得税，个人划转股权无免征个人所得税规定。需要注意的是，目前新颁布的《个人所得税法》及其实施条例中都没有视同销售征税的说法，因此，对个人所得税实行像企业所得税和增值税一样的视同销售政策，没有法律支持。但目前实践中税务机关多按照视同销售口径执行。

（4）印花税：缴纳。划转合同属于应税凭证，应按产权转移数据缴纳印花税。如果增加了资本公积，公司还应按资本账簿缴纳印花税。

216. 购买无产权车位是否需要缴纳契税？

答： 在实践中，无产权车位的销售方式一般是转让永久使用权，而非所有权，因此各地执行口径存在差异。部分地区税务机关认为，转让永久使用权就是变相转让产权，参考增值税的规定（见关联问题），属于销售不动产，要征收契税；但也有部分地区税务机关认为，无产权车位，顾名思义，没有所有权，不涉及所有权转移变动，因此，不征收契税。

但需要注意的是，如果该车位的使用权与房屋所有权一并转让，则认定为缴纳契税的可能性更大。

【政策依据】 财政部　税务总局公告 2021 年第 23 号第二条第（六）项：

> 房屋附属设施（包括停车位、机动车库、非机动车库、顶层阁楼、储藏室及其他房屋附属设施）与房屋为同一不动产单元的，计税依据为承受方应交付的总价款，并适用与房屋相同的税率；房屋附属设施与房屋为不同不动产单元的，计税依据为转移合同确定的成交价格，并按当地确定的适用税率计税。

【关联问题】 转让无产权车位如何缴纳增值税？

转让无产权车位，如果是以转让永久使用权的形式转让的，则根据财税〔2016〕36 号发布的《营业税改征增值税试点实施办法》所附《销售服务、无形资产、不动产注释》的规定，转让建筑物有限产权或者永久使用权的，转让在建的建筑物或者构筑物所有权的，以及在转让建筑物或者构筑物时一并转让其所占土地的使用权的，按照销售不动产缴纳增值税。

如果只是出租一定年限的使用权，则按出租不动产缴纳增值税。需要注意的是，如果出租年限过长，如超过了可使用年限的 90% 以上，则类似于融资租赁，被认定为销售不动产的可能性极大。

第六章

房产税、城镇土地使用税、耕地占用税

217. 样板房和办公用房是否需要缴纳房产税？

案例： A 房地产公司（以下简称 A 公司）开发某住宅项目，2017 年 8 月竣工备案，竣工备案时已售比例为 60%，约定于 2019 年 12 月交楼。竣工后，为加快去化速度，A 公司将其中一套商品房装修后作为样板间对外展示，另一套商品房作为办公用房。这两套商品房仍在账面存货中计价，A 公司未就这两套房屋缴纳房产税。

问： 样板房和办公用房是否需要缴纳房产税？

答： 样板房虽然装修对外展示，但不属于"投入使用"的范畴，仍属于拟对外出售的存货，不缴纳房产税；办公用房已投入使用，应自使用次月起计算缴纳房产税（无论会计账面上是存货还是固定资产）。

【政策依据】《国家税务总局关于房产税城镇土地使用税有关政策规定的通知》（国税发〔2003〕89 号）：

> 鉴于房地产开发企业开发的商品房在出售前，对房地产开发企业而言是一种产品，因此，对房地产开发企业建造的商品房，在售出前，不征收房产税；但对售出前房地产开发企业已使用或出租、出借的商品房应按规定征收房产税。

218. 房产原值应如何确认？

案例： A 房地产公司自建写字楼，为取得土地使用权支付价款 2 亿元，容积率 2.0，发生建筑安装费用 1.5 亿元，均取得合法票据。该写字楼于 2017 年 12 月竣工并作为办公楼使用，按直线法 20 年提取折旧（无残值）。当地政府规定的原值减除幅度为 30%。

问： A 房地产公司 2018 年应缴多少房产税？

答： 2018 年应缴房产税＝（20 000＋15 000）×（1－30%）×1.2%＝294（万元）。

解析计算步骤：

（1）房产原值＝地价＋自建成本。

《中华人民共和国房产税暂行条例》（以下简称《房产税暂行条例》）第三条规定，房产税依照房产原值一次减除 10% 至 30% 后的余值计算缴纳。首先，房产原值是什么？在会计准则和其他法律法规中，并未出现过对于房产原值的解释。

1986 年 9 月 15 日国务院发布《房产税暂行条例》，同年《财政部　税务总局关于房产税若干具体问题的解释和暂行规定》（财税地字〔1986〕8 号，已废止）第十五条规定:"房产原值是指纳税人按照会计制度规定,在账簿'固定资产'科目中记载的房屋原价。对纳税人未按会计制度规定记载的,在计征房产税时,应按规定调整房产原值,对房产原值明显不合理的,应重新予以评估。"

虽然该条款已废止,但我们可以看出,早期房产原值就是会计制度中的固定资产历史成本。但在我国开始使用会计准则代替会计制度后,固定资产明显不足以涵盖所有房屋,房屋还可能记载在投资性房地产科目中。因此,该条款在废止之后由下文承接:

《财政部 国家税务总局关于房产税城镇土地使用税有关问题的通知》(财税〔2008〕152号)第一条规定,自2009年1月1日起,"对依照房产原值计税的房产,不论是否记载在会计账簿固定资产科目中,均应按照房屋原价计算缴纳房产税。房屋原价应根据国家有关会计制度规定进行核算。对纳税人未按国家会计制度规定核算并记载的,应按规定予以调整或重新评估。《财政部 税务总局关于房产税若干具体问题的解释和暂行规定》(财税地字〔1986〕8号)第十五条规定同时废止。"

从中我们可以看出,国家税务总局也在根据会计准则的更新,对房产原值的概念更新迭代。但无论如何更新,我们都可以确定,房产原值就是会计的入账价值,不扣除折旧,一经确定,后续基本不会发生变化。

因此,本例中,房产原值为该写字楼会计入账价值,根据《企业会计准则第4号——固定资产》(财会〔2006〕3号)第三章"初始计量"第九条"自行建造固定资产的成本,由建造该项资产达到预定可使用状态前所发生的必要支出构成",土地成本和建筑安装费用都属于必要支出,因此,账面应确认的该写字楼的入账价值为3.5亿元(2+1.5)。

另外,国家税务总局也有文件支撑此观点,《财政部 国家税务总局关于安置残疾人就业单位城镇土地使用税等政策的通知》(财税〔2010〕121号)第三条规定:"对按照房产原值计税的房产,无论会计上如何核算,房产原值均应包含地价,包括为取得土地使用权支付的价款、开发土地发生的成本费用等。"有观点认为这一规定是税会差异的体现,其实税法的规定和会计准则是一样的,如果出现实际税会差异,也是企业未按照会计准则做账的原因。

真正导致产生税会差异的是财税〔2010〕121号第三条中的规定:"宗地容积率低于0.5的,按房产建筑面积的2倍计算土地面积并据此确定计入房产原值的地价。"当容积率低于0.5时,会计上还应当按地价总额计入房产成本,但税法上为了减轻纳税人负担,计入房产原值的地价=2倍建筑面积×总地价/总建筑面积。(注:容积率是指房屋总建筑面积与用地面积的比率。)

本例中容积率为2.0,无须调整计入房产原值的地价,直接按总地价计入。

(2)房产余值的计算=房产原值×(1−扣除幅度)。

房产余值根据各省份确定的扣除幅度(10%~30%)计算,与折旧无关。

(3)税额=房产余值×税率。

219. 预收租金的,可以分期摊销交房产税吗?

案例: A房地产公司出租自建写字楼,于2018年2月一次性预收了5年的租金,每年租金 100 万元，共预收 500 万元。

问：房产税应如何缴纳？

答：预收租金一次性缴纳增值税，分期计入企业所得税。房产税方面目前无清晰的规定，但实践中广东地区税务机关倾向房产税同增值税一次性缴纳，部分地区允许分期缴纳。房地产公司可与当地税务机关沟通，争取按《房产税暂行条例》第七条的"房产税按年征收，分期缴纳"进行理解，分期缴纳。

220. 临时基建房屋是否缴纳房产税？

案例：A 公司在某项目开发工地现场临时搭建板房 8 间，提供给施工企业使用，其中 7 间用于建筑工人住宿、休息，1 间用作卫生间。该项目于 2017 年 1 月开工，2019 年 5 月完工，完工后 A 公司将 8 间板房出租给物业公司，物业公司作为临时办公用房，进行收派快递等工作。

问：8 间板房是否需要缴纳房产税？

答：需根据具体情形决定是否缴纳房产税。

(1) 2019 年 5 月前，板房不需要缴纳房产税。

根据财税地字〔1986〕8 号第二十一条的规定，凡是在基建工地为基建工地服务的各种工棚、材料棚、休息棚和办公室、食堂、茶炉房、汽车房等临时性房屋，不论是施工企业自行建造还是由基建单位出资建造交施工企业使用的，在施工期间，一律免征房产税。

因此，项目完工之前，A 公司无须缴纳房产税。

(2) 2019 年 5 月后，板房应按出租缴纳房产税。

在基建工程结束以后，施工企业将这种临时性房屋交还或者估价转让给基建单位的，应当从基建单位接收的次月起，依照规定征收房产税。

【政策依据】《财政部 税务总局关于房产税若干具体问题的解释和暂行规定》(财税地字〔1986〕8 号)：

二十一、关于基建工地的临时性房屋，应否征收房产税？

凡是在基建工地为基建工地服务的各种工棚、材料棚、休息棚和办公室、食堂、茶炉房、汽车房等临时性房屋，不论是施工企业自行建造还是由基建单位出资建造交施工企业使用的，在施工期间，一律免征房产税。但是，如果在基建工程结束以后，施工企业将这种临时性房屋交还或者估价转让给基建单位的，应当从基建单位接收的次月起，依照规定征收房产税。

---

221. 售房部和样板房为临时建筑，是否缴纳房产税？其缴纳的依据是什么？

案例：A 房地产公司建设了临时售房部和样板房，2018 年 1 月 1 日投入使用，12 月 31 日拆除。

问：对售房部和样板房是否缴纳房产税？

答：缴纳房产税。A 房地产公司应当从该建筑物投入使用的次月起缴纳房产税，即 2018 年 2—12 月按照会计暂估入账价值缴纳。

售房部和样板房不是为基建服务，而是为销售服务，不属于财税地字〔1986〕8 号第二十一条规定的基建工地的临时性房屋。

【实操指南】 如果样板房不是临时建筑房屋，而是在本来的商品房中选择一套或多套作为样板房展示，后期拟对外出售，则属于存货，不需要缴纳房产税。

222. 以修理费抵房租，应如何缴纳房产税？

案例：A 房地产公司将一间老旧房屋租给 B 公司，因为该房屋下水管道存在堵塞问题，所以 A 房地产公司不收取租金，但要求 B 公司对下水管道进行修理，修理费用由 B 公司承担，租期一年。

问：以修理费抵房租，应如何缴纳房产税？

答：财税地字〔1986〕8 号第二十三条规定："承租人使用房产，以支付修理费抵交房产租金，仍应由房产的产权所有人依照规定交纳房产税。"

该条确定了修理费抵房租不属于无租使用，不适用无租使用由承租人代缴纳的条款，仍应由出租人缴纳房产税。

那么出租人应当从租计征还是从价计征？笔者认为修理费抵房租，修理费就是租金的给付方式，因此，应按照修理费的金额作为房租，从租计征。

223. 与免税单位共同使用的房屋应如何纳税？

案例：A 房地产公司租用了交通运输管理局一楼大厅旁边的一个小隔间用于办公，该隔间的产权属于交通运输管理局，无单独产权证，与大厅属于同一个产权证。

问：A 房地产公司是否需要缴纳房产税？

答：财税地字〔1986〕8 号第二十五条规定："纳税单位与免税单位共同使用的房屋，按各自使用的部分划分，分别征收或免征房产税。"

因此，租用的面积部分需要缴纳房产税，但应由交通运输管理局按租金缴纳。

【政策依据】 财税地字〔1986〕8 号：

六、关于免税单位自用房产的解释

国家机关、人民团体、军队自用的房产，是指这些单位本身的办公用房和公务用房。

事业单位自用的房产，是指这些单位本身的业务用房。

宗教寺庙自用的房产，是指举行宗教仪式等的房屋和宗教人员使用的生活用房屋。

公园、名胜古迹自用的房产，是指供公共参观游览的房屋及其管理单位的办公用房屋。

上述免税单位出租的房产以及非本身业务用的生产、营业用房产不属于免税范围，应征收房产税。

---

224. 公司有多处房产应如何缴纳房产税？

案例：A 房地产公司注册于天津市，在天津市有一座办公楼，后来为拓展业务，又在北京市买下一座办公楼，实行两地办公。

问：A 房地产公司应当向天津市还是北京市申报房产税？

答：《房产税暂行条例》第九条规定："房产税由房产所在地的税务机关征收。"房产不在一地的纳税人，应按房产的座落地点，分别向房产所在地的税务机关缴纳房产税。

因此，A 公司应分别向天津市和北京市的税务机关申报房产税（城镇土地使用税同房产税）。

【政策依据】 财税地字〔1986〕8 号：

八、关于房产不在一地的纳税人，如何确定纳税地点？

房产税暂行条例第九条规定，"房产税由房产所在地的税务机关征收。"房产不在一地的纳税人，应按房产的座落地点，分别向房产所在地的税务机关缴纳房产税。

《城镇土地使用税暂行条例》：

第十条 土地使用税由土地所在地的税务机关征收。土地管理机关应当向土地所在地的税务机关提供土地使用权属资料。

---

225. 老旧的房产能否突破 30% 的减除幅度上限？

案例：A 房地产公司（以下简称 A 公司）看中一栋房屋，买进以待获取拆迁补偿。该房屋建造于 1990 年，截至 2019 年已使用 29 年，由于该地块周围都是旧工业区，因此 A 公司不打算拆除重建。该房屋原始入账价值为 2 万元，A 公司买入价为 28 万元，取得发票。

问：A 公司应如何缴纳房产税？

答：财税地字〔1986〕8 号第十七条规定："根据房产税暂行条例规定，具体减除幅度以及是否区别房屋新旧程度分别确定减除幅度，由省、自治区、直辖市人民政府规定，减除幅度只能在 10% 至 30% 以内。"

即使是再老旧的房屋，只要依然投入使用，就需要按房产原值交税，且减除幅度不得超过 30%。但如果经有关部门鉴定，对毁损不堪居住的房屋和危险房屋，在停止使用后可免征房产税。本例中应不属于不堪居住的危险房屋，因此不能免征。

A 公司的房产原值为 28 万元，而不是房屋的建造成本 2 万元。《财政部 税务总局关于房产税城镇土地使用税有关问题的通知》（财税〔2008〕152 号）第一条中规定，自 2009 年 1 月 1 日起，"对依照房产原值计税的房产，不论是否记载在会计账簿固定资产科目中，均应按照房屋原价计算缴纳房产税。房屋原价应根据国家有关会计制度规定进行核算。对纳税人未按国家会计制度规定核算并记载的，应按规定予以调整或重新评估。"

而根据《企业会计准则第4号——固定资产》第三章"初始计量"第八条"外购固定资产的成本，包括购买价款、相关税费、使固定资产达到预定可使用状态前所发生的可归属于该项资产的运输费、装卸费、安装费和专业人员服务费等"，外购固定资产应以购买价款等入账，因此，房地产公司购买该房屋后，只能按28万元的原值计税，不能按原建造成本2万元计税。

【政策依据】 财税地字〔1986〕8号：

十六、关于毁损不堪居住的房屋和危险房屋，可否免征房产税？

经有关部门鉴定，对毁损不堪居住的房屋和危险房屋，在停止使用后，可免征房产税。

---

226. 企业自办的幼儿园用房是否缴纳房产税？

案例： A房地产集团实行主业聚焦、多元化经营的发展战略。为减少主业风险，A房地产集团进军了教育行业，在自行开发的项目中自办了幼儿园，同时设立专门的公司对幼儿园进行运营。

问： 该幼儿园用房是否需要缴纳房产税？

答： 根据财税〔2004〕39号第二条和财税地字〔1986〕8号第十条，企业办幼儿园自用的房产土地，免房产税、城镇土地使用税。

【实操指南】 （1）只有用于教学及科研等业务的房产和土地免征房产税和城镇土地使用税。如果幼儿园里面有商店、招待所等，则不能免征房产税和城镇土地使用税；如果该公司未能单独区分教学及科研用地，则整体不能免征房产税和城镇土地使用税。

（2）虽然国家税务总局规定民办学校也能享受房产税和城镇土地使用税两税优惠，未加以限制，实践中有部分地区要求民办学校的收费不得高于政府规定的收费标准，但大部分民办学校都达不到要求，因为政府的收费标准基本就是非营利学校的标准，而民办学校大多是营利学校，因此难以享受两税优惠。

（3）免征房产税的房产必须是运营幼儿园的公司自己的房产，房地产公司需要先将幼儿园卖给运营幼儿园的公司，该公司方能享受两税优惠，否则应由房地产公司出租给运营公司，房地产公司按出租额缴纳房产税和城镇土地使用税。

【政策依据】 财税〔2004〕39号：

二、关于房产税、城镇土地使用税、印花税

对国家拨付事业经费和企业办的各类学校、托儿所、幼儿园自用的房产、土地，免征房产税、城镇土地使用税；……

三、关于耕地占用税、契税、农业税和农业特产税

1. 对学校、幼儿园经批准征用的耕地，免征耕地占用税。享受免税的学校用地的具体范围是：全日制大、中、小学校（包括部门、企业办的学校）的教学用房、实验室、操场、图书馆、办公室及师生员工食堂宿舍用地。学校从事非农业生产经营占用的耕地，不予免税。职工夜校、学习班、培训中心、函授学校等不在免税之列。

....

财税地字〔1986〕8 号：

十、关于企业办的各类学校、医院、托儿所、幼儿园自用的房产，可否免征房产税？

企业办的各类学校、医院、托儿所、幼儿园自用的房产，可以比照由国家财政部门拨付事业经费的单位自用的房产，免征房产税。

---

227. 未办证的房产是否缴纳房产税？

案例： A 房地产公司在一块自持地块上无证建造了一间房屋，用作办公用房，该房屋未办理产权证，无实测面积等资料。

问： A 公司是否需要缴纳该房屋的房产税？

答： 需要缴纳房产税。

《房产税暂行条例》第二条中规定："房产税由产权所有人缴纳。产权属于全民所有的，由经营管理的单位缴纳。产权出典的，由承典人缴纳。产权所有人、承典人不在房产所在地的，或者产权未确定及租典纠纷未解决的，由房产代管人或者使用人缴纳。"可见，即使没有产权所有人，也应当由房产代管人或使用人缴纳，没有产权证也应当缴纳房产税。

【实操指南】 未办证的房屋如何缴纳房产税？如果自用，则按账面原值计税；如果账面原值不能准确反映该房屋的房产原值，税务机关可以核定。如果出租，则按租金缴纳房产税。

【政策依据】 《国家税务总局关于房产税城镇土地使用税有关政策规定的通知》（国税发〔2003〕89 号）第二条中规定：

（一）购置新建商品房，自房屋交付使用之次月起计征房产税和城镇土地使用税。

---

228. 非单独建造的污水处理池是否缴纳房产税？

案例： A 房地产公司修建办公楼时，由于空间限制，将污水处理池建在地下，污水处理池上面是房屋，且污水处理池由承建该项目的总包方负责修建，与其他建筑安装工程开在同一张发票中，会计处理上也将其一同计入固定资产成本。

问：办公楼转为自用后，A 公司是否需要缴纳该污水处理池的房产税？

答：存在争议。

一种观点认为：根据财税地字〔1987〕3 号第一条，独立于房屋之外的建筑物，如围墙、烟囱、水塔、变电塔、油池油柜、酒窖菜窖、酒精池、糖蜜池、室外游泳池、玻璃暖房、砖瓦石灰窑以及各种油气罐等，不属于房产。如果本例中污水处理池是单独建造在房屋外的，就不需要缴纳房产税。虽然污水处理池建在了房屋地下，但也应比照处理，不缴纳房产税。

另一种观点认为：根据《财政部 国家税务总局关于具备房屋功能的地下建筑征收房产税的通知》（财税〔2005〕181 号）第一条，凡在房产税征收范围内的具备房屋功能的地下建筑，包括与地上房屋相连的地下建筑以及完全建在地面以下的建筑、地下人防设施等，均应当依照有关规定征收房产税。该污水处理池是建造在与地上房屋相连的地下建筑里的，难以单独区分，且造价也难以剥离，应当缴纳房产税。

笔者认为，财税〔2005〕181 号第一条中还规定了上述具备房屋功能的地下建筑是指有屋面和维护结构，能够遮风避雨，可供人们在其中生产、经营、工作、学习、娱乐、居住或储藏物资的场所。污水处理池是不能供人们在其中生产、经营、工作、学习、居住的，因此即使是与地上房屋相连的地下建筑，也应当剔除，不缴纳房产税。

【实操指南】 在本例中，由于造价难以区分，可能需要根据前期的工程单据来查找污水处理池的工程量，按单价予以拆分。

【政策依据】 财税地字〔1987〕3 号：

一、关于"房产"的解释

"房产"是以房屋形态表现的财产。房屋是指有屋面和围护结构（有墙或两边有柱），能够遮风避雨，可供人们在其中生产、工作、学习、娱乐、居住或储藏物资的场所。

独立于房屋之外的建筑物，如围墙、烟囱、水塔、变电塔、油池油柜、酒窖菜窖、酒精池、糖蜜池、室外游泳池、玻璃暖房、砖瓦石灰窑以及各种油气罐等，不属于房产。

根据总局〔86〕财税地字第 8 号文规定，"房产原值是指纳税人按照会计制度规定，在账簿'固定资产'科目中记载的房屋原价。"因此，凡按会计制度规定在账簿中记载有房屋原价的，即应以房屋原价按规定减除一定比例后作为房产余值计征房产税；没有记载房屋原价的，按照上述原则，并参照同类房屋，确定房产原值，计征房产税。

二、关于房屋附属设备的解释

房产原值应包括与房屋不可分割的各种附属设备或一般不单独计算价值的配套设施。主要有：暖气、卫生、通风、照明、煤气等设备；各种管线，如蒸气、压缩空气、石油、给水排水等管道及电力、电讯、电缆导线；电梯、升降机、过道、晒台等。

属于房屋附属设备的水管、下水道、暖气管、煤气管等从最近的探视井或三通管算起。电灯网、照明线从进线盒联接管算起。

　　三、关于工商行政管理部门的集贸市场用房征收房产税的规定

　　工商行政管理部门的集贸市场用房，不属于工商部门自用的房产，按规定应征收房产税。但为了促进集贸市场的发展，省、自治区、直辖市可根据具体情况暂给予减税或免税照顾。

---

229. 小区里面的物业管理用房（所有权属于全体业主）如何缴纳房产税？

案例： A房地产公司建造某小区，建成后交由物业公司运营，物业公司管理用房位于小区内，产权属于全体业主。

问：（1）物业公司是否缴纳房产税？

（2）如果物业公司管理用房自用一部分，外租一部分，如何缴纳房产税？

（3）物业公司是否需要缴纳城镇土地使用税？

答：（1）根据财税〔2006〕186号第一条，对居民住宅区内业主共有的经营性房产，由实际经营（包括自营和出租）的代管人或使用人缴纳房产税。

（2）物业自营部分由物业公司按原值从价计征，出租部分由出租人按12%从租计征。既有出租又有自用的，应按面积比例分摊原值，无法划分的由税务机关核定。

（3）如果物业管理用房性质上属于个人住宅，可以争取按照个人居住房免征城镇土地使用税。如果不是个人住宅性质，根据《城镇土地使用税暂行条例》，物业公司作为物业管理用房的实际使用人，有需要缴纳城镇土地使用税的风险。

　　【实操指南】 某些物业管理用房没有产权证，无法确定占地面积，但如果是单独建造的物业管理用房，则可以测量占地面积（按投影在地面的面积）。如果物业管理用房占用居民住宅中的面积，未单独建造，如很多小区的物业管理办公室在某栋住宅的一楼或二楼，则可以按物业管理用房的建筑面积占总建筑面积的比例分摊占地面积纳税。

　　【政策依据】《财政部　国家税务总局关于房产税、城镇土地使用税有关政策的通知》（财税〔2006〕186号）第一条规定："对居民住宅区内业主共有的经营性房产，由实际经营（包括自营和出租）的代管人或使用人缴纳房产税。其中自营的，依照房产原值减除10%至30%后的余值计征，没有房产原值或不能将业主共有房产与其他房产的原值准确划分开的，由房产所在地地方税务机关参照同类房产核定房产原值；出租的，依照租金收入计征。"

230. 如果延期交付土地，城镇土地使用税纳税义务发生时间应该如何确定？

案例： A房地产公司招拍挂取得一块土地，签订土地出让合同，约定于2016年5月交付土地，但政府实际于2017年2月才交付土地。A房地产公司2016年5月至2017年2月期间未缴纳城镇土地使用税，税务机关稽查时提出应补缴。

　　问： 延期交付土地期间是否缴纳城镇土地使用税？

　　答： 根据财税〔2006〕186号第二条，以出让或转让方式有偿取得土地使用权的，应由受让方从合同约定交付土地时间的次月起缴纳城镇土地使用税；合同未约定交付土

地时间的，由受让方从合同签订的次月起缴纳城镇土地使用税。

由此可见，合同约定交付时间是纳税义务的起始时间，本例中应从 2016 年 5 月的次月，即 2016 年 6 月起缴纳城镇土地使用税。A 房地产公司应补缴 2016 年 6 月至 2017 年 3 月期间的城镇土地使用税。

【实操指南】 （1）没交付土地就要缴税，对企业来说不够公平，为规避税收损失，企业可与政府部门签订补充协议，以补充协议注明的交付时间次月起计算缴纳城镇土地使用税。

（2）企业未取得城镇土地使用权证，不影响城镇土地使用税的缴纳义务和起始时间。

（3）《城镇土地使用税暂行条例》第九条规定：征收的非耕地，自批准征收次月起缴纳土地使用税。这是基于 20 世纪 80 年代由土地使用人直接征地的情形所作的规定。随着我国土地使用制度改革的深化和土地管理方式的逐步规范，目前土地出让的主要方式是，由地方土地储备中心征用土地，经过前期开发，然后以招标、拍卖、挂牌等方式出让给土地使用人。因此，财税〔2006〕186 号规定：以出让或转让方式有偿取得土地使用权的，应由受让方从合同约定交付土地时间的次月起缴纳城镇土地使用税；合同未约定交付土地时间的，由受让方从合同签订的次月起缴纳城镇土地使用税。

根据《国家税务总局办公厅关于〈国家税务总局关于通过招拍挂方式取得土地缴纳城镇土地使用税问题的公告〉的解读》，通过招标、拍卖、挂牌方式取得的建设用地，适用财税〔2006〕186 号的规定，解决了长久以来批准征收至出让土地之间，土地储备中心是否缴纳土地使用税的争议。

【政策依据】《城镇土地使用税暂行条例》：

第九条　新征收的土地，依照下列规定缴纳土地使用税：

（一）征收的耕地，自批准征收之日起满 1 年时开始缴纳土地使用税；

（二）征收的非耕地，自批准征收次月起缴纳土地使用税。

《财政部　国家税务总局关于房产税、城镇土地使用税有关政策的通知》（财税〔2006〕186 号）：

二、关于有偿取得土地使用权城镇土地使用税纳税义务发生时间问题

以出让或转让方式有偿取得土地使用权的，应由受让方从合同约定交付土地时间的次月起缴纳城镇土地使用税；合同未约定交付土地时间的，由受让方从合同签订的次月起缴纳城镇土地使用税。

---

231. 如何确定房地产开发项目城镇土地使用税的截止计算时间？

案例：A 房地产公司招拍挂取得一块土地，签订土地出让合同，约定于 2016 年 5 月交付土地，2016 年 12 月开始预售，2018 年 12 月发出整个项目的收楼通知书，通知

业主在 12 月底前来收房。

2018 年 12 月实际交房的建筑面积比例为 70％，2019 年 1 月实际交房的建筑面积比例为 30％。2020 年全部办理完产权证。

问：如何确定城镇土地使用税的截止计算时间？

答：财税〔2008〕152 号第三条规定："纳税人因房产、土地的实物或权利状态发生变化而依法终止房产税、城镇土地使用税纳税义务的，其应纳税款的计算应截止到房产、土地的实物或权利状态发生变化的当月末。"

实践中"权利状态发生变化"一般以房屋交付时间为准。先办理产权证的，也可以以产权证签发时间为准。

【实操指南】 国家税务总局对于城镇土地使用税的终止计算时间，仅有财税〔2008〕152 号中一条模糊的表述。各地税务机关在发文时有更详尽的条款可以参考。其执行口径差异较大，存在按竣工备案时间/合同签订时间/合同约定交楼时间/实际交楼时间等多种情形，实际交楼时间也存在发出收楼通知书和每位客户实际领钥匙交付的时间（物业台账）两种口径。房地产公司应积极与当地税务机关协调，争取采用最早的扣减时间。

如青岛规定在交付钥匙当月终止；西安规定在商品房买卖合同约定交付的时间或实际交付时间当月终止；河南规定在已办理了房屋土地使用权证或者房屋产权证，或房屋销售发票全额开付给购房人且购房人的购房款项已全部结清，或者已将房屋的钥匙交付给购房人当月终止。

【政策依据】 青岛（青地税函〔2009〕128 号）：

二、纳税义务的截止时间

房地产企业开发商品房已经销售的，土地使用税纳税义务的截止时间为商品房实物或权利状态发生变化即商品房交付使用的当月末。

商品房交付使用，是指房地产企业将已建成的房屋转移给买受人占有，其外在表现主要是将房屋的钥匙交付给买受人。

西安（西地税发〔2009〕248 号）：

⋯⋯房地产开发企业房地产开发用地城镇土地使用税征收截止时间应为《商品房买卖合同》或其他协议文件约定房屋交付的当月末；未按《商品房买卖合同》或其他协议文件约定时间交付房屋的，城镇土地使用税征收截止时间为房屋实际交付的当月末。房地产开发企业商品房销售期间，应逐月统计已交付和未交付部分，并按建筑面积比例分摊计算当月应缴纳土地使用税。

河南（豫地税发〔2006〕84 号）：

第七条　房地产开发企业城镇土地使用税纳税人，开发商品房已经销售的，应自房屋交付使用之次月，按照交付使用商品房屋的建筑面积所应分摊的土地面积相

应调减应税土地面积。

房屋交付使用，是指房地产开发企业按照售房合同的规定，将房屋已销售给购房人且购房人已办理了房屋土地使用权证或者房屋产权证，房屋所占有的土地已发生实际转移的行为。

对购房人非个人原因无法及时取得土地使用权证或房屋产权证的，只要房地产开发企业按照销售合同的规定，已将房屋销售发票全额开付给购房人且购房人的购房款项已全部结清，或者已将房屋的钥匙交付给购房人，经主管地方税务机关审查同意后，也可视同为房屋已交付使用。

232. 占用耕地缴纳耕地占用税后，城镇土地使用税是否递延一年缴纳？

案例： A 房地产公司招拍挂取得一块土地共 20 000 平方米，签订土地出让合同，约定于 2016 年 5 月交付土地。该土地占用 10 000 平方米的耕地，按当地的耕地占用税标准，每平方米的耕地税额为 33 元。该房地产公司缴纳了 33 万元的耕地占用税。

问： 缴纳耕地占用税后，城镇土地使用税是否递延一年缴纳？

答： 根据国家税务总局公告 2014 年第 74 号，通过招标、拍卖、挂牌方式取得的建设用地，不属于新征用的耕地，应从合同约定交付土地时间的次月起缴纳城镇土地使用税；合同未约定交付土地时间的，从合同签订的次月起缴纳城镇土地使用税。

根据《中华人民共和国土地管理法》和《国务院关于促进节约集约用地的通知》（国发〔2008〕3 号）的有关规定，未利用的土地出让前，应当完成必要的前期开发，经过前期开发的土地，才能依法由市、县人民政府国土资源部门统一组织出让。因此，通过招拍挂方式取得的土地都是建设用地，不属于直接取得耕地，无论耕地占用税以何种方式缴纳，都应当适用以出让或转让方式有偿取得土地使用权的纳税义务发生时间的政策规定。

因此，城镇土地使用权不递延一年缴纳，A 房地产公司应自 2016 年 6 月起计征城镇土地使用税。

【实操指南】 在国家税务总局公告 2014 年第 74 号公布前，执法根据是《城镇土地使用税暂行条例》第九条第（一）项：“征收的耕地，自批准征收之日起满 1 年时开始缴纳土地使用税。”此条文是基于 20 世纪 80 年代由土地使用人直接征地的情形所作的规定。

从现在的情况来看，如果土地储备中心是征用土地人，那么按照《城镇土地使用税暂行条例》的规定，应该由土地储备中心缴纳耕地占用税，缴纳完毕后，将耕地占用税金额计算在出让土地价款中。

实践中，地方土地储备中心征用耕地后，对应缴纳的耕地占用税有两种处理方式：一种方式是由地方土地储备中心缴纳，作为土地开发成本费用的一部分，体现在招拍挂的价格当中；另一种方式是由受让土地方缴纳耕地占用税，地方土地储备中心不缴税，将税收义务转移给受让土地方。

上述两种方式的选择还会影响到受让方缴纳契税的基数，如果耕地占用税含在招拍挂价格中，则作为土地出让金的一部分缴纳契税；如果由受让方自行缴纳，则无须就耕地占用税的金额再缴纳契税。

此时房地产企业作为受让方，缴纳了耕地占用税，还需缴纳城镇土地使用税，极不合理。因此，房地产企业在谈判过程中，如果存在占用耕地，则建议与政府协商，增加财政返还或以其他方式进行弥补。

【政策依据】　《国家税务总局关于通过招拍挂方式取得土地缴纳城镇土地使用税问题的公告》（国家税务总局公告 2014 年第 74 号）：

通过招标、拍卖、挂牌方式取得的建设用地，不属于新征用的耕地，纳税人应按照《财政部　国家税务总局关于房产税　城镇土地使用税有关政策的通知》（财税〔2006〕186 号）第二条规定，从合同约定交付土地时间的次月起缴纳城镇土地使用税；合同未约定交付土地时间的，从合同签订的次月起缴纳城镇土地使用税。

---

233. 项目在建时，城镇土地使用税涉及公共设施用地是否可以扣除？

案例： A 房地产公司开发某项目，项目占地共 2 万平方米，根据项目规划，其中 500 平方米为小区外公共绿道，1 000 平方米为小区内绿化面积。该项目于 2016 年 1 月开工，2018 年 12 月交房。

问： 2016—2018 年期间，绿化面积是否需要缴纳城镇土地使用税？

答： 绿化面积需要区分是不是公共设施面积，如果是小区内部的绿化，属于业主共有，不是公共设施面积，不可以从城镇土地使用税计税依据中扣除，基本没有争议；如果是小区外的绿化用地，一般认为其属于公共设施面积。开发项目建设期间的公共设施面积是否可以从城镇土地使用税计税依据中剔除，全国暂无统一性规定，各地执行不一，发文也五花八门。如上海（沪税地〔1989〕46 号）曾规定公共道路用地可扣除（但未提及公共绿化，存疑）；重庆（渝地税发〔2003〕301 号）原规定小区内的绿化和道路用地可以扣除，但之后该条款被废止，目前的执行口径是不可扣除；青岛（青地税函〔2009〕128 号）规定经规划批准配套的公共设施应分摊的土地面积可扣除（主要指学校、医院、派出所等，未提及绿化，存疑）；江西（赣地税函〔2005〕197 号）规定销售过程中的道路、绿化、公共设施等占地面积，在房屋销售比例达到 80% 后停止计税；辽宁（辽税四〔1993〕203 号）规定土地使用税的计税依据包括与其不可分割的附属设施占地，因此不可扣除。

另外，吉林对竣工后（交房前）的居民小区内按标准建设的绿化和公共道路用地，暂免征收城镇土地使用税。（在项目建设期间不免征城镇土地使用税，这也避免了部分房地产公司更改规划享受免税条件，后又不按规划建设的情形，竣工后道路和绿化均已成型。）

实践中需征询主管税务机关。

【实操指南】　对到底哪些属于公共设施，各地规定有所不同。

【政策依据】 沪税地〔1989〕46 号（已全文废止）：

三、企业新征用土地时带征一部分同于市政规划的公共道路用地，如这部分带征土地列入企业范围以外和不使用的，可免予征收土地使用税。

沪税地〔1990〕54 号（已全文废止）：

二、企业范围内自然形成的河流或湖面，已被利用的（例如宾馆等单位作为景色格局或游艺场所等），应按规定征收土地使用税；尚未利用的，可由所在地税务机关审核，报我局批准后，暂时免征土地使用税。

渝地税发〔2003〕301 号：

对开发小区内的道路、绿化用地，经区县地税局审定后可暂不征收城镇土地使用税。

注：该条款被渝地税发〔2011〕111 号废止。

青地税函〔2009〕128 号：

四、开发初期应税土地总面积的范围

开发初期应税土地总面积不包括经规划部门批准建设项目配套的居委会、派出所、学校、幼儿园、托儿所、医院等公共设施应分摊的土地面积。

辽税四〔1993〕203 号：

二、对房地产开发公司征收土地使用税的计税依据应包括与其不可分割的附属设施占地。……

《江西省地方税务局关于对房地产开发企业征收城镇土地使用税问题的批复》（赣地税函〔2005〕197 号）：

……对销售过程中的道路、绿化、公共设施所占用的土地面积，应在整个房屋售出 80% 后停止征收城镇土地使用税。

《吉林省地方税务局关于明确房产税土地使用税有关政策的通知》（吉地税发〔2006〕42 号）：

对房地产开发企业开发的居民小区竣工后，其小区内按照规定标准进行绿化和修建公共道路的用地，暂免征收土地使用税。

234. 承租集体土地，城镇土地使用税由谁缴纳？

案例： A 房地产公司（以下简称 A 公司）2012 年在海南三亚承租了一块集体土地，并建设了房屋对外出租（小产权房）。该集体土地位于城镇土地使用税的征税范围内。

问： 承租集体土地是否缴纳城镇土地使用税？由谁缴纳？

答： 根据财税〔2006〕56 号、财税〔2017〕29 号，承租集体土地的城镇土地使用税纳税人为实际使用人，如发生转租，由直接从集体经济组织承租土地的单位和个人缴纳。

【实操指南】 本例中 A 公司作为承租人是实际使用人，即使 A 公司再次对外出租，也应该由 A 公司缴纳城镇土地使用税，而非由二次承租人缴纳城镇土地使用税。

【政策依据】 财税〔2006〕56 号：

根据当前集体土地使用中出现的新情况、新问题，经研究，现将集体土地城镇土地使用税有关政策通知如下：

在城镇土地使用税征税范围内实际使用应税集体所有建设用地、但未办理土地使用权流转手续的，由实际使用集体土地的单位和个人按规定缴纳城镇土地使用税。

本通知自 2006 年 5 月 1 日起执行，此前凡与本通知不一致的政策规定一律以本通知为准。

财税〔2017〕29 号：

经研究，现将承租集体土地城镇土地使用税有关政策通知如下：

在城镇土地使用税征税范围内，承租集体所有建设用地的，由直接从集体经济组织承租土地的单位和个人，缴纳城镇土地使用税。

235. 已竣工验收但未投入使用的房屋是否缴纳房产税？

案例： A 房地产公司（以下简称 A 公司）在某地块自建办公楼，于 2017 年 1 月开工，2018 年 9 月竣工，2019 年 3 月开始自用。A 公司的主管税务机关在检查时发现 A 公司于 2019 年 4 月才开始缴纳房产税，遂提出 A 公司应补缴 2018 年 10 月至 2019 年 3 月期间的房产税。

问： 税务机关的要求是否合理？

答： 根据国税发〔2003〕89 号第二条，房地产开发企业自用、出租、出借本企业建造的商品房，自房屋使用或交付之次月起计征房产税。即如果建设主体为房地产开发企业，且建设的是商品房（规划报建时拟对外出售，取得的是商住用地而不是工业用地），则按投入使用或交付给业主的次月开始缴纳，不按竣工验收时间（即使竣工验收时间早于投入使用时间）缴纳房产税。根据财税地字〔1986〕8 号第十九条，纳税人自建的房屋，自建成之次月起征收房产税。即如果建设主体为非房地产开发企业，或房地产开发企业建设的不是商品房，则按建成时间次月起缴纳房产税。如果是委托施工企业建设的房屋，则以办理竣工验收手续的次月为初始纳税义务发生时间。

【实操指南】 本例需区分施工企业是 A 公司自身，还是委托给其他企业施工。如果是前者，则属于房地产开发企业建设的非商品房，按建成时间次月起缴纳（案例中未提到，如果无法确定建成时间，则通常以竣工时间为准）；如果是后者，则属于委托施工企业建设的房屋，则以办理竣工验收手续的次月为初始纳税义务发生时间。从中可以看出，以上两者均应按竣工验收时间缴纳房产税，因此，税务机关的要求合理，A 公司应该补缴 2018 年 10 月至 2019 年 3 月期间的房产税税款及滞纳金。

需要注意的是，根据财税〔2006〕186 号第二条，房地产开发企业的城镇土地使用税纳税义务发生时间应从合同约定交付土地时间的次月起开始缴纳，与房产税有所不同。

【政策依据】 财税地字〔1986〕8 号：

十九、关于新建的房屋如何征税？

纳税人自建的房屋，自建成之次月起征收房产税。纳税人委托施工企业建设的房屋，从办理验收手续之次月起征收房产税。……

国税发〔2003〕89 号第二条第四款：

（四）房地产开发企业自用、出租、出借本企业建造的商品房，自房屋使用或交付之次月起计征房产税和城镇土地使用税。

注：根据财税〔2006〕186 号第二条，上述条款中城镇土地使用税的规定已失效。

财税〔2006〕186 号：

二、关于有偿取得土地使用权城镇土地使用税纳税义务发生时间问题

以出让或转让方式有偿取得土地使用权的，应由受让方从合同约定交付土地时间的次月起缴纳城镇土地使用税；合同未约定交付土地时间的，由受让方从合同签订的次月起缴纳城镇土地使用税。

国家税务总局《关于房产税、城镇土地使用税有关政策规定的通知》（国税发〔2003〕89 号）第二条第四款中有关房地产开发企业城镇土地使用税纳税义务发生时间的规定同时废止。

【关联问题】 如何确定非自建的房屋房产税、城镇土地使用税的纳税义务起始时间？

法规依据是国税发〔2003〕89 号第二条前三款：

（一）购置新建商品房，自房屋交付使用之次月起计征房产税和城镇土地使用税。

（二）购置存量房，自办理房屋权属转移、变更登记手续，房地产权属登记机关签发房屋权属证书之次月起计征房产税和城镇土地使用税。

（三）出租、出借房产，自交付出租、出借房产之次月起计征房产税和城镇土地使用税。

---

236. 企业免费提供给职工使用的宿舍是否免交房产税？

案例： A房地产公司（以下简称A公司）向员工免费提供宿舍，未收取租金收入，也未缴纳过房产税。主管税务机关在检查时发现，要求A公司根据视同销售原则补缴房产税。

A公司提出，根据财税〔2000〕125号第一条规定，对企业和自收自支事业单位向职工出租的单位自有住房，暂免征收房产税、营业税。A公司向职工出租自有住房，且不收取租金，应当可以适用上述免税规定。

问：（1）税务机关要求房产税视同销售是否合理？

（2）A公司的抗辩理由是否正确？

答：（1）房产税没有视同销售的说法（不同于增值税），因此要求房产税视同销售并无合理依据。但实践中也有税务机关要求增值税视同销售的同时一并缴纳房产税，从法理上来讲，可能是房产税立法缺失导致。

（2）不正确。财税〔2013〕94号规定："《财政部　国家税务总局关于调整住房租赁市场税收政策的通知》（财税〔2000〕125号）第一条规定，暂免征收房产税、营业税的企业和自收自支事业单位向职工出租的单位自有住房，是指按照公有住房管理或纳入县级以上政府廉租住房管理的单位自有住房。"企业免费提供给职工使用的宿舍不属于纳入公有住房管理或廉租房管理的"单位自有住房"范畴，不享受免税。

【政策依据】 财税〔2000〕125号：

一、对按政府规定价格出租的公有住房和廉租住房，包括企业和自收自支事业单位向职工出租的单位自有住房；房管部门向居民出租的公有住房；落实私房政策中带户发还产权并以政府规定租金标准向居民出租的私有住房等，暂免征收房产税、营业税。

---

237. 没有土地使用证（无产权）的土地是否需要缴纳城镇土地使用税？

答： 需要。《城镇土地使用税暂行条例》第二条规定，在城市、县城、建制镇、工矿区范围内使用土地的单位和个人，为城镇土地使用税的纳税人；第三条规定，土地使用税以纳税人实际占用的土地面积为计税依据，而非证载或确权面积。根据财税〔2009〕128号第四条，没有产权的地下面积也需要按垂直投影面积缴税。因此，只要在规定的范围内使用土地，就需要缴纳城镇土地使用税。

【政策依据】《城镇土地使用税暂行条例》：

第二条　在城市、县城、建制镇、工矿区范围内使用土地的单位和个人，为城镇土地使用税（以下简称土地使用税）的纳税人，应当依照本条例的规定缴纳土地使用税。

前款所称单位，包括国有企业、集体企业、私营企业、股份制企业、外商投资企业、外国企业以及其他企业和事业单位、社会团体、国家机关、军队以及其他单位；所称个人，包括个体工商户以及其他个人。

第三条　土地使用税以纳税人实际占用的土地面积为计税依据，依照规定税额计算征收。

财税〔2009〕128 号：

四、关于地下建筑用地的城镇土地使用税问题

对在城镇土地使用税征税范围内单独建造的地下建筑用地，按规定征收城镇土地使用税。其中，已取得地下土地使用权证的，按土地使用权证确认的土地面积计算应征税款；未取得地下土地使用权证或地下土地使用权证上未标明土地面积的，按地下建筑垂直投影面积计算应征税款。

对上述地下建筑用地暂按应征税款的 50％征收城镇土地使用税。

第七章
印花税

238. 咨询合同是否缴纳印花税?

案例: A 公司与会计师事务所签订审计咨询合同,金额为 150 万元,约定由该会计师事务所对 A 公司 2018 年的年报进行审计,并出具审计报告,用于披露报表使用。

问: 咨询合同是否缴纳印花税?

答: 不缴纳。法律、法规、会计、审计方面的咨询合同不贴花。

【政策依据】《国家税务局关于对技术合同征收印花税问题的通知》((89) 国税地字第 34 号) 第二条中规定:

> ……一般的法律、法规、会计、审计等方面的咨询不属于技术咨询,其所立合同不贴印花。

【关联问题】 技术咨询合同是否缴纳印花税?

应缴纳印花税。(89) 国税地字第 34 号第二条规定:技术咨询合同是当事人就有关项目的分析、论证、评价、预测和调查订立的技术合同。有关项目包括:(1) 有关科学技术与经济、社会协调发展的软科学研究项目;(2) 促进科技进步和管理现代化,提高经济效益和社会效益的技术项目;(3) 其他专业项目。对属于这些内容的合同,均应按照"技术合同"税目的规定计税贴花。

239. 资金账簿印花税按营业执照所载注册资本金额在办理税务登记时一次缴纳还是按照实际出资金额分次缴纳? 合伙企业是否缴纳?

案例: A 房地产公司 2018 年 12 月成立,注册资本 1 亿元,2018 年 12 月,账面上实缴到账 5 000 万元,股东投入资本公积 1 000 万元。

问: 2018 年 12 月应按多少金额计算缴纳印花税?

答: 2018 年 4 月 25 日,国务院常务会议决定,从 2018 年 5 月 1 日起,将对纳税人设立的资金账簿按实收资本和资本公积合计金额征收的印花税减半,对按件征收的其他账簿免征印花税。

实收资本不到位不需缴纳印花税,印花税计税依据为账载实收资本和资本公积合计金额,而不是营业执照上注明的注册资本金额。

【实操指南】 本例中 A 房地产公司 12 月应交印花税=(5 000+1 000)×0.05%÷2=

1.5（万元）。

后续注册资本和资本公积增加时，需补缴印花税（减少不退）。

【关联问题】 合伙企业实收资本和资本公积是否缴纳印花税？

根据 2018 年 1 月 12 日国家税务总局网站答疑回复：合伙企业出资额不计入"实收资本"和"资本公积"，不征收资金账簿印花税。（但各地执行口径不一。）

240. 以合并或分立方式成立的新企业，是否需要缴纳资金账簿印花税？

案例： A 房地产公司吸收合并了 A 房地产公司的子公司 B，吸收合并后，A 房地产公司的实收资本由原来的 1 亿元变为 2 亿元，资本公积由 2 亿元变为 2.3 亿元。

问： A 房地产公司是否需要补缴资本账簿印花税？

答： 不需要。

财税〔2003〕183 号第一条中规定："以合并或分立方式成立的新企业，其新启用的资金账簿记载的资金，凡原已贴花的部分可不再贴花，未贴花的部分和以后新增加的资金按规定贴花。"

只有在合并和分立中新增加的（如股东投入等原因）注册资本和资本公积才需要进行贴花。

241. 划拨土地使用权的合同是否缴纳印花税？

案例： A 房地产集团公司（以下简称 A 公司）下设民营教育公司 B，B 公司打算在 A 公司开发的项目周边建设一所学校。由于 A 公司项目地处较偏，涉及大量拆迁还建居民的子女教育问题，政府对此较为重视，因此划拨了一块土地给 B 公司用于建设学校。

政府与 B 公司签订了划拨土地使用权合同，无偿划拨土地给 B 公司，同时约定 B 公司需要在 A 公司项目交房时同步完成学校的组建，且收费标准不得高于当地教育部门公布的标准。

问： 划拨土地使用权的合同是否缴纳印花税？

答： 根据《财政部 国家税务总局关于印花税若干政策的通知》（财税〔2006〕162 号）第三条的规定，对土地使用权出让合同、土地使用权转让合同按产权转移书据征收印花税。其中未提及划拨土地使用权合同。以划拨方式取得的土地使用权，除法律、行政法规另有规定外，没有使用期限的限制，土地使用权也不能进行转让。笔者认为划拨土地使用权合同并未发生实际意义上的产权转移，接受划拨方只是拥有了土地使用权，国家拥有无偿收回土地使用权的权利。

笔者认为划拨土地使用权合同不属于法规列举的应税凭证，不缴纳印花税。

【关联问题】 不需要缴纳印花税的易混淆的合同包括：委托代理合同（国税发〔1991〕155 号），托运单据（国税地字〔1988〕25 号第 6 条），电网与用户签订的供用电合同（发电厂与电网及电网之间的合同要缴纳印花税），工程监理及会计、审计、法律、审价合同（不属于技术咨询合同），商业票据贴现，培训合同（技术培训合同要缴纳印花税），土地租赁合同（大部分地区税务机关答疑认为不属于财产租赁），图书、报纸、期刊、音像制品等产品的发行单位之间及发行单位与订阅单位/个人之间书立的征订凭证暂免（出版单位与发行单位之间的征订凭证要缴纳印花税）。

242. 担保企业签订的担保合同是否缴纳印花税？

案例： A房地产公司（以下简称A公司）向银行借款1亿元，由A公司的母公司提供担保，签订了与银行之间的三方协议。

问： 应如何缴纳印花税？

答： 担保合同不属于财产保险合同，担保公司也不是保险公司，因此不缴纳印花税。应税凭证中的担保人、保证人、鉴定人作为第三方签订合同的，也不缴纳印花税（合同当事人要缴纳）。

【实操指南】 本例中，A公司的母公司作为担保人，不缴纳印花税。A公司与银行之间签订的借款合同，按借款金额的0.005%缴纳印花税，即A公司和银行各缴50万元的印花税。

【关联问题】（1）如果上例变为A公司向B公司借款1亿元，由A公司的母公司提供担保，签订了与B公司之间的三方协议，则三方均无须缴纳印花税。根据《中华人民共和国印花税法》（以下简称《印花税法》）中所附的印花税税目税率表，应税的借款合同是指银行业金融机构、经国务院银行业监督管理机构批准设立的其他金融机构与借款人（不包括同业拆借）所签订的借款合同。非金融机构之间签订的借款合同不是应税凭证，不缴纳印花税。

（2）如果上例变为A公司向B公司借款1亿元，由A公司的母公司提供担保，A公司签订了与B公司之间的借款协议，同时单独签订了与母公司的担保协议，则三方均无须缴纳印花税。

（3）如果上例变为A公司向银行借款1亿元，由A公司的母公司提供担保，A公司签订了与银行之间的借款协议，同时单独签订了与母公司的担保协议，则A公司和银行各缴50万元的印花税。

从上述例子中我们可以看出，无论签订的是三方协议还是双方担保协议，无论出借人是金融机构还是非金融机构，担保方都不需要缴纳印花税。

担保的进项抵扣问题见第二章。

243. 借款方未签订借款合同是否缴纳印花税？

案例： A房地产公司向银行借款1亿元，未与银行签订借款协议，仅签订了授信协议，授信2亿元。

问： 应如何缴纳印花税？

答： 与非金融机构无论是否签订借款合同均不缴纳印花税，与金融机构即使没有签订借款合同也应以具有合同性质的凭证缴纳印花税。如果既没有合同，也没有合同性质的单据或者凭证，则没有产生纳税义务（借款合同暂不在核定征收应税凭证范围内）。

如果有作为合同使用的借款单据或者凭证，则要按照合同贴花。

本例中只有授信协议，授信协议是否属于借款合同性质的单据或凭证，存疑。《国家税务局关于对借款合同贴花问题的具体规定》((1988) 国税地字第 30 号) 第二条规定，借贷双方签订的流动资金周转性借款合同，一般按年（期）签订，规定最高限额，借款人在规定的期限和最高限额内随借随还。为此，在签订流动资金周转借款合同时，应按合同规定的最高借款限额计税贴花。以后只要在限额内随借随还，不再签订新合同的，就不另贴印花。

需要注意的是：授信协议是否属于流动资金周转性借款合同，存在争议。如果签订授信合同后，可以随借随还，则属于流动资金周转性借款合同；如果授信合同只规定了贷款额度，后续 A 公司借款时还需要单独审批，存在审批不通过的可能性，则授信合同不属于流动资金周转性借款合同，不是应税凭证。

一般从银行风控角度来讲，如果没有专门的借款协议且不填开借据，授信协议多半是替代了流动资金周转性合同，属于应税凭证，但实践中还需具体分析。如果填开借据，则借据作为应税凭证贴花。

根据《商业银行授权、授信管理暂行办法》（银发〔1996〕403 号），授信额度不是计划贷款额度，也不是分配的贷款规模，而是商业银行为控制客户风险所实施的内部控制贷款额度。

根据《印花税法》所附印花税税目税率表的规定，借款合同指银行业金融机构、经国务院银行业监督管理机构批准设立的其他金融组织和借款人（不包括同业拆借）所签订的借款合同。因此，金融机构与金融机构之间、非金融机构与非金融机构之间签订的借款合同均不属于印花税应税凭证。

【政策依据】 （1988）国税地字第 30 号：

一、关于以填开借据方式取得银行借款的借据贴花问题。目前，各地银行办理信贷业务的手续不够统一，有的只签订合同，有的只填开借据，也有的既签订合同又填开借据。为此规定：凡一项信贷业务既签订借款合同又一次或分次填开借据的，只就借款合同按所载借款金额计税贴花；凡只填开借据并作为合同使用的，应按照借据所载借款金额计税，在借据上贴花。

二、关于对流动资金周转性借款合同的贴花问题。借贷双方签订的流动资金周转性借款合同，一般按年（期）签订，规定最高限额，借款人在规定的期限和最高限额内随借随还。为此，在签订流动资金周转借款合同时，应按合同规定的最高借款限额计税贴花。以后，只要在限额内随借随还，不再签新合同的，就不另贴印花。

---

244. 房屋买卖合同发生变更，印花税应如何处理？

案例： A 房地产公司在生产经营中经常遇到商品房买卖合同变更的情况，导致合同台账混乱，被税务机关稽查。在稽查过程中，税务机关发现该企业存在已签订的销售合同后续合同金额变动/主体变动/实际结算价格变动等多种情况。

　　问：针对税务机关发现的上述问题，印花税应如何处理？

　　答：不同情形下的印花税处理见表7-1。

表7-1　不同情形下的印花税处理

具体情形		印花税处理
合同主体未变更	合同金额减少	不补不退
	合同金额增加	补缴增加金额的印花税
	实际结算金额与合同金额不一致	不补不退
合同主体变更		视为重新签订合同，不退原合同印花税，并须缴纳新签订合同的印花税（未变更一方也须重新缴纳）

　　如签订补充协议的，仍根据上述要素判断。

　　【实操指南】　针对实际结算金额与合同金额不一致的情况，在实践中需根据具体情况具体分析。如果是由于测绘面积微差，未重新签订合同的，则一般不需要补，也不能退。但如果房地产开发企业与施工方签订了施工合同，则实践中通常以决算报告金额作为开票缴税的依据。

　　【政策依据】

　　《国家税务局关于印花税若干具体问题的规定》（国税地字〔1988〕25号）：

　　7. 不兑现或不按期兑现的合同，是否贴花？

　　依照印花税暂行条例规定，合同签订时即应贴花，履行完税手续。因此，不论合同是否兑现或能否按期兑现，都一律按照规定贴花。

　　……………

　　9. 某些合同履行后，实际结算金额与合同所载金额不一致的，应否补贴印花？

　　依照印花税暂行条例规定，纳税人应在合同签订时按合同所载金额计税贴花。因此，对已履行并贴花的合同，发现实际结算金额与合同所载金额不一致的，一般不再补贴印花。

245. 物业服务和安保服务合同是否缴纳印花税？

　　案例：A房地产公司与某物业公司签订物业服务和安保服务合同，合同中约定了服务总价款100万元/年。

　　问：物业服务和安保服务合同是否需要缴纳印花税？

　　答：不需要。物业服务和安保服务合同不属于买卖、承揽、建设工程、租赁、融资租赁、运输、保管、借款、财产保险、技术合同中的任意一种，印花税按列举凭证贴花。

246. 租赁合同分别记载租金和物业管理费等金额的，管理费部分需要缴纳印花税吗？

案例： A 房地产公司（以下简称 A 公司）租借某写字楼 1~3 层作为办公楼，出租方与 A 公司签订了租赁合同，合同总价款 100 万元每年，其中租金 90 万元，物业管理费 10 万元，在合同中分别记载。

问： A 公司按 100 万元还是 90 万元计算缴纳印花税？

答： 根据《印花税法》第九条，分开记载的，只对租金按 0.1‰ 贴花；未分开记载的，全额按 0.1‰ 贴花。

【实操指南】 本例中 A 公司签订的合同分别记载了租金和物业管理费的金额，租金应按 0.1‰ 税率缴纳印花税，由于物业管理费不属于应税凭证，因此应按 90 万元×0.1‰ 计算缴纳印花税。如果未分别记载，则按 100 万元×0.1‰ 计算缴纳印花税。

【政策依据】 《印花税法》：

第九条 同一应税凭证载有两个以上税目事项并分别列明金额的，按照各自适用的税目税率分别计算应纳税额；未分别列明金额的，从高适用税率。

---

247. 概念方案设计咨询合同需要缴纳印花税吗？

案例： A 房地产公司与某中介签订概念方案设计咨询合同，中介经过实地调研，给出项目产品类型、定位等概念性的描述和设计。

问： 概念方案设计咨询合同是否需要缴纳印花税？

答： 首先需判断该合同到底属于设计业务还是咨询业务。如果是设计业务，应按"建设工程合同"税目交税；如果是咨询业务，需进一步判断是否属于技术咨询合同。如果属于技术咨询合同，则按"技术合同"税目交税；如果不属于技术咨询合同，则不需要缴纳印花税。

【实操指南】 技术合同的判定一直是印花税征收的难点，实践中建议咨询主管税务机关，以具体合同条款及主管税务机关的认定为准。

【政策依据】 《国家税务总局关于实施〈中华人民共和国印花税法〉等有关事项的公告》(国家税务总局公告 2022 年第 14 号)附件 1《印花税税源明细表》的填报说明规定，建设工程合同税目包括工程勘察合同、工程设计合同、工程施工合同三个子目。

《国家税务局关于对技术合同征收印花税问题的通知》((89) 国税地字第 34 号)：

二、关于技术咨询合同的征税范围问题

技术咨询合同是当事人就有关项目的分析、论证、评价、预测和调查订立的技术合同。有关项目包括：1. 有关科学技术与经济、社会协调发展的软科学研究项目；2. 促进科技进步和管理现代化，提高经济效益和社会效益的技术项目；3. 其他专业项目。对属于这些内容的合同，均应按照"技术合同"税目的规定计税贴花。

至于一般的法律、法规、会计、审计等方面的咨询不属于技术咨询，其所立合同不贴印花。

---

248. 印花税按含税价还是不含税价计税？

案例： A房地产公司与购房者签订的合同为住建部门统一的销售合同模板，该合同模板中没有区分不含税价和增值税税额，只有含税价，但A房地产公司在与购房者签订售房合同时，还签订了补充协议，在补充协议中区分不含税价和增值税税额，并明确总价不随税率变化而变化。

问： 印花税按含税价还是不含税价计税？

答： 在《印花税法》第五条中明确规定了应税合同和产权转移书据的计税依据不含增值税金额，未分开列明不含税价和增值税税款的除外。

在本例中，由于使用住建部门的统一模板，因此无法区分不含税价，但只要签订了补充协议，补充协议与主协议效力同等，应当可以按照不含税价计算印花税。

【实操指南】 部分地区税务机关不认可在补充协议中区分不含税价的做法，仍要求按主合同总价计税。

【政策依据】《印花税法》：

第五条　印花税的计税依据如下：

（一）应税合同的计税依据，为合同所列的金额，不包括列明的增值税税款；

（二）应税产权转移书据的计税依据，为产权转移书据所列的金额，不包括列明的增值税税款；

（三）应税营业账簿的计税依据，为账簿记载的实收资本（股本）、资本公积合计金额；

（四）证券交易的计税依据，为成交金额。

---

249. 应收账款转让合同是否缴纳印花税？

案例： A房地产公司将应付建筑公司的款项（建筑公司对A房地产公司的应收款）打包，由B证券公司作为产品管理人，在证券交易所挂牌出售该产品份额。

问： 该转让合同是否缴纳印花税？

答： 该产品份额转让理论上属于金融商品转让。根据《印花税法》第三条的规定，证券交易，是指转让在依法设立的证券交易所、国务院批准的其他全国性证券交易场所交易的股票和以股票为基础的存托凭证。应收账款转让，不是以股票为基础的存托凭证，也不属于买卖合同（动产买卖），因此无须缴纳印花税。

需要注意的是，带追索权的转让可能被认定为借款合同，缴纳印花税。

250. 转让汽车如何缴纳印花税？

答：《国家税务局关于印花税若干具体问题的解释和规定的通知》(国税发〔1991〕

155号）规定，"财产所有权"转移书据的征税范围是：经政府管理机关登记注册的动产、不动产的所有权转移所立的书据，以及企业股权转让所立的书据。汽车需要在交通管理部门登记，因此，转让汽车的合同应属于"产权转移书据"而不是购销合同，应按照所载金额的万分之五缴纳印花税。

但《印花税法》实施后，转让汽车属于买卖合同（动产买卖），除个人书立的动产买卖合同外，应按价款的万分之三缴纳印花税。

251. 雇主责任保险合同是否缴纳印花税？

案例：A房地产公司为规避损失，购买了雇主责任保险，保费金额50万元。

问：该合同是否需要缴纳印花税？

答：依据《中华人民共和国保险法》（简称《保险法》）第九十五条，财产保险业务，包括财产损失保险、责任保险、信用保险、保证保险等保险业务。

可保财产，包括物质形态和非物质形态的财产及其有关利益。以物质形态的财产及其相关利益作为保险标的的，通常称为财产损失保险。例如，以飞机、卫星、电厂、大型工程、汽车、船舶、厂房、设备以及家庭财产等为标的的保险。以非物质形态的财产及其相关利益作为保险标的的，通常是指各种责任保险、信用保险等。例如，公众责任保险、产品责任保险、雇主责任保险、职业责任保险、出口信用保险、投资风险保险等。

因此，依据《保险法》，雇主责任保险属于财产保险中的责任保险。

由于《印花税法》明确印花税税目税率表包括财产保险合同（不包括再保险合同），因此，雇主责任保险合同需要按照"财产保险合同"缴纳印花税。

【实操指南】《国家税务局关于对保险公司征收印花税有关问题的通知》（国税地字〔1988〕37号）第三条规定，对责任保险，保证保险和信用保险合同，暂按定额五元贴花。但该条款已废止（根据2017年发布的国家税务总局令第42号）。因此，财产保险还是应该根据《印花税法》的规定，按保费金额贴花，适用税率为千分之一。

252. 佣金合同是否缴纳印花税？

案例：A房地产公司与某销售代理商签订代理销售合同，合同中约定该代理商按促成交易的金额的一定比例提取佣金，未约定总金额。

问：佣金合同是否需要缴纳印花税？

答：佣金、手续费合同不属于买卖、承揽、建设工程、租赁、运输、保管、借款、财产保险、技术合同中的任意一项，而属于代理服务协议。《国家税务局关于印花税若干具体问题的解释和规定的通知》（国税发〔1991〕155号）第十四条规定："代理单位与委托单位签订的代理合同，是否属于应税凭证？在代理业务中，代理单位与委托单位之间签订的委托代理合同，凡仅明确代理事项、权限和责任的，不属于应税凭证、不贴印花。"因此，佣金合同不贴印花。

253. 房地产行业印花税能否核定？

答：根据《税收征收管理法》第三十五条及《印花税法》，税务机关可以确定本地区不同行业应纳税凭证的核定标准，纳税期限为一个月或一个季度，主管税务机关应当向纳税人送达税务事项通知书，并注明核定征收的方法和税款缴纳期限。

因此，印花税可以核定，核定的一般方法为按销售收入的一定比例确定计税依据，但大部分地区对于房地产企业的核定比例为 100％（北京、广州、天津、贵州、安徽、大连、山东、四川、海南、广西、河北、河南、湖北等），部分地区规定房地产企业不得核定印花税（如重庆）。

特殊情况：

《辽宁省地方税务局关于印发〈印花税核定征收暂行办法〉的通知》（辽地税函〔2005〕288 号）规定，从事房地产开发的单位和个人按采购金额的 70％～100％和销售收入的 100％的比例核定计税依据。

《福建省地方税务局关于印发〈福建省印花税核定征收管理办法（试行）〉的通知》（闽地税发〔2004〕319 号）规定，外贸、房地产开发业按购销总额的 80％～100％核定。

《宁波市地方税务局转发财政部 国家税务总局关于印花税若干政策的通知》（甬地税二〔2006〕268 号）规定，对购销合同核定征收印花税的行业合同签订比例调整为：……房地产企业按销售（营业）收入的 20％比例核定。（注：宁波只规定了房地产企业购销合同的核定办法，未规定产权转移书据。）

【实操指南】 部分地区规定印花税核定不得由纳税人主动申请，只能由税务机关发起。可主动申请的地区包括北京、广州、天津、广西、河北、江苏、青海、重庆。

【政策依据】《税收征收管理法》：

第三十五条 纳税人有下列情形之一的，税务机关有权核定其应纳税额：

（一）依照法律、行政法规的规定可以不设置帐簿的；

（二）依照法律、行政法规的规定应当设置帐簿但未设置的；

（三）擅自销毁帐簿或者拒不提供纳税资料的；

（四）虽设置帐簿，但帐目混乱或者成本资料、收入凭证、费用凭证残缺不全，难以查帐的；

（五）发生纳税义务，未按照规定的期限办理纳税申报，经税务机关责令限期申报，逾期仍不申报的；

（六）纳税人申报的计税依据明显偏低，又无正当理由的。

税务机关核定应纳税额的具体程序和方法由国务院税务主管部门规定。

国家税务总局公告 2016 年第 77 号（已废止）：

第十二条 税务机关可以根据《征管法》及相关规定核定纳税人应纳税额。

第十三条 税务机关应分行业对纳税人历年印花税的纳税情况、主营业务收入情况、应税合同的签订情况等进行统计、测算，评估各行业印花税纳税状况及税负水平，确定本地区不同行业应纳税凭证的核定标准。

第十四条　实行核定征收印花税的，纳税期限为一个月，税额较小的，纳税期限可为一个季度，具体由主管税务机关确定。纳税人应当自纳税期满之日起 15 日内，填写国家税务总局统一制定的纳税申报表申报缴纳核定征收的印花税。

第十五条　纳税人对主管税务机关核定的应纳税额有异议的，或因生产经营情况发生变化需要重新核定的，可向主管税务机关提供相关证据，主管税务机关核实后进行调整。

第十六条　主管税务机关核定征收印花税，应当向纳税人送达《税务事项通知书》，并注明核定征收的方法和税款缴纳期限。

---

254. 企业与企业签订的融资租赁合同是否缴纳印花税？

案例： A 房地产公司（以下简称 A 公司）与 B 融资租赁企业（以下简称 B 公司）签订融资租赁协议，由 B 公司购买 A 公司指定的设备（价值 1 000 万元），然后与 A 公司签订 10 年的融资租赁合同，约定租金总额为 1 500 万元。

问： 企业之间签订的融资租赁合同是否缴纳印花税？

答： 需要缴纳。

财税〔2015〕144 号规定："对开展融资租赁业务签订的融资租赁合同（含融资性售后回租），统一按照其所载明的租金总额依照'借款合同'税目，按万分之零点五的税率计税贴花。"

在新《印花税法》的印花税税目税率表中，融资租赁合同独立于借款合同，单独作为一项税目列示，按租金的万分之零点五征税。

融资租赁合同是一项单独规定，并不需要满足借款合同关于金融机构和非金融企业之间签订的要求。

2022 年 7 月 1 日施行的《印花税法》在税目税率表中明确了上述内容。

本例中 A、B 公司各需要缴纳"借款合同"税目印花税 1 500×0.005％＝0.075（万元）；同时 B 公司需要就购买指定设备的合同缴纳买卖合同印花税 1 000×0.03％＝0.3（万元）。

【实操指南】（1）根据《商务部关于印发〈融资租赁企业监督管理办法〉的通知》（商流通发〔2013〕337 号），融资租赁企业需要受到省商务厅的监管，但不是所有融资租赁企业都有金融牌照（只有金融租赁才需要金融牌照），因此，不能理解为所有经批准从事融资租赁的企业都是金融企业。

（2）融资租赁企业购买设备需要按买卖合同缴纳印花税。但如果是融资性售后回租，如将本例改为：A 房地产公司（以下简称 A 公司）与 B 融资租赁企业（以下简称 B 公司）签订融资性售后回租协议，由 B 公司购买 A 公司持有的设备（价值 1 000 万元），然后与 A 公司签订 10 年的售后回租合同，约定租金总额为 1 500 万元。根据财税〔2015〕144 号第二条，在融资性售后回租业务中，对承租人、出租人因出售租赁资产及购回租赁资产所签订的合同，均不征收印花税。

　　此时 A、B 公司各需要缴纳"借款合同"税目印花税 $1\,500\times0.005\%=0.075$（万元）；无须缴纳买卖合同印花税。

　　【政策依据】《印花税法》附件：印花税税目税率表（见表 7-2）。

表 7-2　印花税税目税率表

税目		税率	备注
合同（指书面合同）	借款合同	借款金额的万分之零点五	指银行业金融机构、经国务院银行监督管理机构批准设立的其他金融机构与借款人（不包括同业拆借）的借款合同
	融资租赁合同	租金的万分之零点五	
	买卖合同	支付价款的万分之三	指动产买卖合同（不包括个人书立的动产买卖合同）
	承揽合同	支付报酬的万分之三	
	建设工程合同	支付价款的万分之三	
	运输合同	运输费用的万分之三	指货运合同和多式联运合同（不包括管道运输合同）
	技术合同	支付价款、报酬或者使用费的万分之三	不包括专利权、专有技术使用权转让书据
	租赁合同	租金的千分之一	
	保管合同	保管费的千分之一	
	仓储合同	仓储费的千分之一	
	财产保险合同	保险费的千分之一	不包括再保险合同
产权转移书据	地使用权出让书据	价款的万分之五	转让包括买卖（出售）、继承、赠与、互换、分割
	土地使用权、房屋等建筑物和构筑物所有权转让书据（不包括土地承包经营权和土地经营权转移）	价款的万分之五	
	股权转让书据（不包括应缴纳证券交易印花税的）	价款的万分之五	
	商标专用权、著作权、专利权、专有技术使用权转让书据	价款的万分之三	
营业账簿		实收资本（股本）、资本公积合计金额的万分之二点五	
证券交易		成交金额的千分之一	

第八章
滞纳金

255. 增值税要补缴滞纳金的，城市维护建设税和附加税该不该补缴滞纳金？

案例： A房地产公司2018年7月接受稽查，稽查人员发现A房地产公司少缴了2017年1月至2017年12月的增值税共300万元，要求A房地产公司补缴增值税及滞纳金。在入库增值税时，城市维护建设税及教育费附加也需要补缴。

问： 增值税要补缴滞纳金的，城市维护建设税和附加税该不该补缴滞纳金？

答：《税收征收管理法》第三十二条规定："纳税人未按照规定期限缴纳税款的，扣缴义务人未按照规定期限解缴税款的，税务机关除责令限期缴纳外，从滞纳税款之日起，按日加收滞纳税款万分之五的滞纳金。"

《中华人民共和国城市维护建设税法》第七条规定："城市维护建设税的纳税义务发生时间与增值税、消费税的纳税义务发生时间一致，分别与增值税、消费税同时缴纳。"

补税部分的城市维护建设税与补税的增值税一样产生了逾期缴纳，需补缴滞纳金。教育费附加是非税费用，不补缴滞纳金。（金税三期系统设置同此规定。）

256. 滞纳金金额能否超过税款本身？

案例： A房地产公司2018年12月接受稽查，稽查人员发现A房地产公司因前期未将收入入账，少缴了2013年1月的增值税共900万元，要求A房地产公司补缴增值税及滞纳金。计算得出需补缴滞纳金980万元。

问： 滞纳金是否可以超过税款本身？

答： 未将收入入账，属于少申报导致的逃避缴纳税款，不受追征期5年的限制。因此，只要税款超过2 000天（1÷0.05%），即5.48年，就会产生滞纳金超过税款本身的情况。

到目前为止，税收滞纳金能否超过税款本身，仍然存在争议。

根据《税收征收管理法》第三十二条，纳税人未按照规定期限缴纳税款的，扣缴义务人未按照规定期限解缴税款的，税务机关除责令限期缴纳外，从滞纳税款之日起，按日加收滞纳税款万分之五的滞纳金。

2012年8月22日，国家税务总局在网站的问答中表示，税收滞纳金的加收，按照税收征管法执行，不适用《中华人民共和国行政强制法》（以下简称《行政强制法》）。但该回复末尾表示"上述回复仅供参考"。

《行政强制法》自2012年1月1日起施行，在既有的判例中，法院多认为税款滞纳金也适用《行政强制法》第四十五条关于滞纳金不得超过本金的规定。而且，《行政强制法》第四十五条并无"除外"的规定。

目前税务机关执行的口径和法院判决的口径存在差异，《税收征收管理法》未规定滞纳金的上限，可以理解为滞纳金金额没有上限。在法院判例中多采用《行政强制法》的规定，因为《行政强制法》的颁布晚于《税收征收管理法》，属于新法，且新法对纳税人更有利，法院遵循的是新法优于旧法的原则。但根据国家税务总局的问答，可以看出国家税务总局认为《税收征收管理法》是特别法，《行政强制法》是一般法，国家税务总局遵循的是特别法优于一般法的原则。

【实操指南】 在征收实践中税收征收管理系统自动计算滞纳金是无限期加收的。

《行政强制法》第四十五条规定，"行政机关依法作出金钱给付义务的行政决定，当事人逾期不履行的，行政机关可以依法加处罚款或者滞纳金"，但在税收征管中，税务机关并未作出行政决定，纳税人依法纳税是法定义务。从这点来看，税收滞纳金的确不适用《行政强制法》的规定。

2015 年国务院公布了《税收征收管理法修订草案（征求意见稿）》，从该征求意见稿第五十九条的规定"纳税人未按照规定期限缴纳税款的，扣缴义务人未按照规定期限解缴税款的，按日加计税收利息"和第六十七条的规定"纳税人逾期不履行税务机关依法作出征收税款决定的，自期限届满之日起，按照税款的千分之五按日加收滞纳金"可以看出，该征求意见稿将现行税收征收管理法中规定的滞纳金改为了利息，而作出行政决定后逾期不履行收取的才是滞纳金，现行的税收滞纳金实质上混杂了税收利息与行政处罚。征求意见稿可以解决税收滞纳金的争议，也就是现行的滞纳金（征求稿中的利息）不受封顶的限制。但后续该条款在正式出台时利息又变回了滞纳金。

《税收征收管理法》属于旧法和特别法，《行政强制法》属于新法和一般法。根据《中华人民共和国立法法》第九十四条第一款的规定，法律之间对同一事项的新的一般规定与旧的特别规定不一致，不能确定如何适用时，由全国人民代表大会常务委员会裁决。但全国人民代表大会常务委员会至今尚未有裁决，导致税务机关与法院的口径不一。

【政策依据】 《行政强制法》：

第四十五条 行政机关依法作出金钱给付义务的行政决定，当事人逾期不履行的，行政机关可以依法加处罚款或者滞纳金。加处罚款或者滞纳金的标准应当告知当事人。加处罚款或者滞纳金的数额不得超出金钱给付义务的数额。

《税收征收管理法》第五十二条第三款：

对偷税、抗税、骗税的，税务机关追征其未缴或者少缴的税款、滞纳金或者所骗取的税款，不受前款规定期限的限制。

《税收征收管理法实施细则》：

第七十五条 税收征管法第三十二条规定的加收滞纳金的起止时间，为法律、

行政法规规定或者税务机关依照法律、行政法规的规定确定的税款缴纳期限届满次日起至纳税人、扣缴义务人实际缴纳或者解缴税款之日止。

国家税务总局网站问答：

问题内容：

根据《中华人民共和国税收征收管理法》第三十二条，纳税人未按照规定期限缴纳税款的，扣缴义务人未按照规定期限解缴税款的，税务机关除责令限期缴纳外，从滞纳税款之日起，按日加收滞纳税款万分之五的滞纳金。根据《中华人民共和国行政强制法》第四十五条第二款，加处罚款或者滞纳金的数额不得超出金钱给付义务的数额。对于以上规定，在实际工作中不好把握。强制法出台后，滞纳金加收能否超出本金？

回复意见：

您好：

您在我们网站上提交的纳税咨询问题收悉，现针对您所提供的信息简要回复如下：

税收滞纳金的加收，按照征管法执行，不适用行政强制法，不存在是否能超出税款本金的问题。如滞纳金加收数据超过本金，按征管法的规定进行加收。

上述回复仅供参考。有关具体办理程序方面的事宜请直接向您的主管或所在地税务机关咨询。

欢迎您再次提问。

国家税务总局

2012 - 08 - 22

第二篇
房地产涉税疑难案例跨税种分析

→ 第九章　跨税种案例分析

第九章
跨税种案例分析

257. 房地产企业收取的诚意金、认购金、排号费、订金、定金等是否预缴所得税和增值税？

案例： A 房地产公司 2018 年收取诚意金 290 万元，未签订房地产销售合同。

问： 该 290 万元是否计算预计毛利额？

答： 由于诚意金、认购金、排号费在收取时尚未签订销售合同，将来冲抵售房款或退给购房人，因此不计入预收账款计算毛利额（账务处理应放在其他应付款，待正式签订销售合同后再转到预收账款）。

因而诚意金、认购金、排号费不计算预计毛利额，完工年度也不确认收入。

【实操指南】 诚意金、认购金、排号费的基本认定都是不预缴增值税和所得税的，但定金和订金则较为复杂。具体情形如下：

（1）定金和订金是否预缴企业所得税？

定金和订金是否预缴企业所得税，取决于款项到底是在签订预售或销售合同之前，还是签订合同之后。签订合同前，根据国税发〔2009〕31 号，尚未确认销售收入的实现，无须预缴税款；签订合同后取得的预收款项，应确认为销售收入的实现，需要预缴税款（包含此前已收到的订金、定金、诚意金、认购金、排号费等）。

（2）定金和订金是否预缴增值税？

需要注意的是，虽然企业所得税征收上规定的是以签订合同的时间为准区分是否要计算预计毛利额，但在增值税征收方面，营改增后各地出台了不同的政策解释，在部分地区政策解答中，出现了"房地产开发企业收到定金视同收到预收款；收到订金、意向金、诚意金不视同收到预收款"的口径。

也就是说，企业所得税按签订合同时点来确认是否预缴，增值税则主要是依据收取款项的性质来确认是否预缴。部分房地产开发企业收取定金的时间在签订正式销售或预售合同之前，先签订定金协议收取定金，再签订正式销售或预售合同，此时就会出现增值税和企业所得税预缴纳税义务发生时间的差异。

最典型的是河南省税务局关于此问题的解答：

房地产开发企业收到购房人的定金、订金、诚意金、意向金时，是否视同收到预收款按照 3% 的预征率预缴增值税？

答复："定金"是一个法律概念，属于一种法律上的担保方式。《中华人民共和国担保法》第八十九条规定：当事人可以约定一方向对方给付定金作为债权的担保。债务人履行债务后，定金应当抵作价款或者收回。给付定金的一方不履行约定的债务的，无权要求返还定金；收受定金的一方不履行约定的债务的，应当双倍返还定金。签合同时，对定金必须以书面形式进行约定，同时还应约定定金的数额和交付期限。定金数额可以由合同双方当事人自行约定，但是不得超过主合同总价款的 20%，超过 20% 部分无效。

"订金"目前我国现行法律中没有明确规定，它不具备"定金"的担保性质，当合同不能履行时，除不可抗力外，应根据双方当事人的过错承担违约责任，一方违约，另一方无权要求其双倍返还，只能得到原额，也没有 20% 比例的限制。

"意向金（诚意金）"在我国现行法律中不具有法律约束力，主要是房产中介行业为试探购房人的购买诚意及对其有更好的把控而创设出来的概念，在实践中意向金（诚意金）未转定金之前客户可要求返还且无须承担由此产生的不利后果。

综上，定金、订金、意向金、诚意金中，只有"定金"具有法律约束力，而订金、意向金、诚意金都不是法律概念，无论当事人是否违约，支付的款项均需返还。因此，房地产开发企业收到购房人的定金，可视同收到预收款；收到订金、意向金、诚意金，不视同收到预收款。

另外，营业税时代出台的国税函发〔1995〕156 号第十八条规定了纳税人转让土地使用权或销售不动产，采用预收款方式的，其纳税义务发生时间为收到预收款的当天，此项规定所称预收款，包括预收定金。

虽然这是关于营业税的规定，但目前大部分地区的增值税征收也沿用此口径，即定金应预缴增值税，而订金不预缴增值税。笔者总结了部分地区税务机关的预收款口径，见表 9-1。

表 9-1　部分地区税务机关的预收款口径

地区	口径
河北	预收款包括分期取得的预收款（首付＋按揭＋尾款）、全款取得的预收款。定金属于预收款，诚意金、认筹金和订金不属于预收款。
山东	房地产开发企业取得的预收款包括定金、分期取得的预收款（含首付款、按揭款和尾款）和全款。诚意金、认筹金和订金不属于预收款。
海南	房地产开发企业的预收款，为不动产交付业主之前所收到的款项，但不含签订房地产销售合同之前所收取的诚意金、认筹金和订金等。
河南	房地产开发企业收到购房人的定金，可视同收到预收款；收到的订金、意向金、诚意金，不视同收到预收款。
福建	销售行为成立时，诚意金、定金的实质是房屋价款的一部分，需要计算缴纳增值税。销售行为不成立时，如果诚意金、定金退还，则不属于纳税人的收入，不需要计算缴纳增值税；如果诚意金、定金不退还，则属于纳税人的营业外收入，也不需要计算缴纳增值税。

【政策依据】《房地产开发经营业务企业所得税处理办法》(国税发〔2009〕31 号印发)：

第五条 开发产品销售收入的范围为销售开发产品过程中取得的全部价款，包括现金、现金等价物及其他经济利益。企业代有关部门、单位和企业收取的各种基金、费用和附加等，凡纳入开发产品价内或由企业开具发票的，应按规定全部确认为销售收入；未纳入开发产品价内并由企业之外的其他收取部门、单位开具发票的，可作为代收代缴款项进行管理。

第六条 企业通过正式签订《房地产销售合同》或《房地产预售合同》所取得的收入，应确认为销售收入的实现。

....

穗地税函〔2012〕198号：

四、关于土地增值税计税收入确认问题

（一）房地产开发企业与购买方未签订房地产销售合同，房地产开发企业收取的订金、定金、违约金和赔偿金，不得确认收入；房地产开发企业与购买方签订房地产销售合同后，房地产开发企业收取的订金、定金以及由于购买方违约而产生的违约金和赔偿金，确认为收入。

....

国税函发〔1995〕156号：

十八、问：对于转让土地使用权或销售不动产的预收定金，应如何确定其纳税义务发生时间？

答：营业税暂行条例实施细则第二十八条规定："纳税人转让土地使用权或销售不动产，采用预收款方式的，其纳税义务发生时间为收到预收款的当天。"此项规定所称预收款，包括预收定金。因此，预收定金的营业税纳税义务发生时间为收到预收定金的当天。

258. 签订出让协议后主体变更，是否纳税？

案例：2017年1月，A房地产公司以自己的名义参与招拍挂，竞得一块土地，并与国土资源局签订出让协议，取得国土资源局开具的财政收据。2017年2月，该公司又出资设立了全资子公司B，由B公司与国土资源局签订补充协议，并换开了国土资源局的财政收据，将主体变更为B公司。B公司尚未办理土地证。

问：此变更过程是否涉税？

答：未办证的土地，从民法上来说，不动产产权未发生转移，应属于合同主体变更，而不是不动产产权变更，不涉税。

【实操指南】 在第二章中，有这样一个问题：土地出让金票据抬头为招拍挂时股东公司的名字，非项目公司的名字，能否在增值税销项中抵减？

在该问中，我们知道，根据财税〔2016〕140号，同时满足以下条件时，项目公司可以在增值税中抵减土地价款：

（1）房地产开发企业、项目公司、政府部门三方签订变更协议或补充合同，将土地受让人变更为项目公司；

（2）政府部门出让土地的用途、规划等条件不变的情况下，签署变更协议或补充合同时，土地价款总额不变；

（3）项目公司的全部股权由受让土地的房地产开发企业持有。

我们可以看到本例满足以上三个条件，因此增值税是可以销项抵减的。

而且本例最重要的地方是，土地出让金票据已经换开，土地证尚未办理。有合法票据，且与生产经营相关，因此可以在土地增值税和企业所得税税前扣除。

【政策依据】《民法典》：

第二百零九条　不动产物权的设立、变更、转让和消灭，经依法登记，发生效力；未经登记，不发生效力，但是法律另有规定的除外。

---

259. 办理土地使用证后主体发生变更，是否纳税？

案例： A公司不具有房地产开发资质，其于2010年以出让方式用4000万元取得一块住宅和商业用地，2013年办理了国有土地使用证。B公司是一家房地产公司，成立于2010年。由于B公司与A公司属于同一控制人，因此上述地块以B公司的名义于2015年办理了建设工程规划许可证、建设用地规划许可证。

问： 如将A公司名下的土地划转至B公司，B公司是否纳税？

答： 已办理土地使用证后再变更主体，触发纳税义务。具体如下：

（1）增值税按9%全额缴纳，可在B公司抵扣进项，但会损失B公司直接开发可抵减的土地销项（由于A公司不是房地产公司，也并非自行开发项目后出售，因此不能扣除销项抵减）。

（2）企业所得税按收入减去成本后的金额，纳入当年应纳税所得额计算缴纳。如果A、B公司税率相同，且不存在一方持续亏损的情况，则税负平移（但相对于B公司直接开发，A公司存在早缴企业所得税的损失）。

（3）无论是采取无偿划转还是投资入股，由于其中一方B公司是房地产企业，因此土地增值税不能免征。B公司应根据第三章中"生地变熟地后转让"的内容缴纳土地增值税，不加计扣除（少数地区允许重复加计，即本次转让时加计成本，后续B公司出售房产时还可以加计本次受让的成本；但在本例中，A公司不是房地产企业，本身就不能加计扣除）。

（4）契税可以适用同一控制下无偿划转免征的规定。

（5）印花税正常缴纳，按产权转移书据0.05%缴纳。

260. 采取售后返租的房地产开发公司和购房者应如何计税？

案例： A房地产公司（以下简称A公司）开发某项目，其将项目中的商铺通过售后返租的形式予以促销，约定由 A 公司在交房后 5 年内无租使用购房者的房屋，并在房价中一次性扣减 5 年的商铺经营使用权费 10 万元（不含增值税）。

之后，A 公司将商铺转租给商家收取租金，假设每个商铺月租金 2 000 元。

问：（1）A 公司应如何计税？

（2）购房者应如何计税？

答：根据《国家税务总局关于个人与房地产开发企业签订有条件优惠价格协议购买商店征收个人所得税问题的批复》（国税函〔2008〕576 号），售后返租实质是购买者个人以所购商店交由房地产开发企业出租而取得的房屋租赁收入支付了部分购房价款，对上述情形的购买者个人少支出的购房价款，应视同个人财产租赁所得征收个人所得税。该文件虽然是针对个人所得税，但基本明确了售后返租业务的实质，即先销售后租赁。A 公司应按照无折扣的售房原价申报缴纳增值税、企业所得税和土地增值税，购房者应按照少支出的购房价款申报缴纳增值税、个人所得税和房产税。

（1）房地产开发公司应纳税：

①增值税：根据财税〔2016〕36 号附件 2《营业税改征增值税试点有关事项的规定》第一条的规定，房地产企业将商铺转租应当按"不动产经营租赁服务"缴纳增值税。房地产开发公司销售商铺应按"销售不动产"税目缴纳增值税，计税依据为"合同售价＋扣减费用 10 万元"。

②企业所得税：根据《国家税务总局关于印发〈房地产开发经营业务企业所得税处理办法〉的通知》（国税发〔2009〕31 号），开发产品销售收入的范围为销售开发产品过程中取得的全部价款，包括现金、现金等价物及其他经济利益。本案例中，其他经济利益包含为取得商铺经营使用权所少收的 10 万元房款，房地产开发公司应纳税调增房款收入，同时在经营租赁期间，纳税调减其他业务支出，按照租赁期限均匀扣除。

③土地增值税：在进行土地增值税清算时，房地产开发公司应将商铺的经营使用权费调增土地增值税应税收入。租金支出是在房屋销售以后发生的费用，不属于土地增值税扣除项目。

（2）购房者应纳税：

①增值税：购房者将 10 万元在 5 年内分期按"不动产经营租赁服务"税目计算缴纳增值税。购房者月平均收入如未达到 10 万元，则免征增值税（也无附加）。

②个人所得税：根据国税函〔2008〕576 号规定，对购买者个人少支出的购房价款，应视同个人财产租赁所得，按照"财产租赁所得"项目征收个人所得税。每次财产租赁所得的收入额，按照少支出的购房价款和协议规定的租赁月份数平均计算确定。因此购房者个人每月的租赁收入＝100 000÷12÷5＝1 666.67（元），按照"财产租赁所得"税目缴纳个人所得税，商铺适用 20% 的税率（住房减按 10%）。每月财产租赁所得＝1 666.67－税金－800（扣除费用标准）（元）。

③房产税：购房者每月应按租赁收入 1 666.67×12% 缴纳房产税（房地产公司转租取得的租赁收入不再缴纳房产税）。

④契税：《契税法》第四条规定，土地使用权出让、出售，房屋买卖，为土地、房屋权属转移合同确定的成交价格，包括应交付的货币以及实物、其他经济利益对应

的价款。商铺经营使用权的让渡，属于其他经济利益支出。因此，购房者应按合同价款＋10万元让渡价款计算契税（与房地产企业的增值税、企业所得税、土地增值税计税依据一致）。

【实操指南】 如果购房者个人未能履行自行纳税申报义务，房地产企业作为法理上的支付所得方，具有代扣代缴义务。因此，在适用售后返租条款时，房地产企业需与购房者个人约定好个人所得税的承担，否则可能会造成损失。

【政策依据】 国税函〔2008〕576号：

房地产开发企业与商店购买者个人签订协议规定，房地产开发企业按优惠价格出售其开发的商店给购买者个人，但购买者个人在一定期限内必须将购买的商店无偿提供给房地产开发企业对外出租使用。其实质是购买者个人以所购商店交由房地产开发企业出租而取得的房屋租赁收入支付了部分购房价款。

根据个人所得税法的有关规定精神，对上述情形的购买者个人少支出的购房价款，应视同个人财产租赁所得，按照"财产租赁所得"项目征收个人所得税。每次财产租赁所得的收入额，按照少支出的购房价款和协议规定的租赁月份数平均计算确定。

国税函〔2007〕603号（已于2011年全文废止）：

一、从事房地产开发经营的外商投资企业以销售方式转让其生产、开发的房屋、建筑物等不动产，又通过租赁方式从买受人回租该资产，企业无论采取何种租赁方式，均应将售后回租业务分解为销售和租赁两项业务分别进行税务处理。企业销售或转让有关不动产所有权的收入与该被转让的不动产所有权相关的成本、费用的差额，应作为业务发生当期的损益，计入当期应纳税所得额。

《企业所得税法实施条例》：

第四十七条 企业根据生产经营活动的需要租入固定资产支付的租赁费，按照以下方法扣除：

（一）以经营租赁方式租入固定资产发生的租赁费支出，按照租赁期限均匀扣除；

（二）以融资租赁方式租入固定资产发生的租赁费支出，按照规定构成融资租入固定资产价值的部分应当提取折旧费用，分期扣除。

【关联问题】 如果本例中不存在售后返租，而是由房地产公司或物业管理公司受托管理购房者的不动产，那么应由谁纳税？

房地产公司或物业管理公司（以下简称出租人）对受托管理的不动产进行出租，收取的租金归出租人所有的，以出租人为纳税人；收取的租金归不动产所有者所有的，并由不动产所有者向承租方开具发票的，以不动产所有者为纳税人；由出租人向承租方开具发票的，以出租人为纳税人。

261. 出租不动产，免租期和租赁期限跨年度的应该如何纳税？

案例： A房地产公司（以下简称A公司）持有一栋写字楼物业，该写字楼的入账原值为1.3亿元，已计提折旧0.2亿元。

2017年1月—2019年12月A公司将写字楼整租给B公司，约定2017年1—6月为免租期，剩余的2年半租期共收取1200万元的租金，并约定于每年年初收取480万元的租金（其中2017年年初收取当年后半年租金240万元）。

当地政府规定的房产余值减除幅度为20%。

问： A公司应如何纳税？

答：（1）增值税：A公司的免租期不视同销售。

财税〔2016〕36号附件1《营业税改征增值税试点实施办法》第十四条规定，下列情形视同销售服务、无形资产或者不动产：①单位或者个体工商户向其他单位或者个人无偿提供服务，但用于公益事业或者以社会公众为对象的除外。②单位或者个人向其他单位或者个人无偿转让无形资产或者不动产，但用于公益事业或者以社会公众为对象的除外。③财政部和国家税务总局规定的其他情形。

《国家税务总局关于土地价款扣除时间等增值税征管问题的公告》（国家税务总局公告2016年第86号）第七条规定，纳税人出租不动产，租赁合同中约定免租期的，不属于《营业税改征增值税试点实施办法》（财税〔2016〕36号印发）第十四条规定的视同销售服务。

根据上述规定，出租不动产租赁合同约定免租期的，不需要视同销售缴纳增值税。因此，A公司应按收到预收款的时间和金额缴纳增值税，2017年年初按240万元×11%缴纳增值税，2018年年初按480万元×11%缴纳增值税，2019年年初按480万元×10%缴纳增值税。

需要注意的是，这里增值税不需要按租金所属期分段计算。根据《财政部 税务总局关于建筑服务等营改增试点政策的通知》（财税〔2017〕58号）第二条和财税〔2016〕36号附件1《营业税改征增值税试点实施办法》第四十五条第（二）项可知，纳税人提供租赁服务采取预收款方式的，其纳税义务发生时间为收到预收款的当天。即纳税义务发生时间落在哪个区间，就按哪个区间对应的税率计算增值税税额。

（2）房产税：A公司免租期内应按房产原值缴纳房产税。

《财政部 国家税务总局关于安置残疾人就业单位城镇土地使用税等政策的通知》（财税〔2010〕121号）第二条规定，对出租房产，租赁双方签订的租赁合同约定有免收租金期限的，免收租金期间由产权所有人按照房产原值缴纳房产税。

因此，A公司应缴纳免租期房产税=13 000×（1−20%）×1.2%=124.8（万元）。

根据《房产税暂行条例》第三条，房产税依照房产原值一次减除10%至30%后的余值计算缴纳。房产原值不是账面价值，不扣除折旧。因此，A公司收租需缴纳房产税=1 200×12%=144（万元）。

根据《房产税暂行条例》第七条，房产税按年征收、分期缴纳。纳税期限由省、自治区、直辖市人民政府规定。但对于此条款的解读，各地各不相同。部分地区税务机关认为，房产税按年征收、分期缴纳的规定，仅适用于依照房产原值计算缴纳房产税（从价计征）的情况，不适用于从租计征的情况。在实践中，从租计征确实也不适用《房产税暂行条例》第七条的规定，而一般是在取得租金的次月申报缴纳。

那么在收取预收款的情况下，房产税应分期缴纳还是一次性缴纳？对此，各地存在争议，部分地区按分期缴纳，部分地区跟随增值税一次性缴纳，具体情况需与主管税务机关沟通。需要注意的是，如果租金是到税务机关代开发票的话，那么房产税是按开票金额一次性缴纳。

（3）企业所得税：A公司应分年计入应纳税所得额。

根据《国家税务总局关于贯彻落实企业所得税法若干税收问题的通知》（国税函〔2010〕79号）第一条，企业提供固定资产取得的租金收入，应按应付租金的日期确认收入的实现。其中，如果交易合同或协议中规定租赁期限跨年度，且租金提前一次性支付的，出租人可在租赁期内，分期均匀计入相关年度收入。

本例租赁期限跨年度，租金虽提前支付但并未一次性支付跨年部分。因此，A公司应按应付租金的日期确认收入，即在每年年初确认应收的金额，计入应纳税所得额。如果约定在2017年年初一次性收取三年的租金，A公司既可以选择分三年计入应纳税所得额，也可以选择一次性计入2017年的应纳税所得额。

（4）印花税应在应税凭证签订后十日内贴花，不受免租与否影响。

【实操指南】（1）国家税务总局公告2016年第86号只规定了纳税人出租不动产约定免租期不视同销售，但并未提及出租动产是否视同销售，并且财税〔2016〕36号也只提及了服务、无形资产、不动产。由此我们无法推定出租动产是否视同销售（一般也不存在出租动产约定免租期的情况），只能推定出租土地以外的无形资产如果约定免租期，需要视同销售（增值税）。

（2）《财政部　国家税务总局关于房产税城镇土地使用税有关问题的通知》（财税〔2009〕128号）第一条"无租使用其他单位房产的应税单位和个人，依照房产余值代缴纳房产税"和财税〔2010〕121号规定的出租人缴纳房产税是否冲突？

"代缴纳"三个字说明财税〔2009〕128号第一条和财税〔2010〕121号第二条规定并不冲突。税不重征，既然出租人已缴纳，那么承租人自然无须代缴纳。另外，财税〔2009〕128号主要是针对在整个租赁期内都不收租金的情况，这与给予一定的免租期不同。免租期是一种商业合同条款，是出租方为了促进成交而使用的一种手段。免租不是真正的无偿，实际上免租的租金已经含在后续收取的租金总额中。这一点《企业会计准则解释第1号》（财会〔2007〕14号）可以佐证。

根据《企业会计准则解释第1号》的规定，出租人提供免租期的，出租人应将租金总额在不扣除免租期的整个租赁期内，按照直线法或其他合理的方法进行分配，免租期内出租人应当确认收入；承租人应将租金总额在不扣除免租期的整个租赁期内，按直线法或其他合理的方法进行分摊，免租期内应当确认租金费用及相应的负债。由此可见免租不是真正的无偿，而财税〔2009〕128号的表述是"无租使用"。这种情况和免租期不同，真正的无租使用就是无偿使用，如关联方直接无偿提供房屋等，此时就应当适用财税〔2009〕128号。由于本身出租方就没有获得租金收入，而承租方获得了免费使用房屋的权利，因此，应由承租方代为缴纳房产税。

（3）免租期对于纳税人而言，是否更有利？

免租期基本不影响应纳企业所得税和增值税，但会增加免租期的自持房产税。无论是否免租，收取租金的总额一般而言是不变的，免租只是一种优惠的方式，因此，免租会增加房产税税负。约定免租期的纳税人可以考虑将租金分摊到各月签订合同，但可能引起客户抗性，毕竟免租听起来比降低租金似乎力度更大，在实践中纳税人还需根据商业情况判断。

另外，还有一种方式是不免租金，而是阶段性地递增租金，也可以达到免租期一样的延缓支付租金效果，但这种方式不好控制，实践中也非常少见。

【政策依据】《房产税暂行条例》：

第三条　房产税依照房产原值一次减除10%至30%后的余值计算缴纳。具体减除幅度，由省、自治区、直辖市人民政府规定。

没有房产原值作为依据的，由房产所在地税务机关参考同类房产核定。

房产出租的，以房产租金收入为房产税的计税依据。

第四条　房产税的税率，依照房产余值计算缴纳的，税率为1.2%；依照房产租金收入计算缴纳的，税率为12%。

《企业所得税法实施条例》：

第十九条　企业所得税法第六条第（六）项所称租金收入，是指企业提供固定资产、包装物或者其他有形资产的使用权取得的收入。

租金收入，按照合同约定的承租人应付租金的日期确认收入的实现。

《国家税务总局关于贯彻落实企业所得税法若干税收问题的通知》（国税函〔2010〕79号）：

一、关于租金收入确认问题

根据《实施条例》第十九条的规定，企业提供固定资产、包装物或者其他有形资产的使用权取得的租金收入，应按交易合同或协议规定的承租人应付租金的日期确认收入的实现。其中，如果交易合同或协议中规定租赁期限跨年度，且租金提前一次性支付的，根据《实施条例》第九条规定的收入与费用配比原则，出租人可对上述已确认的收入，在租赁期内，分期均匀计入相关年度收入。

．．．．．．．．．．．

262. 个人出租不动产（非住宅）涉及的税款包括哪些？

案例： A房地产公司（以下简称A公司）开发酒店式公寓对外出售，为促销，A

公司承诺售后返租,在交房后的 10 年内,按固定收益给付业主。A 公司在交房后代业主将公寓对外出租给某酒店管理公司进行酒店经营,该酒店管理公司为一般纳税人,要求取得增值税专用发票。该酒店式公寓用地性质为 40 年产权的商业性质用地。

问:A 公司需要缴付哪些税款?

答:(1)增值税。

根据国家税务总局公告 2021 年第 5 号,《增值税暂行条例实施细则》第九条所称的其他个人,采取一次性收取租金形式出租不动产取得的租金收入,可在对应的租赁期内平均分摊,分摊后的月租金收入未超过 15 万元的,免征增值税。

根据税总函〔2016〕145 号第一条中"纳税人销售其取得的不动产和其他个人出租不动产,申请代开发票的,由代征税款的地税局代开增值税专用发票或者增值税普通发票"及第二条中"增值税小规模纳税人销售其取得的不动产以及其他个人出租不动产,购买方或承租方不属于其他个人的,纳税人缴纳增值税后可以向地税局申请代开增值税专用发票"的规定可知,其他个人,即自然人向一般纳税人出租不动产可以代开增值税专用发票,否则只能代开普通发票。

也就是说,如果对方是一般纳税人,则可以代开增值税专用发票,但如果代开增值税专用发票,由于对方可以抵扣进项,此时个人只能放弃增值税免税优惠(根据财税〔2016〕36 号免税可以放弃);如果对方是小规模纳税人或个人不放弃免税优惠,则只能开具增值税普通发票。

享受免税优惠不得开具增值税专用发票可以参照国税函〔2005〕780 号,其中规定:"增值税一般纳税人(以下简称'一般纳税人')销售免税货物,一律不得开具专用发票(国有粮食购销企业销售免税粮食除外)。如违反规定开具专用发票的,则对其开具的销售额依照增值税适用税率全额征收增值税,不得抵扣进项税额,并按照《中华人民共和国发票管理办法》及其实施细则的有关规定予以处罚。"

月销售额超过 15 万元的,按 5% 缴纳增值税。

(2)个人所得税。

个人所得税按财产租赁所得的 20% 纳税。部分地区税务机关采用核定税率征收。

根据国税函〔2009〕639 号,个人的财产租赁所得=全部收入+价外费用-财产租赁过程中缴纳的税费-向出租方支付的租金(仅转租适用)-由纳税人负担的租赁财产实际开支的修缮费用-税法规定的扣除费用标准(按此顺序扣除)。

税法规定的扣除费用标准为:

①每次、月〔全部收入+价外费用-财产租赁过程中缴纳的税费-向出租方支付的租金(仅转租适用)-由纳税人负担的租赁财产实际开支的修缮费用〕不足 4 000 元的,按 800 元扣除。

②每次、月〔全部收入+价外费用-财产租赁过程中缴纳的税费-向出租方支付的租金(仅转租适用)-由纳税人负担的租赁财产实际开支的修缮费用〕4 000 元以上的,按〔全部收入+价外费用-财产租赁过程中缴纳的税费-向出租方支付的租金(仅转租适用)-由纳税人负担的租赁财产实际开支的修缮费用〕×20% 扣除。

举例:

A公司将甲的房屋租给B酒店管理公司使用,租期为2018年3月1日至2018年3月31日,租金5万元,租赁合同于3月1日签订生效,款项于3月1日支付。在租赁过程中发生房产税6 000元、城镇土地使用税1 000元、印花税50元、增值税2 500元(对方要求开具专用发票)、城市维护建设税及教育费附加300元,发生修缮费用3 000元(取得甲抬头的发票)。A公司如何为甲扣缴个人所得税?

解答:

2018年尚无"六税两费"减半征收政策。根据《征收个人所得税若干问题的规定》(国税发〔1994〕89号印发)第六条第(一)项,纳税义务人在出租财产过程中缴纳的税金和教育费附加,可持完税(缴款)凭证,从其财产租赁收入中扣除。该文件并未提到地方教育附加,但实践中基本可以比照教育费附加扣除。因而

收入额＝50 000(元)

允许扣除的税费(不含增值税)＝6 000＋1 000＋50＋300＝7 350(元)

根据《征收个人所得税若干问题的规定》第六条第(二)项,纳税义务人出租财产取得财产租赁收入,在计算征税时,除可依法减除规定费用和有关税、费外,还准予扣除能够提供有效、准确凭证,证明由纳税义务人负担的该出租财产实际开支的修缮费用。允许扣除的修缮费用,以每次800元为限,一次扣除不完的,准予在下一次继续扣除,直至扣完为止。因而

允许扣除的修缮费用＝800(元)

由于财产租赁所得(50 000－7 350－800＝41 850(元))大于4 000元,因此扣除费用标准＝41 850×20％＝8 370(元)。

应纳税所得额＝50 000－7 350－800－8 370＝33 480(元)

应纳税额＝33 480×20％＝6 696(元)

采取核定征收的,按收入×核定征收率。

(3)房产税。

房产税按租金收入的12％在出租房产之次月起缴纳房产税。

(4)城镇土地使用税。

城镇土地使用税应按房屋证载土地面积,按当地政府规定的土地等级及适用税额计算缴纳。

城镇土地使用税＝土地面积×单位面积适用税额

国税发〔2003〕89号第二条规定,出租、出借房产,自交付出租、出借房产之次月起计征房产税和城镇土地使用税。因此个人应从出租次月起计算缴纳城镇土地使用税。

(5)城市维护建设税、教育费附加、地方教育附加。

城市维护建设税、教育费附加、地方教育附加按实缴增值税金额乘以城市维护建设税、教育费附加、地方教育附加的税率和征收率确定金额。城市维护建设税税率按地区

分为 7‰（市区）、5‰（县城）、1‰（镇）三档，教育费附加征收率为 3‰，地方教育附加征收率为 2‰。

（6）印花税。

本案例中根据当时有效的《印花税暂行条例》规定，财产租赁合同应当在合同签订时按租赁金额千分之一贴花（对方也需按此金额贴花）。

【实操指南】（1）根据财税〔2019〕13 号，小规模纳税人可以享受资源税、城市维护建设税、房产税、城镇土地使用税、印花税（不含证券交易印花税）、耕地占用税、教育费附加、地方教育附加减半征收。因此，上述（3）～（6）项可以享受减半征收政策（虽然非全国性统一政策，但各省、自治区、直辖市均已发文明确，小微企业"六税两费"按 50% 幅度顶格减征）。

另外，自然人（非个体工商户）是否属于小规模纳税人呢？

根据《增值税暂行条例实施细则》第二十九条规定的"年应税销售额超过小规模纳税人标准的其他个人按小规模纳税人纳税"和财税〔2016〕36 号附件 1《营业税改征增值税试点实施办法》第三条规定的"年应税销售额超过规定标准的其他个人不属于一般纳税人"可知，"其他个人"，即自然人，无论销售额是否超过 500 万元，均属于小规模纳税人，可享受"六税两费"减半征收优惠。在咨询各地税局以及实际开票缴税时，也已验证上述观点，个人确实可以享受"六税两费"减半征收优惠。

注：税法中一般称个人为"个体工商户和其他个人"，其他个人其实就是指自然人（排除个体工商户）。

（2）区分个人租赁不动产和个人销售不动产的相关规定（见表 9-2）。国家税务总局公告 2021 年第 5 号明确其他个人销售不动产，继续按照现行政策规定征免，也就是不适用 15 万元以下免征的政策。

表 9-2 个人租赁、销售不动产差异辨析

个人租赁不动产	个人销售不动产
可以开专用发票，但不能免税	不能开专用发票
月均租金收入 15 万元以下免征增值税	没有月均销售额 15 万元以下的免税规定，根据现行规定征免

【政策依据】 国家税务总局公告 2021 年第 5 号：

四、《中华人民共和国增值税暂行条例实施细则》第九条所称的其他个人，采取一次性收取租金形式出租不动产取得的租金收入，可在对应的租赁期内平均分摊，分摊后的月租金收入未超过 15 万元的，免征增值税。

············

六、小规模纳税人中的单位和个体工商户销售不动产，应按其纳税期、本公告第五条以及其他现行政策规定确定是否预缴增值税；其他个人销售不动产，继续按照现行规定征免增值税。

财税〔2019〕13号：

三、由省、自治区、直辖市人民政府根据本地区实际情况，以及宏观调控需要确定，对增值税小规模纳税人可以在50%的税额幅度内减征资源税、城市维护建设税、房产税、城镇土地使用税、印花税（不含证券交易印花税）、耕地占用税和教育费附加、地方教育附加。

川财规〔2019〕1号：

自2019年1月1日至2021年12月31日，对我省增值税小规模纳税人按照50%减征资源税（不含水资源税）、城市维护建设税、房产税、城镇土地使用税、印花税（不含证券交易印花税）、耕地占用税和教育费附加、地方教育附加。

渝财税〔2019〕12号：

一、对增值税小规模纳税人减按50%征收资源税、城市维护建设税、房产税、城镇土地使用税、印花税（不含证券交易印花税）、耕地占用税和教育费附加、地方教育附加。

《增值税暂行条例实施细则》：

第二十九条　年应税销售额超过小规模纳税人标准的其他个人按小规模纳税人纳税……

国税函〔2009〕639号：

三、《国家税务总局关于个人所得税若干业务问题的批复》（国税函〔2002〕146号）有关财产租赁所得个人所得税前扣除税费的扣除次序调整为：
（一）财产租赁过程中缴纳的税费；
（二）向出租方支付的租金；
（三）由纳税人负担的租赁财产实际开支的修缮费用；
（四）税法规定的费用扣除标准。

《征收个人所得税若干问题的规定》（国税发〔1994〕89号印发）：

六、关于财产租赁所得的征税问题
（一）纳税义务人在出租财产过程中缴纳的税金和国家能源交通重点建设基金、国家预算调节基金、教育费附加，可持完税（缴款）凭证，从其财产租赁收入中扣除。
（二）纳税义务人出租财产取得财产租赁收入，在计算征税时，除可依法减除规定费用和有关税、费外，还准予扣除能够提供有效、准确凭证，证明由纳税义务人负担的该出租财产实际开支的修缮费用。允许扣除的修缮费用，以每次 800 元为限，一次扣除不完的，准予在下一次继续扣除，直至扣完为止。

（三）确认财产租赁所得的纳税义务人、应以产权凭证为依据。无产权凭证的，由主管税务机关根据实际情况确定纳税义务人。

（四）产权所有人死亡，在未办理产权继承手续期间，该财产出租而有租金收入的，以领取租金的个人为纳税义务人。

【关联问题】（1）如果个人出租不动产月均租金收入超过 15 万元，是就超过 15 万元部分缴纳增值税，还是就租金收入全额缴纳增值税？

答案是需要就租金收入全额计算缴纳增值税。如月租金收入 16 万元，则按 16 万元缴纳增值税，而不是按 1 万元缴纳增值税。

（2）如果个人出售不动产，或提供应税服务、劳务，或销售商品，对方均为一般纳税人，能否申请代开增值税专用发票？

答案是不能。根据税总函〔2016〕145 号第一条第二款"纳税人销售其取得的不动产和其他个人出租不动产，申请代开发票的，由代征税款的地税局代开增值税专用发票或者增值税普通发票"的规定，只有个人出租不动产可以代开专票，个人出售不动产，或提供应税服务、劳务，或销售商品，即使对方为一般纳税人，也不能代开专用发票，只能代开普通发票。

国家税务总局于 2016 年 7 月 18 日在官网上发布了《漫画营改增：个人能否到税务机关代开增值税专用发票？》，其中所提观点与笔者观点一致。

263. 个人出租住宅需要缴付哪些税款？

案例：A 房地产公司（以下简称 A 公司）开发酒店式公寓对外出售，为促销，A 公司承诺售后返租，在交房后的 10 年内，按固定收益给付业主。A 公司在交房后代业主对外出租给某酒店管理公司进行酒店经营，该酒店管理公司为一般纳税人，要求取得增值税专用发票。该酒店式公寓用地性质为 70 年产权的住宅用地。

问：A 公司需要缴付哪些税款？

答：（1）增值税。

根据国家税务总局公告 2021 年第 5.号，自然人采取一次性收取租金形式出租不动产取得的租金收入，可在对应的租赁期内平均分摊，分摊后的月租金收入未超过 15 万元的，免征增值税。

税总函〔2016〕145 号第一条第二款中规定"纳税人销售其取得的不动产和其他个人出租不动产，申请代开发票的，由代征税款的地税局代开增值税专用发票或者增值税普通发票"，第二条第四款中规定"增值税小规模纳税人销售其取得的不动产以及其他个人出租不动产，购买方或承租方不属于其他个人的，纳税人缴纳增值税后可以向地税局申请代开增值税专用发票"。由此可知，其他个人，即自然人向一般纳税人出租不动产可以代开增值税专用发票，否则只能代开普通发票。

如果对方是一般纳税人，则可以代开增值税专用发票，但如果代开增值税专用发票，由于对方可以抵扣进项，此时个人只能放弃增值税免税优惠（根据财税〔2016〕36号免税可以放弃）；如果对方是小规模纳税人或个人不放弃免税优惠，则只能开具增值税普通发票。

享受免税优惠不得开具增值税专用发票可以参照国税函〔2005〕780号，其中规定："增值税一般纳税人（以下简称'一般纳税人'）销售免税货物，一律不得开具专用发票（国有粮食购销企业销售免税粮食除外）。如违反规定开具专用发票的，则对其开具的销售额依照增值税适用税率全额征收增值税，不得抵扣进项税额，并按照《中华人民共和国发票管理办法》及其实施细则的有关规定予以处罚。"

月销售额超过15万元的，财税〔2016〕36号附件2《营业税改征增值税试点有关事项的规定》明确"个人出租住房，应按照5%的征收率减按1.5%计算应纳税额"。

（2）个人所得税。

财税〔2008〕24号第二条中规定，对个人出租住房取得的所得减按10%的税率征收个人所得税。部分地区税务机关采用核定税率征收。

根据国税函〔2009〕639号，个人的财产租赁所得＝全部收入＋价外费用－财产租赁过程中缴纳的税费－向出租方支付的租金（仅转租适用）－由纳税人负担的租赁财产实际开支的修缮费用－税法规定的扣除费用标准（按此顺序扣除）。

税法规定的扣除费用标准为：

①每次、月［全部收入＋价外费用－财产租赁过程中缴纳的税费－向出租方支付的租金（仅转租适用）－由纳税人负担的租赁财产实际开支的修缮费用］不足4 000元的，按800元扣除。

②每次、月［全部收入＋价外费用－财产租赁过程中缴纳的税费－向出租方支付的租金（仅转租适用）－由纳税人负担的租赁财产实际开支的修缮费用］4 000元以上的，按［全部收入＋价外费用－财产租赁过程中缴纳的税费－向出租方支付的租金（仅转租适用）－由纳税人负担的租赁财产实际开支的修缮费用］×20%扣除。

举例：

A公司将甲的房屋租给B酒店管理公司使用，租期为2019年6月1日至2019年6月31日，租金5万元，租赁合同于5月1日签订生效，款项于5月1日支付。租赁过程中发生房产税1 000元（4%再按50%减征）、城镇土地使用税0元（免税）、印花税0元（免税）、增值税750元（对方要求开具专用发票）、城市维护建设税及教育费附加45元（按50%减征），发生修缮费用3 000元（取得甲抬头的发票）。A公司如何为甲扣缴个人所得税？

解答：

由于2019年5月可享受"六税两费"减半征收政策，并且根据《征收个人所得税若干问题的规定》第六条第（一）项，纳税义务人在出租财产过程中缴纳的税金和教育费附加，可持完税（缴款）凭证，从其财产租赁收入中扣除。该文件并未提到地方教育附加，但实践中基本可以比照教育费附加扣除。因而

收入额＝50 000(元)

允许扣除的税费(不含增值税)＝1 000＋45＝1 045(元)

根据《征收个人所得税若干问题的规定》第六条第（二）项，纳税义务人出租财产取得财产租赁收入，在计算征税时，除可依法减除规定费用和有关税、费外，还准予扣除能够提供有效、准确凭证，证明由纳税义务人负担的该出租财产实际开支的修缮费用。允许扣除的修缮费用，以每次800元为限，一次扣除不完的，准予在下一次继续扣除，直至扣完为止。因而

允许扣除的修缮费用＝800(元)

由于财产租赁所得（50 000－1 045－800＝48 155（元））大于4 000元，因此扣除费用标准＝48 155×20％＝9 631（元）。

应纳税所得额＝50 000－1 045－800－9 631＝38 524(元)

应纳税额＝38 524×10％＝3 852.4(元)

采取核定征收的，按收入×核定征收率。

（3）房产税。

房产税按租金收入的4％在出租房产之次月起缴纳房产税。

（4）城镇土地使用税。

城镇土地使用税根据财税〔2008〕24号第二条免征。

（5）城市维护建设税、教育费附加、地方教育附加。

城市维护建设税、教育费附加、地方教育附加按实缴增值税金额乘以城市维护建设税、教育费附加、地方教育附加的税率或征收率，城市维护建设税税率按地区分为7％（市区）、5％（县城）、1％（镇）三档，教育费附加征收率为3％，地方教育附加征收率为2％。

（6）印花税。

对个人出租、承租住房签订的租赁合同，免征印花税。双方均无须贴花。

【实操指南】（1）如果是个人出租住房，根据财税〔2008〕24号第二条第（三）项"对个人出租住房，不区分用途，在3％税率的基础上减半征收营业税，按4％的税率征收房产税，免征城镇土地使用税"（注：营业税条款后被财税〔2016〕36号的增值税条款接替，但财税〔2016〕36号并未提及不区分用途字样）。不区分用途指的是，即使个人出租的住房被改造为商铺，只要不动产权证是住宅性质（70年产权），均免征城镇土地使用税，按4％征收房产税。

那么个人所得税、印花税、增值税是否也不区分用途，只要是住宅性质，即可享受住宅的优惠政策呢？从实践来看，由于税务机关基本是在开票时一并征收所有税款，因此其他税种虽未明确不区分用途，但基本也是按用地性质享受优惠。

（2）对比个人出租住宅和非住宅涉税情况（见表9-3）。

表9-3 个人出租住宅和非住宅涉税对比

情形	个人出租住房以外的不动产	个人出租住房
个人所得税	20％（可能核定）	10％（可能核定）

续表

情形	个人出租住房以外的不动产	个人出租住房
城镇土地使用税	土地面积×单位面积适用税额 （减征 50%）	免
房产税	12%（减征 50%）	4%（减征 50%）
印花税	0.1%（减征 50%）	免
增值税	5% （月均租金收入 15 万元以下免征）	1.5% （月均租金收入 15 万元以下免征）
城市维护建设税	增值税×7%或 5%或 1%（减征 50%）	
附加	增值税×（3%＋2%）（减征 50%）	

（3）根据财税〔2019〕13 号，个人出租住房，城市维护建设税、房产税、城镇土地使用税、印花税、教育费附加、地方教育附加仍可叠加享受减征 50%政策。

【政策依据】 财税〔2019〕13 号：

四、增值税小规模纳税人已依法享受资源税、城市维护建设税、房产税、城镇土地使用税、印花税、耕地占用税、教育费附加、地方教育附加其他优惠政策的，可叠加享受本通知第三条规定的优惠政策。

财税〔2008〕24 号：

二、支持住房租赁市场发展的税收政策

（一）对个人出租住房取得的所得减按 10%的税率征收个人所得税。

（二）对个人出租、承租住房签订的租赁合同，免征印花税。

（三）对个人出租住房，不区分用途，在 3%税率的基础上减半征收营业税，按 4%的税率征收房产税，免征城镇土地使用税。

（四）对企事业单位、社会团体以及其他组织按市场价格向个人出租用于居住的住房，减按 4%的税率征收房产税。

上海市税务局网站个人财产租赁所得填表案例：

甲将某设备转租给 A 公司使用，租期为 2016 年 3 月 1 日至 2016 年 3 月 31 日，租金 5 万元，租赁合同于 3 月 1 日签订生效，款项于 3 月 1 日支付。租赁过程中发生税费 1 000 元，甲向出租方支付租金 2 000 元，发生修缮费用 3 000 元。A 公司如何为甲扣缴个人所得税？

解答：

收入额＝50 000（元）

允许扣除的税费＝1 000＋2 000＋800（修缮费用每次以 800 元为限）＝3 800（元）

减除费用：财产租赁所得（50 000－3 800＝46 200（元））大于 4 000 元，该列按 46 200×20％＝9 240（元）填写。

应纳税所得额＝50 000－3 800－9 240＝36 960（元）

应纳税额＝36 960×20％＝7 392（元）

具体金额见图 9-1 和图 9-2。

图 9-1　收入额及允许扣除的税费

扣缴个人所得税报告表

税款所属期：2016 年 3 月 1 日至 2016 年 3 月 31 日

扣缴义务人名称：A公司　　　　　　　　　　扣缴义务人所属行业：√一般行业□特定行业月份申报

扣缴义务人编码：□□□□□□□□□□□□□□□□□□□　　　　金额单位：人民币元（列至角分）

序号	姓名	身份证件类型	身份证件号码	所得项目	所得期间	收入额	免税所得	基本养老保险费	基本医疗保险费	失业保险费	住房公积金	财产原值	允许扣除的税费	其他	合计	减除费用	准予扣除的捐赠额	应纳税所得额	税率%	速算扣除数	应纳税额	减免税额	已缴纳税额	已扣缴税额	应补（退）税额	备注
1	2	3	4	5	6	7	8	9	10	11	12	13	14	15	16	17	18	19	20	21	22	23	24	25	26	27
1	甲	身份证	310×××　×××××××　××××××	财产租赁所得	2016年3月	50000							3800		3800	9240		36960	20%		7392		7392		7392	
	合计					50000							3800		3800	9240		36960			7392		7392		7392	

　　谨声明：此扣缴报告表是根据《中华人民共和国个人所得税法》及其实施条例和国家有关税收法律法规规定填写的，是真实的、完整的、可靠的。

　　　　　　　　　　　　　　　　　　　　　　　法定代表人（负责人）签字：×××　　　2016 年 4 月 1 日

扣缴义务人公章： 经办人：×××	代理机构（人）签章： 经办人： 经办人执业证件号码：	主管税务机关受理专用章： 受理人：
填表日期：2016 年 4 月 1 日	代理申报日期：　　年　　月　　日	受理日期：　　年　　月　　日

国家税务总局监制

图 9-2　扣缴个人所得税报告表

264. 企业政策性搬迁涉及哪些税？

案例： A 公司 2016 年 1 月招拍挂获得 100 亩工业用地，取得土地的成本为 10 000 万元。2017 年 6 月，因政府城市规划，拟在该用地范围内实施旧城改造，因此由 A 公司自行转让该土地使用权给 B 房地产公司（以下简称 B 公司）。B 公司在该地块建设住宅，建成后对外出售。

A 公司转让土地使用权给 B 公司时，根据《土地增值税暂行条例》第八条规定免缴土地增值税。A 公司向 B 公司开具了增值税专用发票，注明不含税价款 21 000 万元，增值税 2 310 万元，B 公司向 A 公司付款 23 310 万元。

问：（1）B 公司在建成后对外出售时，土地成本是按原 1 亿元在土地增值税税前扣除，还是按 2.1 亿元扣除？

（2）A 公司转让土地给 B 公司的环节还涉及哪些税？

答：（1）按 2.1 亿元扣除。

根据《土地增值税暂行条例实施细则》第十一条，因城市实施规划、国家建设的需要而搬迁，由纳税人自行转让原房地产的，免征土地增值税。

免征不是暂不征税，对比财税〔2018〕57 号中的合并、分立等"暂不征土地增值税"的表述，可以看出，免征不是递延到下一环节再征，暂不征才是递延纳税的正确表述。

因此，B 公司可以按 A 公司开票金额进行土地增值税税前扣除。

（2）增值税：按 11% 缴纳（2017 年不动产转让适用 11% 的增值税税率）。

根据财税〔2016〕36 号附件 3《营业税改征增值税试点过渡政策的规定》，土地所有者出让土地使用权和土地使用者将土地使用权归还给土地所有者免征增值税。在增值税的规定中，并无自行转让视同归还的政策，因此即使是根据政府规划自行转让的，也应当缴纳增值税。

在营业税时期，由国税函〔2008〕277 号"纳税人将土地使用权归还给土地所有者时，只要出具县级（含）以上地方人民政府收回土地使用权的正式文件，无论支付征地补偿费的资金来源是否为政府财政资金，该行为均属于土地使用者将土地使用权归还给土地所有者的行为，按照《国家税务总局关于印发〈营业税税目注释（试行稿）〉的通知》（国税发〔1993〕149 号）规定，不征收营业税"的规定可以看出，只要出具政府收回土地使用权的正式文件，即使是自行转让（征地补偿费的资金来源不是政府财政资金），也可以免征营业税。

但营业税与增值税的计税原理差异较大，征收营业税会加重纳税人税负，增值税则进入了抵扣链条，税负由最终消费者承担，中间的环节无论免还是不免，理论上在不含税价不变的情况下，都不会增加企业税负。只有最终环节的征免，才会影响消费者承担的税负。

企业所得税：可适用政策性搬迁政策，搬迁所得税递延至搬迁完成年度缴纳，最长可递延至 5 年后缴纳；搬迁亏损可以选择分 3 年均匀扣除。

根据《企业政策性搬迁所得税管理办法》（国家税务总局公告 2012 年第 40 号发布），

政策性搬迁需要情况包括"由政府依照《中华人民共和国城乡规划法》有关规定组织实施的对危房集中、基础设施落后等地段进行旧城区改建的需要"。本例中属于旧城改造，属于政策性搬迁需要，可以适用该管理办法。

企业在搬迁期间发生的搬迁收入和搬迁支出，可以暂不计入当期应纳税所得额，而在完成搬迁的年度，对搬迁收入和搬迁支出进行汇总清算。

契税：B公司正常缴纳，无免税政策。

印花税：按产权转移书据缴纳。

【实操指南】 本例中免征土地增值税需要提供县级以上（含）地方人民政府收回土地使用权的正式文件。

因城市实施规划、国家建设的需要而搬迁，由纳税人自行转让原房地产的行为，其实是省略了政府收回土地使用权再出让的步骤。

【政策依据】 《土地增值税暂行条例》：

第八条 有下列情形之一的，免征土地增值税：

....

因国家建设需要依法征用、收回的房地产。

《土地增值税暂行条例实施细则》：

条例第八条（二）项所称的因国家建设需要依法征用、收回的房地产，是指因城市实施规划、国家建设的需要而被政府批准征用的房产或收回的土地使用权。

因城市实施规划、国家建设的需要而搬迁，由纳税人自行转让原房地产的，比照本规定免征土地增值税。

财税〔2006〕21号：

四、关于因城市实施规划、国家建设需要而搬迁，纳税人自行转让房地产的征免税问题

《中华人民共和国土地增值税暂行条例实施细则》第十一条第四款所称：因"城市实施规划"而搬迁，是指因旧城改造或因企业污染、扰民（指产生过量废气、废水、废渣和噪音，使城市居民生活受到一定危害），而由政府或政府有关主管部门根据已审批通过的城市规划确定进行搬迁的情况；因"国家建设的需要"而搬迁，是指因实施国务院、省级人民政府、国务院有关部委批准的建设项目而进行搬迁的情况。

《企业政策性搬迁所得税管理办法》（国家税务总局公告2012年第40号发布）：

第三条 企业政策性搬迁，是指由于社会公共利益的需要，在政府主导下企业

进行整体搬迁或部分搬迁。企业由于下列需要之一，提供相关文件证明资料的，属于政策性搬迁：

（一）国防和外交的需要；

（二）由政府组织实施的能源、交通、水利等基础设施的需要；

（三）由政府组织实施的科技、教育、文化、卫生、体育、环境和资源保护、防灾减灾、文物保护、社会福利、市政公用等公共事业的需要；

（四）由政府组织实施的保障性安居工程建设的需要；

（五）由政府依照《中华人民共和国城乡规划法》有关规定组织实施的对危房集中、基础设施落后等地段进行旧城区改建的需要；

（六）法律、行政法规规定的其他公共利益的需要。

第四条　企业应按本办法的要求，就政策性搬迁过程中涉及的搬迁收入、搬迁支出、搬迁资产税务处理、搬迁所得等所得税征收管理事项，单独进行税务管理和核算。不能单独进行税务管理和核算的，应视为企业自行搬迁或商业性搬迁等非政策性搬迁进行所得税处理，不得执行本办法规定。

第二章　搬迁收入

第五条　企业的搬迁收入，包括搬迁过程中从本企业以外（包括政府或其他单位）取得的搬迁补偿收入，以及本企业搬迁资产处置收入等。

第六条　企业取得的搬迁补偿收入，是指企业由于搬迁取得的货币性和非货币性补偿收入。具体包括：

（一）对被征用资产价值的补偿；

（二）因搬迁、安置而给予的补偿；

（三）对停产停业形成的损失而给予的补偿；

（四）资产搬迁过程中遭到毁损而取得的保险赔款；

（五）其他补偿收入。

第七条　企业搬迁资产处置收入，是指企业由于搬迁而处置企业各类资产所取得的收入。

企业由于搬迁处置存货而取得的收入，应按正常经营活动取得的收入进行所得税处理，不作为企业搬迁收入。

第三章　搬迁支出

第八条　企业的搬迁支出，包括搬迁费用支出以及由于搬迁所发生的企业资产处置支出。

第九条　搬迁费用支出，是指企业搬迁期间所发生的各项费用，包括安置职工实际发生的费用、停工期间支付给职工的工资及福利费、临时存放搬迁资产而发生的费用、各类资产搬迁安装费用以及其他与搬迁相关的费用。

第十条　资产处置支出，是指企业由于搬迁而处置各类资产所发生的支出，包括变卖及处置各类资产的净值、处置过程中所发生的税费等支出。

企业由于搬迁而报废的资产，如无转让价值，其净值作为企业的资产处置支出。

第四章　搬迁资产税务处理

第十一条　企业搬迁的资产，简单安装或不需要安装即可继续使用的，在该项资产重新投入使用后，就其净值按《企业所得税法》及其实施条例规定的该资产尚未折旧或摊销的年限，继续计提折旧或摊销。

第十二条　企业搬迁的资产，需要进行大修理后才能重新使用的，应就该资产的净值，加上大修理过程所发生的支出，为该资产的计税成本。在该项资产重新投入使用后，按该资产尚可使用的年限，计提折旧或摊销。

第十三条　企业搬迁中被征用的土地，采取土地置换的，换入土地的计税成本按被征用土地的净值，以及该换入土地投入使用前所发生的各项费用支出，为该换入土地的计税成本，在该换入土地投入使用后，按《企业所得税法》及其实施条例规定年限摊销。

第十四条　企业搬迁期间新购置的各类资产，应按《企业所得税法》及其实施条例等有关规定，计算确定资产的计税成本及折旧或摊销年限。企业发生的购置资产支出，不得从搬迁收入中扣除。

第五章　应税所得

第十五条　企业在搬迁期间发生的搬迁收入和搬迁支出，可以暂不计入当期应纳税所得额，而在完成搬迁的年度，对搬迁收入和支出进行汇总清算。

第十六条　企业的搬迁收入，扣除搬迁支出后的余额，为企业的搬迁所得。

企业应在搬迁完成年度，将搬迁所得计入当年度企业应纳税所得额计算纳税。

第十七条　下列情形之一的，为搬迁完成年度，企业应进行搬迁清算，计算搬迁所得：

（一）从搬迁开始，5年内（包括搬迁当年度）任何一年完成搬迁的。

（二）从搬迁开始，搬迁时间满5年（包括搬迁当年度）的年度。

第十八条　企业搬迁收入扣除搬迁支出后为负数的，应为搬迁损失。搬迁损失可在下列方法中选择其一进行税务处理：

（一）在搬迁完成年度，一次性作为损失进行扣除。

（二）自搬迁完成年度起分3个年度，均匀在税前扣除。

上述方法由企业自行选择，但一经选定，不得改变。

第十九条　企业同时符合下列条件的，视为已经完成搬迁：

（一）搬迁规划已基本完成；

（二）当年生产经营收入占规划搬迁前年度生产经营收入50％以上。

第二十条　企业边搬迁、边生产的，搬迁年度应从实际开始搬迁的年度计算。

第二十一条　企业以前年度发生尚未弥补的亏损的，凡企业由于搬迁停止生产经营无所得的，从搬迁年度次年起，至搬迁完成年度前一年度止，可作为停止生产经营活动年度，从法定亏损结转弥补年限中减除；企业边搬迁、边生产的，其亏损结转年度应连续计算。

265. 划转、投资的各税征免情况如何?

案例: H公司名下有一块土地,拟以该土地向H公司的母公司B公司投资入股,作价2.5亿元,实现交叉持股。B公司从事房地产开发,持有H公司100%的股份。

问: 该投资能否免征契税?

答: 不能。根据财税〔2018〕17号中"母公司以土地、房屋权属向其全资子公司增资,视同划转,免征契税"的规定可以看出,只有母公司向全资子公司增资才能免征契税,反向增资不能免征契税。

【实操指南】 财税〔2018〕17号(以下简称17号文)规定了同一投资主体内部所属企业之间土地、房屋权属的划转,包括母公司与其全资子公司之间,同一公司所属全资子公司之间,同一自然人与其设立的个人独资企业、一人有限公司之间土地、房屋权属的划转,免征契税。同时规定了母公司以土地、房屋权属向其全资子公司增资,视同划转,免征契税。

对此规定,有以下两种观点:

第一种观点:从字面意义来理解,母公司向全资子公司增资,视同划转,那么未规定的就不视同划转,不免征契税。不视同划转的情形包括:全资子公司向母公司增资,全资子公司之间以不动产投资等。

第二种观点:以前我们认为划转必须是无偿的,但17号文打破了这个规则,即增资虽是有股权对价的,但也能视同划转,那么可以理解为同一投资主体内部不动产产权变更,都可以视作划转,无论有无对价。因此全资子公司向母公司增资,全资子公司之间以不动产投资,也可以免征契税。

笔者支持第一种观点,17号文的规定表述清晰,不存在歧义,即只有母公司向全资子公司增资,才可以视同划转,第二种观点属于扩大理解。需要注意的是,只要不是全资子公司,哪怕有0.01%的跟投股权加入,只要该跟投股权和大股东不是同一投资主体(最终控制方不同,跟投股权一般都是员工个人控制),就不能适用免税政策。另外,17号文还存在一个争议,即"增资"到底包不包括直接投资新设。不过这个争议在实践中很容易解决,母公司可以先设立一个一元钱注册资本的全资子公司,再以不动产增资,而不需要直接以不动产投资新设,就能解决上述问题。

【关联问题】 母公司以不动产向全资子公司增资,在企业所得税中是否视同划转?

企业所得税的政策与契税不同,根据国家税务总局公告2015年第40号第一条第(一)项,母公司向全资子公司投入不动产,如果是以账面净值划转,双方在账面均不确认损益,则可以视同划转免税(契税免税不要求不确认损益,但企业所得税有要求)。

另外,企业所得税的政策与笔者理解的契税政策相同,即只有母公司以不动产向全资子公司增资且不确认损益才可以免税;全资子公司向母公司增资,全资子公司之间以不动产投资等其他情形,即使账面不确认损益,也不视同划转,不符合免税条件。

但全资子公司向母公司、全资子公司之间无偿划转(无偿即不能取得股权对价,增资就不是无偿)既可以免契税,也可以免企业所得税(增值税不免)。

划转、投资的各税优惠与辨析分别见表9-4和表9-5。

表9-4 划转、投资各税优惠

税种	优惠政策
企业所得税、契税	同一投资主体内无偿划转，免
企业所得税	母公司向全资子公司以不动产增资，不确认损益，免
契税	母公司向全资子公司以不动产增资，免
土地增值税	单位、个人在改制重组时以房地产作价入股进行投资，对其将房地产转移、变更到被投资的企业，暂不征土地增值税
增值税	划转、投资无免征政策

同一投资主体内无偿划转不动产，免契税、企业所得税，不免增值税（划转或投资，增值税没有免征政策）、土地增值税，但不动产投资入股（只要双方都不是房地产企业）免土地增值税（必须在改制重组时投资入股）。

表9-5 划转、投资不同情形各税辨析

情形	税种	征免
同一投资主体内无偿划转	企业所得税	免
	土地增值税	征
	增值税	征
	契税	免
非同一投资主体无偿划转	企业所得税	征
	土地增值税	征
	增值税	征
	契税	征
母公司向全资子公司以不动产增资	企业所得税	不确认损益，免；确认损益，征
	土地增值税	改制重组时投资入股且为非房地产企业，免；非改制重组时，或任意一方为房地产企业，征
	增值税	征
	契税	免
同一投资主体内部以不动产增资（除母公司向全资子公司增资外的其他情形）	企业所得税	征
	土地增值税	改制重组时投资入股且为非房地产企业，免；非改制重组时，或任意一方为房地产企业，征
	增值税	征
	契税	征

续表

情形	税种	征免
非同一投资主体以不动产增资	企业所得税	征
	土地增值税	改制重组时投资入股且为非房地产企业，免；非改制重组时，或任意一方为房地产企业，征
	增值税	征
	契税	征

国家税务总局公告2015年第40号：

一、《通知》第三条所称"100％直接控制的居民企业之间，以及受同一或相同多家居民企业100％直接控制的居民企业之间按账面净值划转股权或资产"，限于以下情形：

（一）100％直接控制的母子公司之间，母公司向子公司按账面净值划转其持有的股权或资产，母公司获得子公司100％的股权支付。母公司按增加长期股权投资处理，子公司按接受投资（包括资本公积，下同）处理。母公司获得子公司股权的计税基础以划转股权或资产的原计税基础确定。

（二）100％直接控制的母子公司之间，母公司向子公司按账面净值划转其持有的股权或资产，母公司没有获得任何股权或非股权支付。母公司按冲减实收资本（包括资本公积，下同）处理，子公司按接受投资处理。

（三）100％直接控制的母子公司之间，子公司向母公司按账面净值划转其持有的股权或资产，子公司没有获得任何股权或非股权支付。母公司按收回投资处理，或按接受投资处理，子公司按冲减实收资本处理。母公司应按被划转股权或资产的原计税基础，相应调减持有子公司股权的计税基础。

（四）受同一或相同多家母公司100％直接控制的子公司之间，在母公司主导下，一家子公司向另一家子公司按账面净值划转其持有的股权或资产，划出方没有获得任何股权或非股权支付。划出方按冲减所有者权益处理，划入方按接受投资处理。

266. 同一投资主体内部跨境划转不动产，需要缴纳哪些税费？

案例：某房地产集团下设广州A公司和香港B公司，B公司名下有一块土地，位于广州南沙，但由于B公司设立在境外，不便进行开发，因此该集团拟将B公司名下的土地无偿划转给A公司进行开发。B公司在境内无机构场所。

问：同一投资主体内部跨境划转不动产，需要缴纳哪些税费？

答：（1）企业所得税：根据财税〔2014〕109号第三条，对100％直接控制的居民企业之间划转资产或股权，可以选择特殊性税务处理，即只有居民企业之间划转才能免征企业所得税，跨境划转不满足上述条件，不能适用特殊性税务处理。

根据《企业所得税法》第三条，非居民企业在中国境内未设立机构、场所的，应当就其来源于中国境内的所得缴纳企业所得税；根据《企业所得税法实施条例》第七条，转让财产所得，不动产转让所得按照不动产所在地确定。由于转让的不动产在境内，所得来源于境内，因此 B 公司（未设立机构场所）应缴纳企业所得税，按照不动产公允价值×预提税率 10%缴纳。

（2）增值税：缴纳不动产转让增值税，按照不动产公允价值×9%缴纳。

（3）土地增值税：由于划转不动产没有土地增值税免征政策，因此应按新房或旧房转让计算缴纳土地增值税。（注：如果资产、负债、劳动力一起划转，则实质上是企业分立，不是资产划转。）

（4）印花税：由于书立的产权转移书据在境内，故此应按不动产公允价值×0.05%缴纳。

（5）契税：财税〔2018〕17 号第六条规定，"同一投资主体内部所属企业之间土地、房屋权属的划转，包括母公司与其全资子公司之间，同一公司所属全资子公司之间，同一自然人与其设立的个人独资企业、一人有限公司之间土地、房屋权属的划转，免征契税"，其看似没有约定必须是境内的划转，但该文件第十条（"本通知所称企业、公司，是指依照我国有关法律法规设立并在中国境内注册的企业、公司"）规定了企业必须是设立在中国境内的企业，因此，必须是境内企业之间划转才可以免征契税。

【实操指南】 经过分析可知，跨境划转没有免税政策，五大税种全部视同转让缴纳。

【政策依据】 财税〔2014〕109 号：

三、关于股权、资产划转

对 100%直接控制的居民企业之间，以及受同一或相同多家居民企业 100%直接控制的居民企业之间按账面净值划转股权或资产，凡具有合理商业目的、不以减少、免除或者推迟缴纳税款为主要目的，股权或资产划转后连续 12 个月内不改变被划转股权或资产原来实质性经营活动，且划出方企业和划入方企业均未在会计上确认损益的，可以选择按以下规定进行特殊性税务处理：

⋯⋯⋯⋯⋯

《企业所得税法》：

第三条 居民企业应当就其来源于中国境内、境外的所得缴纳企业所得税。

非居民企业在中国境内设立机构、场所的，应当就其所设机构、场所取得的来源于中国境内的所得，以及发生在中国境外但与其所设机构、场所有实际联系的所得，缴纳企业所得税。

非居民企业在中国境内未设立机构、场所的，或者虽设立机构、场所但取得的所得与其所设机构、场所没有实际联系的，应当就其来源于中国境内的所得缴纳企业所得税。

《企业所得税法实施条例》：

第七条 企业所得税法第三条所称来源于中国境内、境外的所得，按照以下原则确定：

（一）销售货物所得，按照交易活动发生地确定；

（二）提供劳务所得，按照劳务发生地确定；

（三）转让财产所得，不动产转让所得按照不动产所在地确定，动产转让所得按照转让动产的企业或者机构、场所所在地确定，权益性投资资产转让所得按照被投资企业所在地确定；

············

---

267. 房地产公司折价转让不动产，应如何计税？

案例： A 房地产公司（以下简称 A 公司）2015 年 1 月从 B 房地产公司（以下简称 B 公司）购买一处不动产，购买时评估价 10 亿元，A 公司向 B 公司支付 10 亿元并取得发票。A 公司将该不动产用于长租公寓，但由于该地的经济发展问题，4 年来长租公寓效益一直不太理想，处于常年亏损状态。

受此影响，A 公司现金流紧张，截至 2018 年年底，账面负债为 15 亿元。A 公司的母公司 C 为解决该问题，于 2019 年 1 月寻得一位买家，买方经评估同意以 8 亿元的价格购买该不动产。

A 公司账面仅有该不动产和负债 15 亿元。A 公司实缴注册资本 10 亿元，全部由 C 公司投入。

由于市场下行，买方议价权较强，要求由卖方承担所有税费。如果是股权交易，买方要求先偿还 A 公司的负债，仅收购股权所持有的资产。

A 公司、B 公司、C 公司、买方均为一般纳税人。

问： 在不同交易模式下 A 公司应如何计税？

答：（1）转让资产方式：

如果 A 公司直接转让该不动产：①股权转让产生亏损，不缴纳所得税；②土地增值税的成本扣除项目大于收入，也无土地增值税；③增值税减去购进成本差额征税（转让 2016 年 4 月 30 日前取得的不动产），由于购进成本大于转让收入，也不会产生增值税；④买方需缴纳契税，按 2 400 万元（8 亿元×3%）缴纳；⑤印花税为 40 万元（8 亿元×0.05%）（产权转移书据），双方均需缴纳。

（2）转让股权方式：

如果 C 公司直接转让 A 公司的股权，A 公司需要先偿还 15 亿元的负债，然后计算税款：①股权转让所得税＝股权转让收入－实缴注册资本＝8－10＝－2（亿元），亏损；②印花税为 40 万元（8 亿元×0.05%）（产权转移书据），双方均需缴纳；③不涉及增值税、土地增值税、契税。

分析以上两种方式发现，转让股权方式能减少此环节的契税 2 400 万元，但需要提前支付 15 亿元的负债，由于 A 公司常年亏损，现金流紧张，难以支付负债。

（3）优化模式：

第一步：A 公司将持有的不动产以现时评估价 8 亿元作价投资入股成立新的全资子公司，达到剥离负债的目的，但又无须先行偿还。以不动产投资入股视同转让不动产，由于 A 公司是房地产企业，因此无法享受财税〔2018〕57 号关于土地增值税的免税政策，但可以享受财税〔2018〕17 号关于契税的免税政策，因此：

①股权转让产生亏损，不缴纳所得税；②土地增值税的成本扣除项目大于收入，也无须缴纳土地增值税；③增值税减去购进成本差额征税（转让 2016 年 4 月 30 日前取得的不动产），由于购进成本大于转让收入，也不会产生增值税；④全资子公司无须缴纳契税（免税备案）；⑤印花税为 40 万元（8 亿元×0.05％）（产权转移书据），A 公司与全资子公司双方均需缴纳，还涉及资金账簿印花税，按 8 亿元×0.05％减半征收。

第二步：A 公司将全资子公司的股权转让给买方，买方支付 8 亿元取得股权，A 公司取得 8 亿元现金偿还负债。

股权转让税款计算：①股权转让所得税＝股权转让收入－实缴注册资本＝8－8＝0（亿元），平价；②印花税为 40 万元（8 亿元×0.05％）（产权转移书据），双方均需缴纳；③不涉及增值税、土地增值税、契税。

第三种方式，税款比第二种方式增加印花税 60 万元，但好处在于无须先行背负偿还负债的巨大现金流压力。第三种方式由于以不动产作价入股后立即平价转让股权，存在被穿透按照以股权转让之名行不动产转让之实、被征收土地增值税的风险，但是，由于此不动产本身就是亏损，即使需要申报，也是零申报，无须缴纳土地增值税。

【实操指南】 实践中，对于交易路径和架构的搭建，不仅仅是考虑税负最优，如本例中，还有现金流优于税务的考虑。

【政策依据】 国家税务总局公告 2016 年第 14 号中规定："一般纳税人转让其 2016 年 4 月 30 日前取得（不含自建）的不动产，可以选择适用简易计税方法计税，以取得的全部价款和价外费用扣除不动产购置原价或者取得不动产时的作价后的余额为销售额，按照 5％的征收率计算应纳税额。"

268. 规划许可证面积大于实际面积，城镇土地使用税应如何处理？

案例： A 房地产公司（以下简称 A 公司）开发某项目，在规划报建时期，为了多争取可销售建筑面积，报了 20 万平方米的建筑面积，并批复通过。其在后续实际建造时，受条件限制，仅能建造 15 万平方米的建筑面积，但由于重新报规会招致较大金额罚款，该公司未重新报规。

在某次税务检查中，税务机关发现该公司城镇土地使用税的面积登记台账中的可售建筑面积与规划许可证的可售建筑面积数字不一致，遂要求该公司按规划许可证登记台账。

但 A 公司表示实际无法建造 20 万平方米，如果按规划许可证登记台账，会导致多缴城镇土地使用税，且在项目完全交房后，依然需要持续缴纳城镇土地使用税，但此时房地产公司已完成整个项目的开发，全部交付给业主。

税务机关得知此情况后，提出要求：（1）A公司可以重新报规，城镇土地使用税按新的规划许可证建筑面积进行计算；（2）如A公司不重新报规，在前期工程建设阶段，由于难以核实具体建筑面积，只能先按规划许可证证载面积计算城镇土地使用税，待竣工验收后，再按实测面积进行调整。

A公司经过测算，如果选择方案（1），则需要缴纳6万元的罚款；如果选择方案（2），在竣工验收前，则需要多缴纳8万元的城镇土地使用税（税务机关不要求补缴检查前发现的城镇土地使用税滞纳金）。

问：该公司应如何处理？

答：交付物业时，城镇土地使用税大多按规划许可证的建筑面积总数计算比例进行扣减，前期如果在规划报建时不考虑实际情况扩大规划许可证证载面积，则存在规划许可证与实际建筑面积差异过大，就会导致多缴城镇土地使用税。

缴纳罚款金额比多缴纳的城镇土地使用税少，是否就一定选择缴纳罚款呢？不一定。

首先，根据《企业所得税法》第十条，在计算应纳税所得额时，罚金、罚款和被没收财物的损失不得扣除。虽然行政罚款不能在企业所得税前扣除，但城镇土地使用税可以扣除。考虑抵税效应，城镇土地使用税税前支出8万元相当于税后支出6万元，而行政罚款税前支出6万元税后支出还是6万元。

其次，行政罚款支出在重新报规时会立即支出，而城镇土地使用税是从现在开始到竣工验收前逐渐支出的，考虑资金的时间价值，多缴城镇土地使用税更为有利。

最后，对于需要对外披露报表的上市公司而言，行政罚款属于一项行政处罚，需要进行专项披露，可能影响投资者信心和发债信用评级。

从以上三点综合分析，该公司应该选择多缴城镇土地使用税。但是该选择是否正确呢？

该公司还需要考虑增值税销项抵减的影响。在计算增值税销项抵减时，也涉及按已售占可售面积比例逐步抵减的问题，因此，该选择还会影响到增值税前期缴纳的金额。增值税抵减的金额往往会比城镇土地使用税的金额大很多，但增值税影响的只是时间性差异，后续交房后仍然可以按土地价款全额抵减，而城镇土地使用税是绝对性差异，多缴的不会在实测后形成应退。

在经过实际测算之前，仍无法确定A公司应该选择哪种方式。

正所谓报规千万条，面积第一条。面积不谨慎，税务两行泪。

【政策依据】《企业所得税法》：

第十条　在计算应纳税所得额时，下列支出不得扣除：

（一）向投资者支付的股息、红利等权益性投资收益款项；

（二）企业所得税税款；

（三）税收滞纳金；

（四）罚金、罚款和被没收财物的损失；

（五）本法第九条规定以外的捐赠支出；

（六）赞助支出；

（七）未经核定的准备金支出；

（八）与取得收入无关的其他支出。

269. 房地产公司代收代付水电费应如何进行税务处理？

案例： A 房地产公司（以下简称 A 公司）开发某项目，与建筑总包方约定水电费用由实际使用方承担，项目售房部和 A 公司办公区域的水电单独设表取数，施工水电单独设表取数。2018 年该项目产生售房部和办公区域电费 10 万元，施工电费 57 万元，售房部和办公区域水费 3 万元，施工水费 9 万元，但电力公司和自来水厂在开具发票时均全额开具给了 A 公司，未开给总包方。

问： A 公司应如何进行税务处理？

答： 代收代付水电费，最好是分别开票给实际承担水电费的单位，如果统一开票给房地产公司，未开具发票给施工单位，则有补税风险。解决方案：

（1）A 公司向总包方开具转售发票，电费按 13% 缴纳增值税，水费按 13% 缴纳增值税（自来水公司可能按 3% 简易计税，此时会增加税负）。

（2）将水电费作为甲供材的一部分，与施工方结算金额中不体现扣减水电费（实际结算金额已扣减）。

（3）按照《企业所得税税前扣除凭证管理办法》（国家税务总局公告 2018 年第 28 号发布）的规定，房地产企业和施工企业共同接受应税劳务发生的支出按照独立交易原则进行分摊，房地产企业以发票和分割单作为税前扣除凭证，共同接受应税劳务的施工企业以企业开具的分割单作为税前扣除凭证。但此种方式需主管税务机关认可，且增值税进项不能分摊，只有所得税可以分摊。

【政策依据】《国家税务总局关于物业管理服务中收取的自来水水费增值税问题的公告》（国家税务总局公告 2016 年第 54 号）：

提供物业管理服务的纳税人，向服务接收方收取的自来水水费，以扣除其对外支付的自来水水费后的余额为销售额，按照简易计税办法依 3% 的征收率计算缴纳增值税。

《四川省营改增政策业务解答》第一期第 3 问：

3. 物业公司代自来水公司和电力公司向业主收取的水费和电费，是否应当缴纳增值税？

省局回复：物业公司代收的水费和电费，由自来水公司和电力公司向业主开具发票的，不缴纳增值税。除上述情况以外，物业公司应当按照规定缴纳增值税。

《企业所得税税前扣除凭证管理办法》（国家税务总局公告 2018 年第 28 号发布）：

第十八条 企业与其他企业（包括关联企业）、个人在境内共同接受应纳增值税劳务（以下简称"应税劳务"）发生的支出，采取分摊方式的，应当按照独立交易原则进行分摊，企业以发票和分割单作为税前扣除凭证，共同接受应税劳务的其他企业以企业开具的分割单作为税前扣除凭证。

企业与其他企业、个人在境内共同接受非应税劳务发生的支出，采取分摊方式的，企业以发票外的其他外部凭证和分割单作为税前扣除凭证，共同接受非应税劳务的其他企业以企业开具的分割单作为税前扣除凭证。

270. 企业承担的个人所得税可以在税前扣除吗？

案例： A公司2018年邀请某业内专家到公司进行培训，约定该专家的税后报酬为100万元，公司承担相应税费。A公司代开发票时缴纳了25万元的个人所得税，取得个人所得税完税凭证。

问： 该25万元的个人所得税能否在企业所得税税前扣除？

答： 凭个人所得税完税凭证不能在企业所得税税前扣除，但发票金额其实已经包含了个人所得税，可以凭发票金额在税前列支。

【实操指南】 A公司在开票时应将100万元的不含税价换算为含税价，换算公式为：

$$应纳税所得额＝（不含税收入额－费用扣除标准－速算扣除数）÷（1－税率）$$

本例中专家提供咨询服务，不存在费用扣除标准和速算扣除数，即应纳税所得额＝$100÷（1－20\%）＝125$（万元）。

如果企业还承担了个人缴纳的增值税和附加，则需要进一步换算：

$$不含增值税价款＝不含增值税及附加价款÷（1－增值税税率×附加率）$$

假设A公司适用7\%城市维护建设税、3\%教育费附加、2\%地方教育附加（代扣代缴"三税"的，按照扣缴义务人所在地税率计算缴纳城市维护建设税），本例中不含增值税价款＝$125÷（1－6\%×12\%）＝125.91$（万元）。

上述企业承担个人所得税和增值税及附加的公式可以一并换算，即不含税价＝$100÷[（1－20\%）×（1－6\%×12\%）]＝125.91$（万元），也可以调换顺序。

增值税是价外税，无须换算，开发票的含税金额＝不含税价×（1＋增值税税率）＝$125.91×1.06＝133.46$（万元）。

通过以上三步可以看出，A公司付给个人的税后净价是100万元；同时，A公司还承担了25.91万元的个人应承担的税费和7.55万元的进项（专用发票可以抵扣）；在签订合同时，A公司应按125.91万元不含税价签订，并按133.46万元含税价开具发票。

A公司的实际成本是125.91万元，其中已经包含了25万元的个人所得税，凭发票税前扣除。A公司不能将个人所得税完税凭证入账，否则会形成重复。

【政策依据】《征收个人所得税若干问题的规定》(国税发〔1994〕89 号印发)：

十四、关于单位或个人为纳税义务人负担税款的计征办法问题

单位或个人为纳税义务人负担个人所得税税款，应将纳税义务人取得的不含税收入换算为应纳税所得额，计算征收个人所得税。计算公式如下：

(一) 应纳税所得额＝(不含税收入额－费用扣除标准－速算扣除数)÷(1－税率)

(二) 应纳税额＝应纳税所得额×适用税率－速算扣除数

⋯⋯⋯⋯⋯⋯

《国家税务总局关于纳税人取得不含税全年一次性奖金收入计征个人所得税问题的批复》(国税函〔2005〕715 号)：

三、根据企业所得税和个人所得税的现行规定，企业所得税的纳税人、个人独资和合伙企业、个体工商户为个人支付的个人所得税款，不得在所得税前扣除。

《国家税务总局关于雇主为雇员承担全年一次性奖金部分税款有关个人所得税计算方法问题的公告》(国家税务总局公告 2011 年第 28 号)：

四、雇主为雇员负担的个人所得税款，应属于个人工资薪金的一部分。凡单独作为企业管理费列支的，在计算企业所得税时不得税前扣除。

271. 明股实债支付的利息能否扣除？

案例： A 公司竞得某块国有住宅用地，拟成立房地产开发公司 B 公司进行实际开发。为了引进前期融资，解决资金缺口，A 公司与某信托公司达成一致，由信托公司购买 A 公司持有的 B 公司 40％的股权，向 A 公司支付股权收购价款 1 亿元。但该股权收购实际上是一种融资方式，由 B 公司按月向信托公司支付利息，利率 8％。信托公司向 B 公司开具发票。

A 公司和信托公司还约定，信托公司仅持有股份，不参与公司经营，不享有分红权，一年期满后由 A 公司平价回购信托公司持有的 B 公司 40％的股份。

问： B 公司支出的利息能否在税前扣除？

答： 存在不能扣除的风险。根据国家税务总局公告 2013 年第 41 号第一条，可以税前扣除利息支出的混合性投资业务需满足"被投资企业需要赎回投资或偿还本金"的条件，但本例中是由被投资企业的母公司回购股权，而不是由被投资企业赎回投资，因此存在争议。

【实操指南】 从其他条款来看，本例中的情况依然符合明股实债的要件。

国家税务总局公告 2013 年第 41 号规定的定期支付固定利息，信托公司对被投资企业净资产不拥有所有权，信托公司不具有选举权和被选举权且不参与被投资企业日常经营活动，均与本例相符。

在实践中，也存在税务机关认可明股实债的可能性。

但本例中，还需考虑账务处理的情况，如果账务处理上不作为利息费用，仅在税前作为利息费用扣除，则依然存在不能扣除的风险。

【政策依据】 国家税务总局公告 2013 年第 41 号：

一、企业混合性投资业务，是指兼具权益和债权双重特性的投资业务。同时符合下列条件的混合性投资业务，按本公告进行企业所得税处理：

（一）被投资企业接受投资后，需要按投资合同或协议约定的利率定期支付利息（或定期支付保底利息、固定利润、固定股息，下同）；

（二）有明确的投资期限或特定的投资条件，并在投资期满或者满足特定投资条件后，被投资企业需要赎回投资或偿还本金；

（三）投资企业对被投资企业净资产不拥有所有权；

（四）投资企业不具有选举权和被选举权；

（五）投资企业不参与被投资企业日常生产经营活动。

二、符合本公告第一条规定的混合性投资业务，按下列规定进行企业所得税处理：

（一）对于被投资企业支付的利息，投资企业应于被投资企业应付利息的日期，确认收入的实现并计入当期应纳税所得额；被投资企业应于应付利息的日期，确认利息支出，并按税法和《国家税务总局关于企业所得税若干问题的公告》（国家税务总局公告 2011 年第 34 号）第一条的规定，进行税前扣除。

（二）对于被投资企业赎回的投资，投资双方应于赎回时将赎价与投资成本之间的差额确认为债务重组损益，分别计入当期应纳税所得额。

---

272. 并购交易路径涉税对比分析

案例： 目标公司 A 公司成立于 2007 年，其通过出让方式获取了 200 亩的国有住宅建设用地，A 公司在获取地块后未进行任何开发。投资部门提出直接买入土地、收购 A 公司股权、资产剥离再转让及公司分立再转让四种交易路径。

问： 分析四种方式的优劣。

答：（1）土地直接转让。

①风险：可行性风险。

根据《城市房地产管理法》第三十九条规定，以出让方式取得土地使用权的，转让房地产时，属于房屋建设工程的，应当完成开发投资总额的 25％以上。

实践中有极少数情形在只完成"三通一平"、投资额未达 25％的情况下，就进行了土地直接转让。虽然税务机关也开具了发票，征收了税款，但这并不表示，可行性风险就不存在。该转让合同仍然存在违反法律法规被判决无效或受行政处罚的可能性。

②涉税明细（见图9-3）。

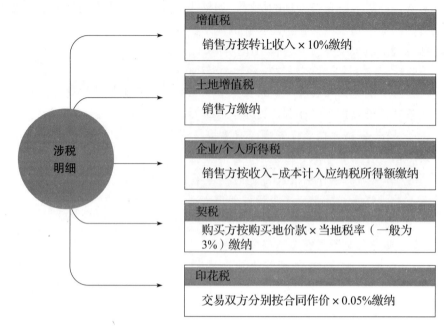

涉税明细

增值税
销售方按转让收入×10%缴纳

土地增值税
销售方缴纳

企业/个人所得税
销售方按收入−成本计入应纳税所得额缴纳

契税
购买方按购买地价款×当地税率（一般为3%）缴纳

印花税
交易双方分别按合同作价×0.05%缴纳

图9-3　土地直接转让涉税明细

增值税：销售方按转让收入×增值税税率缴纳，购买方可以取得进项。

土地增值税：销售方缴纳。

销售方是企业的，应纳企业所得税：销售方按转让收入−取得土地的成本−支付的相关税费（含土地增值税）计入应纳税所得额缴纳。

销售方是个人的，应纳个人所得税：销售方按转让收入−取得土地的成本−支付的相关税费（含土地增值税）作为计税依据，按财产转让所得税目缴纳税款。

契税：购买方按交易价款（不含增值税）×契税税率（一般为3%）缴纳。

印花税：交易双方分别按合同价款（如果分别列明含税价、不含税价、增值税额的，按不含税价作为计税依据；未分别列明的，按含税价作为计税依据）×0.05%按产权转移书据税目缴纳。

③分析：五大税种均需缴纳，税负最重（增值税不会增加税负，但会增加现时资金流出，以及城市维护建设税及教育费附加税负）。

（2）股权收购。

①风险：经营风险。

由于无法剥离资产单独收购，还需一同收购股权中所包含的负债、劳动力，收购后风险承担方转移为买方，存在经营违约风险和税务不合规风险。

②涉税明细（见图9-4）。

增值税：销售方无须缴纳，股权转让不属于增值税征税范围。股票转让除外。根据财税〔2016〕36号，金融商品转让，是指转让外汇、有价证券、非货物期货和其他金融商品所有权的业务活动。其他金融商品转让包括基金、信托、理财产品等各类资产管

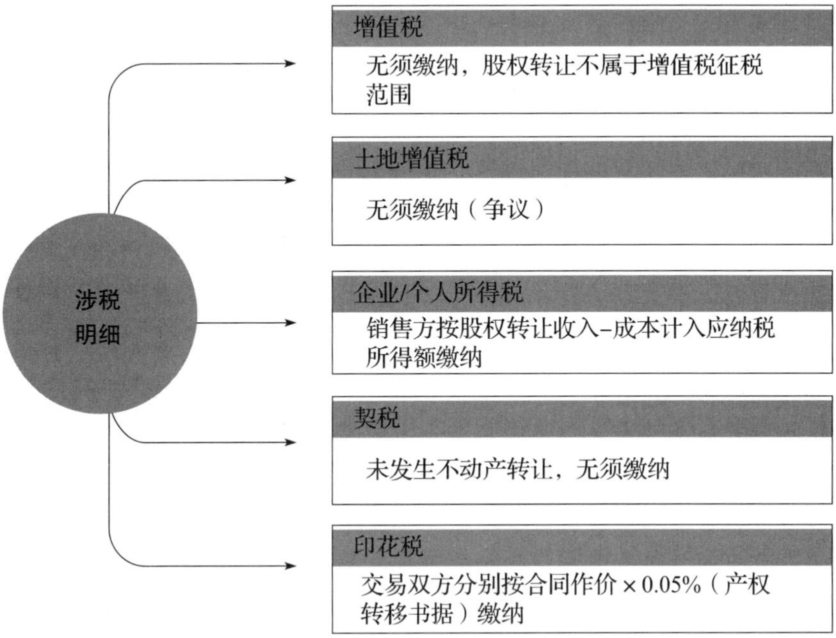

图 9-4 股权收购涉税明细

理产品和各种金融衍生品的转让。股票是有价证券，属于金融商品，转让股票属于金融商品转让，应缴纳增值税（个人免征），因此要区分是不是上市公司股权转让。如果销售方是个人（含个体工商户），则转让股票不缴增值税，因为财税〔2016〕36号规定个人从事金融商品转让业务免征增值税。

土地增值税：无须缴纳，但存在以转让不动产为目的转让股权，被税务机关穿透要求缴纳土地增值税的风险，但可能性较小（后续所述资产剥离后转让被税务机关穿透的可能性更大，因为资产剥离后的股权中只有资产，没有经营负债、劳动力等，且通常投资入股和再转让的评估值完全一样，因此更容易被穿透，税务机关也更有理由作出认定）。

销售方是企业的，应纳企业所得税：销售方按转让收入—取得股权的成本—支付的相关税费计入应纳税所得额缴纳。

销售方是个人的，应纳个人所得税：销售方按转让收入—取得股权的成本—支付的相关税费作为计税依据，按财产转让所得税目20%缴纳税款。

契税：根据财税〔2018〕17号第九条，未发生不动产产权转移，不缴纳契税。

印花税：交易双方分别按合同价款（没有增值税，因此无须区分含税价和不含税价）×0.05%按产权转移书据税目缴纳。

③分析：与第一种方式相比，所得税的应纳税所得额由转让资产变成了转让股权，契税节税（由于契税不存在后续抵扣，因此是绝对节税）。土地增值税和增值税属于递延纳税，也就是本环节不缴纳，递延到实际处置不动产时缴纳，实际处置时的成本不是本次交易的成本，而是原来的出卖方取得时的成本，因此只是递延，不是绝对节税（城市维护建设税及教育费附加是绝对节税）。

由于递延纳税能够体现资金的时间价值，因此也是有意义的，在高杠杆的行业，递延纳税甚至可能比绝对节税意义更大、更重要。

（3）资产剥离（投资）后转让。

①风险：税务风险。

资产剥离新设公司后马上再转让，有被税务机关穿透征收土地增值税的风险，如需消除该风险，则最好在等待一段时间后再转让，但操作复杂，等待时间较长。

根据《土地增值税暂行条例》第二条"转让国有土地使用权、地上的建筑物及其附着物（以下简称转让房地产）并取得收入的单位和个人，为土地增值税的纳税义务人（以下简称纳税人），应当依照本条例缴纳土地增值税"的规定，股权转让不属于土地增值税纳税范围。

但以往有几个国家税务总局的批复文件对股权转让是否征收增值税产生了影响（具体分析见下一问答）。

对以转让房地产为营利目的的股权转让，应按规定征收土地增值税。但实践中如何判断是否以转让房地产为营利目的？笔者理解为将房地产作价入股后，迅速将股权进行转让，且股权转让金额基本等同于房地产的评估值，则可以判断为以转让房地产为营利目的的股权转让。

②涉税明细（见图9-5）。

资产剥离后收购，需要分为两步交易来分析，第一步是资产剥离（投资入股），第二步是股权收购，两步的税负要分别分析。

第一步：资产剥离。

增值税：销售方将资产作价投资入股成立一家新公司，按资产投资入股的评估价×增值税税率缴纳增值税，新公司可以抵扣进项（在购买方收购新公司后，新公司即属于购买方）。

土地增值税：根据财税〔2018〕57号，如果销售方或新成立公司任意一方为房地产企业，则销售方需要缴纳土地增值税；如果销售方和新成立公司均不是房地产企业，则无须缴纳土地增值税。

一般情况下，房地产公司之间的收并购都会有至少一方是房地产企业（新成立公司如果不是房地产企业，则后期难以进行房地产开发；而且如果新公司成立时不成立为房地产公司，后续马上变更容易引起税务机关关注，而房地产公司的开发节点又非常重要，不能等待太长时间，因此，新成立公司一般都是房地产公司）。

销售方是企业的，应纳企业所得税：销售方按资产评估价（等于投资入股作价）—取得资产的成本—支付的相关税费计入应纳税所得额缴纳。

销售方是个人的，应纳个人所得税：销售方按资产评估价（等于投资入股作价）—取得资产的成本—支付的相关税费作为计税依据，按财产转让所得税目缴纳税款。

根据财税〔2014〕116号和财税〔2015〕41号，上述企业所得税和个人所得税均可以申请递延五年缴纳（个人需要提供缴税困难的证明材料，企业无须提供）。

契税：需要缴纳，但根据财税〔2018〕17号，无论销售方是企业还是个人，如果由销售方全资成立子公司并出资，则满足条件的可申请免税。

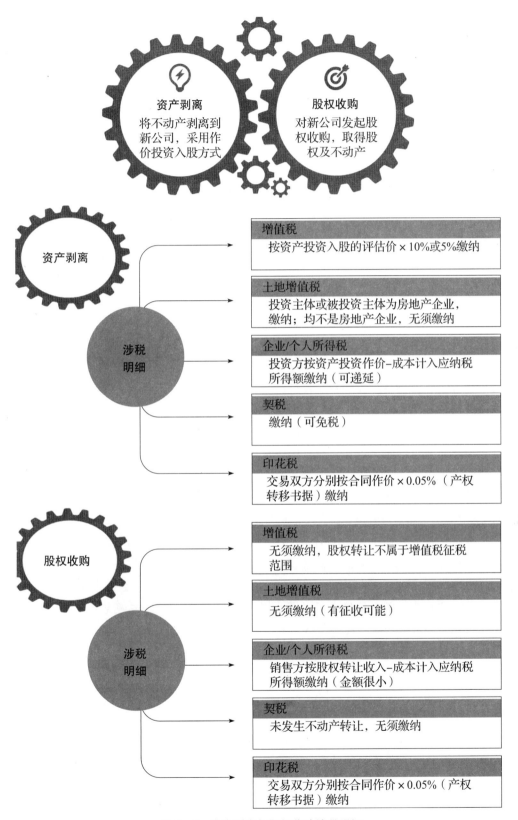

图 9-5 资产剥离与股权收购涉税明细

需要注意的是，在财税〔2018〕17号出台以前，对于以不动产出资是否能享受不动产划转同等的契税优惠政策，存在争议。财税〔2018〕17号规定了母公司以土地、房屋权属向其全资子公司增资，视同划转，免征契税，解决了此项争议。而同一投资主体内部所属企业之间土地、房屋权属的划转，包括母公司与其全资子公司之间，同一公司所属全资子公司之间，同一自然人与其设立的个人独资企业、一人有限公司之间土地、房屋权属的划转，免征契税。

从以上规定可以看出，划转只要是同一主体内部就可以免契税，但出资必须是母公司向全资子公司出资才可以免契税，全资子公司向母公司出资则不能享受免契税。

印花税：交易双方分别按合同价款（没有增值税，因此无须区分含税价和不含税价）×0.05%按产权转移书据税目缴纳。

第二步：股权收购（同第二种方式）。

增值税：销售方无须缴纳，股权转让不属于增值税征税范围，新成立公司不会是上市公司。

土地增值税：无须缴纳。

销售方是企业的，应纳企业所得税：销售方按转让收入−取得股权的成本−支付的相关税费计入应纳税所得额缴纳。

销售方是个人的，应纳个人所得税：销售方按转让收入−取得股权的成本−支付的相关税费作为计税依据，按财产转让所得税目缴纳税款。

此时由于在上一步销售方刚刚缴纳过企业所得税，新成立的公司股权评估价接近于投资入股的资产评估价，因此通常此时企业所得税为0或很小，也就是分成两步，虽然缴纳了两次企业所得税，但并不会使得税负增加很多（税负基本不变）。

契税：根据财税〔2018〕17号第九条，未发生不动产产权转移，不缴纳契税。

印花税：交易双方分别按合同价款（没有增值税，因此无须区分含税价和不含税价）×0.05%按产权转移书据税目缴纳。

③分析：与第一种方式相比税负更轻（多一道印花税，少一道契税，且属于绝对节税），与第二种方式相比税负更重（多土地增值税、增值税及教育费附加，多一道契税）。而且此时与第一种方式相比，经营风险小得多，收购的是一个干净的新公司。

需要注意的是，新成立的公司必须由销售方出资设立，且要避免在资产投资入股前，在新成立公司中加入新的股东（占股0.01%也不行），如果新公司不是销售方的全资子公司，则无法节税，反而会比第一种方式加重税负（契税要交，印花税多交一道）。

（4）企业分立后转让。

①风险：税务风险、经营风险。

企业分立的风险与资产剥离再转让基本一样，但企业分立需要分立相关的劳动力、债权负债，被认定为房地产转让征收土地增值税的可能性比资产剥离小，同时由于收购的股权中含有债权、负债和劳动力，后续经营风险比资产剥离大。

②涉税明细（见图9-6）。

企业分立后收购，需要分为两步交易来分析，第一步是企业分立，第二步是股权收购，两步的税负要分别分析。

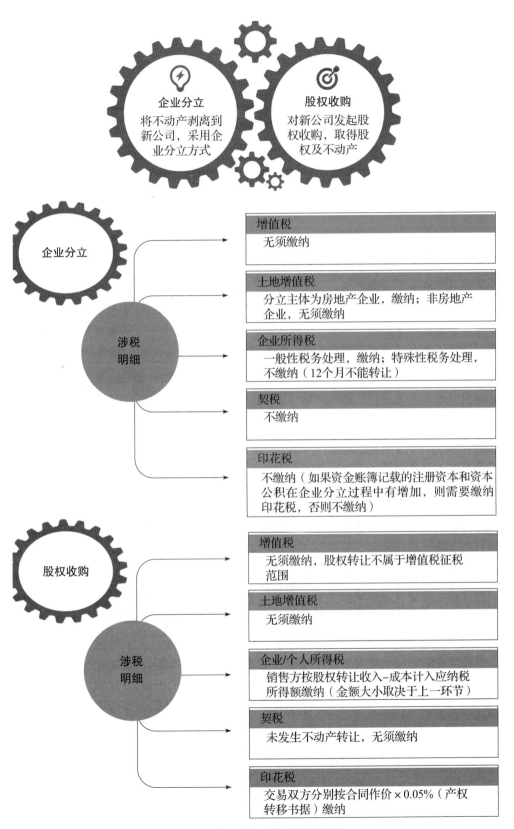

图 9-6 企业分立后转让涉税明细

第一步：企业分立。

增值税：国家税务总局公告 2011 年第 13 号规定，"纳税人在资产重组过程中，通过合并、分立、出售、置换等方式，将全部或者部分实物资产以及与其相关联的债权、负债和劳动力一并转让给其他单位和个人，不属于增值税的征税范围，其中涉及的货物转让，不征收增值税"，因此，企业分立无须缴纳增值税，但负债和劳动力必须一同分立。

土地增值税：根据财税〔2018〕57 号"按照法律规定或者合同约定，企业分设为两个或两个以上与原企业投资主体相同的企业，对原企业将房地产转移、变更到分立后的企业，暂不征土地增值税"的规定，如果销售方或分立公司任意一方为房地产企业，则销售方需要缴纳土地增值税；如果销售方和分立公司均不是房地产企业，则无须缴纳土地增值税。一般情况下，房地产公司之间的收并购都会有至少一方是房地产企业。

企业所得税：根据财税〔2009〕59 号，如果适用一般性税务处理，分立前公司按资产公允价值－取得资产的成本－支付的相关税费计入应纳税所得额缴纳；如果适用特殊性税务处理，则暂无须缴纳企业所得税（递延纳税，不是绝对节税）。

需要注意的是，根据财税〔2009〕59 号，适用特殊性税务处理的，12 个月内销售方不得转让分立企业的股权，只能等待一年后再行转让，且如果此步骤选择特殊性税务处理，则下一步骤还需补缴此环节递延的所得税，因此，不建议此时选择特殊性税务处理。

另外，需注意的是，选择一般性税务处理的，无递延五年缴纳政策。

契税：需要缴纳，但根据财税〔2018〕17 号（公司依照法律规定、合同约定分立为两个或两个以上与原公司投资主体相同的公司，对分立后公司承受原公司土地、房屋权属，免征契税），如果分立后投资主体相同，则可申请免税。

印花税：根据《印花税法》第十一条，已缴纳印花税的营业账簿，以后年度记载的实收资本（股本）、资本公积合计金额比已缴纳印花税的实收资本（股本）、资本公积合计金额增加的，按照增加部分计算应纳税额。

第二步：股权收购（同第二种方式）。

增值税：销售方无须缴纳，股权转让不属于增值税征税范围，新分立公司一般不会是上市公司。

土地增值税：无须缴纳。

销售方（此时是分立企业的股东）是企业的，应纳企业所得税：销售方按转让收入－取得股权的成本－支付的相关税费计入应纳税所得额缴纳。

销售方是个人的，应纳个人所得税：销售方按转让收入－取得股权的成本－支付的相关税费作为计税依据，按财产转让所得税目 20% 缴纳税款。

需要注意的是，本步骤的所得税金额大小取决于上一环节缴纳的所得税，如果上一环节适用特殊性税务处理免税，则此环节的所得税金额较大（成本为销售方原取得被分立企业的股权成本），且如果适用特殊性税务处理，12 个月内销售方不得转让分立企业的股权，只能等待一年后再行转让，此时的评估价会发生变动；如果上一环节适用一般性税务处理交税，则再转让不受 12 个月的限制，且由于刚刚分立，评估价基本不变，因此此步骤的所得税金额很小或为 0。

与资产剥离后再转让相同，分成两步缴税，虽然缴了两次企业所得税，但基本并不会使税负增加。

契税：根据财税〔2018〕17 号第九条，未发生不动产产权转移，不缴纳契税。

印花税：交易双方分别按合同价款（没有增值税，因此无须区分含税价和不含税价）×0.05%按产权转移书据税目缴纳。

③分析：与第一种方式相比税负更轻（少一道契税和增值税及教育费附加），与第二种方式相比税负更重（多土地增值税），与第三种方式相比税负更轻（少增值税及教育费附加，但企业所得税不能递延五年，存在资金先付的问题）。而且此时与第一种方式相比，经营风险更小，收购的是一个新公司，过往税务风险基本剥离。

四种方式的对比分析见表 9-6。

表 9-6　直接转让、股权收购、新设再转、分立再转对比

交易路径	增值税	土地增值税（假设为房地产企业）	企业所得税	契税	印花税	税负	税务风险
直接转让	交	交	交	交	交	最高	最低
股权收购	不交	不交	交	不交	交	最低	高
新设再转	交	交	交（可递延）	交（可免）	交（2道）	高	有多交一道土地增值税的风险
分立再转	不交	交	交（可暂免）	不交	交	低	低

对比以上四种路径可以看出，股权收购的税负最低，但其实税负并没有减少，而是递延到了收购方后续处置资产和股权的环节。那么为什么目前房地产公司还是多采用股权收购方式呢？因为它能够延迟土地增值税和增值税的缴纳，考虑到资金的时间价值，能够推后付款。

企业分立后再转让的税负是第二低，但操作复杂，税务成本虽低但操作成本较高，因此实践中选择适用的也较少。

需要注意的是，只有当资产本身就在可以转让的股权中，才能选择股权收购。如果资产没有与其他资产分开（同一股权内有多个资产不宜转让），不能靠转让股权达到转让资产的目的，则无法选择股权收购，只能选择其他三种方式。

正是由于单股权、单资产转让的便利性，目前房地产公司大多是一个项目设立一个公司，这样也更便于管理。

【政策依据】《财政部　国家税务总局关于非货币性资产投资企业所得税政策问题的通知》（财税〔2014〕116 号）：

一、居民企业（以下简称企业）以非货币性资产对外投资确认的非货币性资产

转让所得，可在不超过 5 年期限内，分期均匀计入相应年度的应纳税所得额，按规定计算缴纳企业所得税。

....

四、企业在对外投资 5 年内转让上述股权或投资收回的，应停止执行递延纳税政策，并就递延期内尚未确认的非货币性资产转让所得，在转让股权或投资收回当年的企业所得税年度汇算清缴时，一次性计算缴纳企业所得税；企业在计算股权转让所得时，可按本通知第三条第一款规定将股权的计税基础一次调整到位。

企业在对外投资 5 年内注销的，应停止执行递延纳税政策，并就递延期内尚未确认的非货币性资产转让所得，在注销当年的企业所得税年度汇算清缴时，一次性计算缴纳企业所得税。

....

七、本通知自 2014 年 1 月 1 日起执行。本通知发布前尚未处理的非货币性资产投资，符合本通知规定的可按本通知执行。

《国家税务总局关于非货币性资产投资企业所得税有关征管问题的公告》（国家税务总局公告 2015 年第 33 号）：

一、实行查账征收的居民企业（以下简称企业）以非货币性资产对外投资确认的非货币性资产转让所得，可自确认非货币性资产转让收入年度起不超过连续 5 个纳税年度的期间内，分期均匀计入相应年度的应纳税所得额，按规定计算缴纳企业所得税。

二、关联企业之间发生的非货币性资产投资行为，投资协议生效后 12 个月内尚未完成股权变更登记手续的，于投资协议生效时，确认非货币性资产转让收入的实现。

三、符合财税〔2014〕116 号文件规定的企业非货币性资产投资行为，同时又符合《财政部 国家税务总局关于企业重组业务企业所得税处理若干问题的通知》（财税〔2009〕59 号）、《财政部 国家税务总局关于促进企业重组有关企业所得税处理问题的通知》（财税〔2014〕109 号）等文件规定的特殊性税务处理条件的，可由企业选择其中一项政策执行，且一经选择，不得改变。

四、企业选择适用本公告第一条规定进行税务处理的，应在非货币性资产转让所得递延确认期间每年企业所得税汇算清缴时，填报《中华人民共和国企业所得税年度纳税申报表》（A 类，2014 年版）中"A105100 企业重组纳税调整明细表"第 13 行"其中：以非货币性资产对外投资"的相关栏目，并向主管税务机关报送《非货币性资产投资递延纳税调整明细表》（详见附件）。

财税〔2015〕41 号：

三、个人应在发生上述应税行为的次月 15 日内向主管税务机关申报纳税。

纳税人一次性缴税有困难的，可合理确定分期缴纳计划并报主管税务机关备案后，自发生上述应税行为之日起不超过5个公历年度内（含）分期缴纳个人所得税。

财税〔2018〕57号：

三、按照法律规定或者合同约定，企业分设为两个或两个以上与原企业投资主体相同的企业，对原企业将房地产转移、变更到分立后的企业，暂不征土地增值税。

四、单位、个人在改制重组时以房地产作价入股进行投资，对其将房地产转移、变更到被投资的企业，暂不征土地增值税。

五、上述改制重组有关土地增值税政策不适用于房地产转移任意一方为房地产开发企业的情形。

财税〔2018〕17号：

四、公司分立

公司依照法律规定、合同约定分立为两个或两个以上与原公司投资主体相同的公司，对分立后公司承受原公司土地、房屋权属，免征契税。

⋯⋯⋯⋯⋯

六、资产划转

⋯⋯⋯⋯⋯

同一投资主体内部所属企业之间土地、房屋权属的划转，包括母公司与其全资子公司之间，同一公司所属全资子公司之间，同一自然人与其设立的个人独资企业、一人有限公司之间土地、房屋权属的划转，免征契税。

母公司以土地、房屋权属向其全资子公司增资，视同划转，免征契税。

⋯⋯⋯⋯⋯

九、公司股权（股份）转让

在股权（股份）转让中，单位、个人承受公司股权（股份），公司土地、房屋权属不发生转移，不征收契税。

《印花税法》：

第十一条 已缴纳印花税的营业账簿，以后年度记载的实收资本（股本）、资本公积合计金额比已缴纳印花税的实收资本（股本）、资本公积合计金额增加的，按照增加部分计算应纳税额。

273. 股权转让到底要不要缴纳土地增值税？

答：根据《土地增值税暂行条例》第二条"转让国有土地使用权、地上的建筑物及其附着物（以下简称转让房地产）并取得收入的单位和个人，为土地增值税的纳税义务人（以下简称纳税人），应当依照本条例缴纳土地增值税"的规定，股权转让不属于土地增值税纳税范围。

国家税务总局有几个以前的批复文件对股权转让是否征收增值税产生了影响。

（1）国税函〔2000〕687号：

广西壮族自治区地方税务局：

你局《关于以转让股权名义转让房地产行为征收土地增值税问题的请示》（桂地税报〔2000〕32号）收悉。鉴于深圳市能源集团有限公司和深圳能源投资股份有限公司一次性共同转让深圳能源（钦州）实业有限公司100%的股权，且这些以股权形式表现的资产主要是土地使用权、地上建筑物及附着物，经研究，对此应按土地增值税的规定征税。

国家税务总局

二○○○年九月五日

（2）《国家税务总局关于天津泰达恒生转让土地使用权土地增值税征缴问题的批复》（国税函〔2011〕415号）：

天津市地方税务局：

你局《关于天津泰达恒生转让土地使用权土地增值税征缴问题的请示》（津地税办〔2011〕6号）收悉。

经研究，同意你局关于"北京国泰恒生投资有限公司利用股权转让方式让渡土地使用权，实质是房地产交易行为"的认定，应依照《土地增值税暂行条例》的规定，征收土地增值税。

国家税务总局

2011年7月29日

综上，我们可以看出国家税务总局的精神是，对以转让房地产为营利目的的股权转让，应按规定征收土地增值税。但实践中如何判断企业是否以转让房地产为营利目的？笔者的理解是，将房地产作价入股后，迅速将股权进行转让，且股权转让金额基本等同于房地产的评估值，则可以判断为以转让房地产为营利目的的股权转让。

但上述文件仅仅是对特定案例的批复，不具有普遍适用效力，既不是法律法规规章，也不是税收规范性文件，最多属于公文。在执法中如果套用上述文件对股权转让行为征收土地增值税，具有极大的执法风险。

那么，股权转让到底要不要缴纳土地增值税呢？

（1）矛盾的税务总局。

对于深圳市能源集团有限公司和深圳能源投资股份有限公司一次性共同转让深圳能源（钦州）实业有限公司100%股权的事实，国家税务总局在土地增值税和营业税方面给出了完全不同的答复。

在土地增值税方面，根据国税函〔2000〕687号，国家税务总局认为应当缴纳土地增值税；在营业税方面，国家税务总局却认为股权转让不属于资产转让，不缴纳营业税。

从中可以看出，对于同一个事件，在两个税种的回复上性质却完全不同，征土地增值税视同转让土地，征营业税又不视同，实在令人费解。另外，在深圳能源投资股份有限公司与广西钦州市地方税务局稽查局的诉讼中，中级人民法院一审支持了税务局征收营业税的主张，高级人民法院二审又撤销了原判，但整个诉讼只是围绕是否征收营业税，未提及土地增值税。

深圳能源投资股份有限公司在年报中披露：

广西壮族自治区钦州市地方税务局稽查局无视客观事实和国家税务总局的规范性解释，对于本公司将所持有深圳能源钦州实业开发有限公司的25%的股权转让给广西壮族自治区石油总公司这次股权转让行为主观认定为"资产转让"，决定向本公司追缴营业税等税款、滞纳金及罚款，合计达434万元。本公司于2001年3月28日向钦州市中级人民法院提起行政诉讼，要求撤销钦州市地方税务局稽查局的税务处罚决定。

2002年9月27日，广西壮族自治区钦州市中级人民法院以（2001）钦行初字第2号《行政判决书》判决本公司败诉。本公司不服此判决，在规定期限内向广西壮族自治区高级人民法院递交了上诉状。

2004年2月23日，广西壮族自治区高级人民法院以（2002）桂行终字第29号《行政判决书》作出终审判决，撤销广西壮族自治区钦州市中级人民法院以（2001）钦行初字第2号《行政判决书》关于维持钦州市地方税务局稽查局钦地税稽罚字〔2000〕第020号《税务行政处罚决定书》中第（1）项（本公司按"销售不动产"和"转让无形资产—转让土地使用权"缴纳营业税计1 937 500.00元、城市维护建设税计96 875.00元、教育费附加计58 125.00元，共计2 092 500.00元，并处以一倍罚款，计2 092 500.00元）的判决，认定本公司前述转让股权行为不属于营业税的征收范围。

实际上国家税务总局在后续审查期间又出具了国税函〔2003〕1345号（文件未公开），明确对深圳能源投资股份有限公司转让股权行为不征营业税。

（2）不同的地方口径。

《广东省地方税务局关于广东省云浮水泥厂转让股权涉及房地产是否征税问题的批复》（粤地税函〔1998〕65号）：

云浮市地方税务局：

你局云地税发〔1998〕004号请示悉。广东国际信托投资公司为减轻国有企业的沉重负担，保障职工生活继续得到安定，报经省人民政府批准，将其属下全资企业广东省云浮水泥厂的95%股权转让给香港中国水泥（国际）有限公司，同时以

5%的股权与香港中国水泥（国际）有限公司成立中外合营公司。对广东省云浮水泥厂转让95%股权涉及的房地产是否征收营业税和土地增值税问题，经研究，现批复如下：

全资企业将其股权转让他人，不属于《中华人民共和国营业税暂行条例》和《中华人民共和国土地增值税暂行条例》规定的征税范围，不予征收营业税和土地增值税。因此，对广东省云浮水泥厂转让股权而涉及的房地产，不予征收营业税和土地增值税。

广东省地方税务局

1998 年 4 月 10 日

《安徽省地方税务局关于对股权转让如何征收土地增值税问题的批复》（皖地税政三字〔1996〕367 号）（已全文废止）：

黄山市地方税务局：

你局《关于省旅游开发中心转让部分股权如何计征土地增值税的请示》（黄地税一字〔1996〕第 136 号）悉。经研究，并请示国家税务总局，现批复如下：

据了解，目前股权转让（包括房屋产权和土地使用权转让）情况较为复杂。

其中，对投资联营一方由于经营状况等原因而中止联营关系，正常撤资的，其股权转让行为，暂不征收土地增值税；对以转让房地产为盈利目的的股权转让，应按规定征收土地增值税。

因此，你局请示中的省旅游开发中心的股权转让，可按上述原则前款进行确定。

安徽省地方税务局

1996 年 10 月 14 日

根据上述两个文件，广东省地方税务局认为股权转让不属于土地增值税征收范围，而安徽省地方税务局实际上是给出了一个模棱两可的回答，其核心内涵还是与国家税务总局的几个文件精神一致，即对以转让房地产为营利目的的股权转让，应按规定征收土地增值税。

（3）相悖的司法判例。

案例一：在马庆泉、马松坚与瑞尚公司股权转让纠纷一案中，最高人民法院认为：首先，股权转让与土地使用权转让是完全不同的法律制度，所涉及法律依据不同，不可混淆。本案乘风公司所拥有资产包括建设用地使用权、房屋所有权等，股权转让后，乘风公司的资产收益、参与重大决策和选择管理者等股东权利主体由马庆泉、马松坚变为瑞尚公司，但乘风公司资产并未发生权属变更。其次，虽然公司在转让股权时，该公司的资产状况，包括建设用地使用权的价值，是决定股权转让价格的重要因素，但不等于公司在股权转让时只要有土地使用权，股权转让的性质就变成了土地使用权转让，进而认为其行为是名为股权转让实为土地使用权转让而无效。本案股权转让的目标公司乘风公司为有限责任公司，不论瑞尚公司购买乘风公司全部股权是为进行房地产开发或是其他经营目的，均不因此而影响股权转让合同的效力。最后，由于转让股权和转让土地使用权是完全不同的行为，当股权发生转让时，目标公司并未发生国有土地使用权转让的应税行为，目标公司并不需要缴纳营业税（根据《营业税改征增值税试点实施办法》，已变更为缴纳增值税）和土地增值税。

案例二：在江苏高成房地产开发有限公司与福中集团有限公司股权转让纠纷一案中，二审江苏省高级人民法院（2014）苏商再终字第0006号民事判决书提到：在股权转让时，土地增值税最终并未流失，因为股权转让也只是股东的变换，土地使用权权属没有变化，股权无论经过多少次转让，土地无论如何增值，公司初始受让土地支付对价的成本不变。但是，只要房地产发生了权属流转，公司就需要按最终的实际房地产销售价与最初的房地产成本价之间的增值部分缴纳土地增值税。因此，涉案股权转让实际上并未逃避土地增值税的征收。高成公司主张涉案股权转让逃避了国家土地增值税征收的理由不能成立。

案例三：在旬阳地税局与陕西中成工贸有限公司税务行政处罚决定一案中，二审安康市中级人民法院（2015）安中行终字第00037号行政判决书认为：被上诉人中成公司2003年取得"太极大厦"建设用地使用权，2009年通过签订"联合开发合同"及"股权转让协议"的形式，将"太极大厦"土地使用权转让给巨隆公司。根据《中华人民共和国城镇土地使用税暂行条例》《中华人民共和国企业所得税法》《中华人民共和国营业税暂行条例》等税收法律、法规规定，被上诉人中成公司在持有、转让"太极大厦"土地使用权过程中，应依法申报并缴纳城镇土地使用税、营业税、企业所得税、土地增值税等税款。上诉人旬阳县地方税务局因被上诉人中成公司未依法履行申报纳税义务，对其进行处罚是履行税收征管职责的行为。

从以上三个司法判例中可以看出，第一个判例中最高人民法院认为股权转让不应缴纳土地增值税，但该案属于民事案件，且我国没有判例法制度（判例不作为法律依据）；另外两个判例表现出了完全不同的结果，一个审判机构认为应当缴纳土地增值税，一个审判机构认为不应当缴纳土地增值税。

看到这里，读者想必已经糊涂了，为什么国家执法机关和立法机关不能统一口径？这主要还是因为在立法层面，股权转让是不征收土地增值税的，但实践中又有纳税人以逃避缴纳税款为目的作特殊的交易安排的现象，因此，也不能完全放开这个口子。

笔者还是认为，将房地产作价入股后，迅速将股权进行转让，且股权转让金额基本等同于房地产的评估值，则可以判断为以转让房地产为营利目的的股权转让。而其他的股权转让被认定为转让土地的风险极小。

274. 限价限签拆分问题

案例：因房地产销售价格上涨过快，A市政府推出限价、限签政策。B房地产公司是位于A市的一般纳税人，开发某一般计税精装交房项目，取得一个预售许可证，限价22 000元/平方米，房管系统销售单价不超过20 000元的可以立即网签备案，超过20 000元的需要排队网签，预计排队网签时间较长。B房地产公司项目单价为23 000元/平方米（精装），拟采取拆分装修款的模式拆分销售额，以规避毛坯限价，营销部门提出毛坯 20 000 元/平方米＋装修 3 000 元/平方米和毛坯 21 000 元/平方米＋装修 2 000 元/平方米两种方案。

问： 应采取哪种方案？

答： 采取毛坯 20 000 元/平方米＋装修 3 000 元/平方米的方案，能够加快网签，建议采取此种方案。但装修金额较高，会引起税务机关对于拆分价款的关注，引起税务风险；同时也会增加客户的贷款负担，获得的低利率期限长的商品房贷款更少，高利率期限短的装修贷款更多（也可能不使用装修贷款，但会增加客户首付款的负担）。

【实操指南】 在限价政策下，部分房地产公司采用拆分装修款的形式，将装修款拆分到关联的装修公司。需要注意的是，关联装修公司如果位于异地，其收取的款项会造成房地产项目所在地的税源流失，可能引起税务机关的关注，要求将装修款并入房款一并纳税，进而会导致房地产公司和装修公司双重纳税的不利后果。

为规避以上不利后果，部分房地产公司用本地装修公司承接装修工程。但此方法依然存在风险，由于部分地区有内部发文要求拆分的装修款也应纳入房款一并征税，如广东目前按此口径执行，无论装修款是否由本地装修公司收取，因此，依然会导致重复纳税的不利后果。

部分房地产公司采用自行签订装修合同的方式，但该方式基本也不可行，购房者一旦因纠纷投诉，房地产公司就会遭到超过限价的行政处罚。而且大部分房地产公司没有装修资质，存在法律争讼风险。而部分房地产公司采用业主与房地产公司、装修公司签订三方合同的方式，定向委托装修公司进行装修，以规避资质风险和行政处罚风险。虽然此方法行之有效，但税收上还是存在合并纳税的风险。

此类规避限价的装修拆分业务具有明显的特征，如装修合同是捆绑销售（客户不能选择自愿购买）或装修售价明显高于市场价或装修合同方为关联公司等，容易被识别，一旦发生投诉，税务风险极大。笔者建议企业提前与税务机关沟通，将装修合同还原，按销售精装房缴税，避免税务风险。

275. 营改增前土地使用权投资入股的后续处理

案例： A 房地产公司（以下简称 A 公司）从事房地产开发业务，于 2011 年竞得一块土地，支付土地出让金 500 万元，一直未开发。2015 年 A 公司将该土地作价 2 000 万元入股投入到 B 公司，评估价 2 000 万元，计入实收资本 1 000 万元，资本公积 1 000 万元，投资时未开具发票。

问：（1）B 公司会计账务处理应确认的土地成本金额是多少？

（2）B 公司应缴纳哪些税费？

（3）A 公司应缴纳哪些税费？

（4）B 公司能否按 2 000 万元的土地成本计算销项抵减？

（5）B 公司开发并销售商品房，土地增值税前可扣除的土地成本是多少？能否加计扣除？

答：（1）B 公司账务处理应确认的土地成本金额为投资入股协议确认的金额，即 2 000 万元。

借：无形资产/存货——土地　　　　　　　　　　　　2 000 万元
　　贷：实收资本　　　　　　　　　　　　　　　　　1 000 万元
　　　　资本公积　　　　　　　　　　　　　　　　　1 000 万元

（2）B 公司应缴纳的税费是契税和印花税，契税按 2 000 万元×3‰（具体以当地规定为准）缴纳，印花税按 2 000 万元×0.05‰缴纳（资金账簿印花税）。

另产权转移书据印花税是否缴纳存在争议。根据当时的《印花税暂行条例》第二条"下列凭证为应纳税凭证：1. 购销、加工承揽、建设工程承包、财产租赁、货物运输、仓储保管、借款、财产保险、技术合同或者具有合同性质的凭证；2. 产权转移书据；3. 营业账簿；4. 权利、许可证照；5. 经财政部确定征税的其他凭证"和《印花税暂行条例施行细则》第十条"印花税只对税目税率表中列举的凭证和经财政部确定征税的其他凭证征税"的规定可知，投资入股协议不属于应税凭证。但也有部分观点认为，投资入股协议实际上也是产权转移书据的一种载体，应当缴纳印花税。实践中是否缴纳，笔者建议征询当地税局。

现行《印花税法》规定，产权转移书据包括股权转让书据，同样没有明确投资入股协议是否属于股权转让合同，增值税和所得税上的视同销售并不能同样适用于印花税的计税情况，所以同样存在争议。

（3）A 公司应当缴纳企业所得税、土地增值税（双方均为房地产企业，不适用免征规定），适用非货币性资产投资入股免征营业税的规定，不缴纳营业税，印花税争议同上。

企业所得税按 2 000 万元－500 万元－土地增值税－其他转让税费计入应纳税所得。

土地增值税按直接转让未开发土地计算，根据国税函发〔1995〕110 号第六条第（一）项，扣除项目＝地价款 500 万元＋交纳有关费用＋税金，不加计 20%也不扣除开发费用。

（4）B 公司不能计算销项抵减。根据财税〔2016〕36 号附件 2 可知，房地产开发企业中的一般纳税人销售其开发的房地产项目（选择简易计税方法的房地产老项目除外），以取得的全部价款和价外费用，扣除受让土地时向政府部门支付的土地价款后的余额为销售额。只有向政府部门支付的土地价款才可以计算销项抵减。本例中 B 公司未取得土地发票，因此也没有专用发票的进项可以抵扣。

如果 B 公司开工建设的时间在 2016 年 4 月 30 日前（含本日），则可以适用简易计税，按 5%缴纳增值税；如果 B 公司开工建设的时间在 2016 年 5 月 1 日后（含本日），则只能适用一般计税。以上所述开工建设的时间，以开工许可证上注明的时间为准，开工许可证未注明时间的，以签订总包合同的时间为准。

（5）B 公司开发并销售商品房，土地增值税前可扣除的土地成本为 2 000 万元，虽然未取得发票，但其属于营改增的过渡事项，可以在土地增值税税前扣除，但能否加计扣除，需要征询当地税局。

如果 A 公司在上一步缴纳土地增值税时进行了加计扣除，则 B 公司不能加计扣除从 A 公司处取得土地的成本。如果 A 公司按照"扣除项目＝地价款 500 万元＋交纳有关费用＋税金"进行扣除，未进行加计呢？目前无明确政策规定，存在争议。

【实操指南】 营改增的过渡事项属于税收中的特殊事项，涉及一些历史遗留问题，如本例中 B 公司如果未能在 2018 年 4 月 30 日前开工，则会损失一部分增值税。虽然法理上增值税由最终消费者，也就是购房者承担，但实际上房地产公司取得的含税收入不受税率调整的影响，只受市场供求关系的影响，因此在含税收入确定的情况下，应缴增值税变多了，房地产公司的不含税收入和利润就相应减少了。

【政策依据】 青岛市地税局公告 2016 年第 1 号（略）、渝地税发〔2011〕221 号（略）。

《财政部 国家税务总局关于股权转让有关营业税问题的通知》（财税〔2002〕191 号）：

一、以无形资产、不动产投资入股，参与接受投资方利润分配，共同承担投资风险的行为，不征收营业税。

财税〔2016〕36 号附件 2《营业税改征增值税试点有关事项的规定》：

房地产开发企业中的一般纳税人销售其开发的房地产项目（选择简易计税方法的房地产老项目除外），以取得的全部价款和价外费用，扣除受让土地时向政府部门支付的土地价款后的余额为销售额。

【关联问题】 （1）如果本例变为：A 房地产公司（以下简称 A 公司）从事房地产开发业务，于 2011 年竞得一块土地，支付土地出让金 500 万元，一直未开发。2015 年 A 公司将该土地作价 1 200 万元入股投入到 B 公司，税务机关认为该价格明显偏低，以 2 000 万元核定了 A 公司的转让收入。A 公司按 2 000 万元缴纳了土地增值税、企业所得税，B 公司按 2 000 万元缴纳了契税。

B 公司再转让时，是按 2 000 万元扣除土地成本还是按 1 200 万元扣除土地成本？

账面按投资入股协议和发票金额入账（没有发票就按投资入股协议），应该是 1 200 万元；至于土地增值税税前扣除金额，在调整了前一步的计税依据的基础上，笔者的理解是应该按 2 000 万元扣除，但是没有政策依据，只能是从法理上理解。

（2）如果本例变为：A 房地产公司（以下简称 A 公司）从事房地产开发业务，于 2011 年竞得一块土地，支付土地出让金 500 万元，一直未开发。2017 年 9 月 A 公司将该土地作价 1 200 万元入股投入到 B 公司，税务机关认为该价格明显偏低，以 2 000 万元核定了 A 公司的土地增值税转让收入。A 公司按 2 000 万元缴纳了土地增值税、企业所得税，B 公司按 2 000 万元缴纳了契税。由于增值税由国家税务局征收，国家税务局依然按 1 200 万元征收了增值税，A 公司开具给 B 公司的发票上注明价款也是 1 200 万元。

B 公司再转让时，是按 2 000 万元扣除土地成本还是按 1 200 万元扣除土地成本？

答案是同上，账面按 1 200 万元入账（投资入股协议和发票金额）。

需要注意的是，增值税凭票抵扣进项，不存在争议，只能按 1 200 万元×适用税率抵扣。但企业所得税和土地增值税是否能根据上一步的计税依据递延，存在争议。在实践中，凭票扣除是普遍做法，虽然上一步按 2 000 万元缴纳了两税，但后续再转让纳税时,需要与主管税务机关沟通。

实践中应尽量避免这种发票金额和计税依据不一致的情况。国地税合并后,原国税地税口径不一的问题基本消失。

276. 营改增后房地产开发企业一般计税项目,土地成本抵减的销项税额在企业所得税和土地增值税中应如何处理?

案例: A房地产公司为一般纳税人,开发某项目,该项目于2016年7月开工,适用一般计税办法。A房地产公司取得土地使用权的金额为1.73亿元,均取得财政监制的收据。

2020年6月该项目一次性交房,结转收入金额为4.21亿元(结转收入金额不含增值税),按照9%的税率计算未抵减前的销项约为0.38亿元(4.21×9%);按照9%的增值税税率,计算抵减土地销项金额约为0.14亿元(1.73÷1.09×0.09)。

问: 0.14亿元在企业所得税和土地增值税中应如何处理?

答: 土地抵减的销项税调增土地增值税的收入(国家税务总局公告2016年第70号第一条规定,"适用增值税一般计税方法的纳税人,其转让房地产的土地增值税应税收入不含增值税销项税额",销项税额根据国家税务总局公告2016年第18号中规定的销售额的公式确定,需要减去销项抵减),调减企业所得税的成本和会计成本(不调增企业所得税的收入和会计收入)。各项收入与增值税计税依据如表9-7所示。

表9-7 各项收入与增值税计税依据 单位:亿元

含税收入	增值税计税依据	土地增值税计税收入	所得税计税收入	会计收入
4.59(即4.21×1.09)	4.21	4.35(即4.21+0.14)	4.21	4.21

会计收入、企业所得税计税收入一致。

企业所得税成本减少0.14亿元,收入不变;土地增值税收入增加0.14亿元,成本不变。

会计处理(单位:亿元):

借:应交税费——应交增值税(销项税额抵减)　　　　　0.14

　　存货(1.73-0.14)　　　　　　　　　　　　　　　1.59

　　贷:银行存款　　　　　　　　　　　　　　　　　　1.73

抵减的销项税减少了存货成本。会计处理与企业所得税一致。

差额征税,全额开票。

【实操指南】 如果本例中没有取得财政收据,无法扣除土地销项抵减(增值税全额计税),或适用简易计税,则会计收入、增值税计税依据、土增税计税收入、企业所得税计税收入四者一致,见表9-8。

表9-8 无土地销项抵减时各项收入与增值税计税依据 单位:亿元

含税收入	增值税计税依据	土地增值税计税收入	所得税计税收入	会计收入
4.59(即4.21×1.09)	4.21	4.21	4.21	4.21

【政策依据】 国家税务总局公告 2016 年第 70 号：

> 营改增后，纳税人转让房地产的土地增值税应税收入不含增值税。适用增值税一般计税方法的纳税人，其转让房地产的土地增值税应税收入不含增值税销项税额；适用简易计税方法的纳税人，其转让房地产的土地增值税应税收入不含增值税应纳税额。

《房地产开发企业销售自行开发的房地产项目增值税征收管理暂行办法》（国家税务总局公告 2016 年第 18 号发布）：

> 第四条　房地产开发企业中的一般纳税人（以下简称一般纳税人）销售自行开发的房地产项目，适用一般计税方法计税，按照取得的全部价款和价外费用，扣除当期销售房地产项目对应的土地价款后的余额计算销售额。销售额的计算公式如下：
>
> 销售额＝（全部价款和价外费用－当期允许扣除的土地价款）÷（1＋11％）

穗地税函〔2016〕188 号：

> 含税销售收入是指纳税人销售房地产时取得的全部价款及有关的经济利益。本项目土地价款是指按照财税〔2016〕36 号文规定，纳税人受让土地时向政府部门支付的土地价款（如果一次受让土地使用权，分期开发、清算的，则土地价款需要按照合法合理的方法进行分摊确认）。

277. 如果签合同的对方单位属于联合体，即有两个乙方单位，由其中一个单位开具发票、收款，这种操作是否存在风险？

案例： A 房地产公司（以下简称 A 公司）与 B、C 建筑公司签订了建安工程承包合同，B、C 建筑公司作为乙方单位联合承包该工程，工程总价款 8 700 万元。B、C 建筑公司未约定分别承包的工程量。结算时，由 B 建筑公司向 A 公司开具 8 700 万元的发票，并由 A 公司向 B 建筑公司支付所有价款。

问： 此举是否存在风险？

答： 联合体签订合同后完全由一个单位开具发票存在涉税风险。

【实操指南】 规避方式一：采取总分包或挂靠方式，即由 B 建筑公司进行承包，然后 B 建筑公司再分包给 C 建筑公司，发票、合同、现金流流向一致，增值税、所得税都可以抵扣，不会增加 B、C 建筑公司的税负，但可能在经营层面不可行，如 B、C 建筑公司存在联合承包的其他必要性。

规避方式二：让乙方一 C 建筑公司开具一小部分金额的发票，乙方二 B 建筑公司开具大部分的发票，在签订合同时，明确各方的工程内容和金额，保证合同和资金流、票据一致（或主合同不明确，补充合同明确）。

278. 对于拆迁补偿开发商应如何缴税?

案例: A 房地产公司于 2016 年 1 月招拍挂取得某地块, 出让合同金额 1 亿元。

由于该地块涉及拆迁还建, A 房地产公司与该地块上的居民签订了拆迁补偿协议, 并以还建 100 套房屋的方式作为对居民的拆迁补偿。

问: A 房地产公司应如何纳税?

答: (1) 增值税。

营改增后,《财政部 国家税务总局关于明确金融 房地产开发 教育辅助服务等增值税政策的通知》(财税〔2016〕140 号) 第七条中规定:"房地产开发企业中的一般纳税人销售其开发的房地产项目 (选择简易计税方法的房地产老项目除外), 在取得土地时向其他单位或个人支付的拆迁补偿费用也允许在计算销售额时扣除。"其中未明确开发商对被拆迁人提供房屋补偿时是以成本价还是市场价作为增值税的计税基础。对新项目而言, 因拆补补偿费可作为进项抵扣, 因此影响较小。对老项目而言, 以成本价还是市场价作为视同销售的增值税的计税基础, 目前各地执行情况差异较大。

另外, 虽然拆迁补偿费无法取得发票, 但可以凭其他相关资料抵减增值税。

(2) 土地增值税。

《国家税务总局关于房地产开发企业土地增值税清算管理有关问题的通知》(国税发〔2006〕187 号) 第三条中规定:"房地产开发企业将开发产品用于职工福利、奖励、对外投资、分配给股东或投资人、抵偿债务、换取其他单位和个人的非货币性资产等, 发生所有权转移时应视同销售房地产, 其收入按下列方法和顺序确认:1. 按本企业在同一地区、同一年度销售的同类房地产的平均价格确定;2. 由主管税务机关参照当地当年、同类房地产的市场价格或评估价值确定。"根据该规定, 开发商用建造的本项目房地产补偿被拆迁人的, 补偿房屋应按视同销售缴纳土地增值税, 并应以同类均价作为视同销售基数。

关于拆迁安置土地增值税计算问题, 国税函〔2010〕220 号第六条中规定:"房地产企业用建造的本项目房地产安置回迁户的, 安置用房视同销售处理, 按《国家税务总局关于房地产开发企业土地增值税清算管理有关问题的通知》(国税发〔2006〕187 号) 第三条第 (一) 款规定确认收入, 同时将此确认为房地产开发项目的拆迁补偿费。"因此计入扣除项目应与收入金额一致。

(3) 企业所得税。

《房地产开发经营业务企业所得税处理办法》(国税发〔2009〕31 号印发) 规定:"企业将开发产品用于捐赠、赞助、职工福利、奖励、对外投资、分配给股东或投资人、抵偿债务、换取其他企事业单位和个人的非货币性资产等行为, 应视同销售, 于开发产品所有权或使用权转移, 或于实际取得利益权利时确认收入 (或利润) 的实现。确认收入 (或利润) 的方法和顺序为:(一) 按本企业近期或本年度最近月份同类开发产品市场销售价格确定;(二) 由主管税务机关参照当地同类开发产品市场公允价值确定;(三) 按开发产品的成本利润率确定。开发产品的成本利润率不得低于 15%, 具体比例由主管税务机关确定。"开发商以开发产品作为拆迁补偿应以同类市场价或成本加成价计入企业所得税应税收入。

　　同时《房地产开发经营业务企业所得税处理办法》第三十一条中规定了视同销售成本的确认方法："企业以非货币交易方式取得土地使用权的，应按下列规定确定其成本：（一）企业、单位以换取开发产品为目的，将土地使用权投资企业的，按下列规定进行处理：1. 换取的开发产品如为该项土地开发、建造的，接受投资的企业在接受土地使用权时暂不确认其成本，待首次分出开发产品时，再按应分出开发产品（包括首次分出的和以后应分出的）的市场公允价值和土地使用权转移过程中应支付的相关税费计算确认该项土地使用权的成本。如涉及补价，土地使用权的取得成本还应加上应支付的补价款或减除应收到的补价款。……"

　　分出开发产品公允价值，一般也是采用与确认视同销售收入口径一致的同类市场价或成本加成价，作为土地征用及拆迁补偿费计入企业所得税开发成本。

　　分期开发且某期竣工时不能确定其他期数分出开发产品公允价值时，会对当年所得税造成影响，但从全周期来看应缴所得税不变。（注：土地成本不确定，且土地成本按各期占地面积分配。）

　　通常，视同销售收入＝视同销售成本－取得土地支付的契税。

279. 对于出让合同规定的土地出让金滞纳金/分期利息，各税应如何处理？

　　案例：A 房地产公司于 2016 年 1 月招拍挂取得某地块，出让合同金额 1 亿元。出让合同约定土地出让金分两次支付，第二次支付的土地出让金，按照第一次支付到第二次支付之间的天数，按年利率 8% 支付滞纳金。

　　问：对于出让合同规定的土地出让金滞纳金，各税应如何处理？

　　答：（1）增值税：存在争议。出让合同约定，土地出让金分两次支付，第二次支付的土地出让金，按照第一次支付到第二次支付之间的天数，按年利率 8% 支付滞纳金。该滞纳金虽名为滞纳金，但实际上是按合同约定延期支付土地款的利息，属于民事合同，而非行政处罚。

　　根据财税〔2016〕140 号第七条，向政府部门支付的土地价款，包括土地受让人向政府部门支付的征地和拆迁补偿费用、土地前期开发费用和土地出让收益等。其中，对土地出让收益未明确定义，笔者认为，延期支付土地款的利息也可以算作政府部门获取的土地出让收益。按此条文，可以争取将利息纳入土地出让收益的范畴。

　　如果取得财政票据，则一般可进行销项抵减；如果取得发票，则属于融资利息，不能抵扣进项（无论是否取得增值税专用发票）。

　　实际操作以主管税务机关口径为准。

　　（2）契税：根据《契税法》第四条，关于契税的计税依据，土地使用权出让、出售，房屋买卖的，其为土地、房屋权属转移合同确定的成交价格，包括应交付的货币以及实物、其他经济利益对应的价款。而分期付款利息是在合同中约定的，虽然其金额不明确，但也属于承受人为取得该土地使用权而支付的经济利益，是契税计税依据的一部分。

　　《契税法》施行前的《中华人民共和国契税暂行条例》要求在合同签订后十日内缴纳契税，但实际支付利息时已经超过了纳税期限，而签订合同时往往还不确定利息的支付金额，是否存在滞纳金风险？

笔者的理解是，此部分类似于补缴出让金或补缴其他费用，无须缴纳滞纳金（详见第五章）。

（3）土地增值税：按照《土地增值税暂行条例实施细则》规定，可在税前扣除的土地价款为取得土地使用权所支付的金额，包括纳税人为取得土地使用权所支付的地价款和按国家统一规定交纳的有关费用。

一种观点认为，分期利息是企业和政府部门的民事行为，既不属于地价款也不属于按国家统一规定交纳的费用，因此不可在土地增值税税前扣除。另一种观点认为，分期利息是在合同中约定明确的，不是因违约产生的滞纳金，本身也属于财政收入的一部分，且契税、企业所得税均作为土地成本的一部分处理，应可以扣除，与其他税种保持一致。

笔者认为，分期利息能否在土地增值税税前扣除，一要看当地执行的口径，二要看取得的票据。如果取得的是增值税发票，而不是财政票据，那么税务机关很难认可其作为土地成本，在土地增值税前据实扣除，而应作为利息费用计算扣除。此外，这部分利息属于经营支出延迟缴纳产生，不是金融机构的借款利息，所以不能据实扣除。因此，其只能作为利息费用，并采用计算扣除方式。如果取得的是财政票据，则要看财政票据上注明的内容：如果财政票据上仅注明"土地款"，则有较大可能可以在土地增值税税前扣除；如果财政票据上注明"利息"或"土地款利息"，则有较大可能不能在土地增值税税前扣除。但因分期利息缴纳的契税，属于按国家统一规定交纳的费用，可以在土地增值税税前扣除（可加计）。

（4）企业所得税：分期利息在企业所得税前可以扣除。

280. 香港个人投资入股成立境内公司，应如何扣缴税款？

案例： A公司拟收购某境内有限责任公司B，该公司原系两个香港个人以境内不动产（土地）投资入股成立（非一人有限责任公司），在尽职调查时发现，原个人投资入股时未缴纳相关税款（历史遗留原因）。为规避收购风险，A公司投资部门向税务人员咨询，有哪些税款是应该由A公司拟收购的项目公司B代扣代缴的，哪些税款是应当缴纳但不存在代扣代缴义务，对A公司不产生风险的。

问： B公司涉及哪些税款需要代扣代缴？

答：（1）土地增值税（投资到非房地产企业暂不征税，投资到房地产企业需征税）无须代扣代缴，但会影响本次收购对价（对方上一步少缴的土地增值税会递延到后续清算，转移给A公司，在谈判收购对价时，A公司需要考虑后续增加的土地增值税税款）。

（2）增值税在营改增后，根据财税〔2016〕36号，投资入股被纳入了不动产视同销售征税范围。但增值税不存在代扣代缴义务。

仍要注意的是，虽然增值税系流转税，从理论上来说，B公司是否缴纳不影响A公司税负，税负承担方为最终消费者。但实践中，房地产开发企业销售商品房都是按照含税价成交，而房价往往随市场波动，并不会单独核算不含税价；在税率变动时，由于房地产具有部分金融商品的性质（价格完全由市场决定），也不会变更销售的含税价。

因此，对于房地产公司而言，增值税的进项减少也会影响到成本。如取得土地的作价是 109 万元，在有专用发票的情况下，进项为 9 万元，成本为 100 万元；在没有专用发票的情况下，进项为 0，成本为 109 万元。从中可以看出，在含税成本不变的情况下，进项减少，会导致实际的不含税成本增加，相应地，会导致利润减少。

（3）根据财税〔2015〕41 号第一条"个人以非货币性资产投资，属于个人转让非货币性资产和投资同时发生。对个人转让非货币性资产的所得，应按照'财产转让所得'项目，依法计算缴纳个人所得税"和第三条中"个人应在发生上述应税行为的次月 15 日内向主管税务机关申报纳税"的规定，香港个人应当申报缴纳个人所得税。同时，国家税务总局公告 2015 年第 20 号第二条规定"非货币性资产投资个人所得税由纳税人向主管税务机关自行申报缴纳"，且《个人所得税法》规定个人所得税"以支付所得的单位或者个人为扣缴义务人"，被投资企业未支付款项，因此不存在代扣代缴义务。但国家税务总局公告 2015 年第 20 号第十二条"被投资企业应将纳税人以非货币性资产投入本企业取得股权和分期缴纳期间纳税人股权变动情况，分别于相关事项发生后 15 日内向主管税务机关报告，并协助税务机关执行公务"对被投资企业的报告义务进行了规定。因此，按照香港与内地的双边税收协定，不动产在境内的所得可以在内地征税，被投资企业虽然没有扣缴义务，但存在报告和协助义务。国税函〔2005〕319 号已废止，目前虽还是应当对个人将非货币性资产进行评估后投资于企业征税，但允许税款分期缴纳。财税〔2015〕41 号第三条中规定："纳税人一次性缴税有困难的，可合理确定分期缴纳计划并报主管税务机关备案后，自发生上述应税行为之日起不超过 5 个公历年度内（含）分期缴纳个人所得税。"

（4）印花税无须代扣代缴。

（5）契税由被投资公司（被收购公司）缴纳。

【实操指南】 收购方在并购过程中，尽职调查时需要调查以前环节的税款是否缴纳完毕，因为在股权收购后，纳税义务虽依然属于项目公司，但实际承担人由股权转让方变为股权收购方。虽然收购方通常不会直接补缴税款，但会将该部分未缴纳的税款在股权支付对价中扣除。

281. 无偿移交给政府或政府平台公司的保障性住房，税务上应如何处理？

案例： A 房地产公司建设某项目，其中含 10 000 平方米的保障性住房，建成后无偿移交给政府或政府指定的平台公司。

问： 保障性住房应如何计税？

答： 保障房税务处理未明文规定，目前有以下两种主流观点和处理办法。

（1）视同销售。

此观点认为，房地产企业无偿向政府移交的保障房不是公益性捐赠，而是换取了政府出让土地时降低部分土地价款的经济利益。如果房地产企业不配套建造保障房，则需要缴纳保障房异地配建费，异地配建费属于取得土地使用权所支付的金额。因此，在视同销售情况下，视同销售收入也应计入土地成本，土地增值税、增值税、企业所得税均视同销售，视同销售收入金额作为取得土地的视同销售成本，土地增值税前可加计扣除。在此种方案下，土地增值税税负降低，企业所得税税负不变。

看起来视同销售似乎比公配扣除更有利，但这里存在一个变量，即增值税能否抵扣，无票肯定是不能抵扣进项的。但是，保障房实际属于政府出让土地的一部分收益，符合财税〔2016〕140号第七条中"'向政府部门支付的土地价款'，包括土地受让人向政府部门支付的征地和拆迁补偿费用、土地前期开发费用和土地出让收益等"的规定，应当可以计算销项抵减。

但实践中，销项抵减几乎都是凭财政票据抵扣，而保障房是无法取得财政票据的，因此存在地区口径不一，部分地区可以抵减、部分地区不能抵减的情况。

视同销售金额无统一口径，可能为成本×（1＋成本利润率）计算的组成计税价格（财税〔2016〕36号附件1《营业税改征增值税试点实施办法》第四十四条）；可能为核定公允价值（即市场价，《企业所得税法实施条例》第十三条）；也有可能为本企业在同一地区、同一年度销售的同类房地产的平均价格（国税发〔2006〕187号第三条）。

【政策依据】

①企业所得税。《企业所得税法实施条例》第二十五条规定："企业发生非货币性资产交换，以及将货物、财产、劳务用于捐赠、偿债、赞助、集资、广告、样品、职工福利或者利润分配等用途的，应当视同销售货物、转让财产或者提供劳务，但国务院财政、税务主管部门另有规定的除外。"

②增值税。财税〔2016〕36号附件1《营业税改征增值税试点实施办法》第十四条规定："下列情形视同销售服务、无形资产或者不动产：……（二）单位或者个人向其他单位或者个人无偿转让无形资产或者不动产，但用于公益事业或者以社会公众为对象的除外。"因此，此种情况下，税务机关不认可配套保障房是公益事业。

③土地增值税。国税发〔2006〕187号规定："房地产开发企业将开发产品用于职工福利、奖励、对外投资、分配给股东或投资人、抵偿债务、换取其他单位和个人的非货币性资产等，发生所有权转移时应视同销售房地产，其收入按下列方法和顺序确认：1.按本企业在同一地区、同一年度销售的同类房地产的平均价格确定；2.由主管税务机关参照当地当年、同类房地产的市场价格或评估价值确定。"此种情况下，税务机关通常认定移交保障性住房是换取了部分土地出让价款。

④根据《国务院办公厅关于保障性安居工程建设和管理的指导意见》（国办发〔2011〕45号），无偿移交给政府的保障房和地方政府出让土地附带红线外建造道路、绿地、公园、桥梁性质不同，而是国务院统一要求的配建，这种配建条件在《国有土地使用权招标拍卖挂牌出让公告》中明确载明，作为土地出让条件。

（2）公配扣除。

此观点认为，保障房属于公共配套设施，移交保障房满足无偿移交政府的条件，属于公益事业，土地增值税、增值税、企业所得税均不计收入，成本可以扣除，进项凭票抵扣。这种处理税负最低，但较难实现。

【政策依据】

①企业所得税。《房地产开发经营业务企业所得税处理办法》（国税发〔2009〕31号印发）第十七条中规定："企业在开发区内建造的会所、物业管理场所、电站、热力站、水厂、文体场馆、幼儿园等配套设施，按以下规定进行处理：（一）属于非营利性且产

权属于全体业主的，或无偿赠与地方政府、公用事业单位的，可将其视为公共配套设施，其建造费用按公共配套设施费的有关规定进行处理。"此种情况下，税务机关认可保障房为公共配套设施。

②增值税。财税〔2016〕36 号附件 1《营业税改征增值税试点实施办法》第十四条中规定，"下列情形视同销售服务、无形资产或者不动产：……（二）单位或者个人向其他单位或者个人无偿转让无形资产或者不动产，但用于公益事业或者以社会公众为对象的除外"；第二十七条中规定"下列项目的进项税额不得从销项税额中抵扣：（一）用于简易计税方法计税项目、免征增值税项目、集体福利或者个人消费的购进货物、加工修理修配劳务、服务、无形资产和不动产"。因此，在此种情况下，税务机关认可配套保障房是公益事业，属于非增值税应税项目，不征增值税，而非免征，在营改增前需要进项转出，营改增后无须转出，可以凭票抵扣。

根据《中华人民共和国公益事业捐赠法》，非营利的环境保护、社会公共设施建设和"促进社会发展和进步的其他社会公共和福利事业"都是公益事业。

③土地增值税。《土地增值税暂行条例实施细则》（财法字〔1995〕6 号）第二条规定："条例第二条所称的转让国有土地使用权、地上的建筑物及其附着物并取得收入，是指以出售或者其他方式有偿转让房地产的行为。不包括以继承、赠与方式无偿转让房地产的行为。"《财政部　国家税务总局关于土地增值税一些具体问题规定的通知》（财税字〔1995〕48 号）第四条中规定："细则所称的'赠与'是指如下情况：……（二）房产所有人、土地使用权所有人通过中国境内非营利的社会团体、国家机关将房屋产权、土地使用权赠与教育、民政和其他社会福利、公益事业的。"

国税发〔2006〕187 号规定，"房地产开发企业开发建造的与清算项目配套的居委会和派出所用房、会所、停车场（库）、物业管理场所、变电站、热力站、水厂、文体场馆、学校、幼儿园、托儿所、医院、邮电通讯等公共设施，按以下原则处理：……2. 建成后无偿移交给政府、公用事业单位用于非营利性社会公共事业的，其成本、费用可以扣除"。此种情况下，税务机关认可保障性住房是公共设施且属于非营利性社会公共事业，属于赠与方式无偿转让。

（3）视同销售不扣除成本（基本不存在此种方式）。

部分税务机关要求既视同销售，也不能增加视同销售成本，此种情况下增值税税负同第一种情况，企业所得税和土地增值税税负大幅增加。企业应避免此种不利方式（目前已知有谈判成功案例）。

注：大部分地区保障房不预征土地增值税（一般也没有收入）。

【实操指南】（1）视同销售和公配扣除，不一定哪种情况更优，需要测算对增值税和土地增值税的影响，视同销售对土地增值税更有利（增加的成本可加计扣除），但增值税销项增加并不一定能够增加销项抵减；公配扣除则不会增加增值税销项，也不存在销项抵减的问题。实践中需要根据当地的政策口径进行测算并选择。

（2）在视同销售情况下，不增加销项抵减实际是不合理的，因为如果以现金方式缴纳保障房异地配建费，就可以取得政府的财政票据，从而能够计算销项抵减。同样的住房性质，变为房地产企业自行配建，就无法取得财政票据，销项抵减扣除存疑，这对于房地产企业自行配建显然是不公平的。但自行配建的优势在于，减少前期资金流出，对于房地产企业而言，资金后付是极为有利的。

（3）在部分情况下，会出现政府以较低的价格回购保障房，而不是无偿移交给政府的情况。在此种情况下，无须视同销售，保障房的成本正常列支（不属于公配）。

这种情况虽然减少了政策不确定性，但对房地产企业而言不一定更有利。假如当地税务机关认可保障房视同销售成本计算销项抵减扣除，那么视同销售显然更为有利。如果能与政府沟通，将低价回购改为拆迁补偿差价，就依然可以适用视同销售政策，视同销售收入和成本依然按市场价格等口径确定。

282. 政府划拨土地委托房地产企业代建安置房，企业如何纳税？

案例：甲县政府划拨了一块土地给村委会，由村委会委托 A 房地产公司（以下简称 A 公司）代为开发。村委会与 A 公司签订代建合同，约定开发后建成产品归村委会所有，村委会向 A 公司支付 1000 万元的代建管理费，开发成本由 A 公司垫付，并随开发进度结算。

问：A 公司应如何纳税？

答：区分代建与销售不动产行为的标准，没有统一政策规定，但在各地营改增问答和实操口径中，通常需要同时满足下列条件方可按代建进行税务处理：

（1）以委托方的名义办理房屋立项及相关手续；

（2）土地使用权、产权归委托方，不发生产权转移；

（3）与委托方签订委托代建合同；

（4）不以受托方的名义办理工程结算；

（5）代建单位不垫付资金。

在本例中，A 公司需以村委会的名义办理立项等手续，土地使用权和建成后的产品产权均属于村委会。A 公司与村委会签订了代建合同，后续工程结算也需以村委会的名义办理。虽然 A 公司垫付了资金，但垫付资金随开发进度结算，不能构成实质垫付。因此，符合以上条件的，A 公司按代建业务处理，对收到的 1000 万元代建管理费，按"经纪代理服务"缴纳增值税。A 公司的代建合同无须缴纳印花税。A 公司取得的代建收入纳入应纳税所得额缴纳企业所得税。A 公司由于并未发生转让不动产业务，因此无须缴纳土地增值税，也不涉及契税。

【实操指南】（1）实践中，代建安置房通常作为取得商住用地的一个附带条件，房地产开发企业需要将代建业务和商品房销售业务分开单独核算。

（2）国税函〔1998〕554 号在对新疆维吾尔自治区地方税务局的回复中，对"代建房屋"行为征收营业税的规定如下："房地产开发企业（以下简称甲方）取得土地使用权并办理施工手续后根据其他单位（以下简称乙方）的要求进行施工，并按施工进度向乙方预收房款，工程完工后，甲方替乙方办理产权转移等手续。甲方的上述行为属于销售不动产，应按'销售不动产'税目征收营业税；如甲方自备施工力量修建该房屋，还应对甲方的自建行为，按'建筑业'税目征收营业税。"

但本例中，房地产开发企业并未取得土地使用权，不能适用国税函〔1998〕554

号。此外，营业税的相关规定也不能直接适用于增值税。如果土地使用权证办到 A 公司名下，发生了产权转移，那么 A 公司就需要区分代建业务收入和销售不动产收入，分别进行税务处理，并需要缴纳销售不动产涉及的土地增值税、增值税、企业所得税、契税和印花税。

【政策依据】 陕西国税营改增试点政策答疑（十）：

建筑业

问题 1：

某建筑公司接受政府委托进行扶贫搬迁房代建，其代建业务应如何缴纳增值税？

答：工程代建是指委托方（包括工程建设委托方或实际使用方）通过招标的方式，选择专业化的工程管理单位（以下简称代建单位），负责工程的项目管理，包括可行性研究、设计、采购、施工、竣工试运行等工作，项目建成后交付使用单位的业务。通常情况下，代建业务应同时满足以下条件：

①代建单位与委托方签订委托代建合同。

②代建工程项目的实际所有权归委托方。

③代建单位不垫付资金。

依据委托代建合同，代建单位取得的收入应分别核算，其取得的代建管理费收入，应按"经纪代理服务"缴纳增值税；其取得的建筑服务收入，应按建筑服务缴纳增值税。

在实际操作过程中，施工方依据合同约定，以自身名义立项、取得土地、办理后续施工手续，按照委托方要求进行施工，项目完工移交委托方的，不属于代建行为，应按销售不动产的有关规定缴纳增值税。

河北营改增政策解答：

纳税人接受建房单位委托，为其代建房屋的行为，应按"经纪代理服务"税目征收增值税，其销售额为其向委托方收取的代建手续费。这里所指的代建房屋行为必须同时符合下列条件：

（一）以委托方的名义办理房屋立项及相关手续；

（二）与委托方不发生土地使用权、产权的转移；

（三）与委托方事前签订委托代建合同；

（四）不以受托方的名义办理工程结算。

---

283. 取得划拨用地代建安置房后无偿转让，企业应如何纳税？

案例： 甲县政府划拨了一块土地给 A 房地产公司（以下简称 A 公司）代为开发安置房，土地成本为 0，开发后建成产品无偿移交给村委会，开发成本由 A 公司承担。

问： A 公司应如何纳税？

答： 如果房地产开发企业取得划拨用地，并将产权办理在房地产开发企业名下，建成后无偿移交给村委会，则需要按视同销售不动产处理。视同销售收入等额作为视同销售成本在土地增值税、企业所得税前列支。但增值税视同销售收入会增加销项，由于没有向政府部门支付的土地价款（划拨用地），因此税务机关很可能不认可增加销项抵减金额，进而导致增值税税负增加。

实践中企业可争取适用国家税务总局公告 2014 年第 2 号关于开发回迁安置房的营业税规定，即在核定视同销售收入时，按照成本加成 [营业成本或者工程成本×(1＋成本利润率)] 方法核定，并且营业成本中不包括土地使用权价款，以减少增值税损失。

但国家税务总局公告 2014 年第 2 号是营业税时代的规定，营业税是全额计税的税种，而增值税本身就有环环抵扣的特性，本身性质不同，能否适用于增值税，还需要与主管税务机关沟通。

【政策依据】 国家税务总局公告 2014 年第 2 号：

纳税人以自己名义立项，在该纳税人不承担土地出让价款的土地上开发回迁安置房，并向原居民无偿转让回迁安置房所有权的行为，按照《中华人民共和国营业税暂行条例实施细则》(财政部　国家税务总局令第 52 号) 第五条之规定，视同销售不动产征收营业税，其计税营业额按财政部　国家税务总局令第 52 号第二十条第一款第 (三) 项的规定予以核定，但不包括回迁安置房所处地块的土地使用权价款。

本公告自 2014 年 3 月 1 日起施行。本公告生效前未作处理的事项，按照本公告规定执行。

《中华人民共和国营业税暂行条例实施细则》(已全文废止)：

第二十条　纳税人有条例第七条所称价格明显偏低并无正当理由或者本细则第五条所列视同发生应税行为而无营业额的，按下列顺序确定其营业额：

(一) 按纳税人最近时期发生同类应税行为的平均价格核定；

(二) 按其他纳税人最近时期发生同类应税行为的平均价格核定；

(三) 按下列公式核定：

营业额＝营业成本或者工程成本×(1＋成本利润率)÷(1－营业税税率)

公式中的成本利润率，由省、自治区、直辖市税务局确定。

---

284. 拆迁安置住房是否需要预缴税款？

案例： A 房地产公司建设某项目，其中含 10 000 平方米为补偿给原拆迁户的拆迁安置住房。

问： 在预售过程中，是否需要就拆迁安置住房预缴税款？

答： 笔者认为不需要。预缴税款的计税依据是收到预收款的金额，时间是收到预收款的当天。没有收到预收款，实践中根本无法确定预缴纳税义务的发生时间，只有经济适用房这种会预先收到房款的才有可能预缴税金（部分地区发文不预征）。

【实操指南】 实践中部分地区要求按合同签订时间和金额预缴，是没有任何文件依据的。无论是增值税（国家税务总局公告 2016 年第 18 号：按预收款预缴），企业所得税（国税发〔2009〕31 号：合同约定收款、实际收款、开具发票孰早），还是土地增值税（由各省份制定预征办法，大部分按预收款），预缴税款均是以预收款为依据，如果没有收到预收款，则不产生预缴纳税义务。

【政策依据】《房地产开发企业销售自行开发的房地产项目增值税征收管理暂行办法》（国家税务总局公告 2016 年第 18 号发布）：

第十条　一般纳税人采取预收款方式销售自行开发的房地产项目，应在收到预收款时按照 3% 的预征率预缴增值税。

第十一条　应预缴税款按照以下公式计算：

应预缴税款＝预收款÷(1＋适用税率或征收率)×3%

适用一般计税方法计税的，按照 11% 的适用税率计算；适用简易计税方法计税的，按照 5% 的征收率计算。

第十二条　一般纳税人应在取得预收款的次月纳税申报期向主管税务机关预缴税款。

《房地产开发经营业务企业所得税处理办法》（国税发〔2009〕31 号印发）：

第六条　企业通过正式签订《房地产销售合同》或《房地产预售合同》所取得的收入，应确认为销售收入的实现，具体按以下规定确认：

（一）采取一次性全额收款方式销售开发产品的，应于实际收讫价款或取得索取价款凭据（权利）之日，确认收入的实现。

（二）采取分期收款方式销售开发产品的，应按销售合同或协议约定的价款和付款日确认收入的实现。付款方提前付款的，在实际付款日确认收入的实现。

（三）采取银行按揭方式销售开发产品的，应按销售合同或协议约定的价款确定收入额，其首付款应于实际收到日确认收入的实现，余款在银行按揭贷款办理转账之日确认收入的实现。

⋯⋯⋯⋯⋯

《土地增值税暂行条例实施细则》：

第十六条　纳税人在项目全部竣工结算前转让房地产取得的收入，由于涉及成本确定或其他原因，而无法据以计算土地增值税的，可以预征土地增值税，待该项目全部竣工、办理结算后再进行清算，多退少补。具体办法由各省、自治区、直辖市地方税务局根据当地情况制定。

---

285. 政府征用土地导致土地拆迁，被征收人应缴纳哪些税金？

案例： A房地产公司（以下简称A公司）在济南市办公，办公楼为自建。2015年4月，济南市政府出具红头文件，要在A公司办公地修建道路，要求A公司搬迁。A公司原办公楼被征用，土地使用权被收回，政府另划拨一块土地给A公司重建办公楼，无须缴纳土地出让金。A公司同时接到税务机关要求，申报搬迁的税收。

问： 政府征用土地导致土地拆迁，被征收人应缴纳哪些税金？

答： 经整理，见表9-9。

表9-9　政府征用土地导致土地拆迁应纳税

税种	征免	政策依据
增值税	免征	根据财税〔2016〕36号附件3第一条，土地使用者将土地使用权归还给土地所有者免征增值税。
土地增值税	免征	《土地增值税暂行条例》第八条及《土地增值税暂行条例实施细则》第十一条：因国家建设需要依法征收、收回的房地产免征土地增值税。
契税	省级政府规定的补偿标准内免征	《契税法》第七条规定："省、自治区、直辖市可以决定对下列情形免征或者减征契税：（一）因土地、房屋被县级以上人民政府征收、征用，重新承受土地、房屋权属；……"
企业所得税	符合条件可享受政策性搬迁规定	国家税务总局公告2012年第40号及国家税务总局公告2013年第11号：递延至搬迁完成年度计入所得；亏损结转年限计算中止。
个人所得税	免征	财税〔2005〕45号：对被拆迁人按标准取得的拆迁补偿款免征个人所得税。

【政策依据】《企业政策性搬迁所得税管理办法》（国家税务总局公告2012年第40号发布）：

第二十一条　企业以前年度发生尚未弥补的亏损的，凡企业由于搬迁停止生产经营无所得的，从搬迁年度次年起，至搬迁完成年度前一年度止，可作为停止生产经营活动年度，从法定亏损结转弥补年限中减除；企业边搬迁、边生产的，其亏损结转年度应连续计算。

---

286. 吸收合并后应如何进行税务处理？

案例： Q公司从事房地产业务，所下设A子公司亦从事房地产业务，Q公司和A公司分别受让了一块国有土地使用权，两个地块紧密相连。现我公司拟收购Q公司，但希望在过户股权后能将Q公司、A公司合并。A公司是Q公司的全资子公司。

问： 在吸收合并的情况下，应如何进行税务处理？是否会增加我方的收购成本？

答：根据财税〔2009〕59 号，吸收合并全资子公司，一般性税务处理情况下，母公司、子公司均按清算处理，在资产（土地）增值情况下，会产生所得税；特殊性税务处理情况下，对于收购方而言，合并不会影响税金金额和支付时点。

（1）一般性税务处理。

①合并方应以被合并方全部资产、负债的公允价值入账，如果支付价款大于接受的净资产公允价值，差额计入商誉；如果小于接受的净资产公允价值，差额计入营业外收入。

企业所得税：被合并方根据财税〔2009〕59 号第四条及财税〔2009〕60 号作清算处理：

$$\frac{清算}{所得}=\frac{净资产}{公允价值}-\frac{净资产}{计税基础}-\frac{清算}{费用}-\frac{相关税费}{（不含以前年度欠税）}-\frac{弥补以前}{年度亏损}$$

注：如果是真正的企业清算，清算所得＝资产可变现价值或交易价格－债务实际偿还金额－净资产计税基础－清算费用－相关税费（不含以前年度欠税）－弥补以前年度亏损。清算所得不适用优惠政策（包含小型微利和西部大开发优惠政策）。

$$\frac{向所有者分配的}{剩余财产}=\frac{全部资产的可变现}{价值或交易价格}-\frac{清算}{费用}-\frac{职工工资、社保费、}{法定补偿金}-\frac{清算所得税及}{以前年度欠税}-\frac{债务}{清偿}$$

清算损益＝净资产公允价值－账面价值－清算所得税

增值税：根据财税〔2016〕36 号附件 2《营业税改征增值税试点有关事项的规定》，"在资产重组过程中，通过合并、分立、出售、置换等方式，将全部或者部分实物资产以及与其相关联的债权、负债和劳动力一并转让给其他单位和个人，其中涉及的不动产、土地使用权转让行为"，无须缴纳增值税。

土地增值税：根据财税〔2018〕57 号第二条，无须缴纳土地增值税（任意一方为房地产企业除外）。

②被合并方的股东根据分配的剩余财产计算股息所得和投资损益。

企业所得税：计算子公司累计未分配利润和累计盈余公积，确认为股息所得，依法享受免税或纳税：

股息所得＝（被清算企业累计未分配利润＋累计盈余公积）×股权比例

按公允价值确定接受被合并企业各项资产和负债的计税基础，按净资产公允价值减除股息所得后的余额，超过或低于母公司投资成本的部分，应确认为母公司的投资转让所得或损失：

投资损益＝分配的剩余财产－股息所得－投资成本

契税：合并方承受被合并方房屋土地权属根据财税〔2018〕17 号第三条免征契税。另外，子公司的亏损不得在合并后企业结转弥补。

（2）特殊性税务处理。

同一控制下且无须支付对价，或被合并方股东取得股权支付比例不低于85%，且满足其他条件，可选择特殊性税务处理。被合并方不用计算清算所得，合并前的所得税事项由合并方承继，取得资产负债的计税基础按被合并方原计税基础确定，被合并方原股东取得股权的计税基础以原持有被合并方股权的计税基础确定。此环节无须交税，递延到后续处置环节。

$$\begin{array}{l}\text{可由合并方弥补的} \\ \text{被合并方亏损的限额}\end{array} = \begin{array}{l}\text{被合并方净资产} \\ \text{公允价值}\end{array} \times \begin{array}{l}\text{截至合并业务发生当年年末} \\ \text{国家发行的最长期限的国债利率}\end{array}$$

特殊性税务处理情况下，母公司接受子公司资产和负债的计税基础，以子公司的原有计税基础确定，不按公允价值确定，暂无须确认所得，递延至后续资产处置时纳税。

【实操指南】 A公司持有某地块，在合并日如有资产增值的，选择一般性税务处理会产生应纳税所得额，而适用特殊性税务处理更为有利。根据财税〔2009〕59号，吸收合并属于同一控制下且不需要支付对价的企业合并，可以适用特殊性税务处理。Q公司应在汇算清缴前，向主管税务机关报送特殊性税务处理备案资料，包括：

（1）企业合并的总体情况说明，包括合并方案、基本情况，并逐条说明企业合并的商业目的；

（2）企业合并协议或决议，需有权部门（包括内部和外部）批准的，应提供批准文件；

（3）企业合并当事各方的股权关系说明，若属同一控制下且不需支付对价的合并，还需提供在企业合并前，参与合并各方受最终控制方的控制在12个月以上的证明材料；

（4）被合并企业净资产、各单项资产和负债的账面价值和计税基础等相关资料；

（5）12个月内不改变资产原来的实质性经营活动、原主要股东不转让所取得股权的承诺书；

（6）工商管理部门等有权机关登记的相关企业股权变更事项的证明材料；

（7）合并企业承继被合并企业相关所得税事项（包括尚未确认的资产损失、分期确认收入和尚未享受期满的税收优惠政策等）情况说明；

（8）涉及可由合并企业弥补被合并企业亏损的，需要提供其合并日净资产公允价值证明材料及主管税务机关确认的亏损弥补情况说明；

（9）重组当事各方一致选择特殊性税务处理并加盖当事各方公章的证明资料；

（10）涉及非货币性资产支付的，应提供非货币性资产评估报告或其他公允价值证明；

（11）重组前连续12个月内有无与该重组相关的其他股权、资产交易，与该重组是否构成分步交易、是否作为一项企业重组业务进行处理情况的说明；

（12）按会计准则规定当期应确认资产（股权）转让损益的，应提供按税法规定核算的资产（股权）计税基础与按会计准则规定核算的相关资产（股权）账面价值的暂时性差异专项说明。

【政策依据】 财税〔2009〕59号：

五、企业重组同时符合下列条件的，适用特殊性税务处理规定：

（一）具有合理的商业目的，且不以减少、免除或者推迟缴纳税款为主要目的。

（二）被收购、合并或分立部分的资产或股权比例符合本通知规定的比例。

（三）企业重组后的连续12个月内不改变重组资产原来的实质性经营活动。

（四）重组交易对价中涉及股权支付金额符合本通知规定比例。

（五）企业重组中取得股权支付的原主要股东，在重组后连续12个月内，不得转让所取得的股权。

六、企业重组符合本通知第五条规定条件的，交易各方对其交易中的股权支付部分，可以按以下规定进行特殊性税务处理：

············

（四）企业合并，企业股东在该企业合并发生时取得的股权支付金额不低于其交易支付总额的85%，以及同一控制下且不需要支付对价的企业合并，可以选择按以下规定处理：

1. 合并企业接受被合并企业资产和负债的计税基础，以被合并企业的原有计税基础确定。

2. 被合并企业合并前的相关所得税事项由合并企业承继。

3. 可由合并企业弥补的被合并企业亏损的限额＝被合并企业净资产公允价值×截至合并业务发生当年年末国家发行的最长期限的国债利率。

4. 被合并企业股东取得合并企业股权的计税基础，以其原持有的被合并企业股权的计税基础确定。

············

（六）重组交易各方按本条（一）至（五）项规定对交易中股权支付暂不确认有关资产的转让所得或损失的，其非股权支付仍应在交易当期确认相应的资产转让所得或损失，并调整相应资产的计税基础。

非股权支付对应的

$$\text{资产转让所得或损失}=\left(\text{被转让资产的公允价值}-\text{被转让资产的计税基础}\right)\times\left(\text{非股权支付金额}\div\text{被转让资产的公允价值}\right)$$

《财政部　国家税务总局关于企业清算业务企业所得税处理若干问题的通知》（财税〔2009〕60号）：

被清算企业的股东（母公司）分得的剩余资产的金额，其中相当于被清算企业累计未分配利润和累计盈余公积中按该股东所占股份比例计算的部分，应确认为股息所得；剩余资产减除股息所得后的余额，超过或低于股东投资成本的部分，应确认为股东的投资转让所得或损失。

被清算企业的股东从被清算企业分得的资产应按可变现价值或实际交易价格确定计税基础。

【关联问题】 （1）吸收合并的相关税务应如何进行处理？

吸收合并的相关税务处理见表9-10。

表 9-10　吸收合并的相关税务处理

情形	主体	税务处理
一般性税务处理	合并方	无须缴税（免契税）
	被合并方	按清算所得缴纳企业所得税，免增值税，免土地增值税（房地产企业除外）
	被合并方股东	企业所得税：计算股息所得（居民企业间免税）和投资损益（可能缴税，也可能产生亏损）
特殊性税务处理	合并方	无须缴税（免契税）
	被合并方	非房地产企业无须缴税（企业所得税递延，免增值税，免土地增值税），涉及房地产企业缴纳土地增值税
	被合并方股东	无须缴税（企业所得税递延）

（2）母公司不对子公司进行合并，而是从子公司撤回投资，应如何进行税务处理？

子公司：在现金撤资的情况下，子公司只需减少相应的实收资本和资本公积，无须进行税务处理；采用非货币性资产撤资的，应分解为非货币性资产转让和减少实收资本两项业务，确认资产转让所得或损失。

母公司：与清算处理中先确认股息所得，再确认转让所得不同，撤资时应在取得的资产中先确认投资收回，再确认股息所得，剩余部分确认转让所得。《国家税务总局关于企业所得税若干问题的公告》（国家税务总局公告2011年第34号）第五条中规定："投资企业从被投资企业撤回或减少投资，其取得的资产中，相当于初始出资的部分，应确认为投资收回；相当于被投资企业累计未分配利润和累计盈余公积按减少实收资本比例计算的部分，应确认为股息所得；其余部分确认为投资资产转让所得。"

（3）A公司合并前尚有亏损50万元未弥补，合并时A公司净资产公允价值为300万元，合并后应如何处理？假设合并当年最长国债利率为3.9%。

对于可弥补的亏损，《财政部 国家税务总局关于企业重组业务企业所得税处理若干问题的通知》（财税〔2009〕59号）第六条中规定，可由合并企业弥补的被合并企业亏损的限额＝被合并企业净资产公允价值×截至合并业务发生当年年末国家发行的最长期限的国债利率。

根据《企业重组业务企业所得税管理办法》（国家税务总局公告2010年第4号发布）第二十六条以及财税〔2009〕59号第六条第（四）项，可由合并企业弥补的被合并企业亏损的限额，是指按税法规定的剩余结转年限内，每年可由合并企业弥补的被合并企业亏损的限额。

根据《企业所得税法》第十八条，企业纳税年度发生的亏损，准予向以后年度结转，用以后年度的所得弥补，但结转年限最长不得超过 5 年。（根据财税〔2018〕76 号，自 2018 年 1 月 1 日起，高新技术企业和科技型中小企业这一年限由 5 年延长至 10 年。）

结合以上政策，A 公司应先计算出每年的弥补限额＝300×3.9％＝11.7（万元），然后根据过去 5 年每年的亏损额与弥补限额孰小结转到 Q 公司。结转后依然不改变亏损年份，如 2017 年的亏损额是 20 万元，弥补限额 11.7 万元，则 11.7 万元结转到 Q 公司 2017 年的亏损额中。假如 Q 公司 2017 年原亏损额为 2 万元，结转后 Q 公司 2017 年的亏损额为 13.7 万元，该 13.7 万元最晚于 2022 年弥补完毕。

如果 A 公司合并当年至合并前还存在亏损且超过 11.7 万元，是否受到最长期限发行国债利率标准的限制？

笔者认为不受限制，实操中如果将合并前当年的 A 公司亏损直接合并在 Q 公司利润表中进行所得税申报，则没有此争议。具体操作还需根据各地执行口径确定。

（4）合并时 A 公司尚有增值税留抵税额 100 万元，合并后应如何处理？

《国家税务总局关于纳税人资产重组增值税留抵税额处理有关问题的公告》（国家税务总局公告 2012 年第 55 号）第一条规定：增值税一般纳税人（以下称"原纳税人"）在资产重组过程中，将全部资产、负债和劳动力一并转让给其他增值税一般纳税人（以下称"新纳税人"），并按程序办理注销税务登记的，其在办理注销登记前尚未抵扣的进项税额可结转至新纳税人处继续抵扣。

根据国家税务总局公告 2012 年第 55 号，我们需要关注增值税留抵税额结转抵扣的适用条件：一是资产重组中的原纳税人和新纳税人都必须是增值税一般纳税人；二是资产重组中转移的必须是全部而不是部分资产、负债和劳动力；三是原纳税人必须办理注销税务登记，不能继续存续。因此，合并本身就能够满足上述第二和第三项条件，如果 A 公司和 Q 公司都是一般纳税人（如果是新设合并需要保证新设的公司能够认定为一般纳税人），就可以转移留抵税额继续抵扣。

另外，与亏损不同，留抵税额没有限额，可以全部转移。

需要注意的是，企业重组转移部分资产、负债和劳动力就可以满足免征增值税的条件，但不满足留抵税额转移的条件。

287. 合作建房涉及哪些税款？

案例： A 房地产公司（以下简称 A 公司）取得某地块，因后续开工资金紧张，引入了合作方 B 公司，由 B 公司承担项目资金支出，双方签署合作协议，并以 A、B 公司双方的名义共同办理合建审批手续。同时，为减少后续纠纷，B 公司要求将土地使用权证变更为双方共有。

问： 此合作建房涉及哪些税款？

答： 一方出资金、一方出土地的合作建房须满足以下条件：签署合作协议并以合作各方的名义共同办理合建审批手续，并变更登记土地使用权权属，至少一方具有房地产开发资质。涉税情况见表 9-11。

表 9-11　合作建房所涉各税及财务处理

税种	土地投入方		资金投入方	
增值税	土地使用权变更登记，于产品完工后实质交付时按"销售无形资产——转让土地使用权"缴纳增值税，计税依据为分得房屋的公允价值，营改增前取得土地的，取得原价＝分出土地比例×土地成本。	缴纳	分出开发产品适用一般计税，于交付时按"销售不动产"缴纳增值税，销项计税依据为分出开发产品公允价值（不含税）。	缴纳
土地增值税	根据财税字〔1995〕48号，双方合作建房，按比例分房自用，暂免土地增值税；建成后转让，应缴纳土地增值税。再转让时，适用旧房转让方式，且不可加计扣除。	不缴纳（递延至建成后转让缴纳）	根据财税字〔1995〕48号，双方合作建房，按比例分房自用，暂免土地增值税；建成后转让，应缴纳土地增值税。再转让时，适用新建房转让方式，如为房地产企业可加计扣除。	不缴纳（递延至建成后转让缴纳）
印花税	合作建房协议视为非货币性资产互换，按产权转移书据0.05%缴纳，计税依据＝资金方投入资金×2。	缴纳	合作建房协议视为非货币性资产互换，按产权转移书据0.05%缴纳，计税依据＝资金方投入资金×2。	缴纳
契税	《契税法》第一条规定，在中华人民共和国境内转移土地、房屋权属，承受的单位和个人为契税的纳税人，应当依照本法规定缴纳契税。A、B公司合建并各自分得的房屋，不发生权属转移，不征收契税。	分得开发产品，不缴纳	《契税法》第一条规定，在中华人民共和国境内转移土地、房屋权属，承受的单位和个人为契税的纳税人，应当依照本法规定缴纳契税。A、B公司合建并各自分得的房屋，不发生权属转移，不征收契税。	分得开发产品，不缴纳
企业所得税	根据国税发〔2009〕31号，企业以换取开发产品为目的，将土地使用权投资其他企业房地产开发项目的，按以下规定进行处理：企业应在首次取得开发产品时，将其分解为转让土地使用权和购入开发产品两项经济业务进行所得税处理，并按应从该项目取得的开发产品（包括首次取得的和以后应取得的）的市场公允价值计算确认土地使用权转让所得或损失。应纳税所得＝换入房屋不含税公允价值－土地账面价值×换出比例－本次交易产生的税金及附加（不含增值税和契税）。	缴纳	视同销售，计税依据＝分出开发产品公允价值－建造成本×分出比例。	缴纳

续表

税种	土地投入方	资金投入方
账务处理	《企业会计准则第7号——非货币性资产交换》 借：固定资产——房屋（分出土地公允价值÷1.1＋契税） 　　应交税费——待认证进项税额（房屋公允价值÷1.1×适用税率×60%） 　　　——待抵扣进项税额（房屋公允价值÷1.1×适用税率×40%） 贷：无形资产——土地使用权（土地账面价值×换出比例） 　　应交税费——应交增值税——销项税额（如营改增前取得，此处为简易计税） 　　营业外收入 借：税金及附加 　　贷：应交税费——应交城市维护建设税、教育费附加、印花税等	《企业会计准则第7号——非货币性资产交换》 借：开发成本——土地使用权（分出房屋公允价值÷1.05或1.1＋契税） 　　应交税费——待认证进项税额（土地投入方的销项税额或简易计税金额） 贷：应交税费——应交增值税——销项税额 　　主营业务收入/其他业务收入（换出房屋不含税公允价值） 借：主营业务成本 　　贷：开发产品（换出房屋账面价值） 借：税金及附加 　　贷：应交税费——应交城市维护建设税、教育费附加、印花税等

【实操指南】　如果合作各方在拿地初始就共同签订出让合同（先联合拿地再合作建房，无须再进行产权变更），则没有产权转移，合作后分房自用时各方均无须缴纳土地增值税、增值税、企业所得税、契税。

【政策依据】　穗地税函〔2014〕175号（广州），渝地税发〔2011〕221号（重庆），《济南市土地增值税清算工作指南（试行）》，青地税函〔2009〕47号（青岛），闽地税函〔2001〕161号（福建），等等（略）。

【关联问题】　合作建成后对外销售，对半分配项目利润，分得利润后应如何缴纳税款？

《房地产开发经营业务企业所得税处理办法》（国税发〔2009〕31号印发）第三十六条规定："企业以本企业为主体联合其他企业、单位、个人合作或合资开发房地产项目，且该项目未成立独立法人公司的，按下列规定进行处理：（一）凡开发合同或协议中约定向投资各方（即合作、合资方，下同）分配开发产品的，企业在首次分配开发产品时，如该项目已经结算计税成本，其应分配给投资方开发产品的计税成本与其投资额之间的差额计入当期应纳税所得额；如未结算计税成本，则将投资方的投资额视同销售收入进行相关的税务处理。（二）凡开发合同或协议中约定分配项目利润的，应按以下规定进行处理：1. 企业应将该项目形成的营业利润额并入当期应纳税所得额统一申报缴纳企业所得税，不得在税前分配该项目的利润。同时不能因接受投资方投资额而在成本中摊销或在税前扣除相关的利息支出。2. 投资方取得该项目的营业利润应视同股息、红利进行相关的税务处理。"

由上可知，《房地产开发经营业务企业所得税处理办法》第三十六条针对企业联合其他企业、个人合作或合资开发房地产项目，且该项目未成立独立法人公司的情况，根据分房和分利润的不同情况，规定了以下处理方式：

分房：按分得产品的计税成本作为投资回报，减去原始投资额，计入应纳税所得额。如分房时尚未结算计税成本，则将投资方的投资额视同销售收入进行相关的税务处理（应纳税所得额暂时为0）。

分利润：企业应将该项目形成的营业利润额并入当期应纳税所得额；同时不能因接受投资方投资额而在成本中摊销或在税前扣除相关的利息支出。投资方取得该项目的营业利润应视同股息、红利进行相关的税务处理。

本例中A、B公司合作建成后出售，对半分配利润，适用第二种情况，该项目应将税后利润分配给投资方，投资方视同取得股息、红利免税。另外，此项目不涉及增值税、土地增值税。

288. 保障房的税收优惠有哪些？

案例： A房地产公司取得某地块，政府要求其建设保障房。

问： 保障房的税收优惠有哪些？

答： 保障房的税收优惠见表9-12。

表9-12 保障房的税收优惠

	公共租赁住房	棚户区改造	经济适用房 （利润率3%以内，保本微利）
政策依据	财税〔2015〕139号，财税〔2016〕36号附件3	财税〔2013〕101号	财税〔2008〕24号等
城镇土地使用税	建设用地期间及建成后免征（按建筑面积比例）	建设用地期间及建成后免征（按建筑面积比例）	—
印花税	免征（按建筑面积比例）	免征（按建筑面积比例）	—
契税	购买住房作为公租房免征	（1）回购已分配的安置房继续作为安置房房源，免征；（2）个人购买安置房：90平方米以下1%，超90平方米的普通住宅，减半；（3）个人房屋被征收取得货币补偿购买或产权调换取得安置房，补偿部分免征	划拨方式取得土地，免征
土地增值税	转让旧房作为公租房，增值率不超20%，免征（不加计扣除）	转让旧房作为安置房，增值率不超20%，免征（不加计扣除）	（1）普通住宅增值率不超20%，免征（房地产企业加计扣除）；（2）大部分地区不预征土地增值税，如北京、天津

续表

	公共租赁住房	棚户区改造	经济适用房 (利润率 3% 以内，保本微利)
企业 所得税	捐赠住房作为公租房，可作为公益性捐赠支出，不超利润总额 12% 部分税前扣除，超过部分结转	—	计税毛利率按不低于 3% 核定
个人 所得税	(1) 个人取得拆迁补偿款免征个人所得税；(2) 个人捐赠住房作为公租房，可作为公益性捐赠支出，不超应纳税所得 30% 部分税前扣除(不结转)；(3) 低保户领取住房租赁补贴，免征	个人取得拆迁补偿款免征个人所得税	个人取得拆迁补偿款免征个人所得税
房产税	免征（须单独核算）	—	—
增值税	2018 年年底前，公租房管理单位出租公租房免征增值税（须单独核算）	—	—
其他财政优惠	—	(1) 免收行政事业性收费和政府基金，如附加、配套费等；(2) 划拨免收土地出让金	(1) 免收行政事业性收费和政府基金，如附加、配套费等；(2) 划拨免收土地出让金；(3) 项目外基础设施建设费由政府承担；(4) 可以在建项目抵押申请开发贷款(银行)；(5) 减半收取不动产登记费

289. REITs 涉税架构如何搭建最优？

案例：A 公司开发了 A 项目（成立 A 项目公司开发），融资部门提出将 A 项目（共 4 栋）中的 3 栋、4 栋住宅单独作为长租公寓 REITs 项目。A 项目公司预测土地增值税/营业收入税负率为 25%，增值税税率 5%（简易征收），实际毛利率 60%，企业所得税税率 25%，当地契税税率 3%，目前 1 栋、2 栋正在销售且销售前景看好，3 栋、4 栋尚未销售，3 栋、4 栋估值 6 亿元。

问：(1) 考虑税收成本最优，该 REITs 项目的涉税架构应该如何搭建？（假设为合伙型基金，非契约型基金。）

(2) 搭建好架构后，具体有哪些环节涉税？涉及哪些税种？涉税金额是多少？（或给出公式。）

(3) 如果该 REITs 基金（A 有限合伙）成立后，除基金管理人（境内 B 有限公司）

持有 1％ 份额外，其余全部由境内 C 有限责任公司认购，每年按 8％ 年利率分红，分红环节涉及哪些税收？分别由谁缴纳？

答：（1）A 项目公司分立，将 3 栋、4 栋及相关的负债和劳动力剥离到新公司 D（按账面净值剥离）。

A 公司股东于分立满 12 个月后将 D 公司 100％ 的股权作为有限合伙份额出资到合伙型基金，此时 A 公司原股东为合伙型基金 LP，再将 LP 份额对外出售换取现金流。

（2）第一步，分立：适用财税〔2016〕36 号附件 2 第一条中资产重组不征收增值税的规定和财税〔2009〕59 号关于特殊性税务处理暂不征收所得税的规定，根据财政部 税务总局公告 2021 年第 17 号分立免契税，根据财政部 税务总局公告 2021 年第 21 号第五条，房地产开发企业不能免土地增值税，应缴税 1.5 亿元（6 亿元 ×25％），根据财税〔2003〕183 号第一条第（二）项，分立企业不再贴花。

第二步，出资：根据财税〔2014〕116 号，非货币性资产投资可递延五年纳税（操作存疑，因为合伙企业可能被认定不符合该文件第五条所指"居民企业"），涉及印花税和企业所得税，所得税计税依据为股权作价减去 D 公司注册资本。

第三步，LP 份额对外出售：LP 份额对外出售在增值税征收中有两种可能。一是被认定为基金份额缴纳"金融商品转让"增值税；二是作为股权转让所得不缴纳增值税。在实践中企业需与税务机关沟通。同时 LP 份额对外出售涉及合伙份额增值的所得税（通常无增值）。

（3）分红环节涉及增值税和所得税。所得税先分后税在合伙人层面（B 公司和 C 公司）缴纳，且不适用免税股息的规定。增值税按财税〔2017〕56 号第一条适用简易计税，按财税〔2016〕140 号第四条由资管产品管理人 B 有限公司按 3％ 缴纳增值税（私募投资基金属于资管产品）。财税〔2016〕140 号第一条规定非保本浮动收益产品不征收增值税，因此，如果合同条款修改，则可以不缴纳增值税。

【关联问题】 关于资管产品增值税纳税问题。

资管产品投资人购入各类资管产品持有期间（含到期）取得的非保本收益不征收增值税。资管产品投资人购入各类资管产品持有至到期的，不属于金融商品转让。

资管产品投资人购入各类资管产品持有期间（含到期）取得的保本收益，应按贷款利息收入缴纳增值税；资管产品投资人购入各类资管产品，在到期之前转让其所有权的，应按金融商品转让缴纳增值税。具体如表 9-13 所示。

表 9-13 资管产品增值税纳税

资管产品类型	持有期间（含到期）收益	未到期转让收益
保本	按"贷款利息收入"缴纳增值税	按"金融商品转让"缴纳增值税
非保本	不征收增值税	按"金融商品转让"缴纳增值税

290. 一级土地开发返还款应如何纳税？

案例： A 房地产开发企业协助政府将毛地变净地后出让，出让后取得政府支付的一级土地返还款 5 000 万元。

问：取得一级土地开发返还款应如何纳税？

答：（1）增值税：对于从事土地一级开发的公司而言，政府土地出让收益用于支付给一级开发的企业，作为土地整理收入、代理服务收入处理，公司应与政府签订补充协议，对土地整理收入、代理服务收入进行合理划分。其中，纳税人受托进行建筑物拆除、平整土地并代委托方向原土地使用权人支付拆迁补偿费的过程中，其提供建筑物拆除、平整土地劳务取得的收入应按照"建筑服务——其他建筑服务"税目缴纳增值税，代收代付金额不缴纳增值税。

（2）所得税：计入收入，土地整理成本及支付给原土地使用权人的费用可以扣除。

（3）土地增值税：未发生不动产产权转让，不涉及土地增值税。

【实操指南】 注意区分一级土地返还款与二级土地返还款：一级土地返还款是政府在招拍挂之前委托纳税人进行土地整理的返还款，款项可能在招拍挂后支付。二级土地返还款是政府在招拍挂后对土地竞得人的返还，应冲减土地出让金。

【政策依据】 营改增之前关于营业税的规定《国家税务总局关于纳税人投资政府土地改造项目有关营业税问题的公告》（国家税务总局公告 2013 年第 15 号）：

现就纳税人投资政府土地改造项目有关营业税问题公告如下：

一些纳税人（以下称投资方）与地方政府合作，投资政府土地改造项目（包括企业搬迁、危房拆除、土地平整等土地整理工作）。其中，土地拆迁、安置及补偿工作由地方政府指定其他纳税人进行，投资方负责按计划支付土地整理所需资金；同时，投资方作为建设方与规划设计单位、施工单位签订合同，协助地方政府完成土地规划设计、场地平整、地块周边绿化等工作，并直接向规划设计单位和施工单位支付设计费和工程款。当该地块符合国家土地出让条件时，地方政府将该地块进行挂牌出让，若成交价低于投资方投入的所有资金，亏损由投资方自行承担；若成交价超过投资方投入的所有资金，则所获收益归投资方。在上述过程中，投资方的行为属于投资行为，不属于营业税征税范围，其取得的投资收益不征收营业税；规划设计单位、施工单位提供规划设计劳务和建筑业劳务取得的收入，应照章征收营业税。

《北京国税营改增热点问题》（2016 年 6 月 17 日）：

纳税人从事一级土地开发取得的收入，按照提供建筑服务缴纳增值税。

《北京市规划和国土资源管理委员会　北京市国家税务局　北京市地方税务局　北京市财政局关于土地一级开发项目涉及增值税发票等有关问题的通知》（市规划国土发〔2017〕186 号）：

政府土地储备机构为主体、委托企业实施的土地一级开发项目中，受托企业从政府储备机构收取款项并代为支付的行为属于代收转付，其收取的该部分款项不属于增值税征收范围，不开具增值税发票。政府储备机构须使用受托企业开具的收据和储备机构开户银行回单作为记账凭证。

湖北省国家税务局2017年12月29日发布的《湖北省营改增问题集》：

31. 房地产企业进行土地一级开发，适用一般计税方法的，其销售额能否扣除相应的土地价款？

可以扣除。

291. 计算买卖或出租房屋的所得税，已纳增值税是否可扣除？

答：企业买卖或出租房屋的收入不含增值税，所有环节已纳增值税不得在应纳税所得中扣除；个人买卖或出租房屋的收入不含增值税，本次交易缴纳的增值税不得在个人所得税前扣除，前一次交易价款中所含增值税款（本次交易为买卖的，指取得房屋时价款中所含增值税款；本次交易为租赁的，指房屋转租方向出租方支付的价款中所含增值税款）可以在本次交易计算所得时扣除。

【**政策依据**】 财税〔2016〕43号：

四、个人转让房屋的个人所得税应税收入不含增值税，其取得房屋时所支付价款中包含的增值税计入财产原值，计算转让所得时可扣除的税费不包括本次转让缴纳的增值税。

个人出租房屋的个人所得税应税收入不含增值税，计算房屋出租所得可扣除的税费不包括本次出租缴纳的增值税。个人转租房屋的，其向房屋出租方支付的租金及增值税额，在计算转租所得时予以扣除。

292. 购房者逾期缴纳的滞纳金应如何处理？

答：购房者逾期缴纳的滞纳金应属于价外收入，在增值税、企业所得税、土地增值税和会计账面均作收入处理。

293. 未取得产权的转让土地或不动产行为，是否征税？

答：征税。国税函〔2007〕645号规定："土地使用者转让、抵押或置换土地，无论其是否取得了该土地的使用权属证书，无论其在转让、抵押或置换土地过程中是否与对方当事人办理了土地使用权属证书变更登记手续，只要土地使用者享有占有、使用、收益或处分该土地的权利，且有合同等证据表明其实质转让、抵押或置换了土地并取得了相应的经济利益，土地使用者及其对方当事人应当依照税法规定缴纳营业税、土地增值税和契税等相关税收。"（注：已废止文件中有关于契税的规定。）

294. 跨省成立分公司，选择独立核算和非独立核算，对税务有什么影响？

答：没有区别。

独立核算时：分支机构作为会计主体对其资金状况和经营成果进行全面、系统的会计核算。

非独立核算时：独立核算的会计主体下设的内部会计主体，通常没有银行账户，不单独设置账套，不设置会计部门和人员。由总机构拨给运营资金，从事业务活动的支出由总机构报销，收入上缴给总机构。

无论是独立核算还是非独立核算，均应办理税务登记，所得税均汇总计算、就地分摊（可以看出是否汇总缴纳、就地分摊与是否独立核算无关，内部辅助性、当年新设、当年撤销、境外分支机构，不就地分摊）。增值税均由分支机构向所在地税务机关申报纳税（可申请汇总），印花税根据是否核拨资金决定分支机构是否缴纳。

综上，分支机构的纳税申报与是否独立核算无关，但在税务登记时，需要向税务机关报送核算方式。

【实操指南】 从税法上来看，独立核算和非独立核算没有区别，实操中却有部分地区基层税务机关将独立核算的分支机构作为独立的企业所得税纳税人。

《企业所得税法》第五十条中规定，"居民企业在中国境内设立不具有法人资格的营业机构的，应当汇总计算并缴纳企业所得税"。因此，分支机构无论是否独立核算，都属于不具有法人资格的营业机构，企业所得税应由具有独立法人资格的企业缴纳，不具有独立法人资格的分公司，应当汇总计算缴纳企业所得税，与分公司是否独立核算无关。

因此，将独立核算的分支机构作为独立的企业所得税纳税人，实质上是违反法律规定的。

【政策依据】 《跨地区经营汇总纳税企业所得税征收管理办法》（国家税务总局公告2012年第57号印发）：

第五条　以下二级分支机构不就地分摊缴纳企业所得税：

（一）不具有主体生产经营职能，且在当地不缴纳增值税、营业税的产品售后服务、内部研发、仓储等汇总纳税企业内部辅助性的二级分支机构，不就地分摊缴纳企业所得税。

（二）上年度认定为小型微利企业的，其二级分支机构不就地分摊缴纳企业所得税。

（三）新设立的二级分支机构，设立当年不就地分摊缴纳企业所得税。

（四）当年撤销的二级分支机构，自办理注销税务登记之日所属企业所得税预缴期间起，不就地分摊缴纳企业所得税。

（五）汇总纳税企业在中国境外设立的不具有法人资格的二级分支机构，不就地分摊缴纳企业所得税。

《增值税暂行条例》：

第二十二条 增值税纳税地点：

（一）固定业户应当向其机构所在地的主管税务机关申报纳税。总机构和分支机构不在同一县（市）的，应当分别向各自所在地的主管税务机关申报纳税；经国务院财政、税务主管部门或者其授权的财政、税务机关批准，可以由总机构汇总向总机构所在地的主管税务机关申报纳税。

（二）固定业户到外县（市）销售货物或者劳务，应当向其机构所在地的主管税务机关报告外出经营事项，并向其机构所在地的主管税务机关申报纳税；未报告的，应当向销售地或者劳务发生地的主管税务机关申报纳税；未向销售地或者劳务发生地的主管税务机关申报纳税的，由其机构所在地的主管税务机关补征税款。

（三）非固定业户销售货物或者劳务，应当向销售地或者劳务发生地的主管税务机关申报纳税；未向销售地或者劳务发生地的主管税务机关申报纳税的，由其机构所在地或者居住地的主管税务机关补征税款。

（四）进口货物，应当向报关地海关申报纳税。

扣缴义务人应当向其机构所在地或者居住地的主管税务机关申报缴纳其扣缴的税款。

国税地字〔1988〕25 号：

18. 跨地区经营的分支机构，其营业账簿应如何贴花？

跨地区经营的分支机构使用的营业账簿，应由各分支机构在其所在地缴纳印花税。对上级单位核拨资金的分支机构，其记载资金的账簿按核拨的账面资金数额计税额贴花，其他账簿按定额贴花；对上级单位不核拨资金的分支机构，只就其他账簿按定额贴花。为避免对同一资金重复计税贴花，上级单位记载资金的账簿，应按扣除拨给下属机构资金数额后的其余部分计税贴花。

295. 国债、地方政府债取得的收益是否均免税？

答：（1）国债、地方政府债取得的利息收入免征企业所得税、个人所得税和增值税。

根据财税〔2016〕36 号附件 3 第一条中的规定，国债、地方政府债利息收入免征增值税。

根据财税〔2011〕76 号第一条，对企业和个人取得的 2009 年、2010 年和 2011 年发行的地方政府债券利息所得，免征企业所得税和个人所得税。根据财税〔2013〕5 号第一条，对企业和个人取得的 2012 年及以后年度发行的地方政府债券利息收入，免征企业所得税和个人所得税。

（2）国债、地方政府债转让差价收入按金融商品转让缴纳增值税（一般纳税人 6%，小规模纳税人 3%），按转让财产所得计算缴纳企业所得税（根据国家税务总局公告 2011 年第 36 号计算区分利息和财产转让所得，利息收入免企业所得税）、个人所得税。

另外，笔者整理了存款、国债与地方政府债收益的税收政策，见表 9-14。

表 9-14 存款、国债与地方政府债收益的税收政策

项目	增值税	企业所得税	个人所得税
存款利息	免	征	免
国债利息	免	免	免
国债转让收入	按转让金融商品缴纳	征	按财产转让所得缴纳
地方政府债利息	免	免	免
地方政府债转让收入	按转让金融商品缴纳	征	按财产转让所得缴纳

【政策依据】 财税〔2011〕76 号：

经国务院批准，现就地方政府债券利息所得有关所得税政策通知如下：

一、对企业和个人取得的 2009 年、2010 年和 2011 年发行的地方政府债券利息所得，免征企业所得税和个人所得税。

二、地方政府债券是指经国务院批准，以省、自治区、直辖市和计划单列市政府为发行和偿还主体的债券。

财税〔2013〕5 号：

经国务院批准，现就地方政府债券利息有关所得税政策通知如下：

一、对企业和个人取得的 2012 年及以后年度发行的地方政府债券利息收入，免征企业所得税和个人所得税。

二、地方政府债券是指经国务院批准同意，以省、自治区、直辖市、计划单列市政府为发行和偿还主体的债券。

国家税务总局公告 2011 年第 36 号：

一、关于国债利息收入税务处理问题

（一）国债利息收入时间确认

1. 根据企业所得税法实施条例第十八条的规定，企业投资国债从国务院财政部门（以下简称发行者）取得的国债利息收入，应以国债发行时约定应付利息的日期，确认利息收入的实现。

2. 企业转让国债，应在国债转让收入确认时确认利息收入的实现。

（二）国债利息收入计算

企业到期前转让国债、或者从非发行者投资购买的国债，其持有期间尚未兑付的国债利息收入，按以下公式计算确定：

国债利息收入＝国债金额×（适用年利率÷365）×持有天数

上述公式中的"国债金额"，按国债发行面值或发行价格确定；"适用年利率"按国债票面年利率或折合年收益率确定；如企业不同时间多次购买同一品种国债的，"持有天数"可按平均持有天数计算确定。

（三）国债利息收入免税问题

根据企业所得税法第二十六条的规定，企业取得的国债利息收入，免征企业所得税。具体按以下规定执行：

1. 企业从发行者直接投资购买的国债持有至到期，其从发行者取得的国债利息收入，全额免征企业所得税。

2. 企业到期前转让国债、或者从非发行者投资购买的国债，其按本公告第一条第（二）项计算的国债利息收入，免征企业所得税。

二、关于国债转让收入税务处理问题

（一）国债转让收入时间确认

1. 企业转让国债应在转让国债合同、协议生效的日期，或者国债移交时确认转让收入的实现。

2. 企业投资购买国债，到期兑付的，应在国债发行时约定的应付利息的日期，确认国债转让收入的实现。

（二）国债转让收益（损失）计算

企业转让或到期兑付国债取得的价款，减除其购买国债成本，并扣除其持有期间按照本公告第一条计算的国债利息收入以及交易过程中相关税费后的余额，为企业转让国债收益（损失）。

（三）国债转让收益（损失）征税问题

根据企业所得税法实施条例第十六条规定，企业转让国债，应作为转让财产，其取得的收益（损失）应作为企业应纳税所得额计算纳税。

三、关于国债成本确定问题

（一）通过支付现金方式取得的国债，以买入价和支付的相关税费为成本

（二）通过支付现金以外的方式取得的国债，以该资产的公允价值和支付的相关税费为成本

四、关于国债成本计算方法问题

企业在不同时间购买同一品种国债的，其转让时的成本计算方法，可在先进先出法、加权平均法、个别计价法中选用一种。计价方法一经选用，不得随意改变。

财税〔2016〕36 号附件 2：

---

3. 金融商品转让，按照卖出价扣除买入价后的余额为销售额。

转让金融商品出现的正负差，按盈亏相抵后的余额为销售额。若相抵后出现负差，可结转下一纳税期与下期转让金融商品销售额相抵，但年末时仍出现负差的，不得转入下一个会计年度。

金融商品的买入价，可以选择按照加权平均法或者移动加权平均法进行核算，选择后 36 个月内不得变更。

金融商品转让，不得开具增值税专用发票。

296. 竞配建代建资金能否在各税前扣除？

案例： A 房地产公司（以下简称 A 公司）参与某地块招拍挂，该地块以限地价＋竞配建形式竞价，A 公司以 2 亿元土地价款＋1 亿元代建资金竞得该地块，3 亿元价款全部支付给政府。

问： 1 亿元代建资金如何扣除？

答： 配建基础设施的代建资金属于为取得土地使用权所支付的金额，一般可以取得政府部门开具的财政票据，可以在土地增值税、企业所得税前扣除，增值税可以计算销项抵减（一般计税）。

A 公司应争取在出让合同中明确约定对价包含代建资金，且取得 A 公司抬头的财政票据。

第三篇
发票管理及涉税核算案例分析

第十章
发票管理

第一节　发票报销或取得

297. 境外公司（境内无机构场所）向境内公司提供服务（中介或其他服务），申请付款时应如何提供票据？

案例： A 房地产公司（以下简称 A 公司）向 B 香港公司（以下简称 B 公司）购买网页设计服务，签订合同总价 150 万美元，网页设计服务于 2018 年 9 月完成，B 公司向 A 公司申请付款。

问： B 公司需提供什么票据？

答： 根据财税〔2016〕36 号附件 1《营业税改征增值税试点实施办法》第十二条，"在境内销售服务、无形资产或者不动产，是指：（一）服务（租赁不动产除外）或者无形资产（自然资源使用权除外）的销售方或者购买方在境内"，境外公司向境内公司提供咨询/法律等中介服务，都属于境外公司在境内销售服务，需在境内缴纳增值税及所得税。

（1）区分有无发票：

①提供境内发票的，按发票金额付款。

②无发票仅提供境外单据的，扣缴 6% 的增值税及附加和 10% 的预提所得税（具体税率还需参考对方国家、地区与我国的税收协定），凭中华人民共和国税收缴款凭证及合同、付款证明、境外发票或对账单抵扣销项。

（2）区分税款承担方：

①如果境内企业支付金额是含税金额，应代扣代缴的增值税＝发票金额÷（1＋增值税税率）×增值税税率；

②如果境内企业取得的是一张净额结算票据，即境内企业需要按照票据金额支付款项，税额由境内企业承担，应先将不含税金额换算成含税金额，应扣缴的增值税＝不含税金额÷（1－所得税税率－增值税税率×附加税税率）×增值税税率。

此时含税金额＝不含税金额÷（1－所得税税率－增值税税率×附加税税率）×（1＋增值税税率）。

【政策依据】《发票管理办法》：

第三十二条　单位和个人从中国境外取得的与纳税有关的发票或者凭证，税务机关在纳税审查时有疑义的，可以要求其提供境外公证机构或者注册会计师的确认证明，经税务机关审核认可后，方可作为记账核算的凭证。

298. 违约金凭何票据在税前扣除？

案例： A 房地产公司（以下简称 A 公司）拟收购 B 项目公司（以下简称 B 公司），在经过尽调后，A 公司与 B 公司的股东 V 公司签订了股权转让协议，约定 V 公司将 B 公司 100% 的股权转让给 A 公司，A 公司向 V 公司支付 1.2 亿元的股权款，约定付款方式为一次性于 2018 年 1 月 1 日支付完毕。

2018 年 1 月 1 日，A 公司因资金紧张，未及时支付股权收购款，被 V 公司起诉。A 公司自知理亏，与对方签订和解协议，和解协议中约定，由 A 公司向 V 公司支付违约金 20 万元，并对延期支付的时间按年利率 8% 计算并支付利息。

问： 违约金凭什么票据在税前扣除？

答： 根据《企业所得税税前扣除凭证管理办法》，违约金是非增值税应税项目，根据和解协议和法院裁定书（起诉受理后的和解协议应有法院裁定方可生效）及对方出具的收据列支；利息根据对方开具的增值税普通发票列支。

299. 公司充值油卡取得不征税发票，是否可以在所得税前扣除？

案例： A 房地产公司有自有车辆，因耗油量较大，为减少开支，办理了加油站的充值油卡，享受 95 折加油优惠。充值时加油站向 A 房地产公司开具不征税发票"预付卡销售"。

问：（1）是否可以凭不征税发票税前扣除？

（2）后续实际持消费油卡加油时，是否可要求加油站开具发票？

答：（1）可以扣除。国家税务总局于 2018 年 6 月发布了 2018 年第 28 号公告及公告解读，在公告解读第三条中明确了预付卡充值和销售取得发票可以税前扣除。原文如下："企业在境内发生的支出项目虽不属于应税项目，但按国家税务总局规定可以开具发票的，可以发票作为税前扣除凭证，如《国家税务总局关于增值税发票管理若干事项的公告》（国家税务总局公告 2017 年第 45 号）附件《商品和服务税收分类编码表》中规定的不征税项目等。"

部分不征税项目明细见表 10-1。

表 10-1　部分不征税项目明细

编码	货物和劳务名称	商品和服务分类简称	说明
600	未发生销售行为的不征税项目	不征税项目	用于纳税人收取款项但未发生销售货物、服务、无形资产或不动产情形
601	预付卡销售和充值	预付卡销售	

续表

编码	货物和劳务名称	商品和服务分类简称	说明
602	销售自行开发的房地产项目预收款	房地产预收款	
603	已申报缴纳营业税未开票补开票	补开营业税发票	在地税机关已申报营业税未开具发票的，补开增值税普通发票
604	代收印花税	代收印花税	非税务机关等其他单位为税务机关代收的印花税
605	代收车船使用税	代收车船使用税	
606	融资性售后回租承租方出售资产	融资性售后回租承租方出售资产	
607	资产重组涉及的不动产	资产重组涉及的不动产	
608	资产重组涉及的土地使用权	资产重组涉及的土地使用权	
609	代理进口免税货物货款	代理进口免税货物货款	
610	有奖发票奖金支付	有奖发票奖金	
611	不征税自来水	不征税自来水	
612	建筑服务预收款	建筑服务预收款	

（2）存在争议。国家税务总局公告 2016 年第 53 号第三条中规定："持卡人使用单用途卡购买货物或服务时，货物或者服务的销售方应按照现行规定缴纳增值税，且不得向持卡人开具增值税发票。"但国家税务总局 2002 年发布的《成品油零售加油站增值税征收管理办法》与国家税务总局公告 2016 年第 53 号存在冲突，《成品油零售加油站增值税征收管理办法》第十二条规定：发售加油卡、加油凭证销售成品油的预售单位在发售加油卡或加油凭证时可开具普通发票，如购油单位要求开具增值税专用发票，待用户凭卡或加油凭证加油后，根据加油卡或加油凭证回笼纪录，向购油单位开具增值税专用发票。

2002 年发布的《成品油零售加油站增值税征收管理办法》未失效，但时间早于 2016 年第 53 号公告。油卡作为特殊事项，是适用 2002 年的特殊规定，还是适用 2016 年的新规定？目前尚未明确。

除油卡外的预付卡，后续发生实际业务消费预付卡时，只产生增值税纳税义务，但均不得再开具发票。

【实操指南】　如果取得了增值税专用发票，则进项可以抵扣；如果不能取得增值税专用发票，则损失进项。

【政策依据】《成品油零售加油站增值税征收管理办法》：

第十二条　发售加油卡、加油凭证销售成品油的纳税人（以下简称"预售单位"）在售卖加油卡、加油凭证时，应按预收账款方法作相关账务处理，不征收增值税。

预售单位在发售加油卡或加油凭证时可开具普通发票，如购油单位要求开具增值税专用发票，待用户凭卡或加油凭证加油后，根据加油卡或加油凭证回笼纪录，向购油单位开具增值税专用发票。接受加油卡或加油凭证销售成品油的单位与预售单位结算油款时；接受加油卡或加油凭证销售成品油的单位根据实际结算的油款向预售单位开具增值税专用发票。

【关联问题】　预付卡的销售方和售卡方不一致时，应如何进行税务处理？

此种情况是指加油站作为销售方制作加油卡，交由第三方出售（比如常见的各类便利店、银行代售等），售卡方是第三方。

售卡方向购买方收取价款，开具不征税发票，客户收到不征税发票。

销售方向售卡方开具增值税普通发票，备注栏注明"收到预付卡结算款"。

销售方后续提供服务或销售商品时缴纳增值税，售卡方以销售方的普通发票作为预付卡预收资金不缴税的凭证（无进项可抵扣）。

也就是说第三方代收代付的款项不缴税，加油站仍然在实际提供加油服务时缴纳增值税。

300. 房地产的青苗补偿费，凭什么单据在税前列支？

案例： A 房地产公司取得某地块，该地块上有农民的蔬菜大棚等需要拆迁，A 房地产公司根据当地政府公布的标准，向农民支付了青苗补偿费。

问： 青苗补偿费如何在税前列支？

答： 直接支付给农民的青苗补偿费，不属于应税项目，应计入"开发成本——土地征用及拆迁补偿费"科目，建议企业获取如下资料作为入账凭证：

（1）支付青苗补偿费的花名册，领取青苗补偿费的农民签字纳印，并留存个人身份证复印件。

（2）最好采用转账方式支付，以银行回单作为佐证；如果是现金支付，则需要取得农民出具的收据；如能支付给村委会最好，可以取得村委会出具的印有财政监制章的收据。

（3）与个人或村委会签订的拆迁补偿合同。

（4）拆迁的政府文件或公告，以及支付青苗补偿费的标准。

【实操指南】　部分地区要求青苗补偿费取得发票，认为青苗补偿费属于销售苗木的行为，实务中需与税务机关沟通。

301. 员工是否可以使用电子行程单报销机票款？

案例： 2019 年 3 月，A 公司财务人员收到一张广州飞马尼拉的电子机票行程单，该行程单不是以前的纸质行程单，而是打印在 A4 纸上，样式与纸质行程单一致，并盖有国家税务总局发票监制章。但行程单上的姓名和证件号码栏次空白。

问：财务人员咨询税务人员，电子行程单存在可复制性，是否可以凭此报销？

答：根据国税发〔2012〕83 号，国际客票可以使用电子行程单，但行程单上应有旅客信息（姓名、身份证号、护照号等）。此种情况应要求报销人员向航空公司索取并提供有旅客信息的行程单（电子或纸质均可）。

【政策依据】 国税发〔2012〕83 号：

国际客票将使用《航空运输电子客票行程单》(以下简称《行程单》)，公共航空运输企业和航空运输销售代理企业销售国际航空客票时，应当按照规定开具《行程单》作为报销凭证。

302. 2019 年之后非国家税务总局统一印制的税收票证是否可以使用？

案例：2019 年 4 月，A 公司财务人员收到一张工程发票，发票上方的监制章为四川省国税局。

问：该发票是否可以入账并支付？

答：建议退回更换。2018 年年底，国地税合并，新税务机构挂牌后启用了新的发票监制章。挂牌前各省、市、自治区国、地税机关已监制的发票，如通用机打发票、通用手工发票、通用定额发票、增值税电子普通发票等，在 2018 年 12 月 31 日前可以继续使用。2019 年以后应使用国家税务总局统一印制的税收票证。

【政策依据】 《国家税务总局关于税务机构改革有关事项的公告》(国家税务总局公告 2018 年第 32 号)：

六、新税务机构挂牌后，启用新的税收票证式样和发票监制章。挂牌前已由各省税务机关统一印制的税收票证和原各省国税机关已监制的发票在 2018 年 12 月 31 日前可以继续使用，由国家税务总局统一印制的税收票证在 2018 年 12 月 31 日后继续使用。纳税人在用税控设备可以延续使用。

国家税务总局统一印制的发票的发票监制章式样如图 10-1 所示。监制章全部字体为正楷 7 磅，印色为大红。

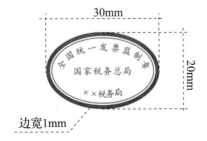

图 10-1 国家税务总局全国统一发票监制章

303. 业务招待费的发票种类有无限制?

案例:在 A 公司的账务处理中,业务招待费含有住宿费、油费、过路费、火车票、飞机票等费用。

问:业务招待费平时常见的类别是餐饮、购物类,如果开具交通费、住宿费等发票,是否可以列入业务招待费?

答:只要性质上属于业务招待费,无论什么发票种类,都可以列进该科目(会计、税法处理无差异)。

304. 发票项目填写不齐全是否可以要求销售方重新开具?

案例:A 公司向 B 公司提供融资服务,A 公司财务人员开出一张增值税专用发票,因融资服务不涉及规格型号,因此该发票未填规格型号,其他项目填写齐全,但 B 公司退回了该发票,要求必须要填规格型号,如果没有就填无,不能留空白。

问:购买方该要求是否有依据?

答:有依据。《国家税务总局货物和劳务税司关于做好增值税发票使用宣传辅导有关工作的通知》(税总货便函〔2017〕127 号)附件《增值税发票开具指南》规定:"增值税专用发票应按下列要求开具:(一)项目齐全,与实际交易相符;(二)字迹清楚,不得压线、错格;(三)发票联和抵扣联加盖发票专用章;(四)按照增值税纳税义务的发生时间开具。不符合上列要求的增值税专用发票,购买方有权拒收。"因此增值税发票填写项目应当齐全,购买方要求符合此规定。

【实操指南】 实践中经常存在发票栏次填写项目不齐全的问题,关键看购买方及购买方的主管税务机关的要求,购买方要求退回重开是合理的,因此销售方应当重开。

305. 供应商丢失增值税专用发票应如何处理?

答:销售方丢失已开具的增值税专用发票抵扣联,仅取得发票联的,可使用发票联认证,发票联复印件留存备查;销售方丢失已开具的增值税专用发票抵扣联及发票联,两联均无法取得的,须取得销售方主管税务机关盖章的《已报税证明单》原件及销售方加盖公章的记账联复印件,方可作为抵扣凭证,并留存备查。

306. 旅游景区门票收入按文化服务还是按旅游服务征税?

案例:A 房地产公司为提升客户满意度,于 2019 年 2 月召集已购房客户在市内踏青,支付某景区门票 10 万元,取得该景区开具的增值税普通发票,发票编码为"文化体育业"。

问:旅游景区门票应按文化服务还是旅游服务开票?

答:《财政部 国家税务总局关于全面推开营业税改征增值税试点的通知》(财税〔2016〕36 号)附件 1《营业税改征增值税试点实施办法》规定:"文化服务,是指为满足社会公众文化生活需求提供的各种服务。包括:文艺创作、文艺表演、文化比赛,图书馆的图书和资料借阅,档案馆的档案管理,文物及非物质遗产保护,组织举办宗教活动、科技活动、文化活动，提供游览场所。""旅游服务，是指根据旅游者的要求，组织安排交通、游览、住宿、餐饮、购物、文娱、商务等服务的业务活动。"

景区是提供游览场所，显然属于文化服务，应按文化服务开票。

【关联问题】（1）纳税人经营游乐场所应当按照什么税目缴纳增值税？

经营游乐场所取得的收入（不含娱乐服务列举项目）按照"文化体育"缴纳增值税。

（2）一般纳税人在景区等游览场所内提供的游船、脚踏车、观光车、缆车、索道、观光电梯、云霄飞车服务等适用什么税目？

根据福建国税、湖北国税等的政策问答，一般纳税人在景区等游览场所内提供的游船、脚踏车、观光车、缆车、索道、观光电梯、云霄飞车服务等（不含娱乐服务列举项目）适用文化体育服务税目。

但需要区分娱乐服务的列举项目，旅游娱乐服务应税项目如下所示：

59. 旅游服务

代码：070301

增值税税率：6%

填报说明：根据旅游者的要求，组织安排交通、游览、住宿、餐饮、购物、文娱、商务等服务的业务活动。

60. 娱乐服务

代码：070302

增值税税率：6%

填报说明：为娱乐活动同时提供场所和服务的业务。具体包括：歌厅、舞厅、夜总会、酒吧、台球、高尔夫球、保龄球、游艺（包括射击、狩猎、跑马、游戏机、蹦极、卡丁车、热气球、动力伞、射箭、飞镖）。

307. 个人向公司出售不动产是否可以申请代开专用发票？

答： 税总函〔2016〕145号第二条规定，增值税小规模纳税人销售其取得的不动产以及其他个人出租不动产，购买方或承租方不属于其他个人的，纳税人缴纳增值税后可以向地税局申请代开增值税专用发票。

国家税务总局公告2016年第16号第十一条中规定，小规模纳税人中的单位和个体工商户出租不动产，不能自行开具增值税发票的，可向不动产所在地主管税务机关申请代开增值税发票。

之所以上述两条分列在两个文件，是因为在国地税分设时期，发票开具的主管税务机关不同，如表10-2所示。

表10-2 小规模纳税人不动产发票代开

事由	开具主体	代开机关
销售不动产	所有小规模纳税人	地方税务局
出租不动产	小规模纳税人中的单位和个体户	国家税务局
	小规模纳税人中的其他个人	地方税务局

国地税合并后，不再作区分。所有小规模纳税人销售或出租不动产，同时满足下列三个条件，即可申请代开发票：

（1）购买方或承租方不是个人。

（2）小规模纳税人未享受免缴增值税优惠。

（3）该小规模纳税人无法自行开具专用发票（不在试点自开专用发票范围内或在试点范围内但未办理自开手续）。

其他个人（即非个体户的自然人）也属于小规模纳税人，向公司出售不动产，享受了免征增值税的，不能申请代开专票；没有享受免税的，可以向税务局申请代开增值税专用发票。

【实操指南】 部分地区，个人出售不动产是由房产局代开发票，税务局不代开发票，而房产局只能代开普通发票，不能代开专用发票，这实际上违背了税法精神。

【政策依据】 国家税务总局公告 2016 年第 16 号：

第十一条 小规模纳税人中的单位和个体工商户出租不动产，不能自行开具增值税发票的，可向不动产所在地主管税务机关申请代开增值税发票。

其他个人出租不动产，可向不动产所在地主管税务机关申请代开增值税发票。

《国家税务总局办公厅关于〈国家税务总局关于发布《纳税人提供不动产经营租赁服务增值税征收管理暂行办法》的公告〉的解读》第三条中指出暂行办法"明确了发票问题：小规模纳税人中的单位和个体工商户出租不动产，不能自行开具增值税发票的，可向不动产所在地主管国税机关申请代开增值税发票。其他个人出租不动产，可向不动产所在地主管地税机关申请代开增值税发票"。

国家税务总局网站互动交流栏目 2019 年 5 月 21 日发布了如下热点问答：

我公司是租赁和商务服务业小规模纳税人，已选择自行开具增值税专用发票，请问我公司销售不动产应如何开具增值税专用发票？

按照《国家税务总局关于扩大小规模纳税人自行开具增值税专用发票试点范围等事项的公告》（国家税务总局公告 2019 年第 8 号）第一条和《关于〈国家税务总局关于扩大小规模纳税人自行开具增值税专用发票试点范围等事项的公告〉的解读》第二条，纳入小规模纳税人自行开具增值税专用发票试点范围的小规模纳税人可以选择使用增值税发票管理系统自行开具增值税专用发票，或者向税务机关申请代开。选择自行开具增值税专用发票的小规模纳税人，税务机关不再为其代开。你公司已选择自行开具增值税专用发票，就不能再向税务机关申请代开增值税专用发票。

---

308. 2019 年 3 月以后，是否所有的进项税都不用认证了？

答： 国家税务总局公告 2019 年第 8 号第二条中规定，"扩大取消增值税发票认证的纳税人范围。将取消增值税发票认证的纳税人范围扩大至全部一般纳税人。一般纳税人取得增值税发票（包括增值税专用发票、机动车销售统一发票、收费公路通行费增值税电子普通发票，下同）后，可以自愿使用增值税发票选择确认平台查询、选择用于申报抵扣、出口退税或者代办退税的增值税发票信息"。该文件自2019年3月1日起施行，因此，从2019年3月1日起，所有进项（小规模纳税人不能抵扣，也不需要认证）都不需要认证了。

【实操指南】 需要注意的是，"使用增值税发票选择确认平台查询、选择用于申报抵扣、出口退税或者代办退税的增值税发票信息"这一步，俗称勾选认证，但其实学名不叫认证，认证只是约定俗成的叫法而已。

从税法层面而言，只有扫描认证才是认证，但现在已经不再需要认证了。

309. 购买沙盘应取得什么税率的增值税发票？

案例： A房地产公司与某广告公司签订了沙盘制作及安装协议，约定工作内容为"制作、运输、安装、调试等所有工作内容"，该广告公司开具了6％的增值税专用发票，A房地产公司对此提出异议。广告公司表示只能开出6％的增值税发票，无法开具其他税率的发票，且该公司主营业务适用税率为6％，开具6％的增值税发票合乎税法规定。

问： 广告公司开具的发票是否正确？

答： 不正确。沙盘制作及安装协议，如果区分了制作和安装的金额，则分别按销售货物的13％和安装服务的9％开具发票；如果没有区分签订，由于沙盘主要是根据模型制作，则应该全额按销售货物的13％开具发票，视为销售附带安装的混合销售业务。

广告公司的说法不正确。增值税税率应根据财税〔2016〕36号的规定，根据具体业务适用，而不是根据公司的主营业务适用。

广告公司虽然目前只能开具6％税率的发票，但可以向主管税务机关申请增加税种认定，增加后可以开具其他税率的发票，不存在开票障碍。

【实操指南】 房地产公司提出异议后，广告公司认为，沙盘本身属于房地产公司摆放在售房部的广告，因此属于广告制作，适用6％的税率无误。该说法是否正确？

根据财税〔2016〕36号附件1所附《销售服务、无形资产、不动产注释》中对"广告服务"的规定，广告服务是指利用各种媒介为客户的商品、经营服务项目、文体节目或者通告、声明等委托事项进行宣传和提供相关服务的业务活动，包括广告代理和广告的发布、播映、宣传、展示等。沙盘制作本身不属于广告代理和广告的发布、播映、宣传、展示，只有当沙盘放在售房部以后，才属于广告展示，但这并非广告公司向房地产公司提供的服务，而是房地产公司自行展示。

例如，小视频制作本身不属于广告服务，只有当小视频在宣传媒介（如App、电视等）发布，才属于广告服务。而制作小视频本身，应属于销售商品类目。

另外，沙盘制作本身也不存在设计服务，基本是按照一个缩略图直接制作成型，造价也是按照材料加人工计价，而不是按设计总价来计价，因此，沙盘制作不属于设计服务。

【政策依据】 财税〔2016〕36号附件1中所附《销售服务、无形资产、不动产注释》：

3. 文化创意服务。

文化创意服务，包括设计服务、知识产权服务、广告服务和会议展览服务。

（1）设计服务，是指把计划、规划、设想通过文字、语言、图画、声音、视觉等形式传递出来的业务活动。包括工业设计、内部管理设计、业务运作设计、供应链设计、造型设计、服装设计、环境设计、平面设计、包装设计、动漫设计、网游设计、展示设计、网站设计、机械设计、工程设计、广告设计、创意策划、文印晒图等。

（2）知识产权服务，是指处理知识产权事务的业务活动。包括对专利、商标、著作权、软件、集成电路布图设计的登记、鉴定、评估、认证、检索服务。

（3）广告服务，是指利用图书、报纸、杂志、广播、电视、电影、幻灯、路牌、招贴、橱窗、霓虹灯、灯箱、互联网等各种形式为客户的商品、经营服务项目、文体节目或者通告、声明等委托事项进行宣传和提供相关服务的业务活动。包括广告代理和广告的发布、播映、宣传、展示等。

（4）会议展览服务，是指为商品流通、促销、展示、经贸洽谈、民间交流、企业沟通、国际往来等举办或者组织安排的各类展览和会议的业务活动。

310. 企业支付的公开发行的债券利息是否要取得增值税发票？

答：企业支付债券利息应取得发票，但由于公开发行的债券难以取得发票，目前可将备案注册通知书、付款凭证、兑付通知书、兑付手续完成证明书等与税前扣除凭证相关的资料留存备查。

311. 个人开具收据，公司能否凭此收据税前列支（无发票）？

案例：A 房地产公司（以下简称 A 公司）发生员工借调较多，为节省差旅费用，向 B 自然人租用住房，提供给员工住宿使用，B 提出开具收据给 A 公司，不开具发票。

问：B 开的收据能否在 A 公司企业所得税前列支？

答：从事小额零星经营业务的个人可以开收据给公司税前列支，但无论开何种票据，公司均须代扣个人所得税。

【实操指南】 根据国家税务总局公告 2018 年第 28 号，对方为从事小额零星经营业务的个人的，税务机关可以代开发票，或者以收款凭证（收据、回单等）作为税前扣除凭证。因此，B 可以提供收据给 A 公司税前扣除，并非一定要代开发票。

但 B 的纳税义务仍然存在，对于 B 而言，存在自行申报缴纳房产税、印花税、增值税及附加的义务；对于 A 公司而言，作为支付人存在代扣代缴个人所得税的义务。

【政策依据】 《企业所得税税前扣除凭证管理办法》（国家税务总局公告 2018 年第 28 号发布）：

第九条 企业在境内发生的支出项目属于增值税应税项目（以下简称"应税项目"）的，对方为已办理税务登记的增值税纳税人，其支出以发票（包括按照规定由税务机关代开的发票）作为税前扣除凭证；对方为依法无需办理税务登记的单位或者从事小额零星经营业务的个人，其支出以税务机关代开的发票或者收款凭证及内部凭证作为税前扣除凭证，收款凭证应载明收款单位名称、个人姓名及身份证号、支出项目、收款金额等相关信息。

....

【关联问题】 如该个人要求税后实收，由公司承担税费，该个人出租不动产的税收具体涉及哪些？如何计税？

个人出租不动产涉及的税收项目及计税方式见表 10-3。

表 10-3 个人出租不动产的税收项目及计税方式

个人所得税	城镇土地使用税	房产税	印花税	增值税
10.0%	免征	4.0%	免征	1.5% （可能免征）

根据《纳税人提供不动产经营租赁服务增值税征收管理暂行办法》（国家税务总局公告 2016 年第 16 号发布）第四条，其他个人出租不动产，按照 5% 的征收率减按 1.5% 计算应纳税额，向不动产所在地主管税务机关申报缴纳增值税。根据《财政部 国家税务总局 关于廉租住房 经济适用住房和住房租赁有关税收政策的通知》（财税〔2008〕24 号）第二条，对个人出租住房取得的所得减按 10% 的税率征收个人所得税；对个人出租、承租住房签订的租赁合同，免征印花税；对个人出租住房，按 4% 的税率征收房产税，免征城镇土地使用税。

需要注意的是，国家税务总局公告 2021 年第 5 号第四条规定："《中华人民共和国增值税暂行条例实施细则》第九条所称的其他个人，采取一次性收取租金形式出租不动产取得的租金收入，可在对应的租赁期内平均分摊，分摊后的月租金收入未超过 15 万元的，免征增值税。"上述条款及更早的国家税务总局公告 2019 年第 4 号第四条规定了个人出租不动产可以享受免征政策，但并未改变增值税的纳税义务发生时间，即采取预收款方式收取租金的，增值税纳税义务发生时间仍为财税〔2016〕36 号规定的收到预收款的时间，且只有自然人（非个体工商户）出租不动产（不含销售不动产）才能适用该小规模纳税人免税政策。

自然人适用该免税政策时，仍需在收到预收款时一次性申报，而非分摊到月申报，只是判断免税的条件可以分摊，并非纳税行为也分次进行。

312. 因败诉承担对方已支付的律师费和诉讼费等，如何在税前扣除？

案例：A 房地产公司（以下简称 A 公司）与某广告公司产生纠纷，该广告公司将 A 公司告上法庭，A 公司败诉，除支付违约金 1 000 万元外，还需承担广告公司已支付的律师费 100 万元和诉讼费 1 万元，A 公司无法取得发票。

问：因败诉承担的费用能否扣除？凭何票据扣除？

答：因败诉承担的费用属于与生产经营相关的资产损失，可以扣除，凭法院判决书和对方出具的收款凭证在税前扣除，无须备案，资产损失的资料由企业自行留存备查。

【政策依据】《企业所得税税前扣除凭证管理办法》（国家税务总局公告 2018 年第 28 号发布）：

第八条　税前扣除凭证按照来源分为内部凭证和外部凭证。

内部凭证是指企业自制用于成本、费用、损失和其他支出核算的会计原始凭证。内部凭证的填制和使用应当符合国家会计法律、法规等相关规定。

外部凭证是指企业发生经营活动和其他事项时，从其他单位、个人取得的用于证明其支出发生的凭证，包括但不限于发票（包括纸质发票和电子发票）、财政票据、完税凭证、收款凭证、分割单等。

《关于〈国家税务总局关于发布《企业所得税税前扣除凭证管理办法》的公告〉的解读》（国家税务总局公告 2018 年第 28 号解读）第三条中有如下规定：

（四）税前扣除凭证与相关资料的关系

企业在经营活动、经济往来中常常伴生有合同协议、付款凭证等相关资料，在某些情形下，则为支出依据，如法院判决企业支付违约金而出具的裁判文书。以上资料不属于税前扣除凭证，但属于与企业经营活动直接相关且能够证明税前扣除凭证真实性的资料，企业也应按照法律、法规等相关规定，履行保管责任，以备包括税务机关在内的有关部门、机构或者人员核实。

国家税务总局公告 2018 年第 15 号：

一、企业向税务机关申报扣除资产损失，仅需填报企业所得税年度纳税申报表《资产损失税前扣除及纳税调整明细表》，不再报送资产损失相关资料。相关资料由企业留存备查。

二、企业应当完整保存资产损失相关资料，保证资料的真实性、合法性。

三、本公告规定适用于 2017 年度及以后年度企业所得税汇算清缴。……

第二节　发票开具

313. 代开票是否需要加盖发票专用章？

案例：A 公司投资于某房地产开发公司，仅从事投资业务，日常以取得分红为主，未印制发票专用章。2019 年 4 月，A 公司转让其名下持有的房产一处，买方为个人，要求取得增值税发票。A 公司未曾领取过发票。因此，A 公司向税务机关申请代开增值税普通发票，但税务机关要求需在增值税普通发票上加盖 A 公司的发票专用章，否则不予开具。

问：税务机关要求是否合理？

答：不合理。代开增值税专用发票必须加盖开票方的财务或发票专用章，代开增值税普通发票无须加盖开票方的发票专用章，加盖税务机关的代开发票专用章即可。

【政策依据】国税函〔2004〕1024号第三条中规定了普通发票须加盖税务机关代开发票专用章，但依据《国家税务总局关于公布全文失效废止和部分条款失效废止的税收规范性文件目录的公告》（国家税务总局公告2018年第33号），该法规已全文废止。

据笔者了解，虽然该法规已废止，但由于无承接条款，各地税务机关依然按此口径执行，即代开增值税普通发票无须加盖开票方的发票专用章，加盖税务机关的代开发票专用章即可。

【政策依据】《税务机关代开增值税专用发票管理办法（试行）》（国税发〔2004〕153号发布）：

第十一条　增值税纳税人应在代开专用发票的备注栏上，加盖本单位的财务专用章或发票专用章。

《国家税务总局关于加强和规范税务机关代开普通发票工作的通知》（国税函〔2004〕1024号）第三条中规定：

代开普通发票应指定专人负责，一般应使用计算机开具，并确保开票记录完整、准确、可靠存储，不可更改；暂无条件使用计算机开具的，也可手工填开。无论使用计算机开具还是手工填开，均须加盖税务机关代开发票专用章，否则无效。

注：已废止但无承接条款。

314. 纳税人超出税务登记范围的业务应如何开票？

案例：A房地产公司（以下简称A公司）从事房地产开发业务，在工商及税务登记中，其只登记注册了房地产的业务范围，并领取专用发票自开。2018年5月，A公司零星发生了咨询服务，取得咨询服务收入500万元，需要开具发票给购买方。因咨询业务以后不会再发生，A公司不打算变更税务登记，增加税种认定和发票种类，而是向税务机关申请代开发票。但税务机关拒绝代开，要求A公司变更税务登记，增加税种认定和发票种类，自开发票。

问：税务机关的处理是否合理？

答：根据2017年5月6日国家税务总局政策解答发言材料，一般纳税人一律自开发票，税务机关不代开。

小规模纳税人涉及专用发票的可以代开，只开普通发票且已领取发票的，应比照一般纳税人自开发票。

【实操指南】A公司领取了专用发票，且年度销售额超过了500万元，是一般纳税人。一般纳税人一律自开发票，税务机关的要求合理。

315. 在营改增前已经缴纳营业税，营改增后补开了增值税零税率发票的售房合同，后续出现面积退差或退房，应如何处理？

答：与税务机关沟通，红冲之前的增值税发票，并申请退还营业税。

316. 补开营改增前已交营业税发票的时间限制有哪些？

问：营改增之前已收租金并缴纳了营业税，但未开发票，现在需要开具增值税发票，但是按照国家税务总局公告 2017 年第 11 号第七条规定，纳税人 2016 年 5 月 1 日前发生的营业税涉税业务，需要补开发票的，可于 2017 年 12 月 31 日前开具增值税普通发票（国家税务总局另有规定的除外），现在不可以开具不征税的增值税普通发票，那应该如何开具发票？

答：国家税务总局公告 2017 年第 11 号已明确规定此类业务补开发票的最迟期限是 2017 年 12 月 31 日。现在已逾期不能补开发票。

"税务总局另有规定的除外"指房地产销售，因此房地产销售可以补开增值税普通发票，不受时间限制。（国家税务总局公告 2016 年第 18 号：一般纳税人销售自行开发的房地产项目，其 2016 年 4 月 30 日前收取并已向主管地税机关申报缴纳营业税的预收款，未开具营业税发票的，可以开具增值税普通发票，不得开具增值税专用发票。）

317. 个人销售商铺给公司（一般纳税人），能否在税务机关代开增值税专用发票？

答：根据《国家税务总局关于发布〈纳税人转让不动产增值税征收管理暂行办法〉的公告》（国家税务总局公告 2016 年第 14 号）的规定，小规模纳税人转让其取得不动产，不能自行开具增值税发票的，可向不动产所在地主管税务机关申请代开。根据财税〔2016〕36 号，增值税纳税人包括单位和个人，个人是指个体工商户和其他个人，同时纳税人又分为一般纳税人和小规模纳税人，根据财税〔2016〕36 号第三条对小规模纳税人的定义，个人应属于小规模纳税人。因此，个人可以到不动产所在地主管税务机关申请代开增值税专用发票。

318. 选择按简易计税方法的企业能否自开或由税务机关代开增值税专用发票？取得该专用发票的一方能否抵扣进项税？

答：《国家税务总局关于全面推开营业税改征增值税试点有关税收征收管理事项的公告》（国家税务总局公告 2016 年第 23 号）第三条第（一）项规定："增值税一般纳税人销售货物、提供加工修理修配劳务和应税行为，使用增值税发票管理新系统（以下简称新系统）开具增值税专用发票、增值税普通发票、机动车销售统一发票、增值税电子普通发票。"因此，选择简易计税的一般纳税人可以自开增值税专用发票，但不能由税务机关代开增值税专用发票（小规模纳税人可由税务机关代开，包括个人）。取得方未用于不得抵扣项目，可以抵扣进项税。

319. 转让土地使用权差额计税应交增值税为 0，能否开具专用发票?

案例：A 房地产企业（以下简称 A 公司）于 2015 年 9 月取得某土地使用权，购置原价 5 亿元，2016 年 7 月对外转让，由于地价下行，转让价款 4.8 亿元。按照财税〔2016〕47 号规定，纳税人转让 2016 年 4 月 30 日前取得的土地使用权，A 公司选择适用简易计税方法。此时 A 公司转让取得的全部价款和价外费用低于取得该土地使用权的原价。

问：A 公司是否可以开具增值税专用发票?

答：纳税人转让 2016 年 4 月 30 日前取得的土地使用权，选择适用简易计税方法且销售额出现负数的，该土地使用权转让行为无须缴纳增值税，且不能开具增值税专用发票，只能开具增值税普通发票。

【实操指南】 即使开具增值税专用发票（走差额征税模块开具），专用发票上注明的税额也是 0，无可抵扣进项，开具增值税专用发票的意义也荡然无存。

320. 增值税一般纳税人发生超出其经营范围的业务，能否开具增值税发票?

答：纳税人真实发生的超出其经营范围的业务，一般纳税人可以据实自行开具增值税发票。

【实操指南】 部分地区税务机关要求先更改营业执照经营范围再开具增值税发票。

321. 专用发票接收方是否必须是一般纳税人?

答：根据《增值税暂行条例》第二十一条，应税销售行为的购买方为消费者个人的，或适用免税规定的，不得开具增值税专用发票。

从法规来看，并未规定对方必须是一般纳税人，小规模纳税人也可以。但在实务中，为方便征管，很多税务机关要求企业开票时需取得对方为一般纳税人的证明，避免开具的专用发票对方一直未认证而产生滞留数据。

【实操指南】 根据国家税务总局公告 2015 年第 59 号（以下简称 59 号公告）第一条，纳税人自办理税务登记至认定或登记为一般纳税人期间，未取得生产经营收入，未按照销售额和征收率简易计算应纳税额申报缴纳增值税的，其在此期间取得的增值税扣税凭证，可以在认定或登记为一般纳税人后抵扣之前取得的进项税额。公告第二条提到了"购买方纳税人取得的增值税专用发票"，也可以印证笔者的观点，即增值税小规模纳税人可以取得增值税专用发票，只是不能抵扣进项（59 号公告规定的情况除外：纳税人自办理税务登记至认定或登记为一般纳税人期间，未取得生产经营收入，未按照销售额和征收率简易计算应纳税额申报缴纳增值税的，其在此期间取得的增值税扣税凭证，可以在认定或登记为一般纳税人后抵扣进项税额）。

【政策依据】 《增值税暂行条例》：

第二十一条 纳税人发生应税销售行为，应当向索取增值税专用发票的购买方开具增值税专用发票，并在增值税专用发票上分别注明销售额和销项税额。

属于下列情形之一的，不得开具增值税专用发票：

（一）应税销售行为的购买方为消费者个人的；

（二）发生应税销售行为适用免税规定的。

国家税务总局公告 2015 年第 59 号：

现将纳税人认定或登记为一般纳税人前进项税额抵扣问题公告如下：

一、纳税人自办理税务登记至认定或登记为一般纳税人期间，未取得生产经营收入，未按照销售额和征收率简易计算应纳税额申报缴纳增值税的，其在此期间取得的增值税扣税凭证，可以在认定或登记为一般纳税人后抵扣进项税额。

二、上述增值税扣税凭证按照现行规定无法办理认证或者稽核比对的，按照以下规定处理：

（一）购买方纳税人取得的增值税专用发票，按照《国家税务总局关于推行增值税发票系统升级版有关问题的公告》（国家税务总局公告 2014 年第 73 号）规定的程序，由销售方纳税人开具红字增值税专用发票后重新开具蓝字增值税专用发票。

购买方纳税人按照国家税务总局公告 2014 年第 73 号规定填开《开具红字增值税专用发票信息表》或《开具红字货物运输业增值税专用发票信息表》时，选择"所购货物或劳务、服务不属于增值税扣税项目范围"或"所购服务不属于增值税扣税项目范围"。

（二）纳税人取得的海关进口增值税专用缴款书，按照《国家税务总局关于逾期增值税扣税凭证抵扣问题的公告》（国家税务总局公告 2011 年第 50 号）规定的程序，经国家税务总局稽核比对相符后抵扣进项税额。

············

---

322. 居民企业转让/出租不动产，是在不动产所在地开具发票还是在机构所在地开具发票？

案例： A 公司为居民企业，注册地在四川省，拥有位于上海市的某写字楼，于 2019 年 2 月将该写字楼出租，承租方注册所在地在上海。受让方要求 A 公司在上海税务局代开发票，不能自开，否则主管税务局不认可该扣除凭证。

问： 该要求是否合理？

答： 不合理。

不动产经营租赁在不动产所在地预缴，纳税义务发生时（收到预收款时）回机构所在地纳税申报，预缴不需要开具发票（税务局也不会代开预缴发票给纳税人），因此，该要求不合理。

【实操指南】 如果本例中，将出租改为转让，同理。

房地产开发企业销售不动产，销售房地产老项目适用一般计税方法的，在收到预收款时需在不动产所在地预缴，纳税义务发生（通常为交付）时申报缴纳。

非房地产开发企业转让自建或取得的不动产，在不动产所在地预缴，纳税义务发生时申报缴纳。

323. 红字普通发票是否需要填写红字发票信息表？

答：只有开具红字专用发票才需要填写红字发票信息表，红字普通发票可以直接开具，无须填写红字发票信息表。

324. 小规模纳税人转一般纳税人后，能否补开小规模纳税人期间的发票？

案例：A 房地产公司（以下简称 A 公司）成立之初被认定为小规模纳税人，发生了一笔咨询业务 200 万元，已申报增值税但未开票。2019 年 3 月 A 公司取得预售收入，销售额超过 500 万元，转登记为一般纳税人。6 月该咨询业务的客户要求提供发票。

问：A 公司能否补开小规模纳税人期间的发票？

答：A 公司已经申报增值税但未开发票，可以向主管税务机关申请开具原征收率的发票。

325. 一般纳税人转小规模纳税人后，能否继续自开专用发票？

案例：A 房地产公司成立之初被认定为一般纳税人，领取了专用发票和税控设备，2019 年 4 月，开发项目的存货基本销售完毕，A 房地产公司向主管税务机关申请转登记为小规模纳税人。

问：转登记后能否继续自开专用发票？

答：可以。根据《国家税务总局关于统一小规模纳税人标准等若干增值税问题的公告》（国家税务总局公告 2018 年第 18 号）第六条的规定，转登记纳税人可以继续使用现有税控设备开具增值税发票，不需要缴销税控设备和增值税发票。

因此，在一般纳税人期间已经领用税控设备开具专用发票的转登记纳税人，在转登记后可以继续自行开具专用发票（按小规模纳税人的征收率开具），不受小规模纳税人自开专用发票试点行业的限制。

第三节　发票保管

326. 已作废发票应如何处理？

答：根据《国家税务总局关于修订〈增值税专用发票使用规定〉的通知》（国税发〔2006〕156 号）第十三条，一般纳税人在开具专用发票当月，发生销货退回、开票有误等情形，收到退回的发票联、抵扣联符合作废条件的，按作废处理；开具时发现有误的，可即时作废。

作废专用发票须在防伪税控系统中将相应的数据电文按"作废"处理，在纸质专用发票（含未打印的专用发票）各联次上注明"作废"字样，全联次留存。

【实操指南】 作废发票须所有联次留存，作废字样应清晰可见，不能丢失或毁损。只有开票当月才能作废，次月及以后只能红冲。

【政策依据】 国税发〔2006〕156号：

第十四条 一般纳税人取得专用发票后，发生销货退回、开票有误等情形但不符合作废条件的，或者因销货部分退回及发生销售折让的，购买方应向主管税务机关填报《开具红字增值税专用发票申请单》……

---

327. 已开具的普通发票丢失是否需要登报声明？

案例：A公司开出一张增值税普通发票，后该发票记账联遗失，税务局要求登报声明。

问：已开具的普通发票丢失是否需要登报声明？

答：根据《国家税务总局关于公布取消一批税务证明事项以及废止和修改部分规章规范性文件的决定》（国家税务总局令第48号），登报声明要求自2019年7月起取消。发票丢失登报作废声明具体内容见表10-4。

表10-4 发票丢失登报作废声明

证明名称	证明用途	取消后的办理方式
发票丢失登报作废声明	使用发票的单位和个人发生发票丢失情形，应当于发现丢失当日书面报告税务机关，并登报声明作废，向税务机关提供刊登遗失声明的报刊版面。	不再提交。取消登报要求。

328. 发票丢失会受到税务处罚吗？

答：《发票管理办法》第三十六条规定："跨规定的使用区域携带、邮寄、运输空白发票，以及携带、邮寄或者运输空白发票出入境的，由税务机关责令改正，可以处1万元以下的罚款；情节严重的，处1万元以上3万元以下的罚款；有违法所得予以没收。丢失发票或者擅自损毁发票的，依照前款规定处罚。"

因此，丢失发票可以处1万元以下的罚款，情节严重的，处1万元以上3万元以下的罚款。

第十一章
涉税核算及其他

329. 划转资产的划出方所有者权益不够冲减应如何记账?

案例: H公司持有A公司和B公司100%的股权,拟将A公司名下的一块土地划转给B公司,适用国家税务总局公告2015年第40号。该公告规定:"受同一或相同多家母公司100%直接控制的子公司之间,在母公司主导下,一家子公司向另一家子公司按账面净值划转其持有的股权或资产,划出方没有获得任何股权或非股权支付。划出方按冲减所有者权益处理,划入方按接受投资处理。"在实际做账时,A公司会计发现,账面上该土地的成本为6亿元,而实收资本仅有500万元,资本公积为0,盈余公积和未分配利润为负,所有者权益为负。

问: A公司应如何做账?

答: 冲减所有者权益可以冲减资本公积,资本公积可以为负,如三一重工2012年三季度财务报告资本公积就是负数。

因此,A公司应借记无形资产或存货—6亿元,贷记资本公积—6亿元。

330. 预提土地增值税引起的递延所得税资产应如何核算?

案例: A房地产公司2018年结转主营业务收入2 000万元,按5%税率预提土地增值税100万元,2018年全年预收账款3 000万元,预缴土地增值税60万元。

问: 如何计算预提土地增值税引起的暂时性差异,确认递延所得税资产?

答: (预提土地增值税—预缴土地增值税)×适用所得税税率=递延所得税资产

预提土地增值税=当期结转不含税收入×土地增值税税负率

预缴土地增值税=当期预收账款×对应的土地增值税预征率(非累计)

当预提土地增值税小于预缴土地增值税时,不计提递延所得税资产。

会计分录为:(1)预缴土地增值税:

借:预付税金——预付土地增值税/应交税费——应交土地增值税①

贷:银行存款

(2)结转收入:

借:税金及附加

贷:应交税费——应交土地增值税②

(3)资产负债表日计提递延所得税资产:

借:递延所得税资产

贷:所得税费用——递延所得税③=(②-①)×25%

331. 金融商品转让，以盈亏相抵的余额作为销售额，应如何进行账务处理?

案例：A 公司 2018 年卖出 2 只股票，一盈一亏，根据财税〔2016〕36 号，金融商品转让，按照卖出价扣除买入价后的余额为销售额计算增值税，与日常计提增值税销项的情形不同。

问：在此情况下应如何进行账务处理？

答：根据《增值税会计处理规定》(财会〔2016〕22 号)：金融商品转让按规定以盈亏相抵后的余额作为销售额的账务处理。金融商品实际转让月末，如产生转让收益，则按应纳税额借记"投资收益"等科目，贷记"应交税费——转让金融商品应交增值税"科目；如产生转让损失，则按可结转下月抵扣税额，借记"应交税费——转让金融商品应交增值税"科目，贷记"投资收益"等科目。缴纳增值税时，应借记"应交税费——转让金融商品应交增值税"科目，贷记"银行存款"科目。年末，本科目如有借方余额，则借记"投资收益"等科目，贷记"应交税费——转让金融商品应交增值税"科目。

【政策依据】 财税〔2016〕36 号附件 2《营业税改征增值税试点有关事项的规定》第一条中规定：

> 金融商品转让，按照卖出价扣除买入价后的余额为销售额。
>
> 转让金融商品出现的正负差，按盈亏相抵后的余额为销售额。若相抵后出现负差，可结转下一纳税期与下期转让金融商品销售额相抵，但年末时仍然出现负差的，不得转入下一个会计年度。
>
> 金融商品的买入价，可以选择按照加权平均法或移动加权平均法进行核算，选择后 36 个月内不得变更。

332. 减免增值税应如何进行账务处理?

案例：A 公司安置残疾人，2018 年减免了增值税 6 000 元。

问：减免增值税应如何进行账务处理？

答：借"应交税费——应交增值税（减免税款）"，贷"营业外收入"。减免的增值税应纳入利润总额缴纳企业所得税（满足条件的不征税收入除外）。

初次购买增值税税控设备支出和技术维护费全额抵减等也按上述分录处理，如果是小微企业未超过 15 万元/月免征的，小微企业应先计提税金后转出到营业外收入。

333. 长期股权投资权益法确认的收益是否确认递延所得税?

案例：A 集团公司下投资设立了多家房地产开发企业，其中涉及合作项目的企业与合作方共同持股，此部分长期股权投资按权益法核算，按季确认权益法下的投资收益，调整长期股权投资账面价值。A 集团公司为上市公司，需要对外披露报表。

问：长期股权投资的账面价值变动，是否要确认递延所得税？

答：权益法核算的长期股权投资应考虑该项投资的持有意图，如果企业拟长期持有，一般不确认递延所得税。如果企业拟对外出售，按照税法规定，企业在转让或者处置投资资产时，投资资产的成本准予扣除。此时，长期股权投资账面价值与计税基础的暂时性差异，应确认递延所得税。

如果企业拟长期持有，则因初始投资成本的调整产生的暂时性差异预计未来期间不会转回，不确认递延所得税；因确认投资损益产生的暂时性差异，如果预计在未来期间分回股利时符合免税条件，不确认递延所得税；因确认应享有被投资单位其他权益变动而产生的暂时性差异，在长期持有的情况下预计未来期间不会转回，不确认递延所得税。

334. 土地作价入股形成长期股权投资，长期股权投资入账金额是否包含土地作价入股时缴纳的销项税？

答：不含。营改增后投资入股的不动产，进项税额可以抵扣，因此不计入资产成本。

335. 如何计算税后债务资金成本？

答：如果公司的息税前利润大于或等于利息支出的话，税后债务资金成本＝（应付利息＋手续费等直接费用－可抵扣的进项）÷融资额×（1－所得税税率）。注意与融资直接相关的费用产生的进项不可抵扣，但支付给第三方的除外。如与融资直接相关的底层资产清理费，向中介支付可以抵扣，向贷款方支付不可抵扣。

【政策依据】 财税〔2016〕36 号附件 2《营业税改征增值税试点有关事项的规定》第一条中规定：

纳税人接受贷款服务向贷款方支付的与该笔贷款直接相关的投融资顾问费、手续费、咨询费等费用，其进项税额不得从销项税额中抵扣。

---

336. 公司分红是按照股权比例还是实缴出资比例？

答：按实缴出资比例或按约定（协议或章程）。《中华人民共和国公司法》第三十四条规定：股东按照实缴的出资比例分取红利；公司新增资本时，股东有权优先按照实缴的出资比例认缴出资。但是，全体股东约定不按照出资比例分取红利或者不按照出资比例优先认缴出资的除外。

337. 某一方股东增资扩股，增资后的持股比例是否可以按约定而不按出资金额占比？

答：持股比例不能约定，除非增资金额大于持股比例应增金额，一部分进了资本公积，也就是说，增资 10 万元，里面可能是 5 万元增加了注册资本。持股比例虽然不能约定，但分红比例可以约定，或者 AB 股，同股不同权，表决权也可以约定。

338. 延期申报导致未及时足额缴纳税款，是否存在税务风险？

答： 经税务机关批准的延期申报不会引起税务风险，不加收滞纳金。国税函〔2007〕753 号第一条规定："《中华人民共和国税收征收管理法》（以下简称税收征管法）第二十七条规定，纳税人不能按期办理纳税申报的，经税务机关核准，可以延期申报，但要在纳税期内按照上期实际缴纳的税额或者税务机关核定的税额预缴税款，并在核准的延期内办理税款结算。预缴税款之后，按照规定期限办理税款结算的，不适用税收征管法第三十二条关于纳税人未按期缴纳税款而被加收滞纳金的规定。"第二条规定："经核准预缴税款之后按照规定办理税款结算而补缴税款的各种情形，均不适用加收滞纳金的规定。在办理税款结算之前，预缴的税额可能大于或小于应纳税额。当预缴税额大于应纳税额时，税务机关结算退税但不向纳税人计退利息；当预缴税额小于应纳税额时，税务机关在纳税人结算补税时不加收滞纳金。"

339. 旅游公司开具的旅游服务费应计入什么科目？

答： 旅游公司开具的旅游服务费，如果是提供给员工团建活动的，应借记"应付职工薪酬——福利费"科目；如果是提供给客户的，应借记"营销费用"科目。

340. 对施工方罚款应如何进行账务处理？

答： 罚款作为营业外收入，开收据给施工方，工程款按工程造价开具发票，不冲减成本。

341. 如果本年产生可抵扣亏损，本年年末应如何记账？

答： 按可抵扣亏损×税率，借记"递延所得税资产"，贷记"所得税费用"（或借记"所得税费用"负数）。

计入当年利润表的所得税费用＝（利润总额＋永久性差异）×25％

推导过程如下：
按实际应交口径确认应交所得税：
 借：所得税费用（（利润总额＋永久性差异＋暂时性差异＋预计毛利额－免税所得－实际弥补亏损）×25％）
  贷：应交所得税
按暂时性差异确认递延所得税资产和负债：
 借：递延所得税资产
  贷：递延所得税负债
   所得税费用（金额为递延所得税资产和金额为递延所得税负债的差额）
按本年实际弥补的亏损减少以前年度确认的递延所得资产：
 借：所得税费用（实际弥补的以前年度亏损×25％）
  贷：递延所得税资产

按预计毛利额×税率确认预交所得税，本金额不在递延所得税资产中体现，可以理解为根据证监会的要求，将递延所得税资产中预计毛利确认的部分，转移到预交所得税中确认，报表科目反映为其他流动资产：

借：预交所得税

贷：所得税费用（预计毛利额×25％）

综上：

$$所得税费用借方余额＝（利润总额＋永久性差异＋暂时性差异＋预计毛利额$$
$$－免税所得－实际弥补亏损）×25％－暂时性差异×25％$$
$$＋实际弥补的以前年度亏损×25％－预计毛利额×25％$$
$$＝（利润总额＋永久性差异）×25％$$

除了利润总额和永久性差异（免税所得也是永久性差异），暂时性差异和亏损弥补都不影响所得税费用金额。

342. 企业没有清算项目，年末是不是无须预提土地增值税？

答：企业没有清算项目也可能有结转收入，只要有结转收入，根据收入成本税金匹配的原则，就应该预提土地增值税。

343. 我们现在没有土地增值税清算项目，每个月会按预收款的比例预缴土地增值税，那么还需要将预缴的这部分土地增值税确认为递延所得税资产吗？

答：不需要。实际预缴的土地增值税在账上会形成预付的资产（一般计入其他流动资产），本身就是一项资产，再确认递延所得税资产会造成重复。

344. 开工前发生的借款利息，是否可以资本化？

答：不可以。

《会计准则17号——借款费用》第五条规定：资产支出、借款费用已经发生，且为使资产达到预定可使用/可销售状态所必要的构建或生产活动已经开始，借款费用资本化才能开始。

《企业所得税法实施条例》第三十七条规定：企业为购置、建造固定资产、无形资产和经过12个月以上的建造才能达到预定可销售状态的存货发生借款的，在有关资产购置、建造期间发生的合理的借款费用，应当作为资本性支出计入有关资产的成本，并依照本条例的规定扣除。

可见，无论是会计还是税法，均要求资产构建已经开始才能资本化。

345. 证监会《会计监管工作通讯》2017年第4期明确预收账款×毛利率部分不确认递延所得税资产以后，对预计毛利额部分应如何进行账务处理？

答：（1）没有"递延税项——预交企业所得税"科目的处理如下：

预缴时：

借：应交税费——应交企业所得税

    贷：银行存款

预付所得税沉淀在"应交税费"借方。

结转时：

借：所得税费用

    贷：应交税费——应交企业所得税

如果企业因亏损没有预缴所得税，假设亏损 100 万元，应预付所得税 5 万元，预缴时分录为（单位：万元）：

借：递延所得税资产（100×0.25-5）   20

    应交税费——应交企业所得税   5

    贷：所得税费用   25

（2）有"递延税项——预交企业所得税"科目的处理如下：

预缴时：

借：递延税项——预交企业所得税

    贷：应交税费——应交企业所得税

借：应交税费——应交企业所得税

    贷：银行存款

预付所得税沉淀在"递延税项"借方。

结转时：

借：所得税费用

    贷：递延税项——预交企业所得税

【实操指南】 上述处理较麻烦，实操中建议账务处理还是计入递延所得税资产，在出具报表时将这部分递延所得税资产重分类到其他流动资产。

【政策依据】《会计监管工作通讯》（2017 年第 4 期）：

预缴收入不应确认递延所得税。按照企业会计准则规定，企业应采用资产负债表债务法核算所得税，其中在确定计税基础和当期应纳税所得额时，应以适用的税收法规为基础。根据税法相关规定，企业应当按月份或者季度预缴企业所得税，在年度终了之日起五个月内，计算应纳税所得额进行汇算清缴。对于采取预售方式销售的房地产开发企业，取得的预售收入应按照规定的预计利润率分月或季计算预计利润额，计入利润总额预缴，开发产品完工、结算计税成本后按照实际利润再行调整。年报分析发现，个别从事房地产业务的上市公司，在取得预售收入并预缴所得税时，将预缴收入作为计税基础，确认递延所得税资产。公司应把该预缴所得税款作为已支付的所得税，超过应支付的部分作为资产列示。已取得的预售款中尚未满足收入确认条件的部分，应确认为负债。税法对于收入的确认原则一般与会计确认原则一致，计税基础等于账面价值，不存在暂时性差异，不应确认递延所得税资产。

---

346. 递延所得税是按年还是按月计提？

答： 根据会计准则，递延所得税在资产负债表日计提，一般按年，其他需要对外报出报表日的时间也需要计提，如上市公司发布半年报等（虽然未经审计的数据不一定准确）。实践中需根据公司规定进行计提。

【政策依据】《企业会计准则第 18 号——所得税》：

第十六条　资产负债表日，对于当期和以前期间形成的当期所得税负债（或资产），应当按照税法规定计算的预期应交纳（或返还）的所得税金额计量。

第十七条　资产负债表日，对于递延所得税资产和递延所得税负债，应当根据税法规定，按照预期收回该资产或清偿该负债期间的适用税率计量。

⋯⋯⋯⋯⋯

---

347. 用母公司的股权激励员工应如何进行账务处理？

答： 母公司做分录：

借：长期股权投资
　　贷：实收资本

子公司做分录：

借：管理费用
　　贷：资本公积——其他资本公积

合并层面母公司的长期股权投资和子公司的资本公积抵消，合并层面是增加了实收资本（增发股份或减少库存股）和管理费用（工资薪金）。

348. 用母公司的母公司的股权激励员工应如何进行账务处理？

答： 母公司的母公司做分录：

借：长期股权投资
　　贷：实收资本

母公司做分录：

借：长期股权投资
　　贷：资本公积

子公司做分录：

借：管理费用
　　贷：资本公积——其他资本公积

合并层面母公司的长期股权投资和子公司的资本公积抵消，母公司的母公司的长期股权投资和母公司的资本公积抵消，合并层面是增加了实收资本（增发股份或减少库存股）和管理费用（工资薪金）。

349. 增值税税收减免是否全部进其他收益?

答: 否。根据财会〔2016〕22号第二条规定,增值税税控系统专用设备和技术维护费用抵减增值税额一般冲减管理费用,其他当期直接减免的增值税贷记损益类科目,并未明确具体科目名称,企业可根据需要自行判断。

【实操指南】 根据国家税务总局微信公众号推送的解读,加计抵减增值税贷记"其他收益"科目。

【政策依据】 财会〔2016〕22号第二条关于减免增值税的账务处理规定"对于当期直接减免的增值税,借记'应交税金——应交增值税(减免税款)'科目,贷记损益类相关科目";关于增值税税控系统专用设备和技术维护费用抵减增值税额的账务处理,规定"按现行增值税制度规定,企业初次购买增值税税控系统专用设备支付的费用以及缴纳的技术维护费允许在增值税应纳税额中全额抵减的,按规定抵减的增值税应纳税额,借记'应交税费——应交增值税(减免税款)'科目(小规模纳税人应借记'应交税费——应交增值税'科目),贷记'管理费用'等科目"。

国家税务总局关于增值税加计抵减会计处理方式的微信公众号文章解读:

近期,财政部、税务总局和海关总署印发了《关于深化增值税改革有关政策的公告》(财政部 税务总局 海关总署公告2019年第39号,以下简称"第39号公告"),规定"自2019年4月1日至2021年12月31日,允许生产、生活性服务业纳税人按照当期可抵扣进项税额加计10%,抵减应纳税额"。现就该规定适用《增值税会计处理规定》(财会〔2016〕22号)的有关问题解读如下:

生产、生活性服务业纳税人取得资产或接受劳务时,应当按照《增值税会计处理规定》的相关规定对增值税相关业务进行会计处理;实际缴纳增值税时,按应纳税额借记"应交税费——未交增值税"等科目,按实际纳税金额贷记"银行存款"科目,按加计抵减的金额贷记"其他收益"科目。

【关联问题】 增值税税收优惠均计入损益类科目,纳入企业所得税应纳税所得额缴税,但企业所得税的优惠(如研发费用加计扣除)无须在账面进行处理,也无须就本税种的优惠金额再计算缴纳一次所得税。

第四篇
特殊事项

第十二章
跟投制度中的合伙企业

第一节　合伙企业取得股息、红利征免问题

350. 合伙企业取得股息、红利，个人合伙人应如何纳税?

案例: 山东青岛某项目公司 E 设立了跟投制度，即由员工持有部分股份，共享收益，共担风险，以激励员工。2018 年 1 月，该公司设立了有限合伙企业 F，并引入员工个人作为 F 的合伙人，由该有限合伙企业 F 持有青岛项目公司 E 2% 的股份。2018 年青岛项目公司 E 实现盈利 2 000 万元，于年底进行分红，有限合伙企业 F 分得红利 40 万元，并全部向合伙人个人分配。

问: 合伙企业取得股息、红利，个人合伙人应如何纳税?

答: 根据《国家税务总局关于〈关于个人独资企业和合伙企业投资者征收个人所得税的规定〉执行口径的通知》(国税函〔2001〕84 号) 第二条，分红所得应作为投资者个人的股息、红利所得计算缴纳个人所得税，按 20% 的固定税率缴税，而不是按生产经营所得累进税率缴税。

【实操指南】 (1) 此处需要辨析合伙企业取得股息、红利和取得生产经营所得的不同情形。

取得股息、红利，适用国税函〔2001〕84 号第二条，按股息、红利所得固定税率 20% 缴税，由合伙企业按次 (取得时) 代扣代缴。

取得生产经营所得，适用《关于个人独资企业和合伙企业投资者征收个人所得税的规定》(财税〔2000〕91 号附件 1) 第二十条，投资者从合伙企业取得的生产经营所得，由合伙企业申报缴纳投资者应纳的个人所得税，按生产经营所得累进税率缴税，且不存在代扣代缴概念。个人合伙人的生产经营所得个人所得税应由合伙企业进行申报缴纳，而不是代扣代缴概念，体现了合伙企业在税法上不具有实体，仅仅作为操作主体的特性。

(2) 需要注意的是，国税函〔2001〕84 号仅仅明确了合伙企业取得股息、红利按投资者个人取得股息、红利计算税款，但并未明确合伙人个人取得股息、红利的纳税义务发生时间是与生产经营所得一样先分后税，以被投资企业向合伙企业分配的时间为准，还是按合伙企业向投资者分配的时间，由合伙企业代扣代缴 (两个时间相差可能跨年)。

股息、红利的代扣代缴义务人也存在争议：到底是合伙企业还是被投资企业呢？笔者倾向于合伙企业，一是被投资企业难以得知合伙企业的合伙人构成，二是合伙企业也属于个人所得税法规定的向个人支付所得的单位或个人。

但财税〔2000〕91号只规定了投资者从合伙企业取得的生产经营所得（未规定股息、红利所得），由合伙企业向企业实际经营管理所在地主管税务机关申报缴纳投资者应纳的个人所得税，并将个人所得税申报表抄送投资者。

上述争议还需国家税务总局尽早出台相关政策，消除政策模糊性。

（3）个人合伙人在合伙企业亏损的情况下，依然需要就"利息、股息、红利所得"缴纳所得税。

【政策依据】《国家税务总局关于〈关于个人独资企业和合伙企业投资者征收个人所得税的规定〉执行口径的通知》（国税函〔2001〕84号）：

> 二、关于个人独资企业和合伙企业对外投资分回利息、股息、红利的征税问题
>
> 个人独资企业和合伙企业对外投资分回的利息或者股息、红利，不并入企业的收入，而应单独作为投资者个人取得的利息、股息、红利所得，按"利息、股息、红利所得"应税项目计算缴纳个人所得税。以合伙企业名义对外投资分回利息或者股息、红利的，应按《通知》所附规定的第五条精神确定各个投资者的利息、股息、红利所得，分别按"利息、股息、红利所得"应税项目计算缴纳个人所得税。

《个人所得税法》第十二条中规定：

> 纳税人取得利息、股息、红利所得，财产租赁所得，财产转让所得和偶然所得，按月或者按次计算个人所得税，有扣缴义务人的，由扣缴义务人按月或者按次代扣代缴税款。

351. 合伙企业取得股息、红利，法人合伙人能否免税？

案例：接上例，山东青岛某项目公司 E 设立了跟投制度，即由员工持有部分股份，共享收益，共担风险，以激励员工。2018 年 1 月，该公司设立了有限合伙企业 F，并引入员工个人作为 F 的合伙人，同时该项目公司又于上海设立了某有限责任公司 B 作为 F 的普通合伙人，行使管理职能。该有限合伙企业 F 持有青岛项目公司 E 2% 的股份。2018 年青岛项目公司 E 实现盈利 2 000 万元，于年底进行分红，有限合伙企业 F 分得红利 40 万元，并全部向合伙人分配。公司 B 分得红利 10 万元。

问：合伙企业取得股息、红利，法人合伙人能否免税？

答：不能。根据《企业所得税法》第二十六条第二项，符合条件的居民企业之间的股息、红利等权益性投资收益作为免税收入，免缴企业所得税；同时于第一条规定了个人独资企业、合伙企业不适用本法。因此，合伙企业取得居民企业分配的股息、红利，

即使合伙人和被投资企业都满足免税条件，并且我国合伙企业是非税收实体（穿透征税），但只要有合伙企业插入链条，就不能满足免税条件。

【实操指南】 （1）笔者在国家税务总局大企业司开会时，总局领导在会上确认了该口径。因此，当居民企业投资于居民企业时，则满足股息、红利免税条件；但当居民企业投资于合伙企业，合伙企业再投资于居民企业时，则不满足股息、红利免税条件。

因此，在考虑股权架构的设置时，企业需要考虑增设合伙企业对税收的影响。如跟投制度的设置，合伙企业仅用来作为员工代持平台，而不能作为上一级企业股东的代持平台。这也是目前业内普遍采用的方式，即合伙企业与大股东同级持股。

（2）企业合伙人在合伙企业亏损的情况下，不需要单独就股息、红利所得缴纳所得税（与个人投资者不同）。

【政策依据】 《企业所得税法》：

第二十六条 企业的下列收入为免税收入：

（一）国债利息收入；

（二）符合条件的居民企业之间的股息、红利等权益性投资收益；

（三）在中国境内设立机构、场所的非居民企业从居民企业取得与该机构、场所有实际联系的股息、红利等权益性投资收益；

（四）符合条件的非营利组织的收入。

---

352. 合伙企业持有 1 年以上的股票分红，个人投资者应如何纳税？

案例： 接上例，山东青岛某项目公司 E 设立了跟投制度，即由员工持有部分股份，共享收益，共担风险，以激励员工。2018 年 1 月，该公司设立了有限合伙企业 F，并引入员工个人作为 F 的合伙人，由该有限合伙企业 F 持有青岛项目公司 E 2% 的股份。F 合伙企业于 2018 年 2 月购买了某上市公司股票，2019 年 3 月该上市公司宣布分红，4 月实际支付分红。期间合伙企业的投资者没有发生变化。

问： 合伙企业的自然人投资者需要缴纳分红的个人所得税吗？

答： 根据财税〔2015〕101 号第一条，个人从公开发行和转让市场取得的上市公司股票，持股期限超过 1 年的，股息、红利所得暂免征收个人所得税。

根据国税函〔2001〕84 号第二条，个人独资企业和合伙企业对外投资分回的利息或者股息、红利，不并入企业的收入，而应单独作为投资者个人取得的利息、股息、红利所得。

根据以上两个文件的规定，合伙企业的个人投资者可以适用财税〔2015〕101 号暂免征收个人所得税的规定。

【实操指南】 个人投资者可以适用股票、红利个人所得税免征的规定，但企业投资者不可以适用居民企业分红的免税规定（因为合伙企业不是居民企业）。

第二节 合伙企业份额/股权转让计税

353. 合伙企业的个人合伙人转让合伙份额，应如何计税？

案例：接上例，山东青岛某项目公司 E 设立了跟投制度，即由员工持有部分股份，共享收益，共担风险，以激励员工。2018 年 1 月，该公司设立了有限合伙企业 F，并引入员工个人作为 F 的合伙人，由该有限合伙企业 F 持有青岛项目公司 E 2%的股份。该合伙企业成立后不仅收取项目公司分红，同时还从事咨询服务，取得部分收入。2019 年 1 月，合伙企业 F 的一个员工合伙人离职，拟将该合伙人持有的份额转让给另一位员工。

问：该员工转让合伙份额，应如何计算税款？

答：我国税法无明确规定，实践中有以下三种做法。一是根据国家税务总局公告 2011 年第 41 号，直接按转让金额减去取得成本计算"财产转让所得"缴纳所得税；二是根据财税〔2000〕91 号附件 1 第七条，按转让收入的一定比例核定征收所得税（适用于账务不健全的合伙企业）；三是参照广州市地方税务局发文穗地税函〔2010〕141 号第四条（无全国性规定），按"财产转让所得"扣除已按生产经营所得和股息、红利所得纳税的留存收益金额计税。

【实操指南】 第一种方式较为普遍，且有规章支撑，被广泛采用。

第二种方式，在核定率较低的地区，对纳税人更为有利，企业可以在设立合伙企业时，优先选择核定率较低的地区。

第三种方式相对科学，能避免重复征税，但仍存在争议，即转让期初（如季度初）至转让时点正常生产经营（除股息、红利，因为股息、红利已经按次纳税，不是按季纳税）产生的留存收益，尚未按照生产经营所得缴纳过税款，在转让时是按生产经营所得还是财产转让所得纳税，存在争议。同时，生产经营所得按累进税率纳税，而财产转让所得按 20%固定税率纳税，在争议选择中存在筹划空间，企业可以根据测算选择较低档税率的税目（需与税务机关沟通）。

但第三种方式在法规上仍缺乏足够支撑。从穗地税函〔2010〕141 号第四条的规定"个人独资企业和合伙企业投资者转让其在企业财产份额，应以其转让收入额减除财产原值和合理费用后的余额为应纳税所得额，按照'财产转让所得'项目适用 20%税率缴纳个人所得税。对合伙企业投资者退伙时分得的财产份额，比照前款规定计征'财产转让所得'项目个人所得税，但在计算投资者应纳税所得额时，可扣除被投资企业未分配利润等投资者留存收益中所分配金额"可以看出，广州仅针对退伙的合伙人规定了可以扣除留存收益的分配金额，但对转让并未规定可以从财产转让所得中扣除，实践中准予扣除更多是出于法理不重复征税的考虑，而无法规可支撑，税务机关未必认可。

为规避重复征税的争议，企业转让份额前，可以先实际分配已视同分配缴纳个人所得税的合伙企业未分配利润，实际分配后，如果是平价转让的，就不会产生税款（如果不分配，税务机关会根据国家税务总局公告 2014 年第 67 号第十四条按照净资产比例核定最低转让价款，此时未分配利润会有重复征税问题）；如果溢价转让，也能将转让所得最小化。

【政策依据】《关于个人独资企业和合伙企业投资者征收个人所得税的规定》（财税〔2000〕91 号附件 1）：

第七条 有下列情形之一的，主管税务机关应采取核定征收方式征收个人所得税：

（一）企业依照国家有关规定应当设置但未设置账簿的；

（二）企业虽设置账簿，但账目混乱或者成本资料、收入凭证、费用凭证残缺不全，难以查账的；

（三）纳税人发生纳税义务，未按照规定的期限办理纳税申报，经税务机关责令限期申报，逾期仍不申报的。

国家税务总局公告 2011 年第 41 号：

一、个人因各种原因终止投资、联营、经营合作等行为，从被投资企业或合作项目、被投资企业的其他投资者以及合作项目的经营合作人取得股权转让收入、违约金、补偿金、赔偿金及以其他名目收回的款项等，均属于个人所得税应税收入，应按照"财产转让所得"项目适用的规定计算缴纳个人所得税。

应纳税所得额的计算公式如下：

应纳税所得额＝个人取得的股权转让收入、违约金、补偿金、赔偿金及以其他名目收回款项合计数－原实际出资额（投入额）及相关税费

穗地税函〔2010〕141 号：

四、关于个人独资企业和合伙企业投资者转让财产份额如何征税问题

个人独资企业和合伙企业投资者转让其在企业财产份额，应以其转让收入额减除财产原值和合理费用后的余额为应纳税所得额，按照"财产转让所得"项目适用 20％税率缴纳个人所得税。

对合伙企业投资者退伙时分得的财产份额，比照前款规定计征"财产转让所得"项目个人所得税，但在计算投资者应纳税所得额时，可扣除被投资企业未分配利润等投资者留存收益中所分配金额。

《股权转让所得个人所得税管理办法（试行）》（国家税务总局公告 2014 年第 67 号发布）：

第十四条 主管税务机关应依次按照下列方法核定股权转让收入：

（一）净资产核定法

股权转让收入按照每股净资产或股权对应的净资产份额核定。

被投资企业的土地使用权、房屋、房地产企业未销售房产、知识产权、探矿权、采矿权、股权等资产占企业总资产比例超过 20％的，主管税务机关可参照纳税人提供的具有法定资质的中介机构出具的资产评估报告核定股权转让收入。

6 个月内再次发生股权转让且被投资企业净资产未发生重大变化的，主管税务机关可参照上一次股权转让时被投资企业的资产评估报告核定此次股权转让收入。

············

354. 合伙企业转让持有的股权份额，应如何计税？

案例： 接上例，山东青岛某项目公司 E 设立了跟投制度，即由员工持有部分股份，共享收益，共担风险，以激励员工。2018 年 1 月，该公司设立了有限合伙企业 F，并引入员工个人作为 F 的合伙人，由该有限合伙企业 F 持有青岛项目公司 E 2％的股份。该合伙企业于 2019 年 5 月将该合伙企业持有的 2％股份对外转让。

问： 合伙企业转让持有的股权份额，应如何计算税款？

答： 按照现行个人所得税法规定，合伙企业的合伙人为其纳税人，合伙企业转让股权所得，应按照"先分后税"原则，根据合伙企业的全部生产经营所得和合伙协议约定的分配比例确定合伙企业各合伙人的应纳税所得额，其自然人合伙人的分配所得应按照"个体工商户的生产、经营所得"项目缴纳个人所得税（采取超额累进的税率，5％至 35％）。

【实操指南】 在实践中，合伙企业转让股权，到底是与股息、红利一样，穿透到个人层面按财产转让所得的 20％税率计税，还是按生产经营所得累进税率计税，在各地的情形不太一致。

根据税总稽便函〔2018〕88 号第一条第（一）项的规定，合伙企业转让股权所得，比照经营所得项目，适用超额累进税率计税。虽然该文件为"便函"，属于内部文件，效力有限，但与现行法律规定一致，除利息、股息、红利所得外，合伙企业的所得均应按"先分后税"原则，按经营所得穿透到个人合伙人层面计税（除创投合伙企业选用单一核算的以外）。

如果按生产经营所得累进税率计税，就会出现个人合伙人直接投资与间接投资的差别税收待遇，即个人直接投资转让被投资企业股权时按照"财产转让所得"适用税率 20％，而通过合伙企业间接投资转让被投资企业股权时适用 5％～35％的五级超额累进税率征税。存在避税空间。

第三节 法人、个人合伙人申报问题

355. 项目公司有跟投的合伙企业（合伙人中有自然人），项目公司分红时，是否需要代扣代缴个人所得税？

案例： 接上例，山东青岛某项目公司 E 设立了跟投制度，即由员工持有部分股份，共享收益，共担风险，以激励员工。2018年1月，该公司设立了有限合伙企业F，并引入员工个人作为F的合伙人，由该有限合伙企业F持有青岛项目公司E 2%的股份。2018年青岛公司实现盈利2 000万元，于年底进行分红，有限合伙企业F分得红利40万元，并全部向合伙人个人分配。

问：青岛公司E财务人员在向有限合伙企业F支付分红款时，是否需要代扣代缴F企业合伙人的个人所得税？

答：不需要。F企业合伙人的个人所得税应由合伙企业F代扣代缴，而不是分红的项目公司E代扣代缴。根据国税函〔2001〕84号第二条，分红所得应作为投资者个人的股息、红利所得计算缴纳个人所得税。股息、红利所得一般由合伙企业进行代扣代缴。

【实操指南】 本例中，青岛公司E财务人员在向有限合伙企业F支付分红款时，不需要代扣代缴F企业合伙人的个人所得税。但F企业需要代扣代缴合伙人的个人所得税。

如果本例中F企业合伙人未将40万元的分红款向合伙人个人分配，而将这40万元对青岛公司进行了再投资，虽然40万元分红款增加了青岛公司E的股本，但仍然需要代扣代缴合伙人的个人所得税，不因是否分配给合伙人个人而改变纳税义务发生时间。

如果本例中F企业合伙人取得的是生产经营所得，同样，无论是否向合伙人个人分配，均需要申报缴纳（不是代扣代缴）合伙人的个人所得税，不因是否分配给合伙人个人而改变纳税义务发生时间。根据财税〔2008〕159号第三条中的规定，"生产经营所得和其他所得，包括合伙企业分配给所有合伙人的所得和企业当年留存的所得（利润）"，也就是说，无论合伙企业是否实际分配，只要有所得，均需在当期缴纳合伙人的所得税（也包含合伙人是企业的情况）。

【政策依据】 《国家税务总局关于〈关于个人独资企业和合伙企业投资者征收个人所得税的规定〉执行口径的通知》（国税函〔2001〕84号）：

二、关于个人独资企业和合伙企业对外投资分回利息、股息、红利的征税问题

个人独资企业和合伙企业对外投资分回的利息或者股息、红利，不并入企业的收入，而应单独作为投资者个人取得的利息、股息、红利所得，按"利息、股息、红利所得"应税项目计算缴纳个人所得税。以合伙企业名义对外投资分回利息或者股息、红利的，应按《通知》所附规定的第五条精神确定各个投资者的利息、股息、红利所得，分别按"利息、股息、红利所得"应税项目计算缴纳个人所得税。

财税〔2000〕91号附件1：

第二十条 投资者应向企业实际经营管理所在地主管税务机关申报缴纳个人所得税。投资者从合伙企业取得的生产经营所得，由合伙企业向企业实际经营管理所

在地主管税务机关申报缴纳投资者应纳的个人所得税，并将个人所得税申报表抄送投资者。

···········

财税〔2008〕159号：

二、合伙企业以每一个合伙人为纳税义务人。合伙企业合伙人是自然人的，缴纳个人所得税；合伙人是法人和其他组织的，缴纳企业所得税。

三、合伙企业生产经营所得和其他所得采取"先分后税"的原则。具体应纳税所得额的计算按照《关于个人独资企业和合伙企业投资者征收个人所得税的规定》（财税〔2000〕91号）及《财政部　国家税务总局关于调整个体工商户个人独资企业和合伙企业个人所得税税前扣除标准有关问题的通知》（财税〔2008〕65号）的有关规定执行。

前款所称生产经营所得和其他所得，包括合伙企业分配给所有合伙人的所得和企业当年留存的所得（利润）。

---

356. 合伙企业转让项目公司股权，是否需要代扣代缴投资人的个人所得税？

案例： 接上例，山东青岛某项目公司E设立了跟投制度，即由员工持有部分股份，共享收益，共担风险，以激励员工。2018年1月，该公司设立了有限合伙企业F，并引入员工个人作为F的合伙人，由该有限合伙企业F持有青岛项目公司E 2%的股份。后合伙企业F转让了该项目公司E的股权，取得股权转让所得200万元。

问： 合伙企业是否需要代扣代缴投资人的个人所得税？

答： 不需要。转让股权属于合伙企业的生产经营所得，应按季度预缴，年终申报，无须代扣代缴。

357. 合伙企业的个人合伙人何时申报税款？

案例： 接上例，山东青岛某项目公司E设立了跟投制度，即由员工持有部分股份，共享收益，共担风险，以激励员工。2018年1月，该公司设立了有限合伙企业F，并引入员工个人作为F的合伙人，由该有限合伙企业F持有青岛项目公司E 2%的股份。该合伙企业成立后不仅收取项目公司分红，同时从事咨询服务，取得部分收入。2018年，该合伙企业未进行季度预缴，仅在2019年3月底前进行了年度申报。2019年4月，青岛主管税务机关对该合伙企业F进行约谈，并对该合伙企业未进行季度预缴的情况实施了罚款。F企业对此提出异议。

问：（1）合伙企业是否需要按季度预缴个人投资者的个人所得税？

（2）青岛税务机关对合伙企业进行罚款是否合理？

答：（1）需要。根据财税〔2000〕91号附件1第十七条，合伙企业应按月或按季预缴个人投资者的个人所得税，年度终了后3个月内汇算清缴。

（2）合理。《税收征收管理法》第六十二条规定："纳税人未按照规定的期限办理纳税申报和报送纳税资料的，或者扣缴义务人未按照规定的期限向税务机关报送代扣代缴、代收代缴税款报告表和有关资料的，由税务机关责令限期改正，可以处二千元以下的罚款；情节严重的，可以处二千元以上一万元以下的罚款。"因此，青岛税务机关可以对F合伙企业处以二千元以下的罚款，如果情节严重，还可以处二千元以上一万元以下的罚款。

【实操指南】 合伙企业自然人合伙人的主管税务机关是合伙企业的主管税务机关，而不是自然人住所地的税务机关，因此，青岛税务机关对此具有管辖和处罚权。

即使本例中F合伙企业不从事咨询服务，仅取得分红收入，也需要按季度进行申报（零申报）。

【政策依据】 财税〔2000〕91号附件1：

第十七条 投资者应纳的个人所得税税款，按年计算，分月或者分季预缴，由投资者在每月或者每季度终了后7日内预缴，年度终了后3个月内汇算清缴，多退少补。

---

358. 合伙企业的个人合伙人纳税地点应如何确定？

案例： 接上例，山东青岛某项目公司E设立了跟投制度，即由员工持有部分股份，共享收益，共担风险，以激励员工。2018年1月，该公司设立了有限合伙企业F，并引入员工个人H作为F的有限合伙人，该有限合伙企业F持有青岛项目公司E 2%的股份。2018年5月，该公司又设立了天津子公司G，获取了天津某地块并对其进行开发，同时为贯彻员工激励制度，其又成立了合伙企业K，仍然引入了员工个人H作为K企业的有限合伙人。H的经常居住地为成都。F和K合伙企业成立后不仅收取项目公司E分红，同时从事咨询服务，取得部分收入。

问：（1）H投资了两个合伙企业，其应当向青岛还是天津的税务机关申报税款？

（2）年度终了后3个月内申报纳税时，H应如何填写申报表？

答：（1）个人合伙人向企业实际经营管理所在地主管税务机关预缴税款，如投资多个企业则分别预缴；汇算应向合伙企业实际经营管理所在地主管税务机关申报纳税，如投资多个企业则向经常居住地主管税务机关申报纳税，但经常居住地与其兴办企业的经营管理所在地不一致的，应选定其参与兴办的某一合伙企业的经营管理所在地为办理年度汇算清缴的所在地。

（2）根据财税〔2000〕91号附件1第十二条规定的"投资者兴办两个或两个以上企业的（包括参与兴办，下同），年度终了时，应汇总从所有企业取得的应纳税所得额，据此确定适用税率并计算缴纳应纳税款"，经咨询税务机关，个人合伙人应向合伙企业主管税务机关分别报送《个人所得税经营所得纳税申报表（B表）》（以下简称B表）并申报纳税，再向年度汇算清缴所在地（经常居住地或一处生产经营地）报送《个人所得税经营所得纳税申报表（C表）》（以下简称C表）补税，见表12-1。

表 12-1 个人所得税经营所得纳税申报表（C 表）

税款所属期： 年 月 日至 年 月 日

纳税人姓名：

纳税人识别号：□□□□□□□□□□□□□□□□□□□ 金额单位：人民币元（列至角分）

被投资单位信息			单位名称	纳税人识别号（统一社会信用代码）	投资者应纳税所得额
	汇总地				
	非汇总地	1			
		2			
		3			
		4			
		5			

项目	行次	金额/比例
一、投资者应纳税所得额合计	1	
二、应调整的个人费用及其他扣除（2＝3＋4＋5＋6）	2	
（一）投资者减除费用	3	
（二）专项扣除	4	
（三）专项附加扣除	5	
（四）依法确定的其他扣除	6	
三、应调整的其他项目	7	
四、调整后应纳税所得额（8＝1＋2＋7）	8	
五、税率（%）	9	
六、速算扣除数	10	
七、应纳税额（11＝8×9－10）	11	
八、减免税额（附报《个人所得税减免税事项报告表》）	12	
九、已缴税额	13	
十、应补/退税额（14＝11－12－13）	14	

谨声明：本表是根据国家税收法律法规及相关规定填报的，是真实的、可靠的、完整的。

纳税人签字： 年 月 日

经办人： 经办人身份证件号码： 代理机构签章： 代理机构统一社会信用代码：	受理人： 受理税务机关（章）： 受理日期： 年 月 日

【实操指南】 本例中，H 在季度预缴时，应分别向天津和青岛税务机关申报 K 和 F 的合伙企业利润所得税。年终汇算时，应分别向天津和青岛税务机关申报 K 和 F 的合伙企业利润所得税（填报 B 表），由于 H 的经常居住地成都同 K 和 F 所在地不一致，H 应选择青岛或天津税务机关合并申报 K 和 F 的合伙企业利润所得税（填报 C 表），补缴合并后税款减去合并前已在天津和青岛缴纳的税额。

如上例中 H 的经常居住地不在成都，而是在青岛，则 H 只能向青岛税务机关合并纳税。

收取红利部分按股息、红利所得单独纳税，不需要汇算清缴，也不存在预缴，均在合伙企业（代扣代缴人）所在地缴纳。

【政策依据】 财税〔2000〕91 号附件 1：

第十二条 投资者兴办两个或两个以上企业的（包括参与兴办，下同），年度终了时，应汇总从所有企业取得的应纳税所得额，据此确定适用税率并计算缴纳应纳税款。

··············

第二十条 投资者应向企业实际经营管理所在地主管税务机关申报缴纳个人所得税。投资者从合伙企业取得的生产经营所得，由合伙企业向企业实际经营管理所在地主管税务机关申报缴纳投资者应纳的个人所得税，并将个人所得税申报表抄送投资者。

投资者兴办两个或两个以上企业的，应分别向企业实际经营管理所在地主管税务机关预缴税款。年度终了后办理汇算清缴时，区别不同情况分别处理：

（一）投资者兴办的企业全部是个人独资性质的，分别向各企业的实际经营管理所在地主管税务机关办理年度纳税申报，并依所有企业的经营所得总额确定适用税率，以本企业的经营所得为基础，计算应缴税款，办理汇算清缴；

（二）投资者兴办的企业中含有合伙性质的，投资者应向经常居住地主管税务机关申报纳税，办理汇算清缴，但经常居住地与其兴办企业的经营管理所在地不一致的，应选定其参与兴办的某一合伙企业的经营管理所在地为办理年度汇算清缴所在地，并在 5 年内不得变更。5 年后需要变更的，须经原主管税务机关批准。

《国家税务总局关于修订个人所得税申报表的公告》（国家税务总局公告 2019 年第 7 号）明确：《个人所得税经营所得纳税申报表（B 表）》适用于查账征收的个体工商户业主、个人独资企业投资者、合伙企业个人合伙人、承包承租经营者个人以及其他从事生产、经营活动的个人在中国境内取得经营所得的个人所得税汇算清缴申报。《个人所得税经营所得纳税申报表（C 表）》适用于个体工商户业主、个人独资企业投资者、合伙企业个人合伙人、承包承租经营者个人以及其他从事生产、经营活动的个人在中国境内两处及以上取得经营所得，办理个人所得税的年度汇总纳税申报。

359. 合伙企业的法人合伙人纳税地点应如何确认？

案例：接上例，山东青岛某项目公司 E 设立了跟投制度，即由员工持有部分股份，共享收益，共担风险，以激励员工。2018 年 1 月，该公司设立了有限合伙企业 F，并引入员工个人作为 F 的有限合伙人，同时该项目公司又于上海设立了某有限责任公司 B 作为 F 的普通合伙人，行使管理职能。该有限合伙企业 F 持有青岛项目公司 E 2% 的股份。2019 年 5 月，B 公司在汇算清缴时向上海主管税务机关申报了按份额享有合伙企业的利润。

问：（1）B 公司在申报合伙企业利润时，向上海主管税务机关申报是否正确？

（2）B 公司仅在汇算清缴时申报了合伙企业利润，在预缴时未作申报，是否正确？

答：正确。（1）根据 2018 年版企业所得税申报表纳税调整项目表中第 41 行"（五）有限合伙企业法人合伙方分得的应纳税所得额"的设置，法人合伙人理论上应合并合伙企业分配所得，在机构所在地纳税。

（2）虽无政策明文规定企业合伙人是否应在季度预缴时合并合伙企业利润计算，但从企业所得税季度预缴申报表中可以看出，没有地方可以填列合伙企业利润。

【实操指南】（1）由于法人合伙人合并合伙企业分配所得在机构所在地纳税合理，因此 B 公司向上海税务机关申报无误。

与个人合伙人不同，法人合伙人无须区分分红所得和股息、红利所得，均纳入应纳税所得额计税。

需要注意的是，部分地方政策如湖北省鄂地税发〔2009〕37 号规定"合伙企业中法人和其他组织应缴纳的企业所得税由合伙企业的主管税务机关负责征收管理"，但同时又规定了"如国家税务总局有新规定，按新规定执行"。2018 年国家税务总局公布了新版企业所得税申报表，在纳税调整项目表中增加了第 41 行"（五）有限合伙企业法人合伙方分得的应纳税所得额"，因此，这一规定可以理解为国家税务总局的新规定。

（2）虽然季度企业所得税申报表中无须单独填列合伙企业利润，但如果企业合伙人在季度会计报表中包含了合伙企业利润，则应该在季度预缴时一并申报，不得调减报表中已包含的合伙企业利润。

2019 年 2 月 28 日，国家税务总局天津市税务局企业所得税处负责人通过门户网站"在线访谈"栏目，围绕纳税人普遍关心的 2018 年度企业所得税汇算清缴工作相关问题，在线回答网友提问。其中关于合伙企业合伙人季度预缴的回答与笔者理解一致（详见政策依据），即未计入季度利润的，企业在季度预缴时不用申报合伙企业利润（因政策缺失，当地税务机关有特殊规定的除外）；但在年度汇算清缴时，无论有无计入会计利润，均需确认合伙企业部分的应纳税所得额，一并纳税。

【政策依据】《湖北省地方税务局关于企业所得税有关政策执行口径的通知》（鄂地税发〔2009〕37 号）：

六、关于合伙企业中法人合伙人的纳税地点问题。

《财政部　国家税务总局关于合伙企业合伙人所得税问题的通知》（财税〔2008〕

159 号、省局鄂地税发〔2009〕4 号转发）规定，合伙企业生产经营所得和其他所得按"先分后税"的原则处理。合伙人是法人和其他组织的，缴纳企业所得税。根据企业所得税法规定，居民企业之间的股息红利等权益性投资收益为免税收入，为防止税收流失，合伙企业中法人和其他组织应缴纳的企业所得税由合伙企业的主管税务机关负责征收管理。

以上政策问题，如国家税务总局有新规定，按新规定执行。

国家税务总局天津市税务局关于 2018 年度企业所得税汇算清缴相关问题的在线访谈：

13、合伙企业生产经营所得和其他所得采取"先分后税"的原则，其法人合伙人从有限合伙企业分得的应纳税所得额应在何时确认所得？

按照《企业所得税法实施条例》规定，企业应当按照月度或者季度的实际利润额预缴，若法人合伙人取得的收益已计入当期利润的，则预缴申报时应按照实际利润额计算缴纳企业所得税；年末仍未计入当期利润的在汇算清缴时一并确认计算应纳税所得额。

第四节　合伙企业亏损弥补及涉外税收

360. 合伙企业发生亏损后是否可以结转以后年度弥补？

案例： 接上例，山东青岛某项目公司 E 设立了跟投制度，即由员工持有部分股份，共享收益，共担风险，以激励员工。2018 年 1 月，该公司设立了有限合伙企业 F，并引入员工个人 H 作为有限合伙人，该有限合伙企业 F 持有青岛项目公司 E 2% 的股份。2018 年 5 月，该公司设立了天津子公司 G，获取了天津某地块并对其进行开发，同时为贯彻员工激励制度，又成立了合伙企业 K，仍然引入了员工个人 H 作为 K 的有限合伙人。F 和 K 合伙企业成立后不仅收取项目公司分红，同时从事咨询服务，取得部分收入。

2018 年青岛公司 E 实现盈利 2 000 万元，于年底进行分红。有限合伙企业 F 分得红利 40 万元，并全部向合伙人个人分配；另外，其取得咨询服务利润 100 万元。

2018 年，天津子公司 G 未进行分红，而合伙企业 K 的咨询服务 2018 年账面产生亏损 30 万元。

问：（1）合伙企业 K 产生的 30 万元亏损可否结转弥补？

（2）H 合伙人能否用 K 的亏损抵减 F 的盈利后缴税？

答：（1）可以结转。根据财税〔2000〕91 号附件 1 第十四条，合伙企业的亏损可以结转以后年度弥补，最长不得超过 5 年。

（2）不能。财税〔2000〕91 号附件 1 第十四条规定，投资者兴办两个或两个以上企业的，企业的年度经营亏损不能跨企业弥补。

【政策依据】《关于个人独资企业和合伙企业投资者征收个人所得税的规定》（财税〔2000〕91号附件1）第十四条规定，企业的年度亏损，允许用本企业下一年度的生产经营所得弥补，下一年度所得不足弥补的，允许逐年延续弥补，但最长不得超过5年。投资者兴办两个或两个以上企业的，企业的年度经营亏损不能跨企业弥补。

《财政部　国家税务总局关于合伙企业合伙人所得税问题的通知》（财税〔2008〕159号）第五条规定，合伙企业的合伙人是法人和其他组织的，合伙人在计算其缴纳企业所得税时，不得用合伙企业的亏损抵减其盈利。

【关联问题】　如果上例中个人合伙人变为公司合伙人，公司合伙人是否可以用K的亏损抵减F的盈利后缴税？

答案是不可以。《财政部　国家税务总局关于合伙企业合伙人所得税问题的通知》（财税〔2008〕159号）第五条规定，合伙企业的合伙人是法人和其他组织的，合伙人在计算其缴纳企业所得税时，不得用合伙企业的亏损抵减其盈利。

361. 合伙企业引入香港合伙人有无税收上的优势？

案例：我公司拟收购A项目公司，A项目公司的母公司是合伙企业，且该合伙企业在工商登记系统中查询为"港澳台合伙企业"，经核实，该合伙企业于2015年引入了一名香港合伙人。

问：该合伙企业引入香港合伙人是否出于税收上的安排？

答：有可能。根据国家税务总局公告2018年第11号第五条，如果合伙人为税收协定缔约对方居民，则该合伙人属于税收协定适用的范围。无论香港合伙人是个人还是企业，符合税收协定要求的（国税函〔2006〕884号附件《内地和香港特别行政区关于对所得避免双重征税和防止偷漏税的安排》中规定的受益所有人身份、持有合伙企业至少25%的股份），合伙企业取得分红时可以按5%缴纳所得税。如果香港合伙人是企业，则合伙企业转让股权，视同合伙人取得股权转让所得，如无证据表明该合伙人在境内有常设机构的，根据税收协定及企业所得税法的规定，应按10%的税率缴纳企业所得税。

【实操指南】　合伙企业的优势在于，其可以把投资人的主管税务机关所在地（被投资企业所在地），部分转变为合伙企业的主管税务机关所在地（相当于能人为地转移主管税务机关）。由于香港实行税收属地管辖，来源于内地的所得无须再回香港缴税。因此，该合伙企业引入香港合伙人，可以在分红时享受5%协定税率，在退出时享受10%预提所得税率，比内地合伙人25%的税率更低。

合伙人适用税收协定享受5%的分红，实践中需与主管税务机关沟通是否适用，且需要参照《非居民纳税人享受税收协定待遇管理办法》（国家税务总局公告2015年第60号发布，已全文废止）的规定报送相关文件。《非居民纳税人享受税收协定待遇管理办法》第七条内容如下：

第七条　非居民纳税人需享受协定待遇的，应在纳税申报时自行报送或由扣缴义务人在扣缴申报时报送以下报告表和资料：

（一）《非居民纳税人税收居民身份信息报告表》；

（二）《非居民纳税人享受税收协定待遇情况报告表》；

（三）由协定缔约对方税务主管当局在纳税申报或扣缴申报前一个公历年度开始以后出具的税收居民身份证明；享受税收协定国际运输条款待遇或国际运输协定待遇的企业，可以缔约对方运输主管部门在纳税申报或扣缴申报前一个公历年度开始以后出具的法人证明代替税收居民身份证明；享受国际运输协定待遇的个人，可以缔约对方政府签发的护照复印件代替税收居民身份证明；

（四）与取得相关所得有关的合同、协议、董事会或股东会决议、支付凭证等权属证明资料；

（五）其他税收规范性文件规定非居民纳税人享受特定条款税收协定待遇或国际运输协定待遇应当提交的证明资料。

非居民纳税人可以自行提供能够证明其符合享受协定待遇条件的其他资料。

【政策依据】 关于股息，国税函〔2006〕884号附件《内地和香港特别行政区关于对所得避免双重征税和防止偷漏税的安排》在第十条中规定："一、一方居民公司支付给另一方居民的股息，可以在该另一方征税。二、……如果股息受益所有人是另一方的居民，则所征税款不应超过：（一）如果受益所有人是直接拥有支付股息公司至少25%股份的，为股息总额的5%；（二）在其他情况下，为股息总额的10%。"

《国家税务总局关于税收协定执行若干问题的公告》（国家税务总局公告2018年第11号）在第五条中规定，"依照中国法律在中国境内成立的合伙企业，其合伙人为税收协定缔约对方居民的，该合伙人在中国负有纳税义务的所得被缔约对方视为其居民的所得的部分，可以在中国享受协定待遇"。在第六条中规定"内地与香港、澳门特别行政区签署的避免双重征税安排执行的有关问题适用本公告"。

《国家税务总局关于税收协定中"受益所有人"有关问题的公告》（国家税务总局公告2018年第9号）：

一、"受益所有人"是指对所得或所得据以产生的权利或财产具有所有权和支配权的人。

二、判定需要享受税收协定待遇的缔约对方居民（以下简称"申请人"）"受益所有人"身份时，应根据本条所列因素，结合具体案例的实际情况进行综合分析。一般来说，下列因素不利于对申请人"受益所有人"身份的判定：

（一）申请人有义务在收到所得的12个月内将所得的50%以上支付给第三国（地区）居民，"有义务"包括约定义务和虽未约定义务但已形成支付事实的情形。

（二）申请人从事的经营活动不构成实质性经营活动。实质性经营活动包括具有实质性的制造、经销、管理等活动。申请人从事的经营活动是否具有实质性，应根据其实际履行的功能及承担的风险进行判定。

申请人从事的具有实质性的投资控股管理活动，可以构成实质性经营活动；申请人从事不构成实质性经营活动的投资控股管理活动，同时从事其他经营活动的，如果其他经营活动不够显著，不构成实质性经营活动。

（三）缔约对方国家（地区）对有关所得不征税或免税，或征税但实际税率极低。

（四）在利息据以产生和支付的贷款合同之外，存在债权人与第三人之间在数额、利率和签订时间等方面相近的其他贷款或存款合同。

（五）在特许权使用费据以产生和支付的版权、专利、技术等使用权转让合同之外，存在申请人与第三人之间在有关版权、专利、技术等的使用权或所有权方面的转让合同。

三、申请人从中国取得的所得为股息时，申请人虽不符合"受益所有人"条件，但直接或间接持有申请人100%股份的人符合"受益所有人"条件，并且属于以下两种情形之一的，应认为申请人具有"受益所有人"身份：

（一）上述符合"受益所有人"条件的人为申请人所属居民国（地区）居民；

（二）上述符合"受益所有人"条件的人虽不为申请人所属居民国（地区）居民，但该人和间接持有股份情形下的中间层均为符合条件的人。

"符合'受益所有人'条件"是指根据本公告第二条的规定，综合分析后可以判定具有"受益所有人"身份。

"符合条件的人"是指该人从中国取得的所得为股息时根据中国与其所属居民国（地区）签署的税收协定可享受的税收协定待遇和申请人可享受的税收协定待遇相同或更为优惠。

四、下列申请人从中国取得的所得为股息时，可不根据本公告第二条规定的因素进行综合分析，直接判定申请人具有"受益所有人"身份：

（一）缔约对方政府；

（二）缔约对方居民且在缔约对方上市的公司；

（三）缔约对方居民个人；

（四）申请人被第（一）至（三）项中的一人或多人直接或间接持有100%股份，且间接持有股份情形下的中间层为中国居民或缔约对方居民。

五、本公告第三条、第四条要求的持股比例应当在取得股息前连续12个月以内任何时候均达到规定比例。

六、代理人或指定收款人等（以下统称"代理人"）不属于"受益所有人"。申请人通过代理人代为收取所得的，无论代理人是否属于缔约对方居民，都不应据此影响对申请人"受益所有人"身份的判定。

股东基于持有股份取得股息，债权人基于持有债权取得利息，特许权授予人基于授予特许权取得特许权使用费，不属于本条所称的"代为收取所得"。

七、根据本公告第二条规定的各项因素判定"受益所有人"身份时，可区分不同所得类型通过公司章程、公司财务报表、资金流向记录、董事会会议记录、董事会决议、人力和物力配备情况、相关费用支出、职能和风险承担情况、贷款合同、特许权使用合同或转让合同、专利注册证书、版权所属证明等资料进行综合分析；判断是否为本公告第六条规定的"代理人代为收取所得"情形时，应根据代理合同或指定收款合同等资料进行分析。

八、申请人需要证明具有"受益所有人"身份的，应将相关证明资料按照《国家税务总局关于发布〈非居民纳税人享受税收协定待遇管理办法〉的公告》（国家税务总局公告 2015 年第 60 号）第七条的规定报送。其中，申请人根据本公告第三条规定具有"受益所有人"身份的，除提供申请人的税收居民身份证明外，还应提供符合"受益所有人"条件的人和符合条件的人所属居民国（地区）税务主管当局为该人开具的税收居民身份证明；申请人根据本公告第四条第（四）项规定具有"受益所有人"身份的，除提供申请人的税收居民身份证明外，还应提供直接或间接持有申请人 100% 股份的人和中间层所属居民国（地区）税务主管当局为该人和中间层开具的税收居民身份证明；税收居民身份证明均应证明取得所得的当年度或上一年度的税收居民身份。

受益所有人（beneficial owner）概念解读：受益所有人概念从英美法而来，因反避税而存在，主要是防止为逃避缴纳税款设立空壳公司损害国家利益的行为。国家税务总局公告 2018 年第 9 号通过正反列举详细规定了认定受益所有人的条件。受益所有人身份须报送资料认定。

设立在中国境外的合伙企业，适用《企业所得税法》的规定，不适用合伙企业相关税收政策，是我国企业所得税的非居民企业纳税人。在适用税收协定时，除非协定另有规定，否则，只有在该合伙企业是缔约对方居民的情况下，其在中国负有纳税义务的所得才能享受协定待遇。如果根据缔约对方国内法，合伙企业不是其居民，则该合伙企业不适用税收协定。

相关政策依据：《国家税务总局办公厅关于〈国家税务总局关于税收协定执行若干问题的公告〉的解读》：

四、明确合伙企业适用税收协定的问题

....

（二）针对合伙企业设在中国境外的情形

对于依照外国（地区）法律成立的合伙企业的税务处理，我国《合伙企业法》没有规定。我国《企业所得税法》第一条规定，"在中华人民共和国境内，企业和其他取得收入的组织（以下统称企业）为企业所得税的纳税人，依照本法的规定缴纳企业所得税。个人独资企业、合伙企业不适用本法。"《企业所得税法实施条例》第二条规定，"企业所得税法第一条所称个人独资企业、合伙企业，是指依照中国法律、行政法规成立的个人独资企业、合伙企业。"因此，依照外国（地区）法律成立的合伙企业不属于《企业所得税法》第一条规定的排除范围，应适用《企业所得税法》的规定。

我国《企业所得税法》第二条规定，"本法所称非居民企业，是指依照外国（地区）法律成立且实际管理机构不在中国境内，但在中国境内设立机构、场所的，或者在中国境内未设立机构、场所，但有来源于中国境内所得的企业。"因此，依照外国（地区）法律成立且实际管理机构不在中国境内，但在中国境内设立机构、场所的，或者在中国境内未设立机构、场所，但有来源于中国境内所得的合伙企业，是我国企业所得税的非居民企业纳税人。在适用税收协定时，除非协定另有规定，否则，只有当该合伙企业是缔约对方居民的情况下，其在中国负有纳税义务的所得才能享受协定待遇。如果根据缔约对方国内法，合伙企业不是其居民，则该合伙企业不适用税收协定。

（三）依照外国（地区）法律成立的合伙企业税收居民身份证明的问题

税收协定中居民条款一般规定，在协定中，"缔约国一方居民"一语是指按照该缔约国法律，由于住所、居所、成立地、实际管理机构所在地，或其他类似的标准，在该缔约国负有纳税义务的人，并且包括该缔约国及其地方当局。因此，合伙企业根据《非居民纳税人享受税收协定待遇管理办法》（国家税务总局公告2015年第60号发布）第七条报送的由缔约对方税务主管当局开具的税收居民身份证明，应能证明其根据缔约对方国内法，因住所、居所、成立地、管理机构所在地或其他类似标准，在缔约对方负有纳税义务。如果根据缔约对方国内法，合伙企业不符合上述条件，则即使缔约对方税务主管当局以享受协定待遇为目的开具了税收居民身份证明，但如果未证明该合伙企业根据缔约对方国内法，因住所、居所、成立地、管理机构所在地或其他类似标准，在缔约对方负有纳税义务，则不能充分证明该合伙企业为税收协定意义上的缔约对方居民。

第五节　合伙企业印花税

362. 合伙企业份额是否缴纳资金账簿印花税？

案例： 山东青岛某项目公司 E 设立了跟投制度，即由员工持有部分股份，共享收益，共担风险，以激励员工。2018 年 1 月，该公司设立了有限合伙企业 F，并引入员工个人作为 F 的合伙人，由该有限合伙企业 F 持有青岛项目公司 E 2% 的股份。有限合伙企业 F 的合伙份额为 200 万元。

问： 合伙份额是否需缴纳资金账簿印花税？

答： 目前没有明文规定，但 2018 年 1 月 12 日在国家税务总局 12366 纳税服务平台的纳税咨询中，12366 的回复为：合伙企业出资额不计入"实收资本"和"资本公积"，不征收资金账簿印花税。但该回复不是出自总局相关部门，而是 12366，众所周知，12366 的回复一向是"仅供参考"。

而在各地税务局网站上，也有此类问题，各地口径不一。安徽、江苏、山西、贵州贵阳、福建平潭等地认为，此种情况无须缴纳印花税，依据为合伙份额不计入"实收资本"和"资本公积"，且合伙人的出资额并不作为工商登记时的注册资本。

深圳、湖北、厦门、大连、广州等地认为合伙份额应当缴纳印花税，依据当时有效的《印花税暂行条例施行细则》第七条，记载资金的账簿，是指载有固定资产原值和自有流动资金的总分类账簿。因此，合伙人出资与计入会计核算上的科目名称无关。

【实操指南】　合伙企业可以不设"实收资本"和"资本公积"科目，以其他科目代替，以争取少缴纳印花税（但目前合伙企业的财务报表中还是会显示实收资本和资本公积，存在风险）。

【政策依据】　《印花税暂行条例施行细则》（已废止）：

> 第七条　税目税率表中的记载资金的帐簿，是指载有固定资产原值和自有流动资金的总分类帐簿，或者专门设置的记载固定资产原值和自有流动资金的帐簿。
> ············

国家税务总局12366纳税服务平台纳税咨询（2018年1月12日）：

> 问：合伙企业合伙人出资，是否应该缴纳营业账簿印花税？营业账簿印花税应该按照实收资本和资本公积余额之和的万分之五缴纳，而合伙制企业没有注册资本，其出资额与公司的实收资本本质不同，这种情况是否需要按营业账簿缴纳印花税？
> 答：合伙企业出资额不计入"实收资本"和"资本公积"，不征收资金账簿印花税。

363. 合伙企业份额转让是否需要缴纳产权转移书据印花税？

案例： 接上例，山东青岛某项目公司E设立了跟投制度，即由员工持有部分股份，共享收益，共担风险，以激励员工。2018年1月，该公司设立了有限合伙企业F，并引入员工个人作为F的合伙人，由该有限合伙企业F持有青岛项目公司E 2%的股份。2018年该员工个人离职，需要将持有的合伙企业F的份额转让给另一名在职员工。

问： 员工之间转让合伙企业份额，是否需要缴纳印花税？

答： 存在争议。

第一种观点认为无须缴纳，根据国税发〔1991〕155号第十条，"产权转移书据"税目中财产所有权转移书据的征税范围是：经政府管理机关登记注册的动产、不动产的所有权转移所立的书据，以及企业股权转让所立的书据。合伙份额不是动产或不动产，也不是股权转让。印花税是列举式征税，因此，合伙企业份额转让不应贴花。

第二种观点认为应当缴纳，合伙份额也是股权的一种表现形式，就像股份和股票是股权的表现形式一样。如南京等地认为应当缴纳印花税。

【政策依据】　当时尚处于效力期间的《印花税暂行条例》中印花税税目税率表中的产权转移书据包括财产所有权和版权、商标专用权、专利权、专有技术使用权等转移书据。

国税发〔1991〕155号：

> 十、"产权转移书据"税目中"财产所有权"的转移书据的征税范围如何划定？

"财产所有权"转移书据的征税范围是：经政府管理机关登记注册的动产、不动产的所有权转移所立的书据，以及企业股权转让所立的书据。

《印花税暂行条例施行细则》（已废止）：

第十条　印花税只对税目税率表中列举的凭证和经财政部确定征税的其他凭证征税。

第十三章

融资相关：现金折扣、资管计划、明股实债等

一直以来，与英美等国不同，我国的税收征管实践以"以票控税"为管理核心，或许正是因为还没有完全建立起社会信用评级体系，才需要以发票作为征管手段。

没有发票的支出是否都不能在税前扣除？不一定。

为加强企业所得税税前扣除凭证管理，2018年国家税务总局制定了《企业所得税税前扣除凭证管理办法》（国家税务总局公告2018年第28号发布）。

根据管理办法，税前扣除凭证遵循真实性、合法性、关联性原则。真实性是指税前扣除凭证反映的经济业务真实，且支出已经实际发生；合法性是指税前扣除凭证的形式、来源符合国家法律、法规等相关规定；关联性是指税前扣除凭证与其反映的支出相关联且有证明力。

本章基于特殊事项如现金折扣、资管计划、境外支出、违约金等导致的支出，聚焦企业所得税税前扣除的合理票据进行阐述。

364. 支付给合作方的利息能否税前扣除？

案例： A房地产公司（以下简称A公司）与B房地产公司（以下简称B公司）达成合作协议，拟共同成立一家项目公司参与某土地招拍挂，进行后期房地产的开发。A、B公司拟按各占一半的比例共同持股项目公司。在未确认成功拍地之前，A、B公司商议，由A公司负责竞拍保证金的缴纳，如果未成功拍地，则A公司收回保证金，合作协议自动失效；如果成功拍地，则待签订出让合同后，由B公司按10％的年化利率，向A公司支付该保证金金额中应由B公司承担部分的利息和本金，即B公司向A公司支付金额＝保证金×50％＋保证金×50％×10％×缴纳保证金之日至偿还日的天数÷365。

A、B公司出资设立项目公司后，该保证金直接抵减项目公司的土地款。

问： B公司支付给A公司的利息能否税前扣除？

答： 竞拍保证金本质上应由项目公司承担，因为实际占用资金的也是项目公司，由B公司支付利息存在不妥，可能会被认定为与生产经营无关的支出，不允许在税前扣除。

【实操指南】 由合作方占用的资金利息通过何种方式支付能够避免税收风险呢？

方式一：由合作方先行出资成立全资子公司，然后收购合作方的股份，在支付股份对价时，将利息部分纳入对价款支付。此时合作方应缴纳股权转让所得企业所得税，与直接支付利息相比，少缴纳增值税及附加（利息增值税不能抵扣）。

方式二：双方共同出资成立项目公司，支付利息方将利息以资本公积形式投入项目

公司，由项目公司支付利息给合作方，由于项目公司是实际占用资金方（需要注意项目公司占用的资金不能是合作方投入的资本，只能是股东借款，因此前期的注册资本设置应尽量低，后期可增资扩大注册资本），因此利息税前扣除具有合理性。

365. 明股实债能否扣除利息？

案例： A 房地产集团（以下简称 A 公司）向某信托公司融资，为规避金融监管，采用明股实债方式。具体操作为：A 公司将持有的 B 公司 49％ 的股权（已实缴出资）转让给该信托公司，作价 5 亿元，并于 2017 年 4 月进行股权登记变更，同月 A 公司收到 5 亿元，做了如下账务处理：借"银行存款"5 亿元，贷"长期股权投资"5 亿元。信托公司派出监事到 B 公司，并要求 B 公司定期提供报表和银行流水，但不派出其他人员，不参与股东会决议。

A 公司与信托公司约定，信托公司按 10％ 的年利率向 B 公司收取利息，并按实际收到的利息向 B 公司开具发票。

2019 年 3 月底，A 公司以 5 亿元的价格回购 B 公司 49％ 的股份。

2018 年 B 公司向信托公司支付利息 5 000 万元并取得发票。

问： 该 5 000 万元的利息能否在 B 公司税前扣除？

答： 存在争议。

明股实债在税务处理上只有国家税务总局公告 2013 年第 41 号（以下简称 41 号公告）有所规定（不能参照永续债规定，永续债不是明股实债）。根据 41 号公告，同时满足以下五个条件的，视为混合性投资，可以确认利息支出在所得税前扣除。五个条件为：

（1）被投资企业接受投资后，需要按投资合同或协议约定的利率定期支付利息（或定期支付保底利息、固定利润、固定股息，下同）；

（2）有明确的投资期限或特定的投资条件，并在投资期满或者满足特定投资条件后，被投资企业需要赎回投资或偿还本金；

（3）投资企业对被投资企业净资产不拥有所有权；

（4）投资企业不具有选举权和被选举权；

（5）投资企业不参与被投资企业日常生产经营活动。

本例中满足第一个条件，按约定利率定期支付固定利息；满足第三个条件，信托公司对被投资企业不拥有净资产所有权；满足第四个条件，信托公司不参与股东会决议；满足第五个条件，信托公司未派出董事和高级管理人员，仅享有监督权。

但本例不满足第二个条件，即由被投资企业赎回投资。本例中不是由被投资企业赎回投资，而是由被投资企业的母公司赎回投资。

实践中能否适用 41 号公告存在争议，需国家税务总局尽快明确。

为杜绝此争议，笔者建议实践中企业如需通过此方式融资，可先由信托公司出资 5 亿元到 B 公司，B 公司收到款项后回购 A 公司 49％ 的股份，后续由 B 公司直接回购信托公司的股份，则满足 41 号公告的要求。

但此方式涉及股权回购，税务处理较为复杂。

【实操指南】 （1）如果本例改为：A 房地产集团（以下简称 A 公司）向某信托公司融资，为规避金融监管，采用明股实债方式。具体操作为：信托公司向 A 公司增资 5 亿元，于 2017 年 4 月进行了股权登记变更，同月 A 公司收到 5 亿元，做了如下账务处理：借"银行存款"5 亿元，贷"实收资本"5 亿元。信托公司派出监事到 B 公司，并要求 B 公司定期提供报表和银行流水，但不派出其他人员，不参与股东会决议。

A 公司与信托公司约定，信托公司按 10％的年利率向 A 公司收取利息，并按实际收到的利息向 A 公司开具发票。

2019 年 3 月底，A 公司以 5 亿元价格回购股份。

此时由于信托公司直接向被投资企业出资，因此满足 41 号公告的要求，可以扣除利息费用。

（2）如果本例改为：A 房地产集团（以下简称 A 公司）向某信托公司融资，为规避金融监管，采用明股实债方式。具体操作为：信托公司向 A 公司增资 5 亿元，其中实收资本 2 亿元，资本公积 3 亿元，于 2017 年 4 月进行了股权登记变更，同月 A 公司收到 5 亿元，做了如下账务处理：借"银行存款"5 亿元；贷"实收资本"2 亿元，"资本公积"3 亿元。信托公司派出监事到 B 公司，并要求 B 公司定期提供报表和银行流水，但不派出其他人员，不参与股东会决议。

A 公司与信托公司约定，信托公司按 10％的年利率向 A 公司收取利息，并按实际收到的利息向 A 公司开具发票。

2019 年 3 月底，A 公司以 5 亿元价格回购股份。

此时由于信托公司直接向被投资企业出资，因此满足 41 号公告的要求，可以扣除利息费用。

出资不一定是实收资本，资本公积也可。

【政策依据】 《国家税务总局关于企业混合性投资业务企业所得税处理问题的公告》（国家税务总局公告 2013 年第 41 号）：

一、企业混合性投资业务，是指兼具权益和债权双重特性的投资业务。同时符合下列条件的混合性投资业务，按本公告进行企业所得税处理：

（一）被投资企业接受投资后，需要按投资合同或协议约定的利率定期支付利息（或定期支付保底利息、固定利润、固定股息，下同）；

（二）有明确的投资期限或特定的投资条件，并在投资期满或者满足特定投资条件后，被投资企业需要赎回投资或偿还本金；

（三）投资企业对被投资企业净资产不拥有所有权；

（四）投资企业不具有选举权和被选举权；

（五）投资企业不参与被投资企业日常生产经营活动。

二、符合本公告第一条规定的混合性投资业务，按下列规定进行企业所得税处理：

（一）对于被投资企业支付的利息，投资企业应于被投资企业应付利息的日期，确认收入的实现并计入当期应纳税所得额；被投资企业应于应付利息的日期，确认利息支出，并按税法和《国家税务总局关于企业所得税若干问题的公告》(2011 年第 34 号) 第一条的规定，进行税前扣除。

（二）对于被投资企业赎回的投资，投资双方应于赎回时将赎价与投资成本之间的差额确认为债务重组损益，分别计入当期应纳税所得额。

【关联问题】 明股实债融资模式股权退出时，是否需要纳税？

只要股权工商登记发生变更，就需要纳税，由于股权持有期间很可能产生了股权溢价，因此信托公司存在转让价值偏低被核定股权转让收入的风险，除非按 41 号公告认定为明股实债。

但正如上述原因，股权转让不适用 41 号公告，只有采取被投资企业赎回股权的方式（被投资企业可以回购股权后进行股权激励或注销回购的股份，在报表上以所有者权益的减项库存股列示），才能适用明股实债的规定。

但回购股权比较麻烦，如果无法适用 41 号公告，就只能将利息作为税后利润分红给金融机构，此时被投资企业承担了企业所得税，且金融机构无须再缴纳增值税和企业所得税（税后分红免税），因此可以与金融机构协商降低利率。

366. 现金折扣没有发票应如何扣除？

案例： A 公司为促进客户提前回款，对提前交款的客户，按年利率 8% 给予现金折扣。账务处理计入财务费用，收入仍按销售合同的全款确认，企业所得税前以利息费用扣除。

问： 现金折扣没有利息发票，该税务风险应如何规避？

答： 现金折扣不同于融资服务，不属于增值税应税项目。财税〔2011〕50 号第一条关于现金折扣不征个人所得税的规定也可以印证这一点。根据《企业所得税税前扣除凭证管理办法》第十条，无发票的，以补充协议税前扣除即可。如有现金折扣的活动支持，有内部发文的书面文件支撑更佳。

【实操指南】 对方为单位的，以对方开具的发票以外的其他外部凭证作为税前扣除凭证，实践中一般指收据；对方为个人的，以内部凭证作为税前扣除凭证，实践中一般指内部发文。笔者建议签订补充协议，形式完备。

有部分人认为，现金折扣属于融资服务（2017 年 4 月 28 日《中国税务报》第 8 版《取得的现金折扣应缴纳增值税》）。笔者认为这种观点理解错误。融资服务是销售方出借资金取得利息的行为，现金折扣是销售方向购买方让利的行为，现金折扣不涉及借款和还款，不属于融资行为。

现金折扣代扣代缴个人所得税问题见第一章。

【政策依据】 《企业所得税税前扣除凭证管理办法》（国家税务总局公告 2018 年第 28 号发布）：

第十条　企业在境内发生的支出项目不属于应税项目的，对方为单位的，以对方开具的发票以外的其他外部凭证作为税前扣除凭证；对方为个人的，以内部凭证

作为税前扣除凭证。

　　·············

　　【关联问题】　（1）A公司应按房款总额还是扣除现金折扣后的金额缴纳增值税？

　　根据《营业税改征增值税试点实施办法》（财税〔2016〕36号附件1）第四十三条，纳税人发生应税行为，将价款和折扣额在同一张发票上分别注明的，以折扣后的价款为销售额；未在同一张发票上分别注明的，以价款为销售额，不得扣减折扣额。

　　因此，如果价款和折扣额开在同一张发票上分别注明，则以折扣后的价款缴纳增值税；未在同一张发票上分别注明的，以房款总额缴纳增值税。

　　（2）个人取得购房现金折扣，房地产开发企业是否需扣缴个人所得税？

　　答案是否。根据财税〔2011〕50号第一条，企业在销售商品（产品）和提供服务过程中向个人赠送礼品，属于企业通过价格折扣、折让方式向个人销售商品（产品）和提供服务的，不征收个人所得税。

　　此条款也可以印证现金折扣不属于增值税应税范围的说法。既然现金折扣不是个人所得（不征说明不是个人所得，不是免征），也就不应当缴纳增值税。

367. 资管计划未取得发票，支付给金融机构的利息能否税前扣除？

　　案例： A房地产公司（以下简称A公司）通过某资管计划融资（按固定利率给付利息），该资管计划有效期为2016年5月1日—2018年4月30日。在资管计划存续期间，A公司未取得发票，仅凭金融机构开具的利息通知单给付利息并入账。现A公司受到税务稽查，要求A公司提供该资管计划发票，如无法提供，则需要相应调增应纳税所得额。

　　问： 金融机构的利息通知单能否替代发票作为税前扣除凭证？稽查要求补税是否合理？

　　答： 根据财税〔2017〕56号、《企业所得税税前扣除凭证管理办法》（国家税务总局公告2018年第28号发布），资管计划或金融机构提供的其他贷款服务均属于增值税应税项目（资管计划由管理人缴纳增值税），支出的利息应取得发票。未取得发票，存在不能税前扣除的风险。

　　根据财税〔2016〕140号、财税〔2017〕2号、财税〔2017〕56号以及财税〔2017〕90号等相关文件的规定，自2018年1月1日起，资管产品管理人（银行、信托公司、公募基金管理公司及其子公司、证券公司及其子公司、期货公司及其子公司、私募基金管理人、保险资产管理公司、专业保险资产管理机构、养老保险公司）运营资管产品过程中发生的增值税应税行为，暂适用简易计税方法，按照3%的征收率缴纳增值税。

　　因此，在向银行、信托等资管产品管理人支付利息、管理费及其他与运营资管产品相关的服务费等时，如产品发生增值税应税行为（即在2018年1月1日后的利息支付时点，不考虑资管产品何时开始发行），需按规定取得增值税发票，不可再单以利息通知单等票据入账。

　　【实操指南】　过往资管产品税务监管存在缺失，但财税〔2017〕56号实施后，资管产品纳入了增值税应税范围，应当缴税并开具发票，符合国家税务总局公告2018年第28号规定的"企业在境内发生的支出项目属于增值税应税项目的,对方为已办理税务登记的增值税纳税人,其支出以发票(包括按照规定由税务机关代开的发票)作为税前扣除凭证",因此,资管产品应当取得发票,金融机构开具的其他凭证不能替代发票。

需要注意的是,财税〔2017〕56号自2018年1月1起施行,法不溯及既往,因此,税务机关仅能就2018年1月1日—2018年4月30日企业应付利息未取得发票部分进行调增,不能对2018年以前的利息进行调增。

有观点认为,国家税务总局公告2018年第28号放宽了企业所得税税前扣除凭证的范围,因此只要能证明是真实合理发生的支出,即使未取得发票,也可以在税前扣除。但根据《企业所得税税前扣除凭证管理办法》第九条、第十三条、第十四条的表述,笔者认为,该管理办法主要是针对本来就无须取得发票(如不属于应税项目的)的项目,明确了可以以其他凭证作为税前扣除凭证;但本来属于应税项目应当取得发票的,还是需要发票作为税前扣除凭证,不能以其他凭证代替,对方注销、撤销、依法被吊销营业执照、被税务机关认定为非正常户等特殊原因无法补开、换开发票的情形除外(需要提供无法补开、换开发票、其他外部凭证原因的证明资料)。

【政策依据】《企业所得税税前扣除凭证管理办法》(国家税务总局公告2018年第28号发布):

第九条 企业在境内发生的支出项目属于增值税应税项目的,对方为已办理税务登记的增值税纳税人,其支出以发票(包括按照规定由税务机关代开的发票)作为税前扣除凭证;对方为依法无须办理税务登记的单位或者从事小额零星经营业务的个人,其支出以税务机关代开的发票或者收款凭证及内部凭证作为税前扣除凭证,收款凭证应载明收款单位名称、个人姓名及身份证号、支出项目、收款金额等相关信息。

小额零星经营业务的判断标准是个人从事应税项目经营业务的销售额不超过增值税相关政策规定的起征点。

税务总局对应税项目开具发票另有规定的,以规定的发票或者票据作为税前扣除凭证。

·············

第十三条 企业应当取得而未取得发票、其他外部凭证或者取得不合规发票、不合规其他外部凭证的,若支出真实且已实际发生,应当在当年度汇算清缴期结束前,要求对方补开、换开发票、其他外部凭证。补开、换开后的发票、其他外部凭证符合规定的,可以作为税前扣除凭证。

第十四条 企业在补开、换开发票、其他外部凭证过程中,因对方注销、撤销、依法被吊销营业执照、被税务机关认定为非正常户等特殊原因无法补开、换开发票、其他外部凭证的,可凭以下资料证实支出真实性后,其支出允许税前扣除:

(一)无法补开、换开发票、其他外部凭证原因的证明资料(包括工商注销、机构撤销、列入非正常经营户、破产公告等证明资料);

(二)相关业务活动的合同或者协议;

(三)采用非现金方式支付的付款凭证;

（四）货物运输的证明资料；

（五）货物入库、出库内部凭证；

（六）企业会计核算记录以及其他资料。

前款第一项至第三项为必备资料。

财税〔2017〕56号：

一、资管产品管理人（以下称管理人）运营资管产品过程中发生的增值税应税行为（以下称资管产品运营业务），暂适用简易计税方法，按照3%的征收率缴纳增值税。

··········

二、管理人接受投资者委托或信托对受托资产提供的管理服务以及管理人发生的除本通知第一条规定的其他增值税应税行为（以下称其他业务），按照现行规定缴纳增值税。

··········

六、本通知自2018年1月1日起施行。

【关联问题】 银行开具的利息回单能否替代发票？

营改增以后，对按规定付给银行的利息和手续费，银行都该开具发票，但是在实际业务中很多银行还是没有开具发票，仍然是只给银行回单。这对于所得税扣除和土地增值税扣除有没有影响？

营改增后，对支付的银行贷款利息，自2016年5月1日以后需按规定取得增值税贷款利息普通发票，不可单凭利息回单列支费用。然而，大多数公司仍以利息回单列支相关费用。这在税务检查中是有很大风险的。

对于银行而言，相关利息费用原则上已经按6%贷款服务缴纳过增值税和所得税，开票并没有增加任何税费，企业在支付相关利息费用时应以取得发票为要件。

因此，银行收取利息，与其他金融机构相同，自财税〔2016〕36号发布后，应当开具增值税发票，不能以利息回单代替。

368. 永续债的收益是否要缴纳增值税？

案例：某房地产公司A（以下简称A公司）购买了一笔B公司发行的永续债，按季取得固定利率（票面利率）利息，该永续债未规定到期时间，但B公司可以在10年后赎回该永续债。B公司按年召开股东大会，A公司列席股东大会，但不参与投票决议，也不派出董事、监事、高级管理人员等。账务处理上，B公司将永续债利息支出列入财务费用，A公司将永续债利息收入冲减财务费用。

A公司对B公司的净资产不拥有所有权，如果B公司出现破产等危机需要清算，则优先偿还除永续债外的其他债务，然后偿还永续债，最后向股东分配剩余财产。

A公司将取得的利息计入应纳税所得额缴纳企业所得税，但未缴纳过增值税。主管税务机关对 A 公司进行检查时发现该利息收入未缴纳增值税，要求 A 公司补缴增值税。A 公司认为永续债属于权益性工具，对取得的利息不应该缴纳增值税。

问：永续债的收益是否要缴纳增值税？

答：2019 年 4 月 16 日，财政部与国家税务总局发布了《财政部　税务总局关于永续债企业所得税政策问题的公告》（财政部　税务总局公告 2019 年第 64 号），解决了此前长期没有专门针对永续债的税务处理的法规的问题。

该公告对符合条件的永续债，给予了企业自主选择权，即企业既可以选择按股息、红利适用居民企业之间的免税规定，同时支出方不得在税前扣除，又可以选择按债券利息在支出方税前扣除，同时收到方需计入应纳税所得额。

也就是说，企业可以自主选择，但收取资金方和支出资金方的处理必须保持一致，既不产生税源流失，也不导致重复征税。

符合条件的永续债需满足以下任意五个条件：

（1）被投资企业对该项投资具有还本义务；

（2）有明确约定的利率和付息频率；

（3）有一定的投资期限；

（4）投资方对被投资企业净资产不拥有所有权；

（5）投资方不参与被投资企业日常生产经营活动；

（6）被投资企业可以赎回，或满足特定条件后可以赎回；

（7）被投资企业将该项投资计入负债；

（8）该项投资不承担被投资企业股东同等的经营风险；

（9）该项投资的清偿顺序位于被投资企业股东持有的股份之前。

本例中被投资企业没有还本义务，不满足第一条；有明确的利率和付息频率，满足第二条；没有投资期限，不满足第三条；对被投资企业净资产不拥有所有权，满足第四条；A 公司列席股东会但不参与投票决议，不派驻人员，不参与被投资企业生产经营活动，满足第五条；被投资企业 10 年后可赎回，满足第六条；B 公司账面是否计入负债未列明（虽然账务处理计入财务费用，但不确定是在权益工具还是债务工具列示）；投资是否承担与股东同等经营风险未列明；永续债清偿顺序优于股权，满足第九条。

根据以上分析，本例中满足五项条件，即可以享受财政部　税务总局公告 2019 年第 64 号赋予企业的自主选择权，A 公司可以选择按债券利息处理，也可以选择按股息、红利处理，但 A 公司的处理方式必须与 B 公司保持一致。

本例中提到，B 公司将利息支出计入了财务费用，A 公司也计入了财务费用的抵减项利息收入中，因此，B 公司应当在税前列支该财务费用，同时 A 公司将利息收入纳入收入总额缴纳企业所得税。

需要注意的是，该文件只规定了永续债的所得税处理问题，未规定增值税处理。但笔者认为其明确了永续债可以作为债券利息或股息、红利适用所得税政策，这不仅仅是规定了征免问题，更是明确了永续债的两种性质，那么增值税也应当同样适用债券利息或股息、红利的政策，且从税种的一致性来看，增值税目前没有相关政策，实践中也倾向于与所得税处理保持一致。

因此，本例中，A、B公司既已选择按债券利息处理，为与企业所得税保持一致，A公司应当缴纳利息收入增值税，同时向B公司开具发票，以供B公司在税前列支该票据。

【实操指南】　关于永续债的税务处理规定，除以上提到的规定外，还有以下五点需要注意：

（1）根据财政部　税务总局公告2019年第64号第五条，发行永续债的企业对每一永续债产品的税收处理方法一经确定，不得变更。

因此，本例中，当A公司被税务机关要求缴纳增值税后，不能因为选择债券利息处理导致增值税税负增加6％（利息的增值税不能抵扣），就选择更改处理方法，即使与B公司达成一致，B公司不在税前扣除，也不可以更改。

实践中，存在部分企业向关联方发行永续债的情况，假设发债双方的所得税税率一致，在此种情况下，选择适用股息、红利税务处理更为有利，由于无须缴纳增值税，所得税税负平移，因此税负更轻，且此时企业以权益工具入账，对于降低报表的资产负债率也更为有利。

但需要注意，假如发债双方不处在同一税率水平，则需要重新考虑。

如果投资方享受了高新技术企业或西部大开发优惠，则增加的增值税税负小于减少的所得税税负，采取债券利息方式处理更为有利；如果发行方享受了高新技术企业或西部大开发优惠，则采取股息、红利方式处理更为有利（无须缴纳增值税，由税率更高的收取利息一方享受企业所得税免税也更为有利）。

如果投资方享受了小微企业优惠而发行方未享受，则增加的增值税税负6％小于减少的所得税税负5％＋6％×25％＝6.5％（利息的增值税虽然不能抵扣，但可以在企业所得税前扣除，产生抵税效应，因此，实际增加的增值税税负仅有6％×75％＝4.5％），采取债券利息方式处理更为有利。如果该公司收取利息后，金额正好从300万元以下变为了300万元以上，则会损失整个小微企业优惠，此时选择股息、红利方式处理更为有利。

需要注意，考虑小微企业优惠，不能仅仅从当年考虑，要从整个永续债存续期间考虑，因为一旦选定方式就不能变更，有可能当前有利的选择从长远来看会造成更大的损失。

如果发行方享受了小微企业优惠，则采取股息、红利方式处理更为有利（无须缴纳增值税，由税率更高的收取利息一方享受企业所得税免税也更为有利）。

除以上所提到的税率优惠会影响处理方式的选择外，三免三减半等其他优惠也会影响到处理方式的选择。

另外，还需要考虑亏损的影响。如果投资方长期亏损，则选择债券利息方式处理更为有利；如果发行方长期亏损，而投资方盈利，则可能选择股息、红利方式处理更为有利。

如果其中一方是非居民企业或不是企业，可能是个人或合伙企业等，那么由于不能享受股息、红利免税政策，所得税税负一般高于增值税税负6％，此时选择债券利息方式往往更为有利（合伙企业需根据具体适用的税率分析）。

以上考虑均主要出于节税考虑，且主要适用于关联企业或战略合作方发债的情形，如果是市场化的永续债，则很可能无法实现税收最优。

另外，选择不同处理方式对于报表的影响也未纳入上述考虑，实践中还需综合考虑。

（2）根据财政部　税务总局公告 2019 年第 64 号第五条，企业对永续债采取的税收处理办法与会计核算方式不一致的，发行方、投资方在进行税收处理时须作出相应纳税调整。该条主要针对既想在报表上作为权益工具列示，又想在税前作为债券利息扣除的公司，对此类公司存在不利影响。

根据《企业所得税法》第六章"特别纳税调整"第四十八条"税务机关依照本章规定作出纳税调整，需要补征税款的，应当补征税款，并按照国务院规定加收利息"的规定，可以理解为此条规定是要求企业的会计处理与税务处理保持一致，如果不一致，则企业会面临被税务机关纳税调整的风险。但也有观点认为，该表述是指企业可以选择与税务处理不同的会计处理方式，在税务处理时进行纳税调整即可。该表述存在争议，有待更多解读。

（3）财政部　税务总局公告 2019 年第 64 号自 2019 年 1 月 1 日起施行。

如果本例中的利息发生在 2019 年，那么自然可以按照上述公告执行，但如果发生在 2018 年或以前年度呢？本公告能否追溯既往？

此前关于永续债的利息处理，只能参照关于金融商品的利息收入是否需要缴纳增值税的规定——财税〔2016〕140 号。该文件规定，金融商品持有期间（含到期）取得的非保本的收益，不属于利息或者利息性质的收入，不征增值税。

虽然金融商品持有期间（含到期）取得的非保本的收益，不征增值税，但对永续债是否保本，存在争议：从按固定利率支付利息来看，永续债是保本的，但永续债的利息可以自行推迟支付，无须债权人同意（不算违约），且没有明确到期时间、发行人可将永续债计入权益而非负债、发行人没有还本义务、其偿还顺序类似于公司股票位于一般债券之后，因此永续债又具有权益的性质；但从发行人没有还本义务来看，就不具有保本性质。

因此，在财政部　税务总局公告 2019 年第 64 号公布之前，对永续债利息一直没有明确规定，存在争议。从此前的政策来看，几乎是一片空白，如果税务机关在检查或稽查中发现以前年度的永续债利息涉税问题，多半还是参照本公告处理。

财政部　税务总局公告 2019 年第 64 号是一大政策亮点，给予了纳税人充分的自主选择权，将减税降费落到实处。

（4）财政部　税务总局公告 2019 年第 64 号第四条规定，企业发行永续债，应当将其适用的税收处理方法在证券交易所、银行间债券市场等发行市场的发行文件中向投资方予以披露。发行永续债一方需要公示税收处理方法，购买永续债的市场投资者可以从公示中得知，自己需要采取哪种税收处理方法。

（5）如果是市场化的永续债，投资者散布且交易频繁，会出现发行方难以取得利息票据税前扣除的情况，能否以交易所的凭证入账还需明确。

【政策依据】《财政部　税务总局关于永续债企业所得税政策问题的公告》（财政部税务总局公告 2019 年第 64 号）：

一、企业发行的永续债，可以适用股息、红利企业所得税政策，即：投资方取得的永续债利息收入属于股息、红利性质，按照现行企业所得税政策相关规定进行处理，其中，发行方和投资方均为居民企业的，永续债利息收入可以适用企业所得税法规定的居民企业之间的股息、红利等权益性投资收益免征企业所得税规定；同时发行方支付的永续债利息支出不得在企业所得税税前扣除。

二、企业发行符合规定条件的永续债，也可以按照债券利息适用企业所得税政策，即：发行方支付的永续债利息支出准予在其企业所得税税前扣除；投资方取得的永续债利息收入应当依法纳税。

三、本公告第二条所称符合规定条件的永续债，是指符合下列条件中 5 条（含）以上的永续债：

（一）被投资企业对该项投资具有还本义务；

（二）有明确约定的利率和付息频率；

（三）有一定的投资期限；

（四）投资方对被投资企业净资产不拥有所有权；

（五）投资方不参与被投资企业日常生产经营活动；

（六）被投资企业可以赎回，或满足特定条件后可以赎回；

（七）被投资企业将该项投资计入负债；

（八）该项投资不承担被投资企业股东同等的经营风险；

（九）该项投资的清偿顺序位于被投资企业股东持有的股份之前。

四、企业发行永续债，应当将其适用的税收处理方法在证券交易所、银行间债券市场等发行市场的发行文件中向投资方予以披露。

五、发行永续债的企业对每一永续债产品的税收处理方法一经确定，不得变更。企业对永续债采取的税收处理办法与会计核算方式不一致的，发行方、投资方在进行税收处理时须作出相应纳税调整。

六、本公告所称永续债是指经国家发展改革委员会、中国人民银行、中国银行保险监督管理委员会、中国证券监督管理委员会核准，或经中国银行间市场交易商协会注册、中国证券监督管理委员会授权的证券自律组织备案，依照法定程序发行、附赎回（续期）选择权或无明确到期日的债券，包括可续期企业债、可续期公司债、永续债务融资工具（含永续票据）、无固定期限资本债券等。

七、本公告自 2019 年 1 月 1 日起施行。

【关联问题】 明股实债是否适用上述公告？

答案是不适用。公告第六条明确规定了永续债的定义和范围，其中不包括明股实债这种形式上不是债券的债。

关于明股实债的税收处理，目前仅有国家税务总局公告 2013 年第 41 号进行了规定，很多细节仍未与金融实践接轨，导致部分明股实债虽然是债，但也无法满足国家税务总局公告 2013 年第 41 号的规定，利息无法在税前扣除，且明股实债的账务处理和税务处理也无法保持一致（明股实债存在的本质原因是规避金融监管，计入债务则无须采用明股实债方式融资），期待未来能有更适用的实操政策出台。

369. 如何理解同期同类贷款利率？

案例： A房地产公司（以下简称A公司）向某非金融机构（非关联方）借款1亿元，由A公司的母公司（A股上市公司）进行连带责任担保，约定借款期限1年，到期还本付息，资金投向为购买土地，1年期利率为6.8%。到期后，A公司在税前列支了680万元的利息支出，取得该非金融机构开具的贷款服务发票，税务机关要求A公司提供金融企业的同期同类贷款情况说明。

问： 如何判断是不是同期同类贷款？是否应寻找投向房地产的资金的同期贷款利率？

答： 根据国家税务总局公告2011年第34号第一条，"同期同类贷款利率"是指在贷款期限、贷款金额、贷款担保以及企业信誉等条件基本相同的情况下，金融企业提供贷款的利率。其既可以是金融企业公布的同期同类平均利率，也可以是金融企业对某些企业提供的实际贷款利率。

因此，在本例中，并不是以资金投向作为主要判断标准，更应该寻找的是贷款期限相同（1年期，到期还本付息）、贷款金额相同（1亿元左右）、贷款担保相同（上市公司连带责任担保）、企业信誉相同（A公司的信用评级）的金融企业贷款利率。

【实操指南】 如果金融机构借款是等额本息方式，而非金融机构借款是一次性还本付息方式，则不属于同期同类。

需要注意的是，即使非金融企业借款利率超过同期同类贷款利率不能全额在企业所得税前扣除，也不能调减借款方应纳税款。也就是说，贷款方不能全额扣除，但提供贷款方应当全额纳税。

【政策依据】 国家税务总局公告2011年第34号：

一、关于金融企业同期同类贷款利率确定问题

根据《实施条例》第三十八条规定，非金融企业向非金融企业借款的利息支出，不超过按照金融企业同期同类贷款利率计算的数额的部分，准予税前扣除。鉴于目前我国对金融企业利率要求的具体情况，企业在按照合同要求首次支付利息并进行税前扣除时，应提供"金融企业的同期同类贷款利率情况说明"，以证明其利息支出的合理性。

"金融企业的同期同类贷款利率情况说明"中，应包括在签订该借款合同当时，本省任何一家金融企业提供同期同类贷款利率情况。该金融企业应为经政府有关部门批准成立的可以从事贷款业务的企业，包括银行、财务公司、信托公司等金融机构。"同期同类贷款利率"是指在贷款期限、贷款金额、贷款担保以及企业信誉等条件基本相同下，金融企业提供贷款的利率。既可以是金融企业公布的同期同类平均利率，也可以是金融企业对某些企业提供的实际贷款利率。

第十四章
股权转让及收并购税务疑难问题

房地产行业通常利用股权收购来达到收购土地的目的，在股权转让中，常常出现特殊的收并购税务问题。

本章基于股权转让及收并购，聚焦转让环节税款计算及收购时特殊约定导致的税务疑难问题进行阐述。

370. 未实缴注册资本对应的利息支出能否在税前扣除？

案例： A 公司注册资本 5 000 万元，但股东实缴只有 1 000 万元，为满足资金需求，A 公司对外借款 4 000 万元，2018 年支付利息 400 万元。

问： 根据国税函〔2009〕312 号，支出的利息能否在 A 公司税前扣除？

答： 根据国税函〔2009〕312 号，凡企业投资者在规定期限内未缴足其应缴资本额的，该企业对外借款所发生的利息，相当于投资者实缴资本额与在规定期限内应缴资本额的差额应计付的利息，其不属于企业合理的支出，应由企业投资者负担，不得在计算企业应纳税所得额时扣除。

未缴足要分情况，如果章程本身没有约定何时缴足，其实不属于国税函〔2009〕312 号规定的"企业投资者在规定期限内未缴足其应缴资本额"；如果章程规定了何时缴足却没有按时缴足，才会存在税务风险。

【实操指南】 A 公司需根据工商登记备案的章程及投资协议等，确认 A 公司的股东是否按时履行了缴足义务，如章程约定股东应于 2018 年 5 月底前缴足注册资本，则 400 万元对应的 6—12 月共 7 个月的利息不能在 A 公司税前扣除，而应由 A 公司的股东负担。需要注意的是，A 公司的股东负担的该部分利息，也不能在股东方税前扣除，因为该利息与股东的生产经营无关，仅是股东未履行出资义务导致，且股东未取得发票作为扣除凭证。

如章程及投资协议未约定缴足义务的时间，法律法规也未有明确规定，则 400 万元可以在 A 公司税前扣除。

【政策依据】《国家税务总局关于企业投资者投资未到位而发生的利息支出企业所得税前扣除问题的批复》(国税函〔2009〕312 号)：

关于企业由于投资者投资未到位而发生的利息支出扣除问题，根据《中华人民共和国企业所得税法实施条例》第二十七条规定，凡企业投资者在规定期限内未缴足其应缴资本额的，该企业对外借款所发生的利息，相当于投资者实缴资本额与在

规定期限内应缴资本额的差额应计付的利息，其不属于企业合理的支出，应由企业投资者负担，不得在计算企业应纳税所得额时扣除。

371. 非房地产企业以不动产投资入股能否免土地增值税？

案例： A公司为非房地产公司，从事债券发行业务，名下有一块不动产，用作办公楼。2018年9月，A公司将该办公楼作价9 020万元，向B公司出资，持有B公司80%的股权。

B公司也是非房地产公司，从事基金业务。

问： 该出资行为能否免土地增值税？

答： 不能。根据财税〔2018〕57号第四条规定的"单位、个人在改制重组时以房地产作价入股进行投资，对其将房地产转移、变更到被投资的企业，暂不征土地增值税"可知，单位、个人必须是在改制重组时以房地产作价入股进行投资，本例中不存在改制重组，不能免土地增值税。

【实操指南】《财政部　国家税务总局关于土地增值税若干问题的通知》（财税〔2006〕21号）（以下简称21号文）规定，对于以土地（房地产）作价入股进行投资或联营的，凡所投资、联营的企业从事房地产开发的，或者房地产开发企业以其建造的商品房进行投资和联营的，均不适用《财政部　国家税务总局关于土地增值税一些具体问题规定的通知》（财税字〔1995〕48号）（以下简称48号文）第一条暂免征收土地增值税的规定。（注：21号文的这一条款已废止。）

根据48号文和21号文，只要是不动产投资入股（双方均不是房地产企业），就可以免征土地增值税，但上述两个文件相关条款均已作废。

目前存续的文件是财税〔2018〕57号（以下简称57号文），有人认为57号文是对48号文的延续，但57号文加入了改制重组的概念，笔者理解应该是终结了48号文的普惠性政策，收紧了土地增值税的优惠面，也就是只有在改制重组时投资入股，才能免征土地增值税。

但实践中还有部分税务机关按老政策执行。实际上，目前税收政策中多有"改制重组"字眼出现，但从无对其的解释，实践中应怎么判断改制重组，哪些情形算是改制重组，这些问题仍存在争议，税务机关也很难判定。部分税务机关要求企业提供国资委等有关部门的改制重组文件或所属企业集团提供的改制重组文件，更有从严的税务机关认为民营企业不存在改制重组，不符合税收优惠条件，如果是这样理解，则大部分企业都无法享受到该优惠政策。

【关联问题】（1）不动产投资入股的其他税费包括哪些？

不动产投资入股还涉及增值税、企业所得税（有递延五年纳税政策，同一投资主体内部无偿划转可免，母公司向全资子公司以不动产投资且不确认损益可免）、契税（同一投资主体内部无偿划转可免，母公司向全资子公司以不动产投资可免）。

各税种免税条件各不相同，应注意辨析（详见第九章"跨税种案例分析"）。

（2）以土地使用权投资入股，是否属于 57 号文规定的"以房地产作价入股"？

土地使用权属于房地产。财税〔2015〕5 号规定："单位、个人在改制重组时以国有土地、房屋进行投资，对其将国有土地、房屋权属转移、变更到被投资的企业，暂不征土地增值税。""本通知执行期限为 2015 年 1 月 1 日至 2017 年 12 月 31 日……"

57 号文是对财税〔2015〕5 号的延续，只是因为财税〔2015〕5 号到期了，所以又出台了 57 号文。从表述中我们可以看出，原来的表述是"土地、房屋"，现在变成了"房地产"，可以理解房地产就是原来的土地、房屋，因此房地产包含单纯的土地使用权。

372. 股权收购按公允价值调整资产账面价值，应如何计提折旧？

案例：A 房地产公司（以下简称 A 公司）被 B 公司收购，收购时双方聘请了中介机构对 A 公司的股权进行评估，评估方法按净资产的公允价值法，评估价为 1 100 万元。B 公司收购 A 公司后，对 A 公司的账面价值按公允价值调整并进行会计核算。

问：股权收购是否可按照公允价值（包含评估增值部分）来计提折旧并在企业所得税前列支？

答：不可以。根据《财政部　国家税务总局关于企业重组业务企业所得税处理若干问题的通知》（财税〔2009〕59 号），企业股权收购、资产收购重组交易，除符合该通知规定适用特殊性税务处理规定的外，被收购企业的相关所得税事项原则上保持不变。

因此，被收购企业所得税事项保持不变，即企业计税基础不变。企业应按原账面资产价值计提折旧并税前列支。

【政策依据】国家税务总局公告 2017 年第 34 号第一条规定：

改制中资产评估增值不计入应纳税所得额；资产的计税基础按其原有计税基础确定；资产增值部分的折旧或者摊销不得在税前扣除。

---

373. 资本公积约定为投资者单独所有，在税务上有什么风险？

案例：A 公司拟投资某项目公司，其与该项目公司原股东达成一致，由 A 公司向该项目公司进行增资。该项目公司原股东入股 5 000 万元，全部用来购买土地，A 公司拟投资 5 000 万元做后续开发资金。但对方股东要求占有 50% 以上的持股比例，且由于土地溢价等因素，A 公司也不能平价进入项目公司。因此 A 公司与该项目公司原股东约定，A 公司投入资金 5 000 万元，其中 3 000 万元为注册资本，2 000 万元为资本公积，持股比例为 37.5%。

A 公司为避免后续股权纠纷，在投资入股协议中约定，A 公司投入的资本公积 2 000 万元，为 A 公司单独所有，对方股东不享有此部分权益。后续该资本公积用于定向转增 A 公司的投入股本。

问：该操作是否有税务风险？

答：基本没有税务风险。

根据国税函〔2010〕79 号（以下简称 79 号文）第四条中"被投资企业将股权（票）溢价所形成的资本公积转为股本的，不作为投资方企业的股息、红利收入，投资方企业也不得增加该项长期投资的计税基础"的规定，企业投资者转增的资本公积如果属于股权溢价，在转增时无须缴纳企业所得税，后续处置股权时也不得增加股权成本。

"后续处置股权时也不得增加股权成本"这一点实践中无须提示，因为针对定向转增情况，A 公司的账面长期股权投资成本在转增前就包含了原投入的资本公积 2 000 万元。

唯一的风险就是，如果资本公积中有另一方股东投入，可能会被视作另一方股东的股权转让，但这种可能性较小，按 79 号文，其也不可能作为股息、红利收入计税。

374. 拆除前建筑物的价值在企业所得税前应如何处理？

案例： A 公司为房地产开发企业，其从 B 公司购得一块工业用地（地上有厂房），以评估的公允价值 3 亿元作为购买总价，B 公司向 A 公司开具不动产转让发票 3 亿元（不含税价）。评估报告中列明土地价值 2.5 亿元，厂房价值 5 000 万元。A 公司购得该地块后，拟变更土地用途为商住用地，并开发商品房后出售。原厂房需拆除。

问：（1）A 公司购买土地，取得原建筑物（厂房）的价值 5 000 万元在企业所得税前应如何处理？

（2）土地增值税能否扣除？

答：（1）根据国家税务总局公告 2011 年第 34 号第四条，推倒重置的原固定资产净值，所得税前应计入资产成本，在后续处置时或折旧时扣除。

（2）土地增值税的扣除项目为正向列举，不包含原建筑物价值。拆除原建筑物所发生的成本，是否属于拆迁补偿费，需与当地税务机关沟通。

【实操指南】 国家税务总局公告 2011 年第 34 号仅规定了房屋建筑物作为固定资产的情况，未规定房地产开发企业将其作为存货（开发产品）出售的情况，因此也可能按国家税务总局公告 2011 年第 25 号所发布的《企业资产损失所得税税前扣除管理办法》的规定，作为资产损失申报扣除（发生当年一次性扣除）。

土地增值税在税前扣除的可能性较小，虽然企业所得税可以扣除，但两税的原理不可通用。

例如，A 公司将 3 亿元计入开发产品成本，其于后续卖出开发产品时在企业所得税前扣除金额为 3 亿元。土地增值税前可扣除金额为 2.5 亿元。

【政策依据】《国家税务总局关于企业所得税若干问题的公告》（国家税务总局公告 2011 年第 34 号）：

四、关于房屋、建筑物固定资产改扩建的税务处理问题

企业对房屋、建筑物固定资产在未足额提取折旧前进行改扩建的，如属于推倒重置的，该资产原值减除提取折旧后的净值，应并入重置后的固定资产计税成本，并在该固定资产投入使用后的次月起，按照税法规定的折旧年限，一并计提折旧；如属于提升功能、增加面积的，该固定资产的改扩建支出，并入该固定资产计税基

础，并从改扩建完工投入使用后的次月起，重新按税法规定的该固定资产折旧年限计提折旧，如该改扩建后的固定资产尚可使用的年限低于税法规定的最低年限的，可以按尚可使用的年限计提折旧。

【关联问题】 拆除该厂房发生的工程费是否可在企业所得税、土地增值税税前扣除？

拆迁费通常可以在企业所得税、土地增值税中扣除。与原建筑物价值相同，拆迁费在企业所得税前的扣除方式通常为计入存货成本，在后续处置时扣除。

375. 股权转让中认缴的注册资本能扣除吗？ 扣除原值是以注册资本×持股比例吗？

案例：A 公司设立了 B 有限责任公司（以下简称 B 公司），认缴注册资本共 500 万元，截至 2019 年 1 月，实缴 100 万元。当月 A 公司将 B 公司股权全部对外转让。

问：在计算转让所得税时，认缴的注册资本能扣除吗？

答：不能。根据《企业所得税法实施条例》第七十一条的规定，企业在转让或者处置投资资产时，投资资产的成本，准予扣除。投资资产以购买价款或非货币性资产的公允价值和支付的相关税费为成本。

$$股权转让所得 = 股权转让收入 - 取得股权所支付的金额 - 转让过程中所支付的相关合理税费$$

【实操指南】 如果完全没有实缴只有认缴，则取得股权所支付的金额为 0（本身也没有股权成本）。在这种情况下，通常转让价格定为 1 元。

相较于个人股权原值的确定，居民企业股东的股权原值确定规则较少。

参照《股权转让所得个人所得税管理办法（试行）》（国家税务总局公告 2014 年第 67 号发布）第十五条的规定，可以扣除的股权转让原值，依照以下方法确认：

（1）以现金出资方式取得的股权，按照实际支付的价款与取得股权直接相关的合理税费之和确认股权原值；

（2）以非货币性资产出资方式取得的股权，按照税务机关认可或核定的投资入股时非货币性资产价格与取得股权直接相关的合理税费之和确认股权原值；

（3）通过无偿让渡方式取得股权，具备本办法第十三条第二项所列情形的，按取得股权发生的合理税费与原持有人的股权原值之和确认股权原值；

（4）被投资企业以资本公积、盈余公积、未分配利润转增股本，个人股东已依法缴纳个人所得税的，以转增额和相关税费之和确认其新转增股本的股权原值；

（5）除以上情形外，由主管税务机关按照避免重复征收个人所得税的原则合理确认股权原值。

依据上述规定的精神，可以在股权转让中作为原值扣除的仅仅是实缴的注册资本金，而认缴的注册资本金则不可以扣除。扣除原值是以取得原值×转让比例，而非以注册资本×持股比例，取得原值不包括未实缴金额，但包括股东投入的实收资本、资本公积（不包括其他原因形成的资本公积）以及相关合理税费等。

【政策依据】《企业所得税法实施条例》：

第七十一条　企业所得税法第十四条所称投资资产，是指企业对外进行权益性投资和债权性投资形成的资产。

企业在转让或者处置投资资产时，投资资产的成本，准予扣除。

投资资产按照以下方法确定成本：

（一）通过支付现金方式取得的投资资产，以购买价款为成本；

（二）通过支付现金以外的方式取得的投资资产，以该资产的公允价值和支付的相关税费为成本。

---

376. 股权质押在未来实际发生股权变动时是否需要纳税？

答：关于股权转让所得确认和计算问题，《国家税务总局关于贯彻落实企业所得税法若干税收问题的通知》（国税函〔2010〕79号）规定："企业转让股权收入，应于转让协议生效、且完成股权变更手续时，确认收入的实现。转让股权收入扣除为取得该股权所发生的成本后，为股权转让所得。企业在计算股权转让所得时，不得扣除被投资企业未分配利润等股东留存收益中按该项股权所可能分配的金额。"

只要股权工商登记变更了，就会产生股权转让纳税义务。

【实操指南】　股权质押时，由于未产生股权变更，不办理变更手续，因此，无须缴纳股权转让所得税。

377. 母公司借款购买了子公司的股权，产生了巨大的利息费用，母公司有什么方法可以将利息费用转到子公司？

答：母公司购买股权产生的利息费用，无法通过借款转移利息费用到子公司，只能作为财务费用在母公司列支，待子公司盈利后，可将子公司股权对外转让，以消化亏损。

378. 股东取得固定或保底收益应如何纳税？

案例：A房地产公司（以下简称A公司）成立B子公司（以下简称B公司）开发某项目。为筹集资金，2017年1月，A公司引入合作方C公司，C公司出资5亿元成为B公司的股东。为规避市场波动带来的风险，C公司与A公司签订合作协议时约定了保底收益条款，即无论B公司经营情况如何，C公司最少可以取得相当于12%的年化收益，如果B公司实际利润超过了股东投入的12%，则C公司按实际利润分配税后收益。

2018年9月，B公司交房结转收入和成本，利润不足12%。在分配利润时，C公司优先按投入资本金5亿元×投入时间×12%的金额分回股息，剩余部分分配给A公司。

问：C 公司应如何纳税？

答：（1）增值税：根据财税〔2016〕36 号附件 1 中《销售服务、无形资产、不动产注释》金融服务中贷款服务的规定，以货币资金投资收取的固定利润或者保底利润，按照贷款服务缴纳增值税。因此，C 公司收取的保底利润应当按"贷款服务"缴纳增值税。

（2）所得税：C 公司的出资不符合国家税务总局公告 2013 年第 41 号所规定的明股实债。如果单看所得税的规定，并没有收取固定或保底利润需要纳入收入的条款，因此所得税与增值税的处理存在悖论。

如果所得税仍按股息、红利作为免税收入处理，则与增值税的处理和已开具的发票不一致；如果所得税与增值税保持一致，均按利息收入入账，同时利息支出在被投资公司税前扣除，则票据、增值税、所得税保持一致，但又不符合国家税务总局公告 2013 年第 41 号的规定。

实操中建议与主管税务机关沟通。

【政策依据】 国家税务总局公告 2013 年第 41 号：

一、企业混合性投资业务，是指兼具权益和债权双重特性的投资业务。同时符合下列条件的混合性投资业务，按本公告进行企业所得税处理：

（一）被投资企业接受投资后，需要按投资合同或协议约定的利率定期支付利息（或定期支付保底利息、固定利润、固定股息，下同）；

（二）有明确的投资期限或特定的投资条件，并在投资期满或者满足特定投资条件后，被投资企业需要赎回投资或偿还本金；

（三）投资企业对被投资企业净资产不拥有所有权；

（四）投资企业不具有选举权和被选举权；

（五）投资企业不参与被投资企业日常生产经营活动。

第十五章
涉外业务及反避税

随着中国企业"走出去",越来越多的外商投资企业参与到了房地产行业的大军中,也有越来越多的房地产集团选择了境外持股结构,如在港交所上市的美的置业、正荣地产、合景泰富、弘阳地产等。

在股权收购和日常合作中,我们也需要面对涉外的税收疑难问题,如收购时被收购公司的母公司是境外企业,或投资收益需要向境外分配等。

本章基于涉外的股权收购事项和利润分配事项等,聚焦涉外税收疑难问题进行阐述。

379. 境内单位付给境外单位的运输费(提供应税服务在境外)需要代扣代缴税费吗?

案例: A房地产公司(以下简称A公司)从境外购买一批新型墙体材料,并委托境外B运输公司(以下简称B公司)将材料从L市运到N市进行加工处理,A公司向B公司支付运费1万美元,保险费300美元,并以美元结算。

问:(1)A公司是否需要代扣代缴B公司的增值税和企业所得税?

(2)付汇时是否需要出具《服务贸易等项目对外支付税务备案表》(以下简称《备案表》)?

答:(1)增值税:财税〔2016〕36号附件1第十三条规定,"下列情形不属于在境内销售服务或者无形资产:(一)境外单位或者个人向境内单位或者个人销售完全在境外发生的服务……"因此,若境外单位完全在境外提供运输服务,则该服务并不属于增值税应税范围。

企业所得税:由于B公司取得的是完全发生在境外、与境内机构无关的收入,因此无须扣缴企业所得税。

(2)根据国家税务总局 国家外汇管理局公告2013年第40号第三条的规定,A公司向B公司支付的外汇资金,属于进口贸易项下境外机构获得的国际运输费用,无须办理和提交《备案表》。

【实操指南】 本例中无须扣缴税费,也无须出具《备案表》。

【政策依据】 国家税务总局 国家外汇管理局公告2013年第40号:

一、境内机构和个人向境外单笔支付等值5万美元以上(不含等值5万美元,下同)下列外汇资金,除本公告第三条规定的情形外,均应向所在地主管税务机关进行税务备案:

（一）境外机构或个人从境内获得的包括运输、旅游、通信、建筑安装及劳务承包、保险服务、金融服务、计算机和信息服务、专有权利使用和特许、体育文化和娱乐服务、其他商业服务、政府服务等服务贸易收入；

…………

三、境内机构和个人对外支付下列外汇资金，无需办理和提交《备案表》：

（一）境内机构在境外发生的差旅、会议、商品展销等各项费用；

（二）境内机构在境外代表机构的办公经费，以及境内机构在境外承包工程的工程款；

（三）境内机构发生在境外的进出口贸易佣金、保险费、赔偿款；

（四）进口贸易项下境外机构获得的国际运输费用；

…………

---

380. 境内单位付给境外单位的赔偿款需要代扣代缴税费吗？

案例： 接上例，A 房地产公司（以下简称 A 公司）从境外购买一批新型墙体材料，合同于 2018 年 4 月签订，总价款 50 万美元。2018 年 9 月，由于市场下行，新型墙体材料价格高昂，难以推广，A 公司决定取消订单。但是由于境外供应商已经购买了部分辅料，A 公司需要按照合同约定支付给境外供应商 20% 的赔偿金 10 万美元，并以美元结算。

问：（1）A 公司是否需要代扣代缴境外供应商的增值税和企业所得税？

（2）付汇时是否需要出具《服务贸易等项目对外支付税务备案表》？

答：（1）如果总体交易实际发生，只是取消了部分订单，那么这部分赔偿款需作为价外费用代扣代缴增值税。如果交易整体取消，则赔偿款不作为价外费用。本例中完全取消，不需要代扣代缴增值税。另外，境外供应商取得的是完全发生在境外、与境内机构无关的收入，无须扣缴企业所得税。

（2）根据国家税务总局 国家外汇管理局公告 2013 年第 40 号第三条，A 公司向境外供应商支付的外汇资金，属于境内机构发生在境外的赔偿款，无须办理和提交《备案表》。

【实操指南】 本例中无须扣缴税费，也无须出具《备案表》。

【政策依据】 同上，略。

381. 自境外单位或者个人购进劳务是否可以抵扣进项？

案例： A 房地产公司（以下简称 A 公司）拟在境外发行债券，聘请了香港的一家评级机构进行评级。2018 年，A 公司支付该香港机构 100 万元，并代扣代缴了所得税和增值税，取得代扣代缴的完税凭证。

问： 从税务机关或者扣缴义务人取得的代扣代缴税款的完税凭证上注明的增值税额，是否可作为进项在销项中抵扣？

答： 可以。根据《增值税暂行条例》第八条中"下列进项税额准予从销项税额中抵扣：……（四）自境外单位或者个人购进劳务、服务、无形资产或者境内的不动产，从税务机关或者扣缴义务人取得的代扣代缴税款的完税凭证上注明的增值税额"的规定可知，代扣代缴完税凭证上注明的增值税额可以作为进项在销项中抵扣。

【实操指南】 2017年11月19日颁布的国务院令第691号修订了《增值税暂行条例》第八条。

《增值税暂行条例》第八条第二款第四项2017年修订前为：购进或者销售货物以及在生产经营过程中支付运输费用的，按照运输费用结算单据上注明的运输费用金额和7％的扣除率计算的进项税额。进项税额计算公式：

$$进项税额＝运输费用金额×扣除率$$

《增值税暂行条例》第八条第二款第四项2017年修订后为：自境外单位或者个人购进劳务、服务、无形资产或者境内的不动产，从税务机关或者扣缴义务人取得的代扣代缴税款的完税凭证上注明的增值税额。

由上述规定可见，自境外单位或者个人购进劳务，从税务机关或者扣缴义务人取得的代扣代缴税款的完税凭证上注明的增值税额，2017年条例修订前不得抵扣，修订后可以抵扣。

因为A公司的支出发生在2018年，条例已经修改，所以可以抵扣。

【关联问题】 A公司应代扣代缴多少增值税和所得税？

$$增值税＝100÷(1＋6％)×6％＝5.66(万元)$$
$$所得税＝100÷(1＋6％)×10％＝9.43(万元)$$

382. 代扣代缴增值税凭证是否有抵扣期限？

案例： A房地产公司（以下简称A公司）拟在境外发行债券，聘请了香港的一家评级机构进行评级。2018年，A公司支付该香港机构100万元，并代扣代缴了所得税和增值税，取得代扣代缴的完税凭证。完税凭证上注明的增值税税款为6万元，开具完税凭证的时间为2018年1月1日。2019年3月，财务人员发现该6万元尚未申报抵扣。

问： 2019年3月距完税凭证的开具时间已超过360天，是否还能申报抵扣？

答： 根据国家税务总局公告2017年第11号第十条，2017年7月1日以后取得的增值税专用发票、机动车销售统一发票、海关进口增值税专用缴款书，自开具之日起360日内申报抵扣。其中未规定增值税代扣代缴税收缴款凭证。

《财政部 国家税务总局关于将铁路运输和邮政业纳入营业税改征增值税试点的通知》（财税〔2013〕106号）规定，凭税收缴款凭证抵扣进项税额的，应当具备书面合同、付款证明和境外单位的对账单或者发票。其只规定了扣除凭证，未规定扣除时间。

因此，增值税代扣代缴税收缴款凭证没有规定抵扣期限。笔者理解，超过360天仍可以申报扣除。

【实操指南】 实践中，税务机关可能会比照增值税专用发票，凭增值税代扣代缴税收缴款凭证的开具日期确定 360 天的抵扣期限。但不同于发票的税额进入了金税三期系统，可以受到系统认证抵扣时间的限制，代扣代缴完税凭证暂不会受到系统限制，除非是税务机关进行稽查或检查，否则不存在抵扣的客观困难。

【政策依据】　国家税务总局公告 2017 年第 11 号（第十条已废止）：

十、自 2017 年 7 月 1 日起，增值税一般纳税人取得的 2017 年 7 月 1 日及以后开具的增值税专用发票和机动车销售统一发票，应自开具之日起 360 日内认证或登录增值税发票选择确认平台进行确认，并在规定的纳税申报期内，向主管国税机关申报抵扣进项税额。

增值税一般纳税人取得的 2017 年 7 月 1 日及以后开具的海关进口增值税专用缴款书，应自开具之日起 360 日内向主管国税机关报送《海关完税凭证抵扣清单》，申请稽核比对。

纳税人取得的 2017 年 6 月 30 日前开具的增值税扣税凭证，仍按《国家税务总局关于调整增值税扣税凭证抵扣期限有关问题的通知》（国税函〔2009〕617 号）执行。

财税〔2013〕106 号附件 1《营业税改征增值税试点实施办法》（已全文废止）：

第二十二条　下列进项税额准予从销项税额中抵扣：

....

（四）接受境外单位或者个人提供的应税服务，从税务机关或者境内代理人取得的解缴税款的中华人民共和国税收缴款凭证（以下称税收缴款凭证）上注明的增值税额。

第二十三条　纳税人取得的增值税扣税凭证不符合法律、行政法规或者国家税务总局有关规定的，其进项税额不得从销项税额中抵扣。

....

纳税人凭税收缴款凭证抵扣进项税额的，应当具备书面合同、付款证明和境外单位的对账单或者发票。资料不全的，其进项税额不得从销项税额中抵扣。

383. 境外公司收购境外公司的所得税是否需要代扣代缴？

案例：香港公司 A 拟从境外 Y 公司收购一家香港公司 B 的股权，但被收购公司 B 实际是空壳公司，无任何业务，这家空壳公司的全资子公司 C 是境内居民企业，在境内从事房地产开发。

问：受让方 A 是香港公司，是否需要代扣代缴企业所得税？

答：国家税务总局公告 2015 年第 7 号第一条规定："非居民企业通过实施不具有合理商业目的的安排，间接转让中国居民企业股权等财产，规避企业所得税纳税义务的，应按照企业所得税法第四十七条的规定，重新定性该间接转让交易，确认为直接转让中国居民企业股权等财产。"

A公司实际收购的是境内C公司，属于直接转让中国居民企业股权等财产。

国家税务总局公告2015年第7号第四条规定："除本公告第五条和第六条规定情形外，与间接转让中国应税财产相关的整体安排同时符合以下情形的，无需按本公告第三条进行分析和判断，应直接认定为不具有合理商业目的：（一）境外企业股权75％以上价值直接或间接来自于中国应税财产；（二）间接转让中国应税财产交易发生前一年内任一时点，境外企业资产总额（不含现金）的90％以上直接或间接由在中国境内的投资构成，或间接转让中国应税财产交易发生前一年内，境外企业取得收入的90％以上直接或间接来源于中国境内；（三）境外企业及直接或间接持有中国应税财产的下属企业虽在所在国（地区）登记注册，以满足法律所要求的组织形式，但实际履行的功能及承担的风险有限，不足以证实其具有经济实质；（四）间接转让中国应税财产交易在境外应缴所得税税负低于直接转让中国应税财产交易在中国的可能税负。"

由于B公司75％以上的价值来自中国境内C公司的股权，转让前一年内未取得收入，资产总额中90％以上为境内C公司股权，没有经济实质，且香港转让股权的税负低于内地，从上述条款判定，被转让股权的香港公司B符合第四条规定，不具有合理商业目的。

国家税务总局公告2015年第7号第八条规定："间接转让不动产所得或间接转让股权所得按照本公告规定应缴纳企业所得税的，依照有关法律规定或者合同约定对股权转让方直接负有支付相关款项义务的单位或者个人为扣缴义务人。"因此支付价款方具有代扣代缴义务。由于该条规定中未约定扣缴义务人必须是境内的单位或个人，因此，境外单位或个人作为支付人，也具有扣缴义务。A公司应当扣缴C公司的企业所得税。

但A公司在内地没有机构场所，应向何处的税务机关申报纳税？

国家税务总局公告2015年第7号第十六条规定："本公告所称的主管税务机关，是指在中国应税财产被非居民企业直接持有并转让的情况下，财产转让所得应纳企业所得税税款的主管税务机关，应分别按照本公告第二条规定的三种情形确定。"

如果被转让股权的香港公司的母公司依然是境外公司（本例），那么财产转让所得应纳企业所得税税款的主管税务机关应如何确定？

根据国家税务总局公告2017年第37号，扣缴义务人所在地主管税务机关为扣缴义务人所得税主管税务机关。扣缴义务人不在境内又如何确定呢？国家税务总局未作规定，但规定了如果扣缴义务人未扣缴，纳税义务人应向何处申报。我们可以理解为，无法确定扣缴地点的境外扣缴义务人，也可以向纳税义务人应申报的主管税务机关申报。

境外的纳税义务人应向何处申报？依然根据国家税务总局公告2017年第37号第九条，向所得发生地申报。根据该公告第十六条，所得发生地按以下方式确定：（1）不动产转让所得，为不动产所在地国税机关。（2）权益性投资资产转让所得，为被投资企业的所得税主管税务机关。（3）股息、红利等权益性投资所得，为分配所得企业的所得税主管税务机关。（4）利息所得、租金所得、特许权使用费所得，为负担、支付所得的单位或个人的所得税主管税务机关。

【实操指南】 根据上面分析，权益性投资资产转让所得，所得发生地为被投资企业的所得税主管税务机关。实践中很可能在被间接转让股权的境内公司所属的主管税务机关扣缴，即C公司所在地。

【政策依据】 国家税务总局公告2017年第37号：

九、按照企业所得税法第三十七条规定应当扣缴的所得税，扣缴义务人未依法扣缴或者无法履行扣缴义务的，取得所得的非居民企业应当按照企业所得税法第三十九条规定，向所得发生地主管税务机关申报缴纳未扣缴税款，并填报《中华人民共和国扣缴企业所得税报告表》。

---

384. 受益所有人应如何判定？

案例： 境内A房地产公司（以下简称A公司）向母公司香港公司B分配股息，B公司无实际业务，B公司的母公司是香港公司C且有实际业务。

问： 这种情况下A公司向境外分配股息按5%还是10%预提所得税？

答： 按10%预提所得税。根据国税函〔2006〕884号附件《内地和香港特别行政区关于对所得避免双重征税和防止偷漏税的安排》第十条中关于股息预提所得税的规定，如果受益所有人是直接拥有支付股息公司至少25%股份的，为股息总额的5%；在其他情况下，为股息总额的10%。因此，即使B公司拥有A公司25%以上的股份，由于B公司没有实际业务，不满足国家税务总局公告2012年第30号公告关于受益所有人的规定，C公司虽然有实际业务但没有直接拥有股份，因此A公司向境外分配股息按10%预提所得税。

385. 汇兑损益应如何缴税？

案例： A房地产公司成立于中国境内，为外商投资企业，A公司的母公司B（以下简称B公司）位于香港。2018年12月1日，B公司向A公司投入股本1000万美元；12月31日，A公司进行结汇，结汇时由于汇率变动，产生汇兑收益67万元。

问： 汇兑收益应如何缴税？

答： 首先，根据《企业所得税法实施条例》第二十二条，汇兑收益属于企业所得税中列举的其他收入。

其次，根据《企业所得税法实施条例》第三十九条，汇兑损失除已经计入有关资产成本以及与向所有者进行利润分配相关的部分外，准予扣除。

因此，实际结汇形成的汇兑损益，除计入资产成本和利润分配的部分外，均在当期计入应纳税所得。

【实操指南】 本例中，是实际结汇（结汇时间与收到时间间隔1个月）引起的汇兑收益，应纳入所得额计算所得税，账面也应计入投资收益而非资本公积。

【政策依据】《企业所得税法实施条例》：

第二十二条 企业所得税法第六条第（九）项所称其他收入，是指企业取得的

除企业所得税法第六条第（一）项至第（八）项规定的收入外的其他收入，包括企业资产溢余收入、逾期未退包装物押金收入、确实无法偿付的应付款项、已作坏账损失处理后又收回的应收款项、债务重组收入、补贴收入、违约金收入、汇兑收益等。

....

第三十九条　企业在货币交易中，以及纳税年度终了时将人民币以外的货币性资产、负债按照期末即期人民币汇率中间价折算为人民币时产生的汇兑损失，除已经计入有关资产成本以及与向所有者进行利润分配相关的部分外，准予扣除。

国税函〔2008〕264号（已全文废止）：

一、关于汇率变动损益的所得税处理问题

企业外币货币性项目因汇率变动导致的计入当期损益的汇率差额部分，相当于公允价值变动，按照《财政部　国家税务总局关于执行〈企业会计准则〉有关企业所得税政策问题的通知》（财税〔2007〕80号）第三条规定执行，在未实际处置或结算时不计入当期应纳税所得额。在实际处置或结算时，处置或结算取得的价款扣除其历史成本后的差额，计入处置或结算期间的应纳税所得额。

【关联问题】　未实际结汇，而是账面调整形成的汇兑损益应如何处理？

期末根据实际汇率调整账面（未实际结汇）形成的汇兑损益，应在实际结汇年度计入应纳税所得（参考已废止的国税函〔2008〕264号）。

但部分观点认为，应按照《企业所得税法实施细则》第三十九条区分货币性资产、负债（应收账款、预收账款等）和非货币性资产、负债（存货，固定资产等），货币性资产、负债在账务处理计入汇兑损益，当期计入应纳税所得，非货币性资产、负债根据实际发生原则，在实际处置该资产、负债年度计入应纳税所得。

386. 境外所得税抵免，能否抵免境内代扣代缴的税款？

案例： 境内A咨询公司（以下简称A公司）于2018年2月收购了某香港B公司，又在B公司名下设立了境内全资子公司C（以下简称C公司）进行房地产开发。2019年1月，C公司向B公司分配股利200万元，并代扣代缴B公司5%（税收协定税率）预提所得税10万元。

香港B公司本身从事证券经纪业务，2019年4月（香港4月至次年3月为一个财年），B公司将取得的C公司股利200万元向A公司进行分配（分配金额28.22万美元，汇率1美元对人民币6.733 5元，折合人民币190万元，扣减已纳税款10万元）。

A公司从境外取得190万元的股息、红利，不满足居民企业之间股息、红利免征企业所得税的规定，需并入应纳税所得额计算所得税。

问： A公司取得股息、红利时，是否可适用境外所得税抵免条款，抵免之前已缴纳的预提所得税？

答：《企业所得税法》第二十三条和第二十四条分别规定如下：

第二十三条 企业取得的下列所得已在境外缴纳的所得税税额，可以从其当期应纳税额中抵免，抵免限额为该项所得依照本法规定计算的应纳税额；超过抵免限额的部分，可以在以后五个年度内，用每年度抵免限额抵免当年应抵税额后的余额进行抵补：

（一）居民企业来源于中国境外的应税所得；

（二）非居民企业在中国境内设立机构、场所，取得发生在中国境外但与该机构、场所有实际联系的应税所得。

第二十四条 居民企业从其直接或者间接控制的外国企业分得的来源于中国境外的股息、红利等权益性投资收益，外国企业在境外实际缴纳的所得税税额中属于该项所得负担的部分，可以作为该居民企业的可抵免境外所得税税额，在本法第二十三条规定的抵免限额内抵免。

从《企业所得税法》第二十四条"外国企业在境外实际缴纳的所得税税额"的表述中可以看出，无论是直接还是间接控制，均应该是外国企业在境外缴纳的所得税，代扣代缴属于外国企业在境内缴纳的所得税，不在抵免范围。

《企业所得税法实施条例》第八十一条规定："企业依照企业所得税法第二十三条、第二十四条的规定抵免企业所得税税额时，应当提供中国境外税务机关出具的税款所属年度的有关纳税凭证。"由此可知，需提供的是境外税务机关提供的纳税凭证，境内税务机关提供的凭证不在范围内。

因此，文件中可抵免的税额仅限于企业来源于中国境外的所得依照中国境外税收法律以及相关规定计算并在境外实际缴纳的税额，并须出具境外税务机关提供的纳税凭证。

而对按照国内税法计算并缴纳的企业所得税则不允许抵免，因此，A公司取得股息、红利时，不能适用境外所得税抵免条款，抵免之前已缴纳的5%预提所得税10万元。

【实操指南】 如果将上例改为：

境内A咨询公司（以下简称A公司）于2018年2月收购了H国B公司，又在B公司名下设立了境内全资子公司C进行房地产开发。2019年1月，C公司向B公司分配股利200万元，并代扣代缴B公司10%预提所得税20万元。

H国征收18%的利得税（性质同企业所得税），与中国签订了避免双重征税的税收协定（但无协定优惠税率）。B公司取得200万元股息、红利后，以中国税务机关开具的完税证明申请了20万元的税收抵免，在H国缴纳了16万元（200×18%－20）的利得税，取得H国税务机关开具的完税证明36万元。

当B公司再向A公司分配该164万元的股息、红利（扣减已纳税款）时，A公司能否凭36万元的完税证明进行抵减？

从《企业所得税法》第二十四条"外国企业在境外实际缴纳的所得税税额"的表述中可以看出，无论是直接还是间接控制，均应该是外国企业在境外实际缴纳的所得税。

即使在国内缴纳的税款，由于避免双重征税的税收协定或条约，在外国进行了抵免，能够在国内抵免的，也仅仅是在外国实际缴纳的金额。如果外国税务机关出具的完税凭证包含了国内已缴税款在外国抵免数，这部分金额也应当剔除。

因此，当B公司再向A公司分配该164万元股息、红利时，A公司仅能抵减16万元。

从以上案例可以看出，境内—境外—境内的股权架构会比完全设立在境内增加股息、红利所得税负25%（不享受免税政策）+10%（不能抵免境内预提所得税，香港可能为5%）。

从法理上来看，我们可以分析得出，无论是境内的股息、红利，还是境外的股息、红利，均可以抵免（境内是居民企业之间免税），这充分体现了不重复征收税后利润的所得税的精神。

但一旦跨境，抵免链条就会断裂，无论是国内投资国外取得的股息、红利，还是国外投资国内取得的股息、红利，均不能在链条中进行抵免，且会切断整个抵免链条。

因此，在做境外收购时，我们需要考虑税收的影响，设计收购股权的架构。

如果未来准备长期持有，主要收取股息、红利，则应该避免这样境内—境外—境内的架构，否则会造成股息、红利所得税不能抵免的损失。

如果未来预计对外转让股权，以获取转让溢价为目标，则可以考虑境内—境外—境内的架构，以获取预提所得税10%（优于境内25%）的优惠。但需注意，该境外层级必须具有经营实体，不能是仅持有股权的空壳公司，否则会触发间接转让境内股权的问题。

【政策依据】 财税〔2009〕125号：

四、可抵免境外所得税税额，是指企业来源于中国境外的所得依照中国境外税收法律以及相关规定应当缴纳并已实际缴纳的企业所得税性质的税款。……

财税〔2017〕84号：

二、企业在境外取得的股息所得，在按规定计算该企业境外股息所得的可抵免所得税额和抵免限额时，由该企业直接或者间接持有20%以上股份的外国企业，限于按照财税〔2009〕125号文件第六条规定的持股方式确定的五层外国企业，即：

第一层：企业直接持有20%以上股份的外国企业；

第二层至第五层：单一上一层外国企业直接持有20%以上股份，且由该企业直接持有或通过一个或多个符合财税〔2009〕125号文件第六条规定持股方式的外国企业间接持有总和达到20%以上股份的外国企业。

《企业境外所得税收抵免操作指南》(国家税务总局公告 2010 年第 1 号发布)：

---

22. 我国企业所得税法目前尚未单方面规定税收饶让抵免……经企业主管税务机关确认，可在其申报境外所得税额时视为已缴税额（参见示例六）。

注：本条中的"经企业主管税务机关确认"已被国家税务总局令第 42 号废止。

《企业境外所得税收抵免操作指南》(国家税务总局公告 2015 年第 70 号发布，略)。

第十六章
关联交易

387. 集团内无息借款是否存在企业所得税风险？

案例： A房地产集团内部实行无息资金拆借，满足财税〔2019〕20号第三条"自2019年2月1日至2020年12月31日，对企业集团内单位（含企业集团）之间的资金无偿借贷行为，免征增值税"的规定，免征增值税。（注：根据财政部　税务总局公告2021年第6号，该税收优惠政策延期至2023年年底。）

问： 集团内无息借款是否存在企业所得税风险？

答： 财税〔2019〕20号仅规定了增值税可以免征，企业所得税还需要看企业所得税的相关政策。

根据《企业所得税法》第四十一条，企业与其关联方之间的业务往来，不符合独立交易原则而减少企业或者其关联方应纳税收入或者所得额的，税务机关有权按照合理方法调整。

由于集团内成员企业之间的无偿资金拆借不符合独立交易原则，属于关联交易，因而存在企业所得税被调整的风险。

【政策依据】《企业所得税法》：

第四十一条　企业与其关联方之间的业务往来，不符合独立交易原则而减少企业或者其关联方应纳税收入或者所得额的，税务机关有权按照合理方法调整。

企业与其关联方共同开发、受让无形资产，或者共同提供、接受劳务发生的成本，在计算应纳税所得额时应当按照独立交易原则进行分摊。

388. 委托贷款取得的资金能否享受统借统还优惠政策？

案例： A房地产公司为某集团内部的核心企业，在主管税务机关进行了统借统还优惠免税备案。2019年1月，A房地产公司取得一笔委托贷款1亿元，随即将该贷款筹得资金拨给集团内部B公司使用，约定贷款利率和期限与委托贷款利率和期限相同。

问： 该资金能否享受统借统还优惠？

答： 不能。根据《中国银监会关于印发商业银行委托贷款管理办法的通知》（银监发〔2018〕2号）第三条，委托贷款是指委托人提供资金，由商业银行（受托人）根据委托人确定的借款人、用途、金额、币种、期限、利率等代为发放、协助监督使用、协助收回的贷款，不包括现金管理项下委托贷款和住房公积金项下委托贷款。另外，第七条规定，商业银行不得接受委托人为金融资产管理公司和经营贷款业务机构的委托贷款业务申请。

从以上规定可知，委托贷款的委托人是发放贷款的主体，且委托人不是金融机构，而根据财税〔2016〕36 号附件 3《营业税改征增值税试点过渡政策的规定》第一条第（十九）项的规定，统借统还业务是指企业集团或者企业集团中的核心企业（或财务公司）向金融机构借款或对外发行债券取得资金后，将所借资金分拨给下属单位（包括独立核算单位和非独立核算单位），并向下属单位收取用于归还金融机构或债券购买方本息的业务。

由于委托贷款发放贷款的主体是非金融机构，资金来源不符合统借统还要求，因此不能享受统借统还优惠政策。

【实操指南】 实践中，由于委托贷款使用了金融企业的通道，部分地区税务机关认可其作为统借统还的资金来源，可争取享受统借统还优惠政策。

389. 用于统借统还的进项能否抵扣？

案例： A 房地产公司（以下简称 A 公司）为某集团内部的核心企业，在主管税务机关进行了统借统还优惠免税备案。2019 年 1 月，A 公司发行一批债券，取得资金 2 亿元，支付债券承销手续费 200 万元，取得增值税专用发票，注明税额 12 万元。A 公司随即将该债券筹得资金拨给集团内部 B 公司使用，约定贷款利率和期限与债券利率和期限相同，享受统借统还免税优惠政策。

问： 该债券承销手续费的进项能否抵扣？

答： 不能。根据《增值税暂行条例》第十条和财税〔2016〕36 号的规定，免征增值税项目的进项税额不得抵扣。

本例中，该债券完全用于统借统还免征增值税项目，因此，债券承销费的进项不得抵扣，已抵扣的需要转出。

【实操指南】 如果未进行分别核算和转出的，需要根据《增值税暂行条例实施细则》第二十六条的规定，根据销售额的比例进行转出。如果该房地产企业有其他收入（如售房收入），则按比例转出的后果可能更加不利。因为统借统还业务取得的进项非常有限，贷款服务相关的进项都不能抵扣，只能取得债券承销费、财务咨询费等少量可抵扣进项，按比例转出可能会导致转出的进项比按实际转出的金额更大。

另外，如果本例改为：A 房地产公司（以下简称 A 公司）为某集团内部的核心企业，在主管税务机关进行了统借统还优惠免税备案。2019 年 1 月，A 公司发行一批债券，取得资金 2 亿元，支付债券承销手续费 200 万元，取得增值税专用发票，注明税额12 万元。A 公司随即将其中 1 亿元拨给集团内部 B 公司使用，约定贷款利率和期限与债券利率和期限相同，享受统借统还免税优惠政策。剩余 1 亿元用于自身生产经营。则其中 6 万元（$12 \times 1/2$）进项税额不得抵扣。

【政策依据】《增值税暂行条例》：

第十条 下列项目的进项税额不得从销项税额中抵扣：

（一）用于简易计税方法计税项目、免征增值税项目、集体福利或者个人消费的购进货物、劳务、服务、无形资产和不动产；

⋯⋯⋯⋯⋯

《增值税暂行条例实施细则》：

第二十六条　一般纳税人兼营免税项目或者非增值税应税劳务而无法划分不得抵扣的进项税额的，按下列公式计算不得抵扣的进项税额：

$$不得抵扣的进项税额 = 当月无法划分的全部进项税额 \times \frac{当月免税项目销售额、非增值税应税劳务营业额合计}{当月全部销售额、营业额合计}$$

390. 关联债资比如何计算？税负相同，是否受关联债资比限制？

案例： A房地产公司（以下简称A公司）注册于广东深圳，其100％的股份由A公司的母公司B（以下简称B公司）持有，B公司位于四川成都，A、B公司均从事房地产开发。

A公司的实缴注册资本为1 000万元，资本公积为3 000万元，全部为B公司投入的资本溢价。B公司向A公司提供借款10 000万元，年利率8％，2018年共收取利息800万元。年度中间A公司未归还借款，也未新增借款。

B公司已向A公司开具发票。

A公司2018年年初所有者权益为3 000万元，1—12月末所有者权益金额见表16-1。

表16-1　A公司1—12月所有者权益金额

月份	1	2	3	4	5	6	7	8	9	10	11	12
所有者权益（万元）	3 300	3 200	3 500	3 600	4 000	5 000	4 500	4 600	4 650	4 900	4 960	5 000

问： A公司支付的利息800万元是否可以全部在税前扣除？

答： A、B公司是关联方，根据财税〔2008〕121号第一条中"企业实际支付给关联方的利息支出，除符合本通知第二条规定外，其接受关联方债权性投资与其权益性投资比例为：……（二）其他企业，为2：1"的规定，我们需要计算关联债资比例。

$$不得扣除利息支出 = 年度实际支付的全部关联方利息 \times \left(1 - \frac{标准比例}{关联债资比例}\right)$$

实际支付利息包括实际支付的利息、担保费、抵押费等。

$$关联债资比例 = \frac{年度各月平均关联债权投资之和}{年度各月平均权益投资之和}$$

$$各月平均关联债权投资 = \frac{关联债权投资月初账面余额 + 月末账面余额}{2}$$

$$各月平均权益投资=\frac{权益投资月初账面余额＋月末账面余额}{2}$$

换算得出：

$$年度各月平均关联\atop 债权投资之和 =[(年初关联债权投资余额＋年末关联债权投资余额)$$

$$＋2×1月末至11月末关联债权投资余额之和]/(12×2)$$

$$年度各月平均\atop 权益投资之和 =[(年初权益余额＋年末权益余额)＋2×1月末至11月末权益余$$

$$额之和]/(12×2)$$

权益余额为企业资产负债表所列示的所有者权益金额。如果所有者权益小于实收资本（股本）与资本公积之和，则权益投资为实收资本（股本）与资本公积之和；如果实收资本（股本）与资本公积之和小于实收资本（股本）金额，则权益投资为实收资本（股本）金额。

根据以上规则，计算过程如下：

第一步，计算年度各月末权益投资。

实收资本与资本公积之和为 4 000 万元，按照 4 000 万元与所有者权益孰大原则，确认各月末权益投资（见表 16 - 2）。

表 16 - 2   年度各月末权益投资   单位：万元

月份	权益投资	所有者权益	实收资本与资本公积之和
年初	4 000	3 000	4 000
1	4 000	3 300	4 000
2	4 000	3 200	4 000
3	4 000	3 500	4 000
4	4 000	3 600	4 000
5	4 000	4 000	4 000
6	5 000	5 000	4 000
7	4 500	4 500	4 000
8	4 600	4 600	4 000
9	4 650	4 650	4 000
10	4 900	4 900	4 000
11	4 960	4 960	4 000
12（年末）	5 000	5 000	4 000

第二步，计算年度各月平均权益投资之和。

$$\left[\left(年初权益\atop 余额 ＋年末权益\atop 余额\right)＋2×(1月末＋2月末＋……＋11月末权益余额)\right]/(12×2)$$

$$=(8\,000＋2×48\,610)/24=4\,384.17(万元)$$

第三步，计算年度各月平均关联债权投资之和。

$$[(年初关联债权投资余额+年末关联债权投资余额)+2×(1月末+2月末+……+11月末关联债权投资余额)]/(12×2)$$

$$=10\,000(万元)$$

第四步，计算关联债资比。

$$10\,000/4\,384.17=2.28$$

即超出 2 倍。

第五步，计算不得扣除利息支出。

年度实际支付的全部关联方利息×（1－标准比例/关联债资比例）

$$=800×(1－2/2.28)=98.25(万元)$$

因此，需要纳税调增 98.25 万元。

以上不得扣除利息不得结转以后年度扣除。

【实操指南】 超出关联债资比的利息到底能不能在税前扣除？

实践中大部分企业都存在这样的问题，且大部分目前都是据实扣除，没有调增。首先要确定的是，假如在本题中，母公司既享受了西部大开发优惠，又不符合独立交易原则，则肯定不能扣除。但如果双方适用同一税率呢？

让我们看财税〔2008〕121 号的表述。其中规定："企业实际支付给关联方的利息支出，除符合本通知第二条规定外，其接受关联方债权性投资与其权益性投资比例为……二、企业如果能够按照税法及其实施条例的有关规定提供相关资料，并证明相关交易活动符合独立交易原则的；或者该企业的实际税负不高于境内关联方的，其实际支付给境内关联方的利息支出，在计算应纳税所得额时准予扣除。"由于此条款存在语焉不详的问题（主要还是因为汉字的歧义。"除"字存在争议，它既可以理解为"除了……还要……"，也可以理解为"除了……之外"），因此实践中存在争议。

目前存在两种观点。第一种观点认为，"除符合本通知第二条规定外"，指的是除了符合第二条的情况以外，才受关联债资比的限制。也就是说，企业支付给实际税负不高于本企业的境内关联方，利息支出不受关联债资比限制。

持有此观点的人可以从国家税务总局公告 2016 年第 42 号第十五条得到支持。国家税务总局公告 2016 年第 42 号第十五条规定，企业关联债资比例超过标准比例需要说明符合独立交易原则的，应当准备资本弱化特殊事项文档。

这说明，只有超过标准比例才需要证明符合独立交易原则，那么这正好证明了，除了符合第二条的情况，才受关联债资比限制的观点，因为未超过标准比例，就不需要证明符合独立交易原则。这说明财税〔2008〕121 号的第一条和第二条是互斥关系。

第二种观点认为，"除符合本通知第二条规定外"，指的是除了符合第二条的情况以外，还需要满足关联债资比的限制，即既要符合独立交易原则或税负相等，还要受关联债资比的限制。也就是说，企业支付给实际税负不高于本企业的境内关联方，利息支出受关联债资比限制，企业支付给实际税负高于本企业的境内关联方，利息支出全部不能扣除。

笔者支持第一种观点，其有国税发〔2009〕2号的进一步支持。

《特别纳税调整实施办法（试行）》（国税发〔2009〕2号印发）第八十八条规定，"所得税法第四十六条规定不得在计算应纳税所得额时扣除的利息支出，不得结转到以后纳税年度；应按照实际支付给各关联方利息占关联方利息总额的比例，在各关联方之间进行分配，其中，分配给实际税负高于企业的境内关联方的利息准予扣除"。从此条可以看出，分配给实际税负高的，不受关联债资比限制。

该文件第八十九条（该条款已失效）规定，企业关联债资比例超过标准比例的利息支出，如要在计算应纳税所得额时扣除，除遵照本办法第三章规定外，还应准备、保存，并按税务机关要求提供以下同期资料，证明关联债权投资金额、利率、期限、融资条件以及债资比例等均符合独立交易原则：（1）企业偿债能力和举债能力分析；（2）企业集团举债能力及融资结构情况分析；（3）企业注册资本等权益投资的变动情况说明；（4）关联债权投资的性质、目的及取得时的市场状况；（5）关联债权投资的货币种类、金额、利率、期限及融资条件；（6）企业提供的抵押品情况及条件；（7）担保人状况及担保条件；（8）同类同期贷款的利率情况及融资条件；（9）可转换公司债券的转换条件；（10）其他能够证明符合独立交易原则的资料。

虽然第八十九条已失效，但国家税务总局公告2016年第42号是其承接文件，基本原则一脉相承，且可以从中看出立法者意图，即能够证明符合独立交易原则的，也不受关联债资比的限制。

再回到财税〔2008〕121号第二条："企业如果能够按照税法及其实施条例的有关规定提供相关资料，并证明相关交易活动符合独立交易原则的；或者该企业的实际税负不高于境内关联方的，其实际支付给境内关联方的利息支出，在计算应纳税所得额时准予扣除。"

独立交易原则和税负原则是并列关系，因此持有第二种观点的人，属于误读了该文中"除"字的意思。

【政策依据】 财税〔2008〕121号：

一、在计算应纳税所得额时，企业实际支付给关联方的利息支出，不超过以下规定比例和税法及其实施条例有关规定计算的部分，准予扣除，超过的部分不得在发生当期和以后年度扣除。

企业实际支付给关联方的利息支出，除符合本通知第二条规定外，其接受关联方债权性投资与其权益性投资比例为：

（一）金融企业，为5∶1；

（二）其他企业，为2∶1。

二、企业如果能够按照税法及其实施条例的有关规定提供相关资料，并证明相关交易活动符合独立交易原则的；或者该企业的实际税负不高于境内关联方的，其实际支付给境内关联方的利息支出，在计算应纳税所得额时准予扣除。

《特别纳税调整实施办法（试行）》(国税发〔2009〕2号印发)：

第九章　资本弱化管理

第八十五条　所得税法第四十六条所称不得在计算应纳税所得额时扣除的利息支出应按以下公式计算：

$$不得扣除利息支出 = \frac{年度实际支付的}{全部关联方利息} \times \left(1 - \frac{标准比例}{关联债资比例}\right)$$

其中：

标准比例是指《财政部　国家税务总局关于企业关联方利息支出税前扣除标准有关税收政策问题的通知》(财税〔2008〕121号) 规定的比例。

关联债资比例是指根据所得税法第四十六条及所得税法实施条例第一百一十九条的规定，企业从其全部关联方接受的债权性投资（以下简称关联债权投资）占企业接受的权益性投资（以下简称权益投资）的比例，关联债权投资包括关联方以各种形式提供担保的债权性投资。

第八十六条　关联债资比例的具体计算方法如下：

$$关联债资比例 = \frac{年度各月平均关联债权投资之和}{年度各月平均权益投资之和}$$

其中：

各月平均关联债权投资＝（关联债权投资月初账面余额＋月末账面余额）/2
各月平均权益投资＝（权益投资月初账面余额＋月末账面余额）/2

权益投资为企业资产负债表所列示的所有者权益金额。如果所有者权益小于实收资本（股本）与资本公积之和，则权益投资为实收资本（股本）与资本公积之和；如果实收资本（股本）与资本公积之和小于实收资本（股本）金额，则权益投资为实收资本（股本）金额。

第八十七条　所得税法第四十六条所称的利息支出包括直接或间接关联债权投资实际支付的利息、担保费、抵押费和其他具有利息性质的费用。

第八十八条　所得税法第四十六条规定不得在计算应纳税所得额时扣除的利息支出，不得结转到以后纳税年度；应按照实际支付给各关联方利息占关联方利息总额的比例，在各关联方之间进行分配，其中，分配给实际税负高于企业的境内关联方的利息准予扣除；直接或间接实际支付给境外关联方的利息应视同分配的股息，按照股息和利息分别适用的所得税税率差补征企业所得税，如已扣缴的所得税税款多于按股息计算应征所得税税款，多出的部分不予退税。

国家税务总局公告2016年第42号：

十五、特殊事项文档包括成本分摊协议特殊事项文档和资本弱化特殊事项文档。

企业签订或者执行成本分摊协议的，应当准备成本分摊协议特殊事项文档。

企业关联债资比例超过标准比例需要说明符合独立交易原则的，应当准备资本弱化特殊事项文档。

十六、成本分摊协议特殊事项文档包括以下内容：

··············

（十一）其他能够证明符合独立交易原则的资料。

十八、企业执行预约定价安排的，可以不准备预约定价安排涉及关联交易的本地文档和特殊事项文档，且关联交易金额不计入本公告第十三条规定的关联交易金额范围。

企业仅与境内关联方发生关联交易的，可以不准备主体文档、本地文档和特殊事项文档。

【关联问题】 如果出借方与借款方不是母子公司关系，是否受关联债资比限制？

根据国家税务总局公告 2016 年第 42 号第二条的界定，其不限于投资关系，无投资关系也不影响关联债资比计算。该条内容如下：

二、企业与其他企业、组织或者个人具有下列关系之一的，构成本公告所称关联关系：

（一）一方直接或者间接持有另一方的股份总和达到 25％以上；双方直接或者间接同为第三方所持有的股份达到 25％以上。

如果一方通过中间方对另一方间接持有股份，只要其对中间方持股比例达到 25％以上，则其对另一方的持股比例按照中间方对另一方的持股比例计算。

两个以上具有夫妻、直系血亲、兄弟姐妹以及其他抚养、赡养关系的自然人共同持股同一企业，在判定关联关系时持股比例合并计算。

（二）双方存在持股关系或者同为第三方持股，虽持股比例未达到本条第（一）项规定，但双方之间借贷资金总额占任一方实收资本比例达到 50％以上，或者一方全部借贷资金总额的 10％以上由另一方担保（与独立金融机构之间的借贷或者担保除外）。

借贷资金总额占实收资本比例＝年度加权平均借贷资金/年度加权平均实收资本，其中：

$$\frac{\text{年度加权平均}}{\text{借贷资金}} = \text{i 笔借入或者贷出资金账面金额} \times \frac{\text{i 笔借入或者贷出资金年度实际占用天数}}{365}$$

$$\frac{\text{年度加权平均}}{\text{实收资本}} = \frac{\text{i 笔实收资本账面金额} \times \text{i 笔实收资本年度实际占用天数}}{365}$$

（三）双方存在持股关系或者同为第三方持股，虽持股比例未达到本条第（一）项规定，但一方的生产经营活动必须由另一方提供专利权、非专利技术、商标权、著作权等特许权才能正常进行。

（四）双方存在持股关系或者同为第三方持股，虽持股比例未达到本条第（一）项规定，但一方的购买、销售、接受劳务、提供劳务等经营活动由另一方控制。

上述控制是指一方有权决定另一方的财务和经营政策，并能据以从另一方的经营活动中获取利益。

（五）一方半数以上董事或者半数以上高级管理人员（包括上市公司董事会秘书、经理、副经理、财务负责人和公司章程规定的其他人员）由另一方任命或者委派，或者同时担任另一方的董事或者高级管理人员；或者双方各自半数以上董事或者半数以上高级管理人员同为第三方任命或者委派。

（六）具有夫妻、直系血亲、兄弟姐妹以及其他抚养、赡养关系的两个自然人分别与双方具有本条第（一）至（五）项关系之一。

（七）双方在实质上具有其他共同利益。

除本条第（二）项规定外，上述关联关系年度内发生变化的，关联关系按照实际存续期间认定。

三、仅因国家持股或者由国有资产管理部门委派董事、高级管理人员而存在本公告第二条第（一）至（五）项关系的，不构成本公告所称关联关系。

第十七章
司法拍卖

391. 司法拍卖取得的土地涉及哪些税费？

案例：2019 年 5 月，A 房地产公司（以下简称 A 公司）通过司法拍卖取得某土地，根据约定税费全部由买方承担。

问：司法拍卖取得的土地涉及哪些税费？

答：A 公司需缴纳契税，按拍卖价×契税税率计算，并按合同价款×0.05% 缴纳产权转移书据印花税。由于 A 公司需要承担卖方的税费，因此，A 公司还需要承担企业所得税、增值税、土地增值税、印花税。

（1）企业所得税：按转让收入减去转让原值缴纳企业所得税，但企业所得税不同于个人所得税，需要结合整个纳税年度的其他经营数据确定，因此是否需要在交易过程中一次性缴纳，需咨询主管税务机关。

（2）增值税：如果卖方取得土地的时间在 2016 年 4 月 30 日前，则按照 5% 差额征税（卖方为小规模纳税人的，可以选择按 3% 全额或 5% 差额征税）；如果取得土地时间在 2016 年 5 月 1 日后，则只能按 9% 计算销项税额，且没有土地价款可以扣除（只有房地产企业销售自行开发的房产才可以计算销项抵减扣除，无论卖方是否房地产企业，未开发即转让土地，均不可以计算销项抵减扣除）。

（3）土地增值税：生地变熟地再转让或直接转让土地使用权，计算其增值额时，允许扣除取得土地使用权时支付的地价款、缴纳的有关费用和开发土地所需成本再加计开发成本的 20% 以及在转让环节缴纳的税金。需要注意的是，取得土地使用权时支付的地价款只能凭票扣除，不能评估扣除；如果无票则不得扣除。

（4）印花税：按产权转移书据万分之五缴纳印花税。

【实操指南】 在目前已有的司法拍卖税收争议案例和法院判例中 [如陈立仁与国家税务总局中山市税务局神湾税务分局、国家税务总局中山市税务局税务行政管理（税务）一审行政判决书——广东省中山市第一人民法院（2018）粤 2071 行初 823 号]，司法拍卖的成交价格极有可能被认定为不含增值税的价款，因此在确定各税计税依据的时候，不能除以（1＋税率或征收率）。但其他税种被还原反算到价款中的可能性较小，反算也极为复杂。

392. 司法拍卖取得土地由买方承担的卖方应缴税费，是否可以在买方所得税税前扣除？

案例：接上例，2019 年 5 月，A 房地产公司通过司法拍卖取得某土地，约定税费全部由买方承担。

问：由买方承担的卖方应缴税费是否可以在买方所得税税前扣除？

答：目前无明确政策，存在争议。

虽然是由买方承担税费，但取得的完税凭证所载名称是卖方，票据存在瑕疵。

但部分观点认为，从法理上判断，企业实际发生的与取得收入有关的、合理的支出，包括成本、费用、税金、损失和其他支出，准予在计算应纳税所得额时扣除。而司法拍卖承担的税费就属于合理支出，因为拍卖价本身是不含税款的净价，因此买方承担的税费可以在税前扣除。如 2019 年 8 月 6 日《中国税务报》发表的文章《竞得法院拍卖资产　替被拍卖方缴的税能否列支？》（作者：邹昌达、傅志成）就秉承这种观点，并从会计准则和捆绑销售的角度也进行了分析。

但《中国税务报》刊登的文章只能代表个人观点，不能参照适用，具体情况还需与主管税务机关沟通。

还有一种方法可以在税前扣除税费且不存在争议，即将所有承担的税款都还原到价款中，按含税价开票。但这种方式会增加税负。

【实操指南】 需要注意的是，即使按法理判断实际负担税费可以在企业所得税前扣除，在土地增值税前也不能扣除。

【政策依据】《竞得法院拍卖资产　替被拍卖方缴的税能否列支？》

核心观点

文章认为，买受人取得法院拍卖资产需替资产出售人承担的税费，根据会计制度和税收法律法规有关规定，是一种捆绑支出，是实际发生的与取得收入有关的、合理的支出，应允许其作企业所得税税前列支处理。

近期发生的一起网络司法拍卖案例，将与拍卖资产捆绑在一起的税费负担能否作税前扣除问题凸显出来，值得重视，笔者试从多角度分析求解。

事件：司法拍卖资产买受人代为承担税费

前不久，Y 公司参加某县人民法院在淘宝网司法拍卖网络平台上举办的拍卖活动，通过公开竞价，以最高价拍得位于该县某工业区的一户非正常企业的 1 号厂房，成交价为 512 万元。

有关此次拍卖，法院发布公告规定：拍卖成交，买受人付清全部拍卖价款后，凭法院出具的执行裁决书、协助执行通知书及拍卖成交确定书，自行至相关管理部门办理标的物权变更手续。办理过程中涉及买卖双方过户所需承担的一切税费（包括但不仅限于企业所得税、营业税、土地增值税、契税、过户手续费、印花税、权证费、出证金以及房地产交易中规定缴纳的各种费用），以及有可能存在的物业费、水电费等欠费，均由买受人自行承担。具体费用请竞买人于拍卖前至相关单位自行查询，与拍卖人无涉。

Y 公司在办理拍卖资产过户时，依照该公告规定代替被拍卖厂房的企业缴纳了企业所得税、土地增值税、增值税、城市维护建设税、教育费附加、农村教育费附加、印花税和水利建设基金等税费，合计 512 万元。

争执：有关税费支出能否作税前扣除处理

拿到税票，Y 公司发现上面显示有关税费的缴纳单位是被拍卖厂房的企业。

"这显然与实际情况不符。"作为有关税费的实际负担人，Y公司财务人员感到"冤得慌"。研究有关规定后，Y公司财务人员将上述512万元税费支出作为公司购入法院拍卖资产的计税基础，作了企业所得税税前列支处理。

然而，对此处理，主管税务机关工作人员不予认同，认为按照有关规定，有关税费的缴纳主体是被拍卖厂房的企业，税票上即是这样体现的，尽管实际缴纳主体是Y公司。如果Y公司将这些税费支出作企业所得税税前扣除，会造成票据上的不一致。

但Y公司不接受这样的说法，双方陷入争执。

思考：从三个角度梳理分析本案争议问题

针对这个问题，笔者认为，可以从以下三个角度探寻究竟。

角度一：基于取得固定资产计价会计处理规定的思考

《企业会计制度》第二十七条规定，固定资产在取得时，应按取得时的成本入账。取得时的成本包括买价、进口关税、运输和保险等相关费用，以及为使固定资产达到预定可使用状态前所必要的支出。购置的不需要经过建造过程即可使用的固定资产，按实际支付的买价、包装费、运输费、安装成本、交纳的有关税金等，作为入账价值。固定资产的入账价值中，还应当包括企业为取得固定资产而交纳的契税、耕地占用税、车辆购置税等相关税费。

《企业会计准则第4号——固定资产》第七条规定，固定资产应当按照成本进行初始计量。第八条规定，外购固定资产的成本，包括购买价款、相关税费、使固定资产达到预定可使用状态前所发生的可归属于该项资产的运输费、装卸费、安装费和专业人员服务费等。

从上述会计制度和会计准则规定来看，本案中法院拍卖资产买受人代出售企业承担的税费，为拍卖规则设定的买受人的必要支出，构成买受人取得有关固定资产的成本，买受人为此已发生现金流出，因此，会计上可以将有关税费计入相关拍卖资产的价值。

角度二：类比捆绑或组合销售政策规定的思考

《国家税务总局关于确认企业所得税收入若干问题的通知》(国税函〔2008〕875号)第三条规定，企业以买一赠一等方式组合销售本企业商品的，不属于捐赠，应将总的销售金额按各项商品的公允价值的比例来分摊确认各项销售收入。其实质是将企业买一赠一的销售金额分解成商品销售收入和赠送商品销售收入两部分，各自对应相应的成本来计算应缴纳的企业所得税。

例如，某企业采取买一赠一形式促销，销售A商品，赠送B商品。A商品售价不含税(公允价值)为1000万元，成本700万元；B商品不含税价格(公允价值)50万元，成本30万元。该企业"买一赠一"商品销售收入和成本如何确认？其中，A商品的销售收入为952万元(1000÷1050×1000)，对应成本700万元；B商品的销售收入为48万元(50÷1050×1000)，对应成本30万元。通过该买一赠一式销售，名义上企业只收了A商品的1000万元，但因所赠送B商品的营业额已计入A商品的1000万元之内，B商品和A商品的成本均可作为成本作企业所得税税前扣除。

《财政部　国家税务总局关于电信企业有关企业所得税问题的通知》（财税〔2004〕215号）第一条规定，电信企业采用捆绑销售方式提供的话机或其他有价物品、有价通信卡等支出，应作为商业折扣或成本费用允许在税前扣除。

可见，上述有关买一赠一、捆绑销售的规定，明确了捆绑销售所赠送商品（物品）可列支费用或成本的问题。同理，购买方对买一赠一或捆绑组合购进的商品（物品），可按付出的代价计入计税基础。

由于被法院拍卖资产企业往往是非正常企业，上述案例中，法院拍卖公告明确指出，被拍卖资产的税费由竞买人承担，与拍卖人无涉，以免事后买受人向出售人追索税费。于被拍卖资产企业而言，这实际上是一种捆绑销售；于竞买人而言，则是一种捆绑购进行为。对于买受人代为承担的有关捆绑税费支出，应参照财税〔2004〕215号文件和国税函〔2008〕875号文件的有关精神，允许其作企业所得税税前列支。

角度三：基于企业所得税法及其实施条例规定的思考

《企业所得税法实施条例》第五十八条规定，外购的固定资产，以购买价款和支付的相关税费以及直接归属于使该资产达到预定用途发生的其他支出为计税基础。

《企业所得税法》第八条规定，企业实际发生的与取得收入有关的、合理的支出，包括成本、费用、税金、损失和其他支出，准予在计算应纳税所得额时扣除。《企业所得税法实施条例》第二十七条规定，《企业所得税法》第八条所称有关的支出，是指与取得收入直接相关的支出。所称合理的支出，是指符合生产经营活动常规，应当计入当期损益或者有关资产成本的必要和正常的支出。这些规定明确了税前扣除的三个基本条件，即支出的真实性、相关性、合理性。

对照来看，本案例中，Y公司是为取得拍卖资产，按约定支付了本应由被拍卖资产企业承担的税费，支付已实际发生，且已取得税票等票据。而且，这些支出与Y公司购入资产直接相关，其不承担有关捆绑税费就不可能竞买成功。此外，这些支出也具有合理性，因为考虑到需要承担有关捆绑税费，Y公司在竞标时相应降低了竞投价格。

可见，Y公司的有关税费支出符合企业所得税法及其实施条例有关税前扣除的条件，应允许其作税前扣除处理。

根据《国家税务总局关于企业所得税应纳税所得额若干税务处理问题的公告》（国家税务总局公告2012年第15号）规定，对于税法不明确的支出，也可按企业财务会计规定处理。该公告第八条指出："根据《企业所得税法》第二十一条规定，对企业依据财务会计制度规定，并实际在财务会计处理上已确认的支出，凡没有超过《企业所得税法》和有关税收法规规定的税前扣除范围和标准的，可按企业实际会计处理确认的支出，在企业所得税前扣除，计算其应纳税所得额。"

值得一提的是，票据合法性的一般性原则要素之一是，票据单位名称要同入账单位一致。但本案中，Y公司代被拍卖资产企业缴纳了税费，得到票据上显示的缴纳单位却不是 Y 公司。面对这种不一致，笔者认为可以将法院作出的有关处理作为特别事项，使票据合法性的一般性原则具有特殊性，将 Y 公司的有关票据涉税处理合法化。

综上所述，Y 公司为取得拍卖资产按约定代为被拍卖资产企业承担的税费，应允许其作企业所得税税前扣除。

注：作者分别为浙江省武义县会计学会会长、武义县税务局干部，本文仅代表作者个人观点。

资料来源：邹昌达，傅志成. 竞得法院拍卖资产 替被拍卖方缴的税能否列支？. 中国税务报，2019 - 08 - 06（07）.

图书在版编目（CIP）数据

房地产企业全流程全税种实务操作与案例解析 / 刘文怡著 . -- 北京：中国人民大学出版社，2024.1
ISBN 978-7-300-32284-1

Ⅰ.①房… Ⅱ.①刘… Ⅲ.①房地产企业－税收管理－研究－中国 Ⅳ.①F812.423

中国国家版本馆 CIP 数据核字（2023）第 208402 号

房地产企业全流程全税种实务操作与案例解析

刘文怡　著

Fangdichan Qiye Quanliucheng Quanshuizhong Shiwu Caozuo yu Anli Jiexi

出版发行	中国人民大学出版社	
社　址	北京中关村大街 31 号	**邮政编码**　100080
电　话	010－62511242（总编室）	010－62511770（质管部）
	010－82501766（邮购部）	010－62514148（门市部）
	010－62515195（发行公司）	010－62515275（盗版举报）
网　址	http://www.crup.com.cn	
经　销	新华书店	
印　刷	涿州市星河印刷有限公司	
开　本	787 mm×1092 mm　1/16	**版　次**　2024 年 1 月第 1 版
印　张	29.25	**印　次**　2024 年 1 月第 1 次印刷
字　数	660 000	**定　价**　128.00 元